1、本书是教育部人文社会科学重点研究基地华中师范大学中国农村研究院2016 年基地重大项目"作为政策和理论依据的深度中国农村调查与研究"（16JJD810004）的成果之一。

2、本书是华中师范大学中国农村研究院"2015 版中国农村调查"的成果之一。

中国农村调查

（总第10卷·村庄类第9卷·长江区域第2卷）

徐 勇　邓大才　主编

社会科学文献出版社

SOCIAL SCIENCES ACADEMIC PRESS (CHINA)

总　序

　　2015 年是华中师范大学中国农村研究院历史上的关键一年。在这一年，本院不仅成为完全独立建制的研究机构，更重要的是进一步明确了目标，特别是进行学术整合，构建了一个全新的调查研究计划。这一计划的内容包括多个方面，其中，中国农村调查是基础性工程。从 2015 年开始出版的《中国农村调查》便是其主要成果。

　　学术研究是一个代际接力、不断提升的过程。农村调查是本院的立院之本，兴院之基。本院的农村调查经历了三个阶段。

　　第一阶段主要是基于项目调查的个案调查（1985~2005 年）。

　　20 世纪 80 年代开启的中国改革开放，起始于农村改革。延续 20 多年的人民公社体制被废除后，农村的生产功能由家庭所承担，社会管理功能则成为一个新的问题。这一问题引起我院学者的关注。1928 年出生的张厚安先生是中国政治学恢复以后较早从事政治学研究的学者之一。他与当时其他政治学学者不同，比较早地关注农村政治问题，并承担了农村基层政权方面的国家研究课题。与此同时，本校其他学者也承担了有关农村政治研究的课题。1988 年，这些学者建立起以张厚安先生为主任的农村基层政权研究中心，由此形成了一个自由结合的学术共同体。

　　作为一个学术共同体，农村基层政权研究中心有其研究宗旨和方法。在学术共同体建立之初，张厚安先生就提出了"三个面向，理论务农"的宗旨。"三个面向"是指面向社会、面向基层、面向农村；"理论务农"是指立足于农村改革实践，服务于农村改革实践。这一宗旨对于政治学者是一个全新的使命。政治学研究政治价值、政治制度与政治行为。传统政治学更多研究的是国家制度和国家统治，以文本为主要研究方法。"三个面向"的宗旨，必然要求方法的改变，这就是进行实地调查。自学术共同体形成开始，实地调查便成为我们的主要研究方法。

　　自 20 世纪 80 年代中期，以张厚安先生为领头人的学者就开始进行农村调查。最初是走向农村，进行全国性的广泛调查，主要是面上了解。1995 年，在原农村基层政权研究中心的基础上，成立了农村问题研究中心，由张厚安先生担任主任，由 1955 年出生的中年学者徐勇教授担任常务副主任。新的中心的研究重点仍然是基层政权与村民自治，但领域有所扩大，并将研究方法凝练为"实际、实证、实验"，更加强调"实"。这种务实的方法开始引起学术界的关注，并注入国际学术界的一些研究理念和方法。我们的农村调查由面上的了解走向个案调查。年届七旬的张厚安先生亲自带领和参与个案村庄调查，其代表作是《中国农村村级治理——22 个村的调查与比较》。这一项目在全国东、中、西三个地区选择了 6 个重点村和 18 个对照村进行个案调查，参与调查人员数十人，并形成了一个由全国相关人员参与的学术调查研究团队。

第二阶段主要是基于机构调查的全面调查（2005~2015 年）。

1999 年，国家教育部为推动人文社会科学研究，启动了教育部人文社会科学研究重点基地建设。当年，华中师范大学农村问题研究中心更名为"华中师范大学中国农村问题研究中心"，由徐勇教授担任主任。2000 年，中心成为首批教育部人文社会科学重点研究基地。在基地成立之前，以张厚安教授为首的研究人员是一个没有体制性资源保障，纯因个人兴趣而结合的学术共同体，有人坚持下来，也有人离开。成为教育部基地以后，中心仍然坚持调查这一基本方法，并试图体制化。其主要进展是在全国选择了 20 多家机构作为调研基地，以为全国性调查提供相应的保障，并建立相互合作关系。

作为教育部重点基地，中心是一个有一定资源保障的学术共同体，有固定的编制人员，也有固定的项目经费，条件大为改善，但也产生了新的问题。这就是农村调查根据各人承担的研究项目而开展。这不仅会造成研究人员过分关注项目资源分配，更重要的是造成调查研究的"碎片化"和"片断化"，难以形成整体和持续性的调查。同时，研究人员也会因为理念和风格不同而产生分歧，造成体制性的学术共同体动荡。为了改变调查研究项目体制引起的"碎片化"倾向，2005 年，徐勇教授重新规划了基地的发展，提出"百村观察计划"，计划在全国选择 100 多个村进行为期 10 年、20 年、30 年以至更长时间的调查和跟踪观察。目标是如建立气象观测点一样，能够及时有效地长期观测农村的基本状况及变化走向。这一计划得到时任华中师范大学社会科学研究处处长的石挺先生的鼎力支持。2006 年，计划得以试行，主要由刘金海副教授具体负责。最初的试点调查村只有 6 个，后有所扩展。2008 年，在试点基础上，由邓大才教授主持，全面落实计划，调查团队根据严格的抽样，确定了 200 多个村和 3000 多个农户的调查样本。

"百村观察"是一项大规模和持续性的调查工程，需要更多人的参与。同时它又是一项公共性的基础工程，人们对其认识有所不同。因为它要求改变项目体制造成的调查"碎片化"和研究"个体化"的工作模式。为此，学术共同体再次发生了有人退出、有人坚持、有人加入的变化。

2009 年正式启动的"百村观察计划"，取得了超出预想的成绩：一是从 2009 年开始，我们每年都要对样本村和户进行调查，调查内容和形式逐步完善，并形成了相对稳定的调查体系。除了暑假定点调查以外，还扩展到寒假专题调查。每年参与调查的人员达 500 人左右，并出版了《中国农村调查》等系列著作。二是因为是大规模的调查，可以进行分析，并在此基础上形成调查报告，提供给决策部门，由此也形成了"顶天立地"的理念。"顶天"就是为决策部门服务，"立地"就是立足于实地调查。这一收获，使中心得以在教育部第二次基地评估中成为优秀基地，并于 2010 年更名为华中师范大学中国农村研究院，由徐勇教授担任院长，邓大才教授担任执行院长。三是形成了一支专门的调查队伍并体制化。起初的调查者有相当部分是没有受到严格专业训练的志愿者。为了提高调查质量，自 2012 年起，研究院将原来分别归于各导师名下指导的研究生进行整合，举办"重点基地班"。基地班以提高学生的调查研究能力为导向，实行开放式教学、阶梯性培养、自主性管理，形成社会大生产培养模式，改变了过往一个老师带三五个学生的小作坊培养方式。至此，农村调查完全由受到专门调查和学术训练的人员承担，走向了专业化的道路。四是资料数据库得以建立并大大扩展。过往的调查因为是项目式调查，资料难以统一保管和使用。2006 年，我们启动了中国农村数据库建设。随着"百村观察计划"的正式实施，大量数据需要录入，并收集到许多第一手资料，资料数据库得以迅速扩展。

第三阶段主要是基于历史使命的深度调查（2015 年至今）。

农村调查的深入和相应工作的扩展，势必与以行政方式组织科研的现行大学体制产生碰撞。但是，已经有一个良好开端的调查不可停止。适逢中国的智库建设时机，2015 年，华中师范大学中国农村研究院成为完全独立建制的研究机构，由 1970 年出生的邓大才教授担任行政负责人。

中国农村研究院独立建制，并不简单是成为一个独立的研究机构，而是克服体制障碍，进一步改变学术"碎片化"倾向，加强整合，提升调查和研究水平，目标是在高等学校中建设适应国家需要的智库。实现这一目标有五大支撑点：一是大学术，通过以政治学为主，多学科参与，协同研究；二是大服务，继续坚持"顶天立地"的宗旨，全面提高服务决策的能力，争取成为有影响力的决策咨询机构；三是大调查，在原有"百村观察计划"基础上构建内容更加丰富的农村调查体系，争取成为世界农村调查重镇；四是大数据，收集和扩充农村资料和数据，争取成为最为丰富的农村资料数据库；五是大平台，将全校、全省、全国，乃至全球的农村研究学者吸引（并使其参与）到农村研究院的工作中来，争取使这里成为世界性的调查研究平台。这显然是一个完全不同于以往的宏大计划，也标志着中国农村研究院的全新起步。

独立建制后的中国农村研究院仍然将农村调查作为自己的基础性工作，且成为有体制性保障的工作。除了"百村观察计划"的持续推进以外，我们重新设计了 2015 版的农村调查体系。这一体系包括"一主三辅"："一主"即长期延续并重新设计的"中国农村调查"为主体；"三辅"包括"满铁农村调查"翻译、"俄国农村调查"翻译和我们团队到海外农村进行实地调查的"海外农村调查"，目的是完善农村调查体系，并为中国农村调查提供借鉴。

现代化是一个由传统农业社会向现代工业社会转变的过程，这一转变是从农村开始的。农村和农民成为现代化的起点，并规制着现代化的路径。19 世纪后期，处于历史大转变时期的俄国，数千人参与对俄国农村的调查，持续时间长达 40 多年。20 世纪上半叶，日本在对华扩张中，以南满洲铁道株式会社为依托开展对中国农村的大规模调查，持续时间长达四十多年，形成了著名的"满铁调查"。进入 21 世纪，中国作为一个世界农业文明最为发达的大国，正在以超乎想象的速度向现代工业文明迈进。中国需要也应有能够超越前人的大规模农村调查。"2015 版的中国农村调查"正是基于这一历史背景设计的。

"2015 版的中国农村调查"超越过往的项目或者机构调查体制，而具有更为宏大的历史使命：一是政策目的。智库理所当然要出思想，但"思想"除了源自思考以外，更要源自可供分析的实地调查。过往的调查虽然也是实地调查，但难以对调查进行系统化的分析，并根据调查提出有预见性的结论。在这方面，19 世纪的俄国农村调查有其长处。

"2015版的中国农村调查"将非常重视实地调查的可分析性和可预测性，以此提高决策服务成效。二是学术目的。调查主要在于知道"是什么"或者"发生了什么"，是事实的描述。但是，这些事实为什么发生？其中存在什么关联？这是过往调查关注比较少的，以至于大量的调查难以用于进行深度的学术开发，学术研究主要依靠的还是规范方法，实地调查难以为学术研究提供必要的基础，由此会大大制约调查的影响力。"2015版的中国农村调查"特别重视实地调查的深度学术开发性，调查包含着学术目的，并可以通过调查提炼学术思想。其作为一种有实地调查支撑的学术思想也可以间接影响决策。为此，"2015版的中国农村调查"在设计时，除了关注"是什么"以外，也特别重视"为什么"，试图对中国农村社会的底色及其变迁进行类似于生物学"基因测序"的调查。三是历史传承目的。在现代化进程中，传统农村正在迅速消逝。"留得住乡愁"需要对"乡愁"的记录和保存。20世纪以来，中国农村发生了太多的变化，中国农民经历了太多的起伏，农村农民的历史构成了国家历史不可或缺的部分。"2015版的中国农村调查"因此特别关注历史的传承。

基于以上三个目的，"2015版的中国农村调查"由四个部分构成。

其一，口述调查。主要是通过当事人的口述，记录20世纪上半期以来农村的变化及其对当事人命运的影响。其主体是农民个人。在历史上，他们是微不足道的，尽管是历史的创造者，但没有历史记载他们的状况与命运。进入20世纪以后，这些微不足道的人物成为"政治人物"，尽管是"小人物"，但他们是大历史的折射。通过他们自己的讲述，我们可以更加充分地了解历史的真实和细节，也可以更好地"以史为鉴"。口述史调查关注的是大历史下的个人行为。

其二，家户调查。主要是以家户为单位的调查，了解中国农村家户制度的基本特性及其变迁。中国在历史上创造了世界最为灿烂的农业文明，必然有其基本组织制度支撑。但长期以来，人们只知道世界上有成型的农村庄园制、部落制和村社制，而没有了解研究中国自己的农村基本组织制度。受20世纪以来的革命和现代化思维的影响，人们对传统一味否定，更忽视对中国农村传统制度的科学研究，以至于我们在否定自己传统的同时引进和借鉴的体制并不一定更为高明，使中国农村变迁还得在一定程度上向传统回归。实际上，中国有自己特有的农村基本组织制度，这就是延续上千年的家户制度。家户调查关注的是家户制度的原型及其变迁，目的是了解和寻求影响中国农业社会变迁的基因和特性。

其三，村庄调查。主要是以村庄为单位的调查，了解不同类型的村庄形态及其变迁实态。农村社会是由一个个村庄构成的。与海洋文明、游牧文明相比，农业文明的社会联系更为丰富，"关系"在中国农村社会形成及其演变中居于重要地位。中国在某种意义上说是一个"关系国家"，但是作为一个历史悠久、人口众多、地域辽阔、文明多样的大国，关系格局在不同的地方有不同的表现，由此形成不同类型的村庄。国家政策要"因地制宜"，必须了解各个"地"的属性和差异。村庄调查以"关系"为核心，注重分区域的类型调查。通过不同区域的村庄形态和变迁的调查，了解和回答在国家"无为而治"的传统条件下，一个超大的农业社会是如何通过自我治理实现持续运转的；了解和回答在国家深度介入的现代条件下，农业社会是如何反应和变化的。

其四，专题调查。主要是以特定的专题为单位的调查，了解选定的专题领域的状况及其变化。如果说前三类调查是基本调查的话，专题调查则是专门性调查，针对某一个专题领域，从不同角度进行广泛深入的调查，以期获得对某一个专门领域的全面认识和把握。

"2015 版的中国农村调查"是一项世纪性的大型工程，它是原有基础的延续，也是当下正在从事，更是未来需要长期接续的事业。这一事业已有数千人参与，特别是有若干人在其中发挥了关键性作用；当下和未来将有更多的人参与。历史将会记录下他们的功绩，他们的名字将与我们的事业同辉！

2016 年 6 月，教育部公布了对人文社会科学重点研究基地的评审结果，我院排名全国第一，并再获优秀。这既是对过往的高度肯定，也是对进一步发展的有力鞭策。为此，本院再次明确自己的目标，这就是建设全球顶级农村调查机构、顶级农村资料数据机构，并在此基础上，形成自己的学术领域和学术风格。而要达到这一目标，需要一代又一代人克难攻坚、不懈努力！

徐 勇

2015 年 7 月 15 日初序

2016 年 7 月 15 日补记

凡　例

　　作为教育部人文社会科学重点研究基地，华中师范大学中国农村研究院历来重视农村调查与研究，《中国农村调查·村庄类》是基地新版"中国农村调查"项目的重要成果，在付梓之际，特做以下说明。

　　1. 根据徐勇教授提出的"中国农村七大区域学说"，即华南区域、长江区域、黄河区域、西南区域、西北区域、东北区域、东南区域，本项目在借鉴日本满铁调查的基础上，按照七大区域的次序，进行村庄形态与实态的调查。这也是整个项目实施所遵循的技术路线。

　　2. 在村庄调查点的选取上，结合"中国农村七大区域学说"，依据每个区域所辐射的"省、市、县"，一是按照每个地级市两个县、每个县一个村的标准，二是按照典型点与普遍点结合的原则，三是按照"中心与边缘"结合的原则，随机抽样选点。每个村庄一位调查员，在调查之前均受过严格的学术培训，每个村的调查时间为 60 天以上。

　　3. 每一篇村庄调查报告分为"村庄由来与形成、自然、经济、社会、文化、治理"等六章，以"传统形态—变迁—当下实态"为主线进行写作。在每篇报告的后面附有调查员的调查小记、调查日记等，以供读者了解整个调查的心路历程。

　　4. 在报告的写作中，"县名、镇名、村名、人名、部门单位"等均为实名。但是，报告中所出现的照片、人名、数据等信息，均得到了访谈对象或数据提供对象的口头授权或书面授权。另外，档案材料、政府部门提供的资料、历史材料等，在写作中均做了详细的引用批注。

　　5. 农村传统形态的调查，主要通过老人口述来获取信息、数据；因而报告中的数据可能不甚精确，仅供参考，也请各位读者、学者在引用、使用的过程中，酌情处理。

　　6. 农村变迁调查会涉及土地改革、文化大革命、四清等内容，但是，调查者均怀揣学术研究之心，从农村变迁与发展的历史视角去调查与写作，力求客观、真实地再现中国农村的历史变迁。

　　7. 在出版方面，项目组组建了审稿与编辑小组，严格审查、校审每一篇村庄调查报告，并从中挑选优秀报告，分七大区域，集结成卷出版。

　　8.《中国农村调查·村庄类》的重点在于传统形态的调查，是一项抢救历史的学术工程。由于时间仓促，其中不免有错漏，也希望海内外学术界、读书界提出批评、建议，帮助我们提高这套丛书的质量。

《中国农村调查》编辑组

2016 年 12 月 19 日

目　录

向水而生：湖区型村落的自主联结与治理
——长江区域杜家剅村调查

质性研究视角下农村区域性村庄分类

徐　勇

在我国，经历了数十年的艰苦探索，且付出了沉重代价，才得以形成农村基本的经营制度及相应的基本政策和基本方法，即以家庭经营为基础，统分结合，双层经营，宜统则统，宜分则分，因地制宜，分类指导。但在实际进程中，为什么和怎么样才能做到"宜统则统、宜分则分"，"因地制宜"，进行"分类指导"，却还有待深入继续探讨。在实践中往往出现的是："统得过死，分得过多"，或者"一刀切"，很难因地制宜，分类指导做出决策。其重要原因之一就是对"地"的属性和"类"的区分缺乏深入调查和研究，对整个农村实际情况的认识更多是片断的、零碎的、表层的。这就需要学界对中国农村进行深入调查和深度研究，以为因地制宜、分类指导的国家决策提供依据。而"区域性村庄"，则是农村研究的重要内容。自 2015 年，华中师范大学中国农村研究院开启大规模的"2015 年版中国农村调查"工程，其中包括对中国七大区域的村庄进行调查。为什么要进行区域性村庄调查，为什么要分为七大区域进行村庄调查？以下就此做出说明。

一　"因地"与"分类"：质性研究方法

社会科学是现代社会分工的产物。作为一种社会科学研究，重要的不是发表政策言论，而是为制定政策提供理论与实际依据，供决策者参考和选择。这是现代社会分工的要求。学者只有寻找到最适合于自己的位置，才能发挥自己独特的优势。长期历史以来，从事农村研究的学者不少，发表的成果更是浩如烟海，但是能够对决策层产生直接或间接，短期或长期影响的成果却少之又少。作为学人，我们可以对政策发表意见，乃至评头论足，但最重要的是要反思，学者对政策的制定提供了什么有独特价值的贡献？

中国是一个历史悠久，地域辽阔的大国，地区发展不平衡；因此，"因地制宜与分类指导"成为制定农村政策的基本原则，也是农村研究的重要目标。所谓"因地制宜"，就是根据各地的实际情况，制定适宜的办法。这就意味着，此"地"与彼"地"不同。所谓"分类指导"，就是根据事物的类型状况进行有针对性的指导。这就意味着，此"类"与彼"类"不同。因此，"地"和"类"是在比较中界定的，具有一种区别于其他"地"和"类"的特质和特性。农村研究最重要的是准确把握"地"和"类"的属性和特质，政策制定者才有可能"因地"和"分类"做出决策。

社会科学研究不同于一般的言论发表，特别需要方法论的自觉，并选择最为适合的方法达到自己的研究目的。农村研究要准确把握"地"和"类"的属性和特质，需要研究者在学术目标指导下，进行实地调查，收集资料，通过分析来完成，因此特别适合于"质性研究"（又称"质化研究""质的研究"）方法。这一方法被认为是"以研究者本人作为研究工具，在自然情境下采用多种资料收集方法，对社会现象进行整体性探究，主要使用归纳法分析资料和形成理论，通过与研究对象互动对其行为和意义建构获得解释性理解的一种活动"。[1] 质性研究方法为什么是最为适合的方法呢？

首先在于以实际调查为基础的多种资料的收集。农村研究要了解"地"和"类"的属性，需要直接面对"地"和"类"加以认识，而不能凭空想象。即使是文学作品特别强调想象力，也需有必要的实体基础，否则容易产生鲁迅所说的："燕山雪花大如席"尚属正常的夸张，而说"广州雪花大如席"就太离谱了。正因为如此，做农村研究的，一开始就将实地调查作为首要方法。人类学、民族学、社会学等重视实地调查的学科成为农村研究的重要支撑。实地调查的目的是认识对象，收集资料，但收集资料不仅仅依靠实地调查，还需要其他方法加以补充，如历史文献资料的收集等。

其次在于整体性探究。农村研究要了解"地"和"类"的属性，需要在整体比较中发现。换言之，农村研究不能仅仅只是对某一个"地"和"类"进行了调查便可以得出结论，它需要对构成"地"和"类"的范围进行整体比较才能发现此"地"与彼"地"、此"类"与彼"类"的不同。在农村研究中，我们经常会看到对村庄的分类，但这种分类大多属于研究者对某一个地方和类型进行了调查得出来的结论，而不是整体内相同维度中的差异比较，因此很容易产生一村一类型的轻率结论。所以，为了在普遍性中发现差异性，质化研究并不排斥量化研究。只是量化研究很容易采用他人资料和数据，往往会造成资料来源的同质性，无法发现"地"和"类"的差异性。

再次在于通过归纳产生理论。农村研究要了解"地"和"类"的属性，调查和比较是基础，最后要产生结论和理论，即通过调查和比较，我们能够做出什么判断，并提供给他人呢？从提供理论的角度看，质性研究与其他研究没有区别，区别在于如何得出理论。质性研究是通过归纳的方法产生理论的，这不同于理论演绎和量化假设。为了得出准确的判断，质性研究要求在自然情境下，而不是人为制造的场景下，通过客观中立的调查，获得完整准确的材料，然后对材料加以归纳，最后得出结论。只有这样，我们对"地"和"类"的界定才是可供参考和验证的。

最后在于与对象的互动。农村研究要了解"地"和"类"的属性，要在与对象的互动中发现。因为，农村研究的"地"和"类"与一般自然界的"地"和"类"有所不同，它

---

[1] 陈向明：《质的研究方法与社会科学研究》，北京：教育科学出版社2000年版，第12页。

是自然—社会—历史交互作用的产物。研究者在进行调查时，不仅要把握自然环境，而且要掌握人文社会和历史，调查中要与人交往和互动，才能发现某"地"和"类"的属性及其与他"地"和"类"的区别。如在调查中，我们可以通过方言发现某"地"和"类"的属性及其与他"地"和"类"的区别，但方言只有在与对象的互动中才能表现出来。

二　"分"与"合"：维度与条件

农村研究关注"因地"与"分类"，均涉及整体与部分的关系。"因地"通常是指在一个国家整体内，由不同条件形成不同地方的特点；"分类"通常是指对一个事物整体内的不同要素区分为不同类型。如何界定农村研究中的整体与部分的关系呢？这就需要寻找统一的维度。这一维度就是"分"与"合"。

"分"是由整体中分化或产生出部分，包括分开、分散、分化、分离等。"合"是指各个部分合为一个整体，包括合作、合成、整合、结合、联合等。"分"在于个别性、部分性，"合"在于一般性、整体性。

"分"与"合"是人类社会一般的表现形态。中国著名小说《三国演义》开篇就表达："话说天下大势，分久必合，合久必分。"现代社会科学通过不同的科学概念对"分"与"合"的状态进行概括，如经济学领域的"分工"与"合作"，社会学领域的"社会分化"与"社会整合"，政治学领域的"分权"与"集权"等。

人类是作为个体的"人"与作为整体的"类"共同构成的。从人类社会的发展看，"分"通常意味着变化，由一个整体向不同部分的变化过程。如在中国，由"天下为公"分裂为"天下为家"，由"天下为家"分裂为"天下为人"，整体社会不断裂变为一个一个独立的个体，先是家庭，后是个人。"合"通常意味着秩序，由不同的部分通过一定方式形成一个有序的整体。整体尽管会裂变为个体，但个体不可能脱离整体而存在，任何个体都是相对于整体而言的。将不同的个体结合为整体就会形成一种秩序。有序，整体就会存在；无序，整体就会解体。"天下为公"尽管会裂变为"天下为家"，但是一个个"家"又会结合成为"国"和"天下"。如"齐家治国平天下"，"齐""治""平"就是结合的机制与手段。"分"与"合"是相对而言的，是部分与整体的关系。这一关系是农村研究中"因地"和"分类"的基本维度。

人类社会的"分"与"合"不是无缘无故发生的，必然受条件的制约。马克思说："人们自己创造自己的历史，但是他们并不是随心所欲地创造，并不是在他们自己选定的条件下创造，而是在直接碰到的、既定的、从过去承继下来的条件下创造。"[1] 构成农村研究中的"地"与"类"的条件并影响农村社会"分"与"合"的条件主要有如下方面。

（一）自然条件

自然是指人所面对的宇宙万物；是宇宙生物界和非生物界的总和。对于农村来说，自

---

〔1〕《马克思恩格斯选集》（第 1 卷），北京：人民出版社 1995 年版，第 585 页。

然具有十分特殊的意义。这在于农村是以农业产业为基础的，而农业与工业相比，对自然具有更高的依存度。自然条件为人们的生存设置前提条件，构成人们生存的自然环境。愈是人类早期，受自然条件的制约愈大；愈是农业社会，对自然条件的依赖愈大，人们甚至赋予其神圣价值，如"风水"。

自然条件是由各种自然因素（包括人化自然）构成的自然环境系统，主要包括：天（气候）、地（地形）、水、土、区位等，形成了所谓的"一方水土"，即"地"，并分为不同的类型。而"一方水土养育一方人"。不同地方会产生不同人的特性和行为。法国启蒙学者孟德斯鸠认为，气候是人的品性和行为的决定因素，"气候的权力强于一切权力"。酷热有害于力量和勇气，寒冷赋予人类头脑和身体以某种力量，使人们能够从事持久、艰巨、伟大而勇敢的行动，因此，"热带民族的懦弱往往使他们陷于奴隶地位，而寒带民族的强悍则使他们保持自由的地位。所有这些都是自然原因造成的"。[1] 孟德斯鸠可能言过其实，但自然条件对人类社会无疑具有重大作用，并制约着"分"与"合"。一般来讲，在自然条件比较适宜的地方，"分"的可能性更大；而为了应对恶劣的条件，"合"的可能性更大。

（二）社会条件

社会是人们通过交往形成的社会关系的总和，是人类生活的共同体。社会是由各种要素构成的社会环境系统，主要包括：以物质生产为基础的经济要素、以人口生产为基础的社会因素、以观念生产为基础的文化因素和以治理生产为基础的政治因素。不同性质的要素，决定社会分为不同的形态。而人类社会形态又是在一定的空间里存在的。法国学者列斐伏尔认为："社会生产关系仅就其空间中存在而言才具有社会存在；社会生产关系在生产空间的同时将自身投射到空间中，将自身铭刻进空间。否则，社会生产关系就仍然停留在'纯粹的'的抽象中。"[2] 因此，不同的社会条件便造成不同的"地"和"类"，对人的行为产生直接的作用，并成为造成人类社会"分"与"合"的直接因素。如在自然经济条件下，"合"的可能性更大，最小的经济单位也是作为共同体的"家"；在商品经济条件下，"分"的可能性更大，最小的经济主体可以是作为个体的个人，商品经济伴随着社会分化，当然也意味着更高层次的社会整合。

（三）历史条件

人类社会的历史是一个不断生长、发展、演化的漫长进程。无论是自然，还是社会，都是在历史进程中变化并构成人类存在条件的，由此构成由不同文明断层组合的历史形态。只有将自然和社会条件置于不同的历史形态中才能发现其动态演化的过程，也才能更准确理解"地"与"类"的特性和对人的行为的制约。如人类社会就是共同体裂变为个体，分化为不同个体的过程，同时也是一个由不同个体结合为新的共同体的历史演变过

---

[1]〔法〕孟德斯鸠：《论法的精神》（上卷），许明龙译，北京：商务印书馆2013版，第321页。

[2] 转引自〔英〕德雷克·格利高里、约翰·厄里编《社会关系与空间结构》，谢礼圣、吕增奎等译，北京：北京师范大学出版社2011年版，第95页。

程。"分"与"合"贯穿于整个历史过程之中，但在不同的历史时空里表现形式则不一。德国社会学家滕尼斯在其《共同体与社会》一书中便表达了这一思想。马克思更是从自由的角度论述了个人与共同体（"类"）结合的演变及其不同类型，指出："从前各个人联合而成的虚假的共同体，总是相对于各个人而独立的；由于这种共同体是一个阶级反对另一个阶级的联合，因此对于被统治的阶级来说，它不仅是完全虚幻的共同体，而且是新的桎梏。在真正的共同体的条件下，各个人在自己的联合中并通过这种联合获得自己的自由。"[1] 人类社会是一个过程，形成不同的层面，有的进化时间长，层面多，有的反之。因此，对农村研究中的"地"与"类"及其"分"与"合"的考察，要十分注意历史条件。

历史是一个过程。这一过程是由不同阶段与节点构成的。中国农村研究的历史维度主要有两个：一是传统与现代。一般来讲，人们将农业社会称为传统社会，将工业社会称为现代社会。由此，现代工业社会之前的社会都可以称为农业社会。现代化就是由传统农业社会向现代工业社会转变的过程。传统性与现代性是了解作为农村研究对象的区域性的重要历史维度。二是形态与实态（1949年前后）。在传统农业社会，由于各种条件的制约，区域的异质性非常突出，并构成不同区域的传统形态。而现代国家则是一个由多样性向一致性、一体性变迁的过程。但是这一过程正在变化之中，尚未完全定型，因此构成当下的研究者着手研究时的实际状态。在中国，形态与实态的分界线可以1949年为界。尽管1949年前，中国的传统形态已有些许变化，但由"改朝换代"的高层变动到"改天换地"的全面变革则在1949年以后，且这一变革尚处于了而未了的过程之中。

只有在充分了解自然、社会和历史条件的基础上，我们才能有效地"因地"和"分类"，了解人为何而"分"，因何而"合"，其内在的机理如何。

三　作为农村研究对象的区域

"因地"着重于整体中不同部分，"分类"也在于对整体中的不同类型加以区分。就整体和类型单位而言，国家是整体，"地"和"类"分别是国家整体之下的不同部分。换言之，国家是由不同的部分构成的。农村研究要通过调查和归纳方法，研究一个国家的"地"和"类"的特性，但我们不可能穷尽所有对象，而且也没有必要。如中国有数十万个村庄，数亿农村人口，我们不可能，也没有必要都进行调查，再归纳出"地"和"类"的属性。这就需要寻找合适的研究单位。而区域是重要的研究单位。

区域是一个地域空间概念。一定地域总是由不同的区域所构成的。农村研究要了解的"地"和"类"，总是存在于一定的区域空间内的。在农村研究中，引进"区域"单位是非常必要的。

农村研究从传统来看，主要有两种研究单位。一是整体国家的视角，即将全国整体作

---

〔1〕《马克思恩格斯选集》（第1卷），北京：人民出版社1995年版，第119页。

为研究对象，是一种宏大叙事式的宏观研究。这种研究的资料来源主要是档案文献，或者理论建构，其成果甚多。代表性著作有费孝通的《乡土中国》等。这种研究将国家作为一个整体进行研究，具有高度的概括性，但也存在相当的局限。例如，《乡土中国》一书就主要是基于中国核心区域的研究，而许多次生区域或边缘区域的现象就被忽视。

二是个案社区，即将某一个个案作为研究对象，是一种微小叙事式的微观研究。目前，这种研究日益增多。可以费孝通的《江村经济》为代表。这种研究主要基于实地调查，其优点是可以进行深入的挖掘。但其也有一定的限度：一是在社会多样化的条件下，一个案例很难解释一类现象；二是因为选取的案例不同，一个地区可以得出完全不同，甚至自相矛盾的结论。

因此，为了弥补现有研究的不足，需要借助于其他学科在研究方法上的进展。近些年来，历史学界开始注意寻找新的研究视角，也就是区域性研究。傅衣凌先生提出："由于生产方式、社会控制体系和思想文化的多元化，由于这种多元化又表现出明显的地域不平衡性和动态的变化趋势，中国传统社会产生了许多西欧社会发展模式所难以理解的现象。"[1] 而杨念群则从方法论的角度提出了"中观"理论。由于区域社会研究进展较快，产生了不少区域性研究成果，它们开始被视为某种"学派"。其中，山西大学和南开大学对华北农村的研究被视为一派，而基于对华南农村的研究也出现了所谓的"华南学派"，等等。

与中国学界的情况类似，国外对于中国问题的研究视角也经历了一个由整体到部分的变化过程。在早期，比较多的研究是国家整体研究，以美国学者费正清的《美国与中国》一书为代表。后来，随着美国学者柯文《在中国发现历史》一书的问世，区域社会研究开始迅速增多，其代表性著作有美国学者裴宜理（Elizabeth J. Perry）的《华北的叛乱者与革命者：1845~1945》、美国学者黄宗智的《长江三角洲的小农家庭与乡村发展》和《华北的小农经济与社会变迁》、美国学者濮德培（Peter C. Perdue）的《榨干土地：湖南的政府与农民，1500~1800》等。

现有的区域社会研究无疑大大弥补了原有学术传统的不足。但是，对于"地"和"类"的农村研究来说，它们仍然不够理想，主要在于：相当多数的区域研究，只是对某一个地区的某一现象的研究，更多属于国家整体之下的地方性研究，如华南的宗族研究，华北的水利社会研究，湖南的土地、农民与政府研究，等等。有学者甚至将区域史与地方史加以等同，认为"区域史，又称地方史"。[2]

严格来说，区域研究不能等同于地方研究，区域社会研究的价值不仅仅在于对某一个地方的现象的研究，更重要的是寻求造成区域性特性的构成要素，从而形成区别于其他区域的特质。因此，区域研究至少有两个基本特征：一是同质性，即同一区域具有大体相同的特质，正是这一特质造成该区域相类似的现象较多，具有区域普遍性。当然这种同质性并不是区域现象的绝对同一性，主要在于其规定的现象多于其他区域；二是异质性，即不

---

〔1〕　傅衣凌：《集前题记》，《明清社会经济史论文集》，北京：人民出版社1982年版。

〔2〕　李玉：《中国近代区域史研究综述》，《贵州师范大学学报》2002年第6期。

同区域具有比较明显的差异性特征，正是这一特质造成该区域的同类现象不同于其他区域的同类现象。无论是同质性，还是异质性，都需要经过比较才能体现。而比较则需要有确定的标准。因此，区域研究与地方研究都属于国家整体的部分研究，但又有不同。地方研究可以不用比较，是某个地方就是某个地方，其研究限定于某个地方。而区域研究一定要发现该区域与其他区域所不同的特质，一定是在比较中才能发现其特质，且这种特质是内生的、内在的，而不只是外部性的现象。

作为农村研究对象的区域性，主要是指某类现象在某个区域内更为集中，并因此与其他区域不同。在中国，最大的区域差异是北方与南方。中国地理分布的分界线之一是秦岭—淮河一线，以北为北方区域，以南为南方区域。费正清曾描述道："凡是飞过大陆中国那一望无际的灰色云天、薄雾和晴空的任何一位旅客，都会显眼地看到两幅典型的画面，一幅是华北的画面，一幅是华南的画面。"[1] 在世界上，很难找到有中国这样南北差异之大，并对经济社会政治产生巨大影响的国家。中国历史上就曾数度出现过南北分化、分裂、分治时期，如南朝、南宋。南北差异也给政治决策和走向带来影响，如开辟大运河，首都东移和北进，政治过程中的南巡和北伐等。这都表明中国北方和南方有着不同的自然—社会—历史土壤，会生长出不同的结果。如我国农村合作化起源于北方，而分田到户则发源于南方。因此，将区域性作为农村研究的对象，有利于根据区域性特质，"因地制宜"和"分类指导"。

四　作为农村研究对象的村庄

国家是由不同区域构成的空间单位。一般来讲，区域的范围比较大。要对区域内的所有对象进行调查研究，不可能也无必要。由此需要进行二次分类。村庄则是农村研究的基本单位，也是发现区域特性的重要基础。只有通过对村庄性的深刻把握才能深入把握区域性。

农村社会由一个个村庄构成。村庄是农村社会成员的地域聚落。农民的生产、生活和社会交往都是在村庄内完成的。对于传统社会的农民来说，村庄就是其世界，其一生都可能在村庄内度过，因此有所谓"十里不同音，百里不同俗"的说法。愈是进入现代社会，村庄的地位愈重要。1949 年以后，伴随集体化，村庄成为具有明确和固定边界的单位，集体经济以村庄为单位组织，即"村集体"。同时，村庄也成为国家治理的基本单位，即"行政村"。

更重要的是，村庄不仅仅是农业空间聚落，而且是人与人的结合，并形成人与人之间的关系及其相应的意识形态。透过村庄这一微观的社会组织，我们有可能发现整个农业社会及其区域性特质的构成要素。法国学者列斐伏尔认为："社会生产关系仅就其空间中存在而言才具有社会存在；社会生产关系在生产空间的同时将自身投射到空间中，将自身铭

---

　　[1]　费正清：《美国与中国》，世界知识出版社 1999 年版，第 4 页。

刻进空间。否则，社会生产关系就仍然停留在'纯粹的'的抽象中。"[1] 农业社会关系及其区域性特质都将通过一个个村落空间体现出来。换言之，没有村庄载体，农业社会及其区域性就无从充分展示出来。因此，村庄是农村社会一个完备的基本组织单位，亦成为农村研究的基本单位。

将村庄作为农村研究的基本单位，并通过村庄性把握区域性，对于运用质化研究方法把握农村研究中的"地"与"类"具有重要价值。

与量化研究强调普遍性相比，质性研究更强调深度性，即通过深度调查，"将一口井打深"，来获得对对象特性的深入理解。因此，质性研究十分强调"扎根理论"和"深描"。

"扎根理论"是质性研究的一种重要方法。"扎根理论方法包括一些系统而又灵活的准则（guideline），让你搜集和分析质性数据，并扎根在数据中建构理论。"[2] 这一方法要求：第一，进入现场搜集和分析，这是前提；第二，数据是质性数据，是最能反映对象本质特征的数据；第三，扎根于所搜集的数据之中建构理论，而不是在数据之外推导出理论。因此，运用扎根理论方法，进入村庄现场调查，是了解村庄特性的有效方法。

"深描"作为质性研究方法，是相对"浅描"而言的，特别强调互动性、过程性、细节性和情境性。[3] "深描"最早用于人类学研究，是基于一种异文化的调查研究方法，用此方法可以更好地发现和比较不同对象的特质，也是发现村庄特性的有效方法。尽管"深描"注重细节，甚至微不足道的小事，但是绝不是什么小事都要进行研究，恰恰相反，对对象必须有所取舍，以选择最能达到研究目的的对象。[4] 这种研究显然有助于在比较取舍中把握村庄的特性。

质性研究的"扎根理论"和"深描"都特别强调研究者的亲身调查与经验。但是，要让调查者对调查区域的所有村庄进行调查，然后产生结论，是不可能，也没有必要的。村庄在英文中为"village"。有一句西方谚语说："Every village has its idiosyncrasy and its constitution"，就是说：每一个村庄，都有自己的特性和脾气。但每一个区域的村庄也有其同类型的共同性。我们可以通过寻找其共同性把握某区域的村庄性。这就需要寻找符合区域理想类型的村庄。

理想类型研究是德国社会学家韦伯所创立的研究方法。这种研究将事物的本质特性抽象出来，加以分类，如韦伯将统治合法性的类型分为三类。在农村研究中，可以借用这一研究思路和方法，选择最符合区域性特征的村庄进行深度调查。区域性特征就是研究者的目标和理想类型。只要选择若干最能体现区域性的村庄进行调查研究，就有可能从总体上把握该区域类似村庄的共同特征，而不必要对所在区域的所有村庄都进行调查研究。因

---

〔1〕　转引自〔英〕德雷克·格利高里、约翰·厄里编《社会关系与空间结构》，谢礼圣、吕增奎等译，北京：北京师范大学出版社 2011 年版，第 95 页。

〔2〕　凯西·卡麦兹：《建构扎根理论：质性研究实践指南》，重庆：重庆大学出版社 2009 年版，第 3 页。

〔3〕　参见陈向明《质的研究方法与社会科学研究》，北京：教育科学出版社 2000 年版，第 347 页。

〔4〕　参见澜清《深描与人类学田野调查》，《苏州大学学报》（哲学社会科学版）2005 年第 1 期。

此，村庄性与区域性是相联系的。只有从区域性整体特征出发，才能选择最能反映区域特征的村庄；只有深度把握村庄特性，才能充分说明区域特性。

相对于区域而言，村庄的范围小得多，更容易做深度调查基础上的质化研究，将区域性具体化、实证化、动态化。"因地制宜"的"地"和"分类指导"的"类"最具体和最终要体现在村庄属性上。由此要根据不同的标准对村庄加以分类。在对村庄性进行研究时，以下标准及其分类非常重要。

1. 以村庄名称为标准的分类

村庄名称是一种符号，通过这一符号，可以发现某类村庄的特质。在中国，村庄的"姓"以人的姓命名的非常多，反映了血缘关系与农耕社会同一体的特质。但在不同区域，村庄的"名"却有区别。如在黄河区域，村庄更多是以庄、寨、营、屯、卫等冠名，村庄的建构性、群体性强；在长江区域，村庄更多是以村、冲、湾、垸、岗、台等冠名，村庄的自然性、个体性强，与水相关。

2. 以居住状态为标准的分类

村庄是农村社会成员的居住聚落。村庄名称是一个村庄的标识和指称。这种标识和指称并不是随心所欲的想象，而有其内在的含义，反映了一种居住状态。根据居住状态，可以分为"集居村"和"散居村"。庄、寨、营、屯、卫、店等，更多的是一个人口居住相对集中的农村聚落，集居、群居，集聚度高，属于集居型村庄，即"由许多乡村住宅集聚在一起而形成的大型村落或乡村集市。其规模相差极大，从数千人的大村到几十人的小村不等，但各农户须密集居住，且以道路交叉点、溪流、池塘或庙宇、祠堂等公共设施作为标志，形成聚落的中心；农家集中于有限的范围，耕地则分布于所有房舍的周围，每一农家的耕地分散在几个地点"[1]。村、冲、湾、垸、岗、台等，更多的是人口居住相对分散的农村聚落，主要是散居，甚至独居，分散度高，属于散漫型村庄，即"每个农户的住宅零星分布，尽可能地靠近农户生计依赖的田地、山林或河流湖泊；彼此之间的距离因地而异，但并无明显的隶属关系或阶层差别，所以聚落也就没有明显的中心"[2]。鲁西奇认为，传统中国的农村聚落状态，"从总体上看，北方地区的乡村聚落规模普遍较大，较大规模的集居村落占据主导地位"；而在南方地区，"大抵一直是散村状态占据主导地位；南方地区的乡村聚落，虽然也有部分发展成为集村，但集村在全部村落中所占的比例一直比较低，而散村无论是数量、还是居住的人口总数，则一直占据压倒性多数"[3]。

---

　〔1〕　鲁西奇：《散村与集村：传统中国的乡村聚落形态及其演变》，《华中师范大学》（人文社会科学版）2013年第4期。

　〔2〕　鲁西奇：《散村与集村：传统中国的乡村聚落形态及其演变》，《华中师范大学》（人文社会科学版）2013年第4期。

　〔3〕　鲁西奇：《散村与集村：传统中国的乡村聚落形态及其演变》，《华中师范大学》（人文社会科学版）2013年第4期。

3. 以村庄形成为标准的分类

无论是集村，还是散村，都是在历史进程中形成的。根据村庄形成的标准，可以分为自然村和行政村。自然村是由村民经过长时间聚居而自然形成的村落。其语音相对独立统一，风俗习惯约定俗成，以家族为中心。自然村数量大、分布广、规模大小不一，有仅个别住户的孤村（如在山区），也有数百人口的大村（如在人口稠密的平原地区）。自然村是农民日常生活和交往的单位，但不是一个社会管理单位。为便于国家管理，国家建构了农村社会管理单位，即行政村。行政村是为实现国家意志而设立的，是一种体制性组织，又被称为"建制村"。在不同的时代，行政建制名称不一样。如秦汉时期的乡里、明清时期的保甲。自然村与行政村有可能相重合，也有可能不一致。在南方散村区域，自然村一般较小，通常是若干个自然村合为一个行政村。在北方集村区域，自然村较大，往往是一个自然村为一个行政村。显然，自然村与行政村的合一，有助于国家意志的贯彻实施，村与户的关系更为紧密。

4. 以血缘关系为标准的分类

无论是自然村，还是行政村，其基本组织单元都是由血缘关系构成的家庭。血缘关系是农村村庄存在的基本关系。在中国，血缘通常以姓氏加以表征。根据血缘关系，村庄可以分为"单姓村"和"多姓村"。单姓村指一个村一个姓氏。如宗族社会的村庄通常都是单姓村，自然村往往是单姓村。多姓村指一个村庄由多个姓氏的人构成，意味着村庄成员来自不同的血缘家庭，村庄因地缘结合的特征突出。而"多姓村"又可以进一步分类："主姓村"和"杂姓村"。前者意味着以一个，或者若干个姓为主，后者看不出明显的主姓。

根据不同标准，村庄还可以进一步细化，如根据经济水平分为贫困村和富裕村；根据产业类型，可以分为农业村、牧业村、农工商合一村；根据村庄成长历史，可以分为历史名村、移民新村；根据民族归属，可以分为汉族村、少数民族村，等等。但就作为农村研究对象的村庄性而言，村庄的分类不是随意和无限的，而要与区域性的理想类型关联起来，寻找村庄分类对于理解区域性和村庄性的价值与意义。比如，集聚和散居不仅仅是一种居住形态的差异，同时也蕴育着人与人之间的结合关系及意识形态，从而建构起"村庄性"。鲁西奇就认为："采用怎样的居住方式，是集中居住（形成大村）还是分散居住（形成散村或独立农舍），对于乡村居民来说，至关重要，它不仅关系到他们从事农业生产的方式（来往田地、山林或湖泊间的距离，运送肥料、种子与收获物的方式等），还关系到乡村社会的社会关系与组织方式，甚至关系到他们对待官府（国家）、社会的态度与应对方式。"[1] 而在法国学者阿·德芒戎看来：每一居住形式，都为社会生活提供一个不同的背景；村庄就是靠近、接触，使思想感情一致；散居状态下，"一切都谈的是分离，一

---

〔1〕 鲁西奇：《散村与集村：传统中国的乡村聚落形态及其演变》，《华中师范大学学报》（人文社会科学版）2013 年第 4 期。

切都标志着分开住"。因此，也就产生了法国学者维达尔·德·拉·布拉什所精辟指出的村民和散居农民的差异："在聚居的教堂钟楼周围的农村人口中，发展成一种特有的生活，即具有古老法国的力量和组织的村庄生活。虽然村庄的天地很局限，从外面进来的声音很微弱，它却组成一个能接受普遍影响的小小社会。它的人口不是分散成分子，而是结合成一个核心；而且这种初步的组织就足以把握住它。"[1] 所以，村庄分类不是为了分类，更主要的是通过分类，更好地把握村庄性乃至区域性。

五　作为农村研究对象的区域性村庄分类

"分"与"合"是人类社会的存在状态，也是农村研究的基本标准。由于自然—社会—历史的条件不同，"分"与"合"在一个国家内不同农村区域的表现形式不一样，使某些村庄在一定区域存在多一些，某些村庄在一定区域存在少一些，由此构成不同的区域性村庄。

根据"分"与"合"的维度与自然—社会—历史条件，按照典型化分类的标准，我们可以将中国农村分为以下七大区域性村庄。

1. "有分化更有整合"的华南宗族村庄

"聚族而居"是华南宗族村庄的存在状态。血缘关系是人类最原始、最基本、最古老的关系。人类最初是以"群"（"类"）的方式生存的，早期传统农村实行"聚族而居"，通过一个个由血缘姓氏结合而成的宗族将农村社会成员组织起来，形成"家族同构、族高于家"的宗族村庄。宗族村庄普遍存在于早期中国农耕区域。在漫长的历史长河里，由于多种原因，"聚族而居"的宗族村庄社会四分五裂为一个个个体家庭构成的分散型村庄。但在中国的南方，特别是赣南、闽西南、粤东北、浙南、皖南、湘南、鄂南、四川等区域尚存在比较完整的宗族村庄。这类宗族村庄因集中存在于赣南、闽西南、粤东北等地，所以以"华南宗族村庄"加以概括，其最典型的特征就是保留了完整的传统宗族社会，构成了中国传统农村的历史底色。

需要说明和注意的是，华南是一个区域性概念，并不是所有的华南区域的农村都是以宗族村庄的形式加以体现的，也不是只有华南才有宗族村庄，而是指宗族村庄在华南区域更为集中，保存得更为完整。我们通过对华南区域宗族村庄的了解，则基本可以把握宗族村庄的整体状况。

华南宗族村庄的气候环境和水利条件适宜于农耕，属于水稻产区。许多村庄交通便利，有一定的商业，但总体来看，地理位置偏僻，处于国家地域中的边缘地带。与南方区域的散村形态不同，宗族村庄通常为集居形态。这与宗族村庄大多因战乱迁移，特别注重整体安全有关。

---

〔1〕〔法〕阿·德芒戎：《人文地理学问题》，葛以德译，北京：商务印书馆1993年版，第192页。

"有分化更有整合"是宗族村庄的鲜明特征。宗族与氏族不同，它是以个体家庭为基本单位的。如果说宗族是"大家"，那么，个体家庭则是"小家"，只是"小家"是由以共同的祖宗为纽带的宗族"大家"分化出来的。"小家"尽管有相对独立性，但是与宗族"大家"有紧密的联系，宗族村庄通过共同的血缘关系、财产关系、社会关系、文化关系和治理关系将各个小家和个人结合或者整合在一起，形成以血缘关系为基础的共同体。这类村庄有"分"，但更有"合"，或者更强调"合"，并有促进"合"的机制。因此，宗族村庄以宗族整体性为最高标准，其内部存在差异性，但更有将差异性抑制在整体性框架内的机制，从而形成宗族村庄秩序。

宗族村庄在对"因地"和"分类"的农村研究中具有重要价值。其核心是整体性与差异性、"分"与"合"的并存，特别是在如何"分"与"合"方面有诸多机制。如通过适度的"分"获得宗族竞争活力，通过公共财产形成维续宗族共同体的财产基础。中国农村改革权威杜润生就在论证"分田到户"的合理性时指出："所有权和使用权的两权分离，过去在中国社会也曾存在过，但不是很普遍，比如村庄的祠堂地、村社土地一类。"[1] 当下，许多地方以行政村为基础的村民自治陷入困境，而在广东清远市农村的村民自治却十分活跃，其重要原因是以宗族为基础的自然村作为自治载体，并以自然村的自治推动着土地的整合。

宗族村庄正因为存在久远，至今仍然有很大影响，且内在机理仍然有重要价值，所以成为农村研究的重要对象，产出的成果也较多。只是对这类村庄为何存在，如何存续还有许多未解之谜，也还存在许多问题需要通过调查进一步探讨。如研究中国宗族村庄的权威专家弗里德曼将水稻种植作为宗族村庄存续的理由之一，但是我们如果进一步追问，同样是水稻区，为什么有些地区的宗族村庄未能存续呢？显然，宗族村庄还有许多问题需要在充分调查基础上进行研究。

2. "有分化缺整合"的长江家户村庄

"随水而居"是长江家户村庄的存在形态。气候与水对于农业具有至关重要的影响。以秦岭—淮河为界，中国形成南北两大区域，分别有两大水系，即南方的长江与北方的黄河，由此构成南北两大农村核心区域，并具有各自的特质。在长江流域，特别是长江中上游，即四川、重庆、湖北、湖南、江西、安徽等地，主要为平原与丘陵，主产水稻，属于稻作区，人们随水而居。自然村和散居村多，村名大多与水相关，如冲、湾、垸、岗、台等。一个个家户星罗棋布散落于平面形态的小块水田旁，形成最为典型的传统小农经济，即一家一户、农业与手工业结合、自给自足的自然经济。在自然经济形态占主导地位的传统社会，小农经济状态决定着国家的兴衰，所谓"湖广熟，天下足"。长江中上游区域最为典型的特征是家户小农经济基础上的家户社会。家户社会以血缘关系为基础，以裂变的个体家庭为中心和本位，不同于宗族社会。

"有分化缺整合"是长江家户村庄的鲜明特征。如果将"聚族而居"的宗族村庄视为

---

[1] 杜润生：《杜润生：中国农村体制变革重大决策》，北京：人民出版社2005年版，第153页。

大树的话，那么，"随水而居"的家户村庄则是大树的枝桠和树叶。只是与宗族村庄不同，家户村庄的个体家户与远祖缺乏内在的联系，犹如脱离了树干，散落在各地的枝叶。个体家户及其相近的亲族在日常生活中占主导地位，近亲愈近，远亲愈远，缺乏对共同祖宗崇拜、共同地域、共同财产、共同社会关系、共同价值、共同治理等机制将一个个个体家户联结起来，形成具有整体性的共同体。家户本位的私人性、差异性、竞争性强，村庄联系和合作的整体性、共同性弱。

家户村庄是最为典型的中国农村底色。毛泽东在1940年代就指出："在农民群众方面，几千年来都是个体经济，一家一户就是一个生产单位，这种分散的个体生产，就是封建统治的经济基础，而使农民自己陷于永远的穷苦。克服这种状况的唯一办法，就是逐步地集体化；而达到集体化的唯一道路，依据列宁所说，就是经过合作社。"[1] 由分散的个体家户生产走向农民合作的集体生产，是中国农业社会主义改造的基本前提。只是这种改造带有很强的国家整合的特点，换言之，农村的"合"主要由外部力量推动，由此形成的人民公社统一经营体制缺乏必要的农村社会基础。而对公社统一经营最不适应且率先对这一经营体制提出挑战，探索包产到户（民间习称"分田单干"）的则集中于长江中上游区域。民间一度流行"要吃粮，找紫阳；要吃米，找万里"[2] 的说法。邓小平就表示：以包产到户为主要内容的农村改革"开始的时候，有两个省带头。一个是赵紫阳同志主持的四川省，那是我的家乡；一个是万里同志主持的安徽省"。[3]

当然，家户村庄也有其限度。一家一户为单位的家户村庄将个体家户的私人性激发出来，分化带来了活力，但由于缺乏必要的横向机制将一家一户联结起来，形成有机的整体，只能依靠政府的纵向整合，而这种整合往往会进一步弱化家户村庄的公共性。在当下的新农村建设中，人们会经常发现，由于一家一户分散的原因，道路难修、水管难通等现象很普遍。因此，对于"有分化缺整合"的长江家户村庄而言，如何在私人性基础上发育和形成公共性，还有大量问题需要研究。而这对于全国也具有普遍性价值。

3. "弱分化强整合"的黄河村户村庄

"集村而居"是黄河村户村庄的存在形态。黄河区域主要指黄河中下游区域，包括陕西、山西、河南、河北、山东等地。这一区域本是中华农业文明的主要发源地。农业文明最早就是以人们群居的村庄聚落形态表现出来的。同时，黄河区域紧邻北方游牧区域，长期是国家的政治中心地带，受战乱的影响深远。黄河区域农耕的自然条件与长江区域截然不同，属于干旱区，主产小麦等旱作物，地势平坦。一个个村庄聚集在一大块农田麦田旁边。村庄大多以庄、寨、营、屯、卫等命名，属于人口集居村庄。本来，宗族社会最早起

〔1〕《毛泽东选集》（第3卷），北京：人民出版社1991年版，第931页。

〔2〕赵紫阳于1975～1979年担任中共四川省委书记，万里于1977～1979年担任安徽省主要领导。他们在任职期间都积极支持以家庭为生产经营单位的农村改革。

〔3〕中共中央文献研究室：《十二大以来重要文献选编》（下），北京：人民出版社1988年版，第1443页。

源于黄河区域，但因为战乱、灾害等原因，南移到华南。黄河区域由宗族社会裂变为个体家户社会。但因为自然—社会—历史原因，黄河区域村庄的存在形态在于其集聚性、集体性，个体家户集聚、集中在一个空间领域，村庄群体与家户个体具有紧密的依赖关系，由此构成村户社会，与长江区域的分散性、个体性的家户村庄形成鲜明的差别。

"弱分化强整合"是黄河村户村庄的鲜明特征。由于自然条件、社会条件和历史境遇的同一性，黄河区域村庄内部的分化程度不高，或者分化比较简单。但是，黄河区域的农村社会成员的集聚度高，人与人之间的联系紧密，村民之间的横向联系较强，特别是外部自然条件恶劣（如缺水）和社会条件严酷（如经常性战乱）的强制性整合，造成村庄的集体依赖性和整体性强。如果说，在中国，少数民族进入中原地区后会"汉化"，那么，中原地区也会"胡化"。其游牧民族的部落群体对于中原，尤其是黄河区域有很大影响。这也是黄河区域村庄整体性强的重要原因。总体上看，黄河区域的村庄地域整体的地位高于血缘家户个体，集体意识和行动能力强。

黄河区域的村户村庄在中国农村社会变迁中有其特殊地位。在 20 世纪，中国共产党改造传统个体家户社会的依据是一家一户小农经济，通过集体合作的集体化，避免社会分化。但集体化最早起源于黄河区域。例如，山西的张庄早在 1940 年代后期土地改革刚结束时，就开始了集体互助。50 年代农业集体化进程中的模范典型也大多产生于黄河区域。例如，山东的厉家寨就被视为合作化的典范。人民公社最早发源于河南和河北。在人民公社化的进程中，最早实现人民公社化的 9 个省，有 8 个在黄河区域。[1] 到六七十年代，作为全国集体经营旗帜的大寨则位于山西。直到 80 年代后，黄河区域还有一些村庄仍然在坚持集体统一经营。

当然，黄河区域的集体化在相当程度上是由特定的自然—社会—历史条件造成的，具有强大外部整合的特点，村庄缺乏个体性和差异性，也缺乏竞争和活力。随着社会发展，家户在农村社会的地位愈益突出，社会分化、分离性增强。但是，其集体性、整体性、共同性的历史底色仍然存在，且还会发挥作用。如在黄河区域的山东、河南、山西、河北等地，以行政村为单位的农民股份合作、农村城镇化、农村社区建设、农村村民代表会议等发展较快。因此，对于"弱分化强整合"的黄河区域村庄来说，如何在社会分化日益突出的基础上，推进自愿基础上的社会联合、社会合作，具有重要价值，也具有普遍意义。

4. "小分化大整合"的西北部落村庄

"逐草而居"是西北部落村庄的存在形态。中华文明是在农业文明与游牧文明的互动中形成的。游牧文明主要发生和存在于西北区域。游牧是一种不同于农耕的生产方式，具有很强的流动性和不可控性。以游牧为生的人通过一个个部落群体组织起来，共同应对外部挑战。一个个部落逐草而居，分布于茫茫草原上。在农业文明与游牧文明互动中，游牧部落会受到农耕家户的影响，农耕家户也会受到游牧部落的影响。如黄河区域的集体性既

---

〔1〕　参见《当代中国农业合作化》编辑室《建国以来农业合作化史料汇编》，北京：中共党史出版社 1992 年版，第 501 页。

有古典的宗族社会影响，也有游牧部落的影响。西北区域主要包括新疆、内蒙古、西藏、甘肃、青海、宁夏等牧区，其典型特征是部落村庄。

"小分化大整合"是西北部落村庄的鲜明特征。家庭是部落构成的微小单元，但家户寓于部落之中，部落的地位远高于家户，共内部的分化程度非常小。同时，为了应对恶劣的环境，部落之间还会形成联盟，由此形成大整合。这种整合不同于黄河区域以村庄为单位的整合，而经常会超越一个个部落单位，从而获得更为强大的整体性和集体行动能力。传统游牧部落以"十户长、百户长、千户长"作为组织建制，便反映了大整合的特点。这也是游牧民族得以经常战胜农业民族的重要组织原因。

西北部落村庄在中国农村社会变迁中有其独特地位，并形成鲜明特色。农村村庄本来是固定在一个地域上的农民聚落。而部落村庄的特点是流动性，并在流动中形成整体性和共同性。长江区域家户村庄因"随水而居"产生的是分散性、个体性，西北区域部落村庄则因"逐草而居"产生的是集聚性和整体性。同时，西北部落村庄位于国家边陲的浩瀚草原中，流动性强，其特点突出，治理难度大。如何针对这一特点，"因地制宜"进行"分类指导"，是国家治理的重大问题。如在流动性的西北区域，实行与内地"包产到户"类似的农业政策，其难度就较大。

5. "低分化自整合"的西南村寨村庄

"靠山而居"是西南村寨村庄的存在形态。中华文明是在由核心向边缘不断扩展中形成的。除了黄河、长江等核心区域以外，还有广阔的边缘区域。与茫茫草原和沙漠地带的西北边缘区域不同，处于崇山峻岭和山峰林立之中的西南边缘区域与核心区域的互动较少，相对封闭，主要包括广西、贵州、云南，以及四川、重庆、湖北与湖南部分被称为少数民族的地区。这些区域远离政治中心，自然条件恶劣，文明发育程度较缓，有自己独特的自然、社会、文化与政治形态。为了应对环境，人们大多"靠山而居"，以山区村寨的小集居、大散居的方式居住、生活，村庄大多以"寨""屯"之类的集居聚落命名。尽管家庭是基本单元，但村寨共同体的地位高于个体家户。因此，西南区域村庄的组织形态是村寨社会。

"低分化自整合"是西南村寨村庄的鲜明特征。由于自然、社会和历史条件的同一性，西南村寨的社会分化程度很低，人们世世代代过着相同的生活，与外部交往很少。正是在封闭的生活空间里，形成了独特的习俗，人们根据世代传承的习俗进行自我调节，其自我整合的自治性强。与此同时，由于位置偏远，中央政府对于这些地区实行"因俗而治"的政策，使村庄的自我调节得以长期存续。

与黄河区域村户村庄的集体性主要由外力推动不同，西南村寨的合作与集体性主要源于内在的动力与机制，是人们在长期共同生活中获得的一种自我认同。这种基于村民自我认同的集体性比较容易达成一致，进行有效的自我治理。人民公社体制废除以后，中国在村一级实行村民自治，其制度来源于广西壮族自治区的合寨村。在西南区域，实行自治更多带来的是团结，而不像社会分化程度比较高的地方，实行自治往往带来的是进一步的分裂、分散。当然，西南区域村寨的"低分化自整合"与其地理位置和交通条件相关，随着交通和通信条件的改善，其对外开放程度提高，"低分化自整合"的形态也在悄然发生变化。

6. "高分化高整合"的东南农工村庄

"逐市而居"是东南农工村庄的存在形态。文明可以分为原生、次生、再生等不同层次。再生即在原生文明基础上再生出一种新的文明形态。中国的东南区域，包括江苏、浙江、福建、广东等地本属于南方农耕区域，具有农业社会底色，且属于农业文明非常发达的地区，如长江三角洲和珠江三角洲，曾经有"苏常熟，天下足"之说，江苏和浙江更号称"天下粮仓"。但这些地方属于沿海地带。随着文明的进步，人们除了靠农业获得生存资料以外，还试图通过工业和商业得到生存和发展，而东南沿海赋予这一地带优越的条件，使这一区域的人们率先挣脱土地和农业的束缚，形成了农业与工业、与商业相结合的村庄。工商业与市场和城市相关。人们"逐市而居"，尽管仍然是农村聚落，但与城市和市场联系非常紧密。这与"小村庄小集市"的长江家户村庄形成明显的差异。

"高分化高整合"是东南农工村庄的鲜明特征。农工村庄的商品经济较为发达，开放度高，与市场和城市联系紧密，社会分化程度高。这种分化不再限于农业村庄，而是跨越村庄，与城市和市场相关。如 1949 年前，东南区域出现许多城居地主和工商业地主，这与其他区域主要是在村的"土地主"有所不同。伴随高分化的是高整合，这种整合也不再只是局限于村庄内部，而是跨城乡，以市场为中心的整合。人们之间的横向联系不仅仅限于乡土人情，更重要的是市场理性网络。村庄只是整个市场社会之中的一个环节。

东南农工村庄在整个中国农村变迁中处于领先地位。除了领先于农业文明以外，也领先于工业文明。在中国由农业社会向工业社会转变的过程中，率先崛起的就是东南农工村庄。费孝通先生在其著名的《江村经济》中提出了通过"草根工业"解决中国农村农民问题的超前思路，得益于他在其家乡——江苏吴江——的调查。改革开放以来领先于中国的"苏南模式"、"温州模式"和"珠三角模式"都位于东南区域。只是随着工业化、城镇化，这一区域的农业底色逐渐消退，但其底色却规制着这一区域的工业化和城镇化道路，如"小城镇大市场"。

7. "强分化弱整合"的东北大农村庄

"因垦而居"是东北大农村庄的存在形态。包括黑龙江、吉林、辽宁及部分内蒙古地区的东北区域，原属于非农耕区，且是满族圈禁的地带。只是在数百年前，这一地方因为地广人稀，土地肥沃，吸引了大量来自山海关内的农民迁移到那里开荒垦殖，将其变为农耕区，俗称"闯关东"。在金其铭看来，"东北的农村聚落实际上是华北聚落的一个分支"。[1] 这一地带是狩猎、游牧、农耕的混合文明区域，又属于边疆地区，具有晚开发、跳跃性、移动性特性，农耕文明的历史短暂，但地域辽阔，人少地多，与核心地带的"人多地少"形成鲜明的区别。广阔的大平原、广袤的大草原、广大的大森林，使这里以

---

〔1〕　金其铭：《中国农村聚落地理》，南京：江苏科学技术出版社 1989 年版，第 137 页。

"大"为特（当地称"大"为"海"），并为"大农业""大农村""大农民"提供了基础，与长江地带的小农有着明显的区别。农村社会成员"因垦而居"，属于集村村庄，大多以"屯、堡"之类的集聚村落命名。

"强分化弱整合"是东北大农村庄的鲜明特征。开荒垦殖意味着原地荒无人烟，人们依靠强力获得土地而定居，并产生社会分化。这种分化不是长期历史自然形成的，而具有很显著的突然性、人为性和强力性。同时，国家治理的缺失，也造成了社会的强力占有和争夺，"匪气"和"匪患"严重。正因为如此，尽管东北村庄以集居方式存在，但相互间的横向联系纽带缺失，村庄犹如一个"拼盘"，人虽在一起，但缺乏共同财产和共同心理认同，村庄整合度弱。

由于优越的自然地理条件，东北可以在大农业发展方面发挥重要作用。如新中国建立以后，东北的"北大荒"成为"北大仓"。改革开放以来，东北成为村民自治"海选"的发源地。但是，"人心不齐"的弱整合也制约着东北大农村庄的发展。人们难以通过村庄提供大农业发展需要的社会服务。一家一户的生产经营方式仍然占主导地位。而东北的"海选"恰恰是由缺乏村庄共同性而产生的不得已的行为，也正因为缺乏共同的心理基础，"海选"之后的治理仍然困难。

向水而生：
湖区型村落的自主联结与治理

——长江区域杜家刓村调查

李松有[1]

———————————

　[1]　李松有（1986~），男，广西桂林人，华中师范大学中国农村研究院（政治科学高等研究院）2014级博士研究生。

第一章 杜家刿村由来与演变

在水源丰富的平原地区，杜家刿作为一个自然村落，民众近水而居，因水而聚，又因水而分，不同时期村落原始形态呈现不同特点。直至 1949 年以后，因国家政权下沉和同构作用，杜家刿村才进入国家建制体制。

第一节 杜家刿村形成与变迁

村落诞生不是一蹴而就的，其形成与发展需要一定时间，由世居若干个姓氏户数，也就是几个聚落，几年或者几十年繁衍生息，才有村落雏形。同时，村落也在不断发生变化，其变化主要呈现两方面特征：姓氏增加或减少与姓氏占有土地面积增加或减少。不妨从这些方面，描绘出村落发展历史。

一 杜家刿村诞生阶段：插台而居

相传，元朝时期，"海内既一，于是内而各卫，外而行省，皆主屯田，以资军饷"。[1] 明代此处为兵士耕种屯田的地方。清代其由军屯改为民屯，屯田均属卫所统一管理。该句意思是说玉沙县[2]地广人稀，荒无人烟，当时为了增加税收，国家屯兵垸堤修堤，围垸造田，同时，鼓励百姓迁居此地开荒种粮。当时，吴叶山、欧阳贵、周则严[3]，共计九个姓氏，自江西等地而来，通过挽草为记和插志为标，单家独户，占有杜家刿所有土地，同时，三个聚落开始相互联系，形成最早村落雏形。

李良望回忆，以前，洪湖几百里绵延，荒无人烟，耕地广阔，先占先得。按照插志为标，挽草为记原则。意思是说用木头打一个木桩作为标记，或者用草挽一个记

---

[1] 《元史》（第 100 卷），北京：中华书局 1976 年版，第 2558 页。
[2] 在元朝时期，洪湖市称为玉沙县。
[3] 据说，以前屋台按照姓氏编成册名，也是姓氏驻地湾子或台子名称。

号，说明占为己有，属于他们的名份，别人不敢偷占。后面，沔阳县城官府进行土地登记，登上册子，以其姓氏取名。吴叶山、欧阳贵、周则严三个台子，由他们占有，后面，他们绝嗣或者迁到外地，将屋台卖给其他人占地建房。

二　杜家剅村扩展阶段：插台而居和购台而居

杜家剅村诞生以后，并不是一成不变的，村落姓氏和规模也随着时间而发生变化。由于洪水或者战乱，以及寻求发展需要，原来9个姓氏搬迁离开，逐渐移居来新的姓氏。清朝时期，李氏3户、陆氏1户、杜氏2户、熊氏1户、黄氏1户，共8户，俗称八屋台，其先后搬到杜家剅开基立业。他们最早通过购买或者插占方式，将杜家剅村的屋台和水田占为己有。这时，不仅村落姓氏不断增加，而且村落所辖面积也逐渐扩大，不过，村落扩展并未停止。

李氏。李氏一族唐陇西一脉，乃唐宗室曹王明之后裔，发源于江西，明朝万历年间，李氏祖籍江西省筱塘村李氏公权一支，因赋税重迁到沔阳县李河村择地安家，清朝顺治年间，十三世祖大科公因沔阳县沙洋河泛滥，从李河村逃到杜家剅，把原来的田卖了，重新到沙口镇吴家新场吴氏买田地居住，生育振贵、振德和振伟三子。不久，洪湖水泛滥，官湖垸垸堤倒口，垸主命令李氏三户人做堤，因为人少溃口大，根本做不起堤，振贵逃跑，搬到府场镇落籍，振伟也搬到南安县花果垸落籍，只有振德留守，繁衍11代人，其后裔一支分在杜家剅繁衍，一支分到李家咀定居。

陆氏。清朝时期，陆氏比李氏晚来杜家剅，向叶氏买地安家立业，其后裔没有发人，几代单传，仅有一户，共繁衍了11代。《陆宦宗谱》记载，相传元太祖成吉思汗之第四子托雷第七子阿里不哥后代，因避难于湖北省沔阳洲下新河乡，隐姓埋名，遂以排行为姓，故姓陆。后来，因洪灾逃荒至杜家剅。[1]另一种说法为，陆奕是沔阳县陆氏始祖，他是阿里不哥后代的曾孙，在沔阳府任同知时，遇到红巾军起义攻占沔阳州，其奉命讨伐，失败自杀，其他子孙逃走，隐姓埋名，后面，因水灾逃荒至下新河乡转杜家剅落籍。

杜氏。明朝洪武年间，朱元璋下旨进行大移民，沔阳州一世祖杜凤从江西陵江府十字街大桥头入居沔阳县杜家垸子杜家横堤，其子嗣分别迁居至武汉市土山村，汉阳市龙王庙村、板桥村，嘉鱼县峡山村、监利县，以及沔阳县仙桃镇。清朝年间，居住在仙桃镇后裔杜老七担任沔阳县城钱粮先生，他告老以后，出钱向沙口镇吴家新场吴氏和杜家剅村陆氏购买屋台和田地，并盖房安家落籍，繁衍6代人。后来，杜老七和杜老六乐善好施，共同出钱出力组织村民修建石剅，进行水田排灌，因其名声大，铭记其功劳，就将石剅取名为杜家剅，久而久之，村落名字也就改成杜家剅。

黄氏和熊氏。据说，黄氏先祖黄玄公，自宋宅住江西饶州府余干县枯树大湾，红巾贼

---

〔1〕　据说，最初陆氏祖牌后面刻有"蒙古"二字，足以证明是蒙古人血脉。

起，肆行猖獗，祖族等百余人尽室而逃，一逃于湖广德安府应山县，另一逃于汉阳府沔阳州泪江村。清朝年间，黄氏又因子孙多，自天门县迁到建宁县白口村，后因洪水泛滥，黄其昌携子女逃荒，乘船到沔阳县戴市乡杜家垴村，插志为标，向陆氏购买屋台建房立业，共繁衍 5 代人。同时，熊氏自江西南昌府南昌县来，接于湖广荆州府石首县小岳洲，因洪水泛滥，熊氏后裔逃荒至杜家垴，向陆氏购买屋台，彼时地皆荒芜，公也开基辟土，插志为标，遂居焉，后因此地作圹，移居，共繁衍 5 代人。

李良望老人回忆，李氏族谱记载，清朝时期，洪湖水泛滥，李氏水田附近垸堤倒口，垸主命令他们修堤，因势单力薄，无法修好垸堤，李氏振贵携家人逃到曹市镇定居。这时，熊氏和黄氏因水灾逃荒，分别乘船逃到杜家垴，插标抢占李氏振贵的水田，并向杜家垴陆氏购买屋台建房安家。

三 杜家垴村稳定阶段：施台而居和购台而居

清末民初，村落姓氏和人口仍有增加。因战祸或者水灾，有涂氏 1 户和夏氏 1 户迁徙到杜家垴，村落户数发展至 10 户。不久，再有万氏和舒氏、吴氏迁来，总计 3 户，这时，村庄总户数共计 13 户。直到民国末年，杜家垴姓氏才没有变化，各姓氏占有土地面积也没有变化，可见村落发展已经趋于稳定，村庄边界也就此明晰，北抵三岔河村，南抵螺蛳潭，东到龙潭河，西到西堤沟。

夏氏。本族迁鄂始祖，东夷公、东鲁公兄弟二人于 1369 年奉洪武皇帝诏令，由江西吉水县迁至湖北沔水北失散后，东夷公迁至汉川夏家塔村，而东鲁公迁徙到沔阳县沙口镇红心河村，再搬到沔阳县周家倒口，民国初年垸堤倒口，洪水将他家的屋台冲走，他就搬到陆家垴向杜家买台居住，并向杜氏购买田地，繁衍了 4 代人。

涂氏。元末明初，涂氏一世祖务义公因异地任职，自江西南昌府迁到湖北省监利县定居仓库垸。清末民初，其第三个儿子本任不满时弊而弃官迁往沔阳县戴市乡定居，之后，因战祸逃往杜家垴，向杜氏购买田地开基立业，已经繁衍 4 代人。

万氏和舒氏。万氏是李氏外嫁湖南省重阳县女儿后裔，丈夫去世，其母亲携带儿子和媳妇回娘家落籍，李氏娘家施舍陪嫁台和水田，供其建房和耕种生活，后转为杜家垴万洪远的义子，并改姓为万姓，共繁衍 3 代人。舒氏原籍为戴市镇卢敦村，因为闹水灾淹没房子和庄稼，逃荒投奔李氏娘家，落籍杜家垴，共繁衍 3 代人。

吴氏[1]。吴氏祖籍安徽新安，唐朝时期，因乱世兵燹逃难，先祖自安徽迁移到江西南昌，元末明初，因红巾军之乱，四十一世祖天福公自江西落籍湖北省麻城县，生启泰、

---

〔1〕 吴成荒、吴成荦、吴成蓝、吴成茂、吴成之、吴成华，原是螺滩村人，买了杜姓屋台，搬过来居住。最初，吴家新场居住杜家垴，最早居住此地，与螺滩村吴姓没有关系，只是同姓人。

启春、启贤和启箴四子，清朝时期，洪水泛滥，启泰前往湖南，启春和启贤迁移到监利，启箴迁到沔阳县戴市镇螺滩村落籍。民国中期，洪湖水泛滥，导致垸堤倒口，将吴氏房子冲毁，其向杜氏购买屋台建房安家，繁衍3代人。

综上所述。杜家剅自诞生到发展，伴随着姓氏前来或者迁走过程。明清时期，杜家剅姓氏变迁频繁，祖籍多为江西省，后辗转迁入沔阳县等。迁入原因有以下几个方面：一是为了增加税收，促进地方发展，国家采取移民政策，比如江西填湖广；二是政权更迭，兵荒马乱，百姓为避难各自逃命，择良地而居；三是因生活困难，难以为继，比如早年丧夫，遗孀投靠娘家落籍，或者人多地少，鼓励子孙外迁，开拓事业，求得生存；四是为官外调任职，从而择地而居，开基立业；五是每年洪涝灾害频繁，百姓为了逃命，坐船逃荒，背井离乡，待洪水退后，择高地而居。同时，杜家剅不同姓氏之所以可以落籍，采用三种方式。一是出钱购买屋台和水田，从而建设房屋和耕种农田，落户当地，比如杜家剅，不仅杜姓、黄姓都是乡亲，而且最初，李氏3户买地居住，其他姓氏也是买地居住，最后变成邻居和乡亲。二是以插志为标或者挽草为记方式，进行异地开荒、守荒，或者利用发生洪灾、百姓逃离家园之际，趁机抢占别人土地，插志为标，落地生根。三是投靠亲戚朋友，比如娘家，通过娘家人给予其屋台和土地，进行落籍生存。杜家剅姓氏变迁情况见表1-1。

表1-1 杜家剅姓氏变迁情况

序号	姓氏	何时搬来	何地搬来	因何搬来	如何落籍	最初祖籍
1	李氏	清朝顺治	沔阳县李河村	沙洋河泛滥	买地落籍	江西省筱塘村
2	陆氏	清朝乾隆	沔阳县下新河	沙洋河泛滥	买地落籍	内蒙古自治区
3	杜氏	清朝光绪	沔阳县仙桃镇	任职告老	买地落籍	江西省陵江府
4	黄氏	清朝年间	建宁县白口村	沙洋河泛滥	买台落籍、插志为标	江西省饶州府
5	熊姓	清朝光绪	荆州府小岳洲	沙洋河泛滥	买台落籍、插志为标	江西省南昌府
6	夏氏	清末民初	沔阳县红心河	龙潭河泛滥	买台落籍	江西省吉水县
7	涂氏	民国初年	沔阳县戴市乡	躲避战乱	买台落籍	江西省南昌府
8	万氏	民国时期	湖南省重阳县	生活困难	娘家施台和田落籍	湖南省重阳县
9	舒氏	民国时期	沔阳县卢敦村	柴林河泛滥	娘家施台和田落籍	戴市镇卢敦村
10	吴氏	民国时期	沔阳县螺滩村	龙潭河泛滥	买台落籍	江西省南昌府

第二节　村名的由来

沔阳县是一个水窝子，三年两水，饱受洪涝之灾。清朝年间，为了除水害，保护官湖垸百姓房屋和庄稼，杜家剅的杜老七——沔阳县远近闻名大绅士，能文能武，组织官湖垸北岸垸民去挖毁子贝渊堤排水，遭到南安县民众反对，自此，纠纷殴斗，延年不断。甚至，杜老七出资，利用人脉关系，请地方守将调动朝廷军队参与，与南安县百姓进行争斗，争斗非常惨烈，双方致死数百人，结果惊动朝廷，京城皇帝下旨，要求地台大人金道名派兵镇压，并拿获案内首要各犯询明，杜老七能言善辩，打赢官司，维护官湖垸北岸百姓利益，名声大噪。待其回乡之后，务耕读，造福乡梓。为了水田排灌方便，杜老七捐献土地修石剅，同时，其与杜老六一起出钱出力，在剅子上面搭桥铺路。村民为了感谢杜氏家族慷慨解囊，乐善好施，待竣工以后，以杜氏命名，称为杜家剅，后面，村落名称也泛称为杜家剅。

第三节　杜家剅村的建制变迁

不同时期杜家剅建制情况各不相同。宋朝时期，县以下才有完整的行政建制，设乡、里、保和甲四层建制。元朝时期，县下建制与宋朝不同，设村、社、里、甲。明朝时期，沔阳州下设五乡，以下编户一百里，乡里下设保甲，杜家剅辖于咸宁乡季平里。清循明制，唯保甲有别，杜家剅隶属于沔阳县九一四保。民国初期，沔阳县下设区，区下设乡，民国末年，废区设乡，乡下编保甲，实施乡、保、甲三位一体管理体制，杜家剅隶属于第十区戴市乡百一七保。1953 年沔阳县下设区、乡（镇）、村三级。1958 年，废除区、乡、村建制，建立"政社合一"的人民公社。农村人民公社下设大队、中队、小队。未久，公社以下建制变为管理区、大队、小队。1961 年，恢复区级建制，遂将公社改为区公所。区以下设公社、大队、生产队。1975 年，洪湖县实行撤区并社，设社、大队、生产队。1984 年，按机构改革要求，撤销人民公社，设区建乡，杜家剅隶属于戴家场区（原戴市区解放后改为戴家场）百桥乡。1987 年要求撤区，实行"镇管村"的体制，并设置戴家场镇百桥乡办事处进行管辖。后来，撤销办事处，设置村民委员会和村民小组。由于政权更迭频繁和国家管理需要，杜家剅建制范围和隶属关系变化较大，大部分时间呈现扩大趋势，见表1-2。

表 1-2　不同时期杜家剅村建制情况

时间	行政隶属关系
宋朝	玉沙县咸宁乡大字号季平里[1]王刘二庄[2]
元朝	玉沙县咸宁乡大字号季平里刘二庄
明朝	沔阳州咸宁乡官湖垸大字号季平里刘二庄

---

〔1〕　传统时期，这些散居聚落尽管是自发形成的，拥有自己的名称，但也不会脱离官府的控制，亦应被编入"乡里"体系而隶属于"某乡"且具有"某某里"的称呼。

〔2〕　庄是比村更高一级的社会组织，一个庄包括若干"村"，是清代推行"顺庄法"之后形成的行政管理系统，构成"庄"的单位是"村"。

续表

时间	行政隶属关系
清朝	沔阳县咸宁乡大字号季平里九一四保
民国	沔阳县第十区戴市乡百一七保
1958	杜家剅和李家咀组建为沔阳县戴家场乡三星大队，中湾独自组建成沔阳县戴家场乡团结大队，黄家倒口和周家倒口组建为沔阳县戴家场乡百红大队
1975	杜家剅、李家咀和中湾组成沔阳县戴家场公社中湾大队，黄家倒口和周家倒口组建为洪湖县戴家场公社百红大队中湾大队
1984	杜家剅、李家咀、中湾、黄家倒口和周家倒口组建洪湖县戴家场区百桥乡
1987	洪湖县戴家场镇百桥乡办事处杜家剅村
1995	杜家剅为5组，李家咀为4组，中湾村划成1组、2组和3组，黄家倒口划成6组和7组，周家倒口划成8组和9组，总共9组，组成百桥村

第四节　杜家剅村的现况

改革开放以后，杜家剅已经被纳入国家行政建制体系，究竟其发展状况如何，与解放以前相比，有哪些显著的变化，可以从当前杜家剅地理位置、人口状况、人均收入水平和耕地面积等几个方面进行考察与分析。

一　地理位置：村落合并

百桥村因其驻地百子桥而得名。[1] 位于戴家场镇西南部洪湖市西北部，距离戴家场镇3.7公里，距离洪湖县城55公里。东与螺滩村结界，西与套湾村接壤，南与南安村比邻，北与回龙村相邻。百桥村共计6个自然村落（如图1-1所示），村民委员会驻地为百子桥附近，东西相距1.5公里，南北相距3公里，总计4.5平方公里。地形都是平原，不存在丘陵和山地。其中，周家倒口，面积为0.6平方公里，位于龙潭河北岸，距离村民委员会驻地700米，因发洪水周姓房屋基处溃口而得名。黄家倒口，面积为0.7平方公里，位于龙潭河北岸堤上，距离村民委员会驻地500米。清末，黄姓住宅地溃口，故以此为名。中湾面积为1.2平方公里，此村位于原康宁坑（已消失）三湾之中，故以此为名。其

---

〔1〕　据光绪《沔阳州志》记载："周惟炳与妻洪氏年皆五十余而无子，建桥年余而生子，故名。"

在村民委员会驻地 200 米处。李家咀[1]，面积为 1.1 平方公里，在村民委员会驻地南 300 米处，因多年洪水泛滥，村落形状如咀，常年有河水缓缓流过，故以此为名。杜家剅，面积为 0.9 平方公里，在村委会驻地东南 800 米处，因杜家出力组织村民修建排水剅，故以此为名。可见百桥村下辖 6 个自然村，多按照地域相近原则进行布局，以便于管理和自治。百桥村村庄如图 1-1 所示。

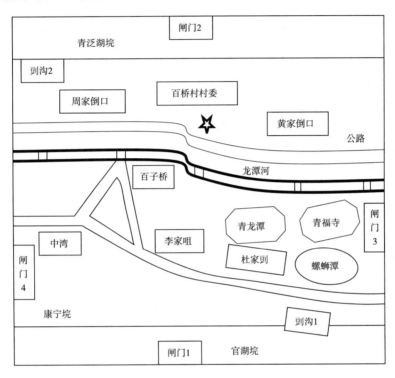

图 1-1　百桥村村庄示意

二　人口现状：增幅缓慢

现在百桥村人口数量和户数增长缓慢。[2] 2016 年百桥村共计 589 户，人口共计 2553 人，60 岁以上有 591 人，60~50 岁有 367 人，50~40 岁有 533 人，40~30 岁有 555 人，30~20 岁有 222 人，20~10 岁有 141 人，10 岁以下有 144 人。不同村民小组户数和人口数量不相同（见表 1-3）。其中，1 组总计 66 户，共 339 人；2 组总计 70 户，共 327 人；3 组总计 80 户，共 404 人；4 组总计 88 户，共 421 人；5 组总计 80 户，共 373 人；6 组总

---

　　[1]　过去，该处为龙潭河段的一片洼地，民国初年为李姓据有，故称李家洼，其聚居之村，名曰李湾。它犹如一个咀子，故而洼地前端的小村，称李家咀。

　　[2]　现在洪湖市计生局免费发放避孕套，采用有效的节育措施，人口出生率大幅下降。

计 26 户，共 120 人；7 组总计 39 户，共 189 人；8 组总计 35 户，共 176 人；9 组总计 48 户，共 204 人，除了 5 组有若干少数民族外[1]，其余基本是汉族。与 1952 年和 1983 年相比，百桥村总户数和总人口都有大幅度增加（见表 1-4）。

表 1-3　百桥村不同小组人口统计　　　　单位：户，人

组名	户数	人口数
1 组	66	339
2 组	70	327
3 组	80	404
4 组	88	421
5 组	80	373
6 组	26	120
7 组	39	189
8 组	35	176
9 组	48	204
总数	532	2553

表 1-4　不同时期百桥村自然村人口统计　　　　单位：户，人

自然村 ＼ 年份	1949		1983	
	户数	人口数	户数	人口数
杜家刽	37	165	59	264
李家咀	51	234	70	319
中湾	27	117	52	240
黄家倒口	69	305	90	479
周家倒口	60	291	86	461
总数	244	1112	357	1763

如文熙娇所述，因为生活质量提高，现在百桥村户数与以前相比，大幅度增加，不过，由于国家人口政策紧，人口数量增幅不大（见表 1-5），每年人口都是以 3% 的自然增长率增加。同时，人口户数没有变动，比如一户人有三个儿子，他们分别结婚，但是，没有分家，还属于一个户头。

---

[1]　5 组若干村民是从广西和甘肃嫁过来的女子，属于少数民族。

表 1-5　不同时期百桥村人口增长统计　　　　　　　单位：人

时间	出生人口数数量			死亡人口数量			净增长人口数量
	男	女	总计	男	女	总计	
2016	7	14	21	5	3	8	13
2015	9	7	16	2	7	9	7
2014	8	9	17	3	2	5	12
2013	11	9	20	3	3	6	14
2012	10	12	22	4	3	7	15

资料来源：百桥村村委提供。

2015 年百桥村劳动力数量总计 1683 人，男劳动力有 1294 人，女劳动力 389 人。其中，60 岁以上劳动力有 354 人，51～60 岁劳动力有 454 人，41～50 岁劳动力有 355 人，31～40 岁劳动力有 401 人，18～30 岁劳动力有 119 人。另外，从家庭规模来看，2016 年家庭人数最多为 7 人，包括祖母 2 人、父母 2 人、子女 3 人，占比 21%；其次是家庭人数为 6 人，包括祖母 2 人、父母 2 人、子女 2 人，占比 2.5%；再次是家庭人数为 5 人，包括祖母 2 人、父母 2 人、子女 1 人，占比 1.5%。以上三类都属于主干型家庭。之后还有家庭人数为 4 人，包括父母 2 人、子女 2 人，占比 59.5%；家庭人数为 3 人，包括父母 2 人、子女 1 人，占比 12%。以上两种类型属于核心家庭。其他家庭类型，比如家庭人数为 2 人，属于一对夫妇，占比 3.5%。不少村民反映，现在计划生育好做，比以前压力小很多，特别是二胎政策放开后，最多只是生 2 个孩子，不会再生第三个，如果多养一个，那么其从出生到长大成人，上学到结婚，要花去大笔费用，生活水平都赶不上人家，还有教育也跟不上，这害了孩子。可见，经济成本是最好的"避孕药"。

　　文熙娇反映，现在子嗣观念仍保留，认为只有男丁才能传宗接代，撑起门面，不能绝嗣。那些生 2 个或者生 3 个子女的家庭，多为 2 女 1 男或者 1 女 1 男，因为先生女孩的，还要生 1 个男丁延续香火，增加家庭人口数量。

百桥村村民从业人数为 1492 人，男从业人口数为 776 人，女从业人口数为 716 人；在村从业（种植或者养殖）人数总计 543 人，其中男人从业人数为 282 人，女人从业人数为 261 人。外出务工人数为 949 人，占到村庄从业总人数的 63.61%，其主要为经商或者打工，遍及全国各地，如湖南、四川、云南、福建、甘肃等省份，西宁、西安等城市。同时，因为劳动力严重外流，滞留村庄的多为老人和小孩，导致村庄空巢现象非常严重。

另外，村委会上报人口数据，都是以完成田亩负担面积计算的户数和人口数，并不是非常准确，因为存在一些寄挂户没有上报，这些人口户数和人口数量占到 5%，比如熊华成、熊茂金、刘玲丽和周荒土等。集体化时期，他们在集体乡镇企业上班，并在镇上买房子居住，但是，户口没有转走，转到其他地方也没有地方接收，同时，他们在村里没有田地，也不要交合同款，不过，需要回村办理农村合作医疗保险等。

三　人均收入：增速较快

从表 1-6 中可以看出，自 2006 年至 2015 年，百桥村人均收入增长了 93.05%[1]，城镇人均收入增加了 110%，可见城乡人均收入增长幅度较大，而城乡人均收入增长率相差 16.95 个百分点。同时，该村村民人均收入与城镇居民人均收入仍然存在较大差距，不过，两者差距在进一步减小。

表 1-6　不同时期百桥村人均收入水平　　　　　单位：年，元

年份	村民人均收入	城镇人均收入
2006	4534	12674
2007	5647	13723
2008	6312	15784
2009	6735	17890
2010	7145	18456
2011	7647	19796
2012	8147	20145
2013	8312	21032
2014	8544	24342
2015	8753	26560

资料来源：百桥村村委提供。

四　耕地面积：土地细碎

（一）耕地面积概述

百桥村耕地面积总计 3054 亩[2]，水田面积有 2588.8 亩，旱地（白田）面积有 465.2 亩[3]，无林地。主要种植水稻和棉花，兼种小麦、黄豆、绿豆等农作物。由表 1-7 可

---

〔1〕　人均收入包括在村从业和外出从业收入。

〔2〕　除了村民承包用地外，还有村庄集体用地，比如修建小学用地和村委会办公用地，还有 18 亩集体用地，流转给党员种植树林，这些集体耕地，村庄可以自由支配。另外，国家建福利院征用村庄用地，如果国家不拆掉，村庄收不回来土地，则由国家进行管理。

〔3〕　白田面积包括屋台面积和自留地面积，进行土地确权时，屋台面积每户出 0.25 亩，负责摊合同负担。

知，下辖 1 组水田面积为 350.3 亩，主要种植水稻、棉花和小麦、黄豆；2 组水田面积为 310.4 亩，主要种植水稻、棉花和小麦、黄豆；3 组水田面积为 362.6 亩，主要种植水稻、棉花和小麦、黄豆；4 组水田面积为 407.8 亩，主要种植水稻、棉花、小麦、黄豆和芝麻；5 组水田面积为 337.8 亩，主要种植水稻、小麦、黄豆和芝麻；6 组水田面积为 148.5 亩，主要种植水稻、棉花、小麦、黄豆；7 组水田面积为 225.3 亩，主要种植水稻、棉花、小麦、黄豆；8 组水田面积为 180 亩，主要种植水稻、棉花、小麦、黄豆和绿豆；9 组水田面积为 266.1 亩，主要种植水稻、小麦、黄豆和绿豆。同时，人均水田面积为 0.9~1.3 亩，户均水田面积为 4.22~5.77 亩，人均白田面积为 0.15~0.29 亩，户均白田面积为 0.73~1.33 亩。除了台地和自留地外，实际可种植耕地只有 0.7~0.8 亩/人。可见随着人口数量增加和户数增加，耕地分配面积越来越少，人多地少，土地细碎化严重。

1952 年土改时，村庄土地有待开发，耕地面积数量少，人均耕地为 0.6 亩。直到 20 世纪 80 年代，村庄荒地得到最大限度开发，土地面积大大增加，人均耕地面积为 1~1.5 亩，户均耕地面积为 7~8 亩。20 世纪 90 年代以后，由于人口增长快，住房紧张，有规划土地建房势在必行[1]，与 80 年代村庄耕地面积相比，耕地总面积逐渐减少 370 亩（见表 1-8）。现在土地在减少，人口不断增加，人多地少问题尖锐，迫使村民外出谋生，而不是守着土地为生，人口外流严重。

表 1-7　不同村民小组耕地面积统计情况　　单位：亩

组名	水田	白田	人均水田	户均水田	人均白田	户均白田
1 组	350.3	60.4	1.03	5.31	0.17	0.92
2 组	310.4	54.4	0.97	4.43	0.17	0.78
3 组	362.6	62.8	0.9	4.53	0.15	0.78
4 组	407.8	68.2	0.97	4.625	0.16	0.775
5 组	337.8	58.3	0.9	4.22	0.16	0.73
6 组	148.5	34.5	1.24	5.71	0.29	1.33
7 组	225.3	38.1	1.19	5.77	0.2	0.98
8 组	180	36.3	1.02	5.14	0.21	1.04
9 组	266.1	52.2	1.3	5.54	0.25	1.09

资料来源：百桥村村委提供。

[1]　随着村庄人口不断增加，需要规划宅基地面积增加，比如占用旱地进行建房，导致耕地面积逐渐减少。

表 1-8　不同时期百桥村耕地面积统计情况　　　　　　单位：年，亩

年份	水田面积	白田面积	总计
1952	1980	582	2562
1983	2641	783	3424
2015	2588.8	465.2	3054

资料来源：百桥村村委提供。

（二）土地调整概况

1. 制定调整方案

事实上每组耕地没有增加，只有减少，比如修路占地，或者人口增加，耕地没有增加，按照每个组实际面积进行平均分配。土地调整时，每个组土地调整方案由各组开会进行民主讨论决定，定几年，决定权都在组里。因此，根据不同村民小组实际情况，制定不同土地调整方案。

第一种方案，按照底份分田。18 岁到 60 岁以下劳动力记为 10 分，60 岁以上算老年人记为人头 3 分，10 岁以下的儿童也记为人头 3 分，10 岁到 18 岁记为 5 分，他们年龄大，吃饭多，就应该多分田。最后，按照本组耕地总面积，除以本组人数的底份，就计算出每底份的数量，再根据每户人数底份算田。各有各的心机，都想自己的利益最大化。5 组按照底份分田，按照级别打分分田，年纪老、年纪轻田分得少一些，中年劳动力就分得多一些，非常平衡。而且家里劳动力多，分得也多一些。

第二种方案，按照人口数量分田。现在多数村组就是按照人口数量分田，如 1 组平均每人 1 亩田。如果女孩子没有出嫁，就可以分田，如果出嫁，也没有土地调整，由家里继续种，如果要进行土地调整，就收归集体，再重新分田。如老叶的孙子出生晚一个月，错过土地调整，一直要等 8 年，才能分到田。

第三种分田方案，按照耕地产量分田。由于不同耕地有好坏，生产产量不同。先将好田和坏田估计产量，比如好田估计 1500 斤，坏田估计 1000 斤，根据本组好田面积和坏田面积分别算出好田产量与坏田产量，最后，汇总总产量，除以田亩总面积，即除以本组好田面积和坏田面积的汇总面积，得出多少产量为好田 1 亩，多少产量为坏田 1 亩。这样，就分多少份好田和分多少份坏田。比如 800 斤产量分得坏田 1 亩，好田就只能分得 0.6 亩。这都是本组挖空心思，绞尽脑汁，搞出来的方案。

第四种方案，折产分田。如果有好田和坏田，则田地质量好坏差别明显。低田产量低，早稻种不起来，分 1 亩就分到 1.2 亩，其实低田 1.2 亩的产量相当于高田产量。最初，以好田和坏田分类分田，但是，如果 5 口人的农户分到 3 亩田，分到 3 个位置，1 个位置 1 亩田，则土地分散，不方便搞生产，但是，将 3 亩分到一个位置，如果都是分到坏田，那么只能种冬季，不能种夏田，长达 10 年不分田，损失很严重，不太公平。这种情

况，只能将田打折，如果多分到 0.2~0.3 亩，产量低，但是面积大，或许冬季种东西，产量就可以相互抵消，也就心理平衡。因地制宜，想办法解决这种坏田和好田不均问题。

调整一次田，时限要花去 1~2 个月，由本组代表讨论制定方案，召开本组群众会议，听取群众意见，综合他们的意见，进行方案修改，直到群众满意为止。如果群众强烈反对，则又要推倒方案，重新制订，需要过半数同意才可以实施。村干部得出经验，土地调整，不可能所有群众都同意，只要 60% 的群众同意就可以实施，要想每个群众都同意，事情就办不成。而且还要速战速决，不能拖延时间，因为那几天群众都在挖空心思，想着怎么分田才使自家合算，时间越长方案实施难度越大。

比如方案制订好，大部分当时同意，第二天准备捻沟，但是，村民又没有来，分田小组就找到村干部，村干部就说："明天我来喊村民，只要 60% 村民来捻沟就行，少部分不来就算了，如果一个人没有来就无法实施。""如果少部分没有来，说你去拉尺子，我不帮你定桩，我也有办法对付他们，就把那少部分分给坏田，而且是最远的田，又不帮他们分，让他们自己分，比如 10 户没有来分田，就分到最拐最远地方的 50 亩，你们自己分田，你们去扯皮，你去找谁申冤！即使不捻沟，最远的田是你的田，你捻了沟，不去定桩，我拉尺子定好桩，写好户主名字，谁挪你的桩，不与分田代表相关。"最后，反对户乖乖参与分田。"扯皮的人就扯瞎皮，我就还你一个大的，我又不分田给你，随便你去哪里告状。有什么意见到会上提出来进行讨论，但是，大部分都同意，不能听你一个意见，谁听你的，那就搞不成方案，做大事，要想人人拥护你，搞不成事。"

2. 耕地分配

通过分田方案，算清楚每家每户分到多少田，进行核对，如果没有意见就可以实施分田。再说明捻沟方式，指定出捻沟方位，从哪里开始分，自左到右，还是自右到左；从好田到坏田，还是从坏田到好田；分完一个位置再分其他位置，还是两个以上位置同时分；在一个位置从哪里开始分，定出方位，自左到右，分完一畦是接着分田，从另一头开始分，还是又从头开始分。依次按照顺序分田，如果没有说明顺序，群众会再扯皮，"机会不对，你干吗从这里开始分，分到拐田我不要"，就又要从头开始分。都要事先讲明讲清，这些办法都是干部在家里想好，应对百姓扯皮的。

3. 耕地调换

土地调换没有发生承包土地变更，只需找村会计登记即可。比如 3 组分田，屋台和白田不动，因为以前测量过面积，没有长没有失，除非一些微小变动，只是建房子调剂，如果面积不够，就从其他地方割一些田或白田（平均每组 20 多亩）给别人，要事先找到会计申请过户，比如，你将 0.5 亩地拨给其他人，供建房子，会计就把 0.5 亩减少，登记到别人户上。只是调整面积，干部不会帮你拉尺子重新测算，那太麻烦。只算水田和鱼池面积，按照人口数量，平均分配水田就行，不要那么烦琐。

4. 耕地测量

测量时，分田者和测量者都要在场，干部帮忙测量，尺子既不能拉紧又不能拉松，规矩是两头拉直，不能分错，户主帮忙定桩，进行监督。土地平整过后，水田面积匀称，长度在 68~70 米，只要根据农户分田面积，测量宽度就行，多少田就测量多少宽度，比如，0.5 亩，70 米×7 米≈500 平方米。如果有旱枧，按照每 100 米一段枧，只要到旱枧上定桩就行，测量滴水不漏，不会分多也不会分少，比如每 100 米分 50 亩田，应该分 10 户，刚好分完，如果分多，那么就不够，如果分少，那么剩下一小部分，谁都不愿意要。

5. 落桩定界

定桩以后，农耕时，相邻的户主就以木桩为标准，用芝麻梗在田里插一排，再用牛犁往两边翻土，就耕成一个田埂，从此，水田依田埂进行耕种，禁止僭越他人的田地。不过，也有村民偷偷挪桩，自私自利，相邻人不过细（没有太仔细），非常大方，种了几年，才发现田地被偷占。后面，请人收割稻谷，收割老板测量水田面积测算价格，仪器测量相当准，一走完水田四周，就测量出土地实际面积。比如分得 3 亩，现在只有 2.8 亩，发现 0.2 亩被人占了。被占者就跑到会计那儿，查看土地分到实际面积，有登记的底子，偷占不是上田就是下田，如果下田户主关系好，就测量下田面积，测量出来与实际面积差不多，那么就是上田偷占土地面积。即使找当事人，他也不承认挪桩，被占者只能吃哑巴亏，因为最初没有过细，如果再闹戏码，就不太好意思。

不过，村民认为挪桩者的品行有问题，背后说他们的坏话。平时，耕田时也喜欢挖埂换界，偷偷挖田埂，如果遇到四邻性格拐，也会说他们，如果不服气就打结（打架）。这种占便宜的村民，一生搞不了大财，他不舍得花钱，只想搞人家的东西，而且他的经济生活不差，舍不得用钱，赚取一钱就存起来，把钱看得很重，钱变成废纸，耐不合消费，耐不合享受，赚钱就是为了花钱，有钱也没有用，人生不会太幸福。每天到菜园弄点南瓜藤子吃，不肯上街买东西吃，不敢到街上吃一顿饭，一生也划不来。同时，他们一辈子劳碌奔波，搞了几个钱，留给儿子，如果儿子有本事，读了大学赚取大钱，你给那点小钱，连房子首付都交不起。

第二章 杜家峈村的自然形态与实态

处理人与自然的关系是一个永久的历史话题。从传统农业社会来看，人与自然是相辅相成的，自然环境在很大程度上影响和制约村落及人类的发展，同时，人类也可以改造自然，创造适宜人生存的自然环境，便于人类的生产、生活。

第一节 自然形态

杜家峈土质肥沃，气候温和，雨量充沛，自然资源丰富，具有发展农、渔、副的优越条件，自古以来就是著名的"鱼米之乡"。

一 平原地形：因地制宜

第一，地形对生产的影响。杜家峈地势自西北向东南呈缓倾斜，南北高、中间低，广阔而平坦。其海拔大都在 22~28.50 米。总体起伏不大，多为平原和丘陵地形。为了防御洪水，多围垸造田，垸内地势高者为白田或者台田，较低者为水田，低者为靠近大小湖泊或者水潭的湖田，垸外地势最低的是大小河滩。为了保证庄稼有收成，必须根据地势种植不同农作物，因地制宜，灵活处理。地势高的白田或者台田，少数种植水稻，多数种植需水少的小麦、棉花或芝麻等作物。地势较低的水田种植水稻，地势低的湖田和最低的河滩只能种植青毡，不怕水淹，见表 2-1。

李良望老人回忆，1937~1940 年，杜家峈发生大旱，不过地势低，只怕水，不怕干，种小麦和油菜，产量非常高，收成好。

表 2-1 不同地形耕种作物类型

类型	地势高低	农作物	作物产量	遭遇洪涝次数
白田	高	水稻、小麦、芝麻、黄豆	高	少
水田	较低	水稻	较高	较多

类型	地势高低	农作物	作物产量	遭遇洪涝次数
湖田	低	青毡、红撒谷	低	多
河滩	最低	青毡	最低	最多

资料来源：李良望老人口述。

第二，地形对居住的影响。在平原地区，村民多居住在较高的岗或者台上，形成"随水而居"的村落格局。房屋建设，不过多讲究风水。房屋朝向坐北朝南，或坐南朝北，甚至坐东朝西。同时，为了躲避水害，大多数房屋依堤而建，位于堤防的后面，有的房基所在的台子与堤连成一体。同时，每家房屋建在各自的台基上，相互之间没有连接起来，数家、十数家乃至数十家房屋台基沿着堤防一字排列，遂形成规模较大的聚落。

郭用文老人回忆，以前建房子不太讲究风水，朝向不一致，最重要的是考虑地形，跟地势高的山地不同，平原地区房子不能建在地势低的地方，不然，洪水一来，就把房子冲走。因此，房子多建在高高的坑堤上，每户自己挑泥垫高屋台，同时，遇到汛期涨水，各自顾及自家屋台，修建防水挡，防止洪水进屋。

第三，地形对生存的影响。山地地势高会自然而然形成防护的天然屏障，而平原地区地势较低，一马平川，几乎没有任何障碍物，任何人都可以长驱直入，各安天命，没有任何防御设施。每当遇到匪患强盗来袭时，村庄也没有组建反抗武装力量，村民四处逃窜，只能躲到洪湖的芦苇荡或者茂密庄稼地里。还有在自家门前菜地里挖地窖，将粮食和被子搬到地窖里，遇到强盗进村，就躲在地窖里，甚至到洪湖边上挖地窖藏身。不过，这些自我防御多为自发行为，没有任何组织。

李良望老人回忆，解放以前，杜家剅地势平坦，甚至连一棵树都没有，没有自然防御设施。直到抗日时期，每当老东[1]下乡烧杀抢掠，年轻妇女就马上躲到长满庄稼的田里，直到老东离开以后，才敢回来。后面，防止日本人半夜进村，各家在菜地挖了地窖，白天住在家里，半夜住在地窖，遇到日本军队频繁下村时，村民只能到较远湖边挖地窖，用来藏身。

二　气候条件：因时制宜

杜家剅处于北亚热带过渡性季风气候区内。四季分明，光照充足；雨量充沛，温和湿

---

〔1〕　当地人对日本人的称呼。

润；秋温高于春温，夏热冬冷；春夏雨热同步，秋冬温光互补；降水集中于春夏。该气候条件有利于农作物生长。不同作物生长条件不同，要求不同气候栽种不同农作物[1]，做到因时制宜。首先，水稻需要田面有适量的水，雨量比较多，可栽种青毡、掉头黄、百日早等 10 多个品种，同时，还可以种植早稻，比如红撒谷。遇到水少干旱季节，降水少可栽种小麦、棉花、黄豆、芝麻，比如黄豆、秋粟连作，或早麦、迟黄豆连作。另外，农作物多为一熟或者两熟制，比如"油—稻""麦—稻"。由于洪涝灾害多，农作物产量也低，种植农作物多为自给自足。杜家玔农作物生产周期见表 2-2。

　　李良望老人回忆，湖区耕种农作物，讲究因时制宜。灵活安排作物，才能有收成。遇到雨季迟来，就可以抢种抢收早稻。如果雨季来得早，河水大，田水较高，就可以栽中稻，或者待雨季过后，抢种青毡，即使有被淹的风险，或者错过栽种最佳季节，多少也有点收成。

表 2-2　杜家玔农作物生产周期

类型	早稻	中稻	小麦	棉花	芝麻
月份	4~8 月	5~8 月	10~7 月	4~10 月	6~11 月
日温度	18.1~ 33.7℃	23.8~ 33.7℃	20.1~ 34.0℃	18.1~ 20.1℃	12.6~ 29.1℃
日光照	139.5~ 255.1 小时	158.5~ 255.1 小时	170.3~ 269.5 小时	139.5~ 170.3 小时	136.8~ 195.4 小时
月降雨量	127.4~ 173.1 毫米	127.4~ 207.5 毫米	78.7~ 108.8 毫米	78.7~ 173.1 毫米	68.5~ 220.0 毫米
耕种制度	一年一熟	一年一熟	一年一熟	一年一熟	一年一熟

资料来源：洪湖市地方志编纂委员会《洪湖县志》，武汉大学出版社 1992 年版，第 67~68 页。

　　3~6 月是侍弄棉花的关键季节。遇到风调雨顺时，7 月可以采摘。倘若气候不好，洪水泛滥，抢修堤防、抢堵倒口往往与抢收棉花同时进行。即使水退以后，垸民还会播种一些荞麦之类，但也收获甚微。

三　水源条件：利弊共存

　　在平原地带，相互联通的水系网络可以形成自流灌溉，而无须更多的人为活动去引水

---

　　[1]　水稻，如青毡、糯米雁咀红、冬粘子等；棉花如中棉和陆地棉；小麦有禾尚头等；粟谷有倒石磙等；芝麻有霸王鞭、八股叉等；黄豆有六月曝、鸡母豆等。

和灌水。大量的丘陵尽管与平原有所不同，但因为与水相近，也可以充分利用地形，通过水车将水提升到高一点的田块。同时，水田附近设有排灌水沟，各出各的水，踏车灌水，各踏各的墩。同时，每年汛期，河水涨高，虽然有洪涝之灾，但是，也可以淹死庄稼上的虫害，提高农作物的收成。另外，村民生活用水方便，不需要联合其他村民，共同打井取水。每户需要用水，只需到河里取水即可。即使碰到干旱季节，也不需要挨家挨户要水或者打井取水，只需要到附近水潭取水。见表2-3。

　　李良望老人回忆，挡水堤坝两侧为深水池塘，龙潭河以排渍为主，兼顾灌溉。两岸连接5条渠溪，河首建有排水剅，尾端建有节制闸，并由此沟通了戴家湖。可排5.5平方公里的承雨面积；有效排灌面积为10万亩。而且河内常年有水，往返船只可四季行驶。

表 2-3　水源条件影响

类型	利	弊
生活	取水方便	抢水纠纷
生产	灌水方便、除虫害	各自为政
防洪	协作修堤	田多者转嫁修堤负担

资料来源：郭用文老人口述。

　　解放以前，杜家剅位于官湖垸之中，与康宁垸和青泛湖垸相邻，每逢汛期，积水需要汇入龙潭河排出，水患频繁，三年两水。由于受生产关系的制约，生产力发展缓慢，优越的自然条件得不到开发。一遇水灾，种田人过着"身背三棒鼓，流浪走四方"的乞讨生活，甚至以生命为代价与恶劣的大自然进行较量，时刻面临被洪水吞没的自然环境，这也锻化了当地村民敢闯敢于斗狠的性格。

　　郭用文老人回忆，解放以前杜家剅不怕干，只怕渍。每当遇到洪水，水稻、芝麻和黄豆等作物都被捂死。最严重的是国民党统治末期，发洪水，沙洋河倒口长达18年之久，政府也没有组织修堤，官湖垸的垸民被迫背井离乡，一年到头不在家，坐船逃到汉口后湖捕鱼或者到湖南省赶工赚钱生活。

四　交通区位：水运便利

　　河网纵横交错，交通相当便利。江河、湖泊、堰塘、沟渠共同构成相互联通的网络，比如东荆河、柴林河、沙洋河和龙潭河与长江贯通相连，同时，城镇之间、垸与垸之间有沙洋河和龙潭河联系起来，村落之间也修有洪沟，可以行船。水运成为村民日常生活最重要的交通方式。从杜家剅划船到省城武汉，由杜家剅到小港镇蔡家河，转到青良口，入长江顺流而下，可直达汉口。距离大概 360 公里，坐船需要 3~4 天。即使前往新堤镇，距离 50 多公里，只需要 6 个小时，一天可以往返。如果要到戴家场镇，距离大概为 4 公里，划船很方便，仅仅需要 20 多分钟。不过，如果到沔阳县城，因为其地不通河也不通船，只能依靠步行或车运，需要半天才可以到达。另外，村民进行农业生产，也离不开便利的水运条件。比如插秧割稻谷，都需要行船运送工具和物资，到洪湖捕鱼、打菱角，还有砍干柴和割芦苇打芦席，都需要使用船。见表 2-4。

黄孝恪老人回忆，过去，杜家剅村民根本不修路，大部分依靠船运而行。家家有船，最少也有 1 只，碰到人口多的家庭，就有 2 只船。如果家庭没有船，搞生产和出行都不方便，遇到洪灾，没有船就是死路一条。那些有船家庭，直到水漫到屋里，才坐船逃荒至地势高、较为安全的府场镇。

表 2-4　杜家剅水运交通情况

类型	往返距离	所经河流	交通工具	所需时间
杜家剅—戴家场镇	4 公里	龙潭河	划船	20 分钟
杜家剅—新堤镇	50 公里	龙潭河—柴林河—官港河	划船	6 小时
杜家剅—沔阳城	85 公里	无	步行	12 小时
杜家剅—汉口市	360 公里	龙潭河—柴林河—蔡家河—老闸河—长江	划船	3~4 天

资料来源：郭用文老人口述。

第二节　稻作体系

传统农业时期，水稻在湖区农业种植业中占有重要地位，现从水稻作物、水稻田和土壤条件三个主要方面进行分析。

一　稻作物

（一）水稻类型

水稻种植至少有这么几种方式：一季中稻、一季单晚或双季稻。传统水稻类型繁多，比如糯雁咀红、冬粘子、青毡、掉头黄、百日早、等苞齐、妮谷、大叶子、锅底黑、拉马撒等 10 多个品种，由于青毡抗涝渍，植株能随水长，最高可到 2 米多，适应低湖田种植，是湖区种植面积最大的迟熟中稻品种。五十早、六十早、头伏早、二伏早、江西早等，特别是五十早和六十早（俗称红撒谷），种子拱土力强、苗势壮、后期灌浆速度快，能抢在长江、东荆河主汛期7、8两月前成熟，是湖区较普遍播种早稻种之一。种植水稻，不仅要考虑地形，而且还要考虑季节，抢种抢收，避免遭受洪水灾害。不过，水稻产量不高，基本够自给自足。见表2-5。

表2-5　水稻生长周期

类型	红撒谷	青毡
月份	4~8月	5~8月
日温度	18.1~33.7℃	23.8~33.7℃
日光照	139.5~255.1小时	158.5~255.1小时
月降雨量	127.4~173.1毫米	127.4~207.5毫米
耕种制度	一年一熟	一年一熟

资料来源：洪湖地方志编纂委员会《洪湖县志》，武汉大学出版社1992年版，第67~68页。

（二）耕作制度

第一，水田耕作制。过去由于地多人少，洪涝灾害严重，主要以一熟为主，湖区大都冬天泡、夏栽、秋收，低湖田一般种红撒谷或者青毡，水小就收，水大就丢。少数排水好的高田也搞豆稻连作，种植双季稻。另外，像垸外的河滩，如果水小，也可以栽一季青毡，多少有点收成。

第二，旱田耕作制。过去，旱田区的农民习惯留田休闲，来年种春花（早棉花）和早高粱，或种黄豆、玉米、芝麻等。俗话说，立夏前好种棉花，立夏后好种豆。少数农民也搞早黄豆、秋粟连作，或早麦、迟黄豆连作。

郭用文老人回忆，过去，农业生产都是采取粗放型的耕种方式，一年一季，广种薄收，加上人多地少，粮食基本能够自给自足，如果遇到洪涝灾害，就难以糊口。

（三）栽培管理

第一，耕田肥田。农民素有精耕细作习惯，早中稻田多为冬闲，一般进行冬耕或早春耕整，搞三耕三拖。烂泥田一般在插秧前用人拖犁耙整一遍，多为父亲操作，而母亲负责踏车灌水，儿子负责坐船打青草肥田。从沙洲、湖滩砍芦笋、青贩草、没蕊草和菱叶肥水田，部分高水田则种植兰花酉籽和蚕豆作"压绿肥"，低湖田采用冬泡、自生水草为肥，有"水泡百日肥"的习惯。旱地多数使用农家肥，用青贩草盖棉苗，既肥且保墒。

郭用文老人回忆，过去，每次栽秧前，父亲负责耕田、犁田和耖田等，他和弟弟撑船到洪湖里打草，并将草运回来，铺在田里，用磙子压入土里，作为种田的基肥。

第二，下种育秧。传统习惯是"穷人不听富人哄，楠树开花你下种"，早稻清明前后、中稻 4 月中旬，用麻包泡种催芽，季节稳定，很少烂种，不能早发。然后，选择排灌水比较方便，又以土壤肥沃水田作为秧脚，父亲挖沟、脱沟，用耖平田成畦，儿子负责协助下种，每亩秧脚下种 250 公斤左右，效率很高，一个人一天可以撒 2～3 亩田，宽厢育水秧，保持田水适中，秧龄 30～45 天即可移栽。

据郭用文老人所述，早谷秧苗 30 天就可以扯来栽。如果是青毡秧苗要长 40 天，水大要栽迟一些。妮谷需要种高田，20 天就可以扯来栽。按照季节下种，不能违背农时，不然，没有收获。如果不懂农时，就跟着别人学，别人下种，你也下种。同时，可以向邻居询问，如何安排农时。

第三，移植栽秧。待秧龄满月可以移植，一般男子起早扯秧，要求每亩扯 160 个秧把子。不过栽种青毡，需要插"稀大蔸"，比如下种 250 公斤，可插大田 8～15 亩。农民有"毡一把、糯三根"之说，早中稻栽秧株、行距大概 7 寸×8 寸，每蔸 3～5 根，插秧密度不足万蔸。青毡 0.7 米长，插深水湖田，手插不着则用脚插。同时，高田只需一人放秧栽秧，而水大的低湖田，需要儿子负责撑船放秧，父亲负责栽秧，每天大概栽秧 1 亩/人。

青毡，一种求水的农作物，一般种植在深水区的稻田，要 2 尺高的秧苗才可以栽，要有 1.2 尺水才能生长。待 9 月，田上有霜，天气冷了，还有 1 尺深的水，要抽一袋烟才能下田割青毡，割三个把子作为 1 个大把子，每人割完 250 个大把子，才能吃中午饭，用春担挑回来，放到禾场来晒，晒 7 天就捆回来堆窖。

第四，施肥与管水。首先，扯草荆禾，插秧后 7～10 天即开始除稗草、松土。一般除草 7～9 次，农民传统经验是："脚脚捅到底，石谷六斗米。"农民说："有收无收在于水，收多收少在于肥。"其次，水田灌溉，坚持一丘水吃谷习惯，大田管水做到"寸水返青，浅水分蘖，深水抽穗，湿润壮籽"。待分蘖末期开始放水晒田，先轻后重，连续晒 2～3 次。最后，追肥。追肥 2～3 次，肥料主要是水草、篙叶、青草等粗肥，陪秧时施用基肥，比如购买肥料或者使用自家的农家肥，移栽分蘖时，需要追肥，如果抽穗落黄时，追加穗肥。这些田间管理活，多由父亲负责，或者吩咐儿子协助完成。

郭用文老人回忆，庄稼人不怕脏。过去，下种育秧时，仅仅打草肥田往往不够，他和父亲还划船到戴家场乡，挨家挨户地购买人粪，作为秧脚的肥用。

第五，跌干。跌干就是晒田。插秧过后，发现秧苗生根，水稻的根须不发达，披头散发，浮在水面，水田田泥太软。晒干以后，根须扎下根，根须就发达，不容易倒。而且水稻长不好，容易生病，生产稻谷也空壳，产量不高。一旦晒干，出现 1~2 厘米的裂缝，走裂缝，再车水，撒肥料。

第六，收割堆垛。待 7~8 月，水稻已经成熟，需要赶在大雨来临之前，由男子负责抓紧抢收。每天收割 0.5~0.7 亩/人。同时，每 20~30 蔸捆成一把，每人割完 250 个大把子，用船运回家里。这时，妇女负责将禾场打扫干净，晾晒水稻把子，晾晒 2~3 天，就可以将水稻把子储存起来。一般由男子负责垒垛，妇女负责递上水稻把子，堆成 5~6 米高的垛子。待水稻收割完毕，才把水稻把子拆下来，牵牛到禾场，用石磙将水稻把子进行脱粒。最后，用自家或者公共石碾子碾压，或者两两对冲，将稻谷脱壳成稻米。见表 2-6。

郭用文老人回忆，过去，村民多数在家种田，1 年有 45 个忙，1 天办 9 天粮，半年辛苦半年寒（空闲），农忙时，自家忙里忙外，非常吃亏（辛苦），冬天打牌休息。

表 2-6　稻作物栽培管理环节

类型	效率	谁参与	参与人数
耕田	7~8 亩/天	父亲	1 人
打草	1 船/天	儿子	1 人以上
育秧	1 亩/天	父亲、儿子	2 人以上
栽秧	0.7~1 亩/天	父亲、儿子	2 人以上
田间管理	1~2 亩/天	父亲、儿子	1 人以上
收割	5~1 亩/天	父亲、儿子	2 人以上
堆垛	10 捆/半天	父母	2 人以上
磨米	100~200 斤/半天	父母	1~2 人

资料来源：李良望老人口述。

二　水稻田

（一）水稻田类型

水田类型各不相同，可以按照自然因素和人工因素两种标准进行划分。不同划分标准，水稻田各有其独有特点。

①按照自然因素，根据离水远近和地势高低，可以将其划分为台地、白田、水田、湖田和洲滩五种水田类型。如图 2-1 所示。

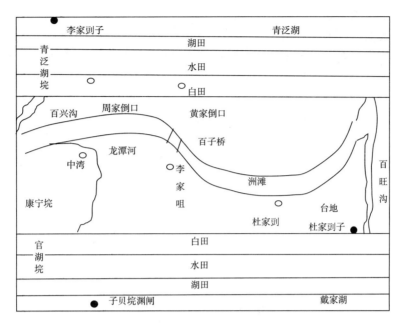

图 2-1 水稻田类型分布示意

杜家坰村无山、无丘陵，以平原为主，一马平川，河流纵横环绕，湖泊星罗棋布，整个地势西北高、东南低，沿河高、滨湖低。地面高程，西北角最高地是周家倒口，海拔为40.4米，东南最低处是瞿家湾镇的戴家湖，海拔为20.2米。按中小型地貌特征可进一步划分为台地、白田、水田、湖田和洲滩五个类型。[1]

第一，台地。主要分布在村落北部，沿河漫滩地带，以及龙滩河的北岸河漫滩地。地势最高，海拔为28~32米，质地过砂或偏砂，地力贫膺，以种植花生、西瓜、果树、旱杂粮为主。可见台地地势高，但是土壤相对贫瘠，产量不高。

根据郭用文老人所述，台地多数为龙潭河自然冲击而成，因为地势最高，多作为住址理想场所，每当建房时，挑泥把坰堤上台子填高，可以减少汛期洪水泛滥被淹没的风险。

第二，白田。主要分布在杜家坰北部，紧接淤砂平地，包括龙潭河上游，官湖坰北部和青泛湖南岸等，地势较高，海拔为26~28米，大部分土壤夹有砂层，易漏水吊气，以种植麦棉为主，部分早改水，种植双季，产量最高。

> 据李良望老人所述，为了提高水田产量，根据水田的高低安排作物。一般很低湖田栽青毡，青毡栽深水的低田，产量低。较低田栽中稻。高田种植芝麻、棉花、小麦或者油菜。

第三，水田。主要分布在官湖坰和青泛湖坰中部一带。地势较低，海拔为23~27米，

---

[1] 上坎田是白田，种植棉花、芝麻和黄豆等，下坎田是水田，种植水稻、小麦等。

水源充足，地下水深为 50~100 厘米。土壤质地肥沃，大部分为优质水稻土，部分水稻田因水大浸泡，长期以种植水稻为主，产量次之。

第四，湖田。分布于青泛湖垸和官湖垸中部、南部，东部最低洼地带，均属湖区低槽地带。过去，这里雨季是湖水，冬季是湖荒沼泽，盛产菱角、莲藕、野鸭，也生长大量蒿草等水生植被。很少部分被围垦成水稻田，但是，因水害严重而无法保证收成，大部分被围堤养野鱼。

第五，洲滩。主要分布在龙潭河、沙洋河外滩，如李氏河滩和杜家河滩。在青泛湖外滩，除李家河滩和杜家河滩修堤垦殖以外，其余洲滩均属于青泛湖泄洪区，生产着茂密的芦苇、蒿草、青贩等草甸植被，可以作为农田肥料，同时，河滩生活大量野鱼，有较丰富的水产资源。

②按照人工因素，以作用主体为划分标准，可以划分为官垸田、私垸田和民垸田三种水田类型。

湖垸作为生产和生活基本单元，是自然力与人类活动相结合的产物。千百年来，人们围堤垦田，筑台为舍，境内堤垸纵横，村庄错落，貌似"盆碟"。为了促进垸田发展和增加赋税，官府重视堤垸农田的修治，曾经拨款对多年失修的堤垸进行修补和扩大长宽丈尺，并登记垸名报部备案，俗称官垸。比如杜家到所在的官湖垸。同时，其报废，需经过官府核实。由民间自力修筑堤垸农田，其兴衰自行决定，不过，需要经过官府查勘认为无碍水利的，一般都登记入官册，称为民垸，如青泛湖 18 个垸子。此外，还有所谓"私垸"。私垸是民户筑起未经官府登记的"非法"垸田，比如康宁垸或河滩。私垸要取得官府的承认，唯一办法是向官府纳税，成为合法的民垸。不少地主豪绅就是采用这种手段强占大片垸田，成为大地主。另外，官垸岁修前要上报维护计划，整个工程要在官府督导下实施，竣工也由官府验收。民垸是否修缮，工程规模多大，其决策权主要掌握在地方乡绅手中，其实施进度及工程质量也是由垸民自己负责。有的官垸包含子垸，其无汛堤，因藏在官垸之中，与大堤不直接相关，不需要承担岁修夫役，免修免防。

沔阳县每垸面积大小无定数，其最大者周围二三十里，最小者周围三四里，如果换算成亩，则大致"大者上十万亩，小者几十亩，一般为几千亩"。也有反映垸的总面积，据光绪《沔阳州志》载，该州有垸 1363 个，而总耕地面积只有 2083007.77 亩。[1] 垸已不单是地理单位，恐怕也是行政单位，相当于今天的行政村。村以垸名，则一大垸包数小垸的情况必然较多，每垸平均只有 1528.25 亩，亦与今天许多自然村拥有的耕地数大致相同。

垸田既是围湖而成，多属低洼之地，依土地利用的方式，垸内田地可以分为四种，即

---

〔1〕 水利电力部水管司科技司、水利水电科学研究院编《清代长江流域西南国际河流洪涝档案史料》，中华书局 1991 年版，第 1010~1011 页、第 1884~1887 页。

水田占比 40%、旱地占比 5%、水旱不定型耕地占比 50%，湖底水田占比 5%。[1] 自当以水田为主，也就是所谓"一湾之涧亦截流种稻"。湖底水田，多为种柴草资渔利。水旱两兼型垸最多，而以旱地为主的垸则很少。不同的耕地类型决定了各垸不同的作物与种植制度。水稻生产以一季稻为主，也不排斥小面积的双季稻栽培，包括稻麦轮作，单季稻作或双季水稻连作，麦与棉、麻、油、豆、蔬连作、混作、轮作等。除稻麦轮作外，不同粮食作物之间还存在形式各异的轮作方式，如粮杂轮作，遇水即淹，因系低洼之处，麦收后栽种晚禾杂粮。因地制宜的耕作方式不仅有利于改良土壤的物理性能，而且也提高了垸田的土地利用率。垸田数量统计情况见表 2-7。

表 2-7　垸田数量统计情况

类型	产权类型	范围	距离	子垸数量	水田数量	耕作制度	是否纳税
官湖垸	官垸	东到柴林河，西到渡口村，北至龙潭河，南至拗子观	32公里	大字号、康字号和吕字号等，共计76个	100000 亩以上	一季水稻，稻麦轮作	是
青泛湖垸	民垸	东到柴林河，西到回龙村，北至沙洋河，南至龙潭河	21公里	通挽垸、野猫湖垸和京邸垸等，共计 18 个	10000 亩以上	一季水稻为主，少数双季稻	是
康宁垸	私垸	东到东堤沟，西到西堤沟，北至龙潭河，南至洪沟	4.5公里	1 个	1000 亩以上	一季水稻，稻麦轮作	否

资料来源：郭用文老人口述。

李良望老人回忆，围湖造垸，在岸脚湖心多方截流以成淤，四周筑堤以成垸，广收其利。但是，垸田亩日广，湖泊容水稻面积变窄，一遇到洪水暴涨，水无处分泄，垸田首当其冲。因为垸似蜂窝、垸型如锅盆盘碗，垸内必有湖，高为田，低为水。一旦江河水位上涨，则垸自为战，自行调蓄。一般年景，收获面积不足半数，倘遇大溃大涝，则只有很少的"碗边田"有收。

（二）水稻田分布

传统稻作社会，人少地多，同时，为了便于进行农业生产，水稻田分布形态主要呈现集中和相近两方面特点。

---

[1]　水旱不定型田，多为水至为堑，水退为田，每年种植，仅堪一季。

1. 集中分布

明末时期，为了便于管理，县府对田垸进行编号。见表2-8，在官湖垸大字号[1]，总计有9个小号子，分别由吴叶山、欧阳贵、周则严九姓插志占有。据说，当时在官湖垸，地广人稀，每个姓氏搭草棚守荒，围垦占有一块大田，最大号子有100亩，北抵龙潭河垸堤，南抵戴家湖，最小号子也有50亩，北抵龙潭河垸堤，南抵洪沟。其他字号有无水田，无法查考。不过，几户的小聚落，房屋周围可供开垦土地足够，不需要扩展新的土地。清朝时期，官湖垸大字号发展到10个小号子，通过购买方式，李氏拥有一个号子水田，大概总计90亩，北抵龙潭河垸堤，南抵戴家湖；另外，在相邻的吕字号，也有40亩水田；陆氏有半个号子水田，约50亩，北抵龙潭河垸堤，南抵远洪沟。同样，杜氏也有一个号子，总计90亩，北抵龙潭河垸堤，南抵戴家湖。黄氏和熊氏分别有半个号子，有45亩，北抵近洪沟，南抵远洪沟，熊氏在康字号也有水田。据说，最大水田面积为90亩，最小水田面积为10亩。民国末年，陆续搬来涂氏、夏氏、万氏、舒氏和吴氏，通过买卖和分家方式占有水田，导致水田分割迅速。当时，大字号保留10个号子，1个号子有若干块水田，每块2~30亩。可见随着杜家剅姓氏增多，导致大字号水田分割速度加快，集中程度逐渐降低。如图2-2所示。

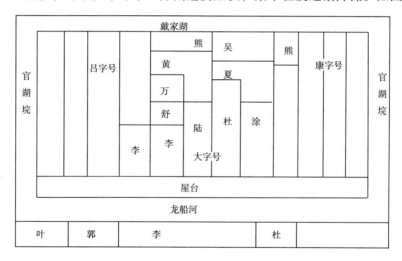

图2-2　民国末年大字号杜家剅水田分布示意

表2-8　不同时期官湖垸大字号水田集中程度　　　　　　　　单位：户，亩

时间	姓氏	户数	最大水田面积	最小水田面积	其他字号有田
明朝末年	吴叶山、欧阳贵、周则严	不详	100	50	—
清朝时期	李、陆、杜、黄、熊	8	90	10	李、熊
民国末年	李、陆、杜、黄、熊、涂、夏、万、舒、吴	37	30	2	李、熊

资料来源：李良望老人口述。

---

[1]　官湖垸有几十万亩甚至上百万亩水田，垸内又按照字号或者里份进行分布。

李良望老人回忆,最初,杜家峁只有8户(李、熊、杜、黄、陆等),耕地集中在大字号。清朝顺治年间,发生洪灾,李氏一户逃走,熊氏和黄氏同时来到杜家峁,并插志占有李氏40亩田。民国初年,垸堤倒口,把夏氏家的屋台冲走,夏氏从周家倒口盘过来,向杜氏买台居住,在官湖垸和青泛湖垸都有田。还有晚搬来的涂氏,买田也是集中在大字号。

2. 就近分布

在平原地区,村落居民有恃田而食、恃地而居的传统。传统历史上,村落各姓氏村民之间相隔较远,而每户农户都尽可能地靠近其耕种的土地或者赖以生存的湖泊水域。房屋都建在田地附近,而且每块耕地的四周,常有围墙、篱笆或沟渠。也就是房屋和田地相互靠近。水田就近分布于屋舍,水田又通过河流与房屋建筑相连接,有利于提高生产效率,比如缩短来往田地或湖泊间的距离,以及利用便利的水运,运送肥料、种子与收获物等。

据李良望老人所述,屋前有田或者屋后有田,屋距离田较近,没有田,就没有屋。房屋四周均为宽阔的稻田,田从屋台南抵戴家湖。俗话说,远田不富,远中求近。如果田距离住地太远,不仅不好耕种和运送粮食,而且生产粮食容易被偷,也不好保护。

最初,国家垦殖政策,注重土地区划,便于管理,促使农户靠近房屋开垦耕地,这样农户土地就集中在了房子四周,每一农户也就取得一整块集合一处的土地,并占据一小处建设居住的房屋,该处土地规模远远超过其他地方,只要周围有足够的土地可供开垦耕种或有足够的湖泽可以提供必要的生活资料,就不会到外面要土地。在落后的生产条件下,由于受到可耕地资源和湖泽资源的限制,随着人口不断增加,村民需要不断地移动从事耕作、采集与渔猎的地点,因而聚落也就随之而移动,俗称开垦守荒。那么村庄开垦的田地越来越多,距离也就越来越远。不过,随着土地、山林乃至湖泽所有权关系的明确,定居乃成为必然。见表2-9。

表2-9　民国末年杜家峁水田分布位置

姓氏	户数（户）	人数（人）	本村	邻村		本镇（块）
			大字号（块）	康字号（块）	吕字号（块）	
李氏	7	44	7	1	1	1
陆氏	1	5	1	—	—	—
杜氏	6	30	6	—	—	—
熊氏	5	28	3	1	—	—
黄氏	4	23	4	—	—	—
涂氏	3	14	3	1	—	—
夏氏	3	16	3	—	—	—
万氏	1	5	1	—	—	—

姓氏	户数（户）	人数（人）	本村	邻村		本镇（块）
			大字号（块）	康字号（块）	吕字号（块）	
舒氏	1	2	1	—	—	—
吴氏	5	28	2	—	3	—

资料来源：李良望老人口述。

（三）水稻田灌溉

在地势低洼的平原地区，江河密布，水田耕作面临洪涝灾害威胁，必须修建一定沟渠进行排灌，构成水稻田完整管护体系。如图 2-3 所示。首先，村落集体建有大型的洪沟，作为水田排灌主要通道，比如百兴沟和百旺沟，深 1~3 米，宽 3~4 米，长 5~6 千米，直接通洪湖，沿河两岸都有水田，遇到水田缺水，直接用水车引水灌溉，非常方便。同时，洪沟可以直接通船，便于肥料、粮食运输，或者从事农业生产。其次，修建到沟，一般很少占用水田修建宽阔的洪沟，又不能随意从他人水田通水灌田，只能联户开挖到沟，1~2米宽，0.5~1 米深，两岸各户修建踏水码头，架设水车，可以同时踏水。最后，待分家立户以后，分得远离沟渠水田，家庭男子就必须开挖支沟，作为旱枧进行灌溉。同时，自己留田，做旱涧排水。因为支沟有 0.2~0.5 米宽，深度也只有 0.2 米，平时，遇到支沟长草或者淤塞，以家庭为单位进行管护。另外，为了尽可能地扩大种植面积，即使在排水沟涧里也种有水稻。见表 2-10。

郭用文老人回忆，过去，有田必有沟，一块片田一个小沟，一个号子一个沟，用脚踏水车或者手转水车引水灌溉，某一时刻、区段河道的总水量是固定的，在此范围内用水就会此消彼长，你使用了水，我却使用得少，要看谁先使用。不过，不管洪沟还是到沟，都与水田灌溉休戚相关，遇到沟渠淤塞，就需要集体出工洗沟。田多多挑，田少少挑。如果不去挑，就要出钱，请人挑。同时，提水灌溉码头，也是以家户为单位修建，各自使用各自码头踏水。

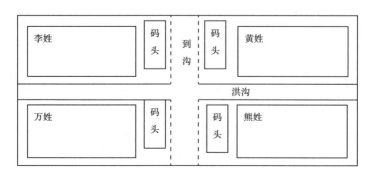

图 2-3　民国末年大字号杜家刓水田沟渠灌溉示意

表 2-10 民国末年杜家刿水田灌溉设施

类型	位置	大小	产权单元	功能	如何建设	管护
洪沟	村落	大	村落有田者	排水、灌水、运输	村落出资	村落头人
到沟	田相邻	中	沟渠两岸有田者	排水、灌水	沟两边有田者出资	相邻田主
支沟	田里	小	家户	排水、灌水、种植	家户出资	田主

资料来源：李良望老人口述。

三 土壤条件

平原湖区的土壤多为河流冲积物而成，水稻土面积最大。该水稻土熟化程度较高，速效养分含量高于其他水稻土类，生产条件最好。垸内旱作土壤的腐殖质含量也很高。正因为如此，垸田作物的产量往往高于同类作物在其他类型土地上种植的产量。当然也不排除质地较差的垸田，这类垸田主要分布在滨湖或沿江洲渚，由于地下水位高，其土壤种类多为沼泽型水稻土，养分熟化程度低而且难以释放，在无法改善排水条件的前提下只好任其自然、粗放经营。这种田产量往往极低，有的便种植杂粮、莲藕，甚至只种芦苇，有的干脆听凭杂草丛生。

综上所述，水田的形成及发展与其所处的自然环境及与此相适应的人类生活方式密切相关，它是当地人民在长期与水争地过程中形成的一种土地利用方式。其中，围湖造田，也就是垸田占据湖区耕地面积的 2/3，与当地易水的特性有关。垸田在耕地中的高比例及垸内作物的相对高产使它既系民食之所赖，亦是赋税之所出，堤安则丰，堤溃则歉，垸田在地方经济中占有至关重要的地位。

第三节 水网环境

在水网密布的湖区，发达的水系与村落生产和生活息息相关，如何利用和改造水源条件成为湖域村百姓发展的主题。现从水系类型、水旱灾害和水利灌溉三个方面进行阐述。

一 水系分布

发达水系成为平原区域的自然生态条件，平原区域的村落居民正是在由长江、江河、湖泊、堰塘、沟渠共同构成的相互联通、自流灌溉的水系网络里生育、生产和繁衍。

（一）龙潭河

第一，河流概述。龙潭河，属于自然生成河流，自西向东，宽 10~15 米，深 2~5 米，长度为 6.4 公里，流量为 20.5 立方米/秒。有长湖、四湖、荒湖、白露湖等湖泊水汇入，终年不干。龙潭河西至监利县龚家场渡口村，经过杜家剅村、螺滩村，到曹市镇、戴家场镇、三汊河镇和沙口镇，北上襄河的杨林关，与柴林河汇合，进入洪湖，再自新堤老闸口入长江。

据清光绪《沔阳州志》记载，柴林河曾是一条重要的河道，它吸纳由杨林关下泄的汉水，经南府河、三汊河、树椿河、沙洋河汇入，并接纳由监利渡口入境的水源，经龙潭河（今龙船河）汇入，然后从柴林河流入内荆河，是戴市当年通往沙口、峰口等地的水上交通要道。解放前的柴林河因历代不治，河道逐年淤浅改道，沿岸人民深受其害。

第二，使用范围。最初，李氏先人插志为标，将龙潭河和沙洋河占为己有，柴林河也由刘氏占有。这时河水作为一种私有物品，通过交易市场，就能获得收益，因为谁消费谁就需要支付费用。因此，河岸村民生产和生活，凡是使用该河河水，就需要向李氏支付一定费用，以年为周期向李氏缴纳。后面，众姓氏联合起来把水霸李氏打掉，龙潭河就成为公共河水，谁都可以使用该河水，不再需要缴纳水费。

李良望回忆，过去，河水或湖水，谁抢占到就归谁。晚来，李姓没有抢到田产，就以插标为记的方式，将龙潭河占为己有，东到柴林河，西至渡口，收河水钱，谁吃水就要给钱，附近村民，按照年计算，每年 1 担稻谷/户。

第三，覆盖范围。龙潭河穿过杜家剅，围绕官湖垸一圈。上游途经王大垸、朱梅垸、蔡子垸、右子垸、夏大垸、京城垸等水田，下游途经康字号、大字号、吕字号等，灌溉面积为 10 万亩以下良田。还有沙洋河汇入青泛湖，覆盖 18 个垸的水田。

郭用文老人回忆，过去，居住的房子就建在龙潭河河堤上，河流就在房屋后面，围绕整个垸子一圈，非常方便垸田进行灌溉。同时，也方便取水。

第四，功能。一是排出渍水，每逢汛期，由右子垸、王大垸、金马垸、柴民垸等四个垸渍水，将其汇入龙潭河，流入戴家湖，引河沟通了洪湖、沙套湖。可排 40~50 平方公里的承雨面积，有效排灌面积为几十万亩。不过，暴雨时节，水大河窄，泄水速度慢。二是灌溉水田，河流两岸就是水田，利用水车就可以踏水灌溉。三是便于取水，村民随水而居，取水生活便利。四是通航，由于龙潭河直通洪湖和戴家湖，与柴林河和沙洋河相连，同时，水大河宽，水运条件优越，两只大船可以对开通过，可以入长江，直达武汉。

李良望老人回忆，5 月、6 月讲水，冬月、腊月讲鬼。过去，三年两水，官湖垸的水排不出去，到处可以划船，四季通行，甚至比陆路更加方便。

第五，管护。每年冬春季节，由垸主主持，召集垸民，按照田亩数量派工，进行取直、疏通，完成土方共计几十万立方米，标工数万个。见表2-11。

表2-11　民国时期杜家剅河流分布

类型	交汇	经过	进入	覆盖水田	谁占有	使用是否收费	如何形成	位置
龙潭河	三汊河	洪湖	长江	王大垸、官湖垸等10个垸	李氏	是	自然河流	杜家剅屋后
沙洋河				通挽垸、野猫湖垸和京邸垸等，共计18个垸	李氏	是	自然河流	距杜家剅3~4公里
柴林河				通城垸、永家大垸和万全垸等30个垸	刘氏	是	自然河流	距杜家剅1~2公里

（二）戴家湖

第一，湖泊概述。最初，戴家湖是人工围成的淡水湖，南抵洪湖，北临杜家剅，东至沙口镇，西临监利县，呈三角形。湖底高为21米，正常水位是23.5米，最低水位为20米，平均水深为1.5米，最大深度为3.2米，面积约1万亩，容积有1000多万立方米。水位颇不稳定，春夏季水深1米，冬季枯水时，水浅可见湖底，且有部分干涸。不过，因小于洪湖，南靠灌溉水渠，沿途汇集了大量的大小河流渠溪，并串联青泛湖、洪湖、大沙湖等众多湖泊，构成了错综复杂的水道网。

第二，使用范围。过去，戴家湖古称肖家湖。清代末期有肖、熊、李、张四姓插志分据，各以其姓命湖名，后因肖姓势大，吞并独有，始统称肖家湖。后来据说，肖家亲戚戴姓趁机偷了肖家水册，并将其水份占为己有，沿用至今。凡是有主的水份，压有伞子作为标记，其他人不准使用，更不能靠近。

李良望回忆，过去，湖区散布湖泊很多，有自然形成的，也有人工围成的。纳垸以后，低洼水坑就形成人工湖泊。每逢汛期涨水与大小湖泊水面融为一体，水退则为独立湖泊。

第三，覆盖范围。戴家湖、青泛湖水域，与洪湖水面相连。后来，筑堤纳垸，将青泛湖、戴家湖两湖纳入垸内，成为几十垸内湖泊，因龙潭河、狮子河流经此垸，又串联百兴沟、百旺沟等沟渠，水系相通，覆盖垸份为官湖垸，如吕字号、大字号、康字号等，灌溉水田面积达几十万亩。

第四，功能。一是灌溉功能。由于人工河渠的开凿，沿湖建有2座节制闸，沿河两岸建有4座单孔排水闸，联系着百兴沟以及内荆河等沟渠，水源丰沛，排灌自如，旱涝无妨。二是航运功能。戴家湖水源丰富，又与河流相通，木帆船、机动船可四季通航，沟通了戴家场镇通往内荆河、洪排河、四湖干渠沿岸集镇的水上航运。三是养种功能。湖泊水质纯净，水温适宜，湖底平坦，淤泥深厚，水生物繁多，具备了发展水产综合养殖的优越条件。湖内芦苇丛生，有少量野生莲藕，未曾放养鱼类。其余均为芦苇丛生的荒湖，仅供放牧、打草沤肥之用。四是排渍功能。龙潭河、内荆河等天然河流汇入该蓄水湖，成为洪湖、青泛湖和官湖等地的渍水泄入的必经之路。

第五，管护。戴家湖归康宁垸、杨宁垸、周堤垸、吕河垸等姓氏所有，甚至洪湖水域都有主，都划有界口，压有伞子，东至西至何地，北抵南抵何地，请专门的人进行管护，不能随便打鱼或者打野鸭。见表2-12。

李良望老人回忆，过去，抢不到水田，就插占湖泊，俗称抢湖水，谁要使用湖水，就要收费。同时，湖水讲究水份，东西南北至何地，一般压伞子为界限，同时，也不能私占垸堤等公口，比如8亩田，公口有5米，不能侵占公口作为己有，一旦垸主发现，找田册先生进行核查。

表2-12　民国时期杜家剅湖泊分布

类型	交汇河流	枢纽	进入	覆盖水田	谁占有	使用是否收费	如何形成
戴家湖	龙潭河	茅江口闸	长江	康字号、大字号和吕字号等	肖氏、张氏等	是	人工形成
青泛湖				王大垸、朱梅垸、蔡子垸、右子垸、夏大垸5个垸	李氏、王氏和涂氏、夏氏等	是	自然形成
洪湖				沔阳县域	李氏、刘氏等10多个姓氏	是	自然形成

（三）螺蛳潭

第一，水潭概述。龙潭河堤堤溃，其溃口冲刷坑为下荆江最深的靠堤渊塘。每个村落周围有一个水潭，总计6个水潭，距离村落5～50米，都是垸堤倒口冲击而成自然水潭，冲成的水潭，呈长方形。水潭冬季水浅，夏季丰盈，特别是汛期，与龙潭河相互补给，水潭和河流成为一体，常年水深可保持在0.5米左右，最高水位为1米，最低为0.2米，水域宽为2～5亩，一般流量为3.2立方米/秒。

郭用文老人回忆，附近村民傍一交叉河口而居，民间传说这交叉河中有一"螺蛳精"。过去，这里水深而旋，常有船只至此沉没。人们便说是被河中的"螺蛳精"吞了，并说这口水潭就是螺蛳精起身之地，故此得名。清道光年间，洪水将此处冲成一个渊潭，尔后，人们在渊潭的弓形背面筑起了河堤。

第二，使用范围。杜家垴和叶湾村共用一个水潭，俗称螺蛳潭；李家咀门前有一个水潭，俗称青龙潭；吴湾和螺滩村共用一个水潭，俗称吴家潭；黄家倒口周、黄、刘三姓共同使用一个水潭；侯湾村也有一个水潭；中湾附近也有一个周家倒口冲成的水潭。可见若干村或者若干姓氏共同拥有一个水潭，这样便于人畜生活取水或者水田灌溉。如图2-4所示。

　　　郭用文老人回忆，相传，清乾隆年间此地是龙潭北岸的一片农田，属沔阳县管辖，县府的田垸编号为"大字号"，是岸边的一个湖汊。乾隆三十年前后，连年大水，岸线相继崩溃，由此成为龙潭河北部的一个内潭，俗称螺蛳潭。

第三，功能。一是灌溉功能。水源富足，在龙潭河流北面，开挖垴沟，引水灌溉面积1004亩。二是种养功能。多为淡水养殖水潭，有浅滩，土质肥沃，水生植物繁茂，有灯笼饱、浮萍等10多种，适宜各种鱼类繁殖、生长。同时，还可以栽种莲蓬等水生作物。三是排水渍。由于水潭较深，雨季可纳周围农田渍水，不仅宜于养殖，而且对农田起蓄水排灌作用。四是便于生活取水，水潭水质好，距离村落较近，便于人畜饮水，各家各户不需要挖井取水。

第四，管护。水潭都有主，供私人养有野鱼，起完伞子以后或者不压伞子，外面异姓才可以进去打鱼，不需要报酬，如果不起伞子则不能进入打鱼。如果插伞为禁，那么即使给钱也不能进去打鱼。不过，可以随意取水饮用，不需缴费。见表2-13。

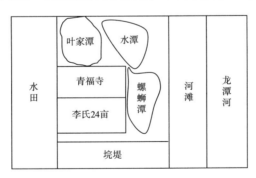

图2-4　民国时期螺蛳潭示意

表2-13　民国时期杜家垴附近水潭分布

类型	补给河流	串联湖泊	终点	覆盖水田	谁占有	使用是否收费
螺蛳潭				周桃垸	李氏、叶氏	否
青龙潭	龙潭河	戴家湖	洪湖	大字号	李氏、陆氏、	否
八屋潭				吕字号	李氏、吴氏	否

（四）水系关系

平原区域的重要特征是相互联通、自流灌溉的水系网络。江河、湖泊、堰塘、沟渠不是孤立存在的，它们相互贯通，可以自行调节。杜家剀所处地区湖泊数量众多，主要分布于龙潭河两侧，以支流串通，形如瓜蔓，自北向南汇注洪湖，受外江水位涨落影响，大水时期相邻湖泊常连成一片，大湖套小湖，母湖连子湖，枯水季节各自独立。同时，百兴沟或者百旺沟等沟渠，直接沟通戴家湖、青泛湖和洪湖，既可以调蓄常年长江与内荆河的洪水，形成一片较大的洪泛区，即蓄洪区，同时，又可以为水田灌溉和养殖提供优越水源条件。

除此之外，境内诸水汇集，地下水与江河水贯通互补，洪水期地下水上升甚至溢出地面，近堤附近常见涌沙涌水现象；枯水期有江河湖水调节补给，具有庞大的储水空间，即使干旱季节，可资利用的地下水也丰富。民国时期杜家剀水系关系分布见表 2-14，民国末年杜家剀水系如图 2-5 所示。

表 2-14　民国时期杜家剀水系关系分布

类型	面积	如何形成	产权所属	功能	使用是否收费	是否收税
戴家湖	大	人工	肖氏、李氏、张氏等所有	养鱼、饮水、种植、蓄洪、灌溉	免费	是
龙潭河	中	自然	李氏所有，改为公共所有	饮水、排水、灌溉、运输	先收费，后免费	否
螺蛳潭	小	自然	叶氏、李氏所有	种植、养鱼、饮水、灌溉	免费	是

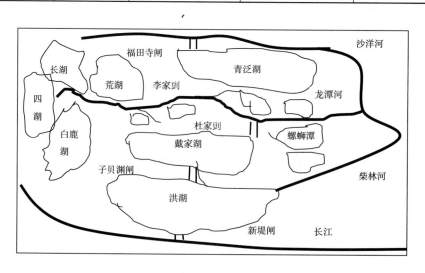

图 2-5　民国末年杜家剀水系

二　洪水灾害

第一，洪灾概述。境内不论民垸还是官垸，因地势低洼，全依赖江河堤防保障，江河堤防溃决，境内星罗棋布的民垸堤则遭冲毁。历来由于长江、内荆河与境内湖泊没有隔开，汛期洪水倒灌，垸堤纷纷被毁，特别是江汉洪水从新滩口倒灌，使该地一带大小堤垸频频溃口成灾。同时，外洲围境，因堤防矮小单薄，历来屡遭溃决。据《洪湖县志》统计，随着人口渐密，洲滩筑堤围垦增多，水灾日趋严重，水灾次数愈来愈密。北宋以前，长江、汉水多为涌溢成灾，平均约十八年一次。明清时期平均四年一次。近代 1921 年至 1949 年共发生较大水灾 7 次，1931 年、1935 年和 1949 年的 3 次洪灾损失最为严重。有关十年九水的记述，屡见不鲜，见表 2-15。

解放前，港汊、湖泊，如藤蔓瓜，并受长江、汉江穴口的通堵影响，迁徙无定，节节淤塞，水不能泄，时常泛滥成灾。据《沔阳州志》光绪甲午年记载："自江陵白露湖入浦小沙口，旧有峰口与泽口支河汇而下达汉河口出新滩。今不唯汉河口淤，自小沙口以上河身俱浅，不能溢也，则毗邻各垸其害亦无了期。"

第二，洪灾自救。平原之地，地势低，三年两水，年成好，几年庄稼有收成，生活就好。如果水害多，就没有收成，生活困难。比如沙洋河堤连续十八年溃决，致使人心恐慌，人们无心抢险，水来就跑。逃到汉口后湖捕鱼，或到湖南省逃荒赶工，如讨米、跑航运、摆渡等职业。见表 2-16。

郭用文老人回忆，湖泊、河流发达水系可以进行自我调节，当然，这种调节是有限的。如遇到水量过大便会形成"洪水"造成"水灾"。此村原处一深水潭边，水潭靠李家咀支河堤，因堤身单薄虚险，每至汛期，人们在此设立鼓台，打鼓报险。

表 2-15　历代以来杜家剅附近河流泛滥情况

类型	泛滥次数	原因
沙洋河、柴林河和龙潭河	清光绪元年至三十一年（1875~1905）的 31 年中，决溢 10 次，平均 3 年一次，其中光绪二十年至二十二年、光绪二十八年至三十一年分别连续 3 年和连续 4 年溃口	暴雨连绵，江水倒灌，积涝成灾，垸堤倒口
	光绪十六年（1890），内荆河北垸农民苦水难消，强掘子贝渊堤，向洪湖消泄渍水。北掘南堵，南北械斗五年，仅光绪五年的子贝渊堵掘之战，阵亡千人	水渍难消，因闹纠纷、偷挖堤防，导致北岸垸子被淹
	同治十年（1871），潜江吴家改口复溃，冲断监利潘坝部堤，境内朱麻垸、通城垸和官湖垸破垸成河	每逢襄水盛涨就由田间长湖等处灌入内河，汪洋一片，积潦难消

表 2-16　历史以来杜家剅村民受灾与迁移情况

时间	受灾情况	迁来原因	迁走原因	迁来几户	迁走几户	从何迁来	迁往何处	如何自救
清朝	房屋倒塌、庄稼被淹	淫雨连绵，沙洋河倒口	—	李氏 1 户	—	沔阳县李河村	—	驾船逃荒、外出赶工、乞讨
	—	—	做生意	—	吴氏 1 户	—	吴家新场	—
	房屋被冲，垸田被淹	—	龙潭河倒口	—	李氏 2 户	—	花果垸、曹市镇	驾船逃荒、外出赶工、乞讨
	全沦为泽国，饥民遍地	六、七月暴雨过急，垸堤倒口	—	黄氏 1 户	—	建宁县白口村	—	驾船逃荒跑航运
			—	熊氏 1 户	—	石首县小岳洲	—	驾船逃荒跑航运
民国	—	—	做生意	—	杜氏 2 户	—	戴市镇	—
	冲垮房屋	青泛湖倒口	—	夏氏 1 户	—	黄家倒口	—	就近搬迁
	江堤溃决，连淹四载	汉水并涨，江水倒灌	—	吴氏 1 户	—	螺滩村	—	就近搬迁
	全县淹没、一片汪洋	暴雨袭击，沙洋河倒口	—	李、杜、涂、夏、万等 10 姓	—	—	建宁县、天门县	以工代赈坐船逃荒外出赶工

资料来源：郭用文和李良望口述。

　　李良望回忆，洪水时，各自逃荒，各安天命，没有粮食吃，各自讨米，或者到外面赶工赚钱。讨米时，不能同一个方向讨米，各走一个方向讨米，你讨个地方，他过来再讨就讨不到。一般遇到乞讨者，不淹水地方的村民都会行善，少吃一点，也会施舍一点米给乞讨者，给后世子孙培德。

三　水利设施

堤在田在，田无人无。可见水利是农业关键命脉，需要修建江河堤，其主要分为江堤、垸堤和沟堤，进行堤防岁修、护岸、防汛抢险和排涝。

（一）御水设施：江河堤、垸堤、沟堤

第一，江河堤。长江、汉江两岸堤防为官堤，亦称干堤，其余均为民堤。境内长江干堤堤防长度为200~1000丈，宽度为9~12尺，高度为90~100丈，功能为抵御江水泛滥，防止江水倒灌，确保境内几千万百姓相安无事。其多为清朝年间纵筑，国库出资修建或者以工代赈修缮。另外，河堤，比如柴林河、内荆河和沙洋河等堤防，备用省堤工捐款进行修防。明崇祯十二年（1639）修建，由于汉水溢于监、沔之柴林河，又是东荆河、沙洋河之要冲，于是筑沔阳青泛湖、万全垸等处堤防。是时，沔阳知州主持，动员垸民创修北口横堤340丈，堤身修得高厚坚实，堤身增高3~4尺，沿堤岸还植杨柳保护。每年12月至次年正月，对江河堤进行修缮，增高或者增厚堤防，均系动用公款官修，勒限保用十年。保固期满照例民修。每逢江河堤倒口，洪水吞没百余家，冲至20多里。沔阳县知县请努纵筑，以工代赈，修筑堤防溃口处堤防。经费由省财政厅借垫，由监利、潜江、沔阳三县事后摊还。该堤分上、中、下三段经管，每届加修工费，采取按亩摊派的办法。

　　李良望老人回忆，修江河堤，是国家负责修堤，组织民工修建，如洪湖新堤，也是按照田亩数量摊派任务，而且以工代赈，有钱分配，按照天数计报酬。每天包吃，吃不完，就允许民工带出去分给家人。不过，搭建了台子，用肩膀挑，非常吃亏。

第二、垸堤。垸堤，比如官湖垸、青泛湖垸和康宁垸等，自白庙延伸到三汊河—戴家场镇—柴林河村，与官湖垸、金城垸并行走。一般高度为9~12尺，宽为6~9尺，长度为3~30公里。据说是明朝成化年间修建。临水面防浪林植树共5万余株。其功能是防御涝水，确保家园和生产安全。可确保垸内几十万人安全。每当垸堤复决，垸主修筑决堤，于十二月开始，至次年正月完成，比旧制增高一尺。比如民国末年，到襄河修堤，从北江修到南江，就用肩膀挑台，按照田亩数量，派发有任务，一亩要出10天工，修了70天，分餐露宿，搭篷休息。

　　每逢夏秋，上有荆山山洪、四湖渍水、东荆河溢水，荆北诸水骤至，下有长江水由新滩口倒灌，可谓上下夹攻，四面冲积。故此河槽淤窄，河床积高，连年洪渍成灾。因为垸民有船没有被淹死。不过，每当倒口，就由垸主组织民工修堤。比如清朝时期，垸子倒口，由垸主组织修堤任务，但溃口大，无法修缮，有一户李姓就盘走（搬到）其他地方居住。

第三，沟堤。沟堤，比如百兴沟或百旺沟等，高大概 4.5 尺，宽 0.9~1.5 尺，长度为 5~10 公里。多为村落民众集体出资出力修建而成，其功能是便于引水灌溉，排除水渍，保护水稻作物。如果水沟淤积，灌溉水源不方便，或者水大沟堤矮，按照收益原则出工，由威望的老爹为首，挨家挨户组织一起洗沟，并把沟堤堆高和配厚，防止汛期水大把沟堤冲毁。如果哪户家庭因为太忙没有时间，不能参加，也不能偷工卖懒，集体把没有来的田那段水沟格子，把洗沟的份子那段留给他，让他改天自己去洗，如果不洗，自己就不灌水，或者被村民谴责。不同垸子水利设施情况见表 2-17，不同水利设施管护情况见表 2-18。

> 郭用文老人回忆，每逢农闲之时，村庄公议，派出公正首事，按照田亩派工，将河道淤塞之处挖通，将河堤微薄之处筑高，或者打桩堆实。同时，每年春节之时，种植柳树，众人监督，如有盗砍或者践踏者，砍一罚十。

表 2-17　不同垸子水利设施情况

类型	堤长	堤高度		堤宽度		围建年代	内有耕地	备注
		堤最高处	堤最低处	堤最宽处	堤最窄处			
官湖垸	32 公里	38 米	36 米	4 米	3 米	元末明初	10 万亩以上	2 座排水闸
青泛湖垸	21 公里	36 米	35 米	3 米	2 米	宋末	1 万亩以上	1 座排水闸
康宁垸	4.5 公里	35 米	34 米	1.5 米	1 米	清朝	1000 亩以上	3 座排水剅

表 2-18　不同水利设施管护情况

类型	距离	产权归属	谁出资修建	谁来管护	如何维护
江河堤	长	国家	官府	水利官员	以工代赈
垸堤	中	垸子	垸民	垸主	按照田亩派工
沟堤	短	村落	村民	村首	受益田亩派工

（二）排水设施：江闸、垸闸、水剅

除防御江河水威胁外，境内多围垸成田，垸田是先有成熟耕地然后围垸挡水而成，如民间于田亩周围筑堤以御水患，名曰院，俗作垸，如果单从水利工程角度言，则任何垸田的构成都须具备垸堤（外围）、涵闸（垸堤上）与沟渠（水剅）之类的排灌系统（垸内），缺一则不成垸。

第一，江闸。福田寺闸、新堤闸等属于建在长江干堤上的拱涵排水闸，有 10~15 立方米流量，其闸孔规模属于单孔，宽度大概为 3 米，高度大概为 3.5 米，闸底高程为 30 米，堤顶高度大概为 39 米，修建于清朝年间，多以县或者若干县为单元，由官府出资修建，材质为木桩、石头和钢铁。其功能为防止江水倒灌、抵御洪水袭击和泄洪。

郭用文老人回忆，新堤闸，原名茅江闸，系境内建成的第一座石闸，坐落于新堤镇区内，消泄洪湖之水入江。闸为双心高拱式，单孔，净宽 2.88 米，高 2.9 米，底板高程为 20.2 米。设木闸门 2 道，闸身及挡水道全部用条石砌成。工程于清嘉庆十三年（1808）冬季动工，次年冬竣工，共耗努银 12 万两。

第二，垸闸。比如子贝垸闸，属于拱涵排水闸，管辖官湖垸水渍，10 立方米以下流量，其闸孔规模，属于单孔，宽度大概为 3 米，高度大概为 2.5 米，闸底高程为 28 米，堤顶高度大概为 36 米，修建于清朝年间，多以一个垸或者若干垸为单元，由官府和垸民共同出资修建，材质为木桩、石头和钢铁。其功能为容纳渍水、调剂湖水，可防御垸南 34~36 米的洪水位，还可以保护垸内几万人口，同时，兼有水田灌溉功能。

郭用文老人回忆，为了调解垸内外或者湖南北两岸排水纠纷，修建三口官垸大闸，如子贝渊大闸，覆盖沙口镇董家湾、谢家湾、戴家湾、吴家湾（几千烟灶）、杨家湾、瞿家湾、刘家湾，其功能是放出水和禁止江水倒灌，将水汇入河水，再到洪湖蓄水池，再流出大河，贯通长江，相互调适。

第三，水剅。比如杜家剅等，属于拱涵排水剅，管辖范围为杜家剅村，5 立方米以下流量，其闸孔规模，属于单孔，宽度大概为 1 米，高度大概为 1.5 米，闸底高程为 5 米，堤顶高度大概为 10 米，修建于清朝年间，多以垸份或者以里份为单元，由村落百姓出资修建，材质为木桩和石头。其功能主要是水涨则排水，水旱则灌水。见表 2-19。

李良望老人回忆，早先，为了排渍，杜家人组织人们，集资在此挖了三百弓（一弓等于 1.8 米）长的沟，并在沟口筑有砖列，后引为村名。

表 2-19　不同排水设施情况

类型	管辖单元	规模	产权归属	灌溉面积	谁出资修建	是否有专人管护	功能
江闸	县域或者多县	大	国家	100 万亩以上	官府	有	防止江水倒灌、抵御洪水和泄洪
垸闸	垸或者多垸	中	垸子	10 万亩以上	垸民、官府	有	调剂湖水、容纳水渍、水田灌溉
水剅	字号或者里份	小	村落	5000 亩以下	村民	有	容纳水渍、水田灌溉

综上所述，垸有大小之分，大垸内一般包含有多个小垸，比如青泛湖垸就由十八个较小的垸组成，这些小垸与小垸之间有隔堤，其作用为既可防御垸内湖水倒灌，也可防止一垸被淹、数垸被淹。有的垸田内还存在大小不一、数目不等的湖泊。沿湖自身的单孔排水闸，联系着大小沟渠，水源丰沛，排灌自如，旱涝无妨。

第四节　居住格局

村落居住形态走过漫长历史，受到自然环境制约。出于生产生活的考虑，可以从村落选址、村落中心和村落布局三个方面进行阐述，给传统村落外部形态画像。

一　村落选址

（一）侍地而居

杜家剖先民多选择在垸田中央建房，开垦的土地一般能够连成一片，居住地点的选择余地比较大，交通条件也较好。同时，该村村民的房屋零星分布，尽可能地靠近农户生计依赖的田地或河流湖泊，前临农田，后背龙潭河的洼地，可供植菜，而且取水于河中也很便捷，生产效率很高。另外，每块耕地的四周，常有围墙、篱笆或沟渠。但是，村落之间，甚至同村村民之间相距较远。

李良望老人回忆，远田不富，远中求近。如果田太远，生产粮食被偷，也不好保护。近处便于耕种和运输粮食。如果田地够生活，灾害不大，子孙后代就会世代居住于此。当人口有较大增加，现有耕地无法维持生计时，人们才会选择迁徙，迁移到人少地多的地方开荒，搭建房子居住。同时，频繁的洪水威胁，繁重的稻作劳动，泥泞的乡间小路和田埂，也迫使人们将居住的房屋与耕作的田地或网鱼的河湖尽可能地靠近在一起。

（二）择台而居

地势低洼的平原湖区，洪水时常泛滥成灾，人们不得不选择自然墩台或建造人工墩台、堤防，高于平地2~5米，作为躲避洪水的居住地。比如官湖垸地势低于青泛湖垸，容易遭水害，该垸民往往筑高台建房。最初，移居不久的先民，散住在低洼湖区墩、台之上，拥有独立的房屋，两三户聚合成小聚落。

郭用文老人回忆，洪湖地区，地势低洼，百姓草棚多建在自然或者人工修筑的台或墩上，村民害怕洪水大，冲垮屋台，多造茅屋竹篱，略加墙院子。每当洪水来临，就拆屋移居，坐船逃荒。待水退以后，重新割草搭建茅屋居住。

（三）依堤而居

杜家刴地势低洼，沿龙潭河筑屋，势必要堆土为堤，方能安全。这样，大多数房屋则依堤而建，位于堤防的后面，甚至不少房屋所在的台子与河堤连成一体，形成向外突出的"凸"字状。不过，有的房屋基台却与堤分离，中间用木板搭桥或建造土桥相联系。这时，数户、十数户乃至数十户住宅台基沿着堤防一字排列，遂形成规模较大的聚落。

> 郭用文老人回忆，龙潭河自然冲击而成，然后，围水田，在河堤筑地基，建房子。每当水大时，人住的河堤，没有人管理，各自挑各泥，堆高河上自家后台，阻挡洪水侵袭。没有人居住的位置的河堤，俗称寮堤，由垸主负责监修，垸民共同修缮这样的寮堤。

因此，湖区聚落的选址，优先选择地势较高的自然墩台或建造人工墩台，以躲避洪水的威胁。最初，人们可以利用自然河两侧的自然堤或丘地。后面，人口迁移逐渐增多，在没有自然墩台可以利用的地区，需要依靠村落集体的力量，通过相互协作，挑台垒堤，建房安家。很多台、墩依堤而建，或者与堤相连，从而形成了依堤而居的居住格局。

二 村落中心：多中心

不管湖区乡村村落还是包括若干村落的垸子，都具有明显的隶属关系或阶层差别，具有不同中心地带。最显著的公共活动中心一般为地处居住区外的各色庙宇。由于信鬼好巫的一贯民风，这些神庙在江汉平原地区极为发达，绝大多数依偎于自然村落的附近，所谓"不知何处村，时击祭神鼓"。

第一，按照血缘标准划分，分为家族中心和宗族中心。一方面，家庙是村落家族活动中心，散落湖区若干姓氏，围绕家庙建房而居，便于祭祀先祖。比如最初，杜姓在杜家刴建有家庙，供奉迁移该地的一世祖。另一方面，宗祠是宗族活动中心。在湖区丘陵地带，不少姓氏仍在原来村落里建有祠堂，不过，距离很远，但是，通过血缘关系，将新建的散居村落与作为其"母村"的集居村落联系起来。

第二，按照地缘标准划分，分为垸子中心和村落中心。首先，垸庙就是垸子中心，比如青福寺，最初，属于青泛湖垸垸主主持，垸民集资修建，后来，归官湖垸和青泛湖垸两垸共同所有，其功能是驱邪消灾、降魔伏鬼和禁止地方打斗等，每逢修缮垸堤需要祭祀时或者在丰收年做谢神祭祀之用。其次，潭庙归若干自然村落所有，比如青龙潭庙，归杜家刴、李家咀、中湾、黄家倒口和周家倒口所有，不过，后来，潭庙被水冲垮，每个自然村落各自修建潭庙，都祭祀青龙潭菩萨。其功能是驱逐避邪，可以庇佑一方太平，造福村民，逢年过节或者有灾难之时，村民必前往祭祀。同样，分散的孤立庄宅及小聚落的居民拥有的土地庙，是以聚落为单位的土地庙，也是村落中心。比如最初，杜家剅只有一个土地福，俗称百乐坊，随着人口不断增多，人数多的李姓作为一个土地福，其他杜姓和黄姓等 8 个姓，分别组成 3 个土地福。其功能为管辖出生和死亡，不管到何地都要有一个土地神管。最后，麻脚庙是若干家户求神拜佛的中心，多为三五户信仰者筹建，其功能为消灾解难，庇佑乡里。见表 2-20。

表 2-20　不同层级中心地带

类型	归属	距离	位置	可否拆掉	管护	功能
青福寺	官湖垸	50～100 米	村外	否	庙管事	驱邪纳吉、庇护罪人救济穷人、降鬼伏魔
土地庙	杜家剅	10 米	村内或者屋里	否	村首或家户	恩赐子嗣、阳间保长
潭菩萨	杜家剅	30～50 米	村内屋外	否	麻椒	驱邪消灾、占卜消灾
麻脚庙	若干户	20～30 米	村内屋外	可	麻脚	占卜消灾

三　村落布局

（一）居住状况：散居而生

杜家剅由一姓一户的零星聚落发展而来。至于早期零星聚落的形成，则主要与清末早期移民开垦后，各就所领地内建筑房屋，自成一家有关。最初，有 2 户以上形成小聚落[1]，后来，迁来李、杜、熊、黄和涂 8 户，10 户的小聚落构成一个农庄，组一农庄（村落）。民国末年，杜家剅发展成规模大的聚落，有李、杜、黄、熊、涂、夏、万、舒和吴 10 个姓氏，共计 37 户、165 人。另外，杜家剅附近，平均每平方公里有聚落 3～5 个，比如李家咀、中湾、黄家倒口和周家倒口。这些聚落的房屋沿着路或河，多按照东西走向，散布展开在一定地域范围内，住宅彼此互不连，显然属于分散居住。见表 2-21。

郭用文老人回忆，直到民国初年，官湖垸内的较大村落很少，而多小型村落，只有一两户的村落共有六处。平均大约只有十户。而其最初都应是有一户或两三户、四五户人家。比如以湾或场为称的规模较大的聚落，大抵是由每家分离居于台上的那些"台"逐步发展而来的。

---

[1]　平原地区多数为 5 户以下小聚落，7 户以上构成大聚落，俗称湾子或者台子。

表 2-21　民国时期杜家剠聚落分布情况　　　　　　　　　单位：个

类型	小聚落	大聚落	村落	村落位置
杜家剠	3	2	1	河堤
李家咀	3	3	1	河堤
中湾	2	2	1	河堤
黄家倒口	5	3	2	河堤
周家倒口	5	4	1	河堤

　　平原地区洪涝灾害多，防御设施难以修建，加上耕地资源也有限，造成村民流动频繁，并没有发展累世聚居的大家族或者宗族，而是发展成杂姓村落。单丁独户的农家，子孙繁衍，各自别户而居，建立新的家庭，村庄遂逐步扩大，形成十户、二十户乃至上百户的村落；或者居住相对分散的几户农家，随着各家人口的繁衍和分家析户，新建的住房填充了原先的空隙。不过，侍田而食和侍地而居的习惯，导致村落之间距离较远。杜家剠距离最近的李家咀为 1 公里，最远的周家倒口距离有 4.5 公里。虽然村落之间距离远，但是，通过从龙潭河划船可以直接到达。如图 2-6 所示。

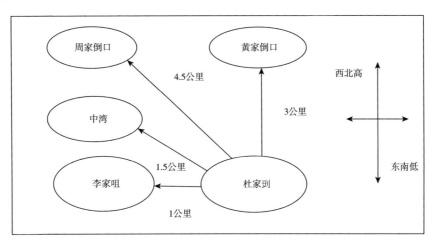

图 2-6　传统村落位置示意

（二）居住格局：并排而居

　　最初，杜家剠多由"单丁独户之家"组成，一家一户的独立房屋，稀疏散布。后来，逐渐迁来 8 户，40 多人，选择八个屋台建房居住，俗称八屋台。同时，由于自然或人工的墩台岗地或堤防，面积或者宽度有限，如果在斜向河堤上建房，当地人既要门朝南又要沿河堤，就采取一家与一家成直角上前或挪后，整条村庄像"锯齿"。比如杜家剠就是沿着龙潭河堤防，住户人家的房屋顺着堤岸展布开来，也就形成与堤岸平行的村落道路。如图 2-7、图 2-8 所示。

　　郭用文老人回忆，解放以前，平原之地，8户人房子居住很远，杜家剅以外没有人居住。先人夯土台基多是建在原有自然台子之上的。但东南部密集分布的台基的夯土堆积底层大抵与周围地面等高，应当是在平地上夯筑而起的。另外，房屋门朝南，面墙齐，沔阳境内河道都是从西向东流，在东西向的河堤上，民居筑于其上，民房一字排开，整齐壮观。

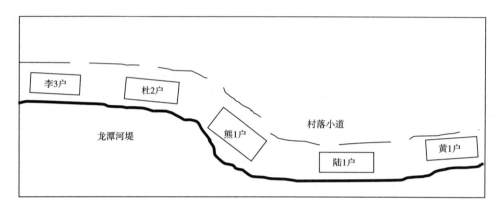

图 2-7　清朝时期杜家剅居住格局

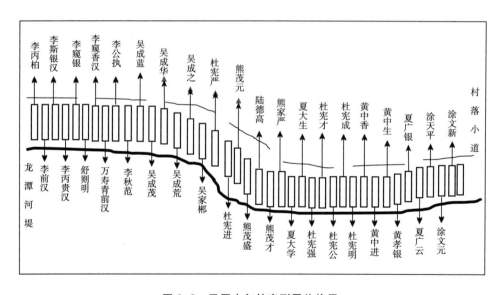

图 2-8　民国末年杜家剅居住格局

　　后来，在围垸过程中或围垸建成后，逐步进入垸中从事耕作的民户，他们多依堤而居，在近堤处筑台营造住宅，起初相对分散，随着房屋渐次增加，乃形成相对松散的集聚村庄。

（三）房屋布局

1. 房屋外部布局：沿路而建

杜家峁村民身居官湖垸腹地台或墩之上，往往于河流或湖塘的旁边，堆筑起台、墩；相隔十几米或数十米乃至数百米[1]，在另一个台墩上住着另一户人家。几乎每户村民的台基边上均会种植柳树，做加固地基之用，房屋附近往往有一个堆筑台墩时取土而留下的池塘。在台与台之间，隔着稻田、菜园或者禾场。农户之间，会有弯曲的小道相互通达。而台墩之上人家即便相隔数百米，仍互相看作"邻居"，属于同一自然村落。由于河堤上的屋台很窄，2家相距7~8米宽，不会修建墙院子，如果宽一点荒地就修建一个墙院子。关系相好的兄弟，由于屋台之间距离近，共同下一道脚，共同出资购买的砖和石头，各自修建一堵墙。如图2-9所示。

　　李良望老人回忆，过去，建房的台子，两间屋台子宽度为4弓，每弓有1.8米，总计7.2米，而三间屋屋台宽度为6弓，总计10.8米，平均每间房屋屋台宽度为6尺、7尺或者8尺。同时，建房的屋台都是购买而来，购买多宽的屋台就能盖多宽的房子，房间只能按照房子宽度规划，如果宽度不够，只能盖一个棚子。另外，如果钱多者购买屋台较宽，可以用来建造禾场，农忙时，稻谷就晒在屋前或者房屋左右的禾场，或者开垦成台田，在台上耕种旱地作物。

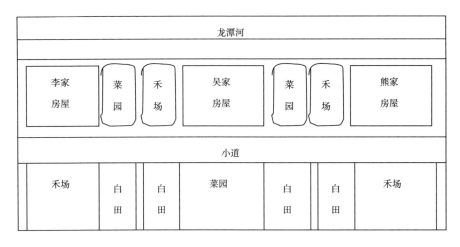

图2-9　传统时期杜家峁村民居住示意

---

　　[1]　最初，地广人稀，房屋分散，屋台与屋台距离为几十米或者几百米。随着人口不断增加，房子之间距离缩小，相隔1~2个空台，大概20米。

2. 房屋内部结构：公私分明

平原地区建筑形式有一进无天井、二进一天井、三进一天井、三进二天井，最常见的是二进一天井，由于受等级制度影响，建筑围绕纵轴线对称布局。纯居住类型房屋通常采用的布局是在纵向轴线依次布置正屋、天井或者天斗空间、后屋，两侧布置厢房和厨房。这种分布方式，天井空间在平面的中心位置，堂屋和厢房围绕他建造。第二进为厢房，局部二层，进深五柱五标。厢房围绕中间的田斗空间布置，第一、二进间墙开有一门，无门扇。比如，房屋为三进口布局，大概200平方米，基本是砖瓦结构，正房是主人居住，坐北朝南，冬暖夏凉，东西厢房是晚辈居住，门楼作为仓库或者下人居住，或者作为私塾。除此之外，房屋不仅作为居住场所，而且还有临时辅助功能，比如遇到红白喜事，都是在房子坐席，不是到祠堂办事或者外面摆宴席。

由于房屋多建在较为狭小的台墩上或堤旁，同时也受到家庭经济能力的限制，湖区乡村住宅最初均相对简单，即采用最简单和最经济的布局，把人的住宅和存放财物、牲畜与生产工具的建筑物集中在一起，放在一个屋顶之下。没有院子，屋前或屋后一般会有一个小园子，肥料常堆放在屋基通往堤上的路旁、牲畜棚。如图2-10、图2-11所示。

> 清朝年间，李氏一世祖搬到杜家剅，购买了96亩田，其妻子周氏，娘家在戴市镇经营药铺，非常有钱，帮出资修建四进口的房子，使用所有木头，盖小木瓦，外面建围墙，俗称李家木城。后面，生了4个儿子，分家以后，把房子拆掉，平均分配屋梁，重新修建自己的房子，独自生活。这时，各自没有大房子，只是瓦屋，待各自再分家，没有钱，只能拆掉瓦房，搭建茅草房。

平原地区村民虽然使居住地尽可能靠近耕地、山林或湖泽，但易受盗贼、兵匪的攻击。特别是在平原湖区，由于建筑堡寨相当困难，最初先人迁入当地，盖房时多数建有外墙，后来因灾害多而无力修建围墙，即使修建围墙，碰到洪水一来，也会彻底被冲垮。因此，湖区多数农户房子没有围墙，从而形成了一些没有封闭围墙的、分散的聚落。当动乱发生时，人们更愿意选择逃入湖泽以躲避动乱。

第一，院落式建筑。一般在基地三面围墙，另一面以建筑围合，院落平面大概6米×7米，通常只有一进，形式有前院后宅或者前宅后院。居住布局具有很强的使用价值，前院后宅式建筑与道路空间为"路—院—宅"，内院与道路之间为过渡空间，具有半公共性。前宅后院式房子与街道空间为"路—宅—院"，房屋面向道路开设大面积的门窗，后院则围墙封闭，只开设一个小门，对外封闭，对内开敞，公私空间分明，私密性强，有很强的安全感。如图2-12所示。

第二，天井式建筑。建筑进深较大，左右相邻房屋不便开窗，为了采光需要，其内布置天井，即天井式建筑。其特征：建筑中各房屋围绕天井布置，利用天井采光、通风。天井片面尺度大约为4.5米×5米，小的约为2米×3米，与明堂、厅堂连接以敞口形式建造，内和外空间无明显界限。天井四周的房屋相互联属，屋面搭接，四面瓦顶朝

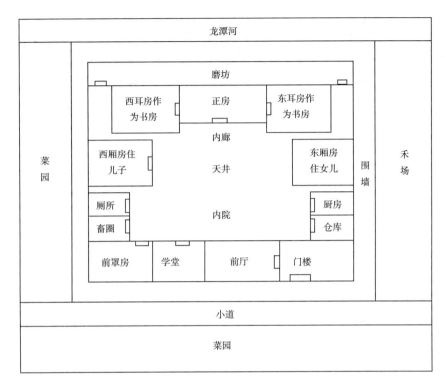

图 2-10 清朝时期杜家剅李姓房屋结构示意

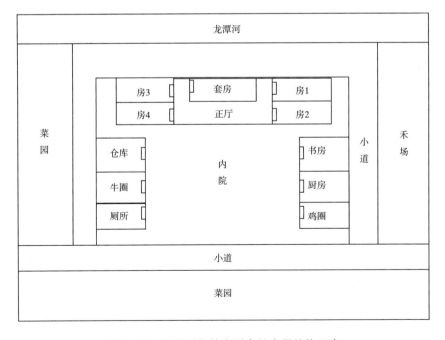

图 2-11 民国时期杜家剅李姓房屋结构示意

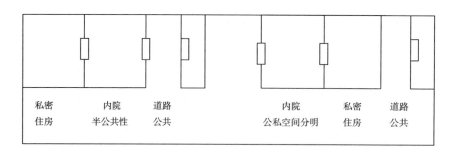

图 2-12　房屋空间布局示意

内，雨天时屋顶承的雨水大部分流入天井，经由天井内排水沟和地下暗道排出屋外，俗称四水归堂，寓意财不外流，同时，内排水方式对公共空间影响较小，不会因排水问题产生纠纷。其宗祠也是天井式建筑，一般为三进，一大一小两天井给人以庄严肃穆之感，表达宗祠宗法性质。

　　郭用文老人回忆，天井，本是用来承接天降大雨水和财气的，四方之财，犹如四方之水，汇聚于我家——晴天阳光普照进天井，即洒金，雨天雨水漂进天井，即流银子，"家有天井一方，子子孙孙兴旺"。

3. 房屋材质

早期进入洪湖围垦的人们一般倾向于分散居住，自然聚落规模较小，甚至是独立农舍，其房屋均比较简陋，一般是土墙、茅草覆顶。民国时期，该地村落房屋仍旧相对简单。它一般由一明二暗的三间房屋组成，上覆稻草或瓦，屋檐向外伸出较长，以遮挡雨水；墙体以木材搭起框架，中间多为夯土，只在门窗、屋脚处用砖砌成。无钱者则以房屋柱头为木质，屋顶盖着茅草，甚至连墙体都是用芦苇做成墙壁，俗称芦壁。即使能住上屋瓦，也是几代人辛苦积累财富筹建而成。同时，由于洪涝灾害多，因灾致贫现象多，即便建有瓦屋，被洪水冲垮，也只能重新搭建草棚居住。

　　李良望老人回忆，过去，杜家剅和整个百桥村都没有多少间天井房，就连地主刘激德的房子，也只是一明两暗的三间屋，外围也是围墙，不是芦壁，都是火砖，盖上瓦片。穷人只有一间茅草房。

平原地区，有父子别居或者另找居所的传统。子大分家时，要求连房屋进行平均分配，然后，拆掉老房子，重新修建房子。甚至，分家以后，出于耕作稻田或入湖网鱼方便，分家另居的儿子往往选择离开父母房屋一定距离的地方建造自己的房屋。但是，由于分家时，什么家具都需要置办，受到经济条件限制，多数只能搭建草棚居住，很少能修建瓦屋。见表 2-22。

表 2-22　不同时期杜家刬各姓氏房屋情况

姓氏	清朝时期	民国初年	民国末年	最差房子	最好房子
李氏	木屋	瓦屋	草棚	两间草屋	四进口屋
陆氏	草棚	草棚	瓦屋	三间草屋	三间瓦屋
熊氏	草棚	瓦房	瓦房	三间草屋	一进口屋
黄氏	草棚	瓦房	瓦房	三间草屋	一进口屋
杜氏	瓦房	瓦房	草棚	三间草屋	三间瓦屋
夏氏	草棚	草棚	草棚	两间草屋	三间草棚
涂氏	草棚	瓦房	瓦房	三间草屋	三间瓦屋
万氏	草棚	草棚	草棚	两间草屋	三间草棚
舒氏	草棚	草棚	草棚	两间草屋	三间草棚
吴氏	草棚	瓦房	草棚	三间草屋	三间瓦屋

4. 房屋朝向

平原地区村民多随水而居，意思是顺着河流流向建房子。一般不请风水先生看朝向，都是自己看向子（方向），因为房屋位置顺着河流流向，改变不了方向，由于忌讳房屋面朝庙宇或者神坛，多斜偏方向建造房子。房屋朝向优先选择坐北朝南，光线充足，但是，由于地形限制，不得不盘到地势高的位置建房，这时，房屋坐东朝西，致使房屋被阳光照射时间长，从日出到日落，一直被太阳晒。也有少数坐南朝北，这种房屋朝向，容易被北风滋扰，挨冻。不过，在平原大地，地势高的河堤防或者台墩有限，有钱者可以出重金买到坐北朝南的屋台，甚至买都买不到。如果没有坐北朝南的屋台，也没有办法，只能按照先前朝向或向山居住。

第五节　杜家刬村的自然实态

改革开放以后，随着人们改造自然环境能力不断增强，以及工业化和城镇化的外部冲击，导致自然环境形态发生较大变化，不妨从水网实态、居住实态和交通实态方面进行分析。

一　水网环境

随着通江连河穴口支流的堵（淤）塞以及河流改道和洪湖隔堤兴建，境内各民垸堤由防江河高水位减轻为只防内渍水位,特别是大兴农田水利建设,彻底改变了旧有水系。

第一阶段:20世纪50年代至集体化时期的水网建设。

一是修缮江堤。以前上13垸水渍汇入龙潭河,修建子贝渊闸放水入洪湖。解放以后,政府号召村民修缮沙洋河堤,上13个垸部分渍水从杨林关大闸流出[1],汇入柴林河,流经下五垸,过小港镇,入洪湖里,再流出长江。同时,从建宁县开挖洪排河直通子贝渊,其他各垸渍水汇入洪排河出子贝渊入洪湖,不再流经杜家剅,附近水田变成旱涝保收的良田。另外,最初,龙潭河与长江相通,每逢汛期,长江水涨,江水倒灌,会把垸子淹没。50年代,重修堤防,从襄河修至螺山镇,长度大概为1万千米,刚好构成一道屏障,江水进不来,也不需再上堤修堤,只需抢险防汛。

> 郭用文老人回忆,过去,沙湖沔阳州,十年九不收,以前都是过荒年。新中国成立以后,做堤就做了大概三个月,三年河五年堤,开了三年河,做了五年的堤,才把水网改造好。依靠洪湖县、建宁县、天门县、江陵县和监利县共同出工开河挑堤,如果没有完成任务,过年也要挑堤,因为天门县晚来,没有完成任务,过年也要出工。

二是开挖河渠。洪湖建县初期,经过裁堤并垸,综合治理,建成了"上引四湖长流水,下排洪涝出长江"的排灌水系,民垸堤业已消殂而被渠堤取代,80多万亩垸田解除了涝旱灾害的威胁,使农业生产得到较快的发展。集体时期,生产小队队长号召社员出工开河和开沟,将良田开成4~5米宽度的河沟,便于排水和灌水。同时,沔阳县、天门县、监利县、江陵县、潜江县5个县集体开河,比如戴电河和排涝河,6米宽,10万米长,都是依靠人工完成的,每个公社出水利主任和水利会计,由生产队长或者副队长担任,老人和孩子在垸里开挖小河,男子和年轻妇女到垸外开洪排河。见表2-23。

表2-23 新中国成立以后杜家剅水利设施建设情况

类型	起止地点	如何形成	功能	参与者
洪排河	屯小—高潭口	人工开凿	排涝、灌溉	沔阳县、天门县、监利县、江陵县、潜江县
监洪渠	回龙寺—洪排河	人工开凿	排涝、灌溉	
戴电河	电泵站—洪排河	人工开凿	排涝、灌溉	

> 郭用文老人回忆,1958年建宁县、洪湖县等几十公社男女集体开挖大河,1~2个月,一般为10~12月。集体规划路线,插好禁杆,占用农田,规定开挖沟渠多少宽多少深,比如洪排河,竣工以后,上游水渍不汇入龙潭河,一部分涝水可以直接通过洪排河,经子贝渊入洪湖;另一部分接沙洋河河水,汇入三汊河,再汇入柴林河,过沙口镇,直接汇入洪湖,对杜家剅村民房子和农田没有威胁。

---

[1] 河水改道时,淹没的不少水田都是沉入水里,小沙垸和陈大垸保留一点田。

另外，修建水闸进行排水，有 20 几个闸门。比如修建新堤闸，闸在河堤处，为两孔，每孔宽 2.50 米的混凝土拱涵灌溉闸，钢质平面闸门，闸底高程有 26.50 米，设计流量 21.30 立方米每秒。1961 年 3 月动工，翌年 3 月竣工，造价为 42.83 万元，灌溉田亩为 24.10 万亩，自 1962~1981 年共引水 25519.66 万立方米。

> 郭用文老人回忆，过去三年两水，遭遇水灾更是家常便饭，比如 1954 年发了大水，杜家剀村民逃到建宁县，后来，种田就有派任务，出工出力，集体修建了洪排河等人工运河和水闸等水利设施，排泄能力增强，至今长达 64 年没有发生特大水灾。

后来，三湖、四湖都修坝蓄洪，又开河排水，低地才能开荒种地。20 世纪 70 年代后大部分被围垦成水稻田，少部分被围堤曹水养鱼。由于开展大规模农田水利建设，削平垸堤，疏通水系，湖垸格局基本不存在了。

第二阶段：改革开放以后的园田化管理。

新中国成立以后，由于开挖河渠，竹林村、百桥村、螺滩村三个大队在进行水田灌溉时，从电排河进水，从戴电河排水。改革开放以后，村庄进行土地平整，用挖土机把洪沟填平，500 米一条开大沟，100 米一条开小沟，水田灌溉便利，即使发大水，也只有少部分低湖田受灾严重。

> 李良望老人回忆，土地平整过后，进行园田化管理，没有田相隔开，多少田，就有多少沟，可以进水也可以出水，同时，设置电排屋，灌溉方便，基本实现机械化。

解放以前，需要人工修建大型沟渠，而现在，大型沟渠由国家出资洗沟清淤，用机械清理淤泥。村级水利设施建设或者小型水渠建设，需要用村级"两工"费用解决。[1]

二　居住概况

（一）村落规模：村界扩大

经济生活的需求，是导致散居作为一种原生居住方式的根本原因。除非当地村民生存的环境与经济生活方式发生根本变化，比如因更优越生产或者生活条件而迁居其他地方。直到 20 世纪 80 年代，原来仅一户、几户、十几户的小村庄，才发展成几十户或者最多上百户村庄的居民点，最大也只能算是中型村庄，即使现在都没有变成大型或者特大型村庄。见表 2-24。

---

[1]　村级"两工"费用，按照县政府规定，按照田亩收取，然后，根据总的"两工"费用，去年政府返回 30%，今年返还 20%。

李良望老人回忆，沙口镇、小港镇大沙湖、杨沙湖都是洪荒之地，长满芦苇。解放以后，政府征地，纵堤建农场，鼓励村民前来开荒。当时，为了获得更多土地，杜家剅的吴成荒、杜子英、吴成蓝都到小港开荒，甚至建房居住，可靠近田地，便于进行生产。

表 2-24　1983 年杜家剅村落人口状况　　　　　　单位：户，人

村名	户数	人口数
杜家剅	59	264
李家咀	70	319
中湾	52	240
黄家倒口	90	479
周家倒口	86	461
总数	357	1763

（二）房屋布局：集中居住

第一阶段，土改以后到集体经济时期，村民生活得到一定改善，出生率有所增加，但是，由于医疗条件限制，新增人口数量有限，致使人均宅基地并不禁止，每家每户房屋距离仍旧较大，有几十米或上百米。同时，由于农业生产作为第一要务，而且村中道路建设滞后，水路运输仍旧占主要地位，导致杜家剅村民仍旧保留侍田而食和随水而居的习惯，以便于生产资料运输和进行农业生产。

李良望老人回忆，解放以后，村民可以吃饱饭，但是，生活水平不高，大多还是居住茅草屋，能住上瓦屋的没有几户人家。特别为了便于打鱼或者运送稻谷，大家还是选择在河堤上建房子，出行都很方便。

第二阶段，改革开放以后，人口增长速度加快，宅基地供不应求。每个村民小组要求统一屋台宽度，三间房宽度为 11.6 米，两间屋宽度为 8.5 米，进行土地确权时，每户屋台面积规定 0.25 亩。这时，各个房屋或各组房屋本来是分开的，只是随着人口的增加不断增添新的房屋，才使得它们连成一体。

现在村里年轻人中外出打工或者做生意的很多，赚了不少钱，生活条件大大改善，98%的村民都修建楼房。有的房子选择在新旧河堤上修建，也有的房子选择在村道旁边，大概有 20 户。不过，这些长形或块状村庄中间，一组房屋与另一组房屋之间，很可能仍然保留着一些间隔（菜园），各个房屋之间也相对松散，留下一些空隙。

据郭用文所述，现在仍旧保留父子别居的传统。老人不太讲究卫生，生活方式与年轻人不同，即使帮忙照顾孙子或重孙，也不敢住在儿子家里。但是，年老的父母居住条件并不好，蜷缩在不到 30 平方米的土房子里，如果条件好一点，就会盖上瓦，

较差的只能盖上茅草，遇到大雨，外面下大雨，屋里下小雨。

现实人口数量多，一旦分家立户，不能挤在一个地方居住，为了人口发展，由村委将老墩或者河堤指定为宅基地。另外，按照国家规定，禁止占用耕地建房。修建新房时，先要报批国土部门，由他们审查是否符合盖房条件，不同意不敢盖房子。不过，村委干部说，也可以灵活处理，因地制宜，适当选择一些白田（旱地），一户一户地盖房子，不能大规模建房子，这样，风声没有那么大。

三 交通概况

平原地区河流密布，以船代步，根本不需要修路。即使是农业生产，也使用船只。杜家剀屋后就是一条常流河——龙潭河，木船可北达戴家场、曹市集镇，简易机船可终年通行，东可到新堤镇和沙口集镇。它是连接四湖与柴林河、新滩口等老闸河的纽带，是村民对外物资交流的辅助航道之一。

李良望老人回忆，以前地主家产少，赶不上现在暴发户有钱，没有出钱修路，村里道路或者田间路都是泥巴路。不过，过去，龙潭河的河道宽敞，水量又大，家家户户都有船只，出行非常方便，根本不需要修路。

集体时期，巩固堤防，河流改道，特别开挖洪排河，龙潭河仅被作为排水河保留，部分河段甚至被填埋，不再通行水路。这时，就需要修建村间道路。修路时，有人为首，村民上功德钱，功德无量，钱多者多出，钱少者少出。特别是有钱的企业家，会出钱架桥修路，支援乡村建设。比如李传兵出钱搭桥和出资修路。

改革开放以后，国家加快对新农村建设步伐，特别是以项目形式嵌入乡村治理。村庄要筹办公益项目，首先要摸清村集体的家底，有多少集体资金，再加上当年预算的结余，以及每年的"两工"和"一事一议"的费用，比如修建路或者生产用桥等基础设施，有多少钱办多少事，不能盲目上马。而且每筹办一个公益项目，都要召开党员代表和群众代表联席的理事会，进行讨论和表决，可行不可行，紧迫不紧迫，只有通过才能将项目提上日程。

据村干部文熙娇所述，当初，土地平整时，只修了3条生产用路，其他村组没有修路，大多数是村民小组集体出钱铺一些石子。近10年村庄道路或者生产用桥等设施资金支出较多。4、5、6、7组修有水泥路，而没有出资修建路灯，其他1、3都修有路灯，因为这些小组有村民在外面做干部，帮助到民政或扶贫办跑到项目修建，2组是村民自己出资修建，8组依靠新农村建设，政府出钱修建。

第三章 杜家剅村的经济形态与实态

在农村发展历史上，经济是杜家剅村演变与发展中不可缺少的链条，也是支撑农业家庭的基础，本章从经济形态、经营形态、分配形态、消费形态、继承形态以及市场形态等方面进行阐述，并对当前杜家剅经济实态做了相关分析，旨在完整呈现杜家剅经济传统与现代经济风貌。

第一节 经济形态概况

在平原地区，土地、湖泊和河流等稀有资源，其占有方式和手段多样化，多为无嗣继承的财产、族人的捐置、自由买卖以及宗族的自然圈占几种方式。而且不同阶段，自然资源占有方式各不相同。

一 土地占有

（一）插标占地

元末明初有百姓迁移到沔阳，当地土壤肥沃，产量高，而青泛湖杂沙，产量低。当时由官府督办，纵堤于官湖垸。荒芜田亩，被外人插志为标，挽草为记，奉行谁开荒谁占有的原则，虽然是荒地，却被早来南安的吴姓先占。他们也不是大主子，谁抢到属于谁的。其实，插志为标，没有多少成本，转卖给私人，价格很低。这些地，已经被划成 10 个"号子"，1、2、3、4……10，标有 10 个"行口"（已占地界标志），一一被不同姓（已盘走）占有，后面，其他姓氏都是买下号子的田地。比如清朝顺治时期，李氏迁移至百子桥村，当时，向吴姓买了 90 多亩地，都是不毛之地，价格非常便宜。买下地以后，其他李姓过来盘住，开基有 3 个兄弟住下来，其中，李良望的一世祖最先买地，没有再走，给后来其他关系嫡亲的 2 个兄弟住下，每个兄弟有 2 个儿子，几代以后一个兄弟盘到螺滩，另一个兄弟迁居公安县，子孙后代还有盘到曹市镇、府场的。

郭用文老人回忆，以前，洪湖几百里绵延，荒无人烟，耕地广阔，先占先得。按照插志为标，挽草为记原则。意思说用木头打一个木桩作为标记，或者用草挽一个记号，说明占为已有，属于他们的名份，别人不敢偷占。比如先人抢到一个位置，就纨一个垸子，就占有此私人垸子，耕种垸子所有耕地或者出租给其他人耕种。最初，台上有沔阳县城的册名登记，周则严、吴叶山、欧阳贵三个台子，由他们占有，后面，他们绝嗣或者迁到外地，将屋台卖给其他人占地建房。

（二）守荒占地

在比较原始的粗放经营的农业生产条件下，为了适应可耕地资源和山林、湖泽资源的条件，人们需要不断地移动从事耕作、采集与渔猎的地点，因而聚落也就随之移动。找到一处耕地面积宽广、足够生活的地方，挽草为记，搭建屋棚居住，开垦房屋周围耕地，但开荒而来土地的面积不多。以前村里都是平原，人烟稀少，江西姓氏落高地为住址，开荒的这块地就是你的，先来先占，插志为记号，比如插一根棍子或者挽几个草结子，宣布所有权，左边一个号子田，右边一个号子田，前面一个号子田，后面一个号子田，"左边是别人的，右边就是我们的，没人敢占"，比如取名李家大湾或者吴家大湾。熊氏定居杜家剀，后因此地作圹，移居，开荒搭建棚子守荒，为后辈置办田产。随着人口越来越多，勤劳的农民就会到处围堰修田，一旦去除杂草，修成田产，就搭建草房居住，不然几个月以后就会杂草丛生，或者外来人会企图霸占，所以旧时，有"守荒"的说法。

李良望老人回忆，村里有很多人到几百里之外的公安县去抢地。因为家里田地不多，只能到外面地广人稀的地方抢地，盖了草房子，专门守荒地，甚至，在当地安家，由于当地政策变化，就编入当地村籍，变成当地人。比如汗流大哥，就是烧火做饭的一户，家里有点钱，眼光长远，想更多积累田产，分自己的田地给弟弟在村里耕种，他就到外地去抢地，抢了几十亩，最后，土地改革时期被划成地主。

（三）购买占地

千年田地八百主，田是主人人是客。随着生产力的不断提高，土地、山林乃至湖泽所有权关系的明确，定居乃成为必然。当没有多余土地可供开荒占有时，就需要出钱购买土地定居。清朝初年，沙洋河堤倒口，李氏三兄弟坐船逃荒至杜家剀，买了90亩水田，每亩价格为100银，入编大字号，以界口为界，又买了康字号的40亩水田。比如李斯银搬到杜家剀，族人李氏叔伯给免费屋台居住，卖给他田30亩耕种。还有夏姓是从周家倒口搬过来的，民国初年倒口，把他家的屋台冲走，就向杜家买台居住，在官湖垸和青泛湖垸都有田。还有李竟成自杜家剀盘到花鼓垸，以前也有田产，并把屋台和田产卖给李家咀李公祥，也有一个号子的田。

李良望老人回忆，过去，随着迁来杜家剀定居的人越来越多，人多地少矛盾日趋尖锐，一般来说，一个小农家庭要维持其再生产的必要土地面积大概为 10 亩，如果土地面积不够，就想方设法挣钱购买新的土地，以维持生计。

（四）因水捡地

传统时期，因洪涝或者战乱而迁移，荒芜田地，先民可以进行圈地占为已有，而地势低平等湖区，因洪涝冲垮水田，水退后圈地开垦现象更为普遍。每逢水灾过后，十里八乡逃走的人比较多，甚至搬到远处安全地方居住或者投靠亲戚，原来的房产和地产都无人管护，就被原来或者邻近住户捡为已有或者纵垸占田为已有。不少人因为捡到田较多，土改时被划为地主。比如，清朝顺治时期，发大水，熊氏和黄氏[1]同时来到杜家剅，插占杜家剅李氏 40 亩田。还有李氏在螺滩村有水田 40 亩，因龙潭河倒口冲毁，大部分被私人打垸子抢占，这里打一个垸子，那里打一个垸子，占为已有，最后，只剩下15 亩。

> 最初，螺滩村李氏族人也在杜家剅有田，垸堤倒口，修不起垸堤，就逃跑，连田都不要。另外，《洪湖县志》记载，戴市的大地主涂大渭，在京城垸、官湖垸、平塌垸、仁和垸等 5 大垸湖之中，半圈半购土地 4000 余亩、湖泊 2500 余亩，1929年趁洪水泛滥之机，在天成垸又荡浆圈地 1500 余亩，使 96 户农民失去土地沦为赤贫。[2]

不过，每当垸堤倒口，发大水，村民逃跑，不再回来，别人就可以插志为标，占为已有。比如倒口，把水田冲成一个渊，冲到谁那儿就归谁的水塘，并压一个伞子作为界口，宣布所有权，仍然按照原来的水田面积完钱粮，仍属某某里份或者某某垸份。如果村民还回来，那么其他人就不敢插占，即使插占，也无效，村民有权收回田产。

（五）因亲赠地

除购买和圈占外，继承或者赠予，也是农民家庭获得土地的主要方式。过去，因子孙不旺而绝嗣，土地等财产由兄弟、侄子等继承。另外，过去平原地区多灾荒或者战乱，导致百姓外迁避难或者寻求依靠，因同一家族血脉关系，收留弟兄叔伯或者外嫁女儿。同时，赠予屋台居住。比如李斯银因水灾搬到杜家剅，族人李氏叔伯免费赠予屋台，供其居住。另外，有钱或者富裕之家，待女儿出嫁时，会将屋台或者水田作为嫁妆赠予女儿和女婿，少则 3~5 亩，多则 20~30 亩。比如万氏和舒氏都因生活困难投奔李氏娘家，获得娘家赠予陪嫁台和陪嫁田。各姓氏迁居杜家剅时土地变更情况见表 3-1。

---

〔1〕　据说是杜家剅的黄其昌。

〔2〕　洪湖市地方志编纂委员会编纂《洪湖县志》，武汉：武汉大学出版社 1992 年版，第 100 页。

李良望老人回忆，过去，迁来的李氏，田虽多，基本够生活，没有外租田种，即使给田，也给叔伯弟兄或者外嫁女儿。

表 3-1　各姓氏迁居杜家剅时土地变更情况　　单位：亩

姓氏	为何需要地	土地来源	土地数量	土地类型
李氏	洪涝泛滥，迁居杜家剅，无地耕种	购买吴家新场吴氏	90	屋台和水田
陆氏	—	—	—	—
杜氏	告老还乡，迁居杜家剅，无地耕种	购买吴家新场吴氏	80	屋台和水田
黄氏	洪涝泛滥，迁居杜家剅，无地耕种	插占李氏	20	水田
熊氏	洪涝泛滥，迁居杜家剅，无地耕种	插占李氏	20	水田
涂氏	因战祸逃往杜家剅，无地耕种	购买杜家剅杜氏	10	屋台和水田
夏氏	龙潭河堤倒口，冲垮屋台	购买杜家剅杜氏	1.5	屋台
万氏	因丈夫去世而投奔娘家	李氏给予	3	屋台和水田
舒氏	因水灾逃荒至杜家剅李氏娘家	李氏给予	3	屋台和水田
吴氏	垸堤倒口，冲垮屋台	购买杜家剅杜氏	2	屋台

二　湖水占有：先抢先得

第一，占有方式。过去不管哪一口湖都有主人。最初，八百里洪荒，谁占有则归谁所有，先民往往插旗为标，将湖水占为己有。戴家湖一路都是大姓，势均力敌，上到沙口镇董家湾、谢家湾、戴家湾、吴家湾、杨家湾、瞿家湾、刘家湾，居住不散，几千烟灶，都是集中居住，守住湖水。后来，因为洪水泛滥，大姓或者有权势者，纨堤为湖，并占为己有。比如李家湖原为湖霸所有，为少纳湖税，买通当局，以船桨代弓，划了八百八十桨，合四百四十弓，由此得名。湖面呈不规则四边形，面积为 634 亩，最大水深有 2 米，为淡水养鱼湖，年产鲜鱼几万斤。

李良望老人回忆，清代末期有肖、熊、李、张四姓插帜分据，各以其姓命湖名，后因肖姓势大，吞并独有，始统称肖家湖，沿用至今。但是，大姓争湖水，大姓缠大姓。陈、李、刘、郭四大姓，归天门县管，湖田栽秧不说，收谷就开始招兵打仗，哪个强就归谁的，县长都压不住。最后，四大姓不开亲，即使岳父和女婿也不认，打起仗来，互相搞死，这么大的气格。

第二，湖水边界。不管是洪湖还是戴家湖，都是多姓分别占据，以标为界或者以伞为界，作为各姓湖水的公口，禁止任何人越过公口。比如过去，北为青泛湖，南为戴家湖，远一点为洪湖。而戴家湖，一半属于南安村，一半是杜家剅，以河沟为界。

三　河水占有：先占先得

第一，河水占有方式。过去，河水或湖水，谁抢占到就归谁。后来，李姓就以插标为记的方式，将龙潭河占为己有，东到柴林河，西至渡口，收河水钱，谁吃水就要钱。再后来，众姓氏联合起来把水霸李氏打掉，龙潭河就成为公共河水，谁都可以使用该河水，不再需要缴纳水费。

　　郭用文老人回忆，明末清初，百桥村附近水田被先来者插志为标，挽草为记，抢占为己有。李家晚来却没有占到田地，就骑着马沿着龙潭河，从建宁县龚家场的渡口村开始跑，北抵三汊河镇，向东转弯出柴林河到洪湖，行走40公里，然后，插志为标，占为己有，该段就属于李家的河水。

第二，河水边界。河流流经范围广，任何人都不可能独占一条河流，即使迁居最早的村民也只是占据一段河流，标记所占河水起止位置，往往插上旗子，其标记之间河水则为河主所有。

　　郭用文老人回忆，过去，纵垸造田，河水干净，直通长江，抢不到田，就插河水占有，吃我的河水，就收钱。还有抢湖水，禁莲子，请人看护，摘莲蓬卖。

四　生产能力

（一）土地面积

购买、插占和赠予方式，导致各姓氏占据土地存在差异。最初，杜家剅只有8户人，李姓3户、杜氏2户、熊氏1户、黄氏1户、陆氏1户。李氏原不住在杜家剅，因水灾自李河村搬过来，把原来的田卖了，向沙口镇吴家新场吴姓购买90亩水田。[1] 另外，其到吕字号下的螺滩村开荒，插占40亩，后因河堤倒口冲毁，只剩下15亩。陆氏比李氏晚来杜家剅定居，没有发人，只有1户，向周氏买田地，在大字号占有半个号子田，水田只抵洪沟，不到戴家湖。官僚后裔杜氏，向吴氏购买80亩水田。熊氏和黄氏以一只船逃到杜家剅，分别抢占李氏的40亩。而且熊氏在大字号和康字号都有田。后来，涂氏和夏氏依次向陆氏买台和田，作为建房和生活之用。万氏和舒氏盘到杜家剅居住，李氏陪嫁台和耕

---

〔1〕　早期杜家剅吴姓等姓氏多插标占地，后面搬到其他地方落籍，将插占土地卖给晚来李姓等姓氏。

种陪嫁田，分别有 0.5 亩屋台和 3 亩田。杜氏将 0.5 亩屋台给吴姓建房定居。除涂氏在外面购买 30 亩滩洲和叶湾村郭氏在杜家圳买有 7 亩白田外，没有多少人到外面买田，同时，也没有多少外人到本村买田。另外，李氏在杨宁垸有一个号子湖田，大概 80 公亩[1]，约等于 12 亩，杜姓在杨宁垸也有 8 亩湖田，其他姓不清楚。见表 3-2，李、杜、陆、黄、熊、涂、夏、万、舒和吴 10 个姓氏，在大字号杜家圳拥有水田、白田和滩洲总计 372 亩，在吕字号螺滩村、康字号李家咀和天星洲拥有 97 亩土地。叶湾村郭氏在大字号杜家圳拥有 7 亩水田。

表 3-2　各姓氏迁居杜家圳占有土地面积

| 姓氏 | 水田 | | 白田 | | 滩洲 | | 人数（人） | 户数（户） | 人均面积（亩） | 户均面积（亩） | 土地来源 |
	村内（亩）	村外（亩）	村内（亩）	村外（亩）	村内（亩）	村外（亩）					
李氏	105	40	3	0	27	2	12	3	14.75	59	购买、插占
杜氏	88	0	4	0	15	0	9	2	11.89	53.5	购买、插占
陆氏	50	0	3	0	0	0	3	1	17.67	53	购买
黄氏	20	0	1	0	0	0	6	1	3.5	21	购买、插占
熊氏	20	3	1.5	0	0	0	5	1	4.9	24.5	购买、插占
涂氏	10	0	1	0	0	30	5	3	8.2	13.67	购买、插占
夏氏	15	0	1	0	0	0	6	1	2.67	16	购买、插占
万氏	3	0	0.5	0	0	0	3	1	1.17	3.5	赠予
舒氏	3	0	0.5	0	0	0	3	1	1.17	3.5	赠予
吴氏	0	21	0.5	1	0	0	7	1	3.21	22.5	购买、插占

资料来源：李良望老人口述。

（二）土地性质

宋朝以前，洪湖湖区尚无堤垸、河堤，导致水退满湖荒，水干现河湖。直到南宋，制造水车、建筑涵闸、修筑堤垸的技术才开始引进，开垦围建垸田。明朝中期，大兴堤垸，洪湖地区渐成鱼米之乡。至明末清初，垸堤达到饱和状态，蓄洪区大大缩小，加上河堤矮小，每逢汛期，洪水无从排出，洪涝频繁。沔阳百姓又陷入"三年淹两水，十年九不收"的困难境地。

---

[1]　1 亩等于 6.67 公亩。

　　水田主要分布在平原湖区，而平原湖区的土壤又主要是以近代河流冲积物为基础形成的，水稻土面积最大。水稻土熟化程度较高，速效养分含量高于其他土类，生产条件最好。另外，垸内旱作土壤的腐殖质含量也很高。正因为如此，垸田作物的产量往往高于同类作物在其他类型土地上种植的产量，因而以量入为出为基本赋税标准的垸田的赋税额往往最高。

　　从表3-3、表3-4中可看出，在戴家湖，垸内为水田和白田，垸外湖田，堤外为滩洲，同为上田，垸内上田亩科秋粮米达2.75斗，而垸外上田只有2.56斗，堤外上田更下降到1.7斗，只及垸内上田的61.8%。下田悬殊更大，堤外下田亩科秋粮米额竟只有垸内下田的30%。垸内水田占有全村水田的八九成，其中上则田一半以上集中在垸内（见表3-5）。因此，该县的粮米赋税额几乎全赖垸田，而民食之需更离不开垸田。

表3-3　杜家剅不同水田亩完秋粮　　　　　　　　　单位：斗

田别	垸内	垸外	堤外	备注
上则田	2.75	2.56	1.7	
中则田	2.44	2.1	1.14	
下则田	1.5	1.2	0.45	
特下则田	1.3	1	0.43	

表3-4　杜家剅不同（白田）旱地亩完秋粮　　　　　　单位：斗

田别	垸内	垸外	堤外	备注
上则地	2.13	1.83	0	
中则地	1.9	0	0	
下则地	1.2	0	0	

表3-5　杜家剅垸内外水田分配表　　　　　　　　单位：亩，%

田别	面积	地势
垸内上田	210	
垸内中田	60	
垸内下田	40	高
垸内特下田	20	
垸外上田	15	
垸外中田	10	
垸外下田	7	中
垸外特下田	8	

续表

田别	面积	地势
堤外上田	10	
堤外中田	8	
堤外下田	7	低
堤外特下田	5	
总计水田	400	
垸内田占比	82.5	
全部上田	235	
垸内上田占比	89.4	

（三）生产设施

第一，生产用桥概述。在河网发达湖区，一般水田都分布在河流两岸，要进行农业生产，就需要进行桥梁建设。比如龙潭河之上，架设有杜家桥、百子桥（得子桥）、曾家桥、代家桥和何家桥5座木桥。

第二，出资。修桥出资方式各不相同。有家户私人修桥，比如杜氏因为分家时，分到的田在对岸，就修建杜家桥。有按照田出钱修桥的，比如曾家桥和戴家桥。也有因家族田在河对岸，族人为了过河耕作，族里共同出钱修建，如何家桥。还有，过去有钱人做善事，架桥铺路，上无名功德，修建百子桥（得子桥）。得子桥，是50岁夫妻，因感谢赐儿子，出钱修的桥，也给后人培德。不过，多数桥梁都是村民摊派出资修建的。如果对岸有水田，没有桥就过不去搞生产，就捐钱修建。一般村里推荐有威望的老爹为首，作为首事收钱，凡是对岸有田的，挨家挨户出资，平均每人出20个铜板，有钱的地主，会做好事，架桥修路，肯多出钱，比如给3~5个银圆，因为是小项目，不会打功德碑留名。

郭用文老人回忆，杜家人狠，田产多，杜老七和杜老六分家时，杜老七分到东岸田，杜老六分到西岸田，然后，为了方便生产和走访，家里集体出钱建了一座桥，取名杜家桥。

第三，主持者。修缮桥梁等是积善培德的好事，需要一定的人为首进行。为首进行主持的人分为以下几种类型：一是家里田多，生活富裕，担任国家职务者，比如保长或小得副和乡代表等；二是社会地位和威望高，乐善好施而闻名于乡里的乡绅；三是教书育人，知书达礼的教书先生。凡是主持者都有一定面子，不然，没有威望主持桥梁修缮一事。

第四，采购。为首者用钱到新堤买条子木头，那里有排客佬用竹排运来的木头，如湖南益阳或者四川成都，看条子讲价格，然后，用船放排运回来。

第五，施工。接木工师傅过来做木桥，每天给工钱 2 元，供养 3 餐。木匠用刀把条子研穿打眼，加横架子和纵架子，形成牢固的结构，打成架子，花户集体出工帮忙打桩，然后，由于河里有水，两边请花户用一根绳子系在每根木桩上，两头由若干花户负责，一般为 3 人，站在河里两岸，一起用力拉，反复互相拉着绳子，一来一去，就利用砖木取火的原理，由浅入深，慢慢将木桩摩擦打入河底，一般打入河底 3~5 米深。

第六，竣工。一般搭建一座桥总计花费 3~5 天。待竣工那天，首事命人鸣炮庆贺，并算清账目，结清木匠师傅工钱，列出花费明细，公布于众，让花户进行监督。不同桥梁修建情况见表 3-6。

表 3-6　不同桥梁修建情况

桥名	产权归属	为首者	出资者	功能
杜家桥	杜家	杜老七、杜老六	杜老七、杜老六	生产用桥
百子桥	周惟炳	周惟炳	周惟炳	生产、出行用桥
曾家桥	两岸有田者	曾氏	两岸有田者	生产、出行用桥
戴家桥	两岸有田者	戴氏	两岸有田者	生产用桥
何家桥	何家	何同树	何氏家族	生产用桥

（四）生产工具

在进行农业生产的过程中，种田的犁、耙、滚、耖和水车等工具，都是各自制各自的，但石碾、对冲和耕牛等大型农具需要借用或者合伙共用。

1. 船只

第一，产权。旧时，如果精通木匠，可以自己做一只船，价格不菲。也可以买一只船，价格相当于 10 担稻谷。一般一个家庭兄弟共同拥有一只船，家庭富裕的每户就有一只船，分家时，船一般不分，留给全家人共同使用，待兄弟成家有船，就留给父母使用。

第二，船的功用。一是进河里或湖里捕大鱼。一来可以改善生活，二来可以择个头大的鱼卖钱补贴家用。二是运输。一方面，在进行农业生产时，没有车等运输工具，船可以用来运送稻谷或菜籽、小麦等，较为方便省力，没有船者，只能向别人借船；另一方面，用船跑运输，旧时，水路交通便利，直通戴市、新堤甚至汉口等集镇。农闲时，坐船上集赶场，购买油盐柴米或者买卖农产品，也可以帮助本地或外地客商运输稻谷、布匹等商品赚钱。三是求生工具。每当洪水来临时，全家准备家里值钱东西，可以乘船逃到高坡地带避险，待洪水退后，才回家乡重新生活，没有船的人只能向别人求助，捎带几个人。因为洪水遇难的很多，所有再怎么困难，也要勤俭节约，做或买一只船。

总之，湖区水网发达，水运便利，即便是农业和渔业生产也离不开水运。比如肥料、种子和稻谷运输或者进入湖泊打鱼都需要船只。因此，杜家剅基本上家家户户都有船只，有钱的人或者劳动力多，就有 2 只船，最少有 1 只船。大船用来跑运输赚钱，小船用来进行农业生产，比如插秧割稻，运输人员和生产工具等。而家里穷的家庭起码有一只小船，提高外出耕作效率。

> 李良望老人回忆，过去，没有船只寸步难行，基本上家家户户都有船只，当初，他打了 10 担稻谷，家里贴一点钱，就买了一只船。如果没有船就是死路。要到洪湖捕鱼、打菱角，还有砍干柴和割芦席，都需要使用船。

2. 石碾

第一，出资。石碾并不是家家户户都有，平均每 4 户集体购买 1 个石碾，之后，杜家借李良望 4 担小麦，没有还麦子，就用一个石碾抵债，这样 4 户就有 2 个石碾子。另外，如果人口少的家庭，就没有钱集体买一个碾子。可以到其他村借碾子碾米，跟别人说一声，他村拥有优先使用权，要待不用时，才能用。

第二，使用。石碾放在屋外面，使用方便。轮流使用或者谁家有牛份子就使用石碾。不需要排队碾米，今天你碾米，我就明天碾米，用牛拉碾子碾米，用牛搓掉稻谷，再用碾子退出稻米壳，作为牲畜的饲料。

第三，效率。碾一次，能够碾 100 多斤稻米，3~4 人之家可以吃几个月，碾米时间为 2~3 个小时，一般 1 人独自完成。

3. 对冲

如果碾的稻谷少，50 斤米以下，以 3~5 户共同购买对冲，使用对冲舂米；如果没有对冲，可以向邻居借来使用，不需要报酬，用完即还给主人，一般时间为 1~2 小时，2 个人协作。但是，石磨、碾子、对冲等舂米工具，需要力气大或者身高臂长的妇女才能操作。如果自家没有这些工具，可以向别人家里借用，就是一句话，"我到你家磨磨米"，如果是做节庆的粑粑，会送一些作为答谢。

4. 耕牛

第一，耕牛数量。种田无牛课无本。过去，33 户的杜家剅，共有 5~6 头耕牛。1 头牛每年可以种 70~80 亩田，管辖 4~5 户人家。比如黄中香或陆德高不是大地主，没有 1 头牛，只有半头牛份子。一般 1~2 亩田，不需要购买耕牛，可用锄头挖田。

第二，买牛。田多多买牛，田少少买牛，一般联户占有，每头牛承担 25 亩。传统 3~5 户共同买 1 头牛，比如甲 5 亩、乙 3 亩、丙 2 亩，共同买 1 头牛，比如买 1 头牛需 10 担稻谷，一般由田多的甲打头，甲田多，需出 5 担稻谷，乙田适中，就出 3 担稻谷，丙田少，只出 2 担稻谷。多出钱多用，少出钱少用，农忙时，5 亩的甲使用 5 天，3 亩的乙使用 3 天，2 亩的丙使用 2 天。

黄孝恪老人回忆，解放以前，1担稻谷约等于7块银圆。大概50担稻谷可以购买1头耕牛。单家独户购买不起耕牛，一般兄弟或亲房3~5户共同出300块，购买1头耕牛，如果田多，还可以和多几户再伙买1头牛，如果没有田，就由有钱的买断。

第三，伙养。同一个湾子或者台子，2~5户共同伙养1头牛，俗称打牛伙计，田多的农户多买几天，多养几天；田少就少买几天，少养几天。不与亲戚或者乡亲伙养，距离太远，不合算。一般与距离较近或者关系好的邻居4户集体买牛，多少田就买多少牛份子。如果田少就买1天，7天周期轮流使用1天，如果田多就买2~3天，7天周期轮流使用2~3天。比如田多为30亩的农户，买牛时，出3天牛钱，负责喂养3天，田少在10亩以下的，出1天钱，喂养1天。多数割牛草喂牛，不放牛。田多也不能优先使用耕牛，轮到谁使用的日子，就谁使用。即使孤儿寡母也不能例外，而且多数孤儿寡母不种田，把田出租给他人耕种。另外，要喂养较好草料，比如红薯叶和米糠，何时耕地，何时喂牛，如果没有饲料喂，要让牛吃饱草，才能耕地。

郭用文老人回忆，过去，种植30亩以上花户，2户搭伙养牛，住址相隔1里路，是田邻关系，关系相好，俗称田相己，田亩数量差不多，一户买3天，一户买2天，周末休息2天。如果田多，就多养，多养多用，比如多养3天，就可以使用3×2等于6个半天。你不用，就捉给我养，5个人就每个月平均6天，如果只用半天就只养半天，都是一伙，不会扯皮。

伙养耕牛的原则。一是平均原则。比如3个牛伙计，买1头牛，价格为30~60块大洋，平均每个伙计出10~20个大洋。农忙时，使用天数和伙养耕牛天数也是一样，每周每个伙计3天。二是多出多用原则。多出钱多用天数多养耕牛，少出钱少用天数少养耕牛。比如3个伙计伙养耕牛，1头耕牛40块大洋，1个伙计田地50亩，购买3天，伙养耕牛4天，出资25块大洋；1个伙计田地30亩，购买2天，伙养耕牛3天，出资10块大洋；1个伙计田地8亩，购买1天，伙养耕牛1天，出资5块大洋。我的日子我用我养耕牛，你的日子你用你养耕牛，他的日子他用他养耕牛。另外，耕牛生小牛，卖小牛30块大洋，不论当初3个伙计出本钱是否一样，都是平均分配10块大洋/人。具体见表3-7。

表3-7　伙养耕牛轮作使用和饲养安排示意

时期	星期一	星期二	星期三	星期四	星期五	星期六	星期日	备注
甲	★					★		
乙		★					★	
丙			★					
丁				★				
戊					★			

第四，使用。俗话说，人兽一般。1 头牛 1 天耕 4~5 亩田，就让牛休息，如果不让牛休息，牛就反抗，不耕田，要去困水（喝水），天热了，让牛困水休息，再耕田。如果主人打牛，那么，牛就要反抗，甚至拱人。地主让牛休息，不借给其他人，如果你把牛累死，他就没有牛使用，他也不能租给别人使用。

第五，借用。搭伙养的牛，只能借亲戚用牛的底份（日子），不能占有其他人用牛的日子，除非别人答应换日子，不需要他人同意，而且要喂饱，不喂饱下次不借给你。另外，如果自家没有耕牛，就可以向关系相好的乡亲借，除非其牛有空才能借，轮到其使用的日子，不需要报酬。但是，需要割草把牛喂饱，才能送给户主，不然，下次户主不借给你使用。如果我借耕牛给你使用，你不能借给其他人使用，万一牛被用死，我找谁负责？借牛者多数为相好本村的乡亲、邻居或者田相己，距离远不会借。如果牛工也没有空，就请外乡人赶工，耕田和整田，每天 2 元。

> 黄孝恪老人回忆，如果借别人耕牛，要有关系，只有关系好，或者亲戚关系，才会借给耕牛。特别有钱的老板，瞧不起没钱的农民，不借给他们。当时，穷人只能向同等穷人借。

如果乡村里借不到牛，可以到镇上向牛行老板借牛，牛行老板饲养很多耕牛准备卖给其他人或作坊，自己喂养还要成本，借 1 头牛要支付 90~100 块大洋作为押金，签字契约。如果牛病死或者被偷盗，都需要赔偿。但借牛不需要报酬，只要把牛喂饱，待生产结束，10 月选日子送给牛行老板，由牛行老板检查牛，如果健康没有伤，就退还押金，如果牛受伤，就扣除 10~20 块大洋。

另外，如果没有牛，只能自己背犁，用人力犁田。还可以到外面租人用牛，比如其他人田少牛多，就可以向他们租牛。比如杜家剅有 100 亩，就租外面 6 头牛，防止把牛用死，连同主人过来耕田，平均每人每天误工费 1 元，每牛每天租金 1 元，还要吃 3 餐和 1 包烟，安置过夜休息，时间为 3 天。

第六，卖牛。如果 3~5 户人伙养的耕牛，年龄大了，耕田没有力，经过牛伙计商议同意，就卖给别人杀了卖肉，获得钱重新买 1 头小牛，再根据你家的田亩面积，买几天牛份子，一般不够钱，要贴一些钱，买 1 天出 1 天钱，田多就多出几天的钱，剩下钱平均分配。

第七，耕牛保护。自己没有耕牛，就租不到田耕种。如果耕牛被偷，发现了的可以到官府告状；如果没有发现，自己赔偿损失。保长和小得副不管偷盗的事情。

> 郭用文老人回忆，如果牛被偷了，一般只有外面强盗偷走，附近乡民不敢偷，如果抓到他，就找到保长绑到警察局坐监狱。抓贼抓赃，捉奸捉双。如果怀疑别人，也不能说人家。俗话说，强盗门前过，无赃不降罪。如果去告状，被倒打一耙，说你诬告人，就打死你。

解放以前，依靠脚踏的水车，灌溉水田，只能请木匠制作水车，并准备好酒好菜，宴请木匠，并支付工钱，每天 2 元，大概 5 天，共花费 10 元。这些大型工具，关系好的，如果家里的镰刀或者水车坏了，可向邻居借用，一般 3 天，使用坏了，还要负责维修。但是，借者自己得有一部分农具作为交换，而且不能长时间借或者经常借，不然借不到，要自己制作工具。比如水车这样的工具，都是自家请木匠做，一般不外借。不同农具占有和使用情况见表 3-8。

表 3-8　不同农具占有和使用情况

类型	占有	使用	管理者	功能	借用是否付费	用坏是否赔偿
船只	家户	家户	家长	运输、逃荒、打鱼	否	是
石碾	4 户	出资者轮流	出资者	磨米	是	是
对冲	3~5 户	出资者轮流	出资者	脱壳、打糍粑	否	是
耕牛	2~5 户	出资者轮流	出资者	耕田、磨米	是	是

（五）生产肥料

以前，使用牛粪、猪粪、豆饼和麻饼改良水田，一拃饼就管 0.5 亩田，还有涨水过后挖一些河沟里的淤积肥泥，捞起来做肥土进行下秧。最肥是肥泥，第二肥是豆饼，第三是割旱草或蒿叶、清宛（一种草），将其作为肥料埋入土里肥田。白田就使用草木灰或者烧火残留灰进行肥田。白田用灰，水田用草。

郭用文老人回忆，如果粪不够，农家儿子和父亲一起用船到街上买人粪。上接建宁县渡口，下接洪湖峰口，经常上街跟他们打交道，买他们店里东西，做什么职业的老板，都是熟人，店里老板巴不得你去挑，茅厕满了，一家一户去问，一次买一船，1 年买 1 次，10~20 担，1 担花 3~5 个铜板，费用高，只能用来下秧脚，0.1 亩撒 2~3 担人粪，如果少了，秧长不起来。不过多数去湖里打草作为田肥，一人用牛耕开，后面，两个人把草放到行口里，再把泥土翻过来，田就蓬松，三人集体协作。种田人不怕邋遢。

（六）生产经验

小农经济催生大量掌握各种经验的小农，虽然他们没有接受多少年的正规教育，但是拥有社会技能和经验，小农较高的人力资本不能简单等于读了多少年书，而是与经验息息相关。农时有季节，不能随便种植作物，要抓紧时间播种，不误农时。清明时节，做秧脚育秧苗。芒种前好种棉，芒种后好种豆。农事季节问题很重要，立夏前三竿穗头响，立夏十二遍地黄。立夏三日连架响，立夏十五遍地黄（小麦黄）。立夏过后十多天，小麦黄收割，插秧种水稻，9 月份收割。夏至豆一蜷豆，如果种的豆长不好，则产量不高。小暑吃黍，大暑吃谷（6月早谷成熟，可以吃稻谷），三伏吃红豆、绿豆。秋前十天母割谷，秋后十天割不赢。处暑荞，白露菜，意思是白露种菜籽或小麦，一般在9月末，待次年3月收割。8月好种酯，就是7月前已经种下庄稼，没到收割季节，没有事情做，就在家休息娱乐，比如聊天和打牌。10月点豌豆。大麦种过年，看你什么田。种植大麦要求水少，需要较高的台田或者白田。符合季节变更，切合实际，便于安排农事，这些古人说的谚语，都是生产经验，代代相传。作为农业生产者都懂得遵循季节，什么时候安排什么作物，不能早也不能迟。比如种黄豆，只能5月开始种，如果2月气温低，黄豆发芽容易冻死，长不出庄稼。

　　李良望老人回忆，热在三伏，冷在三九。三伏：初伏10天、中伏20天和末伏10天。农时作物安排，秋前撒，秋后插，赶秋满。立秋以前，撒谷有收获，如果秋后种水稻，必须插秧，才有收获，如果撒谷没有收获。当夏季汛期长，就要改季节，改种双季稻谷，或者种植双季玉米，但是，过了秋天就不能改季节作物，只能种植秋季作物。

按照季节安排农时，进行农业生产，不仅是父辈代代相传的经验，而且要有农时安排的文本，比如挂历，"正月见寅立春雨水、二月见卯惊蛰春分，三月见申清明谷雨，四月见乙立夏小满，五月见戊芒种夏至，六月见未小暑大暑，九月见戊寒露霜降，十月见亥立冬小雪，十一月见酉小寒大寒"。根据24个节气安排农时，都是种田人牢记下来，代代相传的生产经验，非常可靠。如果自己记不住，就问其他熟悉农事的邻居或者乡亲，按照季节下种，不能违背农时，如果错过季节，那么作物的生长时间不够长，产量就不高。[1]如果不懂农时，就跟着别人学，别人下种，你也下种；同时，可以向邻居询问如何安排农时。另外，农时安排，多听取懂季节的老农的经验，他们都亲自实践过。不过，年轻人讲得若有道理，老人也会参考和拥护他的意见，如果讲不出理由，就不会采纳。

（七）国家政策

最初，清朝乾隆年间，为了增加税收，由国家派兵屯驻，出力修堤纨垸子，俗称官垸。生荒土地，征集花户进入耕种，不需费用，挽草为记，插志为标，有多少号子，由谁占有，由田册先生丈量土地，登记田产数量、地界和花户姓名，按照田亩数量征收税赋，按照生荒5年、熟荒3年的原则。如果没有开垦土地，属于生荒地，免费耕种5年，5年以后，花户需要完粮；如果是熟地，免费耕种3年，3年以后耕种，花户种田完粮。如果没有占到土地，就花钱向占到田产的花户购买，政府也从中收取田册管理费、手续费或者过户费。当时，大字号有10个号子，都是被沙口镇吴家插志占有，最初李姓向其购买，写有田约，登记田册，哪个号子有多少田，找到钱粮先生税契，国家出力做堤纨垸子，花费大量人力物力，应收钱收税赋，供养政府。

---

〔1〕　早稻，不插立夏秧。晚稻，不插秋后秧，秋后插秧没有谷收。

第二节　产权与产权关系

传统时期，杜家剅村产权形态丰富多样，可以从产权类型、产权边界、产权登记和产权变更四个主要方面进行了解，凸显杜家剅的经济关系。

一　产权类型

（一）土地产权

土地产权类型繁多，主要表现为宗族产权、垸产权、村落产权和家庭产权等，每种类型都有自身特征。

1. 宗族产权

（1）公田

大部分姓氏公田，多为其自江西迁至沔阳县后，插标为记所占，若某某地经某某插标占为族地，则为该姓共同所有。明清时期以后，随着迁来的人口越来越多，沔阳地区可供开发的土地越来越少，可供圈的地越来越少，公田改为以购买方式占有。购置族田资金的来源，一般有两种：一是族众的捐款，二是族产的生息所得。捐款一般用于族田的最初购置，如若所捐款项不足以购买土地，则需要专人管理放贷生息，待款额增加到一定程度时，才去购买土地。

从产权方面看，家族公产习俗制度以公产祖有为核心，所有权归于祠堂祭祀祖先名下，不能以宗族众人的意志变卖，变卖公产为一种卖祖的不孝行为。比如大姓要几千烟灶才有公田。平原地区的村很少姓氏有田，比如竹林村的何姓、夏姓和黄家倒口的胡姓等大姓有公田，大概有 5 亩，分布在青泛湖垸或者官湖垸，公田由全族共同占有，私人不能卖公田，除非同族一致同意，才有权利买卖。

（2）祠堂台

大部分姓氏祠堂台，多为自江西迁至沔阳县后，插标为记所占，某某地经某某插标占为族地，其属为该姓祖业，为大姓族人所有，堪立公祠，遗传后代。祠堂不能卖，也没有人购买，其是安放灵魂的地方。而祠堂台可以买卖，有新的祠堂台，就可以卖旧的祠堂台，不论是不是同姓人，只要价格高，由户长代表议价，找中人说价，以近求近，一般就近卖给当地人，当地人或者用于建房，或者用来耕种，而同姓人距离太远，种田不方便。比如杜家剅李氏没有家族公田，但是，在宗族有公田和祠堂台。李氏在水塔村有一个 3 亩祠堂台，重新到李河村买一个祠堂台，把原有祠堂台卖掉，户长召开族人会议，有房长和门长参加，共同商议决定。

2. 垸产权

（1）闸田

官湖垸设置仙人口大闸，请居住附近下叶湾的穷人叶道柏管护，他没有田，垸子花户集体出钱购买郭姓的 10 亩田，让其免费耕种作为工资，父亲去世以后，儿子继承父亲职业担任管闸者，继续耕种闸田。不过，闸田属于官湖垸垸民出钱集体购买，由垸主代为管理，禁止私自买卖或者典当，也不准侵占，否则以侵占和破坏公物论处。

（2）闸台

闸台 10 米宽，66 米长，大概为 1 亩，位置靠近闸口，便于进行垸闸管护，闸台是垸主出钱买的台子，钱也由垸民共同摊派，谁管闸谁就占台子建设房屋居住，比如官湖垸垸主出钱买的胡姓的台子，而叶道柏，居住靠近水闸，他很贫穷，没有台和田，向垸主申请，作为管闸人，经垸主批准，借闸台建房，并形成谁管理闸谁使用闸台建房的惯例。另外，闸台为官湖垸垸民所有，由垸主代为管理和支配，任何人不得随意出售、抵押和典当，以及侵占闸台，否则，垸主可以强制收回屋台，并处以重罚。

（3）过水丘

垸子集体出钱购买一处作为排水的丘地。比如青泛湖垸有 18 个垸，下 5 垸是上 13 垸的水路，最初，因为上 13 垸每逢汛期有大水，所以禁止上 13 垸将水渍放到下 5 垸。后来，清朝年间，因为上 13 垸李姓有千个烟灶，有李姓祠堂，是一方大族，下 5 垸李姓族人少，开清明会时，将族人李举人围在祠堂里，对他使狠，强迫他答应，将下 5 垸一些水田作为过水丘，大概 10 亩。当时，李举人被迫答应，不过，水田价格不菲，他用竹筏去装铜板，如乾隆通宝，装了一筏子，然后，分给李姓族人。

另外，待上 13 垸买下过水丘以后，10 亩过水丘为上 13 垸李姓所有，只能用于过水，禁止插秧种麦，不过可以压伞子养鱼和供鸭子栖息，还可以种植莲蓬。同时，禁止任何人侵占、使用和破坏，若没有李氏户长同意，则不得私自出售、抵押和典当等，否则以族规论处，轻则罚跪赔偿，重则驱逐出村。

（4）垸庙田[1]

垸庙田属于信众郭氏捐助给青福寺的功德田，大概 2 亩，属于青泛湖垸和官湖垸信众共同所有，由乡绅担任的首事代为管理，禁止私自买卖或者典当。另外，戴家场在关圣庙有 5 亩田，也是有钱的乡绅捐助的田，由斋公或道姑耕种。回龙寺庙也有 10 亩田，由富人傅光浦捐助的田，也由庙里和尚耕种。这些庙田，若不经过垸庙首事召开垸民会议通过，则不能私自买卖、抵押和典当。垸庙占有土地数量见表 3-9。

表 3-9　垸庙占有土地数量统计　　　　　　　　　　　　单位：亩

庙宇	如何置办	庙田面积	管理者	耕种者	是否可以买卖、抵押和典当
青福寺	郭氏捐赠	2	首事	庙管事	否
关圣庙	乡绅捐赠	5	首事	斋公或道姑	否
回龙寺	富人捐赠	10	首事	和尚	否

---

〔1〕　主要由本垸居民施舍其信众而来。

3. 村落产权

（1）荒田

村庄只有很少的集体用地，垸堤附近会保留一些荒地或者荒田，比如东堤埂子有 2 块，一块面积为 2.8 亩，另一块面积为 1.8 亩，另外，还有荒田一块，面积为 3 亩，总计 7.6 亩。这些村落荒地，多为摺荒，无人经营，作为修垸堤取土之用，任何人不得占有或者买卖，一般由垸主指定手下块首进行管理。

（2）义地

义地，多为埋葬孤寡老人或者死于非命之人之地，其置办多为乐善好施善人所为。比如王姓捐 10 亩地，以做善事，那些乞丐或者死于非命的人，都可以埋到那里。以前戴家场被干部捣毁，最初作为生产队买棉花的场地，再卖给别人建房子。不同土地产权占有情况见表 3-10。

表 3-10　不同土地产权占有情况

类型		占有	如何置办	管理者	是否买卖、抵押和典当	是否完粮
族产	公田	全族	捐款购买	户长	否	是
	祠堂台	全族	插占或者购买	户长	是	是
垸产	闸田	全垸	垸民出资购买	垸主	否	是
	闸台	全垸	垸民出资购买	垸主	否	是
	过水丘	全垸	垸民出资购买	垸主	否	是
村产	荒田	字号	闲置或者摺荒	块首	否	否
	义地	字号	善人出资购买	无人	否	是

4. 家户产权

（1）口份地

过去，以务农为主的农家，多数家庭都有一块份地，这块份地有 1~2 亩，利用这块份地，维持自我生计。比如清朝年间，垸堤倒口，李氏就逃荒，同一个父亲的李政云和李政贵中，政贵没有子嗣，政云有两个儿子，为大其和大科，其将小儿子大科过继给政贵，则一股家产被分成两份，大其分到大子号到沟田，大科分到康字号到沟田，大其因为修不好垸堤，就逃到府场镇居住。熊姓和王姓分别乘一只船逃到杜家剅，分别抢占大其的 40 亩。后面，熊氏和黄氏都说插志为标，李氏一族反驳，"当初，八块口因为垸堤倒口冲成水潭，被你们抢占，你们插在我们李姓的土地"，因为最早李氏老祖集中埋葬于此地，同时，家谱有记载，"田有水冲"。

（2）陈留地

陈留地，多为子孙分家析产以后，共同提议留出很少的部分作为公田，作为父母去世后的坟地。后面，有的演变为父母赡养田，或者几个儿子共有田产，比如熊家、吴家、杜家、李家陈留有家族集体坟地。如果老人去世，就集中到公田坟地安葬。而夏家、黄家、陆姓没有集体坟地。即使没有插青的坟地，别人也不敢挖坟地占为己有，即使没有后代，但是，兄弟或者叔伯过继一子两祧，也会继承坟地。

分家时，兄弟商量，存留0.2~0.3亩坟地，位置一般为屋前屋后的菜园地，多为贫瘠田地，长不好庄稼，被作为坟地，用来埋葬先人。谁家先人去世，就埋在谁家坟地。因为坟地属于子孙地，子孙不会把坟地卖掉。另外，买卖田时，陈留的坟地，即使租给别人耕种，别人也不敢侵占。私挪地桩，罪过很大，会邀请人物头进行调解。

　　黄孝恪老人回忆，一户人到外面做生意，把房屋和屋台卖给侄子，却唯利是图，剩下几棵树他也卖给侄子要钱，价格每棵1块大洋，后面，父母去世，想回乡向侄子买地埋葬，但是，侄子却不肯卖给他做坟地。如果是关系亲爱的叔侄关系，都会热情接待，甚至把田借给他们安葬，但是，侄子却不准叔叔回来。

（3）屋台

过去，建房的台子，两间屋台子宽度为4弓，每弓有1.8米，总计7.2米，而三间屋屋台宽度为6弓，总计10.8米，平均每间房屋屋台宽度有6尺、7尺或者8尺。如果家里儿子多，有3~4个儿子，没有屋台建房，即使有钱也买不到。因为广阔平原，贴近洪湖，一旦洪水泛滥，只能选择高地或者河堤建房，屋台非常重要、非常珍贵，如果子孙繁衍增加，就需要屋台建房居住，而其他地方不能住，俗称子孙台。自家卖屋台，不需要跟邻居打招呼，只要跟卖主招呼，把界口分清楚，其他事情不与邻居相干。如果同一个台上或湾子，有乡亲外出或者逃荒，也不能偷占他们的屋台建房，只能用钱跟他们买，不然，户主回来生活，就要你拆房子。他们不卖给你，你也不能强买或占地。

　　俗话说，有钱难买鸡爪地，有钱不买鸡爪地。屋台一寸值千金。如果建房子，屋台不够宽，而邻居屋台宽阔，只能找邻居镶2弓台，甚至用洋钱去印，镶成借地宽度，根据宽度付钱，价格非常高，每弓台出价50~100现洋。

（4）陪嫁地

陪嫁地分为陪嫁台和陪嫁田。有钱的人家，如果女子出嫁就以屋台为嫁妆，俗称陪嫁台，比如李家嫁到万家，陪嫁1个台，总计1亩。有钱的人家，如果女子出嫁就以田为嫁妆，俗称陪嫁田，比如李家嫁到万家，陪嫁1块田，总计2亩。陪嫁田或陪嫁台都由娘家家长写田约，也就是赠予女儿和女婿，由全体成员在场做证，如果家长识字或者儿子等其他成员识字，一般不请中人，自己草拟田约；若家长文化水平不高，就要请中人，草拟田约，田约载明某某赠予某某，赠予田地面积、性质、何年何月何日等条款，由他们拿着田约到沔阳县过户头，进行税契。之后，完钱粮，都要女儿和女婿独自完成。

（5）继子田

过去，无子嗣家庭，为了传宗接代，必须过继子嗣。为了保证出继子嗣有生活依靠，亲生父母将儿子过继给他人，而父母家大业大，田产数量多，有几十亩水田，但是，养父母家庭过于贫穷，没有田种，就把7~8亩田送给儿子，过继给贫穷的家庭，写完契约，到沔阳县城过户，由过继的儿子完钱粮。继子田一般由继子所有，继子年龄小，由养父母代为管理，长大后可以自己管理。另外，不经继子同意，不得买卖继子田。

（6）聘礼田

聘礼田，就是为子女定娃娃亲时，富裕的男方无偿给予女方一些田产，为1~2亩。或者遇到女方家庭困难，无田耕种，为了帮助女方维持生活，赠予田产，待女儿出嫁以后，男方可以收回耕种。未过门期间，娘家可以免费耕种，收获成果自由支配，但是不能买卖、抵押和典当给他人。比如李丙贵老人回忆，父亲李前元帮自己与戴市镇沙坝村的顾家顾石英划了八字，定了娃娃亲，不过，顾石英家是贫农家庭，没有多少田，父亲就把2亩田免费给顾石英娘家耕种，承诺一旦长大完婚，就给顾石英种，相当于聘礼田。

（7）黑地

清朝初年，官府重视堤垸农田的修治，曾拨付资金，对年久失修的堤垸进行修补和扩大，称为官垸，比如官湖垸。民间自力修筑垸田，经官府核实，无害于水利，登入官册，称为民垸，比如青泛湖大小各垸。还有花户私筑而未经官府登记的非法垸田，比如康宁垸。官垸田和民垸田都需要进行官方登记，造有田册，产权明晰，要求按时完粮纳税。但是，非法垸田隐藏在民垸当中，旱涝保收，私人纵私垸造田耕种，不需要缴纳税赋，或者贿赂钱粮先生等收税官员而不需完粮，久而久之就成为黑地或者黑田。比如，解放以前，靠近襄河地区，每当水涨就会被水淹，杜家到涂文元在天星洲买了30亩田，1亩田价格为7块大洋，并围建了堤，变成自己的私垸，不需要完钱粮，变成黑田。

　　郭用文老人回忆，私垸要成为合法民垸，就要取得官方承认，根本办法就是向官府纳税。不少地主豪绅就是采用大量垸田，成为恶霸地主。比如靠近襄河，一涨水就会被水淹，在天星洲买了30亩田，1亩田价格7块大洋，涂前元围建了堤，变成自己的私垸，不需要完钱粮，变成黑田。

（8）免税地

在传统时期，私人纵垸筑田，因地势高，水旱无忧，只靠雨水灌溉，不需要人工灌水，不需要上堤捐和完粮，民间称之为免税地。比如李氏的27亩私地，不受青泛湖垸管，也不受官湖垸管，划归季平里，地基跟屋台子一样高，旱涝保收，虽然受政府管理，但是，没有称重（意思是没有上田册），不需要完粮。不同家户土地产权占有情况见表3-11。

表 3-11　不同家户土地产权占有情况

类型	面积	如何置办	占有者	管理者	是否买卖、抵押和典当	是否完粮
口份地	1~2 亩	给予	家户	家长	是	是
陈留地	0.2~0.3 亩	购买或者捐置	亲族	亲族成员	否	是
屋台	6 弓	插占或者购买	家户	家长	是	是
陪嫁田地	1~10 亩	给予	娘家	姑娘	是	是
继子田	7~8 亩	给予	生父母	继子	是	是
聘礼田	1~2 亩	给予	女婿	姑娘	否	是
黑地	30 亩	纳垸	家户	家长	是	否
免税地	27 亩	插占	家户	家长	是	否

资料来源：李良望和郭用文口述。

（二）水产权

1. 水潭产权

每逢汛期，洪水泛滥，垸堤倒口，把水田冲成一个渊，谁的水田就归谁的水塘，并压一个伞子作为界口，宣布所有权，仍然按照原来的水田面积完钱粮，以某某里份或者某某垸份。青福寺的庙台一边是河滩，另一边冲成潭子，从未干涸，杜家剑和叶湾村对潭子都有水份。清朝年间，青福寺前面的龙潭河倒口，叶姓、李姓和张姓也分别压伞子，作为界口，叶湾村占 4 股，杜家剑村占 6 股。另外，即便遇到洪水来临，垸堤倒口，把田冲成水潭，也属于原来田主，用来压伞子养野鱼，并按照原来面积完钱粮。比如郭用文有 4.1 亩田，倒口冲成水潭，别人不敢占，因为他的田属于子午里的田册，另外一个水潭是季平里的田册，每一块田或水潭都有记载红头田册。

郭用文老人回忆，道光年间，螺蛳潭，就是梦家竹林的一个渊，由侯家湾和杜家剑共同所有，传说是螺蛳精起身，拉断院堤，冲成一个口。后来，因垸堤倒口，将水田冲击成一口水潭，不能再耕种，就围成水塘，常年不干，俗称甩担水，意思是水很大，可以通大船。

2. 湖水产权

第一，基本概况。不管人工湖水还是自然湖水，大姓家族湖水不能随便买卖，而私人湖水可以随便买卖。特别是私人湖水，因为洪水泛滥，将堤垸冲垮，任何人可以借机围垸插志占有湖水。比如清光绪年间，戴家湖经人工围垸而成，使它与洪湖成为一个典型的湖中之湖，为李、熊、张和肖姓所有，原有水面为 3404 亩，平均水深 2 米左右，湖水清澈见底，无污染，以养鱼、植莲为主，又供鸭觅食栖身。湖水域都有主，都划有界口，压有伞子，东至西至何地，北抵南抵何地，不能随便打鱼或者打野鸭，比如新墩、老墩、大屋墩、二屋墩、三屋墩。

据郭用文老人回忆，清道光年间，涂大渭中举，遂假举人之名，横行乡里，强行于"羊"字号湖垸插标纨垸，霸占3300亩土地，定名时仍以"涂"字为头，面积2.46平方公里，涨水深度4.1米，退水深度2米。

第二，产权变更。大姓拥有湖水，不准私自买卖，除非该姓家族遇到困难，比如平复官司，需要钱，才能出售，出售对象也是优先卖给亲戚本房，再卖给外姓人。私人湖水，如果遇到困难，需要钱，可以随便买卖，不过，也是优先卖给亲戚本房，如果他们买不起，再卖给异姓人等。比如峰口镇王丹青大乡绅，购买一口湖，改名为王家湖，当买湖时，请田册先生、书手、算手和弓手在场，弓手策划撑着船，用桨作为测量工具，去嘎（测量）湖水面积，再有算手计算总面积，算出总费用，支付给原湖主。然后，请人纳了私垸，开垦成垸田，大概3000亩，再租给穷人耕种，收取课，成为课田。具体情况见表3-12、表3-13。

据郭用文老人回忆，涂家湖是涂老五出钱买一口湖，仆人做一个弓，然后，坐着船，也可以用桨去嘎（测量），一只桨的长度相当于一个弓长度，或者用桨一推船身，根据船身测量距离，距离相当于3弓距离，算出总面积，就给别人算价钱，400~500现大洋，就改名为涂家湖。王家湖同样如此。以后，按照湖水的实际面积完钱粮，而不是按照水田完钱粮，因为湖水完钱粮低于水田完钱粮，1亩湖水完0.2~0.3元，而水田完0.5~0.8元。然后，请人赶工把湖围起来，附近围成一个个子垸子，四周围成一丈高，阻挡洪水，就租种给别人开成水田，把荒田变成熟田，一直就租给他们耕种。他们分别住在戴市镇和蜂口镇，田地和湖水都在乡下村里，2000~3000亩，距离镇上20~30里路，没人敢占他们的田地和湖水，收租打课，他们不去，只是请看课先生收课。

表3-12　杜家剅湖水、河水和水潭占有情况　　　　　　　　单位：亩

姓氏	湖水	河水	水潭	占有方式	是否缴税
李氏	3.5	2	0.3	插志为标	是
杜氏	2	0	0	购买	是
陆氏	0	0	0	无	否
熊氏	1.2	0	0	购买	是
黄氏	0	0	0	无	否

续表

姓氏	湖水	河水	水潭	占有方式	是否缴税
涂氏	2.5	0	0	购买	是
夏氏	0	0	0	无	否
万氏	0	0	0	无	否
舒氏	0	0	0	无	否
吴氏	0	0	0	无	否

表 3-13　戴市镇财主占有湖水、河水和水潭情况　　单位：亩

姓氏	湖水	河水	水潭	占有方式	是否缴税
涂大渭	3300	0	0	围垸强占	是
王丹青	2500	0	0	围垸强占	是

3. 公河滩

公有河滩，有的是插标为号，占有己有，属于屯官业；也有通过向他人购买，占为己有。杜姓有 3 亩田公河滩，向李姓购买，因为有 3 户杜姓到戴家场做生意，村里也有几户杜姓，不管杜姓谁去世，都可以到公河滩埋葬，禁止任何人出售、租赁或者抵押。涂姓 3 户也有 30 亩河滩。据李良望老人回忆，杜姓几家搬到戴市镇上做生意，卖了田地，后面，镇上没有地葬坟，就向李氏买了河滩。另外，靠近李丙贵房子后面，有李家河滩和杜家河滩，河滩压莲伞子（种莲蓬）、鸭伞子（养野鸭子）和鱼伞子（养野鱼），都要请经管先生看守。另外，4 户李姓分别有河滩，大概为 27 亩，老人去世，可以各自安葬。

二　产权边界

（一）村落边界

杜家剁村界，北抵三汊河，南抵螺蛳潭，东到龙潭河，西到西堤沟。最初，人少地广，先来者插志为标，挽草为记，圈定三块地占为己有。后来，有人购买原来的土地，以原来户主取的地名，并编入册子取册名。比如，最初杜家剁由三个聚落组成，其册名分别为周则严、吴叶山和欧阳贵。[1] 据说，当时，先民迁来定居时，打下木桩为界，修建屋子，屋子前面的白田就是自家的菜园，左右就自建禾场。他们建房的屋台，造田册都造有册名，按照册子登记面积完粮纳税。杜家剁先民村落册名见表 3-14。

---

〔1〕　周则严、吴叶山和欧阳贵是登记的三个册名，也就是老地名。

郭用文老人回忆，过去，由武修凡掌管册子，管理周桃坑的坑份。他是沙洋河村人，家里田地多，能文能武，性格狠，解放以后，田册被焚烧了，他也被反霸枪毙。

表 3-14　杜家刟先民定居村落册名

类型	土地占有方式	官方登记方式	是否交税	是否迁走
周则严	插志为标，挽草为记	登记入册	是	是
吴叶山	插志为标，挽草为记	登记入册	是	是
欧阳贵	插志为标，挽草为记	登记入册	是	是

（二）屋台边界

1. 落桩为界

第一，落桩。屋台以落桩为界（以屋台为中心，除去前后左右，大约 2 弓半距离，作为排屋檐水或者道路，剩下面积就是私人屋台，并造好台册子）。划界落桩，有规矩，屋台四个角打桩，木桩用沙树做成，按照屋台面积，中人用绳子拉直四角公口，用铁锤打下木桩以后，邻居提袋子，灌下石灰，俗称石灰桩，不容易腐蚀，即使木桩腐烂，石灰痕迹存在，石灰桩也挪不动，可避免起纠纷。白田不打 4 个桩，只打 2 个桩，一前一后落桩。落桩同样要请中人、田册先生、邻居 2 人、姑爷舅爷等做证，请大字号管事者负责落桩。不过，村落异姓相挨，屋台建房不够，要与隔壁镶（借）2~4 米，才能落房子。边上宽阔低地经常被水淹，不能建房，只能用田与别人换屋台，还要用好田、上等田去换，因为屋台价格高。即使能建房，如果不买也住不下去，屋台面积狭窄，不能落脚，房子的屋檐水，会滴到邻居屋台位置。而且盖的房子雕栏延伸到邻居位置，邻居以地不占天占为理由，用竹篙捅掉。

第二，划线。落桩为界以后，落桩的四个点圈定范围则为屋台范围，按照正常划地规则，以界桩为界，要求四边尽量笔直，如▭，中间划大或者两边划大，比如⬭ 和 ⧓，都有越界占地嫌疑。屋台多为相互垂直的四个角，落下石灰木桩，划直线，四角范围就是所属所有权范围。家户产权有明显的边界。比如滴水脚、田埂等，但是，一强一弱的邻里关系，如果侵占面积为 1 尺左右，多为邻里关系容忍度范围之内，一般不会争吵，不然，邻里打架现象更多，破坏了邻里关系，不再亲爱。

黄孝恪老人回忆，过去，邻居向老板购买了 11.5 米，但是，却把地扩展到 13 米，利用占到的地修建茅厕。被老板发现，就叫邻居把茅厕拆掉。同时，正常划地，以界桩为界，要求四边尽量笔直，如▭，邻居中间没有占地，却把两头屋台扩展，如⧓。黄孝恪就找老板，老板说："怎么这样划，照这样划法，我家就没有地，蛮横无理！以后，你儿子回来，我出面帮忙搞清楚！"

2. 种树为界

种树要以界为限，树只能长在自家位置，不能长到别人家位置，一旦长大树枝越界生长，别人就有权利砍掉。俗话说，好汉栽树留三尺远。不能在界口栽树，因为树会长大长粗，会超过界口，偷占别人的地界，会引起争地纠纷。据黄孝格所述，邻居栽树，为了多占地，即使栽树没有越过界，待树长高5~6米，也把左邻右舍田地位置全部遮住，张开起来4~5米，庄稼长不好，别人叫他砍树。"人家这样栽树，让树散开占你的地，你划不来，我不占你的，你占我的就不行！"邻居蛮横无理，不肯砍树，郭用文就亲自把邻居家的树砍断。人不能贪便宜，不能行不端。

据郭用文老人所述，栽树要离屋台界口3尺远，不然，树长大，就超过界口，别人会用刀砍树枝。只有那些心尖，才会占别人的田地，不过，被人说偷占地，名声不好听。不过，比如哥哥有儿子，但是，老二生有姑娘，没子嗣，只能过继哥哥的儿子，所以分家后，有些屋台不下界口，因为老二和妻子去世，所有屋台都由老大儿子继承。

3. 街巷为界

屋台建房，要留有街巷，将屋檐滴水位置作为排水沟，你家屋檐滴水不能超过别人的位置。同时，地界窄，建房的围墙以及附属物，不能超过排水沟，如果越界建房，与邻居和善，邻居不会介意，一旦邻舍关系不好，地不占，天却占，邻居有权用竹篙捅掉。俗话说，起屋不是一把伞，意思说，盖房子，不像打伞，下雨时能打开，雨停时可以收起来走人。一旦盖好房子，要住几代人，扎根此地，不能随便拆掉。因此，盖房子，开地基不能随便占别人的位置，左邻右舍留有街巷作为公共空间，供人行走或者屋檐滴水。屋台做界情况见表3-15。

表 3-15　屋台做界情况

做界方式	占有原则	占有范围	功能	越界处置方式
落桩	禁止越桩建房、禁止挪桩	地不能占，天不能占[1]	做界	用竹篙捅掉雕栏等
种树	栽树守界口，距离界口三尺远		遮阳、固坡、做界	砍树枝或者砍树等
留巷道	禁止越界盖房，禁止滴水过界		通行、排水、做界	用竹篙捅掉占地屋脊等

〔1〕 旧时，每户不仅拥有地面权和地底权，而且也占有地理空间。此处意思是地面权不能占，地理空间也不能侵占。

（三）水田边界

第一阶段，生田做界。以前，洪湖几百里绵延，荒无人烟，耕地广阔，先占先得。按照插志为标、挽草为记原则，占为己有，属于他们的名份，别人不敢偷占。比如先人抢到一个位置，就纽一个垸子，就占有此私人垸子，耕种垸子所有耕地或者出租给其他人耕种。围垸成田，多以低矮的田埂为界，比如李氏螺滩村40亩田，"东至彭仁生房屋，西至大字号10号位置的9沟，北至龙潭河河西，南至杜家剅"。

　　郭用文老人回忆，过去陈、刘、郭、杜四姓争界口，有争议的田，插秧时，四大姓互不干涉，待稻谷可收，就组织族人拿着长矛打架，强者打赢多收割稻谷，弱者打输少割稻谷。连县长都管不了，户长说打死人越多越好，为了多割谷，即使岳父和女婿都六亲不认，甚至四大姓不开亲，互不通婚。死了人，户长命令把血衣在祠堂挂起来，3年过后，待血衣掉下来，户长再次组织族人械斗，争田地界口。

第二阶段，熟田做界。做界口，以两头界桩为准，再用绳子两头拉直，用铁犁两边耕，中间就是界口，不断搭泥，做成田埂。如果没有两邻，需要整4个田埂，2个横埂，2个直埂；如果有相邻需要整2~3个田埂，一般为2个横埂，1个直埂。田埂功能：一是作为田与田分界线；二是防止田漏水，便于灌溉；三是防止肥水留给他人田；四是作为生产道路。同时，由于田亩宽，为了生产方便，采取分段经营生产的方法，需要整临时田埂。比如李良望有一块田（1个行口），面积为12.5亩，每人平均每天整田8亩，一天不能整完12.5亩田，把田分成3段，需要整3个临时横埂，边整边灌，男用牛女踏车，平水过道，先灌这块田水，就整完这块田，整完一块田才换另一块田。同时，界基不断整修，不准修窄，只准整宽，耕种一稻田，田相邻者都搭高一次，而且界基长草，即使发大水，也冲不毁。正印证一句话，"草死根还在，人死一去永不来"。

　　李良望老人回忆，如果兄弟关系好，分家以后，同一块秧脚，不造田埂，以界桩为基点，用绳子两头拉直。相邻田主以绳子为界，先栽一条秧界，进行插秧或者割稻谷，就不会越界，发生界口不清的纠纷；或者没有界口田，也是以两头界桩为界，打一排秧界，进行栽种秧苗。

做界的旱洞或者田埂可以利用，可以栽芝麻或者黄豆、稻谷，赚取额外收入，谁栽谁收。同时，为了公平利用，轮流栽种，你栽一年，我栽一年，或者以就近原则，你栽半边，我栽半边，避免起纠纷。如果发生矛盾，就找人调解，不能一直霸占自己种，否则你就不对。你今年栽种，明年就别人栽种。比如黄永新到河中央栽秧，如果水小，可以有收成；如果水大，就没有收成，也占不到多少便宜。水田做界情况见表3-16。

表 3-16　水田做界情况

类型	做界方式	功能	管理者	管理范围
生田做界	插志、挽草、纴垸	占地、防洪	家户	号子或者垸子
熟田做界	做埂或者做界口	分界、灌溉和防漏	家户	一户一半

三　产权登记

水田、屋台和湖水都有明确边界，主要采取两种登记方式：一是民间登记方式，一是官方登记方式。不同登记方式有其不同特征。

（一）民间产权登记

最初，清朝乾隆年间，为了增加税收，由国家派兵屯驻，出力修堤纴垸子，俗称官湖垸。生荒土地，征集花户进入耕种，不需费用，挽草为记，插志为标，有多少号子，由谁占有。当时，百里湖荒，地多人少，可圈地为业，维持生计。开垦耕地打上木桩做界，还有占据湖水，也压有伞子做公口，一旦插标为号，即属于有主之业，俗称屯管业，成为私人物品，任何人不得僭越和侵占。

郭用文老人回忆，过去，洪湖地区荒无人烟，江西人大量迁到此地，随便都可以占到地耕种，比如插志为标或者挽草为记，一旦有标记的田或者湖水，别人都默认有主，比如洪湖都因为压有伞子，成为有主的湖水，任何人都不能入湖打鱼。可见其是民间抢占耕地或者开荒占地的主要方式。

（二）官方产权登记

任何人开垦耕地或者占据湖水，都需要由上级政府任命的田册或水册先生登记入簿，取得合法产权手续，某某位置田或者湖水属于某某垸或者某某里。管理登记田亩和花户数量、田产边界四至在册，印刷出版，比如湖北省咸宁乡子午里周桃垸或者大字号。

第一，土地丈量原因。土地登记，需要丈量土地。需要丈量土地的情况有以下三种。一是洪水灾害等冲毁田地，导致钱粮缺少，同时，湖区垸民纴垸新垦，地界不清晰，需重新丈量土地。二是战乱导致田地荒芜，政府推行垦荒政策，大量土地需要登记核实，保障完粮，需要重新丈量登记。三是买卖过程中徇私舞弊，或者官民勾结，隐瞒私田，导致很多黑田没有完粮，为防止国家税收流失，需要清查登记。

第二，土地丈量人员。土地丈量时，需要各类专业人员，比如负责组织管理的田册先生、精于算法的算手、脚力较好的弓手和负责绘图的书手等。同时，需要同一个湾子或者台子的村长或者长者作为见证人,他们都是村落的领头人。

第三,土地丈量方法。在测量方法上,六尺为一步,有的以木为弓代替,便于弓手测量,超出一步为半尺,每一尺算为0.1亩,每横一步、直两百四十步为一亩。横一长,是两步,直六十长为一亩。另外,测量最重要的是确定田地经界,一个字号有一个字号的经界,一块田有一块田的经界,务必确保田地四至分明,测量时,需要落桩为标记,一遍丈量。

第四,由田册先生、书手、弓手丈量土地,登记田产数量、地界和花户姓名,造好田册,同时,盖上县衙大印,呈现权威性和合法性,按照田亩数量征收税赋。另外,当发生土地纠纷,谁占谁的土地,公口不明确时,找田册先生,请其帮忙用弓丈量,谁多少土地,对照田册登记数量,一经核实,弄清孰是孰非。土地登记方式见表3-17。

　　　郭用文老人回忆,原来是人少地广,先来者插志为标,把地占为己有,后来,有人都是购买原来的土地,以原来户主取的地名,并编入册子取册名。最初,由武修凡掌管册子,管理周桃垸的垸份,他是沙洋河村人,家里田地多,能文能武,性格狠,解放以后,田册被焚烧了,他也被反霸枪毙。

表 3-17　土地登记方式

类型	登记程序	认可方式	有无田册	有无法律保护	登记原则
民间	插志、挽草、守荒	心理默认	无	无	户随田居,侍田而居
官方	测量、计算、登记	法律承认	有	有	田编号,号归垸

四　产权变更

(一) 土地变更

传统时期,土地变更频繁,具体表现为土地调换、土地买卖和土地典当三个方面,每一种土地变更都有严格程序。

1. 土地调换

(1) 调换原则

传统农业时期,大田面积为100亩,小田面积为10亩。为了便于耕作,提高生产效率,进行连片经营,需要相互之间进行土地交换,不过,需要遵循一定原则。

第一,质量相当原则,就是调换水田质量相差不大,没有人会用上则田换下则田,因为不同水田收益大不相同,没有人做亏本交易。

第二,就近原则。调田时,坚持相近原则,如果居住同一处、同一个号子或者里份,田与田相近，才有换田意愿。就近换田，便于土地集中，有利于搞生产，不需要找田册先生登记交换事宜。同时，居住在不同地方、不同字号，如A居住在C地，在距离B户的康字号有田E，B居住在D地，在距离A户的大字号有田F，以近求近，便于进行生产，A户和B户有交换田地意愿，交换以后，A可以耕耘F，B也可以就近耕种E，缩短生产距离，不过，需要找田册先生登记交换事宜。

第三，自愿原则。换田要遵循自愿原则，一个愿打，一个愿挨，一旦互换田产，即使不好种，也不准反悔，不然，与人扯皮吵架起纠纷，被人看不起。

第四，互利原则。调田时，讲究互利原则，田与田相隔，如果相隔一块田，相互交换，你便于集中，我也便于集中，你便于镶边，我也便于镶边。同时，田的面积和质量相当，双方才有交换意愿，田多者不会与田少者交换。换田时不需要请中人，也不需要过户，也不需要写契约。

（2）调换程序

第一，调换原因。除水田交换外，平原地区，地势低，虽然附近地势开阔，但是，因地势低经常有洪水淹没危险，不能建房。村落异姓相挨，屋台面积建房不够，要与隔壁镶（借）2~4米，才能落下房子。因此，当自己屋台面积不够时，可与隔壁邻居协商是否可以用田跟他交换。

李良望老人回忆，过去，最大田面积为90多亩，最小田也有10亩以上。田远则换田大田连片，便于灌溉和耕作，生产效率较高。

第二，交换秩序。交换土地，同样优先跟亲子本房（亲属）交换，比如兄弟、叔伯或者本房亲戚，如果他们不愿意，就跟相好的异姓邻居交换。当关系不好时，不会进行土地更换。

第三，交换代价。当交换的是水田时，一般是平等交换。当需要换屋台时，因为屋台是子孙台，非常值钱，只能用田与别人换屋台，还要用好田、上等田去换。当屋台不够时，就与邻居互相协商是否用水田去换，1亩台地换1.5亩水田。

第四，交换地契。换地时，需要换地契约，写明换地理由、换取面积、类型、在场人证和立约时间，换地者互相商议即可，不需要请中人。

第五，过户。待交换地契以后，两方户主一起到沔阳城找钱粮先生过户，把多少台地换成多少水田，进行口头约定过户，然后，各自按照土地类型完钱粮，不需要动纸笔和请中人。

第六，违约。一旦交换土地，家长会告诉儿子，何时何地，某某屋台已经与某某用水田交换，一笔千休，永不反悔，后人就会记住土地变更情况。一般不会翻巧（扯皮耍赖），如果反悔，就会被隔壁或者乡亲指责贪得无厌，以后没人敢跟其换地田。

2. 土地买卖

（1）屋台买卖

屋台买卖概述。卖屋不卖台，如果购买屋台不够建房，那么只能用田与别人换屋台，要用好田、上等田去换，因为屋台值钱价格高。同时，买一处屋台，一般买台范围为住基+畜场，畜场即屋台前面延伸的空地，出价多少就买多少空地，作为进出位置和牲畜场所，不然，生产和生活不方便。如果不卖屋台前面空地，或者屋台前面没有空地，价格就较低，或者别人就不买。比如杜姓搬来杜家剐，是担任钱粮先生，有钱购买屋台安家，也买了南安村吴家屋台，后面，转卖给后搬来吴姓，吴姓再搬走，又卖给他姓。有钱就买田置地，没有钱就卖田地。夏姓屋台向陆姓购买，杜姓也部分地向陆姓购买，熊姓也向陆姓购买，因为陆姓只有一户，但是，有一个半号子的田和屋台，没有延伸到戴家湖，而李姓有一个号子（田和屋台），一直延伸到戴家湖。

据李良望老人所述，过去，自家屋台和河滩总计 27 亩，都是向吴家新场的吴姓购买的，当时写有田约，比如东至叶家，西至张家，北至龙潭河，南抵屋台，同时，请人做中，并请田相邻者监督落桩，才有效。

屋台买卖程序。第一，卖台者。在水患频繁的平原地区，位置高的屋台多为子孙台，非常宝贵，一般人不会卖，只有以下情况才会出售屋台。一是因水患或者做生意等迁走，才会出售屋台。二是家庭发生变故，比如患疾病或者惹了官司，急需要钱，才肯卖屋台。三是生活困难，需要安置儿子结婚，需要卖屋台购置彩礼，筹办婚宴，比如天灾人祸或者结婚安置儿子困难，才卖屋台。比如熊茂盛结婚时，只有寡妇母亲，家里困难，就卖了 1 个屋台给邻居堂兄弟熊茂云，换了 10 块大洋才够娶媳妇。四是支持儿子外出求学，出售屋台作为学费。五是抽大烟者或者赌徒，也会变卖屋台，换取钱财继续度日。另外，如果屋台存在产权纠纷，一般卖不出去。除非屋台产权纠纷搞清楚，才能卖给别人。

郭用文老人回忆，过去，一般是经济困难，无法维持生活，还有帮助儿子说亲，安置喜事，还有想办法续弦，想娶老婆，才会卖地和台。

第二，找中人。一旦有为难事，没有其他办法，只能找相好者或者专门者帮忙做中，一般中人，分为正式中人和非正式中人。其中，非正式中人，实属不专门从事中人事业的人，比如关系好的邻居或者乡亲、朋友，只是充当说客。而正式中人是从事做中行业的专门人事，并从中收取劳务费的文化人。

郭用文老人回忆，买卖屋台时，需要找中人，"我家庭困难想卖几亩田，你帮我打听一下，谁要屋台"，再由中人找买主，如果发生购买纠纷，也找中人做证。

第三，买主选择。卖屋台，找中人撮合。同时，卖台讲究亲疏关系，遵循感情秩序，先找祖业人或者亲子本房（亲属人），比如兄弟、叔伯或本房亲人，以及同姓本家人或者同族人，如果他们不想购买屋台，那么再找本村或者其他村异姓人。一旦谁违背这一原则，亲族人可以干涉，宣布买卖不成立。比如吴成荒想把屋台卖给李窥银，已经说好价格，亟待喝酒付钱，一手交钱一手交台，但是，侄子要买屋台建房子，按照买屋台或者田地，优先卖给亲子本房原则，吴氏叔叔被迫卖给侄子，并请李窥银喝酒赔礼道歉。

第四，测量屋台面积。在付钱时，需要重新测算屋台实际面积。这时，需要邀请田册先生、精于算术的弓手和算盘手，联合卖主和买主一起测量屋台长宽距离，算出实际面积，并邀请屋台邻居，监督落桩，防止越界落桩，否则无效。同时，邀请姑爷、舅爷或者要好邻居、乡亲以及朋友见证落桩仪式。亲属好友参加，多为防止以后出现发生买卖纠纷而无人做证的情况。

第五，签订台契。找好中人，协商好屋台价格，就需要签订房契。要求卖契内容："卖契二字（居中）：以绝卖（课）台基之人某某，多少面积台基，屋台四至，打滚扬捐，阴阳两边[1]，可自由处置，一次付清多少，卖予某某人，请众人做证，卖契依此为据，一卖千休，永不反悔。"

> 郭用文老人回忆，卖台，签订契约时，要注明类型，如位置东至河心，西至叶家交界，北至沈家界，南至熊家交界，价格、时间、卖主、买主等，明确清楚，不然被人翻巧。因为中人执笔，买、卖主要看清和监督。

第六，宴请。最初，请人做中时，告知卖田要价，请求其找买家，当天晚上就请中人喝小酒，吃9碗菜，喝胡子酒。后面，待协商屋台价格和签订好房契以后，由买主整大小酒席，款待在场人员，比如卖主、中人、弓手、算盘手、邻居，以及姑爷、舅爷等亲朋好友，通过宴请仪式，才能取得众人认同，进一步说明购买屋台的合法性。

第七，付款。待宴席过后，在中人、田相邻以及亲朋好友见证的情况下，买主根据约定款项支付现金，同时，卖主向买主交付台契，并嘱咐其妥善保管。另外，中人有报酬，卖主和买者两边吃，一般为3∶7的比例，卖主出资少，买主出资多，如果是卖给五服之内兄弟，不需支付报酬。

> 卖屋不卖台。把房子出售，把房子拆掉，拉木料回去建房子，但是，台子买不到，因为台是子孙台，给子孙继承。卖房不卖梁。卖房子不卖屋梁，留梁子给儿子，但是，不乏坐地升价，出价高就卖。卖船不卖桨。卖船却不卖桨，但是，买家没有桨，就划不回去，被迫升价，购买桨划回家。这些钱都是赖呆钱（不光彩的钱）。俗话说，好汉买卖一笔休。正直的人，不吃这些不光彩钱，没有面子。

（2）水田买卖

过去，水田买卖不仅是民间私下行为，而且更多是官方认同行为，因此，现实中水田

---

[1] 屋台功用，一是可以做石碌脱粒和风车吹干净稻谷的禾场，二是可以葬坟（阴方向位置），或者建房（阳方向位置），防止卖主扯皮干涉，卖给你盖房，不准你葬坟或者修禾场，一旦写明，可以自由安排屋台用途。

买卖必须经过严格程序。

第一，买田者。秋天，待稻谷、芝麻和黄豆都收割以后，中人心里有杆秤，知晓谁家有多少收入，买不买得起田。你家收入多，有购买能力，收割多少稻谷、棉花和芝麻，能卖多少钱，心里有数，一年有多少收入，留多少钱，用多少钱，做多少事，想创业，买不买，狠不起就不买田。碰到哪家为难，他家想卖田，比如 3~5 亩田，价格怎么样，就会找中人上门沟通。

郭用文老人回忆，家里为难，或安置儿子办喜事缺钱，需要卖田筹资，未分家时，要经过家长同意，才能买卖田产，分家后，由当家人做主，那些好吃懒做或者嫖赌进窑者，禁止卖田，叔伯也不会帮忙做中。

第二，卖田者。水田是祖业，一般是一代或者几代人置办产业，不会随意买卖，只有以下情况才会出售水田：一是水患或者出外谋生而外迁，才会出售水田；二是家庭有祸事，才会出售水田，换钱平复祸端，安稳度过；三是生活为难，比如因病致贫、因学致贫以及婚丧嫁娶等，不得不出售水田；四是那些好吃懒做或者吃喝嫖赌之人，也会将水田变卖。比如李氏一个爹爹有 90 亩田，全部卖掉换钱，吸食鸦片，寡皮溜筋，无钱娶妻没有后人传宗接代。另外，水田存在产权纠纷，也卖不出去。

农户拥有田产，包括祖业继承和创业买田两个部分。如果先辈好过，田产多，一般后代也好过，田产也更多，如果先辈穷田少，后代也穷田少。比如郭老头祖辈务农为生，老祖宗有 60 亩田，有 2 个兄弟分得 20 亩分布在青泛湖垸，认为这里水大不好生活，就卖掉 3 个行口（60 亩）搬到范家湖买田居住，三弟守基业祖传 20 亩，后代创业买田 10 亩。还有在李家咀买了 4 亩白田，最初，自己耕种，距离太远，大概 2 里路，就卖给田附近的文姓人。

俗话说："良田不由心田置，产业变为冤业折。阴地不如心地好，命运在人不在天。有理问得君王倒，有钱难买子孙贤。"遇到不肖子孙，吃喝嫖赌，遇到没有钱时，将田产卖给他人，败光先人的家产。李良望老人回忆，如果玩牌赌博，没有钱只能卖田地；或者天灾人祸，比如火灾或者洪水，被迫卖田地生活；或者吸食鸦片，好吃懒做，被迫卖田地，甚至卖儿卖女。

据李良望老人回忆，如果田多收粮食多，就把粮食卖掉，向跟前人买田地。田地自由买卖，不需要经过保长、小得副批准。买卖田地，需要经过家长同意，儿子不能私自买卖田地，除非儿子当家或者父母去世以后，才能有权买卖田地。

第三，找中人。同样，水田买卖，不能直接找买主，为难者，只能找相好者帮忙做中，或者找专门做中者帮忙，请他帮忙找有钱买主。"我家庭困难，想卖几亩田，你帮我打听一下，谁要买田!"卖田需要中人，其不仅帮忙讲价格或者找人买，还可以防止没有人做证，出现买卖纠纷。卖屋、卖台是大事情，都需要请中人。除非卖鱼买菜，平等交换，不需要中人。即使卖给亲戚或者兄弟，同样需要写契约，进行绝卖，手续齐全，事情清楚，不会扯皮。

李良望老人回忆，卖田时，只能找中人，他们知道市场行情，而且知道当年谁家粮食丰收，有足够购买能力，他们才能上门谈交易。同时，也有中人帮忙介绍熟人。中人不管贫富，但是，如果卖田者吃喝嫖赌，兄弟叔伯不肯做中人，不许他卖田地来吃喝嫖赌或者吸鸦片，除非天灾人祸，叔伯兄弟可以做中，找人把田买去。

第四，买主选择。价格由卖主定好，给中人说好价格，由中人上门找买家。循序亲疏远近，先找祖业人或者亲子本房以及亲属，比如兄弟、叔伯或本房亲人，以及同姓本家人或者同族人，如果他们没有能力买田，那么再卖给外姓人，先本村，再卖给外村人，只要有钱就可以卖。一般都是跟前人购买本村土地，外地人不买，因为出售土地太少，只有几亩，不够耕种生活，无法生计。除非卖10～20亩，便于安家居住，可以落户，外人才会购买。俗话说，"远田不富"，相隔几十里，来回时间成本太高。李良望老人回忆，卖田时，必须优先卖给亲房人，如果他们有能力购买，即使想卖给外姓人，也卖不成。

郭用文老人回忆，如果家庭为难，又借不到钱和粮食，就可以卖田地。田主估计价格，找中人上门找人买，要遵循规矩，购买顺序为先整祖业人[1]，如果祖业人不买，再卖给亲族人等，如果叔伯不买，就卖给外人，本村优先于外村人。要求严格遵循这个顺序，不能随便买卖田地。

第五，测量面积。过去，卖田时，卖主有卖虚数或虚价习惯，意思是不会按照水田实际面积要价而是超出实际面积要价，0.8～0.9亩卖1亩。因此，在付钱时，必须重新测算水田实际面积。同样，待买主选好日子，需要邀请中人、田相邻、田册先生、精于算术弓手、算手和书手等，联合卖主共同测量水田长宽，最初，买田时，弓手用弓去印[2]，算出实际面积，并由买主、卖主和田相近四邻商量落桩[3]，由中人和姑爷靠近相邻位置根据田地实际面积落桩，四个角都要落桩，落桩拉直成界口，假如有点弯曲，太靠近界口或者侵占到田相邻的田，就要重新定位落桩，把火焰桩落到所卖田里，禁止越界落桩。因此，有中人、田间四邻做证，你不占我的，我不占你的，不容易打结、闹纠纷。同时，每

---

〔1〕 为难时，要卖田地，因为田地不是自己老祖业人，中人先过问当初卖给自己田地的主人，看他是否要收回祖业，如果他不买，再问亲子本房，你弟兄为难要卖田，你要不要创业，如果叔伯不买，再卖给外人（邻居、本村乡亲、外村朋友）。

〔2〕 1弓等于1.8米，1弓田有667平方米，现在1亩等于1000平方米。

〔3〕 落桩时，根据面积落桩，东、西、南、北，四至田邻，经过田相己同意，落桩才认可，不经过田相己同意，比如只有1亩，却卖1.2亩，多卖田几分，就会侵占田乡邻，以后，容易出现纠纷。

个字号或者里份，都有专门人做有田册，设置有公口，9.5～18.5 米长宽，如果谁偷占，请田册先生用弓去印（量），谁偷占就会被发现，被外人说贪心或不忠直，没有面子，私自挪桩，罪过很大。

　　郭用文老人回忆，价格由卖主定好，给中人说好价格，由中人上门找买家。找买家，要提前看田，因为很多人喜欢卖黑心田，比如卖田面积为 1 亩，却卖 1.2 亩价给别人。一旦看田，用弓去印，长多少宽多少，算出面积。如果说 4 亩，但是只有 3.8～3.9 亩，田亩不足，不能按照原价卖空田，只能降低价格。同时，落界桩，要接田相己落界桩，只有买主、卖主和田相己商议落桩，这样田相己才合意，没有意见和纠纷。没有田相己在场，没有凭他们意见，私人打下界桩不算数，会被认为落下界桩越界占别人田地。

　　第六，协商价格。落完桩就打算盘计算田价，卖家和买家商议定价，讨价还价，俗称过价。一般根据田质量好坏决定价格，找中人帮忙降价，分为上则田、中则田、下则田、低则田，比如上则田卖 1000 斤粮食，中则田卖 800 斤，下则田卖 600 斤，中下则田平均，如果超过价格，就没人买。最贵的白田，属于上则田，地势高，允许收春夏两季，春季收小麦或者菜籽，夏天可以收水稻。中则田可以种早稻，如青毡收 800 斤，或者部分种菜籽或小麦。地势低的湖田，属于下则田，只能种一季水稻，比如青毡收 300 斤，不能种菜籽或小麦。产量依次降低，收入低，卖价也低。另外。协商好价格，不需要缴纳订金，待宴请喝酒时付钱即可。

　　据李良望老人回忆，卖田的价格，除了田产量外，有沟的田与没沟的田价格也不一样。因为田有沟，防洪和灌溉方便，水旱无忧，丰收有保证，因而价格高，无沟价格低，甚至卖不出去。

　　第七，签订田契。卖田地时，要请中人写卖字（草契约），只要写一份。要求卖契内容："卖契二字（居中）：以绝卖（课）田之人某某，多少面积水田，东至何地西至何地，南抵何处，北抵何地，一次付清多少，如久旱无雨，取水灌救[1]，一次付清多少，买卖千休，永不反悔，空口无凭，以此为据。"比如，李良望有屋台和河滩总计 27 亩，都是向吴姓购买，东至叶家，西至张家，北至龙潭河，南抵屋台，写有田约，作为水田处置纠纷的有力凭证。待请相好的 1～2 中人写一份田约，并需要卖主按指模，由卖主交给买主，从此，田不与卖主相干。另外，即使卖给弟兄叔伯、姑爷、舅爷也要写卖字，以此为凭。不同落桩示意如图 3-1 所示。

---

　　〔1〕　水田没有旱涧或水塘灌水，就必须从他人水田过水或者取水，并支付一定报酬，在水田买卖时，必须在田契中写明取水灌救条款，比如向谁取水，如何支付报酬，每次支付多少报酬，一一载明。

　　李良望屋台和河滩总计 27 亩，都是向吴姓购买，东至叶家，西至张家，北至龙潭河，南抵屋台，写有田约。当时，叶道四在 5 组做教书先生。李良望到水潭里挖藕，把棉袄脱放在田埂上，叶同虎看见，说他偷到自己潭里偷莲藕，就把李良望的棉袄拿走。后面，叶道四有两个儿子，一个叫叶同其（教书先生），一个叫叶同新，河滩田分给叶同新耕种。"田是我们的，也是你们的，归根到底，是他们年轻人的，不与你我相干！"李良望就找到隔壁的李窥银叔叔——他是田册先生，专门管理田册，请他帮忙调解——同时，他找到叶道四先生帮忙评理，让他查阅田册和田约，水潭和河滩界口，相信他做教书先生，不会扯皮，也不会袒护。叶道四就找到叶同虎，"李良望挖藕的田有没有卖给你？如果卖给你，你就拿出田约"，如果卖给你，就写有田约，这些田就是你的，如果没有约，而李良望的父亲有最初的旧田约，田就属于他所有，"他开始卖的田有约，你没有田约，就不属于你，也没有偷挖你的藕"。叶道四要求叶同虎乖乖把衣服送还李良望。

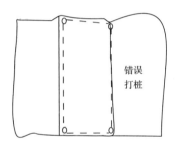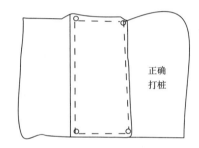

图 3-1　不同落桩示意

　　第八，领杯水。最初，请人做中时，告知卖田要价，请求其找买家，当天晚上就请中人喝小酒，吃 9 碗菜，喝胡子酒。后面，待签订好房契以后，由买主整大酒席，款待在场人员，比如卖主、中人、弓手、算盘手、田地四邻，并邀请姑爷、舅爷和兄弟、叔伯[1]等亲朋好友一起赴宴恭贺，2~3 桌酒席，见证买田仪式。据李良望老人回忆，买田时，由买主宴请酒席，请兄弟、叔伯、田相己、姑爷、舅爷等作为证明人，请卖主在家里吃饭，起码有 2 桌饭。

　　第九，付款。卖田地不需要给定金，待宴席过后，在中人、田相邻以及亲朋好友见证下，买主根据约定款项支付现金，过价付钱，每亩为 100~200 银圆。同时，卖主向买主交付台契，并让其妥善保管。另外，买主和卖主都要按照一定比例支付中人报酬，俗称开中人钱，中人在卖主和买主两边吃，一般为 3∶7 的比例，卖主出资少，买主出资多，一般费用为 2~5 块大洋。如果是卖给五服之内兄弟，不需支付报酬。其他弓手和算盘手没有报酬，只是吃宴席。

　　第十，过户。1 个月以后，待买主拿到田契（草契）以后，及时到沔阳县城官府，找

---

〔1〕　宴请叔伯弟兄，表示卖田时，经过叔伯同意，他们不买田，才卖给其他人，防止扯皮拉筋。

钱粮先生办理过户手续，俗称税契。[1] 由其把卖主名字撤下，换上买主名字，编入字号或里份，比如某某田主，某里份、某垸份，多少面积，东西南北位置等内容，并盖上沔阳县府官印。这时，由草契改换成红契（用羊皮子制作），交付买主保管，买主并支付 1~1.5 担稻谷的费用，相当于 7~10 块现洋。过了户，钱粮先生不会找原来田主完粮，会找新的田主完粮。

> 郭用文老人回忆，买田时，买主需要过户头，需要讨好钱粮先生，用糯米打糍粑，割 3 斤肉，打 1 壶酒，送给钱粮先生，请他帮忙上契，把卖主户头抹掉，把买主户头上上去，在田册上一一注明田产数量、质量和位置。

第十一，谨慎原则。买田遵循谨慎原则，因为卖田、当田都要立契约，其上写的文字，一个字有多个意思，买家一定要看清楚，要细看和研究，防止卖家请中人玩笔杆子，以后起纠纷。但是，好汉买卖一笔休，不赚这些赖呆（不光彩）钱。如果是讲名誉的人，会生怕别人说拐话。

> 郭用文老人回忆，卖家心怀心计，其他什么都卖了，想留柿子树长柿子给母妈吃，请中人玩笔杆子，写卖契约，注明"是树不卖"，但是，买家不懂咬文嚼字，待签订契约后，买家要砍树种田，卖家就出面阻止，你不能砍，田是你的，但是，树是我的，翻开契约一看，发现被下套，"是树不卖"。买家被迫再接中人，又请喝第二道酒席，重新落字，把"是树不卖"改成"柿子树不卖"，多出钱买树。

第十二，纠纷处置。你种你的田，我种我的田，共同守公口，如果心宽大度，一强一弱，"占一点就占一点，丢了就相当于少买一点"，田相已非常合意，就没有纠纷。如果邻居盖房，心不正，偷占面积为 1 尺以内，不是很明显，邻居一般都会大度忍受，就算了。如果产生土地纠纷，请台上有威望者进行调解，各退一步，重新落桩，禁止建房子再占地。

> 郭用文老人回忆，如果心尖，就想占别人的地，遇到性格拐，就被人撅，一般尖人闯尖人，拐的缠拐的，互相起纠纷，吵架打人。比如李良望的习老妈性格拐，喜欢撅人，就被李丘范打，因为他也是狠手，以前做过抗死团分子，非常狂妄。

如果买家购买契约丢失，那么也没有人敢占或者卖主敢要回，中人或者田相邻等见证人都会做证，打抱不平，如果敢翻巧，就没有脸面，不讲良心，黑心要人家的田。至今没

---

〔1〕　过户又称为税契，待买主拿到草契，需要到沔阳县城找钱粮先生，进行税契，根据卖字上买主户头，由买主保管契约，并支付一定税费。遇到田地争夺纠纷，依此作为证据，有中人做证和官方认可。

有这种情况。

3. 土地典当

（1）当田

除水田买卖之外，水田典当等，也有相应民间程序，只有经过一定典当程序，当田过程才合理合法。

第一，当田者。水田是农民生存之本，一般也不会轻易当田。一是多数因为生活困难，比如遭遇疾病或者水害等，无法维持生计，才会当田，换取钱财度日；二是家庭发生变故，比如犯事惹官司，必须当田筹钱，平复官司；三是那些嗜赌成性或者嫖赌进窑者，一旦没有挥霍来源，就会将自家田产典当出去；四是遇到婚丧嫁娶，无钱筹办者，才会当田。另外，如果水田有产权纠纷，也不能典当给别人。

第二，找中人。同样，典当水田，也不是直接找承当者，而是找相好的族人、乡亲或者朋友做中，或者请专门做中者帮忙说合。可见中人就是水田典当证人，以后遇到交易纠纷，需要请他做证。

第三，承当者选择。同样，当田也讲究亲疏，先找祖业人或者亲子本房（亲属人），比如兄弟、叔伯或本房亲人，如嫡亲兄弟、叔伯不受，可以当给同姓本家人或者同族人，如果他们不肯承当，再找本村或者其他村的异姓人。

第四，签当田契约。当契内容写明："当契（二字首行居中）……以当田之人某某，多少面积田产，东至何地西至何地，南抵何处，北抵何地，经过那些人，亲子本房不要，请某某做中说和，当予某某人，一次付清多少钱，如久旱无雨，取水灌救[1]，一次付清多少……三当两取，钱到田还，不可短少分文，空口无凭，以此为据。"另外，因为当田没有发生所有权变更，也没有水田过户环节，因此，纳税完粮，必须由出当者承担，承当者没有完粮义务。

第五，付钱。同样，承当者需要按照约定价格支付当钱，如果是典当给五服之内兄弟，不需支付报酬。另外，中人有报酬，出当者和承当者两边吃，一般为 3：7 的比例，出当者出资少，承当者出资多。

第六，赎田。当田，三当两取。谷到田还，缴纳足够粮食，承当者就要照搬把田还给出当者。不过，待承当者收获庄稼后，一般为冬季以后，春耕之前，出当者方可赎回田产。

第七，纳税。当田，承当者不需要缴税，而是出当者，也就是田主需要完粮。抗日战争爆发后，国民党政府将田赋改征实物，将正附税额合并，每元折征稻谷二斗或小麦一斗四升。抗日时期，王劲哉率 128 师控制沔阳部分地区，每年向农民派征二次：夏征小麦，每亩三斗；秋征稻谷，每亩二斗五升。

可见，跟屋台买卖和水田买卖程序相比，水田典当程序没有那么严格，比如缺少交易

---

〔1〕　水田没有旱涧或水塘灌水，就必须从他人水田过水或者取水，并支付一定报酬，在水田典当时，必须在田契中写明取水灌救条款，比如向谁取水，如何支付报酬，每次支付多少报酬，一一载明。

物品测算环节，因为如果出当者有能力，典当物迟早被收回，没有产生物品所有权变更。不过，待水田几次续当，收回水田代价很高时，出当者就无能力赎回。这时，就需要改当田为卖田，由续当为绝卖。

（2）课屋

第一，承租者。一般人不会随意承租他人房子或者屋台，除非遇到以下情况：一是遭遇洪涝灾害或者战乱者，转而投靠亲朋好友，比如舒氏和万氏作为外嫁女儿，因卢敦村房屋被水冲垮，转而投靠娘家，租娘家房间居住；二是外出做生意夫妻，无房居住，暂租住在亲朋好友的房子；三是出租给因水灾迁来居住的异姓人。

第二，协商租金。如果是屋台，则需要测算实际面积；如果是房间，则协商租金即可。一般短租按照月，长租则按照年计算。短租给族人或者亲戚，一般不收租金，但是，如果长期出租给朋友或者异姓人，则需要收租金。

> 李良望老人回忆，以前租别人屋台居住，需要课台或者佃房，即使亲戚也不例外，只是少出几个钱。如果未婚到岳父母家过夜，不能与未过门妻子同房，不然会被岳父母说不懂事，好不成道理。但是，现在不讲究写佃约或者课约，比如熊生云的房子空置，免费给女儿和女婿居住，也不写佃约。

第三，签订租约。屋台或者房间出租租约较为简单，同样，"佃约（二字首行居住）……以佃之人某某，某某房屋几间，佃予某某夫妇二人居住几年几天，每天多少钱……或者以课之人某某，某某屋台，面积多少，佃予某某夫妇二人居住几年，每年多少钱……禁止擅自改他用，钱到屋或台还，不可短少分文，空口无凭，以此为据"，不需要请中人，私下与房东沟通即可。

第四，续租。不管房间还是屋台，一旦租约到期，就必须结算，付清租金，出租者可以收回房子或者屋台。如果承租者有意，需要与出租者协商，出租者同意后方可再续租，续租价格和时限要重新商定。特别是屋台出租给别人建房居住，一旦合约到期，如果出租者要收回，必须归还；如果续约成功可再租，也有出租者绝卖给承租者的情况。

> 李良望老人回忆，到朋友或者亲戚家里，如果不写佃约，夫妇不能到人家过夜，即使岳父母也不例外，也写约为禁。俗话说，宁可让人停丧，不可让人同床。如果开门面安置客人入住，不需要写约，付房钱即可。

另外，课台或者佃房时，需要写约，租金不能收回，不需要请中人，私下与房东沟通即可。而当田，请中人，写当约，到期可以收回钱和田。可见田可以卖也可以当，也可以出租，而出租不需要写租约，口头协商租金，按照4∶6的比例收课，年限不定，田主可以随时收回。不同物品变更比较见表3-18。

表 3-18　不同物品变更比较

契约	甲方	乙方	商品	是否请中人	是否退还物品	是否退还钱款	是否可免费
佃约	客人或亲戚	房东或亲戚	房屋	否	是	否	是
课约	屋台主	买屋台者	屋台	否	否	否	否
当约	承当者	出当者	田地	是	是	是	否

（二）水权变更

第一，买湖者。涂家湖、王家湖和戴家湖，都有主，地无常主，同样，湖也无常主。由于湖水广阔，价格不菲，一般人买不起湖水，只有镇上大富大贵的财主或者员外才能买得起，比如峰口镇王丹青和戴市镇涂大渭分别购买一口湖，就改名为王家湖和涂家湖。

第二，找中人。买卖湖水，同样需要请中人上门找买主，并待卖主议价。郭用文老人回忆，中人，都是田少人多、家境一般、有一定文化的人担任，田少被迫做中职业赚取钱财，维持生计，吃田家子饭，要买主和卖主共同出钱支付做中的钱。

第三，买主选择。卖湖水，找买主，同样，需要遵循买卖原则，先找祖业人或者亲子本房（亲属人），比如嫡亲兄弟、叔伯或本房亲人，如嫡亲叔伯不受，可卖给同姓本家人或者同族人，如果他们不想购买湖水，那么再找本村或者其他异姓人。

第四，测算面积。买湖水，付钱之前，买主先要测算湖水实际面积，同样，需要请弓手、算盘手、卖主等人参与，弓手提着一个弓或者拿着船桨，然后，坐着船，也可以用桨去咖（测量），一只桨的长度相当于一个弓长度，或者用桨一推船身，根据船身测量距离，距离相当于 3 弓，算出总面积，就给别人算价钱。

第五，签卖契。待测算面积，算出价钱，就需要签订卖契。要求卖契内容为："卖契（二字首行居中）：以绝卖某某湖之人某某，面积多少弓，一次付清多少，请众人做证，卖契依此为据，一卖千休，永不反悔。"

第六，宴请。由买主择吉日，整大酒，宴请卖主、中人、弓手、算盘手、邻居，以及姑爷、舅爷等亲朋好友，宴席过后，按照契约付钱，比如王丹青购买王家湖花去 400~500 现大洋。同样，中人有报酬，卖主和买者两边吃，一般为 3∶7 的比例，卖主出资少，买主出资多。

第七，纣垸。买下湖水以后，请人赶工把湖围起来，附近围成一个个垸子，四周围成一丈高，阻挡洪水，就租种给别人开成水田，把荒田变成熟田，一直就租给他们耕种。比如涂大渭住在戴市镇，田地和湖水都在乡下村里，有 2000~3000 亩，距离镇上 20~30 里路，没人敢占他们的田地和湖水，收租打课，他们不去，只是请看课先生收课。

第八，完粮。凡是有主的湖水都造了田册，不需完粮的地和湖稀少，比如螺蛳潭，压的伞子，就以 4.1 亩湖水完钱粮。即使纣垸成田，也要按照湖水的实际面积完钱粮，而不是按照水田面积完钱粮，因为湖水完钱粮低于水田完钱粮，1 亩湖水完 0.2~0.3 元，而水田完 0.5~0.8 元。

第三节　经营与经营关系

经营是产权增值的一种重要手段，为公共活动筹办和私人生产活动提供了物质基础。现实中经营方式具体表现为公产经营、私产经营、家庭经营和合作经营，不同经营方式有其严格程序和方法。

一　公产经营

公产经营是产权经营的重要环节，其具体体现为土地经营和水权经营，而土地经营又分为族产经营和垸产经营，水权经营又分为湖水经营、河水经营和水潭经营。有必要弄清每种经营的方式特征。

（一）土地经营

1. 族产经营

族产包括家族的屋台、水田和湖泊、水潭等，其经营环节不同，具有不同的特点。

第一，经营者。公田经营者类型主要分为两类。一是公田分配给族里人多地少的穷人家庭耕种，不需要收课，实质是救济穷人。而孤儿寡母或者孤寡老人没有劳动力，不耕种族里的公田。二是出租给人多田少的外人家庭。欲耕种者，在每年春耕之前，可提前向户长进行口头申请，由户长商量批准，才有资格耕种公田。

第二，租金。租给本族人耕种，不需要收课，出租给外族人耕种，就要收课，按照市场价格，每亩佃农与本族4∶6或3∶7分成收取租金。遇到灾荒之年，需要户长或者总理上门估产，可减免一定租金。租谷缴纳为每年清明会之时上交，祠堂总理负责验收、登记和入库，户长负责从账目进行核查和监督。

第三，租金使用。公田租金使用：一是作为祠堂祭祀香烛纸草或祭器更换等方面的费用，比如夏家有些公田地势低，大部分为湖田，变得荒芜，过去，湖内芦苇丛生，生长野鸭，有少量野生莲藕，收莲子出售，出售的钱归族里，作为祠堂祭祀香烛纸草等方面的费用；二是作为祠堂设施的维护费用；三是供族里共同消费，比如做清明会等活动费用，比如夏家的公田20亩，租给本族人或者外姓族人耕种，缴纳租金给族里，做清明会筹办费用。

2. 垸产经营

（1）庙田经营

第一，管理者。寺庙田主要由青泛湖垸和官湖垸乡绅担任的首事代为管理，负责该田地契管理、产权登记、经营，以及租金催缴和支配等事宜。

第二，经营者。庙田经营者主要分为两类：一是寺庙斋公或者道姑；二是人多田少的家庭。欲耕种者，在每年春耕之前，可提前向首事进行口头申请，由首事商量批准，才有资格耕种寺庙田。

第三，租金。出租给庙管事耕种，不需要收课。出租给一般花户耕种，需要收租金，庙田租金不高，每亩每年收取租谷1担，碰到灾荒之年，可减免租金。租谷缴纳为每年年终前上交，庙管事负责验收、登记和入库，首事进行监督。

第四，租金使用。庙田租金使用：一是作为庙宇祭祀香烛纸草或祭器更换等方面的费用；二是作为庙宇设施的维护费用；三是作为庙管事生活费用。可见庙田出租收入，主要用于围绕寺庙活动产生的一切费用。

（2）闸田经营

第一，管理者。闸田买卖和管理，都是由垸主负责，未经垸主同意，不得随便改变闸田用途。垸主作为闸田主要管理者，主要负责闸田损益与登记、出租程序、租金收取、租谷支配等事宜。

第二，经营者。欲耕种者需要向垸主申请，经过垸主报批手续以后，方可耕种。不过，一般耕种闸田必须具备两个条件：一是距离闸田较近，不然耕作成本太高，无人会租种；二是人多田少的困难户，可以优先向垸主申请到田耕种。不过，那些好吃懒做或吃喝嫖赌者或者恶意拖欠租金者，也租不到闸田耕种。

郭用文老人回忆，官湖垸设有仙人口大闸，请居住附近下叶湾的穷人叶道柏管护。叶道柏赤贫没有田没有屋台，免费耕种3亩闸田作为工资。

第三，租金。闸田租给当地佃户耕种，按照上则、中则、下则三等田出租，大概平均每亩每年3块大洋，5亩共计15块大洋。同时，选举一个熟悉当地人情况的佃户头，每年由其带领佃户缴纳租金，佃户若有拖延或者不纳田赋，佃户头有责任催缴，并有权更换佃户，不过，需要先与堤委会商量再行催租或者更换佃户，而且佃户头不可包租或者额外征租，若有违反，将进行公议并予以处罚。

第四，租金使用。该费用专门用于水利方面，比如支付田赋、人员工资、误工费或者杂费，费用预留一部分在局里备用，其他存在钱庄生利息，所有经费支出，每个月都要向堤委会报告，特别是大型工程，必须在开会公议的基础上支出工作款项，不可随意动用钱款。

第五，税赋缴纳。凡耕种田者，需向政府缴纳田赋。采取"谁耕田谁纳税"原则，一年需缴纳田赋两次，夏征小麦，秋征稻谷。夏征小麦，每亩三斗；秋征稻谷，每亩二斗五升。

（3）闸台

官湖垸设置仙人口大闸，留有闸台供管闸者建房居住，其闸台为官湖垸垸民所有，由垸主管理，管闸者只有使用权，谁管闸谁可以借闸台建房居住。比如，仙人口闸台请居住附近下叶湾的穷人叶道柏管护，只是就近作为管闸者，他没有屋台，垸主出钱帮其购置10米屋台，大概1亩，建房子供其居住，父亲去世以后，儿子继承担任管闸者，并继续居住在屋台上。同样，需缴纳田赋两次，夏征小麦，每亩三斗；秋征稻谷，每亩二斗五升。

（二）水权经营

1. 湖水经营

第一，压伞子。戴家湖水域都有主，属于李姓、肖姓、刘姓等人所有，都划有界口，压有伞子，东至西至何地，北抵南抵何地。里面插有树枝，做成伞窝，供给鱼生活休息，比如青浣鱼、黄骨鱼、乌龟等，不需要喂养。插好禁杆，没有水份，就不能到伞子打鱼。那些讨业式（打鱼人）不敢进去打鱼，如果谁进去打鱼，就没收渔具，并罚款 5~10 个铜板。同样，也压有莲伞子、鸭伞子和鱼伞子，并都要请经管先生看守，其一般为同姓族人，年龄长而又富有责任心者，手里拿着铁锣，一旦有船或者人靠近，就大声敲锣，警示他们离开，不然有人偷莲蓬，会惊跑和偷盗鸭子和野生鱼群。

郭用文老人回忆，洪湖里多压有鱼伞子和鸭伞子。压伞子时，两个人合作，一个划桨，一个插干柴，间隔为 0.5 米，密密麻麻，野鸭就躲在里面过夜和生活。搭建工棚上百亩，插满干柴，里面有大量的野鱼，插上禁杆，禁止外人进入，请经管先生看守。经管先生手里拿着锣，遇到那些船只距离伞子太近，就敲锣，呼喊禁止靠近伞子，不然，惊动伞中野鱼和野鸭子。那些经管先生有工资，每个月 2~3 块现大洋。

第二，经营者。请专门的人进行管护，一年为 3~4 担稻谷，禁止偷盗莲子，不能随便打鱼或者打野鸭。年终接帘福师傅来起伞子捉鱼。然后，湖主和帘福一起运鱼到街道上，入鱼行出售。待卖完所有的鱼，将所有钱分成 10 股，湖主占 6 股，帘福师傅占 4 股，进行分钱。卖鱼不需要交税，只需向行老板缴纳行佣。待每年冬季，集体猎鸭子，一铳打过去，打死一筏的野鸭，可以按照户数分配，也可以统一入行出售，卖出费用，平均分配。湖水经营方式见表 3-19。

郭用文老人回忆，鱼伞子，每年起鱼，野鱼成堆，收鱼要花一个多月。把栅栏拉开，把鱼捞起来装满船里，马上运到武汉，入鱼行卖给当地人。

表 3-19　湖水经营方式

类型	覆盖水田	谁占有	是否完粮
戴家湖	康字号、大字号和吕字号等	肖氏、张氏等	是
青泛湖	王大垸、朱梅垸、蔡子垸、右子垸、夏大垸 5 个垸	李氏、王氏、涂氏和夏氏等	是
洪湖	沔阳县域	李氏、刘氏等 10 多个姓氏	是

第三，税赋。凡有湖水者，需向政府缴纳税赋，同样，需要完粮。每年需缴纳税赋两次，夏征小麦，秋征稻谷。夏征小麦，每亩两斗；秋征稻谷，每亩1斗。完粮负担不是很重。

李良望老人回忆，过去，戴家湖多以养鱼为主，植莲、猎鸭为次。当然湖水也是野鸭、雄鸡的繁衍之地，可以猎鸭。而未开发湖荒则种植莲藕。洪湖大姓戴家或者何家也到小港镇砍柴，用船运回去，到湖里压伞子，密集插成排，做界口养鱼或者养野鸭，9~10月，可以到洪湖起伞子，用渔网捞鱼。

2. 河水经营

第一，管理者。沙洋河、龙潭河和柴林河分别由何氏、李氏和刘氏占有和管理，任何人想要划船通航，都需要经过河主同意。压有莲伞子，都要请经管先生看守，其一般为本宗族人，年龄长而又富有责任心者，手里拿着铁锣，一旦有船或者人靠近，就不断敲锣，驱赶外人离开，禁止外人偷莲蓬，惊吓到鱼群和野鸭子。

第二，收费。河水属于别人所有，谁使用就必须向谁收费。河主雇人看护，收取水费。凡是使用本河河水，比如人畜饮水，必须缴纳税费，按照年计算，每年每户1担稻谷，如果谁不缴纳水费，挑桶到河边取水时，管河人会打破水桶，若有牛偷水喝，则打死牛。后面，众姓氏联合起来把水霸李氏打掉，龙潭河就成为公共河水，谁都可以使用该河水，不再需要缴纳水费。正如李良望老人所述，过去，纳垸时，多数插标为记，你插田，我插水，没有抢到田，你吃我的河水，就要按年收钱。但是，不能长久，随着人多，众人就把这些水霸消灭。

郭用文老人回忆，河水属于刘家所有，谁使用就必须缴费。刘家雇请狠手看护河水，有10~20个，支付工资，每天3~5个铜板，吃河水要付税费，平均每年每担水要给2~3担稻谷或2~3个铜板。两岸的村民要喝水，不给钱，就打烂水桶，如果牛喝水不付钱，也把牛打死。后面，刘家大姓衰落，后人不强，被附近大姓人口和财富赶上，就出力联合小姓打败他们刘家，就不承认龙潭河是刘家的，谁都可以分享河水，刘家也不敢要钱。

第三，税赋。虽然占有沙洋河、柴林河和龙潭河，并向使用水者收费，但是，不需要向国家完粮。不过，待修复河堤之时，垸主会收取一定堤捐，作为堤工会办公、生活等费用。河水经营方式见表3-20。

表3-20　河水经营方式

类型	覆盖水田	谁占有	是否完粮
龙潭河	王大垸、官湖垸等10个垸	李氏	否
沙洋河	通挽垸、野猫湖垸和京邸垸等，共计18个垸	李氏	否
柴林河	通城垸、永家大垸和万全垸等30个垸	刘氏	否

3. 水潭经营

第一，压伞子。湖水没有自然的界口，需要压伞子作为界口。道光年间，螺蛳潭，因埫堤倒口，水田冲击而成一口水潭，不能再耕种成水田，待水退以后，按照原来姓氏田地的界口压伞子作为湖水的界口。不过，叶姓、李姓和郭姓也分别压伞子，李姓占有 27 亩湖水，郭姓占有 4.1 亩湖水，叶姓占有 8.9 亩湖水。两旁分别是李姓和叶姓湖水，中间是郭姓湖水，四周用砍来的干柴梆子插成一圈，作为界口，中间用小树枝做成伞窝，供野鱼休憩和生活。在流入河流两旁插上禁杆，用一根梆子挂上红条子，禁止讨业式的渔民进湖打鱼。另外，压莲伞子，种莲蓬，也压鸭伞子，供养野鸭子栖息，都要请经管先生看守，每年 2~3 担稻谷，他一般为同家族人，且为年龄长而又富有责任心者，手里拿着铁锣，一旦有船或者人靠近，就敲锣，禁止外人偷鱼、偷摘莲蓬和偷猎野鸭子。

第二，经营者。每逢 10 月份，湖主到镇上接帘福起伞子，帘福指专门以帮湖主捕鱼为业的渔民，有 5~6 人的班子，他们拥有自己编织的鱼帘子，用鱼帘子一张，四个角打结，然后，渔民集体去捕鱼，慢慢拢起帘子，让鱼只进不出，将所有的野鱼一帘打尽。然后，湖主和帘福一起运鱼到街道上，入杨家鱼行和刘家鱼行卖鱼。待卖完所有的鱼，把所有钱分成 10 股，湖主占 6 股，帘福师傅占 4 股，以此进行分钱。以后禁杆被抽走，起完伞子，其他渔民就进湖里放鱼钩、撒网，希望捕捉剩下的小鱼。如果再把禁杆一插，那么他们也不敢进来。

第三，税赋。最初，水田是季平里和子午里的底份。即使因埫堤倒口冲击成水潭，也是按照原来田亩面积完粮，比如郭姓占有 4.1 亩湖水，钱粮先生就会按照子午里的底份，来收税赋。有水份者，需要完粮，因为水潭是由水田冲击而成，完粮也是按照水田面积缴纳。同样，每年需完粮两次，夏征小麦，秋征稻谷。夏征小麦，每亩三斗；秋征稻谷，每亩二斗五升。

第四，分配。尚未分家的，家里的田被埫堤倒口冲成的水潭[1]，不管子孙后代，都有水份，集体去压伞子，就属于家里公潭，集体平摊完钱粮。每年获得的野鱼，一部分用来自己吃，大部分卖钱供集体分配，按照人口数量或者户数平均分配。

第五，其他。附近范围村民都可以到水潭挑水吃。同时，水潭养有野鱼，起完伞子以后或者不压伞子，外面异姓才可以进去打鱼，不需要报酬，如果不起伞子，则不能进入打鱼。如果插伞为禁，即使给钱也不能进去打鱼。水潭经营方式见表 3-21，水潭经营示意如图 3-2 所示。

表 3-21　水潭经营方式

类型	覆盖水田	谁占有	是否完粮
螺蛳潭	周桃埫	郭氏、叶氏	是
青龙潭	大字号	李氏、陆氏	是
八屋潭	吕字号	李氏、吴氏	是

〔1〕　水潭，泛指家庭共有水潭。

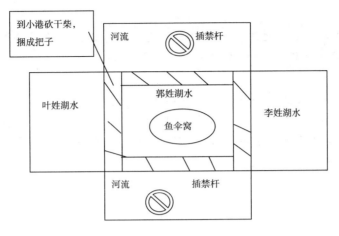

图 3-2　水潭经营示意

二　私产经营

（一）陪嫁田（台）经营

第一，管理者。陪嫁田（台），产权由嫁过来的媳妇和儿子共同所有，未经他们同意，不得随便处置，比如买卖或者抵押和典当。其一般由儿子和媳妇共同管理，也可以委托家长代为管理。管理者主要负责该田损益与登记、田契保管、出租程序、租金收取、租谷支配等事宜。

第二，经营者。陪嫁田（台），在尚未分家之时，由家庭集体共同耕种。如果距离水田较远，耕作时间成本高，就可以出租给他人耕种，收取租金。比如官湖垸的戴定先家庭好过，有 99 亩田，养有 3 个女儿，每个女儿出嫁时陪嫁有 10 亩田，大女儿、二女儿都是自己耕种，住籍在较远镇上的小女儿，只能把陪嫁田租给当地人耕种，只收田课。即使出租给他人耕种，也优先出租给本房亲人等熟人，不能出租给好吃懒做或者嫖赌吸鸦片的花户，因为没有保障。分家以后，陪嫁田（台）由儿子和媳妇耕种，如果田多地少或者距离远，也可以出租给他人，坐等收课。

第三，租金。不管分家不分家，当家里田地少时，可以不出租，自给自足。当田地多或者地多人少时，就可以出租给他人，坐等收课。按照上则、中则、下则和特下则四等出租，同时，佃户与老板收租比例一般为 4 : 6，一年收取一次，月末收粮时，上缴课。当遇到洪灾，颗粒无收时，可以免课，当遭受部分损失时，可请老板或者看课先生估产，适当进行减免课。另外，未分家之时，收来的课归家庭集体所有，分家以后，课归儿子和媳妇所有。

第四，租金使用。出租收的田课未分家时归家庭集体所有，用于生产、生活或者子女教育等费用开支，分家以后，归儿子和媳妇所有，用于日常生产和生活费用开支，任何人不得挪用。

　　郭用文老人回忆，过去，好过之家，媳妇陪嫁田出租收来的课，专门为媳妇开支，用于购买胭脂水粉或者衣服布匹等，专款专用。

　　第五，税赋缴纳。关于陪嫁田完粮，在尚未分家时，由集体共同耕种，收获的粮食归家里共同所有，完粮和月捐款子等都要由家里集体出纳，等分家以后，陪嫁田归媳妇和儿子所有，其他人没有权利分，过户、税契和完钱粮，都要由媳妇和儿子独自完成。按照原则，同样需缴纳田赋两次，夏征小麦，秋征稻谷。夏征小麦，每亩三斗；秋征稻谷，每亩二斗五升。

（二）坟地[1]经营

　　坟地多为私人买的白田。大部分用于耕种，陈留0.2~0.3亩，作为坟地，用来埋葬父母，禁止卖给别人。多由家长进行管理，比如保管田契约、登记损益等。未分家时，从家庭集体出钱完钱粮。即使分家，坟地也不平均分配，作为家里集体土地，任何人不敢侵占，完钱粮也是平均分配。

（三）屋台经营

　　第一，课台者。几乎每户人都有子孙台，较少会课台居住，一般以下情况才会课台：一是因洪水泛滥而冲垮屋台，无钱购买新屋台，只能暂时课他人屋台居住；二是儿子多而屋台少，待儿子婚配，只能暂时课邻居屋台建房居住；三是外嫁女因丈夫早逝，无力抚养子嗣，投奔娘家，暂时课娘家屋台居住；四是自家屋台窄，不够建房，租借邻居部分屋台建房。

　　第二，找中人。课台一般不会直接找有空闲屋台的东家（东家多为邻居或者乡亲，甚至亲戚），大多会找中人（不管是关系好的亲戚好友还是专门做中之人），上门帮自己做说客，都是"某某为难，想课你家台来住几年，大概多少面积，您看是否愿意"。

　　第三，测量屋台面积。课台者根据经济能力，课多少面积屋台。有钱者多课，缺钱者少课。同时，由课台者选定日子，邀请田册先生、弓手和算手，联合东家，测算出屋台实际面积，与东家、屋台邻居一起商量，落下界桩，防止越界落桩。如果屋台没有建完，就属于东家的地，别人不敢占地。同样，邀请姑爷、舅爷，或者要好邻居、乡亲以及朋友见证落桩仪式。

　　第四，签订台契。如果你屋台面积不够建房，邻居有闲置屋台，可以与其协商，租借邻居屋台建房子居住，同样，需要请中人，代为打合同。要求课契内容为："课契二字（居中）：某某以课台基之人某某，多少面积台基，租借性质，租借时限，屋台四至，打滚扬捐，阴阳两边，可自由处置，一次付清租借租金多少，请众人做证，课契依此为据，绝

---

　　[1]　坟地泛指家里共同陈留的公田。

不反悔。"一般课台租金为平均每年 5~8 个大洋。

第五，期限。一般租借 30~50 年，待时限截止，由屋台主收回处置，也可以与其协商续租打合同，继续居住。据郭用文老人所述，课台期限不能太短，因为课台需要建房居住，如果期限太短，经济上划不来，不会课这样的台。

第六，宴请。同样，请中人上门做说客时，当天晚上就请中人喝小酒，吃 9 碗菜。后面，待签订好课契以后，由课台者整大小酒席，款待东家、中人、弓手、算盘手、邻居，以及姑爷、舅爷等亲朋好友，通过宴请取得课台合法性。

第七，付款。宴席过后，课台者根据契约一次付清租金，中人、亲朋好友等作为见证人，同时，东家向课台者交付台契，并请课台者妥善保管。同样，东家和课台都要按照一定比例支付中人报酬，如果是卖给五服之内兄弟，不需支付报酬。

第八，其他。很多情况下，碰到好东家，屋台多的，允许课台者反复续约，甚至，待课台者有经济能力时，请求出钱买下屋台算了，东家将屋台卖给当初课台者。这时，就需要重新请中人，整大小酒，签订卖契，实现产权变更。不过，期限一到，若东家要求收回屋台，那么课台者必须拆掉房子，重新找人课台建房居住。

郭用文老人回忆，孟家一男子，不顾家事，好吃懒做，摸牌赌博，到新堤与老板打大牌，上半年输了一点钱，下半年就倾家荡产。后面，父母帮其成了家，他改做鱼贩子贩鱼卖，维持生活，生了一个姑娘，其姑娘下堂，改嫁他乡张氏男子，生了一个儿子，因为一个堂弟去世早，就娶了堂弟的妻子，盘到百桥村，课熊家屋台位置建房居住，约定租借 30 年，请相好的村民做中，打合同，请东家、中人喝大小酒。待 30 年限截止，孟氏就被熊家赶走，他被迫拆掉房子，找侯家湾的族人再课一个屋台居住。

（四）河滩经营

第一，公河滩经营。杜姓有 3 亩公河滩，有三户杜姓到戴家场做生意，村里也有几户杜姓，一起出钱购买，不管杜姓谁去世，都可以到公河滩埋葬。不过，公河滩多数用来埋葬先人，没有葬坟的公河滩，多数用来种地。涂姓 3 户也有 30 亩公河滩，请人耕种收取租金。李氏也有 27 亩公河滩，并按照实际面积进行完粮纳税。另外，河滩主人压莲伞子，种植莲蓬，也有压鱼伞子的，同样，都要请经管先生看守，一年工资报酬为 2~3 担稻谷。经管先生一般为同姓长辈，年龄长而又富有责任心者担任，手里拿着铁锣，一旦有船或者人靠近，就敲锣驱赶，防止有人进去偷鱼和偷采莲蓬。

第二，私河滩经营。私人河滩为家户所有，一般不会出租给他人，主要种植芝麻或者黄豆等旱作物，待有老人去世，则作为安葬坟地。比如 4 户李姓分别有河滩，老人去世，可以各自安葬，并按照实际面积完粮纳税。

三　家庭经营

（一）家户经营主体

在平原湖区自然丘冈上居住下来，或者人工堆筑台墩营造房屋，既从事围垦、种植农作物，又兼营捕捞渔业的半农半渔的民户，生产活动多以家庭为单位，其生计来源主要依靠耕种其居住的丘冈台墩周围的田地和河湖捕捞。

人多地少，或者农闲时，到外面赶工，比如遭遇洪水逃荒，到荆州市，多数到湖里捕鱼（解放以前捕鱼，不需要交税；解放以后，需要按照计划捕鱼），少数摆渡递人（遭遇水灾才投机从业）、帮忙割稻谷或做船老板跑运输（从本镇运输到江陵县）。木匠或者瓦匠，平时种田，农闲时，才去赶工。

男掌女权。由当家的家长安排，今天做什么事，明天做什么事，如果父母去世，儿子当家，如果儿子不懂儿媳懂生产，就与其商量。如果都不懂，可以找邻居或者向懂农事者咨询。

李良望老人回忆，在家里，一般是男掌女权，农事和消费都是男子安排，因为男子掌握农业技术活，女子叫他耕田，但是，田没有水，先需要踏车灌水再说，男子就不同意，女子没有权力，只有男子决定掌握农事，酌情处理，想怎么做就怎么做，男子说的算，不需要女子掌权，女子根本没有资格管理。

男耕女织。过去，下田干活都是男子负责，女子不下田干活，如果农忙时节，会帮助踏车提水灌溉，薅白田里的杂草，平时，女子只负责料理家务、烧火做饭、照顾孩子、养蚕织布和打理菜园等。比如李良望有 20 亩田，2 个人耕种，只要男子下田栽秧，母亲裹小脚，不能下田栽秧，只是在家纺纱织布。

黄孝恪老人回忆，俗话说，男人的田边，女人的鞋边。意思说田里农活做得好不好，在于男子，鞋子做得好不好，在于妇女。妇女不下田插秧，因为妇女小脚，三寸金莲，下不了田，只负责踏车、洗衣服、送饭送农具、带孩子、菜园子薅草，不下湖里打草。

农工互补。平原地区，农户以种植为主。如果农闲时，还可以到别处赶工赚钱。或者每逢遭遇水灾，也会外出赶工，缺粮食时，要求以粮食做工钱，4 天一担谷，如果粮食多，就要求支付工钱，每天 1~2 元。

量力置业。凡事根据自己实际情况，有多少能力做多少事。比如一人栽 1 亩/天，有的人栽 0.8 亩/天。长计划短安排。如果自己有田，不够种，还会租人家田种，如果劳动力不够，就不会租种别人田。谁都想发财，即使有田，但田不够种，有能力的人想租别人的田种。据李良望老人所述，有多大肚子吃多少饭，有的吃 1 斤，有的吃半斤。如果自己田都种不好，还想租种别人的田，到时得不偿失。

（二）劳动力年龄

过去，男子和妇女算劳动力。15 岁的儿子算半个劳动力。18 岁算正当劳动力，分摊家庭所有农活。50 岁的老人还有足力气，还帮到田里"闹"，比如犁田、耙田、滚田、整田以及扶泥巴做界口、砍修田埂的杂草、割草放牛等。60 岁以上不算劳动力，不能外出赶工，但是，在家里负责打杂活，比如打草腰子和晒稻谷、踏车灌水等。当父亲年纪大时，不能做农活，只能教儿子用牛，活到老做到老。俗话说，"80 岁砍黄蒿，一日不死有柴烧"，除非劳动力多，儿子不要父母做事，如果儿子年龄小，父母一日不死，也得帮助儿子置办家产和田产。

> 郭用文老人回忆，以前女人在家里照顾孩子、纺纱织布、烧火做饭，不算劳动力，如果劳动力少，就做一些辅助的农活，比如踏车灌水。

（三）家庭分工

1. 分工特征

第一，家长主导性。在家户范围内，家长主导生产经营，种植和养殖什么，不种植和养殖什么，都是家长说了算，子女必须在家长指令下进行义务生产，不准有私产。尚未分家时，儿子媳妇不能私自养鸡子和鸭子、猪子等牲畜，在一起生活，没有权利养这些牲畜，只能由家主决定饲养什么牲畜。分了家以后，儿子媳妇有权决定养任何牲畜。

> 郭用文老人回忆，一家之长在家庭中具有绝对权威，是家庭生产的组织者，也是家庭消费的分配者，子女必须服从家长安排，父母去世以后，长子同样对家庭具有支配权。

第二，经济半独立性。即使父母当家，也可以部分经济独立。比如放假或者下雨，儿子就去捕鱼，吃不完，就卖鱼，收入就归儿子所有。还有就是利用家里放假休息时间，还可以去砍柴卖钱，收入就不报入父母，不归家里集体所有。另外，家庭的水田、白田收入归家庭统一所有，种田要求集体出工，还有，家庭共同拥有船，出去跑运输做行老板，获得收入就归家庭所有，私下劳动收入归自己所有。

> 李良望老人回忆，如果有 2 个兄弟，20~30 岁，住一个屋檐下，就由父母当家。3 个儿子，父母出钱，先 2 个儿子结婚，一起协其力，帮着做工，积累家产，同一个

锅头吃饭。但是，一旦长子当家，兄弟就有意见，说帮兄长做。

2. 生产分工

父子相帮。如果子女年龄小，种田任务主要由父亲担任，女子不下田，只是辅助男子。一旦儿子长到 12 岁，就帮助父亲打杂活，过去，家庭生产时，男子负责耕田，并亲自运耙、秒、种子和牛草，妻子负责烧火做饭送饭，有空送农具、踏水车。多数儿子不干农活，到学堂上学。如果父亲栽秧，儿子就负责用船放秧，待父亲和大儿子一起插秧，小儿子负责用船放秧。待父亲年纪大时，年轻人到湖里打草，平均每天打 15~20 担湖草。老人在田里犁田、耙田和整田，把田肥好，就栽妮谷（中谷），最高产量平均每亩 5 担稻谷。

> 李良望老人回忆，父亲当家，负责分工。一般父亲耕田、耙田、滚田，不插秧，3 天牛就用 3 天牛，2 天牛就用 2 天牛，儿子到湖里搞草肥田，媳妇和婆婆踏水，然后，待用秒把田整平，把草挑到田里。父亲用牛和碌子把草打入田里，待草腐烂以后，再用牛把田翻过来，再用秒把田整平。最后，就是儿子扯秧插田，如果田多就请人赶工插秧。

男女搭配。农时时节，按照季节种棉花、芝麻等，低田种水稻，高田种棉花、芝麻。其实，不需要家长安排，儿子和媳妇心里有数。如小麦黄以后，收割小麦，再栽棉花，儿子去挖棉花秧子，挑到田里，然后，挖泥土洞，错开小麦根，满天星挖洞，媳妇丢肥，婆婆用泥把洞给堵住，不然，肥料把秧子给肥死。然后，再把棉花错开撒肥处栽下去。后面，就是打理，薅草三次，由于栽种较近，要注意间距，要一定本领，不然，薅不好草。

> 郭用文老人回忆，半年辛苦半年寒，一年只有 45 个忙，一天要办 9 天的粮。3~9 月做秧脚种田，管理水田，薅草，再收稻谷，然后，犁田，就种小麦和菜籽，10 月以后，就是农闲，男子可以打牌休息，玩到次年 3 月，才开始收小麦和菜籽。

兄弟提携。一娘所生的亲兄弟。当弟弟结婚迟、创家业慢时，如果父母年纪轻，可以出钱帮助他；如果父母年纪大了没有钱，哥哥有义务出钱出力帮助弟弟维持生计。比如黄孝恪两兄弟，弟弟结婚迟，搞不到吃的，就到他家里要米吃，但是，不需要还哥哥。分家以后，儿子当家，父母只是辅助儿子做农活，教儿子如何安排农事。家庭生产分工情况见表 3-22。

表 3-22　家庭生产分工情况

时间	生产任务	参与者	备注
4~5 月	打草、割麦子和菜籽、做秧脚、插秧、喂蚕	男子和女子	女子不插秧和打草
6~7 月	除草、灌水、打芦席、打鱼、赶工	男子和女子	女子不赶工

时间	生产任务	参与者	备注
8~9月	割稻谷、割黄豆和芝麻、种小麦和油菜	男子和女子	女子只割台田水稻
10~次年3月	打芦席、织布、纳鞋底或者做衣服、被子	女子	男子打牌休息

3. 家务分工

每个媳妇分开各自洗各自丈夫的衣服，公公的衣服由婆婆负责洗，遇到公公婆婆生病时，由媳妇轮流负责洗衣服。平时，媳妇和丈夫一直做活，男子不做家务，媳妇负责打扫院子，还有烧火做饭。最初，婆婆和女儿一起做饭，待媳妇嫁过来，先由婆婆带媳妇做一个月饭，月毕由媳妇烧火做饭。几个媳妇中，由大媳妇带二媳妇做饭，后面，轮流烧火做饭，以3天一轮回，婆婆不做饭。媳妇生了孩子还要带孩子，即使生了孩子也不能推脱烧火，如果太忙，婆婆会帮忙带一会孩子，由媳妇负责烧火。

> 据习老妈所述，小时候孙儿要跟妈妈睡，但是，夫妻床小，三个人睡一张床不舒服，婆婆要媳妇早点招呼孩子睡觉，不要瞌睡，弄着凉。媳妇就嘀咕，怎么搞凉，我就照顾不好！怎么会着凉！婆婆说："各养各疼，你养你疼，我养我疼。""你要照顾好儿子，丈夫在外面做事都放心，如果今天病，明天病，丈夫不会燥啊，不心疼他啊，怎么一心在外面工作，晚上都睡不好。"

4. 财务管理

家长作为家产支配者，支配的家产包括妻子和儿女，其他成员要在家长指示下完成生产义务，子女不得有私产。家里钱财，父母当家父母管，如果儿子当家，则由儿子和妻子共同管钱财。平时，零用钱由妻子找婆婆要，婆婆征得丈夫同意方可支取，比如亲戚办红白喜事或者买礼物回娘家或走人家，妻子找婆婆要钱赶情。农闲时，儿子和妻子到外面赶工赚钱或者到湖里砍材卖钱，搞私捞钱，不需要交给父母。另外，结婚磕头钱、吃蛋钱、传茶钱和押箱钱，由儿子和妻子保管，作为他们的私房钱，父母不敢收。不过，公婆厉害的，敢把磕头钱收走，其他吃蛋和传茶钱和押箱子钱不敢要，但是，婚礼赶情礼金，归父母收取，因为是父母花了钱送礼和办酒席。

5. 做生意

解放以前，村里也有做小生意，比如农闲时，到戴家场行里贩卖布匹，用担子挑到江陵县南安行里去卖。

第一，合伙人。以家庭为单元经商。即使再亲密的兄弟或者姐妹，也不能一起做生意，你防着我，我防着你，生怕别人贪污，生意做不长，关系也不亲爱，都是各搞各的，单独经营，不会有意见。即使兄弟关系好，妯娌之间也有间隙。在同一个地方做生意，开门面铺子，也要相距6~7里路，同时，也不在同一条街，不能相互抢生意，不然关系不亲爱。比如外出做生意收粮，嫡亲姐妹做生意 3 年不到，互相发生分歧，说财务不清楚，怀疑对方贪污，意见不统一，就要求分开经营。

第二，合资。做生意，平均出钱，平均分钱，禁止多出钱，赚钱多分钱。3 个人做生意，平均每人出 50 块大洋，除去本钱，获得利润 60 块大洋，每个人分 20 块大洋。而且禁止多出本钱，没有多出钱、多分钱的原则，因为如果赚钱多分，但是，如果折本多出本钱者要多赔，没有人愿意。要多出本钱，你就一个人做生意，请其他人帮忙做工，不找他人入伙，一旦入伙就要求平均分配利润，一旦赔钱，入伙者赔同样的钱，不然，亲戚朋友相互之间关系就不亲爱，就不能同伙做生意。

另外，同行是冤家，各卖各的，因为你卖了，我就少卖。同时，出去做生意，赚了钱，一般只带自己的亲属做活，比如叔侄或者姑舅，若不沾亲不沾故，不会请他们做活，怕他们偷师学艺，培养竞争对手。

（四）雇工

1. 请长活

第一，介绍。赶工一般下乡自己上门找活，月活或者长活也可以由乡亲介绍和推荐，"有人做活，你要不要请工？"以前天门县遇到洪水，割稻谷或小麦，逃荒者拿一扁担和绳子下乡找工，遇到哪家田多的老板就找他们赶工。

第二，雇工者。30 亩以下请不起人做活，成本太高，30 亩以上才请得起人做长活，成本低。同样，种 30~40 亩田，如果劳动力少，为了不误农时，就请月活。比如郭用文的父母种有 40 亩田，都是母妈当全家，熟悉农事，力量狠（体力好），不轻易请人赶工，都是自己家人栽，不让别人赚钱。但是，如果田多，把田整好，就雇请 6~16 人，赶工人很多。

> 李良望老人回忆，过去，一般有 80~100 亩的田，采用半耕半租耕种。有 1 个垸子的田，成百上千亩，采用出租耕种方法。80 亩以下田，采取请工耕种。地主家庭请雇农做工帮忙割稻谷，自己不出工，支付他们工钱，管 3 餐饭菜。

第三，做工者。一般 50 亩以上，请 1 个长活。100 亩以上，雇请大帮师傅、二帮师傅、三帮师傅、放牛儿共 4 人。一般请本村或者外村人做长活或月活，做长活或者月活的多为田地少或者妻儿老小多的贫穷人。比如遭到水灾的天门县人外出逃荒赶工。要求做活者，性别为男，年龄为 30~40 岁，人高马大，做活狠，力气大，效率高，而放牛儿年龄为 10~13 岁，同时，熟悉农事，懂农业生产，会安排人工，能力强。不管本村或者外村，请长活不需要过问保长甲长。

> 郭用文老人回忆，多数家庭困难，把儿子给人家放牛。一年支付 2~3 担稻谷，包吃包住。放牛儿年龄为 10~13 岁，负责放牛，或者割草喂牛，给犁田师傅送牛，夏天，闹蚊烟给牛赶蚊子，冬天把牛赶进屋。早上，鸡叫几遍，东家叫放牛儿出去放

牛，待牛吃饱，赶给过早师傅犁田，他再回家过早，过早以后，拿镰刀出去割草，用草腰子捆好挑回来，到家里把午饭准备好，一头牛草，一头饭菜，给长活师傅送午饭，自己再喂牛，待傍晚，放牛儿才把牛赶回来。

第四，做活者职责。大帮师傅作为指挥者和决策者，帮当大家，负责请工干活；二帮师傅协助大帮师傅当家做农活，比如下秧派种，大帮师傅和二帮师傅互相商量；三帮师傅做杂活，比如磨米和修农具等；放牛儿只负责放牛和喂牛，送早饭给师傅吃。10月份以后，农闲时节，长活师傅在家打草腰子或者打缆子等杂活。其实，长活师傅帮助老板当全家，老板把家推给长活师傅，比如多少田、下多少种子、什么田栽什么作物、什么时候下什么秧。安排农活，请多少人赶工，比如栽秧赶工，一般请 15~16 人，请谁赶工，都是师傅说了算，老板都不管闲事，只由师傅负责。

郭用文老人回忆，过去，如果种田 100 亩，老板和老板娘、儿女不做事，穿衣摇摆，请长活代理当全家，把家推给师傅，地主不管闲事，撒秧播种，要请多少工人，请多少天，都是师傅决定。

第五，拉工。做活时，有女儿打头拉工，要求赶工者持平，如果割不赢女孩，就被别人嘲笑，没有面子，防止赶工者偷懒。老板的女儿也拉工，与长活师傅一起劳动，比如到黄豆地或者棉花田薅草。

第六，做活报酬。见表 3-23，按照月计算工钱，工钱不固定，双方协商，报酬为 6~7 担稻谷/月。50 亩以上，请 1 个长活，一般报酬为 25~30 担稻谷/年。100 亩以上，一般大帮师傅报酬为稻谷 30 担/年，二帮师傅报酬为稻谷 15 担/年，三帮师傅报酬为稻谷 8 担/年。放牛儿报酬最少，一般报酬为稻谷 2~3 担/年。一般请工的老板和做活者协商工钱，约定下工时间，按照半年或者 1 年为限支付工钱，不需要写合同打契约。不敢拖欠长活师傅的工钱，做多久的工，给多久的工钱。另外，如果长活家里困难，没有吃的，老板可以预支 7~8 担稻谷，待 11~12 月下工，就扣除预支稻谷，算清工钱。

表 3-23　雇工人员情况

类型	年龄	工资	负责事务	其他待遇	来自何家庭
大帮师傅	35~45 岁	30 担稻谷/年	代理老板当家，负责一切农事，由其制定生产计划	包吃包住	贫穷
二帮师傅	35~40 岁	15 担稻谷/年	耕田和撒种等具体事务	包吃包住	贫穷
三帮师傅	25~30 岁	8 担稻谷/年	负责雇人，比如插秧和割稻，负责找人请工，并负责拉工	包吃包住	贫穷
放牛儿	10 岁	2~3 担稻谷/年	负责放牛、割牛草和送早饭	包吃包住	贫穷

第七，生活待遇。老板要帮师傅免费缝制 2 套裤褂，夏天一套，冬天一套，晚上，穿绸褂到垸堤乘凉，看不出是长活师傅，与东家差不多，只有下地干活，才换旧衣服。由老板配备蓑衣和斗笠。长活师傅住偏房（装磨子磨米的库房），房间很讲究，要打扫干净，不能轻视师傅，准备蚊帐和被子，与东家条件一样。平时，每天准备鱼肉好酒好菜 5 碗，炸鱼和蒸肉等，与老板同吃一桌饭菜，老板吃什么，他也吃什么，不吃隔夜食，吃不完的饭菜，要倒给猪吃。但是，每日三餐，过早、午饭、晚饭，包吃包住，只与村落老板一起同吃饭，镇上大老板就不行，不然，他会提出意见。平时，即使不做事，到老板家也有饭吃，因为好不容易请一个师傅，把他当家人看待，不能得罪大师傅，甚至，如果长活师傅过生日，老板会帮忙筹办。

郭用文老人回忆，刘茂德种有 45 亩田，经常请长活师傅做长活，长活师傅叫万老幺，戴市镇十里村人，后面，做了 20 多年长活，帮老板当全家，去世也在老板家里。生下的孩子拜长活师傅为干父，被收为义子，甚至解放以后，土改打地主，长活师傅还在老板家里，长活和老板妻子被抖出来，被批判。

第八，老板职责。老板只是每天上街买菜，从不做活，把菜买回来，购买大鱼，或者鱼行老板送鱼，让老婆烧火做饭，生活很好，不吃酸菜、沙胡椒。如果烧火做饭不好吃，或者不卫生，或者小气抠门，不舍得买菜，都请不到人做长活师傅。比如一户教书先生，有几十亩田，没有下过田，连位置都不知道，因为老婆烧火做饭，饭菜不行，非常小气，请别人做活，别人不肯帮忙。平时老板有时间会到田里，看看庄稼长势怎么样，长得好不好，如果长势不好就跟师傅提意见。

第九，假期。端午和中秋，休息两天，不做活，长活师傅穿着绸裤子和绸衣服，撑一把阳伞，到镇上打纸牌或者麻将，回家吃 10 碗好酒好菜，有鱼有肉。过年，师傅请假半个月回家。如果长活师傅生病，允许休息，老板接郎中过来帮他看病，把他当自己人看待，帮他抓药、熬药，老板娘侍候他床前床后，待病康复，他马上下地干活。

郭用文老人回忆，长活师傅一年只有 2 天假期，包括五月端午节和八月中秋，他身着长衫，撑一把阳伞，到镇上牌场子打麻将，把自己装扮体面，别人都看不出是长活师傅。

第十，工作时限。每年工作时间，从鸡叫吃过饭到傍晚时间，待稻谷收割，种下小麦，到冬季就打发月活师傅下工。一般是待年终没有农事，不需要做长活时，长活师傅领完工钱，就回家过年。如果长活师傅做活不行，偷奸耍懒，或者不懂种田，做一个月，老板就开钱，让其离开；如果师傅性格好，力气狠，做活卖力，有能力和本领，把农事管理好，老板又割肉去请其做长活，明年继续雇请其做活。

郭用文老人回忆，早上，鸡叫 2~3 遍，老板就叫师傅和赶工者起来过早，吃胎九子，喝胡子酒，吃5个碟子，待吃完早饭，老板也拉工，和师傅就带赶工者下田扯秧，大概扯160个秧把子/人，用船把秧运回来，就回来吃午饭，准备10碗大菜，蒸鱼蒸肉等，饭后，就把秧运到田里栽秧，每天完成0.8亩/人，待插完秧，才回来吃晚饭，又吃10碗大菜，饭后，由老板开工资，按照天数算工钱，每人报酬为1~2块大洋/天。比如郭用文家里有一个号子田，共计14亩，14弓宽，360弓长，到邻村侯湾村请16人栽秧，多数是与其相好的人，同时，也有空闲时间，不到傍晚，就把田插完。

第十一，其他。过年时，长活师傅不需要向老板拜年，但是，老板要割肉买酒给长活师傅拜年，约定明年继续雇请他帮自己做活，不然，长活师傅会不高兴，不帮老板做活。如果做事不狠，老板就不请他。做红白喜事，长活师傅要免费帮忙，同时，要赶情随礼。同样，长活师傅办红白喜事，老板也要赶情随礼。抓壮丁，一般不抓长活师傅，因为老板有钱有势，不敢轻易到他家抓人，除非抓非丁，才会抓到师傅。另外，长活没有田，不需要做堤，但是，地主可以请他们做堤，每天出2元/人，还要请吃饭喝酒。

2. 请花活

两户人共同请一个长活师傅，一般为邻居或者田相己雇人，比如一户有40亩田，另一户有30亩田，搭伙请一个花活。比如地主侯氏有80亩田，分布在京城垸和天星洲等，请半年花活。花活做活时间为半年，轮流到两户做半年活。农忙时期，每3天一个周期或者10天一个周期，轮流到老板家做活，到谁家做活，就吃、住在谁家。待10月份，没有农事，打发师傅下工。半年报酬为20担稻谷，平均每个老板出10担稻谷，大约3000斤稻谷。

郭用文老人回忆，过去，做花活的人来自偏远的地方，大部分的长活都是外村，如相邻的天门、钟祥等县人士，他们遭遇水灾，外出逃荒，逃到这里做长活，一年到头赚够钱才回去，支取钱财补贴家用。

四　合作经营

（一）水利合作

堤在田在，田无人无。修建堤防是生产和生活的一道保障。每年地方投资垸堤防岁修、护岸、防汛抢险和排涝救灾，进行扒口蓄洪。

1. 以字号为单元水利合作

洪湖地区都是连片的号子田，大的号子由90亩或者100亩田块组成，小的号子多由3

亩、5 亩、8 亩或 10 亩几种类型田块组成。水田灌溉时，就需要兴挖沟渠。开公沟，宽度 10 米，长度 20 千米，同一字号花户集体出工开挖。需占田挖沟，则要求两户田分别出一半，比如公沟面积为 2 号田，两岸水田平均各出 1 号田，挖成公共使用的沟渠；如果不参加开沟，就留田头那一段，待尚未参加者抽时间补挖。另外，平原地区有灌水沟和排水沟，各出各的水，各踏各的墩。

> 李良望老人回忆，一个号子大有 100 亩小也有几十亩，集体开挖洪沟，灌水就非常方便。洪沟每逢下雨就有水，田需要水灌溉，就使用两人车踏水。如果水多反踏水。

2. 以垸为单位水利合作

围垸成田，是村民衣食的基础，可见水利是农业的关键命脉。水田需要一定防水设施，就需要修建河堤。每当洪水泛滥，任何个人或者单独家族的力量都无法抗衡，家族的聚落因共同的利益而结成联盟，他们聚集人力和物力在低洼的湖区兴修堤防，建闸排水，促成一个个垸子成型。同时，土方与土费按照田亩多寡及上、中、下来摊派，而且岁修与防汛制度的确立、稳定使得共同体得以延续和不断复制。即使国家权力下沉，也必须入乡随俗，以垸为单位进行河堤管护。

> 郭用文老人回忆，每逢农闲之时，村庄公议，派出公正首事，按照田亩派工，将河道淤塞之处挖通，将河堤微薄之处筑高，或者打桩堆实。同时，每年春节之时，种植柳树，众人监督，如有盗砍或者践踏者，砍一罚十。

垸作为一种水利治理单元，分为官垸和民垸，官垸就是国家屯兵纳垸，其垸堤长宽尺寸上报官府登记，而民垸主要是花户私自纳垸，没到政府登记备案。垸堤以垸为单元，或者以地块为单元，每逢垸堤倒口，由地方乡绅上报灾情和修堤方案，如修堤工程数量明细和费用等，由上级委派垸长（正直的乡绅）监督修堤，由工程员负责计算修堤长度、挖土方数量，并根据当地田亩数量摊派出工。疏浚江河也是照前面义务延续，村落块首负责组织村民出工，逃避出工者，以捆绑示众或送官为处罚。

> 沔阳县襟江带河，地势低洼，三面环水，一面进流，素有"水袋子"之称。汛期，江洪暴涨，长江水位高出沿江地面数米乃至十余米，人民依堤为命，屡受洪灾之苦。东荆河一到丰水季节，便连湖穿河，任其泛滥，北境民众连年在水患中挣扎。内荆河自西向东，横穿腹地，贯通洪湖，承纳上游荆门、沙市、江陵、潜江、监利等县市水，盈雨期间，上游客水如顶贯足，下游因江水顶托倒灌，河湖并涨，渍水无法排出，导致涝灾。据史料记载，从 1801 年至 1949 年的 150 年沔南（即今洪湖）共发生大小洪涝灾害 142 次，旱灾 88 次，基本上是"三年两旱，十年九水"的重灾区。该地区村民普遍联合，共同进行防汛抗洪。

3. 以县为单位水利合作

旧时，长江干堤或者荆江大堤，是整个江汉平原的屏障，其存毁直接关系着垸田的兴废。江堤实属国家出钱修，但是，民夫也是就地征集，遇到洪水灾害，更多采用以工代赈方法，一来救济灾民，二来整修江堤。另外，明政府不仅令民自耕，而且也督促地方官为发展农业生产兴修水利，比如沙洋河堤，每当江河堤倒口，历任总督亲勘沙洋堤，组织维修，安排修缮事宜，朝廷委派钦差组织修筑。一般垸堤由地方知府，比如州县知府监督，其余堤防由堤工会监督。据历史记载，康熙十三年（1674），议准防汛章程。"本年议准湖北滨江一带地方官吏每逢夏秋汛涨，各于所属地方堤董率堤老搭盖棚房，置备器具堆储棚所，昼夜巡逻看守防护，春冬兴工修筑。"[1]（民国《湖北通志》卷42）

（二）灌溉合作

1. 开挖沟渠

在平原地带，相互连通的水系网络可以形成自流灌溉，而无须更多的人为农业活动去引水和灌水。水田灌溉时，田有首尾，首田先灌，尾田后灌，多不从田过水，从旱涧灌水。如果允许从上田往下田灌水，上田田主怕自家肥水被偷，会留有备水沟。另外，解放以前，杜家剅直通田开心（中央）的洪沟，边宽7~8米，比如百兴沟、百旺沟、百洪沟，又私自挖有"到沟"，宽2~3米，水源可直通到水田。水田既靠近洪沟，又靠近横沟，灌溉非常方便。

洗沟。种田需要踏水，沟渠两岸有田者，都有份子，如果水沟淤积，灌溉水源不方便，由有威望的老爹为首，挨家挨户组织一起洗沟。何年何月何时，每户人出一个男子，村民自觉拿着锹子和锄头，把淤泥和杂草除去，把沟堤筑高，把沟捞深。如果哪户家庭因为太忙没有时间，不能参加，也不能偷工卖懒，集体把没有来的人的洗沟的份子那段留给他，让他改天自己去洗，如果不洗，他自己就不灌水，或者被村民谴责。同一字号水田灌溉沟渠布局如图3-3所示。

2. 过水

第一，过水顺序。遇到水田干涸，沟渠毁坏，则会找人过水。优先找兄弟、叔伯等亲房人过水，再找同姓人过水，最后，找外乡异姓人过水。一般情况下，一旦本房亲人不让过水，外姓更加不可能让其过水。另外，遇到没有旱枧田，有"取水灌救"条款，"久旱无甘霖，方可向田相己某某取水灌田，救济秧苗"，注明向谁取水，就从谁田过水。

第二，提出请求。田里没有旱枧，遇到田里水干，就从与自己关系相好的田相己的田过水，而且要送一点礼物，如果品或者鸡蛋等，搞好关系安抚他们的心，说一些好

---

〔1〕　监利水利志编辑室：《监利堤防志》，北京：中国水利水电出版社2005年版，第410页。

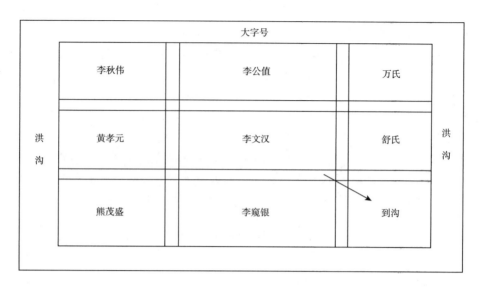

图 3-3 同一字号水田灌溉沟渠布局

话，哀求人家允许过水。另外，如取水灌救条款载明过水对象，可从其水田过水，不需要申请。

第三，过水规则。取得相邻田主同意过水以后，用一根草或者一根竹篾测量水位，俗称打水折子。开始灌水前，用折子测量相邻田的水位，做好水位标记，然后，才开一个口子，用水车开始过水，直到自家的田水灌满，就把自家的田口塞住，再用做好标记的折子，重新测量放水以后相邻田的水位，对照过水前和过水后的水位，如果高出一点水位，没有关系，一旦高出水位太高，就要帮助放一小部分水，不然，会把他家的禾苗淹死或者水位高容易长虫，或者禾苗长不高。如果水位低于原来的标记，就用车踏水帮其灌水，直到田地水位平齐原来水位位置，才帮助其将田口子关好塞实，不能漏水。另外，不能在别人施肥以后 3 天内过水，不然会浪费别人肥料。还有，不能在别人刚插好秧时就过水，插秧马上过水，影响秧苗存活率。

第四，违规处罚。当过水时，把他家的田水放干，也不管闲事，别人心里就不高兴，下次就不让你过水。另外，别人刚下肥就利用别人田过水，有偷别人肥料嫌疑，轻则遭到别人批评，重则要赔偿，不允许你再过水。还有就是插秧后马上过水，会导致别人遭受损失，也不准你再过水。

第五，报酬。一般与田相己关系好，借田过水，不需要任何费用，只需要按照规则过水即可。不过，对没有旱税的灌水田，写明取水灌救，就必须按照水田面积或者灌水次数，向提供过水田主支付一定报酬。

第六，其他。那些没有塘到沟视的田地，没有水路，如果别人不让你过水，就种不了庄稼，即使价格再低，也没有人买，只能卖给田靠近水路的田主，或者将田卖给在其上位的田主，从其田里过水，才能种田地，而且价格不能翘（高），只能低价出售。

3. 踏水

按照进水口顺序，先是长子灌，再其他儿子灌水，以免引起纠纷，兄弟轮流踏水。未分家时，多个儿子和媳妇轮流踏水。分家以后，轮流使用水车踏水，一个儿子踏 1~2 天，换下一个儿子踏水。当儿子分别有水车时，先来先踏，谁先占到河堤，谁先踏。不少半夜抢占河堤，架好水车，先灌溉水田，灌水困难，效率低，一般灌溉 1 亩要踏 1 天，需要 2 人轮流踏。水田灌溉示意如图 3-4 所示。

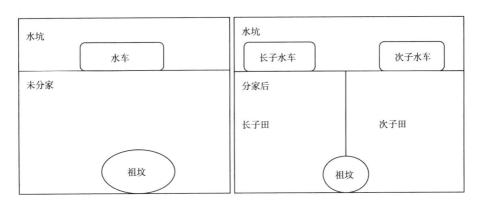

图 3-4　水田灌溉示意

（三）生产合作

1. 打串工

第一，打串工条件。种小麦，整好一畦，直一耙，麦种一撒，再横一耙，把沟一拖，就完成，一天整 2~3 亩田，不需要打串工。解放以前，私人各自整秧脚，自栽自育，每天整 8 亩，如果劳动力不够，就打串工，多数请人赶工栽秧。不过，解放以前，很少人打串工，多为家庭经营单干，如果 10 亩以上的湖田，栽青毡，就请 10 人以上打散工。

第二，打串工对象。一般请关系好而又空闲的跟前人、邻居或者乡亲（同村落），也有少数邻村落的村民，打串工没有亲疏之分，同族或者外族都可以。优先用力气足或者插秧割谷速度快的男子打串工，不会以家户人为单位打串工，一般打串工只有男子，女子不打串工。[1] 因为跟前乡亲，抬头不见，低头见，谁干活快，干活慢，都十分清楚，优先接他们做活。如果女儿嫁得较近，才能接姑娘女婿帮忙，嫁得远不与其打串工。另外，一般田亩数量要差不多，不能太多，不然，田少者吃亏。

---

〔1〕　男跟男打串工，女不下田插秧，只负责踏车灌溉水田和烧火做饭。当水深割青毡，就站在板子上割，女孩子不下田，田低小脚女儿不下田。

　　郭用文老人回忆，远亲不如近邻。一般插稻收秧，都要接人帮忙，一般都是自家兄弟，女儿嫁得远，就不会麻烦姑爷帮忙，都会请关系好的，你帮我插，我帮你插。

　　第三，效率。多少田，就请多少人打串工。如果8亩田，就请8人打串工，来自8户家庭。平均每人插1亩/天。整田水大，秧容易被冲跑，就用船运秧，插一个放一个秧。1人插一畦。黄孝恪老人回忆，"打串工，亲帮亲，邻帮邻"，"你帮我插，我帮你插"，如果互相帮忙，我田多有5亩，你家有3亩，多出2亩那户，要支付钱。还有我帮你插5天，你帮我插3天，你要把多出的2天工钱给我，每天插0.5亩，工资2元/天，这样才平衡。

　　第四，报酬。你帮我栽，我帮你栽。你帮我赶一天工，我也帮你赶一天工，相互抵消，不需要报酬，准备鱼肉10碗菜，只需要请吃三餐。每家只出1个劳动力，如果多出1个劳动力，每人插0.8亩田，就要给钱，平均每天2块大洋/人。如果姑娘、女婿帮忙，不需要报酬和还工。

　　另外，割稻谷时，同村2~3户打串工，上午男子集体割谷，妇女堆窖，男子负责挑谷，按田亩远近顺序，帮你家挑完稻谷，再帮我家挑稻谷，直到每户挑完为止。互相合作，谁田数量多，谁就安置赶工者吃饭，以示感谢，田少者不请人吃饭，不需要报酬。据李良望老人所述，与筹办红白喜事不同，亲戚朋友，互相帮忙1~2天，不需要工钱。但是，栽秧割谷，帮忙1天就还1天，除非给工钱。

2. 赶工

　　第一，请工者。如果天气不好，田多在20亩以上，稻谷已经成熟，家里劳动力少，为防止下雨导致稻谷烂在田里，请人赶工把稻谷割完，俗称抢天稻。不同地势不同田，栽种农作物不同，比如早稻或者中稻，不是同时栽种季节，一般10天把秧插完。如果湖田多，5亩以上，才会请工。过去，如果田多或者田宽，就会请人赶工割稻谷，因为不需要赶时间，今天割不完，明天再割，1人可以割1船，用船运回来，挑到禾场晒干，由妇女捆成把子，再挑回来堆窖，最后，牵牛用石磙不断围着磙，进行脱粒。

　　郭用文老人回忆，过去，相互帮忙少，比如木匠和瓦匠经常外出做工，没有男劳动力耕田，叔伯弟兄不帮忙，他们自己有田忙，有钱则请人赶工。

　　第二，赶工者。少数请跟前本村人或邻村人，他们田少，劳动力多，有多余时间。郭老头晚上请跟前人帮忙赶工，共计16人。"明天你帮我插秧？"他说。"好啊！"多数是那些田少、有得寒（得空）、距离近的邻村外姓村民赶工，都是认识的熟人，就会帮你栽；如果田多，就"不得寒"（不得空），就搞自己的田，抽不出工帮别人插秧。但是，一般不会请本房亲人，他们没有空，田多人少。一般多数请外乡人，比如遭水灾逃荒的赶工者，跟前邻居都有田种稻谷，没有时间去赶工，如果请跟前的人，要等别人收完谷。多数请人高马大、年龄15岁以上、做工速度快的，如果速度比老板慢，第二天就不请他赶工，瞧不起他。如果做活快，要与他们搞好关系，明年还请他们赶工，甚至有人写信通知他们去赶工，只要去就会请他们赶工。比如李良望和叔叔一起赶工，他才15岁，割了1畦，并不输给老板拉工，叔叔才割一半，第二天就不请叔叔赶工，嫌弃他速度太慢，却煮蛋和熬鱼汤给李良望吃。

李良望老人回忆，赶工者多数为经济困难或者遭遇水灾者，他们被迫出卖劳动力赚钱，谁需要插秧或者割谷，就在门口等，看见谁来赶工，就与其讲价格，做多少天，供吃饭。同时，赶工者必需12岁以上，或者有较强体力或者干活好手，比如李良望读到14岁，15岁不读书，就出门赶工。

第三，工具。赶工者割稻谷，需要自带镰刀等工具，而栽秧，只需带一根扁担和粪基。因为老板没有这么多工具。谁扯秧谁挑，谁扯多谁挑得多，扯少不够挑，都是计算过的，1亩插160~180个秧把子。另外，禁止带孩子赶工，避免照顾孩子耽误工夫，俗称窝工。比如李良望叔叔的镰刀，没有提前整修，帮人赶工时，连镰刀把子都割坏，没有其他镰刀换，别人割了1畦，他只割了一半，即使再慢也要割完，不能混工，老板嫌弃他慢，就不要他赶工。

第四，拉工。男子15岁做劳动力，可以做农活，不输给人家，就按照劳动力工钱开，如果是中等劳动力，起码赶工与其并行，或者超过老板，才算赶工好手，割不赢老板，第二天老板就不能雇请。比如李良望和父亲到交耳去赶工，老板先讲好价钱，小孩只给半天工钱，其父亲说："如果他割速度比你快，割的面积与你们一样，就要给与大人同样的工钱，如果速度比你慢，不要工钱，你就管口饭吃！"但是，老板的女儿拉工，做活狠，比他先割一半，后面，被李良望赶上，并超过她一半，她的速度输给李良望，老板被迫给李良望大人一样的工钱。

李良望老人回忆，15岁李良望和姑爹、老板邻居打串工的2个人，集体去帮人赶7天工，专门割稻谷，高田由老板等4女子负责前面拉工，并训斥他们赶工的来迟的，李良望等人马上下田割谷，一人一畦，不到10分钟就超过老板，你追我赶，赶工者先割完，并把老板3人抛后10米，谁割完一畦谁可以休息，等老板割完再一起从头割谷。老板就不肯在前面拉工，因为赶工者割谷速度太快，抛得太远没有面子。

第五，效率。一般把稻田整理好，就请跟前人赶工，根据田的面积计算请多少人赶工。田多十几亩就请10多人，一般人均栽0.8亩/天。赶工者上午要扯160~180个秧把子，下午要插0.8~1亩水田，劳动任务为一天割1亩田，完不成不能回来，不要求多栽秧。

第六，报酬。如果插秧或者割稻谷时，劳动力不够，一般不打串工，多数请人赶工，工资每天2元，或者支付报酬4天一担谷，供吃三餐，不需要饭钱，住在船上。李良望老人回忆，过去，插秧只有少数田多人力少的打串工，割稻都是出钱请工，不管是地主还是富农、贫农、雇农。

第七，作息。鸡叫三遍，老板娘准备早饭，老板接赶工者过早，过早以后，赶工者集体到秧脚扯秧，平均每人扯160~180个秧把子，并将秧把子用船运回来，然后，回去吃午饭。午饭过后，再运秧到田里，把所有的秧插完，每个人插0.8~1亩，大部分负责插秧，分一个人专门撑船，负责放秧，由于田里水大，三尺水高，如果提前放秧，就会被水冲跑，这样，谁没有秧，由派秧者负责丢秧给他，插秧者捡起来再栽。待所有秧把子插完，便可以回家吃晚饭。

第八，宴请。栽秧或者割谷，请赶工者吃三餐。提前一天家长上街买鱼割肉，买胡子酒。第二天，早上，鸡叫2~3遍，媳妇起床，烧火做饭，准备好宴席，如肉丸子和胡子酒，5个碟子，就去接赶工人过早。然后，出去扯秧，扯完160个秧/人，相当于一畦秧，把秧挑到船上，运回来，就吃午饭，同样，老板娘准备饭菜，吃10碗。吃完就栽秧，待太阳偏西，日落前，就回去吃晚饭，老板老婆准备饭菜，也整10碗菜和酒。晚饭后，就由老板开工钱，每个人工钱2元。

　　李良望老人回忆，过去，人挖苦老板剥削赶工者，就有专门的歌谣："他家生活好不好？"回答"腌菜炸胡椒当先"；"菜好不好？"回答"死螃蟹当先"；"秧好不好扯？"回答"一泥巴一个尖"；"收工早不早啊？"回答"你走我先"；"工钱多不多？"回答"鞋子都跑穿"！

3. 换工

如果缺少耕牛，要求牛工换人工，一般1个牛工换2个人工，借别人牛一天，就帮别人插2天秧。如果关系好的叔伯，会帮忙耕一天，一般不要报酬，只给一包烟，或者帮助其栽一天秧。不过，向亲戚借牛不需报酬也不换工，借本村邻居的耕牛，一般只能使用半天，就要还给主人。比如本村落距离近，晚上过来赶牛，明天早上就开始使用大半天牛，耕田2~3亩，再喂好牛就送给主人。如果借其他乡镇，超过5里路，根本划不来，只能借5里路内亲戚朋友乡亲的，除非他家有2天份子牛，赶牛路花1天，使用1天，不然，根本借不到牛。

（四）其他

1. 育秧

第一，共用秧脚。过去，如果田多，秧脚没有用完，哪户田少，秧脚不够，与秧脚多的户主协商，多为关系好的田相邻或者邻居、乡亲，借一部分，作为自己的秧脚进行育秧。

第二，合作灌水。如果秧脚占地少，一般由原户主踏水，顺便帮忙灌水，当秧脚占面积宽，借秧脚者要亲自踏水，顺便帮户主踏水作为回报，如果次数多，轮流帮忙踏水。要么分开灌，各自灌各自的秧脚。施肥也是各自花钱施肥，如撒牛粪，同时，施肥也不能开别人的田水。借者把秧扯完，就帮忙把田整理一下，弄平整，不然，不搞好，下次就借不到秧脚。

第三，给秧。如果有多余秧苗，如水稻秧庙或者棉花秧苗，会叫关系好又缺秧苗的村民过去扯秧，不需要支付秧苗钱，但要预留 1~2 担秧作为备用秧苗，作为以后遇到秧苗死了重新栽种的备用秧。要用秧者自己提前去扯秧，给别人一个人情，扯完后，自己才好犁田耙秧脚，重新栽秧。"我还差蛮多秧，你剩这么多秧，能给我扯来栽吗！""留起来有什么用，牛吃高草，给人家还欠我的人情。"如果是种植水果经济作物的秧苗，价格较贵，剩下的秧苗，就需要村民按照市场价格支付钱款。

第四，致谢。最后，说一些感谢的话，如很感谢，借你的秧脚育秧。以后，当另一户田相邻没有秧脚，也可以向对方借秧脚育秧。李良望老人回忆，每家每户独自育秧，关系好，秧地用不完，就可以借给兄弟和关系好的村民育种，扶起界线，下肥和洒农药，灌水顺便可以帮他灌，摘完秧以后，要负责平整一下秧地或者帮工 1~2 天，以示答谢。

2. 碾米

第一，出资。过去，并不是每户都有磨米的碾子，同一个湾子或者台子，村民共同购买一个碾子，一般 10 块大洋，需要集体分摊出钱，有面子的老爹负责筹资，即使家庭困难也要出点钱，如果谁不出钱，则谁不能使用。

第二，出租。本村落乡亲免费使用。但是，其他村村民借用，需要付酬，可见出租成为创收的一种方式。村落设有专门管碾者，一般为距离碾子近的村民负责，招呼和帮忙借碾者，报酬为 1~2 升稻米。即使亲戚过来碾米，也要照样给米。因为他跟你是亲戚，跟我不是亲戚，都要给钱。保长、小得副和教书先生过来碾米，面子不够大，也要给钱。

第三，使用。多数邻村村民，如果没有碾子，要到有钱人家借碾子，用一个碾槽一次，可以碾 1.5 担稻谷。同时，需要自己赶牛过去作为劳动力，一般为 2 人共同操作，1人赶牛，一个人扫槽。碾完米以后，还有将石碾打扫干净的义务，当用坏碾子，需要帮助整修，如果故意破坏，一经发现，需要赔偿损失。

第四，租金分配。年终之时，一般也有 3~4 担稻谷收入，然后，老爹将稻米出售，换来的钱存留起来，每年做土地福或者做土地会唱戏祈福，把钱拿出来使用。禁止私吞出租收入，也禁止将租金收入挪作他用。

3. 打鱼

两户人或者三户人一起合伙，一般与相好的或者擅长的乡亲、兄弟和邻居联合打鱼，多数是熟悉打鱼者联合，或者船多者联合，如果父母有多个儿子和媳妇，家庭就可以合作打鱼，比如李良望有两个兄弟，加上妻子两个，再加上父母俩，共 6 人三只船，不会和其他人合作，每只船有 2 人，一般为夫妻合作，两户人打四对网，三户就打六对网，周围 4个网，中间一对网，中间一敲斗子，鱼就惊慌逃窜，就被周围网网住，如果一只船两个人，不能操作 4 个网，就网不到鱼。如果一个人只能下叼子网，在水口放网就可以抓到鱼。每户都有渔网和捞子等捕鱼农具以及渔船，没有渔具和船只，没有人和你去打鱼。不管打鱼少，还是打鱼多，都是出售换钱，平均分配。

4. 打稻

每逢水稻收割时，遇到不节俭的人，稻秆会遗留很多稻谷，就出现打稻职业。一般关好的兄弟或者乡亲一起前往。虽然一起去，但是，各自操作，同一个垸子，各打各自的，原则是不能互相抢打，不然朋友做不成，你打这块，我打那块，多劳多得，各自创收，独自用船运回来。比如每当收割以后，李良望与关系好的吴成荒坐船到建宁县打稻，积少成多，多中取粒，这块田取个几斤，那块田打了 10 斤，打了一炮谷，1000 多市斤稻谷。

另外，每家禾场，用石灰打成平地，农忙时，收稻谷就在屋前的禾场晒谷。如果邻居不晒稻谷，可以到他们家晒谷，挨着你家的禾场，你不晒，邻乡也可以到你家来晒，互相借禾场来晒。据李良望老人回忆，过去菜园子都是禾场，各有各自的禾场，将泥巴粘好打平，下一场雨就收一次浆，私人可以晒谷，如果邻居不晒谷，可以借用他的禾场晒谷。

第四节　产业与产业关系

传统农业时期，平原地区多以务农为生，同时，可以兼职纺织、打芦席等初级手工业，还可以打鱼或者做生意，赚钱门路多，生活方式多样化。

一　农业

（一）土地关系

根据表 3-24、表 3-25、表 3-26 和表 3-27 可知，1952 年杜家剅共 33 户，169 人，总计 359 亩田，户均耕地面积为 10.88 亩，人均耕地面积为 2.12 亩。地主拥有土地占总面积的 20.89%，富农拥有土地占总面积达 10.58%，中农拥有土地占总面积的 42.90%，贫农拥有土地占总面积的 22.84%。百桥行政村共 244 户，总计 1112 人，耕地面积总计 2562 亩，户均耕地面积为 10.5 亩，人均耕地面积为 2.3 亩，其中，地主拥有土地占总面积的 18.97%，富农拥有土地面积占总面积 5.66%。

按照一定标准，地主有 20~30 亩田，多数是一等田，产量为 400 市斤/亩，那些有请长活、放高利贷等剥削行为的就被划成地主。中农有 10~20 亩田，二等田多，产量为 300~400 市斤/亩。贫农有 8~10 亩，田质差一些，三等田多，产量为 200~300 市斤/亩，基本都是湖田，产量不高。雇农没有田。或者以人均面积为标准，平均每人 9~10 亩，成分就提高，被划成地主。贫农每人 2 亩以下，富农平均有 6~7 亩，中农平均每人 3~4 亩。杜家剅村民田亩数量区别不是很大，所以没有几个地主。这里的地主并不是几百上千大地主，因土地少，没有请多少长活，几乎都请短活帮助放牛、耕田，也没有娶几个老婆和买丫鬟、放高利贷，很少一部分依靠出租水田收课生活，多数都参加劳动。

叶方明回忆，过去，地主只是有几亩田，没有什么害，没有大地主，甚至比其他贫农都小一些。只是当时家庭人少，平均下来就田多，即使田多也是一些湖田多，水灾一来就没有收入。

田多的家庭，多数是从先辈祖业继承下来的，一代一代买田创基业，后辈田产就不断扩充。如果先辈贫穷没有买田创基业或者买田少，后辈因为田少，发展基业能力有限，家里拥有的田地就少。最初，贫寒之家有1~2亩田，经过3代以上先祖创业，通过买田或者承当田产，才积累30亩田产，生活才好过。比如最初，夏姓为了买杨家1钻田，面积为10亩，甚至把自家被子拿去当铺当换钱，再去买田，为后人积累基业，天冷只能盖蓑衣。最初，只有7亩田，经过20~30年买卖，发展到90亩田。但是，诸子均分，分家析产以后，家庭所有土地就逐渐减少。

李良望老人回忆，解放以前，地主黄中香没有买卖田，只是自己劳动，他的田产都是祖辈传替下来。陆德高继承继父母田产[1]，有劳动力自己种田，没有劳动力出租田，自己耕种则请零工，或者请长活，就划高成分，划成地主富农，比如王书册请长活，雇工剥削。李前元的父亲买了20亩田，两个兄弟平均分配10亩，到杜家剅做李氏女婿，回到观镇村种田，但是，这边李姓三兄弟没有子嗣，过继一个子嗣立门户，因为前元在观镇村和杜家剅两边有田，还放高利贷，就划成富农。外村地主没有插进杜家剅，都被8户人占有，水都泼不进来，诸子均分才变成中农以下成分农民。

表3-24　土地改革时期杜家剅阶级成分分配　　　　　　　　　　单位：人

成分	姓名	总人口	生计方式	田产数量
地主	黄中香	5	农民	有40亩田（35亩湖田，5亩白田）
	涂天平	4	农民	有35亩田（18亩湖田，17亩白田）
富农	李前元	7	农民	有20亩田（18亩湖田，2亩白田）
	陆德高	5	农民	有18亩田（10亩湖田，8亩白田）

---

[1]　陆德高因继父母没有子嗣，从曹市镇陆姓过继过来，立杜家剅陆门户，继承养父母的家产和田产，继父母很勤俭节约，只有两间小屋，后面，辛苦攒钱卖了曹市镇3间瓦屋，拆掉房子，把木料运回来建房子。

成分	姓名	总人口	生计方式	田产数量
中农	夏大生	4	农民	有 12 亩田（11 亩湖田，1 亩白田）
	夏大学	7	农民	有 15 亩田（14 亩湖田，1 亩白田）
	黄中生	6	农民	有 14 亩田（12 亩湖田，2 亩白田）
	黄中进	6	农民	有 11 亩湖田
	黄孝银	6	瓦匠	有 12 亩湖田
	杜贤成	5	农民	有 14 亩田（13 亩湖田，1 亩白田）
	杜贤才	6	弹棉花	有 11 亩湖田
	熊茂才	4	农民	有 17 亩田（16 亩湖田，1 亩白田）
	熊茂元	3	农民	有 12 亩田（10.5 亩湖田，1.5 亩白田）
	吴家郴	6	农民	有 14 亩田（12 亩湖田，2 亩白田）
	李丘伟	6	农民	有 11 亩田（10 亩湖田，1 亩白田）
	李公执	6	农民	有 13 亩田（12 亩湖田，1 亩白田）
贫农	李窥银	6	农民	有 15 亩田（14 亩湖田，1 亩白田）
	李文岸	2	农民	有 10 亩田（9 亩湖田，1 亩白田）
	杜贤公	5	农民	10 亩田（9 亩湖田，1 亩白田）
	杜贤强	4	农民	6 亩（5.5 亩湖田，0.5 亩白田）
	杜贤严	5	农民	2 亩湖田
	杜贤进	5	农民	5 亩（4 亩湖田，1 亩白田）
	熊茂盛	4	农民	8 亩田（7.5 亩湖田，0.5 亩白田）
	吴成志	5	渔民	3 亩田（1.5 亩湖田，1.5 亩白田）
	吴成分	6	渔民	4 亩田（2 亩湖田，2 亩白田）
	吴成蓝	8	联丁	2 亩田（1 亩湖田，1 亩白田）
	吴成华	3	养鸭子	10 亩田（8.5 亩湖田，1.5 亩白田）
	李公允	5	农民	7 亩田（6 亩湖田，1 亩白田）
	李公户	4	农民	8 亩田（6 亩湖田，2 亩白田）
	夏广银	5	农民	2 亩湖田

续表

成分	姓名	总人口	生计方式	田产数量
雇农	舒则民	2	农民	无田
	万寿青	5	农民	无田
	李丘范	9	农民	无田

表 3-25　土地改革时期百桥村地主分配　　　单位：亩，个

组别	姓名	职业	田产	雇工	老婆
1	熊生玉	农民	35	雇本村短工、外村长工	1
2	陈广修	生意人	45	出租	2
3	郭靖秀	农民	31	雇本村短工、外村长工	1
	黄启树	农民	32	雇本村短工、外村长工	1
	胡学舒	农民	29	雇本村短工	1
4	熊生文	农民	36	雇本村短工	1
	王书册	保长	40	出租	1
5	黄中香	农民	40	雇本村短工	1
	涂天平	乡代表	35	出租	1
6	无				
7	刘靖德	保长	20	出租	1
8	刘全德	农民	30	雇本村、邻村短工	1
	刘仁德	农民	30	雇本村、邻村短工	1
	刘茂德	农民	30	雇本村、邻村短工	1
9	刘册德	农民	28	雇本村、邻村短工	1
	叶同复	农民	25	雇本村、邻村短工	1

表 3-26　土地改革时期百桥村富农分配　　　单位：亩，个

组别	姓名	职业	田产	雇工	老婆
1	熊生红	农民	20	雇本村短工、外村长工	1
2	周则兴	农民	18	雇本村短工、外村长工	1
3	方汇丙	农民	15	雇本村短工、外村长工	1

续表

组别	姓名	职业	田产	雇工	老婆
4	无				
5	李前元	农民	40	雇本村短工、放民间贷款	1
	陆德高	农民	35	雇本村短工、放民间贷款	1
6	无				
7	无				
8	黄中文	农民	17	雇本村、邻村短工	1
9	无				

表 3-27 土地改革时期百桥村阶级划分比例 单位：户，%

类型	户数	占比
地主	15	6.15
富农	6	2.45
中农	145	59.43
贫农	53	21.72
雇农	25	10.25

（二）租佃关系

第一，出租者。多数农户自己耕种，如果人力不够就请短活或者长活。一旦请长活可以把田种完，就不会出租；反之，种不完，只能出租。不过，杜家剅没有大地主，其他村落有大地主，比如大财主王丹青和涂老五[1]有1000亩田，王家湖和涂家湖，都是纨的垸子成为垸田，出租给佃农耕种以课田。同时，不仅地主有田租给别人耕种，还有劳动力少或者遇到殊情况的家庭，比如天灾人祸，也会出租田[2]。另外，孤儿寡母，没有足够的劳动力，种不了田，把田出租给劳动力多的家庭耕种。比如李公柏的大哥去世早，大嫂就把田出租给人家耕种。还有熊茂才的父母年纪大了，儿子病死，媳妇改嫁，没有子嗣，只能把田出租给村里邻居耕种。

据李良望老人回忆，旧时，喜欢买田卖田，多数到外村购买，本村田少，只能到外面买几十亩，租给外村当地人耕种，请看课先生收课，一般缴纳实物地租。比如涂

---

〔1〕 旧时，有田有钱的富贵之人，称之为大家或者财主。

〔2〕 中农以下成分的农户田不多，自己不够种，只有遇到生病等特殊原因，才会出租田。

老五在湖里有一个恒丰垸，有上千亩田，请看课先生，看捐收课。地主田多，可以多中取利，田多收课多，完粮不多。田少者不会出租田。特殊情况贫雇农出租田，只是维持生计，不能发财。

第二，承租者。田地优先出租给田少劳动力多、勤劳节俭、没有手艺又不会做生意的人耕种，不会租给好吃懒做或抹牌赌博的人，因为他种不好田，到时估产产量低，地主没有什么利润。比如租给勤劳人 1 亩收 500 斤，收课 200 斤，但是，租给懒惰人种，种不好田，产量只有 200 斤，估产少只能收课 80 斤，甚至把田种荒。孤儿寡母，没有多少劳动力，不会租种他人的田。另外，出租不分亲朋好友，只要按时缴纳地租即可。不管亲戚还是乡亲，只要相信他们，就会出租给他们种，多数出租给跟前人或村落乡亲或邻居耕种，少数因为亲戚之间关系到别村耕种田，不需要请中人写租约，卖田或者当田才写约。不过，没有签订租赁合同，容易发生纠纷，比如李氏的田租给螺滩村民耕种，没有签订契约，收不回来，就打官司。

郭用文老人回忆，家庭又发财又发人，有 3 个劳动力，只有 4~5 亩田，就可以种别人的课田为生，支付每年课钱。一般没有拖欠租金就会一直租给你种，如果你把田种荒，长满杂草，就收回田租给其他人种，主人到田里看，如果你把田种好，不长草，不长稗，就租给你种。

第三，找中人。田多而欲出租者可以自己找佃户，同时，也有中人帮忙介绍熟人，中人不管贫富。但是，如果出租田者吃喝嫖赌，兄弟叔伯不肯做中人，因害怕他出租田地，换钱来吃喝嫖赌或者吸鸦片。除非天灾人祸，叔伯兄弟可以做中，找人把田租出去。比如岳父母帮女婿介绍田耕种，上门到田多的人家里说事，只要肯来种田就行。

第三，租金比例。按照地租 3∶7 分成或者 4∶6 分成，耕种者辛苦吃累得 7 成或者 6 成，老板得 3 成或者 4 成。这不是固定田租。比如侄女婿李公迎租种娘家伯伯田，因为伯伯的儿子去世，伯伯外出找活，也是按照 4∶6 比例收地租。一般春季收完小麦或者菜籽，才把田出租给人家种。什么时候出租，什么时候收回，以 1 年为限，禁止半年收回，因为庄稼没有保障。交不起课，就把田收回。如果困难，出租田者不能半年收回田产，因为半年庄稼没有收成，只能以年为单位收回来。或者把田种荒也可以收回。当种田种得好，按时缴纳地租，可以继续租田种。佃农想继续种地主田，过年割点肉到地主家送礼，请求继续让他种田。

李良望老人回忆，峰口绅士王丹青纨 2 个垸子，3000 多亩田，租给人家，请收课先生收课，是一个大财主。比如熊茂才的父亲与王丹青是亲戚，耕种峰口镇大财主王丹青的土地，大概 10 亩田，王丹青有钱有势，性格很拐，和看课先生到熊茂才家收课，对稻谷要求非常严格，说什么不干或者颗粒不饱满，熊茂才父亲和王丹青发生纠纷，差点动手打王丹青。

第四，缴纳租金。按时缴纳地租，当年由花户把粮食送到老板家里，由地主上秤，用胡桶去量[1]，如果相信他，就不过秤。同时，也有请收课先生上门收取租金的，按照佃户租种田亩数量和水田质量收取。如果地租太高，贫雇农和地主协商，降低租金，而不是与收课先生商量。租种田只要秋季缴纳租金一次。种地主田，种田不完税，地主缴纳税赋，谁的田谁完税。租种田可以转租，只要缴纳租金，不过只找直接承租者收取租金，不找转租者，如果转租者太多，就找不到下家。不需要帮地主免费打义务工。遇到红白喜事，佃农不需要帮忙，除非请他吃饭喝酒。

第五，请看课先生。如果是田产多的大家，不下乡看田和收租金，请看课先生看课估产，比如1亩田能收多少担稻谷。看课先生都是文化人，每年9月份下乡到佃户处收课，一些花户也要讨好他，让他把田产量少估一些。比如有5担稻谷产量，按照4∶6分成，交课2担。而估产为4担，也按照4∶6分成，交课1.6担，少缴0.4担，少缴的归佃户所有。一般缴纳实物给地主。同时，遇到看课先生穿绸衣绸褂下乡，即使没到老板田里估产，花户也要准备10碗大菜和胡子酒招待他，还要给点小惠钱讨好他，可向老板少缴纳一些课。

> 郭用文老人回忆，过去，租种大老板田，请人看课，一般3∶7或者4∶6比例收课，种田者占有7~6层，交租3~4层，一般向地主缴纳实物。同时，每年遇到看课先生下乡收课，一把阳伞和一本账本，佃农就当活祖宗一样看待，准备好酒好菜招待，还有一定小钱给看课先生，请求他少估点担头，比如本来一亩田可以收4担，就估3担，少估1担稻谷，相应课粮就降低，老板不下田根本不知道实际情况，也不在乎这点租金。这样，租金轻一些，佃农可以交得起田租。

第六，违约。贫雇农比较困难，先要按时缴纳租金，后面，再向他们借钱借粮食，安置儿子结婚或者生活，不能延期或者拖欠租课或者挪用课安置结婚儿子，不然地主可以收回田地。即使与老板关系好，也不允许拖欠，宁可借钱。可见租种他人田，不能不交课，做出抗课行为，否则老板有权收回田，不租给你种。

第七，收田。一般田租给别人种，如果没有收割稻谷，则不能卖田，只能待承租人或者承当者收完稻谷，才能卖田，即使提前卖，也只能别人收回来，买主才能收回来。另外，如果田种荒，长满杂草，即使老板租给佃农耕种田没到期限，也可以随时收回来。

第八，赋役负担。租种课田的佃农，只需要支付老板课钱，不需要完钱粮。由所有田的老板完钱粮，钱粮先生只会找他完粮。另外，种田要交皇粮国税，不能抗税。先交皇粮国税，再交地主课，最后，剩下的粮食由自己支配。

另外，当家庭非常困难时，可以卖青苗，连同田地和禾苗一起卖，一般两个价格，田一个价，亩价格为150~200个大洋，禾苗一个价，一般是10~20大洋。同时，需要按照买卖水田顺序，找人做中，经过测量水田面积、商量落桩、宴请、过户等程序，一步一步落实。

---

〔1〕　4胡桶为一担稻谷，10升等于1斗，2胡桶为5斗，1胡桶等于25升。

（三）典当关系

1949 年以前，村落农民拥有田地数量不多，除买卖田地外，田多的不往外租田，只是当田和卖田。

第一，出当者。一般家庭生活困难，比如生病、安置儿子结婚、嫁女儿或者儿子上学等，以及田多人少，无法维持生计，向别人借不到钱时，就会当田。如果父母当家，要经过家长同意，家长不同意当田，儿子不能当田。当父母在，儿子当家，可以当田，即使父母不同意，也可以当田。一旦父母去世，为了安置小弟结婚，由长子和次子商量同意才能当田。

第二，承当者。当田也优先当给亲子本房或者族人，如果亲子本房不需要田，再当给外姓人。如果承当者不种田，就出租给其他人耕种，但是，到期必须归还田产于田主。一般情况下，一旦当田，不会再出租给出当者耕种，除非你拿钱赎回来，才能耕种。

李良望老人回忆，过去，父亲有点钱就到处当田来种，但是，母亲裹小脚，不能下田干活，劳动力少，种不来田，只能转当给别人种，本都收不回来。另外，当亲戚田，承诺给亲戚 3 担稻谷，但还是给亲戚种，结果变成借 3 担稻谷，并不是当来自己种。

第三，请中人。做中人的人很多，逐渐变成一种职业，同样，当田需要请中人写当字契约，以此为据。如果叔伯兄弟做中，不需要支付报酬，只需喝酒吃饭作为答谢。如果请专人做中则需要报酬。另外，签订当契，不需要接姑爷、舅爷、田相邻或者叔伯等人见证，因为没有产权变更。

郭用文老人回忆，过去，如果家庭困难，借不到钱，被迫当田。请人做中，"我遇到困难，你就帮我做个中人，你帮我问问谁要田种，以价格稻谷 3~4 担/亩"。中人上门找人问谁愿意承当，一般找那些生活好过，田多粮食多（他家好过，收割 100 担稻谷，有能力创业，中人主动就会上门问要不要当田或买田种），有钱的小富之家，"他困难，你收钱多，要不你当他田来种，愿不愿意？"

第四，当田价格。一般缺多少钱就当多少田。当田，分好田和拐田，好田地势高，没有水淹，主要种芝麻和棉花，价格较高，一般每亩当 3~4 担稻谷。拐田地势低，水害多，主要种青毡或水稻，价格较低，一般每亩当 1~2 担稻谷。当田，要按照经济能力，有多大困难，缺多少钱就当多少地，当几亩换钱解决事情就算了，估计 1~2 亩当多少钱。当完田就没有田种，而且后面当田还要用钱赎回，如果当太多，就没有能力赎回，害怕被绝当，或者被迫借钱赎田。按照田地好坏出价，一般当好田价格高，货上按钱，当拐田价格不高，而且别人不承当。

第五，写当契。待价格协商好，还要写当契落字据，写明田亩出当人、数量、承当人、中人、当田时限、当田时间等内容，最后，按上指模。当天由承当人邀请出当人、中人一起喝酒吃饭，作为凭证，如果出现纠纷，由其评过。

第六，当田期限。以年为单位，什么时候当什么时候赎回。其他时期，庄稼没有收成，不能把青苗给人家。三当两取原则。当3年，2年到期就可以取回田。在约定时间去还钱，取回来，交回当契，如果赎不回，就一直由承当者继续耕种。禁止提前取回田，否则会坏了规矩。如果超期没有钱赎回，只能继续给承当者耕种，直到有钱赎回为止。另外，秋季当田，冬季种小麦或菜籽，春季当田，夏季种植水稻。

　　郭用文老人回忆，当田，一般3年2当，2年收不回，取不回，就当3年，到期出相等钱，就收回田，自己耕种，如果收不回，就继续让他种，直到有钱赎回为止。

第六，升当。当田坚持三当两取，一般至少2年可以取，最迟3年取，1年禁止取回。如果出当者，经济上又为难，又需要用钱，就转当升价，原来当3担，再升3担，复返升当价，一亩田就要出10多担才能赎回，就没有钱去取回。

　　郭用文老人回忆，当期已至，出当者经济仍然困难，还想升当，要2担稻谷，继续当1年，今天升当2担，明年升2担，后来，越积越多，最后，还不起，就绝当，把田卖给人家。

第七，绝当。一旦当田者家庭状况没有好转，反复升当，导致田赎回价格越拉越高，无法赎回时，出当者被迫把田卖给承当者，请中人写卖字，整酒席，请中人、姑爷和舅爷等人出门做证，完成过户手续，田就转让给承当者。

第八，赎回。把田当给别人种，如果没有收割稻谷，不能卖田，只能待承当者收完稻谷，才能卖田，即使提前卖，也只能别人收回来，买主才能收回来。

第九，税赋和徭役负担。出当田地每年税赋，不由承当者完粮，需出当者完粮。同时，承当者没有税赋、修堤等任务。修堤任务也由出当者出工，修堤费用也由出当者分摊。因为没变更产权，没完成过户手续。

（四）耕作制度

1. 种植作物

湖区便利的灌溉水系，为土地发展多种经营提供保障。垸田大致分为四种类型。地势最高，接近垸堤的地区实属白田（旱地）。其次为稻田，旱地稻田是旱涝保收、经济效益最高的农田，主要实行轮作制度，稻田采取稻麦轮作或者早晚两季水稻。白田则采取麦、棉、油豆等交替种植。再次，水大则为沼泽，水退则为田，称为荒滩湖田，每年仅仅种植一季水稻。最后，地势最低的湖底水田，简称湖田，只生长柴草和野鱼、野鸭。可见因地制宜的耕作制度与水源条件相结合，可大大提高垸田的经济效益。

当然也不排除质地较差的垸田，这类垸田主要分布在滨湖或沿江洲渚，由于地下水位高，其土壤种类多为沼泽型和潜育型水稻土，养分熟化程度低而且难以释放，在无法改善排水条件的前提下只好任其自然、粗放经营。这种田产量往往极低，有的便种植杂粮、莲藕，甚至只种芦苇，有的干脆听凭杂草丛生。李良望老人回忆，官湖垸水田、湖田最多，白田少。湖田水小，可以栽种青毡，如果水大，栽不好青毡。

2. 谷种

过去，水稻自己留谷种，平均每亩田留用 20~50 斤谷种[1]；种棉花，平均每亩 1.2~1.5 斤种子；油菜种子，平均每亩 1.4 斤；种小麦，种子平均每亩 20 斤。如果遭遇生长不好的情况，不会顿口借粮，剩有去年的余粮和种子，可以缓解青黄不接的情况。如果遭遇水灾，种子就不要了，全部做口粮吃掉。如果没有多少粮食，只能外出讨米为生；或者帮外地人赶工，别人以稻谷作为报酬，留作来年的谷种；或者用工钱去购买谷种。另外，如果家庭为难，没有钱买种子，就找兄弟姐妹等亲戚借钱，或者找相好的朋友借钱。

3. 作物产量

垸田多筑堤挡水而成，比如围垦因人为堵塞江河的分流而形成的废弃河道或者围垦逐年淤塞的河港，在大堤外洲滩上兴修的滩垸亦属此类。还有就是筑堤保护滨湖地区已有的田地，或者筑堤围湖、涸水为田，虽然这种垸田多，但是，围湖而成的田，需要一定成熟时间，久而久之方可成田。同时，不同地理位置围垦方式不同，从中获取的收益也不同，堤垸之内的高田，种植水稻作物，多能旱涝保收，低田洪涝严重，收成减少，下田为沼泽，多长菱角、多生长鱼虾或者野鸭。不同水田产量比较见表 3-28，不同农作物产量见表 3-29。

表 3-28　不同水田产量比较

类型	产量
上等田	亩产稻谷二三担，棉花（籽棉）七八十斤，黄豆八九斗，小麦七八斗
中等田	亩产稻谷一二担，棉花（籽棉）五六十斤
下等田	亩产稻谷八九十斤

表 3-29　不同农作物产量　　　　　　　　　　　单位：斤

类型	产量	类型	产量
稻谷	200~300	芝麻	30~40
黄豆	120~130	棉花（皮棉）	15~20
小麦	90~110		

---

〔1〕　过去，不是优良水稻，育秧 3 根（颗谷）才栽一兜，现在一根秧苗（1 颗谷）插一兜。

4. 耕作效率

俗话说，一年只有45个忙，一天办9天的粮。意思说一年只忙45天，其他都是休息时间。农忙时节，耕种1亩田，整田1天，需要经过犁、耙、滚、耖等4个环节，撒秧1天，栽秧1天，割谷1天，其他除草或者灌水，也需要10天左右。比如平均每天整3亩田，若耕牛年轻力壮，水田较浅，平均每天整8亩田。栽秧平均每亩田需要160个秧，大概8人栽，1天才能够栽完。而白田用来种棉花，需要薅草5次、埋肥3次、松土2次。郭用文老人回忆，打懒棉花，长到15厘米，发现棉花长有花苞，就要距离根须10厘米处，挖一个10~15厘米的坑，就撒一些粪肥，俗称埋肥，还撒一些做饭的土灰，起土用泥翻盖，如果没有那么多粪肥，就会产量不高。棉花中间杂种麦子，俗称麦三道，用锄头慢慢去钉锄，薅三次，才能薅完草，非常精细，需要本领，不是庄稼好手，不能做好。不同农作物耕作效率见表3-30。

郭用文老人回忆，过去，农忙时，即使下雨，也要穿蓑衣到田里干活，3月开始到湖里打草，或者整秧脚。以前没有钟，凌晨鸡叫2遍，就起床，姑娘烧火过早，并自己带上中午饭，饿了就在田里吃饭，做工做到太阳快下山，才回家。

表3-30　不同农作物耕作效率

类型	劳作工序	经营方式	效率	工数
水稻	整田、栽秧、割谷、除草和灌溉等	请工	请工8人，栽秧8亩/天，割谷不请工，每人割0.6~0.7亩	10天/亩
棉花	种植、薅草、施肥、松土等	家户	—	12~15天/亩
小麦	种植、收割等	家户	—	7~8田/亩

二　渔业

第一，捕鱼目的。每次发大水或者倒口，村民都有船用网去捕鱼，一来改善生活，二来卖钱补贴家用。耕田为主，捕鱼为辅。春上农忙时，种庄稼，冬天农闲时，不在家里闲着，就去洪湖捕鱼，一次也能搞到2~3块银圆。还有不擅长捕鱼的，就划船到建宁县连套河和陈河码头，去帮鱼老板做搬运工，1天获得200钱，相当于2块大洋。

第二，捕鱼合作。捕鱼多数以家户为单位，当一个人忙不过来时，就有兄弟互相帮忙，比如下个网、拉个网或者推个船，以兄弟为单位进行捕鱼居多，也有夫妻搭配捕鱼。不过，很少有邻居之间或者乡亲一起合作捕鱼。

第三，捕鱼工具。两兄弟共有一条船，捕鱼数量平均分，如果一个兄弟有船，另一个没有船，会分清主次，辅助的可以分到一些鱼，大部分由主事者拥有。没有船者，可以向别人借，不过，要等别人闲下来，别人闲下来，只能捕到一些剩下的小鱼。而且关系不好者，一般不会借，也要给借船者一份鱼作为答谢。

第四，捕鱼规则。见到村民捕到鱼，有船有网者，也会前来分一杯羹，捕鱼的位置也是先占先得，不能抢别人已经占有的位置，只能在较远、捕鱼位置劣势的地方下网装鱼，界线明晰，避免分鱼引起争端。另外，如果是河流，下网布局，不能完全挡住河道，影响水源排灌，不然，有垸主勘察河堤，一经发现可以进行处罚，破坏渔网或者没收鱼。

第五，分鱼。一般只分小鱼，大鱼由东家去卖。如果人手不够，来帮助捕鱼者，可以分得一份鱼，挑选的鱼要数量多些、个头大一些。本家门老者或者孤儿寡母，分给他们一份鱼，鱼为个头大者，并亲自送去。来看鱼者，见者有份，要亲自动手装鱼，为数量少和个头小的，特别是老人和小孩，都可以分到一份鱼。俗话说，你分给我吃，我分给你吃。平时交往好者，也要分给一份，数量大小一般，因为经常互赠果品或者食品，礼尚往来。

三 手工业

农闲时，时间为 10 月至次年 3 月，男女都打草腰子或者芦席，湾里打席子的很多，大人较忙，平均每天打 3~4 床，孩子放学回来，打 1 条席子后，才去做作业，不上学时，平均每天打 8~9 条，挑到街上卖，每张席子出价 5~6 个铜板。还有女人在家纺纱织布，还有的到湖里打鱼，或者到天门去装鱼。

> 李良望老人回忆，过去，"远看像座庙，近看绳子掉，脚里踩黏合板，手里拿着莲花络（梭子）"，描述当地纺纱织布业非常发达，当时，每家每户都织布，到河里摆布，整条河都白布一片。

每年清明时节，开始养蚕，用被子把蚕蛹孵化出来，然后，种桑树，采桑叶后用刀切碎，散开喂蚕，等蚕长大 2 厘米，到谷雨时节，蚕就吐丝，45 天就长成蚕茧。过去，多数人在家种田，不敢出去做生意，外面不太平，有很多抢劫犯。如果粮食不够糊口，农闲时，可以纺纱、织布、养蚕，换钱补贴家用。据郭用文老人所述，一年有 45 个忙，一天办 9 天粮，半年辛苦半年寒（空闲），冬天打牌休息。不过，若口粮不够，就有人冒险做皮子（布匹）生意。也有养蚕生蚕茧的，由老板收购，换取钱财。

四 运输业

（一）跑船

有船的老板就帮商人把猪子、稻米运到汉口，入行里去卖，装黄豆运到新堤。做船老板，根据距离收钱，比如50公里新堤或者3公里戴家场，屠户买一头猪，请卖者出工运输到戴家场，给2个银圆；若不包送，则由屠户自己运输，都要事先讲清楚。还有遭遇水灾，李良望和父亲做船老板帮别人运米，一天工钱有90~100斤稻米，从交尾运到荆州沙市行里，距离有90里路。不愿意帮人割谷赶工，赶工报酬4天1担谷，做船老板，一天赚1担谷左右，更加合算。

（二）递渡

第一，码头。在三汊河围建垸子，与京城垸相邻，靠近垸堤一处白田，两旁倒两个口被冲走，中间连接至河岸，没有倒口，有垸堤拦阻，渔船从渡口做码头上岸，日久便形成一个码头，往返客商，需要渡河，就催生递渡行业。

第二，递渡者。过去，专门从事递渡行业的人不多，一般穷人才会从事这一行业。而作为专门赶行递人的船老板，一般是没有田地又没有钱的老人，依靠递渡为业，赚取路费为生，那些种田种地的不做这行，因田多而不得寒（空）。

第三，垄断。过去，一个码头，经营范围小，一般只有一个递渡者，属于垄断行业。比如龙潭河上的渡口就属于李家的码头，他们世代居住在此地界，只有李家一户老爹递渡，其他人不能递渡与其竞争，外人也不敢贸然过来抢生意，不然，李家族人会联合将其赶走，甚至把他们的船捣烂。

第四，收筏水。不少垸民相隔一条河，到垸里种田，就坐船过湖上渡口，要支付摆渡费用，俗称收筏水。往返平均每人1~2升米/次，外人出行过河，需要2~3个铜板。碰到朱河人，递到南湖，到戴家场买布到朱河去卖，要求2~3个铜板/人，不给钱就不递。但是，李家人出行不需要钱。那些其他村子在该垸没有田的人，即使要上街，也绕道而行，不轻易过渡。不过，有钱的人一年到头外出，会按照年出钱，找人摆渡。

另外，遇到洪水泛滥，外出逃荒，对没有船的困难者，免费递渡，而有钱的家庭，需要给报酬，私人要价，每个人为7个铜板。如果不给钱，有船的村民不帮忙递人，因为他可以到其他地方找没船人，进行摆渡赚取钱财。

五　信贷业

（一）互助借贷

经济有困难时，比如生病或者娶媳妇缺钱，需要向亲戚借钱。不是亲戚，不会借钱给你。不过，多数借粮食，找人借钱少，不管借钱借粮，都需要有人担保和做中，并打下借条，不然空口无凭。一般向亲戚借钱借粮，比如姑爷和舅爷，不需要利息，或者向叔伯、朋友和相好邻居借，也不要利息，借1担还1担，不需要打借条。不过，有些人借亲戚信任随意扯债不还。比如李良望的舅儿子父亲去世早，李良望都给他油盐柴米，甚至帮他做衣服。后面，他娶了媳妇，准备拿了钱建房，哪知道去赌钱把钱赌输了，怕家人责怪，就暗地里到姑爷家借钱抵数，并不写借条，还欠25块大洋。后面，又因家庭困难找姑爷担保，向有钱的乡亲借了 100 块大洋，利息为 30%，写了借条，拿钱又去赌，结果还是输了。但是，他没有钱还，也没有告诉家人，李良望被迫自己出钱帮他连本带利都还清。俗话说，"虱多不痒，债多不还"，意思是说身上虱子太多，被咬麻木了就不痒；欠的债务太多还不清，就不想还。他借的钱至今没有还，连门都不登。

> 李良望老人回忆，如果困难，先向亲戚借，也可以向邻居借。比如吴成荒儿子的媳妇跟别人跑了，后来又愿意回来，父亲想让儿子接那个媳妇，却没有钱，就想向李良望借 50 元（看他可怜，就照顾他一下），但是，借了 10 多年，只还了 40 元，还有 10 元没有还。

未分家之前，儿子向父母要钱，不需要还钱。待分家以后，当遇到困难，儿子向父母借钱，需要还钱。年迈父母由儿子供养，不需要向儿子借钱，当父母独自生活时，只需要儿子提供钱财和粮食。不过，亲兄弟明算账。做什么事情，需要平摊费用，你付多少，我付多少，要把账目算清楚。或者兄弟相互借钱，你借给我多少，就要还给我多少。如果兄弟关系好，要把以前所欠钱款还给兄弟，当兄弟不要还，认为一点小钱就算了，那是感情问题。感情是感情，借钱是借钱，它们是两码事，算得很清楚。另外，当家里困难时，就找姑爷或者舅爷借钱。如果他们嫌贫爱富，就不会给钱；如果他们正直，就会借钱。

> 李良望老人回忆，南安村姨妈借小麦 6 斗也不还，还有一个姑爹被打成地主，要交浮财，就向他借 10 担稻谷，去世都没有还。这些没有还钱，就断绝来往。如果找他们还，自己还要贴钱。

另外，当佃户遇到天灾人祸，若与老板关系好，可以向老板借钱，不需要利钱。不过，关系一般，找私人借钱，就要利钱。有借有还，再借不难，只借不还，无人再缠。比如今天还了所欠 10 块大洋，明天你再向我借 10 块大洋，我也允许，甚至多借 20 块，但是，不能到期不还，失去诚信，再也不借！另外，佃户即使再困难，也要先把课交了，没钱可以向老板借粮，他们作为多年的东家可以优待，也不要利息，借 1 担还 1 担稻谷。

（二）盈利信贷

第一，借钱原因。一般人平淡过，自给自足，不会轻易借钱。借钱一般是以下几种情况：一是因病致贫，无法维持生计；二是家庭困难，父母去世，无钱安葬；三是无钱送孩子上学；四是经济困难，缺钱安置儿子结婚或者嫁女儿；五是家庭为难，没钱赶情；六是家庭为难，无钱搞生产。

第二，借钱顺序。优先向舅爷和姑爷借钱，不要利息，再向邻居借钱，利息少一些，但是，如果他们没有钱，只能向有钱的外人捉（借）钱。多数向相好的或者同族同宗的人借钱，即使再高的利息也是按时还，不惜借东墙还西墙。

第三，借钱标准。即使再有钱，也不会随便借给别人。要想获得借款，一般具有以下情况：一是相互之间是亲戚关系或者好友关系，不是重要亲朋好友，一般不借给你；二是家庭有三进或者四进房子，水田又多，可借到钱，如果没有还债能力，也不会借；三是如果家庭勤俭节约，容易借到钱；四是讲信用，说到做到，不随意拖欠。那些好吃懒做或者嫖赌进窑的人，别人不会借钱。比如赌钱的人向村里乡亲借钱去赌博，一般人不敢借，如果赌输钱，你来要债，赌徒家里人不仅不认账，而且还会骂你。但是，那些借钱买肥料和种子或安置儿子娶媳妇的村民，就容易借到。

　　郭用文老人回忆，过去，遇到水害，哪户家庭困难，就从商人那里借一些钱，以棉花和芝麻作为抵押，并以当时约定价格卖给他，并还给他们利息。不过，当时棉花和稻米价格很翘，一般不会做这么傻的事，多数是被迫让价，年年棉花和稻米的价格也差不多。

第四，请中人。如果是亲朋好友，不需要请中人，而关系一般就需要请中人担保，只担保有息借贷。当关系不好借不到粮，可以乞求一个相好的人做保人，上门向富裕家庭借稻米，就要利息。保人说：“某某家庭困难，粮食有缺口，想向你借点粮食维持生活。”富者说：“可以啊！你叫他来啊！”保人说：“要多少利息啊？”富者就说：“借100钱，还140钱，或者借100钱，还200钱；或者借稻谷1担，还1.5担，或者借1担，还2担，属于对等息。”

　　郭用文老人回忆，家庭经济困难，就请关系好的人帮忙担保，担保人一般是有钱或者有面子的人，约定时间归还，半年至一年为限，还要利息，一般50块银圆，要8%利息，一些心辣的富人要10%利息，一般人借不起。如果还不起，只能延迟还款时期。一般只能要6%~8%利息，不能太高，不然被别人谴责。

如果无田者向老板租田种，困难时，向老板借稻谷不需要利息，如果没有租过他的田，借老板的粮食，要出利息。甚至，没有面子的人或者没有钱的中人做担保，老板可以不借给你，怕你没有还款能力，如果借钱者还不起，由中人帮还钱或还粮食。一般借粮食或借钱时限为1年。多数借10担以下，解决临时家庭困难。不过，根据借款者经济情况决定是否借钱，如是否勤劳、是否有还款能力，不然还不清，连本都收不回来。

第五，利息。经济困难，多数向亲戚借，不需要利息。不过，也有向叔伯借钱、借粮食的，需要利息，一般借1担稻谷，需要还1.5担稻谷。过去，多数乡亲邻居或者亲戚不富裕，只能找田多好过的有钱人借，被迫还高利贷。比如借1担稻谷，秋天还2担稻谷，俗称对等息。相好的朋友或者乡亲，借1担还1担半。李良望老人回忆，过去，如果朋友关系较好，就不需要利息，借1担还1担，等他家困难，他也会向你借，平等互助。如果借1担还2担，就是高利贷，俗称猴子蹦。只有无儿无女的孤寡老人，才敢借高利贷，才不会被人说断子绝孙的话。一般人只要5%~8%的利息。如果家庭富裕放高利贷，会被人骂，对后世子孙发展不好。

郭用文老人回忆，过去，为难时向亲戚借不需要利息。向朋友借少给利息，比如冬天没有粮食过年，借 100 斤稻谷，夏季还 140 斤，利息为 40%，不相好的人捉（借）钱，他们心辣一些，借 100 夏季还 200，利息为 100%，俗称猴子蹦，划不来就不会借给你，不如放在家里，放贷出去还承担风险。借方和贷方说，不需要保人也不需要写借条，有借有还，再借不难。

另外，到行老板赊欠商品过年的，到时实在还不起，必须向别人借钱还了再说，不然，去年所欠没有还，今年又想赊欠就赊不到东西，不能只赊不还，否则再赊就难。而且不能轻易欠债，即使死了也要还清。李良望老人回忆，生前欠债，即使死了也要还债，没有谁敢不还。李老头，快要死了，恍惚做梦下阴间见到阎王，阎王和判官不收，说他管账目不清楚，还欠别人一笔债，你回阳算清楚账，还清楚账，才能下阴间，投胎转世。结果他又活过来，把账务算清，贴上红榜，吃完晚饭，几天就睡着去世。

六　典当业

当穷困家庭困难时，比如儿子娶妻要钱或者生病要钱抓药等，如果向亲戚朋友借不到钱，还可以把家里值钱东西拿到当铺去当。典当价格由当铺老板决定，一般出价只有当物本身价值的 3~5 成，每次典当几乎稳赚不赔，比如要典当金银手镯、耳环、戒指或者衣服，一般价值 500 钱，却只能当 200 钱，还需要写当契，写明当物类型、价格、当期和典当人姓名，并按上指印。约定 1~3 年期限，要求在当期内赎回来，超过当期，就是绝当或者死当，赎不回来。比如有一些人盗墓，拿死人衣服去当，赚取不义之财。郭用文老人回忆，过去，为了买田，把自家的被子都当出去，只能盖蓑衣，只能吃乌龟肉，从 7 亩起家变成 80 亩田，在襄河买了 20 亩的河滩，很造孽。

七　服务业

（一）经纪

经纪是从事买卖中介从卖方或者买方那里获得回扣的一类职业。不同市场都会雇用有专门的经纪人，经纪人在从事中介服务中获取报酬。现实中猪行、杂粮行（粮食、布匹、杂货）都有经纪人。比如百桥村杜家圳的杜家伟，儿子在家耕种田产，他兼做生意经纪，遇到老板下乡买谷米，他就做引荐服务，获得经纪报酬，根据生意大小收取费用，1 担稻谷收取 1 个铜板，如果购买猪子，一头抽 3~5 个铜板。还有外地老板，前来购买粮食、猪子、耕牛或者粮食等商品，介绍人或者经纪就会提供中介服务，收取劳务费，一天赚取 2 块大洋。比如牛贩子买牛，卖给行里的牛行老板。如果懂牛经，买到好牛，就能卖出好价钱，如果买错牛，卖不出价钱就折本。经纪人帮忙到行老板那卖耕牛，不仅行老板给一点报酬，帮买牛也给工钱。碰到关系较好的相好乡亲，经纪介绍他们买牛，一去一来，耽误一天才给工钱，并且请客喝酒，或者给一包烟，不需要工钱。比如李良望帮杜子英到三汊河去买耕牛，他懂得看牛，如耕牛年龄、力气大不大、做活老不老实等，如果买俏皮牛，就不好耕田。

李良望老人回忆，行行出状元，讲究精通。卖一头猪，估肉有 1~2 担肉，看估不估得准，估准就赚钱，估不准就贴钱，可以给 1~3 斤肉作为答谢，同时请客喝酒。如果买到一头好牛，不吃糠，只吃草，养了半年赚到一头猪钱。他 20 岁时，就到衡阳、杨林关等地方买牛，听牛贩子聊闲话，记住能解释，"旋子，哪为对牙、角对不对角，哪为六堂旋""六堂六堂家败人亡""一堂加三选，主人不见面""有假六堂和真六堂"，买到这种牛，卖不出价格或者卖不出去。

（二）匠师

士农工商，各施一业。比如，学木匠、剃头匠或者瓦匠。最初，农闲时，或者劳动力多，才允许出去学一门手艺，而且需要征求父母意见。学手艺，向一个师傅拜师，跟师傅到外面做活，一切报酬只归师傅所有，徒弟没有工资，师傅只管包吃包住。世上无难事，只怕心不专。木匠技术难度很高，需要学 2 年，说学 2 年，如果学艺快，师傅高兴，不到 2 年就可以提前出师。做手艺师傅，没有什么威望和地位，除非帮忙做事，会再接他们喝酒吃饭。李良望老人回忆，过去，吴成蓝是一个铁匠师傅，他的儿子吴祖新，因为出工赚钱都是归师傅，学徒只学手艺，没有工资，管吃住，有一个人帮他们做 3 年工，只给半担稻谷，连路费都不够，只给一些打铁工具。找李良望帮忙，到杜家剅找人筹 10 元路费，他才有钱回家。

八 砍柴

第一，砍柴地点。过去，平原地区并没有大片山林，不过，百里湖荒，地广人稀，比如小港镇或瞿家湾镇，尚未开垦成为良田，长满芦苇和野树，多年以后，枯死野树等植物，便成为一片片茂密的柴山，既可以作为烧火做饭的燃料，又可以作为出售的商品。

第二，合作者。旧时，地方并不太平，多数村民不敢外出，因为芦苇荡里，荒无人烟，经常藏有强盗或者湖匪，外出砍柴时，出于安全考虑，多数结伴同行较为安全。一般父子之间、兄弟之间或者邻居之间，多会相互合作。

第三，收费。湖水有界，柴山有主。小港镇田多人少，大片荒地，长满芦苇和杂草，由山主占有。同样，采用插志为标、挽草为记的方法，柴山多为先民插占所有，如小港镇的傅家傅生彪两兄弟是山主，经常巡山收钱，任何人进入砍柴，如果没有发现，则不需要付钱。一般凡是砍柴都要付费，山主过来收费用，一般支付 3~5 升稻米/次，不管砍多长时间，多为实物，不支付现金。如果不给费用，山主就抢砍柴者的船桨或者没收他们的刀具扁担等砍柴工具，不过，也有部分柴山没有主，那就随便进入。

第四，工具。每当农闲时，家庭父子或者兄弟之间到小港去砍干柴，穿着草鞋、衣服，带着镰刀等砍柴工具，使用两只船，自己一只，借别人一只，把两只船并行连起来，便于运输。另外，因为砍柴路途遥远，吃喝住都在船上，还要携带足够的粮食和菜肴。

第五，效率。砍下干柴捆成梆子，用力搬到距离柴山 0.5 里路的河边，平均一个人只能背 2 个梆子，一个梆子有 4~5 米高，每个梆子有 1000 多根干柴，平均砍一个梆子需要 6 天，总计需要 12 天，一般晚上在船上过夜。

第六，出售。当砍好柴绑子，需要联合将其运回来，一人负责划桨，一人负责拉纤绳，轮流换工。最终，一起将柴绑子运送到戴市镇或者沙口镇窑老板处烧窑，哪个窑老板出价高就卖给谁，平均每个梆子价格为 20~25 块大洋，两个有 40~50 块大洋。然后，按照人数平均分配费用，每人得 20~25 块大洋。同时，不需缴纳税赋。

> 郭用文老人回忆，过去，兄弟或者邻居两户 4 人一起，到洪湖里砍芦柴或者干柴，划两只船镶梆子，根据砍的梆子数量，按照户进行平均分配。如果烧不完，也可以运到窑上卖给窑老板，算总费用，也按照人口数量平均分配，比如卖了 40 块大洋，每个人 10 块大洋。如果挑梆子，就入行卖给私人，不卖给窑老板。

第五节　交换与交换关系

传统时期，商品交换是村民生产商品的必需环节，生产出的商品除满足日常生活外，要通过交换活动、赊账、赶场和商品贸易诸多环节，才能到达顾客手中，满足日常需求。

一　交换活动

（一）村落交换

1. 小商品交易

第一，做买卖者。过去，下乡做小买卖者，多数为本村内或者邻村村民，远一点就为戴家场老板。其中，村内或者邻村做小生意，则是村民提着篮子出售商品，比如附近小叶湾卖货郎担，一般都是年长老人入村销售。而镇上老板下乡做生意，也是挑商品的货郎担，还有就是出售蓑衣，都是山里农民种植棕树，然后，砍下来做成蓑衣，挑下乡过来卖。

第二，商品。小商品生意，出售商品也繁多，多为满足日常生活所需的物品。其中，镇上人下乡做小生意，比如卖冰糖、发糕，主要卖给小孩吃，还有挑桶卖糍粑、豆腐等食品，豆腐买来做菜肴，给赶工师傅吃。街上下乡货郎担，多数男货郎担居多，摇一个鼓，主要卖针线、胭脂水粉、发簪、鞋底、梳子等，还有卖犁师傅，民间对犁需求大，1 年买 2 次，春上买一次，夏季买一次，都是货郎担挑来卖。另外，也有提着篮子，挨家挨户，卖粑粑和锅盔的，多数买给小孩吃，大人不舍得吃。

> 郭用文老人回忆，过去，果品粑粑等零食，多数买给孩子吃，大人不舍得吃，甚至，衣服破了窟窿，重新用一块布缝补，把钱看得重，存起来买田置地。不像现在，破了或者不好看就丢了，喜欢穿新头，有钱了，生活好了，吃不完，就倒了。

第三，议价。买东西时，要假装没有钱，慢慢讲价，趁早，为了开一单生意，老板也会降价卖东西。不过，价格不贵，冰糖价格为 1~2 个铜板/颗。犁价格比街上贵一点，要把旧犁换新犁，还要补钱 3~5 个铜板，如果没有旧犁，就不卖给你，因为他们倒卖旧犁赚钱。还有提着篮子，挨家挨户，卖粑粑和锅盔，多数卖给小孩吃，1 个粑粑价格 2 个铜板，或者 1 斤米换 2~3 个粑粑。

> 郭用文老人回忆，日常生活，有镇上人下乡挑着担子，卖锅盔、发糕等商品，还有下乡卖豆腐，比如干豆腐、水豆腐、黄豆酱和千张豆皮等豆制品，种田人不做豆腐，1 个铜板买 3 块豆腐。

第四，频率。为了方便做活，花户购买小商品，基本上每天都有货郎担下乡买卖商品。比如村内提篮子做买卖者，每天游村出售，而货郎担基本上每天都来，甚至从戴家场镇卖到建宁县，听到摇鼓声，多数姑娘纷纷出来买。

第五，以物换物。购买小商品时，选东西讲价钱，如果有钱就可以用钱交易，如果没有钱，用米来换，1 斤米买 2 个鞋底。俗称偷生换熟。不过，过去，一方面，经济困难，没有多少钱进行交易，或者节俭钱来买田置地；另一方面，购买商品多数为小孩，不可能随意向父母要钱，只能用粮食兑换。

另外，还有一些成年人挑一个担子，挨家挨户买鸡蛋，2 个铜板买 1 个土鸡蛋，还有捡小矿，收破铜烂铁，一天赚取 10 个铜板。村里有理发店 1 户、打铁铺 1 户和榨油坊 2 户，用钱或米可以换商品，比如用米可以换锹和镰刀等，你拿菜籽和芝麻去榨油坊，用菜籽直接换油，不需要支付报酬，只需把豆饼和麻饼给老板。

2. 大型商品交易

第一，价格。镇上的屠夫下乡买猪子，凭行断价，不能随便要价。根据猪的肥瘦说话，如果猪膘肥，就卖价高，如果猪瘦就卖价低，大概每市斤 1 元。到底如何定价，先有一个基本单价，多数由卖者直接决定，再与屠户协商价格。一般都是先问村里的经纪价格，防止卖价太低。

第二，出售方法。买猪看肉，买猪称重量，分为调饿槽和调饱槽两种，调饱槽，就是主家随便喂，价格低一些，如果调饱就除称，就是称重时，要减除一定重量，每100斤出7~8斤。调饿槽就是价格高一些，调饿就不除称，1斤算1斤，不要减重量，直接称重量。称重时，还要接邻居或者兄弟帮忙，将猪子装进猪笼，再称出具体重量。然后，一次性支付钱款。而且买卖猪等牲畜，不需要交税。

第三，运输。称完重量，计算费用，待付钱以后，屠户一个人赶猪，另一个牵着，通过陆路赶到专门场所宰杀。不过，以前汉口千猪百羊万担米，如果贩卖猪子到汉口，就不打过斋，只是转一次手，而且由于在路途上几天猪不吃食，就不除称。

解放以前，街上有牛行，牛贩子到牛行贩牛，有牛贩子赶牛下乡卖。买牛要看长的旋的数量和旋与毛的关系。砍价根据这一表征进行，比如牛有一个旋，不能买，牛贩却说，独龙过江，这种牛好。牛贩子唬人，说这种牛好。还有旋落毛长，家败人亡。这种牛不敢买，对家里人不利，家破人亡。但是，牛贩子就是欺骗花户，说"金线打铜锣，是好牛"，还有牛长六堂旋，买了这种牛，不利家庭，生病死人。还可以看出寿旋，一般牛只能用8年，8年以后就耕田没有力，只能卖给屠夫杀肉卖钱，所以价格较低。

3. 村内赊账

儿子分家以后，想创家业，比如饲养一头母猪，但是，要先拿出钱来，可以先找邻居或者熟人赊账，待收完稻谷以后，结清债务。不过，待年成好，收了稻谷，有了收入，村民生活有保障，才能赊账，不然很难赊账。比如李良望的姑爷，有一个外甥，共8个儿子，家里连衣服都买不起，李良望曾经免费给他们旧衣服，又赊给他一头猪，价格10元/斤，他跑了几次要债，无功而返，只能找姑爷帮忙讨债，只要到2元，被迫算了。最后，欠债亲戚即使遇到，也假装忘记或者已经还了，不当回事。

（二）集场交换

1. 集场
（1）位置

水路为主的湖区，传统市场是以码头、渡口为中心形成的市场，比如戴家场、渡口场和沙口场，有5条河的人汇入该市场，在以舟船为主要交通工具的南方城市，竹木、米粮之类大宗商品的贸易地点当以码头、渡口为便，即使大型集镇也不例外，基本上所有集镇多分布在河流两岸，为地区物质的交通提供中转与集散功能，其境内因沟渠河流纵横、湖泊塘堰密布，在河流与河流、河流与湖泊交汇地带往往有较大的人流、物流在此集散和中转，因而成为市场发育的良好区位。

（2）集场级别

市场有三层级别。一是接受输入商品并将其分散到下级区域市场，或者将基层集场商品输送到中心集镇或者更高一级的中心市场，比如汉口市场或者沔阳县市场。二是只是从事农家产品的简单交换，不提供劳务或者输入品的初级基层市场。比如渡口集场，分布有几家店铺或者铺子。基层集镇是设置有基层市场的居民点，它可以满足农户家庭正常的贸易需求，自己生产的产品可以卖，不能生产的产品可以买，比如戴家场镇或者沙口集镇。三是村里买卖的临时市场，如买菜等，进行赶场。

郭用文老人回忆，汉口开牛行、猪行、杂粮行、布匹行等几十上百行市，据说千猪百羊万担米，汉口人多，平均每天要吃1000头猪，100只羊和1万担米。到那里卖农产品价格贵。水路运输非常方便，一般走襄河，水平缓，船好走，直达汉口，走长江水急，船不好走。

（3）集场类型

杜家刬附近集场为戴家场、渡口场和沙口场，他们都是历史悠久的集场。杜家刬距离戴家场4公里，距离渡口场8公里，距离沙口场30公里。不过，杜家刬村民主要到戴家场赶场，购买日常用品，比如盐、香烟、猪肉等，因为距离近，水运条件方便。另外，渡口集场规模小，商品种类少，偏僻，新堤、沔阳和汉口集镇很少有人去赶场，虽然这些集镇商品繁多，但是距离较远。当安置儿子结婚，撕布匹，以及购买耳环、手镯、杂货等，作为儿子娶媳妇的嫁妆，才到新堤或者汉口，因为大城市奢侈品价格便宜些。

另外，远一点市场一般不去，都是商人做生意，才会前去。待农闲时，渡口场的商人到戴家场贩货，运送到渡口场做生意。米粮老板叫船老板帮忙运送谷米到新堤，也有运到新堤或者汉口的[1]，而且如果有稻谷或者小麦，运到大城市价格更加贵。比如种植10多担稻米，卖给行老板，他们运到汉口入行再出售，赚取差价。郭用文老人回忆，过去，不同市场价格不一样，比如交完皇粮国税，有吃不完的粮食，既可以卖稻谷又可以卖稻米。用船运到汉口、新堤或者戴家场镇，远一些市场价格贵一些。不同集场分类情况见表3-31。

表3-31 不同集场分类情况

类型	往返距离	集场规模	商品价格	运输工具	所需时间	特点
戴家场镇	4公里	5000人	贵	划船	20分钟	规模大，商品种类多，交通方便
新堤镇	50公里	1000人	中	划船	6小时	规模小，商品种类多，距离远

---

〔1〕 到大城市贩卖谷米，多数用大船，船身长度有7.5~8.5米，能够转运40~50担谷米，而一般村里渔船，运送最大容量为20担谷米。

续表

类型	往返距离	集场规模	商品价格	运输工具	所需时间	特点
沔阳城	85公里	3000人	较便宜	步行	12小时	规模大，商品种类多，偏僻
汉口市	360公里	10000人	最便宜	划船	3~4天	规模最大，商品种类最多，距离最远

（4）集场布局

传统时期，集场都是由行头经营。以戴家场为例，鱼行1家、猪行1家、杂粮行1家、染坊3家、槽坊4家、榨坊2家[1]、情货铺9家[2]、豆腐铺3家、店房5家[3]、布匹店1家[4]、茶馆2家等。这些铺面都是行老板出钱建房子，多数店铺为戴家场镇有钱人家开设，并不是无子嗣老人经营。每个铺子或行都挂有招牌。

（5）行规

为了市场规范有序，行老板统一制定规章制度。例如，鱼行、杂粮行、牛行等功能分区，搭建棚子，根据不同产品到不同行进行买卖交易。禁止胡乱摆放商品，影响市场正常交易。犁、耙、耖不入行卖，蔬菜是在街头拐角摆摊，自己拿秤买卖。另外，禁止出售鸦片等商品。因为当时王劲哉颁布禁令，铲除烟土，禁止吸鸦片。如果有谁卖鸦片，被王劲哉抓到，就被枪毙。比如民国时期，有一个商人不知道从哪里贩得鸦片，因为犯法就被警察局抓起来，关进监狱，即使送了很多钱，也不敢释放，几年后才放出来。

（6）市场管理者

在集场管理方面，设置场头，为市场营运和市场管理的主要负责人，专门负责协调贸易争端、维护市场秩序和治安，促使市场得以有效运行等，他们主要基于市场自身发展要求自发设置，并得到官方认可或者任命。多为有威望者或者富裕者担任，才能取得市民信任，在市场发生纠纷时，才具备处置的能力。

（7）交换商品

根据不同商品需要，要到不同集场购买。一般耐用品，比如镰刀等铁质品都找村里熟人买。村里有打铁师傅，专门打制镰刀，价格为30个铜板/把，到街上购买镰刀价格便宜，多数为贩卖而来，但是质量差，没有钢，只要20~25个铜板。还有自纺成白布，即纺即卖，可以及时换取钱财补贴家用。

（8）买卖入行

基层集场只有一两条街道、几个店铺，而集镇可以有多条街道，多个分类市场，店铺

---

〔1〕　酒馆，老板请5~7个师傅酿酒。

〔2〕　情货铺专门卖包子、马枣、月饼、金果、面条等，有人到这里学做包子、油条、锅盔这门手艺。其中，按照其规模自大到小排列，老板依次为戴家场镇的杨老板、沙洋河的涂起敬老板、戴家场镇的李老板。

〔3〕　店房是指吃喝住的场所。

〔4〕　布匹店经营丝绸、洋纱、花缎布等，都是从武汉进货来贩卖。

沿街道排列。以前开油作坊、开杂货店、开食油店、开杂粮行等，都是当地赚钱行业。如果有稻谷或者小麦、鱼类等，都要入行出售，而且由老板收取行佣。

　　郭用文老人回忆，以前种田为主，做生意，大生意赚大钱，小生意赚小钱。杜家到杜氏三兄弟，杜家伟开杂粮行、杜家银开药铺，杜家美作为行老板，又是经纪人，后面开杂货店等。他们很早盘到街上，落籍当地，3 代人，把自家台子和田地就卖给留守农村人。以前不要户口登记，只要有钱可以到任何一处买台安家，并落户当地，不属于原村籍人，变成外地人。

（9）凭行断价

买卖入行，如粮食、鱼和布匹，凭行断价，行里老板统一价格。比如 1 担稻米，约 140 斤，卖出 5~10 块大洋。如果粮食丰收，则粮食价格便宜，一般为 5~8 个大洋/担，如果水灾严重，粮食减产，物以稀为贵，粮食价格翘一些，一般为 10~12 块大洋/担。其实，三年两水，经常受灾，卖出去粮食很少，基本都储存粮食，不敢卖，除非价格高，才将稻谷碾米到行里卖或者行老板下乡收粮食。储存粮食多，卖粮食较少，粮食不愁卖，而且都是卖给城镇人口吃。解放以前，赶工，比如收稻谷，工资每天 2 元，木匠出工，每天价格为 2~2.5 元。猪肉为 0.6~0.7 元/斤，鱼价格为 0.2~0.3 元/斤，白纸为 1~2 个铜板/张。不同商品价格比较见表 3-32。

　　李良望老人回忆，做生意，也讲究嘴角子，不然做不好生意，比如卖犁，说自己犁多好，做保证，包你好耕，多数是种田人，熟悉什么犁好耕，质量好，去卖犁才能说出道理，质量好在哪里，好耕在哪里。

表 3-32　不同商品价格比较

商品类型	价格
染坊	染衣服比如青、蓝、红，如果要染布匹，价格为 20 个铜板 1 匹布
情货铺	金果、银糖糕等食品，一般 0.5 斤或 1 斤 1 包，价格为 3~5 个铜板
杂粮行	1 担稻米，约 140 斤，卖出 5~10 块大洋，猪肉为 0.6~0.7 元/斤，鱼价格为 0.2~0.3 元/斤

（10）砍价

赶场时，花户到不同行采购商品，根据商品质量，进行砍价。除了不超出行价，可以根据商品质量出价。比如客商到行里买粮食，用手反复抄稻谷或者黄豆，用眼睛看，是否干净，质量是否饱满，如果是，价格高，反之，价格低。然后，放到嘴里咬，如果很脆，就说明农产品干燥，就可以买，反之，不干不买，然后，出价格，反复协商价格。

（11）价格管理

价格有统一价格和非统一价格。鱼行、粮食行的商品为统一价格商品，禁止私自抬高物价。手工艺品，比如镰刀、菜刀等铁质品，有的钢多，有的钢少，还有，肉有瘦肉或者肥肉，价格有高有低，是没有统一价格的商品。因为行里产品都是统一价格，到行里卖稻谷等产品，比如统一7块大洋一担稻谷，你卖10块大洋一担稻谷，抬高市价，不仅没人购买产品，说你拐坏，见利忘义，而且还会举报到行老板处说你抬高市价。行老板不准你到行里卖粮食，或者严重罚款。

（12）行佣

在行里卖农产品，不需要完税，但是，行老板要收行佣为生计，以一定比例抽钱。主要从卖方和买方两者抽钱，按照3∶7比例抽取，买者抽3成，卖者抽7成，双方都要完行佣。比如卖农产品100元，按照10%抽取，就是要完行佣10元，卖者出7元，买者出3元。

（13）保护费

不管太平还是乱世，为了躲避湖匪骚扰，维持正常贸易秩序，必须组建保护队伍，每个商人需要缴纳一定保护费。比如每次开市之日要向团练缴纳一定饭钱，年终还要向其送礼物，比如鸡鸭鱼肉等。

（14）交换关系

第一，顾客与行老板关系。

如果哪户家里有水田30亩以上，赶场时，碰到行老板，他就像侍奉祖宗一样讨好你，距离很远就打招呼，过来喝茶。如果春上搞生产，出现经济困难，就直接借钱给你搞生产，多少都给，而且不需要利息，有钱时还钱就行。因为你粮食收割有保障，还要到他行里卖粮食，由行老板收取行佣。但是没有钱的穷人人多地少，行老板就很势利，欺负穷人，你又没有粮食到他行里卖，收不到利润，平时又不跟你打交道，一般不会借钱给你，如果借给你就要高利息。

第二，商贩之间关系。

摆摊者即使将货物卖完，也不会帮别人卖，不过，与自己关系好的，当自己卖完，引荐熟人到他的摊子买。如果与旁边摆摊的关系不好，是竞争关系，就会把熟客引荐到远处关系相好的摆摊者处购买。如果自己卖完，遇到嫡亲叔伯没有卖完，而且时间早，会帮其卖一些商品，不需要报酬。

第三，商人和顾客关系。

行老板擅长算计，喜欢抬头看人，低头看秤，抬头见到是有钱人、有面子的人或者熟客，不敢扣秤杆，买一斤就称一斤；如果你是生码子（外地人）或很少上街的生客，老实巴交，买一斤就称0.8斤。即使发现行老板有扣秤杆的行为，也找不到人合秤，因为行老板都是同一条心，不会轻易破坏这个规则，否则以后就难以在行业立足。郭用文老人回忆，外地人到村里探亲，请一个脚力，听外地口音，要价10文，距离为3~5公里，但是，如果是本地口音村民，就要价格5文，俗称杀黑欺生。

第四，场头和行老板关系。

市场中每个生意人都要在每个季节向场头送一份谢礼，因为市场每一块空地，都是有主的，当使用到一处私地时，就可以通过场头，免除地租。

二　赶场

（一）赶场时间

平原地区集场开市早，多数喜欢赶早场，天亮就成市，但是，没有严格赶场时间，不过，做活者多数赶场较早。比如以前田产多，请长工做长活，没有事做的老板每天提着篮子上街买菜，喜欢赶早场，赶场时间为 5~9 点，天一亮就到街上，过了时限就没有人做买卖生意。

（二）赶场频率

由于是平原地区，距离集场距离较短，致使平原地区赶集不分热集和冷集，没有固定日期，对日常赶集的农户来说，主要根据购买商品种类、价格，以及交通便利程度，基本会固定地赶某一处集。比如杜家剅村村民基于与村民日常生活密切程度、往返集市时间，多赶戴家场集场。

（三）赶场者

男子、妇女都可以入行买卖鱼、柴火等商品，凭行断价，统一行价。平时，种田花户在没有客人来时很少上街。需要购买商品时，男子去赶场。比如当姑爷、舅爷等亲戚登门，家长就到戴家场去购买鱼肉打酒，妇女在家烧火做饭招待客人。但是，儿子在田里做农活，或者到湖里打草肥田，或者栽中谷等。如果节庆时节，比如过年，妻子和小孩都可以上街看戏。一般不与邻居一起去赶场，各去各的。

（四）摊位

固定摊位和非固定位置。固定位置分为鱼、肉、杂粮行和心理固定位置，比如经常占地摆摊位置等。非固定位置多为非闹市区等人口集中松散地区或者人口流动小的地方。赶场时，如果每天在一处摆摊卖东西，占据的位置没有出钱，别人不敢抢占地摆摊，一些生码子（短卖的或者不按时卖的）即使在此地摆摊，隔壁摊主也会说："你不要在这里摆，这个地方有主，不然，他天天在这里卖，晚点来赶你，你快点另外抢一个地方！"短卖的就会自动离开，另外找位置摆摊。在场都认识，熟人摆摊，价格都一样。

（五）商品

过去，一般出售或者购买生活必需用品，比如盐、香烟等。农闲时，农民打旱草（湖里蒿草）等柴火，挑到戴家场出售，一般 1 担价格 10 文钱。卖米、卖菜等，这些商品要到专门摊位，如鱼行、牛行、米行等，也要向行老板缴行佣，比如卖 10 文钱，行老板要抽取 1~2 文钱。郭用文老人回忆，解放前，夏天时，天气热，一般不吃肉，对身体不好，猪肉价格 5 个铜板 1 斤。到了年跟前，买猪肉的人多，就涨价，8 个铜板 1 斤。鸭和鸡都不需要买，都是自家饲养。

（六）议价

以前鸡、鸭、蔬菜等小商品不入行，找一个角落就摆摊，那些牛、猪、粮食等大型贵重商品都要入行。买卖议价相对简单，买主卖主对讲，协商价格，多少钱一斤，一致协议就达成。郭用文老人回忆，当地人不太讲规矩，喜欢吃生。卖鱼卖肉的，抬头看人，低头看秤。如果是生把子买1斤肉，平心就给0.9斤，不平心，狠一点就给0.8斤，少给0.2斤，俗称合秤，而且价格更加贵一些，1元一斤，就要1.5元一斤。碰到熟人，经常买他们的，买1斤就有1斤。

（七）降价

不管以前还是现在，不同时段商品价格并不是固定的，可以根据不同时段采购满意商品。开市早，一般价格较贵，待市场近打烊时，购买商品价格低。比如卖不完的困水鱼，就掉价，请长活的老板就先到酒馆喝酒过早，等着这个时候买折价鱼，比如原卖20个铜板的就卖10个铜板，把低价鱼腌制、炸干鱼，或者蒸鱼，提供给赶工师傅吃，生活成本就低一些。

（八）物换物

由于水田多，白田少，所以少种油菜，榨出菜油只够自给自足，如果有剩余油菜才卖给榨坊。用菜籽换油，1斤油菜籽换0.4~0.5斤菜油，芝麻2斤换1斤油，不需要钱，只需把剩下的0.5~0.6斤芝麻或者油菜籽壳给榨坊老板，他们制作成菜籽饼或者芝麻饼，出售给农民肥田或肥秧脚，1个铜板2个饼。如果食油不够，存在缺口，只能到洪湖打蒿草，到榨坊换食油，一船草换8~10斤菜籽油。[1] 有戴家场镇榨坊和建宁县榨坊，一般在近的戴家场榨坊换油，一船草只能换7~8斤油，如果到较远的建宁县榨坊换油，一船草能换10斤，而且油质量好，没有杂质。另外，还可以打蒿草或者牛草跟油榨坊老板换稻米，一船蒿草换7~8斤稻米。

（九）船费

从杜家劄划船到新堤集场，距离50多公里，需要6个小时，一天来回一趟，价格为10~20个铜板/人。距离汉口集镇360公里，由杜家劄到小港，再到青良口，出长江顺流而下，就到了汉口，需要3~4天，运货就需要花10~20个大洋。到沔阳县县城，不通河不通船，只能依靠步行或车运，需要半天才可以达到。找挑担工，需要5个铜板。百桥村距离戴家场镇4公里，需要20多分钟，划船和步行都很方便，一般不请工，即使请人也要花去2个铜板。赶场往返船费见表3-33。

---

〔1〕 榨坊买蒿草喂拉油榨的牲畜。

表 3-33　赶场往返船费

类型	往返距离	运输工具	所需时间	费用
戴家场镇	4 公里	划船	20 分钟	10~20 个铜板/人
新堤镇	50 公里	划船	6 小时	5 个铜板/次
沔阳城	85 公里	步行	12 小时	5 个铜板/次
汉口市	360 公里	划船	3~4 天	10~20 个大洋/次

（十）税赋

解放以前，在行里做买卖，不需要完税，只需要向老板缴纳行佣，行老板向国家完税。另外，做卖菜等的小生意，不入行，随地摆摊，既不要完行佣，也不要缴税。同时，也没有地痞流氓收保护费。郭用文老人回忆，民国时期，国家不管多少闲事，买卖商品也不需要完税。

（十一）接衣

赶场，除了采购生产和生活必需品，还附加购买一些其他商品。比如当赶场距离远，赶场者上街肚子饿，就花钱到面馆吃面，吃完才回来。同时，买一点包子或者糖果等零食给孩子吃，俗称接衣，用来哄和疼自家孩子。即使邻居家孩子在，也不分给他们吃，因为自己也不够吃，就有一定自私性。而且小孩也不大方，也不肯分给他人吃。

（十二）其他活动

赶场者除买卖商品以外，还可以参加其他活动。比如碰到武汉的戏班来搞杂技表演或表演汉戏，由杂技班杂活卖门票，每人出 2~3 个铜板买一张票。到戴家场镇上茶馆喝茶，平均每人出 2~5 个铜板，在茶馆主要听说书先生讲书，比如历朝历代的故事，听书也要钱，平均每人 1~2 个铜板。不过，以前上街少，很少去茶馆讲闲话。平时上街，遇到关系好的或者亲戚，相互"会账"，这次过早你出钱请我吃，下次过早我出钱请你吃，以示交好。

（十三）老板和赶场者关系

年跟前，农民到杂货铺里，购买茶果、木耳、秤糖、鞭炮、笋子、香蜡纸草等物品，行老板就非常欢迎，一回生二回熟，都是非常热情，让你坐和喝茶。特别是那些耕种有 20~30 亩田的农户，经常到他行里卖粮食，当他们又去撕布匹做衣服时，布行老板就像见到活祖宗一样，安置你坐，请你喝茶和帮你装烟。

（十四）老板与亲戚关系

碰到熟客经常光顾，不多送，不便宜，只会把商品秤分量足或旺一点，其他生客商品秤绵一点，意思是说商品重量刚够秤。如果到街上卖农产品，如卖菜或者稻米，不会找熟人买农产品，因为做买卖者不好抬高价格，而且也不好用亲戚的钱，只能被迫把农产品送给亲戚等熟人。碰到亲戚等熟人上街买东西，做买卖者会把一些农产品送给亲戚，不会收钱。另外，做买卖者只在街上摆摊卖东西，即使经常光顾的熟客，也不会送上门，询问人家买不买，好像求别人购买一样，因为面子过不去，感觉很丑，必须要他们自己到摊位来购买。

郭用文老人回忆，过去，摆摊做生意者，遇到亲戚，还会送一点商品给亲戚。不过，小菜多数卖给镇上人，他们没有菜园子种菜，比如南瓜、黄瓜、白菜和盐菜、胡椒等，其他熟人都是在农村，不需要购买小菜。

三　赊账

（一）赊账者

在传统农业社会，农民多勤俭，一般人不会赊账，只有以下情况才会赊账：一是因病致贫，无钱抓药，需要赊账买药；二是父母早逝，无钱安葬而需要赊账；三是安置儿子结婚，手头没有多余的钱。因为赊账要看行老板的脸色，一旦不能赊到东西，感觉没有面子。可见，一般只有家庭为难的花户才会找人赊账。

（二）赊账标准

店铺老板平时做买卖，进货多少，卖了多少，多数赊给亲戚或者熟人。同时，赊账需要根据具体情况，评估其还款能力，如家庭富裕情况、人口多少、是否有吃喝嫖赌的习惯、是否讲信用。那些人口多、家庭困难、还款能力低，特别是那些吃喝嫖赌、不讲信用者，没有谁会赊账给他。还有那些平时没有带钱，都是熟人，只要记上账，也可以赊几十元，不怕你跑。另外，老人不赊账，一旦老人去世，难追债。

（三）赊账手续

如果行老板愿意赊账，需要登记何人赊欠、赊账项目、赊欠金额和赊账时间。比如以前为难时，要安置儿子结婚，可以到杂粮行跟你熟悉、关系好的行老板赊糖果、盐巴等，数量多少，费用多少，记上账目，并要求赊账人核对所欠账目，准确无误，签署名字，才有效。可见熟人才能赊到账，而且有严格赊账手续。

（四）要账

待赊账者有钱就要上门把账结清，或者平时到杂粮行赊了各种东西，待第二年夏天，杂粮行老板就请一个先生到赊账者家里要账，背着一个打阑子（背包），给收账先生一本账本，列有赊账者名单和所欠款数量，如赊盐巴或者糖果等，算好账目，结清所欠款数，由赊账者按上指模，欠款两清。不过，当家庭实在为难时，也可以约定还债时期，即使向亲戚借钱，拆西墙补东墙，再困难也要还清，不然，就是不守信用，再也赊不到账。

（五）以物抵账

遇到收账先生上门要钱时，如果有钱则可以给钱，付清所欠钱数，当家庭经济困难没有钱还，就以稻米作为抵债。不过，也有少数行老板赊账给老人，但是，一旦还不起账，父债子还。俗话说，赊账容易，要债困难。比如卖菱角，宁愿让价，原本 10 元 1 斤，现在 8 元也可以卖，也不肯赊账。还有赊犁头，去讨几次不在家，最后，只能算了。

四　商品交易

（一）柴火交易

村民到小港去砍干柴，捆成一个 1.5～2 米梆子，每个梆子平均价格为 10～12 个铜板（日伪政权时期，相当于 100～110 钱），将柴运送卖给窑老板烧砖和瓦，使用量很大。不过，一些赚不到钱的老人，也会砍杂草把子，比如黄豆把子或者芝麻把子或者棉花把子，挑到集场去卖，平均每个把子价格为 2～3 个铜板。将杂草把子专门卖给种田花户使用，他们只用一些烧火做饭，因为对柴火要求不高，温度低，价格也低，购买量少。还有一些村民打皮柴，挑到柴火行，专门卖给花户烧，用秤称进行散卖，专门卖给饭馆、榨坊或者豆腐坊使用，因为皮柴耐烧，火势旺，温度高，使用量大，成本相对低。而稻草卖给榨坊或豆腐铺，给驴吃。不同柴火交易情况见表 3-34。

表 3-34　不同柴火交易情况

类型	价格	成本	硬度	买卖地点	使用者	提供者
干柴梆子	高	高	硬	砖窑、瓦窑、瓷窑	砖窑、瓦窑、瓷窑老板	农闲农民
树皮柴	中	中	中	柴火行	酒馆、榨坊、酒坊老板	职业打柴人
黄豆、芝麻、棉花把子	低	低	软	街头拐角	乡村花户	穷苦老人

（二）谷米交易

1. 以物换物

过去，谷米交易频繁。湖南岳阳、株洲的老板雇有大船，到沔阳县来抹（买）黄豆和稻米，因为他们黄豆产量少，生产红薯多，就用红薯换黄豆、稻谷、豌豆。1斗稻谷换10~15斗红薯；1斗黄豆换8~9斗红薯；1斗豌豆换4~5斗红薯。同时，物物交换一部分，物钱交换一部分。如果换不够，还用钱买一些谷米，7~8块大洋1担稻米，3~4块大洋1担黄豆，1~2块大洋1担豌豆。另外，湖南湘潭老板用船运送大水缸到百桥村来卖，平均1.5~2斗稻谷换1口水缸。

2. 坐地起价

有湖南人到百桥村买稻谷或玉米，当地人最狡猾，听来人口音不对，就打主意，坐地要价，提高价格。还有他们过来买黄豆做豆浆，入行时，用大船运红薯过来卖掉，再买换一船黄豆，听到口音不对，行老板就抬高黄豆价格，卖一船红薯买不到半船黄豆。但是，不入行在村里，有些人就喜欢以黄豆换红薯，要求黄豆价格高，多换红薯，不可能让他们自己吃亏，买他们的巧。

3. 囤贱卖贵

当水稻和小麦等作物收割时，供过于求，价格较为便宜，即使花户挑到街上也没有人买，外地老板也没有来收购，导致粮食滞销。家庭富裕的有钱人乘机储藏粮食，钱多者囤积40~50担谷子，钱少者囤积10~20担小麦，比如种田为主的郭老爹的爷爷钱少，囤小麦。待外地老板下乡贩粮食，价格变高，由经纪人介绍，一天赚取2块大洋佣金，卖给用大船抹（买）粮食的大老板，外地老板再用大船运到武汉粮行去卖。

　　郭用文老人回忆，过去，湖南岳阳、株洲的老板雇有大船，到沔阳县来抹黄豆和稻米，因为他们县城用黄豆烘烤，然后，磨成粉末，用来泡黄豆茶，遇到新女婿、舅爷等亲戚来，用黄豆茶款待，以喝黄豆茶为敬。而洪湖地区没有红薯，就用黄豆、稻米跟他们换红薯，煮红薯给小孩当零食吃。

（三）人口交易

1. 卖人口原因

过去，也不是随意买卖人口，一般出现买卖人口原因有以下几方面：一是家庭因病致贫或者因伤残致贫而卖人口；二是好吃懒做、嫖赌进窑或者吸食鸦片者，比如吴湾一个间姓男子，地痞流氓，好吃懒做，卖媳妇李氏给螺滩村戴万五，娘家是吴湾村李姓；三是遭遇天灾或者战乱，无法维持生活，被迫卖掉人口；四是富贵之家将丫鬟或者书童卖掉，换取钱财。

　　郭用文老人回忆，以前四川的姑娘，满18岁，贩卖鸦片，被营长抓到，没有杀她，将她做媳妇。后面，营长阵亡，就被拐卖给卢家墩谢家地主，再卖给周家地主做二夫人，生了一个姑娘，没有生儿子，解放以后，禁止娶两个老婆，就改嫁叶家生了一个儿子。

2. 人口性别和年龄

过去，买卖人口，不分男女，男丁多为 3~4 岁的小孩，成年男子一般没有人买，而女丁不分年龄，都可以买卖。据说，当家里人口少时，即使再困难，也不肯卖掉儿子，但是，当家里子女多，碰到困难，无法维持生计时，就会卖儿卖女，不过，都是下等人做的事，没有人看得起。

3. 买卖顺序

买卖人口，一般不分亲子本房还是外姓人，本乡还是外乡，只要有钱，谁都可以买。不过，多数卖给外乡人，避免卖出去的人口逃回来。郭用文老人回忆，过去，为难家庭，有卖儿卖女的，但是，亲子本房不会买，也不肯买，除非是过继，要卖也是卖到其他乡或者县，甚至外省。李良望老人回忆，过去，叔叔有 20 亩田，读书好，好吃懒做，娶了两个老婆，死了一个，又娶了一个老婆，喜欢吸鸦片，又遇到水灾，没有吃，就逃荒，把屋台和田产卖给李前元和李斯银，自己和老婆到湖南做豆腐卖，就把自己 5 岁的儿子卖在湖南，被卖了两次，做长活，长大一点就逃回杜家剅，跟伯伯生活，一起打鱼赚钱。后面，父亲客死在外面，儿子不知道他埋在哪里，但是，儿子把母亲的骸骨迁回杜家剅安葬。儿子也没有结婚，埋在屋台里。

4. 批准

即使遇到困难，要卖孩子，也需要家长同意，家长不同意不能卖。比如卖子女，需要父亲同意，同时，需要过问祖父和祖母。不过，当卖的女子，一般是娘家较远，无法干涉，即使娘家反对，也可以以养不起老婆为理由卖掉，也不需要征求保长和甲长同意。不过，据郭用文老人所述，卖人口不是人做的事，只有地痞流氓才做！

5. 价格

同样，买卖人口也需要请中人写卖字契约，人口在不同时期，价格不一样，一般女人价格 20~30 个银圆，儿子为 30~40 银圆。但是，当洪灾之时，只要能养活子女，有些人甚至把孩子免费送给他人抚养，不需要任何约定。郭用文老人回忆，辛未年（1931），遭遇水灾，如果家庭人口多，就坐船到天门县或者潜江县或者湖南省逃荒，如果养不活子女，只能卖儿卖女，求得生存。一对子女换一船红薯。还有就是穷困家庭，无法养女儿，只能把女儿给人家做小媳妇，换一点粮食维持生计。

6. 其他

俗话说，下堂不为母。当卖的女人，被卖前生下的孩子留给原来的丈夫，改嫁给别人做老婆，一般不再是以前孩子的母亲，没有抚养义务，孩子也没有赡养义务。同时，也不能继承前夫的家产。

（四）贩卖交易

过去，根据商品市场价格高低，进行转卖入行销售，赚取差价。即使粮食运到汉口，也是入当地行，船的粮食又打过斋（转卖）到其他地方，由驻基[1]专门帮老板抹胡桶，从一只船转卖到另外一只船，一般由 2 个驻基抬着胡桶进行称重，用胡桶去印（称）[2]，不用秤称。然后，将一只船老板的粮食倒到另一个老板装粮食的船上，根据天数或者一天称重的数量，提取佣金，一般为 2~4 块大洋，由新的船老板运输到外地去卖。

郭用文老人回忆，不同集场或者集镇，经常发生商品贸易，同样，需要请人做经纪跑活，报酬有基本工资+提成工资，比如每天工资 2 元，如果入行稻米 100 担，每担出 1 个铜板，总计工资平均每天 3 元。比如汉口何氏杂粮行既卖猪子又卖米，请 3~5 个师傅帮忙跑活，驻扎在距离行 15 里的各个码头，见到有老板贩运猪子或谷米，师傅就上前招揽生意，"老板，你们卖什么东西？"船老板说，"卖稻米"，师傅就说，"这样啊！你们到何太公行里卖米，何老板给你优惠价格"，跑活师傅就发给船老板一个招牌，作为入行的证件。

第六节　分配与分配关系

资源的有效分配是村落等治理单元维系的物质基础，主要表现为族内分配、垸内分配、村落分配和家庭分配等几种分配方式，不同分配方式，有其特殊功能，维系不同治理单元。

一　族内分配

（一）公田收入分配

不少姓氏在外村有一些公田。公田出租的租金，每年大概有 10 担租谷，用于对族里孤儿寡母或者孤寡老人进行救济，对族里集体收入，做会或者修缮祠堂以及救济求学学子，将其作为支取费用。族田出租给外族人，需要收课，由本族人耕种，比如由本族穷人耕种，他们没有田，不需要收课（收租金），实质是救济他们，好也好在族里，众人扶持最穷的族人，让其生活变好。

---

〔1〕　驻基是指专门帮客商称东西收取费用和贩卖货物赚取差价的群体。

〔2〕　解放以前，卖东西用胡桶去称重，解放以后，统一用秤。

（二）湖水收入分配

湖水都是以姓氏集体占有，其经营收入也是平均分配。比如戴家湖之水，都要界口，东西南北，有主人占有，不敢侵占，以姓为单位，没有分到家户，同姓都有份。同族人都要插伞子，比如鸭伞子、鱼伞子和莲伞子，每年收获的野鱼、莲蓬和野鸭子，统一入行销售卖钱。然后，由门长或者户长，按照人头分配，如果钱多，数不清楚，就用鱼篓去印，意思是说用鱼篓去装钱，平均一户一个鱼篓的铜板。

（三）祠堂台收入分配

祠堂台在未建祠堂前，可以租给本族无田的穷人耕种，不需要交课，就当作对本家族族人的救济。另外，因为族人经常外迁，为了便于耕种，也可以出租给当地外人耕种，而且祠堂台地势高，旱涝保收，租给他人种，收课也高，每年2~3担稻谷，比如李氏3亩祠堂台就收课6~8担稻谷。收来课归本族人共同所有，由本族户长支配，只能用来添置或者更新祠堂祭器，或者用来做清明会的费用。如果祠堂台多，因为迁到外地，可将为建祠堂的台子卖掉，买卖前需要本族人共同同意，获得收入归本族人共同所有。

二 垸内分配

（一）闸田（台）收入

闸田是整个垸子共同拥有，由垸主代为管理。其主要租给当地佃户耕种，比如官湖垸5亩田（台），收课15~20担稻谷。该费用专门用于水利方面，不得挪用，支付田赋、人员工资、生活费、误工费或者杂费，费用预留一部分在局里备用，其他存在钱庄生利息，所有经费支出，每个月都要向堤委会报告，特别是大型工程，必须在开会公议的基础上支出工作款项，不可随意动用钱款。

（二）垸庙田收入分配

青福寺庙有2亩庙田，当给庙管事耕种，每年收获的稻谷为4~6担，主要用来维持庙管事生活，也可以作为购买香纸的费用。同时，也可以出租给附近人多地少的人耕种，每年缴纳1~2担租谷，经得庙首事同意，一般庙管事负责收取，同样，用来维持庙管事生计。可见寺庙财产，其经营收入也只能用于寺庙相关活动。

（三）过水丘收入分配

为了排出上游的水渍，上13垸共同出资购买水田作为过水丘，一般不能再耕种，多数压有鱼伞子，养野鱼和种植莲蓬，每年收获的野鱼和莲子，统一到行里出售，换来钱，由垸主支配，用来支付管水剅者生活费以及修缮水剅等费用。可见，过水丘取之于垸民，其经营收入也用之于垸民，禁止贪污或者挪作他用。

三　村内分配

（一）荒田分配

过去，村落土地都是私人占有，村落共同拥有很少集体土地，总计3块，面积为7.6亩，多为一些荒地或者荒田，无人经营，没有任何收入，因靠近垸堤，作为修垸堤取土之用，任何人不得占有或者买卖，由村落块首代为管理。李良望老人回忆，以前村里几乎没有集体土地，每家每户即使碰到一些垸堤撂荒土地，也是将其作为修垸堤取土的地方。

（二）义地分配

善人出资购买的村落义地，共计10亩，凡是孤寡老人或者乞丐去世，因生前贫穷无地或者无钱买地安葬，大多可以到义地择位置下葬，一般有子女的家庭，即使有老人去世，也不会到义地下葬，多择自己菜园地或者陈留坟地安葬。郭用文老人回忆，只有无子嗣送终，老人去世才会安葬到义地，不然，怕别人说闲话，父母去世，也不舍得用自己的地安葬。

四　家庭分配

（一）分家程序

分家，多数没有家长立遗嘱分配，都是凭借父母意见分家，分家也要分干净和分彻底，不遗留任何共同产物，不然，容易起矛盾。

1. 分家原因

分家原因主要有四个方面：一是妯娌关系不和，就容易分家；二是媳妇不满，经常闹分家，不能帮助小儿子赚钱娶妻，认为这些苦应该让父母去承担；三是家庭经济条件不好，分家便于各谋生路；四是父母年龄大，无力维持家庭，不愿意操心，同意分家。另外，父母当家，儿子不容轻易分家。子强父弱，儿子当家早，分家早；如果子弱父强，儿子当家晚，分家也晚。李良望老人回忆，父母和独子分家少，因为父亲做再多工，赚取再多钱，一旦去世也留给独子继承，所以分家很少，只是经济独立。如果父母赌钱或者儿子赌钱或者有矛盾，父母不管儿子，儿子不管父母，就会互不相干，就会与唯一的儿子分家。

2. 分家时间

根据不同家庭情况，分家时间各不相同。一是待所有儿子和女儿娶妻嫁女以后，父母同意分家，或者因家庭殷实、和睦，过若干年再分家。比如李良望与弟弟都结婚后，过了7年，因妯娌不和，才分家。二是安置一个儿子结婚，便与这个儿子分家，父母与未婚嫁子女生活，这些情况多数发生在子女较多而家庭困难者中。三是安置若干儿子结婚，后面，便于各谋生活，便与已婚儿子分家。多数是所有儿子都安置结婚以后，方可分家。民间说法，如果小儿子年龄小，大儿子年龄大，先结婚者，防止几年后分家父母偏向某一个人，分家时写分家合同，防止扯皮，俗称不对分家。如果儿子都安置好，就平均分配，俗称对分家。

李良望老人回忆，长哥长嫂当爷娘。如果哥哥和嫂嫂人品好，会提携弟弟，不分家，帮助安置弟弟。当他结婚以后，父母老了，自己当家，与弟弟不分家，一起生活了8年，弟弟第一次娶妻，娶了一个戏子，也不分家，后来离婚，见弟弟可怜，没有跟他分家，帮助他找一个童婚[1]子。后面，弟弟前妻结婚娘家陪嫁一套家具，后来，续妻结婚娘家也陪嫁一套，不能给弟媳两套，他也不要这套家具，就要求卖掉一套，把买来的钱充为家庭集体收入，他和妻子两个人劳动，弟弟一个人劳动，赚取的钱比弟弟多很多，就帮忙安置弟弟。但是弟媳与嫂子意见不合吵架。

3. 请分官

分家时，请户长、门长、姑爷、舅爷、族人过来，主持分家仪式，作为分家的见证人，协商如何分家。如果家庭和睦，不接户长只接叔伯主持。如果族人自己可以分家，不必请他人，如果族人分不了家，就接门长分家，门长分不了家，就接户长和房长分家。一方面，如何分家，必须形成一致分家方案，多依分官意见；另一方面，在分管并负责分家过程中，分官负责一切纠纷的调解和评判，做到公平公正。比如什么事情都是讲道理，听当事人怎么说，谁是谁非，有没有道理，谁在扯皮。但是，以前不接户长、姑爷或者舅爷等人分家，就分不好家，碰到有威望的村民，偏偏就不接他们，不相信这个规矩，就自己主持分家，把东西列出来，新旧财物，抓阄分配。或者遇到没有请族人分家的，由长子主持分家，但是，最后要家长认可，分家合理，分家方可生效。

李良望老人回忆，分家时，打分家合同，一般接族人或者门长或者户长，能言善辩，威望者即可。不管接谁，都要讲公道合理。不过，接户长或者房长、门长过来分家，也有为向（偏向），做不公道，别人再也不接你帮忙。比如户长喜欢某个孩子，就为喜欢的孩子说话，帮他多争取家产。如果户长做不合理，族人也可以指责或者反驳。

4. 打分家合同

打分家合同情形有以下几种。一是大儿子年纪大先婚配、小儿子年龄小结婚晚，才会

---

[1]　童婚，男子与女子第一次婚配。

立分家合同，可以防止父母偏向某个儿子。因为大儿子与父母分家，大儿子独自生活，父母与小儿子在一起生活，以分家合同登记明细为参照，后面帮助小儿子多置办家具，属于公物，应该均分给所有儿子，或者要帮助大儿子置办同样的东西作为补偿，同样照顾老大。另外，如果父母安置小儿子结婚后，父母再置办的东西，所有儿子都有份，如果东西多，就分给父母一份。二是分家时，是否立分家合同，要经过家长或者分官同意，如果儿子有扯皮，就会动纸笔，不扯皮就不动纸笔，有几个儿子就立几份分家合同，以此为据，不容反悔。三是遇到老人去世早，大儿子已经结婚，得了父母置办的家产，而小儿子尚未婚娶，又没有得到父母置办的家产，生活不如大儿子，就要立分家合同，要求大儿子帮助小儿子。俗称长哥长嫂当爷娘，代替父母当家，帮助小儿子婚娶。不打分家合同情形，主要是几个儿子年龄相当，相差 1~3 岁，结婚时间也相差无几，把家产一一列出，抓阄进行平均分配，就不立分家合同。

打分家合同时，多少个儿子就打多少份合同。由分官代笔详细登记家具数量和类型，比如黄桶一担、房子 3 间、水缸一口、台盒子等，平均每个儿子分得多少，抓阄分配，以示公平。如果安置大儿子结婚，分得哪些东西，有多少，待安置其他儿子结婚，也要分得同样类型的东西和数量，都明细登记在册，待分家当事人父母、儿子核对，和在场人公证过后，当事人可以按上指模，分家合同便可生效。

　　李良望老人回忆，多个儿子一母所生，手掌是肉，手背也是肉。分家时，父母要一碗水端平，不能偏向某一个人，不能一个分多，一个分少。后面，如果小儿子未成年，也要抚养到 18 岁，安置他结婚，如果父母还帮助小儿子，其他儿子就会不满。如果父母自私，有为向（偏向），就会有"打结"，要做到公平公正。

5. 宴请

早上，请户长和门长以及姑爷、舅爷等过早，分完家，就安置吃夜宵。第二天，就准备 10 碗菜招待他们，并请嫡亲叔伯作陪，对他们为分家事务操心表示感谢。然后，子大分家，分家立户，按照儿子分户，比如 2 个儿子就算 2 户 2 个门面，父母跟儿子一户，不为独立一户。分家以后，向保长和甲长分别上户口。同时，族上门长，也会登记户数。

6. 其他

分家立户以前，一家人都偷奸卖懒，家里生活就很穷寒。家大人多，人人做工不出力，做活磨洋工，生产效率低。分了家各自扒，每个家庭都想发财，会努力挣钱。不过，如果分家以后，一个儿子日出而作，日落而息，起早摸黑，勤劳致富，庄稼种得好，有钱盖房子，买牛买工具；另一个儿子，睡早起迟，好吃懒做，抹牌赌博，田里杂草丛生，无钱盖房，只能住茅草房，没有家产。

　　李氏有 3 个儿子，先安置大儿子结婚，就与大儿子分家，就接李良望担任分官，主持分家仪式。年轻的父亲要求把房子、黄桶、水桶和水缸分给大儿子，以后，父母赚取打造家具就只分给幺儿子，不与大儿子相干。但是，接族人李良望分家，就要依分官人的意见，有两个正常儿子，一个不正常儿子，究竟每个儿子分一份，还是只分给两个儿子，要仔细考虑。要求打一个分家合同，详细登记家具数量，比如黄桶一担、房子3间、水缸一口、台盒子等，都明细登记在册，后面，父母年轻赚钱多，安置幺儿子结婚，就需要分给与老大一样的家具，同等对待，剩下其他东西，再按两股平均分配两个儿子，而剩下傻老二，成不了家，由两个儿子共同负担，要么两家房子傻儿子都可以住，要么两个儿子帮助傻儿子盖一座房子，生活由他们供养。结果，父母帮幺儿子盖了新房，帮忙幺儿子带孙子，而老大没有盖房子，同时，老大欠债，父母被迫帮忙还债，还要帮忙大儿子带小孩，都是平等对待。因为先与大儿子分家，大儿子结婚得多少东西，幺儿子结婚也要分多少东西，平等对待，后面，如果大儿子比幺儿子分得多，大儿子要再分给幺儿子一些，反之也一样，同样分东西外，剩下再分成两股平均分配，做到公平公正。

（二）分家明细

1. 水田分配

（1）诸子均分

凡是子嗣都有平均分配父亲土地的权利，除非做了上门女婿，才没有分配生父土地的权利。另外，过继不为儿，只有权利分得继父母田产，没有分配生父母土地的权利。分家时，先提养老田，很少数父母要提养老田，提质量最好的3.6亩田。不过，田平均分给儿子，大多数父母不留田，只能另外谋田开荒，做手艺或者做小生意，搞生活。再提长生田，如果田产多，提3亩田，如果田少，就提1~2亩田，并要求提好田或上则田，由长子及儿子支配，多数由孙辈平均分配。还有媳妇陪嫁的嫁妆田，其他人没有权利分配，陪嫁多少就要分给媳妇多少。

除了长生田、养老田和嫁妆田，剩下其他祖业田产，由多个儿子平均分配，为了防止出现偏袒谁，都是抓阄捻沟，不管好田或者拐田。比如李氏有90亩田，两兄弟平均45亩，两兄弟分别生2个儿子，再平均分成12.5亩，最大田有50亩，最小田有10亩。另外，如果家庭富裕田产多，还提陪嫁田，一般陪嫁3~4亩，由家长写好陪嫁田契约，由女儿到沔阳县城过户头，产权属于女儿和女婿。如果女婿休妻，女儿可以要回来，携带陪嫁田再改嫁。万姓和夏姓妻子是同胞姊妹，出嫁时，李氏分别陪嫁3亩嫁妆田，总计6亩，3亩在杜家剐，另外3亩在螺滩村。俗话说，手背手心都是肉。分家产，讲究平均，即使分1亩田，也是一人一半。过去，多数有嫁妆田，几乎没有长生田和养老田，不过，即使再大家产和田产，多生几个儿子，诸子均分，也会导致家庭没落。家庭田地分配情况见表3-35。

郭用文老人回忆，官湖垸的戴定先家庭好过，有99亩田一个号子，田从屋台南抵戴家湖，养有 3 个女儿，每个女儿出嫁陪嫁 10 亩田（1 钻田），其中二女儿嫁给百桥村 8 组刘香德，大女儿嫁给竹林村何小吕，小女儿嫁到戴市镇开豆腐铺的周家，因为距离陪嫁田近，大女儿、二女儿都是自己耕种，住籍较远镇上的小女儿，只能把陪嫁田租给当地人耕种，只收田课。

表 3-35 家庭田地分配情况 单位：亩

类型	数量	质量	理由	功用
养老田	3~4	上等田	长辈为大	养老
长生田	1~3	上等田	长哥长嫂当爷娘	补偿长子对家庭的贡献
嫁妆田	1~10	上中等田	不分配	陪嫁物
聘礼田	1~5	中等田	不分配	下聘物

（2）以近求近

以近求近原则，坚持住户为中心，距离谁家近，田分给谁。同一个号子，不需要开洞灌水，分田以后，田与田相隔开，有近沟田和远沟田，既可以过田灌水，也可以开洞灌水。不过，借田灌水，容易把肥水放走，容易扯皮，发生纠纷。按照规矩，靠近沟的兄弟自愿开洞，不需要报酬，如果不自愿，就需要报酬，就捻沟，捻到近沟者占优。同时，近水者开洞，向远水者放水。如李氏分家分田，按照辈分，自左到右，大儿子田，二儿子田，三儿子田，幺儿子田。但是，考虑住址与田地距离远近，便于进行生产，改变分田顺序，大儿子田，三儿子田，二儿子田，幺儿子田。如果近沟者二儿子、幺儿子不肯开枧或者捻沟选田，按照辈分换田，大儿子可以要求与二儿子对换，三儿子可以要求与幺儿子对换。这样，大儿子田和三儿子田就近洪沟，将其他两个儿子与洪沟隔开，可以不准二儿子和幺儿子放水或者出水，相互牵制和制约。李氏土地分配如图 3-5 所示。

（3）落桩定界

分田时，需要定桩，如果关系好，兄则友，弟在恭（三字经），不需要定桩，如果买田，与异姓田产相邻，就需要落桩，即用火烧煳过的沙木桩，用榔头打下土里 1~1.5 米，定小公口。同时，界上落桩，以界桩为基点，用绳子两头拉直，种庄稼就不会越界。比如杜子英和杜子明是叔伯弟兄，田相邻落有界桩，但是，田埂不直，杜子英种庄稼越界，玉米叶子被杜子明打掉，两兄弟就扯皮吵架。杜子英不服气，就找李良望说了这事情，李良望也前去看了界口，就跟他说，界上落桩，中间没有落桩，应该事先以界桩基点，用绳子两头拉直，种庄稼就不会越界，种了庄稼以后，长庄稼越界，就把别人庄稼打掉，实在不对！因为李良望和杜子英是干老表关系，李良望不好得罪亲戚和乡亲，不肯出面，建议他们自己解决，不要吵架，也不能毁掉庄稼，待庄稼收割以后，再用绳子去两头拉直，谁占谁的地，孰是孰非，一目了然，越界占地就自觉退出来。

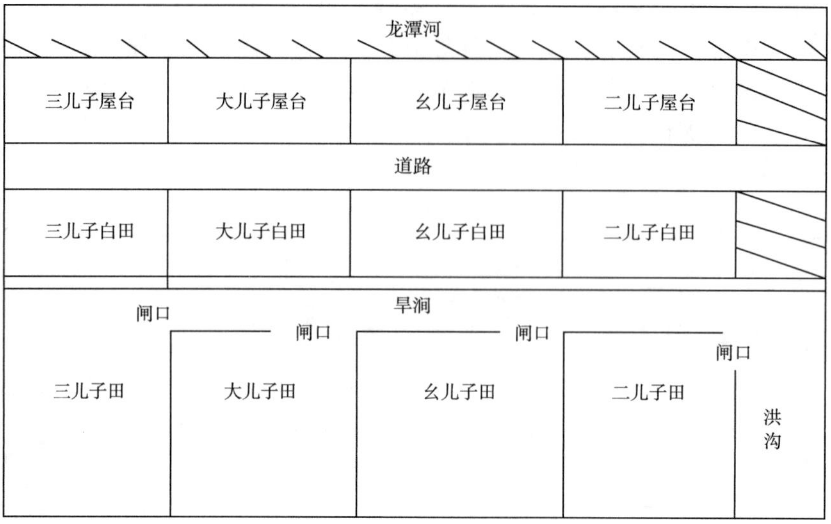

图 3-5　李氏土地分配

（4）守界口

分家以后，分田落界桩，要求分田兄弟在场，若没有意见，就做界口，一人种一边，各种各的名份，各守各的界口。不过，不能过细，不然，就会经常闹戏码。同时，由田册先生登记[1]，内容为每户人田地面积、田地位置，方位东至西至何地，南抵北抵何地，横有多宽，竖有多长，落下记载。一般发生土地纠纷，一强一弱，强一方就想多占别人的田。如果发生土地纠纷，接叔伯过来解决，问清楚事由，劝和就算了，如果你想赢，我也想强，就一直闹戏码，多占一点就算了，模糊一点处理。如果屋台不够，与别人商议，要么与相邻换地，要么多给一点田地跟别人换屋台，实在不行，就出钱买屋台建房。

（5）过水

分家以后，水田与水沟相隔，多数自家弟兄之间才能借田过水，外姓人不会让你过水。还有少数借相好外姓人田相己过水，请求外人借田过水，说点好话。还要打水折子，用水车踏水，从别人田里过水，没过水之前，用折子测田水高度，做好标记，待自家的田水踏水足够，再测别人的田水，要求把别人的田水还原到原来的高度，不能把人家的水放干，不然，下次禁止从他的田过水。如果田相己关系不好，就不让你过水。

（6）过户

分家以后，兄弟也不过户，比如 10 亩分开各 5 亩，分开完钱粮，按照田册，属于什么里分什么垸分、多少面积，水田属于什么等级，以这个标准完钱粮。郭用文老人回忆，过去，未分家，田契由家长，也就是父母保管，分家以后，父母尚未去世，则由父母保管，也可以由长子保管。待父母去世，由长子保管。

---

〔1〕　吴修凡是管田册的先生，因为家里有 40 亩田，又做过国民党小跑的，被打成恶霸地主，破四旧，田册被焚烧。

2. 房屋分配

最初，儿子分家时，平均分配房间，比如 3 间房，两个儿子一人一间半，如果没有钱盖新房，多个儿子居住在一起。若盖新房，要将公屋或者祖屋拆掉，平均分配屋梁等材料，用旧木料重新盖房。如果多个儿子的家庭，父母安置一个儿子结婚，就与其分家，分出来的儿子先建小房子或者搭建草棚，待攒够钱以后，修建规模大的砖房子。长子不离中堂，一般长子留居原址建房，其他儿子重新选址建房子。同时，分房子平均分，也遵循长幼有序，长子占大手边（左边），次子在小手边（右边）。屋台平均分配，长子占大手边（左边），次子在小手边（右边）。可见要论辈分和大小，不能乱分配。

另外，分家以后，父母分得套房居住，住神堂后面的"套间"为尊。不过，平原地区有父子别居传统。父母不居住在套房，自己或者儿子帮忙搭建草棚，有钱者则接木匠或者瓦匠建小房居住。另外，如果安置大儿子结婚，分给他房子，待其他儿子结婚时，父母同样需要提供一样房子，反之亦然。不过，待所有儿子都婚配以后，父母再要求分家，只需要按照现成房子进行平均分配，碰到房间不够，父母必须进行现金补偿，或者父母再出钱帮其筹建或者其他儿子帮忙筹建。如果有一间好房和一间坏房，分得好房没有补偿，分得坏房，就多得几十银圆作为补偿。如果有精神不正常的儿子，一般不会分配他房子，他要么跟父母一起住，要么兄弟帮助他重新建房子居住。房屋分配如图 3-6 所示。

图 3-6　房屋分配示意

据郭用文老人所述，长子不离中堂，幺子不离爷娘。意思是长子不离祭祀祖宗牌位的厅堂，爷娘多依靠幺儿子，喜欢幺儿子，不过，不敢轻易偏袒。分家时，将房子平均分给儿子，儿子不会保留公屋，会共同拆掉公屋，用分得的材料，重新选址改建新房子，开始新生活。

父子别居。先建草房，再建瓦房。父母与儿子关系好，居住在儿子的套房，如果关系不好，父母就自己搭建草棚，儿子帮忙，或者接木匠或者瓦匠修建小房居住。多个儿子的家庭，父母安置一个儿子结婚，就与其分家，然后，分出来儿子先建小房子，待攒钱以后，修建规模大的砖房子。从此，儿子不与父母相干。另外，父亲盖了房子，大儿子在外面为官，分家时，也平均分得房子，或者念以前花家庭钱多，放弃房产权利，只使用房子，过年过节，回来居住。

3. 菜园或者禾场分配

房屋周围空地，要么修篱笆围菜园，要么打建禾场，多个儿子都是平均分配，使用时，按照分得份额晒谷或者轮流晾晒稻谷，或者儿子选择新址建房，重新打造禾场，这样，各有各的禾场。不过，比如哥哥有儿子，但是，老二生有姑娘，没子嗣，只能过继哥哥的儿子，所以分家后，有些屋台、菜园等不下界桩，不设置界口，因为老二和妻子去世，所有屋台都由老大儿子继承。李良望老人回忆，各有各的禾场，将泥巴粘好打平，下一场雨就收一次浆，私人可以晒谷，如果没有足够禾场，可以借用别人禾场。

4. 现金分配

如果儿子在外面当官或者做生意，如果家庭集体出钱培养，花了不少钱，但是小儿子读书少，没有花多少钱，结婚时，大儿子有工作有俸禄，不需要父母出钱安置结婚，而小儿子没有固定工作，要父母出钱安置结婚。父母去世，女儿赶情礼金，还有丢哭灵钱，由儿子平均分配，姑爷、舅爷、姨爷和亲戚好友以及邻居、乡亲赶情礼金，都是给儿子平均分配。另外，老人去世以后，留下现金也要平均分配给儿子。不过，母亲私房钱不会分配，多作为父母分家以后的生活费。

> 比如安置大儿子结婚早，与其分家，父母再做事赚钱安置小儿子结婚，置办不少家产，为了公平，父母给钱大儿子不要，就借口把 100 块大洋叫儿子帮忙保管，后面，才跟大儿子说："叫你帮忙保管的钱，我们不会要，已经帮弟弟置办不少家产，为了公平起见，也出钱补偿你们！"

5. 坟地分配

有些家庭有集体坟地，即使分家也不平均分配，待父母去世，择其地安葬。另外，待儿子去世，也选择父母安葬地附近安葬，便于集中祭祀。如果没有坟地，父母去世可以安葬在儿子的田地，如果父亲去世安葬在大儿子的田地，那么母亲就要埋在其他儿子的田地。不过，有的儿子不会计较，因为父母抚养他长大，以求报恩，埋在老大的地里也行，埋在老二的地里也行。

6. 农具分配

父母理应为儿子造家业，分给儿子的就是儿子的家产。分家时，所有都平均分配。比如 1 个猪圈划成两半，一人一半。还有牛份子如果有 2 天，一人喂养 1 天，如果只有 1 天，轮流喂养耕牛。分蓑衣，比如三床，一床最新蓑衣，一床大半成新，一床很旧，就大儿子分得最新，旧蓑衣和大半成新就分给弟弟。另外，锄头、镰刀、扁担等，各家各户都有，都是上街购买。这些分家以后，彻底分清，各搞各的。不过，大型农具，比如犁、耙和碌子由几个儿子一起轮流用，谁用坏谁修缮，实在用不了，各自购置这些农具。

7. 家具分配

家具包括座椅、板凳和橱柜等，分家时也要平均分配。其分配方案分为三类。一是先安置大儿子结婚，然后，分家时，将黄桶、水桶和水缸等家具分给大儿子，以后，父母赚钱打造家具就只分给幺儿子，不与大儿子相干。二是父母年富力强赚钱多，安置幺儿子结婚，也要分给与老大一样的家具，同等对待，剩下其他东西，再按照两股平均分配两个儿子。三是先与大儿子分家，大儿子结婚分家时得多少东西，幺儿子结婚分家时也要分多少东西，平等对待，后面，如果大儿子比幺儿子分得多，大儿子要再分给幺儿子一些，反之也一样，除同样东西外，剩下再分成两股平均分配，做到公平公正。不过，如果待多个儿子都结婚再分家，将现成家具进行平均分配即可，如果不够，以现金进行补偿，或者重新填制一套。另外，如果安置大儿子结婚以后，父母年纪大，丧失劳动能力，需要哥嫂负责打造家具，安置弟弟结婚，平均分配家具。不过，各自妻子娘家陪嫁的家具归各儿子所有，旧家具归父母所有，遇到老人去世后，就抓阄平均分配。不同情况下家具分配类型见表3-36。

表3-36　不同情况下家具分配类型

类型	谁先结婚	家具如何分配	后续打造家具分配	父母供养
先与大儿子分家	大儿子	先分给大儿子	全部分给幺儿子	儿子共同分摊
先与大儿子分家	大儿子	先分给大儿子	先分给幺儿子与大儿子同样家具，剩下平均分配	儿子共同分摊
先与大儿子分家	大儿子	先分给大儿子	补偿幺儿子与大儿子相差家具，剩下平均分配	儿子共同分摊
先与大儿子分家	大儿子	先分给大儿子	大儿子帮助兄弟打造家具	儿子共同分摊
待所有儿子婚娶再分家	大儿子	平均分配	无	儿子共同分摊

8. 牲畜分配

分家时，出生的猪崽由儿子平均分配，母猪留给父母饲养，作为生产资料，维持生活，一般不找儿子要钱。剩下的鸡鸭等牲畜，要么平均分配，也可以不分配，将他们杀死做成菜肴，几个儿子一吃，共同享受。不过，好过的富人之家，嫁女儿时，把猪、牛、羊等牲畜当作嫁妆，一般归整个家庭共同所有。另外，大型耕牛，一般不分配，共同轮流使用，伙养的耕牛，也平均使用牛份子，比如买了2天牛工，一个儿子1天。

9. 养老义务分配

多数家庭没有留养老田，由几个儿子共同供养父母。分家以后，父母独自生活，如果年龄尚轻，则可以自食其力，待其丧失劳动能力后，就需要儿子负担。其负担方式分为供养和自养。一是供养，由儿子负责轮流供养，一般3~5天为限，或者按照月供养。二是自养，少数父母独自生活，与儿子别居，免得遭到媳妇嫌弃。需要儿子供口粮和伙食费，多少儿子就平均摊派。比如顾老妈自己烧火吃饭，不与儿子一起吃食，每个儿子出500个铜板/年，4个儿子2000个铜板。如果不给钱，就给稻米，30斤/月，钱亦是米，米亦是钱。如果给稻谷，由儿子轮流夹米，如果农忙时候，儿子不得寒，父母就自己夹米。但是，不管供养还是自养，父母去世，筹办丧葬费用，由儿子平均分摊。同时，每年父母过生日，多个女儿也会给一些钱，比如 2~5 个银圆，作为生活费用。父母有小病小痛，比如感冒发烧，花个铜板，老人自己负责费用，不找儿子要钱，如果父母生大病，由多个儿子平摊医疗费，女儿也按照经济情况给钱。一旦瘫痪在床，女儿也出工照顾，不过，主要是儿子负责照顾。另外，俗话说，君在为臣，能舍其身，父在为子，能竭其力。父母在，儿子要尽量侍奉父母，遇到病，散尽家财也要医治父母疾病。如果不赡养父母，舅爷和姑爷就会批评训斥。如果儿子不养父母，生前父母多帮其他儿子，叫其他儿子养。一般接舅爷、叔伯或者族人帮忙解交[1]。一般这种情况少。

另外，娶了两个老婆的家庭，是否赡养，取决于家长的看法。比如过继的熊氏娶了两个老婆，大老婆生了儿子，生病长瘤，瘫痪不能劳动，就娶了二老婆，生了儿子，二老婆性格好，懂礼数，很照顾大老婆和大儿子。最后，父亲轮流供养，母亲各自养各自的，关系不错，互相照顾，家庭就和睦。郭用文老人回忆，父母由诸多儿子轮流供养，也可以父母分开，由儿子分开供养，大儿子供养爹爹，小儿子供养母妈。

10. 抚养义务分配

遇到有不正常儿子的家庭，其成不了家，如果父母年轻能赚钱，由他们负责抚养。如果父母无劳动能力或者去世，不正常儿子由正常儿子抚养，如果有多个儿子，就由他们共同负担。比如不正常的儿子可以住兄弟的房子，要么其他兄弟帮助他盖一座房子，生活由其他兄弟供养。另外，如果父母帮大儿子照顾小孩，同样，待么儿子结婚生子，父母也有照顾他小孩的义务，都是平等对待。另外，如果小儿子本领不行，大儿子有钱还要帮助弟弟，不会与其争家当。另外，父母优先带孙子、孙女，如果孙子孙女没出现或者年龄已大，可以帮忙照顾外孙、外孙女。如果女儿女婿的父母过世早，或者女婿弟兄多，就只能把子女送给岳父岳母照顾，支付生活费和学费。

据李良望老人所述，如父母帮女儿或者儿子带儿子，每天 4 元，如果要加菜，就要多给钱，计算得很清楚。甚至，有些父母赚钱厉害，不要儿子赡养，还帮助养孙子，女儿给的钱，都用在养孙子方面。如果有子女还有意见，就会被父母训斥："你是天养的，如果今天向你要钱买米，明日向你要钱买油，现在没有向你要一分一毫，勤劳的父母还种田，去世不安置也算了。"

11. 债务分配

（1）尚未分家债务分配

第一，讨债对象。

当父母欠债，他们年纪轻，有劳动能力，可以由他们还债，债权人找他们即可。父债子还。当父母年龄大而没有劳动能力时，债权人直接找儿子要钱。当有多个儿子时，债权人不是找所有儿子要钱，可先直接找长子，由长子和其他儿子商量，怎么还

---

[1]   解交，泛指调解矛盾或纠纷。

债，几年还清，每个人平摊多少，统一意见。据李良望老人所述，蛇无头不走路，即使父母欠债安置儿子结婚，债权人也可以找长子要钱，长子再找其他儿子商量，共同筹钱还债。

第二，债务分配内容。

如果父母安置儿子结婚，借钱欠债，多数由父母还债，不找儿子还债；如果父母年纪大，没有还债能力，就由儿子还债。如果有多个儿子，安置结婚负债，父母还不清债，待所有儿子都结婚，分家以后，所欠债务由多个儿子平摊，比如欠债400元，父母还了100元，剩下300元，3个儿子，每个儿子还100元。如果有儿子尚未结婚，父母健在，不能由儿子还债。如果大儿子早结婚，后面安置小儿子结婚，父母健在，所欠债务由父母还债；如果父母去世，由大儿子和小儿子共同还债。因为大儿子结婚，事先由父母出钱安置，先享受待遇，而小儿子结婚，借钱欠债，没有享受待遇，要么大儿子和小儿子共同还债，要么儿子都不还债，由父母自己还债，还不起债，还要找两个儿子出钱，不然，不公平、不合理，父子和兄弟之间就会扯皮。父债子还。如果父亲债务，儿子有义务帮助还款，如果有多个儿子就需要平摊。

第三，债务分配秩序。

根据关系好坏或者时间紧急，分类进行还款，因人而异。按照对象分，借邻居、朋友、亲戚和陌生人四种，一般先还陌生人，然后还给朋友，再还给邻居，最后还给亲戚。关系越近，还款时间越长。按照借钱数量分类，一般先还欠钱多者，再还欠钱少者；或者先还利息高者，再还利息低者，最后还不要利息者。按照时间紧急分类，先还约定时间短的，再还约定时间长的；或者先还紧急用钱者，再还不缺钱者。

第四，债务分配方法。

还款方法有以下几种。一是按时还款法。一般可以拆东墙补西墙，如果约定还款时间到，就向其他人借钱，先还款再说，不然，产生矛盾。二是分段还款法。先还一部分，后面，有钱再还一部分。比如父母去世，借钱安葬，一般债权人会宽限时限，不会上门追债。三是以物抵债法。如果拖欠债务多年，别人会将债务人的牲畜或者家具抵债。四是一次还款法。家长和家人商量，把家具或者牲畜卖掉，先把债一次性还清，不需要还利息，也不需要哀求或者讨好别人。如果有钱，一次性还清所有人，都是当家人说了算或者长子说了算。比如李良望借给外孙100块大洋，本来要1年内还，但是，他还不清，李良望不等钱用，就宽限时间，让其先还给其他人，什么时候有钱什么时候还。还有父亲生前欠债，父债子还，债主可以把儿子家产作为抵偿。如果家长借债，没有子嗣，去世以后，把其田产和家产作为抵押品，或者这笔钱就一笔休。

第五，分配纠纷处置。

分家以后，当债务分配不公平出现纠纷时，一般会邀请姑爷、舅爷、叔伯或者户长和门长过来调解，问清楚事由，找出解决办法。俗话说国家一王，天下一理。凡事讲究理性，找能讲出道理的人解交，别人才会信服。比如，李良望的舅舅，共有3个儿子，老大大老二3岁，第一年，安置老大结婚，第二年，又安置老二结婚，就欠债50块大洋。父母就要求两个儿子还债，一个儿子还25块大洋，但是，两个儿子都不愿意帮忙还债。最初，大儿子做木匠赚钱就交给父母保管，二儿子做瓦匠赚钱，没有交给父母。结婚时，就要求他们还债，接了房长和伯伯进行调解，父亲和伯伯说大儿子不对，伯伯甚至要动手打老大，就接李良望前去调解，"凡事讲道理，不能打人，三年安置两个儿子结婚肯定扯债，间隔三年分开安置，不会扯债，同时，老大讲得不错，把钱交给父母，集体使用，而老二赚钱自己花，如果找老大还债，就不合道理"，"如果父母能还债可以，但是，父母还不起，就找儿子还，就应该秉公处理，按理说，不要老大还债，如果他自己帮还，是尽老大情分，如果不还也符合道理，如果安置幺儿子结婚，父母年纪大了赚不到钱，借了债，就可以找大儿子和二儿子分摊债务，合情合理！"最后，父母不找两个儿子还债，自己赚钱还，不过，老二还是占便宜。

第六，欠债惩罚。

父债子还，一定要还，父亲生前欠了他人钱财，写了契约，父亲去世以后，出借者就上门讨债，以纸据或者口头述说债务多少，妻子和儿子都要出钱还债。据说，如果生前所欠的债务，妻子和儿子不帮忙还，死者在阴间也要还来生账。俗话说，阳间的钱，阴间的簿，所欠债务阴间都有账目记载，记录有谁欠谁、欠多少、还钱时间等，投胎转世变猪狗都要还清债务，还了就不翻来生账。

（2）分家以后债务分配

子债父不知。分家以后，儿子欠下的债务，债权人不会找父亲要债，只能由儿子还债，而且父亲不了解，没有还款义务。比如黄启新的二弟开油作坊，扯债务，找私人拿高息的贷款，收村里菜籽，用船运到外面去卖，被骗子欺骗，光顾窑子，自己的菜籽被别人偷走，血本无归，还不起债，逃到外面赶工，甚至母亲去世，也不敢回来，家里的父亲也不帮忙还。不过，如果儿子不争气，吃喝嫖赌，好吃懒做，借了别人的钱，立了字据，如果别人上门讨债，父母也会尽力还几个钱，如果欠债太多，还部分差不多，还不清就算了。

12. 其他分配

俗话说，长哥长嫂当爷娘，分家时，长子优先获得一些物品。比如长子分得屋子大梁（长子挑大梁，长嫂当爷娘）、祖宗神位（长子不离堂）、家谱和大门等。其他物品，比如长子分得一个神柜，幼子分得一张碗柜。另外，船只分配，即使只有一艘船，也要平均分配，长子优先选择，比如一艘船价值10块大洋，如果长子选择船，就要给次子5块大洋，反之亦然。其他家产分配情况见表3-37。

表3-37　其他家产分配情况

类型	数量	如何分配	理由
屋梁	1根	长子分得	长子挑大梁，长嫂当爷娘
祖牌	1个	长子分得	长子不离堂
大门	1扇	长子分得	长子立门户

续表

类型	数量	如何分配	理由
家乘	1 本	长子分得	长子执家乘
神桌	1 张	长子分得	长子敬家神

五　赋税徭役分配

（一）完钱粮

1. 征粮动员

解放以前，每年需要月捐款子，比如积麦积谷或者军布，保长、小得副和甲长通知每户家长集中开会，以保为单位，大概 100 户人，按照田亩数量分摊，通知每户要完成多少粮食和军布任务或者积谷积麦，并派发每户派征任务条子给花户。开会时，派征粮食或布匹任务，要求每户都去开会，不然，不知道需要完成多少任务。据郭用文老人所述，俗话说，钱粮早完，幼女早嫁。即使再困难，没有饭吃，也一定完粮，不完不行，不能抗捐抗税，穷死也要完皇粮国税。没有吃的，就到洪湖打菱角充饥或者到外面赶工赚钱。

2. 催粮者

每当需要完粮之时，每个垸份或者里份都有钱粮先生下乡找人完钱粮，先是缴纳实物，用小船运粮食，自龙潭河到三汊河转大船，运到武汉。后来，缴纳现金，交完钱粮再交给沔阳县府。后来，抗战时期，保长或者甲长负责催缴布匹、积谷积麦，出月捐款子，遇到谁抗粮不交，保丁或者联丁可以入户抓人，户长和门长不管。不过，当时只有沔阳县和建宁县需要征收，供养王劲哉军队，税赋负担不高。

3. 征粮标准

按照田册登记田亩面积和质量完粮，先后到里份或者垸份或者字号花户收税，分四个等级，上则田、中则天、下则田、特下则田。上则田，比如台田、高田，完粮每亩 5.3 元；中则田，比如白田，完粮每亩 4.5 元；下则田，比如水不多的田，完粮每亩 3.5 元；特下则田，比如湖田，十年九不收，天干才完粮，完粮每亩 1.5 元。不过，当时完粮不高，到峰口镇完粮，比如 30 亩田，花户拿着 2 块现洋，缴纳了 1.5 个现洋，剩下 0.5 个现洋。另外，还需要按照田地面积缴纳军布 1 匹[1]，供部队缝制衣服。还求积谷积麦，储

---

〔1〕　多为由家户纺织而成的白布，1 匹布长度为三丈六。

备粮草打日本"鬼子",不过很低,大概每亩1斗。由保长、小得副和甲长通知粮食和军布征收任务和时间,花户将粮食和布匹交到戴市联保处仓库。

　　郭用文老人回忆,过去,保长、甲长通知花户开村民大会,征集粮食、布匹,征人修公路或者防御工事等。如果开小型的保长会议,只要保长到联保处开会,布置每年征收任务,每个保需要多少粮食、多少军布或者多少民夫等,按照每保田地面积摊派任务。秋天,田亩为40亩以上的花户出2匹布,田亩为30~40亩的花户出1.5匹布,田亩为10~20亩的花户出1匹布,田亩为10亩以下的2户共同出1匹布。夏天,征集小麦,田亩为40亩以上的花户出5箩筐,田亩为30~40亩的花户出4箩筐,田亩为20~30亩的花户出3箩筐,田亩为20亩以下的花户出2箩筐。5斗等于1箩筐。然后,甲长挨家挨户通知花户以甲为单位开会,布置每家每户摊派任务,并按时交到仓库,保长找到空闲一间房子,做成积谷仓。

4. 缴粮地点

最初,完粮时,钱粮先生下乡挨家挨户征收,后期,花户改到峰口镇征收处找钱粮先生缴纳。交完粮就由钱粮先生盖一个戳章盖上红印,发一个条子给花户,作为完粮凭证,交割时,需要缴纳给保长和甲长。国民党时期,王劲哉军队驻扎在百桥村,钱粮征收设置在多村集中、开阔之地,比如侯湾村。待庄稼收获以后,按时将粮食和布匹送到征收地点。郭用文老人回忆,过去,每年8~9月,沔阳城钱粮先生专门负责田亩过户和赋税收缴,派人下乡,对照存根(田册子),按照田亩数量收取钱粮,他分置管理几个垸份或里份,如周桃垸、通老垸和南宁垸、子午里、季平里等。

5. 完粮时间

田主一年完粮2次,征收春秋两次,分为夏征(4~6月)和秋征(7~12月),夏征小麦,每亩出三斗,秋征稻谷,每亩出两斗五升,按照耕地面积,收多少税赋只有国家决定比例,花户没有权利讨价还价。种田完粮,天经地义,即使没有吃的,也要完粮,被迫去讨米。不过,税赋不高,一般都交得起税,并没有集体时期的税赋高。另外,摊捐布,田多就出1匹布,如果田少,2户共同出1匹布。郭用文老人回忆,国家与地方商量税收数量,省通知县,县通知镇,镇通知保长和小得富,他们才通知甲长,甲长通知花户纳税任务,由专门管辖范围的钱粮先生下乡按照田亩数量收税或者花户按时完粮,只需要交现金,不交实物,不会跟农民商量交税数量。

6. 减粮

花户到沔阳城找钱粮先生或者钱粮先生下村收税,按照买卖田产过户税契,登记田册簿,按某某在某里份或者字号的田册面积和田等级完粮,如果抗粮不交,3年不完粮,政府就把田没收,田主就没有田种,只能以讨米为生,所以不敢抗粮。遇到水灾,没有收成,租金和税赋不需要缴纳,如果减产,请钱粮先生和老板估产交税或者缴租金,由钱粮先生按照损失收取，一般减 3～5 成收取。比如国民党时期，发生水灾，就免除税赋，同时，修堤派救济粮，以工代赈。郭用文老人回忆，过去 10 户一甲，10 甲为一保。多数人不愿意做甲长，轮流做甲长，每一个月轮换，因为如果催缴月捐款子或者积谷积麦，一旦收不齐，甲长就背家伙，被当兵的用皮带打，所以没有几个村民情愿当甲长，你推给我，我推给你，最后，一月一换。

7. 瞒税

由钱粮先生负责入户找花户收税，查看田册，按照田亩数量进行完粮，一般不敢少完粮，少完粮的田，面积就少计算，害怕田被别人过户，占为他有，原有田产丢失，宁可准确按照数量完粮，不敢隐瞒田亩数量，丢失自己地产。如果日本或者杂牌军暂时征粮或军布，不可持久，可以隐瞒土地面积，少完粮交税，而在政权稳定、没有战乱时，对于祖宗产业，不能隐瞒，一五一十地完粮，否则会丢失产业，得不偿失。另外，家族有公田，先耕种公田，后种私田，以公田耕种粮食来完粮，私田耕种用来自给自足。李良望老人回忆，种田完粮，即使再困难也要完粮，没有粮食就去讨米，完粮交给政府，用于发政府人员工资、修江堤和养军队等。

8. 抗粮

田赋改征实物后，每年夏秋两季开征。夏借秋结，开征日期以粮食登记为准。对粮食质量的要求非常严格，谷物每市担的重量要超过一百市斤，小麦一石要超过一百三十市斤。开征后三个月为届满初限，次年二月底为截限，逾期交纳者处以滞纳粮。凡逾期未满一个月者加征 5%，逾期一月以上未满两月者加征 10%，逾期二月以上者加征 20%，并由县政府传案追缴，传案追缴仍不交纳者，由司法机关强制将欠赋户土地及财物予以拍卖抵偿。

李良望老人回忆，种田完粮，天经地义。除非天灾颗粒无收，即使困难的花户，也要缴纳田税和布匹，当时，每家每户都缴税，没有欠税。保长作为地方性格拐狠人物，对不交月捐款子和布匹的花户会强制抢夺，把一些抗税行为的花户抓起来，进行殴打和罚款。

9. 乱摊粮

过去，征粮完税，管理严格，禁止乱摊派或者乱收税赋。当多收钱粮时，花户可以到县衙告状，或者提早征粮，粮食没到收获季节，钱粮先生收粮，就被告到官府，要求秉公办理，以提早征粮治罪，小则打屁股，大则坐监入狱。

（二）月捐分配

花户按时出月捐，如果田多有 40～50 亩，花户就要出 2 匹军布。田有 30～40 亩，出 1.5 匹军布。田有 10～20 亩，出 1 匹军布。如果田少在 10 亩以下，2 户花户共同出 1 匹布。这些军布每年征集一次。摊布匹都是军部下命令，保长和小得副去征集，保长、甲长通知花户开村民大会，布置每年征收任务，每个保需要多少军布等，按照每保田地面积摊派任务，并按时交到仓库，保长找到一间空闲房子，做成积布仓。禁止私自提高月捐款子和军布等敲诈花户。遇到贪官污吏或者敲诈花户，查清事实就用刺刀杀死正法。郭用文老人回忆，过去，每逢政府需要征收月捐款子和军布等，30 亩以上农户，在徭役做工和出月捐款子方面，都是占大头。

（三）堤捐分配

每逢修堤或者垸堤倒口，在邻村设置堤工会，垸主、块首和小跑的在会里办公，雇请厨房大师傅烧火做饭。按照花户田产面积分摊堤捐，每亩田出 10 个铜板，由块首把修堤任务单和费用明细送到各家各户，要求花户按时缴纳费用，支付垸主工资和生活费。不过，有田必有害，有田者须缴纳堤捐，无田者或者租种他人田者，不需要缴纳堤捐，由田主缴纳。另外，当经济困难时，必须向邻居或者亲戚借钱缴纳堤捐，任何拖延或者抗捐不完者，都会由垸主派联丁抓去法办。郭用文老人回忆，过去，没有田地的农民，不需要完粮，缴纳月捐、堤捐，甚至不要修堤。比如黄孝恪是一个赤贫，没有一丝田地，专靠打鱼为生，不需要完粮和缴纳月捐等。

（四）民夫摊派

每逢修堤或者垸堤倒口，实行官督民办，由垸主委派块首和小跑的、保长、甲长和联丁辅助催征民夫上堤抢修。按照花户田产面积分摊修堤土方数量，1 亩田出 3~5 个土方，由块首把修堤任务单和费用明细送到各家各户，要求民夫上堤挑土方。国民党时期，征集民夫做徭役，帮助国民党军队做苦力，每户派工 1~2 人，同样，也按照田亩数量派工，一般时间为 5~6 天，没有工资报酬，比如修 3~5 米的防御工事，如碉堡、公路、战壕或者机枪眼等，如果没有完成修工事任务，还要背家伙（被保长或者士兵殴打）。抗战时期，在日伪政权下，设置维持会，负责催征民夫，平均每户出 1~2 个民夫，一天工作时间为 7：00~15：00，不论老人、中年人还是孩子，每个村挨家挨户轮流做民夫，由甲长负责叫工，并不支付报酬和饭钱。比如郭用文，小时候做苦力，早上带上良民证进城，到了城里，把良民证交给苦力头，喂好马，待日本"鬼子"批准，下午，就找苦力头要良民证，才能出城。

修垸堤、征集民夫修工事、出月捐款子、出军布匹和积谷积麦，都是按照田亩数量分摊任务，田多者多出，田少者少出。由保长和甲长造田册，统计每户田亩数量和人口数量，便于赋税和徭役摊派。

（五）抽壮丁

1. 抽丁计划

根据国家征兵需求，一年抓 3~4 次壮丁。兵源年龄为 18~35 岁，遇到抓丁厉害时，没有完婚的男子，就被抓去当兵。每当需要征兵时，由政府制订征兵计划，国家需要多少壮丁，先按照保数量摊派出丁，一般抽 5~6 个/保。然后，确定每个保需要抽多少壮丁，再通知保长开会，由保长通知小得副和甲长，翻阅人口册子查清户口数量，抽丁服役。

2. 抽丁原则

如果兵源数量足够，则征兵数量少，独子和继子不抽。当兵源不足，需要的兵数量多时，先按照三丁抽一，五丁抽二，独子不抓。如果征兵数量不足，没有三丁或者五丁，可以按照两丁抽一。当符合条件候选人多时，要求进行捻沟，谁捻到沟谁去，通知要出壮丁家长，要求他们出壮丁按时去体检，身体符合标准，就去当兵。比如本保征兵需要抽 10 个人，按照三丁抽一，五丁抽二，已经抽到 7 人，后面，坚持公平原则，剩下 3 个名额，只能从 5 户 2 丁的家庭抽壮丁，要求进行捻沟，谁捻到沟就去当兵。不过，有些家庭耍聪明，即使分家立户，也要抽壮丁，还有儿子较多，过继给他人，也要抽壮丁，不能免除兵役义务。另外，保长家庭也不能免除兵役，如果有 3~5 个儿子，也要抽壮丁，不能豁免，看机会，验得上就去，验不上就回去。另外，只抓有血缘关系的男丁，抽壮丁不抽长活师傅、用人、书童和管家等，因为他是外姓人，不是家长所生的儿子。

郭用文老人回忆，民国时期，征兵服役，不随便抓壮丁，这不符合政策。比如需要抽 5 个壮丁，村里有 3 个儿子家庭 10 户和 5 个儿子家庭 5 户，总计 20 个男子。再由保长和小得副、甲长通知壮丁到联保处体检，一般家长带儿子到联保处体检，验得上就去，验不上就回来，所有素质合格的 5 个男子，才入伍当兵。

3. 当兵待遇

保家卫国是义不容辞的责任与义务，任何拒绝当兵服役的行为都是违法的。当兵没有多少钱，平均每个月 2~5 文，用于买牙膏、牙刷和毛巾，每天吃饭，都是萝卜一盆、豌豆一盆，生活很苦。平时穿布鞋、粗布衣服，睡觉开联合铺，也没有被子，冬天挨冻。如果出操不规矩，不严格，纪律不严整，会被班长用皮带抽打头颅或者嘴巴。但是，当兵阵亡，没有任何军饷补偿，只是把尸体运送回来。不过，如果家里有人当兵，以后修公路或者壕沟、机枪眼、防御工事，还有守民哨时，不需出工派民夫，享受特殊待遇，但是，因为都种田，完钱粮或者军布等都不豁免，一视同仁，人家多少你也多少。

4. 逃壮丁

如果有钱之家，不想当兵，就出钱买人抵空做壮丁，一般一个壮丁价格为 20~30 担稻谷。但是，如果抽壮丁，被抽中的男丁，实施五户连坐法或者五户联合保，遇到壮丁逃跑、违背兵役法的情况，他的家人和邻居，甚至姑爷和舅爷不得脱干系，要背家伙，所以一般不敢逃壮丁。比如叶家一个儿子，被抽成壮丁，就逃到天门县，保长就入户要人，父母筹钱收买保长，他找了卖壮丁的抵空，才脱离干系。也有逃壮丁成功的人，比如刘医生的儿子被抓壮丁，连枪都不会打，去打徐州，趁着枪林弹雨，开小差逃回来。

　　李良望老人回忆，128师的士兵开小差，准备出逃，碰到刘宗明的父亲，抬着车到田里灌水，乞求刘宗明的父亲帮忙逃走，刘宗明的父亲就把衣服跟他换，但是，士兵也没有逃走，被抓到时坦白说刘宗明的父亲搭救了他，结果刘宗明的父亲被枪毙。

5. 卖壮丁

　　一些好吃懒做、嫖赌进窑、寡皮溜筋骨的人或者家里穷的人愿意卖身，代替别人去做壮丁。价格为20~30担稻谷/次，1担稻谷相当于4块大洋，同时，要打合同签字，亲自把卖壮丁者送到联保处，落下记载，就跑不掉。即使做壮丁上战场阵亡，请壮丁者也不要赔偿，因为出了一笔钱，合同写明，一笔千休，生死由命。甚至，有人出卖做壮丁的人，做了几天兵，就逃回来，再卖身做壮丁赚钱。

6. 抓非丁

　　遇到战争频繁、兵源紧缺时，就会抓非丁。比如出门做生意或者出门探亲，或者水灾逃荒者，遇到国民党抓壮丁，就被抓到抵空的情况。郭用文老人回忆，国民党时期，抓非丁，非字当一个不字讲，被抓壮丁者看到或者碰到，也抓这打鱼的或者不务农者。外出做生意者，并不是本地或者本村的壮丁，遇到别的镇或者其他镇抓壮丁，也会被作为本地抵空抓走。那些在地主家里做活的长工、放牛娃、书童等，不会被抓做非丁。只有那外县来的、来本地打散工、没有主人长期雇请的，即使外出探亲戚，或者走路，机会不好，遇到抓壮丁时期，碰到联丁或保长就被抓去抵空做非丁。

　　不过，以前抓丁服役，要求符合兵役法，甚至讲究道义。比如，李公柏的父亲年纪高，哥哥去世，不能种田。128师要抽壮丁，李公柏有四兄弟，按照三丁抽一、五丁抽二，他们家要抽1个，但是，其他3个弟弟年龄小，只有哥哥年龄够壮丁，但是，抽哥哥做壮丁，家里没有劳动力，父母年纪很大，整个家庭就饿死，军队就没有抽他家壮丁。

第七节　消费与消费关系

　　商品消费是满足村民生产和生活需求的必需环节，也是村民生产商品的根本目的，按照消费主体划分，主要分为共同消费和家户消费，不同消费类型具有不同特征。

一　共同消费

（一）聚餐费用

1. 宗族聚餐消费

（1）族上清明会

第一，聚餐时间。每逢太平年间或者风调雨顺之时，以3~5年为时限，筹办族上清明会。一般持续 2~3 天，户长、房长提前一周，通知沔阳各支族人参加清明会，进行全族聚餐活动。

第二，聚餐费用。聚餐费主要来源于五个部分。一是来自公田、公湖等经营收取租金，由族委会协商支取。二是丁钱。按照男丁数量捐款，做清明会，户长、门长挨家挨户收钱，一般为 3~5 块大洋/人，其占到聚餐费用大部分。三是族亲赞助款，除要交丁钱外，还会多出赞助款，一般为 100~500 吊不等，多为做官或经商者，钱款明细由会计登入礼簿。四是联宗人员赞助，比如因洪水或者战乱外迁者，欲与同姓合族，同样，一般为 3~5 块大洋/人。据说，杜家剅大多姓氏没有多少公田，筹办族上清明会，大部分钱款要依靠族人捐钱或有钱族人赞助，并没有免费聚餐，自己吃自己的。

据郭用文老人所述，清明会时，开 2~3 天宴席，公田收入不多，多数用于买香烛纸草敬祖宗，需要按照丁钱收取筹办，自己吃自己的。

第三，聚餐人员。每逢族上清明会，凡是同姓族人，无论是在本村还是外村，都需要派代表参加，集体到祠堂敬祖宗，喝酒聚餐。每户出 1 个人，秉承自愿原则，可以去，也可以不去，也不强制和处罚，不过，不准女人参加。另外，族委会成员和族董会成员必须参加。

郭用文老人回忆，过去，每年清明会，同族男丁前去参与做清明会，一般是家长去，一户一人，如果家长没空去，就由男丁代表去。愿意去就去，不愿意去就不去，其实，去参加聚餐，自己吃自己的钱。如果距离太远，远在他乡做生意或者做官，可以不参加。

第四，聚餐地点。由房长带头进行上香磕头作揖祭祀先人，然后，在祠堂吃饭聚餐。因为祠堂空间宽敞，置办座椅几十桌，由于人口少、聚餐规模小，座椅基本够。待人口增加时，也适当增办座椅，即使餐具不够，也可以向村里族人征集。

第五，做饭人员。当时，请 1~2 个大师傅烧火做饭，并租用其锅头、蒸笼等厨具，一般一个大师傅可以安置 20~30 桌酒席。按照筹办宴席数量计算报酬，一般 10 吊/桌。不过，由于师傅人少，户长也委派 3~5 人负责做一些辅助工作，比如搭建雨棚、灶台以及端菜、斟酒、摆桌或者刷碗筷等，大大提高筹办效率。

第六，聚餐资格。聚餐时，一般为家长参加，如果家长不在，可以派家中的长子或其他男丁参加，也可以不参加。但是，女人不能代表家主参加。

郭用文老人回忆，本地人祭祖没有其他地方隆重，过去，沔阳人到广西、广东捡渣（捡废旧卖钱），发现广西、广东祭祖，非常隆重热闹，几百人一起整猪头和 10 碗菜，吃不完，捡渣的就捡回去吃，说起来，笑死人。

（2）房上清明会

第一，聚餐时间。同样，每逢风调雨顺之年，待祭祀开基祖以后，房祭祀活动每年各房轮祭一次，由祭祀之房房长负责，提前通知祭期、地点并规定赴祭人员，族委会成员和族董会成员也必须参加。

> 李良望老人回忆，虽然李氏有六房，但是，散居沔阳以后，祭祀清明祭祖，也是各房或者各支祭祀各支。不过，待六大房合族以后，才有合族祭祀开基祖习惯，然后，各房轮祭各支人。

第二，聚餐费用。聚餐费主要来源于两部分。一是来自轮祭之房的公田、公湖等经营收取的租金，由房长或者门长同意支取。二是丁钱。按照轮祭之房的男丁数量捐款，做清明会时，由户房长、门长挨家挨户收取，一般为 2～3 块大洋/人，其占到聚餐费用大部分。同样，公田等公产收入没有多少，需要按照丁钱收取筹办。

第三，聚餐人员。房祭祀聚餐人员分为两个部分。一部分是本房男丁，不管是本村还是外村，都可以参与聚餐。一般每户出 1 个人，完全自愿，没有强制，女人不参加。另一部分是前来参与祭祀的族委会成员和族董会成员，以及其他房代表。

第四，聚餐地点。由于房祭人数不多、规模小，一般 2～3 桌人，祭祀完毕，聚餐地点在房长家里，座椅基本足够。即使餐具不够，也可以向本房族人借用。

第五，做饭人员。当时，请房长妻儿负责烧火做饭，可以利用房长家的锅碗瓢盆等厨具，没有任何报酬。同样，房长或者门长可以安排 2～3 个族人妻子帮买菜，以及负责摆桌、端菜等事情，招待户长和各房长，喝酒聚餐。

第六，聚餐资格。聚餐时，同样一般为家长参加，如果家长不在，可以派家中的长子或其他男丁参加，也可以不参加。但是，女人不能代表家长参加。不同聚餐消费筹办方式见表 3-38。

表 3-38　不同聚餐消费筹办方式比较

种类	参与人数	必须参加人员	经费出资	聚餐地点	是否强制	谁做饭	聚餐资格
族亲聚餐	全族男丁	族委会成员和族董会成员	族亲赞助款 100～500 吊；宗族湖泊出租支取；丁钱 3～5 块/人；联宗赞助 3～5 块/人	祠堂	否	雇请大师傅	男丁
房亲聚餐	房支男丁	族委会成员和族董会成员	房支湖泊出租支取；丁钱 2～3 块/人	房长家	否	房长妻子和本房其他擅长做饭妇女	男丁
家庭聚餐	五服男丁	无	5 块/人以上	自家	否	妇女	家庭成员

2. 垸庙聚餐消费

第一，聚餐时间。太平年间，一般 3 ~ 5 年，需要改造东西，比如菩萨装新、修庙或者修路、超菩萨诵经，以及菩萨过生日，每逢正月之初，就集体做会并聚餐。一般聚餐时间由垸庙首事商议决定，首事每家每户送一个通知，并委派庙管事下乡敲锣通知或者写公示通知垸民，何时何地起会，村落挨家挨户自己上功德钱。

第二，聚餐费用。待起会时间确定以后，垸民按照起会日期前来上功德钱，不管是青泛湖垸和官湖垸，还是其他垸，聚餐费用都来自三个方面。一是上功德钱，不论多少，功德无量，一般 2 块大洋。特别那些做官的和做生意的捐助功德更多，高达 50 块大洋。二是少部分庙产收入，每年庙田耕种或者出租，由青福寺首事负责支取。三是每天香客丢的香钱或者过年过节香客敬神上的功德钱，这些钱由庙管事负责保管，待做会时，全部交由首事。钱财要登记名字和金额，自愿捐钱，没有强制，不信神也可以不去捐钱，使用多少，剩余多少，都要红榜公布财务情况。敬神的钱，不敢贪污挪用，害怕被神惩罚，一辈子过不好。如果谁敢贪污，不可选他担任首事，负责庙上的事务。

第三，聚餐地点。青福寺建设有厨房，置办有餐具、座椅板凳几十套，每次起会时，方便信众吃饭聚餐。如果人数众多，就需要向附近村落民众征集或者租借餐具座椅。遇到天气不好时，首事还委派信众搭建茅棚，遮风挡雨，作为聚餐场所。

第四，聚餐人员。过去，青泛湖 18 个垸和官湖垸大小字号，凡是信仰青福寺众神的垸民都可以前来敬神，上功德钱，不论男女，只要信菩萨，都可以前来聚餐。不过，不上功德钱，不能参加聚餐。

第五，做饭人员。当日，如果聚餐人数少，就由庙管事负责准备斋饭，供香客食用，当起会时，信众太多，光庙管事无力筹办，那么首事需要委派信众负责辅助，准备饭菜。不过，全部准备斋菜，忌讳荤腥和鱼肉，做法简单，效率也更高。

第六，聚餐资格。当日，上功德者燃烧香烛，一一祭拜寺庙菩萨，然后，不论男女，集体吃斋饭，完全取决于个人意志，喜欢吃就吃，不喜欢吃就不吃。如果是有困难的孤寡遗孀，甚至没有饭吃的乞丐，也可以前来免费聚餐，不过，不能与信众一起吃，施舍他们一个角落吃饭。

3. 福场聚餐消费

第一，聚餐时间。旧时，杜家垇建有土地神庙，里面供奉土地爹爹、土地婆婆和殷郊舅爷。为了感谢土地神保佑福场人丁兴旺、平安健康，同一个福场就做福谢神。每年做两次福，祭祀土地神，上福是二月初二，下福是八月初二。如果年成好就大办，年初不好就小办。

第二，聚餐费用。最初，做福费用，同一个福场以年龄高的长辈或者有钱绅士为首，挨家挨户通知开会，讨论每户出多少钱，做出预算，需要挨家挨户出钱和出米，一般每户预收 5 ~ 10 铜钱和 0.5 ~ 1 斤稻米，再计算出账目，使用多少，剩下多少，多退少补，俗称算账福。据说，如果谁不肯捐钱，就遭到首事训斥，说他们是没有土地养的东西！后来，随着生活改善，有钱人做福时，自己出钱购买菜肴，免费请同福者聚餐，甚至，改成谁家去年有男丁诞生，女丁不算，来年负责做福，免费请福场人聚餐。

第三，聚餐地点。最初，每年做福时，在土地庙搭建屋舍，待祭祀完土地神，吃饭喝酒。后面，遇到轮值做福者，在自家里设宴请客吃饭，一般2~3桌人。接着，谁家去年诞下男丁，来年做福时，就到他家聚餐，人数不多，座椅基本够用。

第四，聚餐人员。最初，同一个湾子或者台子组成一个福，大概只有8户杂姓人，轮流做福，轮流安置在家里聚餐。后来，随着人口和户数增加，变成30多户杂姓，就变成四个福。即使只有一个福场做福，其他福也会参与庆祝，不过，每户只派家长参加，也就是男丁参加，女丁不参加。

第五，做饭人员。最初，做福时，由有威望的首事安排人做饭，后面，由几个首事上街买鱼买肉和香烛纸草等，轮到谁家负责做福，谁负责出油盐柴米，妇女负责做饭。接着，只要由去年有男丁出生的家庭负责做福，也由家长负责买菜买酒，主妇和女儿负责烧菜做饭，款待同一福场的乡亲。因为土地神能够保佑人丁兴旺，谁家能不能生人丁，主要由土地神管理，生男丁者负责做福，也就是要谢神恩赐子嗣。

第六，聚餐资格。聚餐时，整10个大菜，但是，并不是每个人都有资格吃饭聚餐，每户出一人，只有家主，也就是家长参加，即男丁才能赴宴，如果家长没空，其他儿子可以代为参加。做福家庭的女丁，不上桌吃饭，只能在厨房吃饭。不同单元消费情况见表3-39。

表3-39 不同单元消费情况

类型	范围	出资	组织者	聚餐地点	聚餐人员	聚餐资格	做饭
垸庙聚餐	青泛湖垸或者官湖垸	垸民上功德钱	首事	青福寺	信众	男、女	垸民
福场聚餐	大字号或者村落	花户平摊	首事	做福者家	家长	男	做福者

4. 家庭聚餐消费

第一，家庭聚餐时间。家庭聚餐分为平时聚餐和特殊时间聚餐。平时聚餐就是农闲时，家庭聚餐平均每天两次，也就是一天吃两餐，吃午餐和晚餐。农忙时，吃三餐，早上过早，吃中午饭，晚上吃晚饭。特殊时间聚餐，就是当有亲朋好友拜访时，根据亲戚好友拜访时间准备饭餐，尽量靠近饭点时间准备，如果客人急着赶回家，则即来即准备，不过，先要征求父母同意，一般是婆婆做主。

第二，出资。在家庭聚餐方面，一般由婆婆做主。每次家庭聚餐费用，都要征求婆婆的意见，向婆婆申请支取现金，现金数量因人数而定，质量好坏根据客人重要程度大小和亲疏决定，上街购买鱼肉。当婆婆在家时，儿子和媳妇都可以向母亲申请，当婆婆不在时，由儿子向父亲申请现金，媳妇不直接与公公打交道。不过，平时不需要购买鱼肉，只需准备普通菜就行，只需告知婆婆即可。

李良望老人回忆，父母老了，儿子当家，儿子问母亲买什么菜，"母妈买什么菜?"母亲不敢说,"小来妈妈亲长大媳妇亲,你要跟妻子商量,你们当家,她要你买什么你就买什么,我先说要买什么,她不同意也买不了,买什么我就吃什么"。

第三,聚餐人员。男子都可以上座吃饭,妇女负责上菜,男子可以先吃饭,待菜上齐以后,女人才上桌吃饭。另外,婆婆和媳妇可以坐一桌吃饭,儿子可以和父母一桌吃饭,但是,媳妇不能只和公公一桌吃饭。另外,农忙时,儿子和媳妇起早干活,做早饭,可以先吃,父母可以晚起,可以后吃。但是,过年过节以及有亲朋好友拜访时,进行家庭聚餐,必须等父母长辈和亲朋好友一起入座,同时吃饭。

第四,聚餐地点。不同情况下,家庭聚餐地点不同,同时,家庭聚餐地点,分场合,过年过节或者招待亲朋好友的正餐之时,在厅屋中央,也就是祖堂前面聚餐。但是,平常吃饭,非正式聚餐就可以在厨房就餐,较为随意。

第五,做饭。如果儿子尚未结婚,一般都是母亲烧饭,媳妇嫁过来就由媳妇烧火做饭,婆婆就不做饭不管闲事。如果有多个儿子结婚,轮流做饭,2~3天轮流一次,先由大媳妇烧火做饭,然后,由小媳妇烧火做饭,轮流负责,婆婆不管事,遇到客人来,如果媳妇忙不过来,婆婆可以帮忙协助做饭。

> 郭用文老人回忆,过去,如果烧火做饭,量米做饭,也要问过婆婆。比如媳妇问:"每天有剩饭,婆婆您说,要量多少米?"婆婆说:"还够不够一个吃,如果够吃,就少量半斤米,如果不够,就多量半斤米!"

第六,聚餐资格。当筹办红白喜事时,作为亲子本房,女人可以到别人家里就餐。平时,别人没有邀请,不管男女都不能到别人家里就餐,即使邻居或者乡亲请吃饭,男子可以去,女人不能随便到别人家里吃饭,否则,违反妇女72条,就要家规处置。

(二)共同活动消费

1. 宗族活动消费

宗族共同活动消费有修坟、修祠堂和修谱等。以打谱为例,修谱每60年一次,打谱时,按照人丁出钱,一般为每个丁出20吊钱。没有子嗣,把女儿留在家里养老,打谱时,女丁上谱,需要多出一倍丁钱,比如男丁打谱出20吊钱/人,女丁就要出40吊钱/人。儿子、孙子丁钱由父母出,父亲的丁钱由多个儿子平均分摊,比如20吊钱,2个儿子一人10吊钱。另外,如果妇女怀孕,没有生下来,也要缴纳丁钱,费用与其他丁钱一样,谱上登记为"旺丁"。待家谱编成,人数少时,同一支人或者同一房人集体出钱购买一本支谱,20~30吊钱一本。即使再穷也要交丁钱,即使借钱也要缴纳,如果不交钱,会被门长训斥。

2. 垸庙活动消费

垸庙共同活动有敬神、求雨、驱瘟疫或者修缮庙宇等。在地势低平湖区,洪涝灾害频繁，敬神保佑平安，祈求风调雨顺，成为主要活动消费。另外，每逢太平之年，或者即使遭遇暴雨，垸子不遭遇水灾或者垸堤不倒口，青泛湖垸和官湖垸的垸主共同商量，出钱请戏班唱戏，同时，祭祀青福寺众神，进行谢神活动，垸主派人在庙前搭建戏台，唱戏 1~3 天，时间为 8~9 月，费用需要青泛湖 18 个垸和官湖垸大小字号的垸民摊派，事实上按照田亩摊派，一般 1 亩收 3~5 个铜板，如果有钱的绅士，也可以赞助 2~3 个大洋，由几个块首负责收取。

3. 字号活动消费

杜家别属于大字号，大字号也是一个地域单元，因此，大字号也有共同的活动消费。大字号活动消费主要有三个方面。一是超菩萨费用。超菩萨就是选麻脚（巫医），一般在麻脚年老无力担任或者麻脚去世等时，需要重新选择，需要请其他村麻脚、驸马、书办、道士和乐师等，光支付他们劳务费需要 10 块大洋，还要款待他们吃 3~4 天，宴席费用为 5~7 块大洋。这些费用需要大字号所有村民平摊，大概每户 1 块大洋，费用由村里有威望或者有面子的首事负责收取。二是驱邪活动费用。每当大字号遇到瘟疫等，同样需要请其他村麻脚、驸马、书办、道士和乐师等，挨家挨户驱邪，一天费用 5 块大洋，还要请他们喝大酒和整 10 碗菜，要求每户摊派 20 吊钱，费用由村里有威望或者有面子的首事负责收取。三是节庆活动消费。比如端午节时，划龙舟比赛，同一个字号一般是保长或者有钱绅士为首事，遇到钱不够的情况，要帮忙贴钱。一般有 3 个首事，挨家挨户筹钱，一般为 10~20 个铜板，有钱的绅士可以赞助 2~3 大洋，或者有钱的绅士包出钱，打造龙船。

4. 村落活动消费

村落活动消费，主要是筹办节庆活动消费。比如，春节时，玩龙灯和彩船。同一个村落集体出钱，一般由 3 个首事挨家挨户筹钱，一般 1~2 个大洋，有钱的绅士可以赞助 5~10 个大洋，出钱购买 18~20 节龙灯和一条彩船，挨家挨户串门，每户家长需要燃放鞭炮迎接，还要给一包香烟，有钱之家可以多给几包。待活动结束以后，所得香烟平均发给村落各户，家家有份。不同活动消费情况见表 3-40。

表 3-40　不同活动消费情况

类型	范围	活动	出资	组织者	成果分配
宗族消费	宗族	修坟、修祠堂和修谱等	按丁出资	户长	无
垸庙消费	垸子	做会、修缮庙宇、唱戏等	垸民按土地面积出资或绅士赞助	垸主或者首事	无
字号消费	大字号	超菩萨、驱邪、节庆等	按户出资或者绅士赞助	乡绅、首事	奖励一台盒包子
村落消费	村落	玩龙灯、彩船等	按户出资或者绅士赞助	首事	平均分配香烟

二　家户消费

（一）消费特征

1. 公平性

过去，家长作为消费分配者，要想有权威，得使家庭消费处处彰显公平。若只有独子，儿子有钱可以自己赶情，没有钱可以找父母要钱赶情，反正，以后父母用不完的钱都是独子所有。如果两个儿子，赶情多数向父母要钱赶情，不申请也给钱，如果父母没钱给，也会交代，现在没有钱，先由儿子和媳妇垫付赶情，以后有钱再给儿子和媳妇。

2. 主导性

家长作为家庭消费分配者，支配家庭所有家产。谁当家谁主导消费权。家庭成员需要消费时，需要向当家人申请，说清事由，得到当家人许可，方可支配资金。除家长支配以外，其他成员需要也可以买，先要与父母商量，没有当家，只能向父母支钱。比如亲戚办红白喜事或者买礼物回娘家或走人家，妻子找婆婆要钱赶情。还有儿子和媳妇要买衣服，媳妇都是向婆婆要钱买衣服，如果婆婆不在，由儿子向父亲要钱。即使看病也是一样。妻子不能直接找公公要钱，婆婆也是一家之主，凡事征求婆婆的意见，媳妇回娘家，要询问婆婆："婆婆，我要回娘家母妈那里，您说要过几天回家！"婆婆就吩咐："要过 3~4 天要回家操劳家务。"如果烧火做饭，量米做饭，也要过问婆婆。媳妇问："每天有剩饭，婆婆您说，要量多少米？"婆婆说："还够不够一个吃，如果够吃，就少量半斤米，如果不够，就多量半斤米！"李良望老人回忆，树大分丫，子大分家。父子别居，兄弟独居，成为村落的主要生产和生活方式。而富庶人或者绅士多以大家庭为荣。四代、三代同堂居多，是以父母为主体大家庭的重要模式。

3. 平等性

当家人要想在家庭有话语权，必须做到平等。同一时期或者同一物价水平，不同儿子消费情况保持大致一样。比如一个媳妇回娘家走亲戚，向父母支取钱物，那么其他媳妇赶情同样要父母出钱，后面媳妇赶情也要找父母要，以示平等对待。另外，不同时期，物价不同，消费水平也不同。当一个儿子结婚时花费多，而另外一个儿子结婚，因年成不好，结婚时花费少，待年成变好，父母必须对少花钱儿子进行物质补偿，比如多买几匹布送给他。还有就是大儿子分家时，分得一些家具，待其他儿子分家时，也必须同等对待，分得同样家具。

李良望老人回忆，老人去世，买棺材、办酒席、请道士、买坟地、打碑等费用，都是儿子平摊。打碑，只要有钱就打碑，没有钱就不打碑。主要是子孙后代问题，看是否有孝心，是否自愿。女儿为逝者买衣服、盖被和赶情，不出钱办酒席，都是儿子出钱。女儿没有出嫁，不出钱办丧事。

4. 计算性

精耕细作、小富即安的农民，擅长计算，长计划短安排。比如种 30 亩水田，收稻谷100 担，卖出去 40 担，剩下 10 担用于日常饮食，包括家里吃饭和款待客人吃食，剩下 50担踧成白米到行里卖，因为白米价格高于稻谷价格，比如 1 升白米 0.2 元，1 斤稻谷 0.15元。另外，每年 8~9 月新米出来，陈米价格便宜，比如 1 升白米 0.2 元，1 斤陈米价格0.15~0.18 元。可见小农勤劳节俭，善于精打细算，不乱花钱，除了小部分日常开支，大部分存储起来，用来买田和当田，以及赶人情。

据郭用文老人所述，过去，多数舍不得吃，善于计算。比如那些细米留给自己吃，那些好米弄到街上卖，因为价格贵。而且多吃陈米，少吃新米，因为 1 斤陈米煮成饭多于 1 斤新米 1 碗，所以吃陈米合算，实在不行吃完陈米，就吃新米，这是婆婆说了算，父母去世，长嫂说了算。

（二）消费内容

1. 红白喜事

（1）红喜事

第一，出资者。不管长子还是其他儿子结婚，需要父母同等出资，出资不定，有钱者多出，没钱者少出，不过，以前办酒席，花钱也不多，需要行茶过礼，还要准备一头猪。即使没有钱，也必须向别人借，借不到，就卖掉 1~2 亩田换钱安置儿子结婚。另外，结婚一个儿子，就分出一个儿子，由父母再赚钱安置其他儿子婚娶，哪个机会好，婚娶的钱多一些，大概出资平衡。平均每年安置 2 个儿子，间隔一个月，但是，同时过礼送猪肉，1 头猪分成两半，因为结婚使用尾巴，大儿子分得有尾巴一半，次子只能到街上购买一条尾巴。

长哥长嫂当爷娘。尚未分家时，弟弟结婚，由哥哥嫂子安置，弟弟不需要还钱。比如李良望安置弟弟结 2 次婚（父亲已经 60 多岁，没有赚钱能力），结了婚一起居住了 8 年才分家，还有，弟弟学木匠，需要集体购买的锯子和斧子等，这些都分给弟弟。另外，父母做寿等喜事，则由儿子出钱，如有多个儿子则由儿子平摊费用。

李良望老人回忆，生长子和其他儿子办满月或者婚宴都是出钱一样，都是父母养的，如果碰到机会不好，比如洪荒之年，可能出钱少一些办婚宴。如果年成好，儿子结婚就大办宴席。为了公平，一碗水端平，后面，待年成变好由父母出钱补偿，或者买一些布匹送给机会不好婚娶的儿子，作为补偿。

第二，邀请人。办喜事，一般邀请兄弟叔伯等本房亲人，还有就是邀请亲戚和朋友，还会请一个湾子或者台上的百客（乡亲）或者同族人，只要上门邀请就会去帮忙2~3天，吃饭喝酒3天，不接不来，如果关系好，同姓就会主动赶情一天，吃完饭离开。如果小酒席，谁当家谁参加，如果当家儿子赶情，父亲不去参加，当家人不在，可以由父亲代为参加。请大师傅，请厨房大师傅烧火做饭，按照桌席数量算工钱，他们不需要赶情。做媒，请媒、谢媒一般不给钱，只送鞋子或者送一把伞、一斤肉，请喝酒吃饭，媒口十八餐。同样，俗话说，衣食足而礼仪兴。有钱人才办这个环节，没有钱不会扯债玩花样。但是不搞这些环节，觉得在村里没有面子。

另外，婚事，如果邻居或者乡亲是亲房，不请自来，如果邻居或乡亲不是亲房，不接不参加不帮忙。兄弟、邻居和乡亲不需要报酬，只吃酒宴。亲戚和朋友都要上门接，只赶情不帮忙。比如做寿，不接亲房帮忙，可以不去，或者只是赶情，不帮忙，吃完就回家。

第三，赶情。遇到红喜事，你赶我10块，我也赶你10块，讲究面子的，会多出一点，出12块。俗话说，舅爷一担，姑爷一头。比如，外孙办喜事，舅爷赶情10块大洋，当舅爷的儿子结婚，姑爷困难，只赶情5块大洋，舅爷也不会介意。这些上礼簿的钱，俗称面子钱，需要还礼，赶情越多，面子越大，给办喜事者做人情。另外，拜堂时，丢磕头钱，外孙向舅爷磕头，舅爷丢20块大洋，当遇到舅爷儿子结婚，姑爷丢10块大洋，也不会介意，因为不上礼簿，不要还钱。但是，一旦水灾，婚事也办不了，或者往后延迟婚事。即使可以安置，但家户很少，别人也减少礼金，赶几个情，不去赴宴，也减轻东家经济负担。

赶情遵循原则有以下几点。一是按照物价水平，不同时期，赶情数量不同。最初，为30、40、50、100钱。二是形势不同，赶情数量也不同。有兵荒马乱或者太平盛世之分，兵荒马乱之时，糊口难济，遇到红喜事，要借钱，赶情数量一般低一些，一般为1~2个大洋，甚至更少。太平盛世年代，衣食足礼仪兴，赚钱相对容易，赶情数量高一些，一般为4~5个大洋。三是关系亲疏不同，赶情数量不同。舅爷、女婿等正亲赶情最多，一般为5~10块大洋，姑爷、姨爷赶情数量次之，3~4块大洋，其他朋友和百客赶情最少，一般为1~2块大洋。四是平等原则。同一辈分，一般按照礼簿登记别人随礼数量进行赶情，我帮红喜事你随我多少，一般都由礼房先生登记在簿册，待你家有红喜事，我也按照礼簿登记数量赶情，你挺我，我也挺你，只能多赶，不能少赶，如果少赶，关系就不亲爱。

第四，做饭。如果娘家姓大，请客多，一般为20~40桌。同时，根据家庭经济情况，富裕之家，喜欢大办，请客人多；如果是贫穷之家，一般小办，不敢通知太多亲戚，请客人少。以前多数不请大师傅做饭，都是婆婆、媳妇、侄媳妇和女儿负责烧火做饭，可以安置20~30桌席。因为家里蒸笼、锅子等厨具都有。当有钱者筹办宴席时，烧火做饭，请厨房大师傅1~2人，按照酒席数量，支付报酬，洗碗、摆桌子都是邻居帮忙打杂。

第五，地点，在家里安置客人，一般在厅堂和房间、套房，厅堂可以摆4张八仙桌，套间摆2张，房间摆1张，共计56人，摆流水席，摆3次席，大约共168人，多数为1~2次席就够安置客人。

第六，宴请次数。根据关系亲疏不同，不同客人宴请次数各不相同。办喜事时，提前

1 天接客，甚至提前 1 周接客。凡是亲戚提前 1 天上门接，吃 4 天宴席，安排住宿，朋友吃 3 天，不安排住宿，亲戚朋友光吃宴席，不帮忙筹办。邻居或者百客帮忙者吃 3 天，再加吃 1 天，感谢帮忙者。不同红事的消费单位见表 3-41，红喜事赶情情况见表 3-42。

表 3-41　不同红事的消费单位比较　　　　　　　单位：桌，次

类型	桌数	流水席	邀请对象	随礼金额	限制条件
做寿	4~5	1	五服、亲房、亲戚	不沾亲而异姓赶 1 块大洋；沾亲赶 3 块大洋；不沾亲而同姓赶 2 块大洋	家长参加
满月、盖新房	5~6	1	五服、亲房、邻居、亲戚		家长参加
婚礼	14~21	1~2	五服、亲房、邻居、亲戚、朋友		家长参加

表 3-42　红喜事赶情情况

赶情者	赶情数量
舅爷	10 块大洋+5 块大洋磕头钱+喜匾
女婿	5 块大洋+3 块大洋磕头钱+喜酒
姑爷	4 块大洋+2 块大洋磕头钱+喜酒
姨爷	3 块大洋+1 块大洋磕头钱+喜酒
朋友	2 块大洋
百客	1 块大洋

另外，做寿、满月、盖房等红喜事，比如生孩子，娘家送大族米（准备 4 层的抬盒，一盒鸡蛋、一盒糯米、一盒衣服、一盒肉，一只鸡）、小族米（准备 10 碗菜），送到婆家一起吃饭。吃蛋时，送鱼米盒，娘家送衣服、鸡蛋、猪肉，用抬盒装着，送到婆家。过周岁，就骑马，锣鼓喧天。筹办小酒席，一般只会请亲戚或者兄弟，遇到富裕之家，筹办规模大一点，宴请朋友、邻居或者关系相好的百客，一般也是 10 桌宴席以下，筹办宴席费用也是 20~30 块大洋，赶情方面，亲戚一般会多赶情为 2 块大洋，百客只会赶情 1 块大洋。

（2）白喜事

第一，出资。俗话说，一斗米可办丧事，一升米也办丧事。根据家庭经济情况办丧，多少钱办多大的丧事。有的办丧唱戏，有的办丧草葬，比如家庭困难，没有钱办宴席，1斗米等于 20 斤米，接 8 个人抬棺送葬，安排一桌，吃两餐，也不请客人。1 升米等于 2 斤米，两个人抬棺送葬，儿子都可以做丧户，只要 1 升米送葬，不请客人。不过，也可以借钱办丧。一般优先找亲戚借，比如舅、姑、姨等，或者找相好的朋友或乡亲，如果借不到钱，就找有钱人，不过，要还对等息，比如借 100 块大洋，还 200 块大洋。

不过，多数筹办体面，父母去世一套寿衣，由女儿购买，还需要赶请随礼，以及丢哭灵钱，一般为 10~100 块大洋，由儿子平均分摊。抬轿子钱，没有出嫁的女儿不出钱，有多个女儿的平均分摊，俗称斗钱。如果没有墓地，儿子平摊购买鬼屋钱。甚至，油盐柴米都是平均出。棺材不需要购买，只是请木匠师傅制作。

郭用文老人回忆，经济困难家庭，主家小办酒席，不请那么多客人或者不请客人，就把父母安葬，不做斋或者唱戏。反之，有钱人大搞大办，做斋唱戏，非常热闹。不过，害怕别人嘲笑，人家父母去世请人唱戏，你家父母去世不请人唱戏，俗话说，踮起脚来做长子，为了要面子，即使再困难，也请人做斋唱戏，给父母送葬。

第二，邀请人。第一天，请邻居或者叔伯帮报丧；第二天，请亲朋好友以及邻居、乡亲悼香，安置客人；第三天，请戏班唱戏，唱 2~3 个戏；第四天，亲戚朋友送葬。同样，遇到水灾时老人去世，基本不筹办丧事，不安置客人，碰到荒年，有情则免，一升米或者一斗米，也是办丧事。村里许多人都逃去外面，没有村民帮忙，亲戚朋友不在，几个兄弟用席子一卷，就择高处挖坑埋掉逝者。

第三，帮忙。女儿不帮忙，只负责赶情。亲子本房叔伯侄子帮忙，还需要赶情随礼，没有报酬，只吃饭喝酒，作为答谢。村里乡亲来帮忙。你帮我一次，我帮你一次。朋友不帮忙，只负责赶情，吃饭喝酒。亲戚也不帮忙，只负责赶情，吃饭喝酒。

第四，做饭。遇到白喜事，有的媳妇或者婆婆会烧饭，专门负责烧火办宴席，不请大师傅。可以安置 20~30 桌席。不过，也有请大师傅，一瓢水泼给他，烧火做饭，端菜刷锅，主家不管，按照宴席数量，每桌多少钱，计算工钱。洗碗、摆桌子都是邻居帮忙打杂。

第五，地点，同样在家里安置客人，多安置在厅堂和房间、套房，厅堂摆 4 张八仙桌，套间摆 2 张，房间摆 1 张，每张可坐 8 人，共计 56 人，摆 3 次流水席，就够安置客人。

第六，待遇。同样，按照关系亲疏宴请客人。过去，办丧事时，需要提前 1 天接亲戚，宴请亲戚吃 4 天，每天吃 2 餐，安置住 2 晚，朋友、邻居或者乡亲吃 2 天，每天吃 2 餐，不安排住宿。另外，丧户吃 2 餐，不需要安置住宿。

第七，赶情。最初，老人去世，亲戚不赶情，只过来吊孝，送纸写的祭文，以示悼念，礼簿写上名字和祭文，并贴在厅堂。后面，逐渐开始，赶情随礼。姑爷随礼 5 块、1 对祭文、1 道纸钱和 1 串鞭炮，舅爷随礼 10 块、1 对祭文、1 道纸钱和 1 串鞭炮，朋友、邻居和乡亲都是 2 块、1 对祭文、1 道纸钱和 1 串鞭炮。收到礼金，各自娘家归各自，而母亲娘家礼金平均分配。如果没有遭遇水灾，年成较好，这些开支基本可以维持。但是，碰到荒年，有情则免，基本不筹办丧事，不安置客人。

同一时期，物价波动不大，你赶多少，我赶多少，比如 100 块就都赶 100 块。如果物价变化大，就要跟形势，提高一倍赶情，不能按照原来数量赶情，不然，不好意思，其实，也不亏，以前钱值钱，物价低，同时，你这次提高礼金，下次别人也重新按照你提高的价格赶情，如果你不加，我也不加，不成礼数。人情不比债，头顶锅儿卖。如果你赶我 20 块，我赶你 10 块，就产生矛盾，随礼只能增加不能减。如果 3~5 年不请客，都往外赶情不收钱，都贴钱。不过赚钱都是赚岳母的钱，其他乡亲朋友没有多少礼金。白喜事花费明细见表 3-43。

表 3-43　白喜事花费明细

类型	送葬宴请	丧户费用	鞭炮、香烟、孝服等杂物	做斋费	棺材费	缴灵宴请	乐师费	大厨师费
白事	100~200 吊	20 吊轿子费+3 吊烟钱	10 吊	200~300 吊	60 吊	10 吊	10 吊	20~30 吊

2. 节庆消费

传统时期，各种节庆，比如清明节、端午节、中元节、春节等，也是家庭消费的主要方面。比如春节，年前女婿和女儿、侄女儿和侄女婿，回娘家探望父母或叔伯婶娘等，准备割 2 斤猪肉，不过，叔伯不安置吃饭，由哥哥嫂子安置酒席吃饭喝酒。特别去年父母刚去世的，女婿和女儿要为父母插青，上坟焚香秉烛，放鞭炮。还有过年，女儿和女婿回娘家或者外孙给舅父舅妈拜年，一般玩 2~3 天，安置 10 碗菜，进行家庭聚餐，需要一定消费支出。不同节庆消费情况见表 3-44。

表 3-44　不同节庆消费情况　　　　　　　单位：块

节日	是否安置客	主要安置谁	谁安置客人	如何安置	花费情况
清明节	是	姑娘、女婿	父母、兄弟	吃 1 餐、整 10 碗、胡子酒等	5
端午节	是	姑娘、女婿	父母、兄弟	吃 1 餐、整 10 碗、胡子酒等	5
中元节	否	—	—	—	—
中秋节	否	—	—	—	—
春节	是	姑娘、女婿、外孙等	父母、兄弟、叔伯	吃 3 餐、整 10 碗、胡子酒等	10

3. 其他消费

旧时，首先，日常生活消费不高。比如食用油可以种植油菜和芝麻榨取，只要买盐、酱油、醋，猪肉只是有亲戚前来才上街采购，有些自己杀年猪，不需要买肉，小孩要求吃好，比如干鱼和盐鸭蛋等菜肴，大人吃饭菜肴差一些。还有湖区捕鱼方便，平时多食用鱼类，生活完全自给自足。其次，生产投入也低。人畜粪便、砍蒿草作为化肥，除了捞取肥沃的湖泥，只需要买少量豆饼、麻饼作为秧脚的肥料。学费开支，每年2担稻谷，共280市斤，共2个季度，每季度，140市斤，学费负担轻。另外看病消费低，根据病情，血吸虫、粗大腿、天花、麻疹、肺结核等病治不了，一般小病就可以找郎中治病，费用也不高，因为只要抓药钱，不需要医疗费，只待病情好转，准备小礼物去感谢。总体来说，如果没有遭遇水灾，年成较好，这些开支基本可以维持。不同家户消费情况见表3-45。

表3-45　不同家户消费情况

类型	内容	费用总计	是否可以减免	开支谁说了算
日常生活消费	盐、香烟、猪肉和针线、胭脂水粉等	稻谷2担/年	是	当家人
生产投入消费	购买豆饼，请长活、短活等	稻谷20担/年	否	当家人
红喜事消费	彩礼、宴请、唱戏等	稻谷15担/次	是	当家人
白喜事消费	买棺材、宴请、唱戏等	稻谷7担/次	是	儿子平摊
学费开支	学费、杂费、教书先生生活费等	稻谷2担/年	否	当家人
看病消费	抓药费用、谢医费用等	稻谷1担/年	否	当家人

（三）消费能力

收入有限影响消费水平。比如年成好，种植20亩田，包括高田和低田，高田产量高，低田产量低，甚至没有收成，一年收稻谷50担，每担稻谷140斤。收小麦只有400~500斤，玉米和油菜自给自足。很少出售，改善生活质量受限。如果种植5~6亩田，由于谷种不好，又缺少肥料，产量不高，低田平均每亩产量3担稻谷，高田平均每亩产量5担稻谷，特别大部分低田水大，种不了小麦和菜籽，养不活7~8口人的家庭，如果差口粮，只能到洪湖里打菱角充饥，一半粮食一半菱角，维持生活，还可以到洪湖里捕鱼，吃一半卖一半。

另外，多子多福，如果7~8个儿子，轮流供养父母，轮一次就轮7天，老人赡养非常轻松。但是，儿多母苦，要养儿子、安置儿子结婚和上学等费用很高。不过，先苦后甜，待抚养儿子长大成人，嫁女婚妻，父母就可以不劳动，由儿子供养，颐养天年。比如，李启宗4兄弟，母亲抚养他们很辛苦，但是，儿子长大结婚，提议母亲跟自己吃，如果不愿意，就给她钱自己烧火，她却选择跟儿子吃，吃完饭就天天打牌娱乐。

第八节　继承与继承关系

财产继承是同一血缘家庭或者宗族维系物资的条件，主要表现为宗族财产继承和家庭财产继承两个主要方面，不同继承方式，其继承内容各不相同。

一　族产继承

宗族公产，比如公田、祠堂台和公湖，属于宗族共同拥有财产，同族每个人都有份，都有继承祖产的权利，负有保管祖产不被侵占或者破坏的义务。不过，因为犯法获罪或者天灾战乱外迁到异乡居住，与原来宗族没有关系，那么继承祖产资格自动消失。郭用文老人回忆，洪湖之南滨，瞿姓没有湖水，而李、胡、余姓有湖水。李家咀村的李姓只有4代人，就是从洪湖迁过来落藉的。当时在洪湖几千烟灶，如老墩、新墩、大屋墩、二屋墩、三屋墩都是单姓李，因为犯法逃到李家咀落籍生活。他们还在洪湖压伞子湖水有份，逃走以后，就没有参加分配，就放弃了以前的湖水份子。

二　家产继承

（一）屋台继承

在湖区，地势低平，洪水泛滥频繁，只能择高地或者河堤作为屋台，如果家里儿子多，有3~4个儿子，没有屋台建房，即使有钱也买不到屋台，可见屋台非常重要，作为子孙台，代代继承下来，甚至，没有特殊原因，禁止买卖子孙台。而外嫁女儿，属于外人，无权继承，但是，遇到富裕之家，待女儿出嫁时，会给予陪嫁台2~3亩。不过，媳妇的陪嫁台，陪嫁多少，媳妇继承多少，当媳妇和儿子去世，则由孙子继承。如果媳妇被休，陪嫁台可以由娘家收回。

另外，由于父子别居观念影响，建筑房屋的台、墩本身就是房屋的组成部分，属于"家产"范畴，所以，分家以后，儿子也往往希望拥有自己完整的房屋，而不愿使用自己父母房屋的台墩扩展出来的部分。这样，建筑新房屋，也就意味着堆筑新的台墩，而这些台墩往往各自独立，并不相连。由于父母房屋周围可能不便再堆筑台墩，或者出于耕作稻田或入湖网鱼的方便，分家另居的儿子往往选择离父母房屋一定距离的地方营建自己的房屋。

（二）房屋继承

分家以后，一个儿子一间房，属于谁的房间漏水，谁出钱修缮，公共厅堂由儿子集体出力修。住不久，3~4 年就拆掉房子，分开重新修建房子，而父母出去搭建草棚居住。比如富农李斯银家里有 3 间大瓦屋，分家以后，把老房子拆掉，长子不离宗堂，留居原址建房，其他儿子重新选址建房子。另外，儿子在外面为官或者做生意，也有房屋继承权利，如果没有子嗣，房子也是无条件由其他兄弟继承，不过，不在村者不会回来，只是小住而已，除非其他兄弟没有子嗣，就由他继承。另外，老人去世以后，由舅爷、姑爷和族人做证，平均分配。如杜家老人生前盖了房子，不算多少钱，死后由 4 兄弟平均分配。如果没有子嗣，老人去世，允许女儿拆掉或者卖掉，或者继承。

（三）水田继承

首先，分家时，少数父母要提最好的养老田，等父母亲去世，就把养老田给最喜欢的儿子继承，说这个儿子对父母有良心，并由继承的儿子负责安葬父母，因为生不要你养，死不要你葬，其他儿子不敢有意见。还有水田继承，如果儿子死了，没有继承权利，如果其有子嗣也要平均分配一份，而且要多照顾。不过，嫁出的女儿是人家的人，不能继承田产，但是婚嫁嫁妆由儿子平摊出资，而且富裕之家会将 10 亩以下水田作为嫁妆田。另外，媳妇的嫁妆田，只能由媳妇和儿子继承，媳妇和儿子去世，则由其子嗣继承。当媳妇和儿子离婚，嫁妆田也可以由娘家收回。另外，过继不为儿，下堂不为母。意思是说过继出去的儿子，不能继承生父母的田产，改嫁的母亲不算母亲，不能继承田产。

据李良望老人所述，老人没有子嗣，只有女儿出嫁，只能以父系为主，由侄子继承，娘家人算作外姓人，不能继承。如李家习氏，作为李府的附姓，以男系为主。如果从外面来，单家独姓，没有子女，去世以后，如果有根底，只能乡亲查询根底，靠其血缘关系人继承。如万姓祖籍在湖南重阳县，来百桥村落籍，当老人去世由投靠百桥村亲戚的儿子继承家产。

（四）官方文契继承

官方文契，比如家族田地契约或者田册等，一般父母健在，由父亲保管，待父亲去世，则由长子保管。不过，如果长子年纪小或者没有能力，就可以委托其他有能力的叔伯保管。还有媳妇的陪嫁田和陪嫁台的契约，由儿子和媳妇共同保管，也可以由家长代为保管。另外，继子田田契由继子保管，如果继子年龄小，则可委托养父母保管。

李良望老人回忆，最初，田册由李良望的爷爷掌管，他们家是大房，专门管田册和田约，但是，爷爷 30 岁就生病去世，奶奶守寡，父亲才 5 个月，没有人管田册和田约，就把田册让二房二爹李窥银的爷爷保管，二爹爹去世前，跟李良望说："他死了以后，把田册和田约拿过来保管！"但是，1956 年发大水，二爹一家人逃荒到卢家墩姑妈家，地势非常高，没有被水打走，却被人偷走，就此遗失。

（五）家谱继承

不是家家户户有家谱，一般某一支人或某一房选房长或者门长掌管家谱。如果没有改选房长或者门长，待老房长或者老门长去世，由其长子当家，继续管理家谱，负责登记本支生者或者死者生辰八字。如果长子去世早，则由次子或者有能力者保管，等长子的儿子成年以后，则由叔叔转交他保管。另外，女子不上家谱，不能继承保管家谱。另外，分家以后，旧祖牌由长子继承祭祀，其他儿子分别再找木头刻祖牌进行祭祀。

（六）嫁妆继承

女儿也是父母所生，耳坠、手镯和簪子等母亲首饰，留给女儿，由女儿继承，但是，不当着儿子和媳妇面送给女儿。一般去世前就私下送给女儿，防止去世后，被儿子和媳妇偷拿走。不过，即使媳妇和儿子知道女儿继承，懂得礼数，也不敢说，因为他们得到田产和房产，这些手镯等首饰值不了多少钱。

（七）过继继承

现实中没有子嗣，需要找人继承家产，负责养老送终。一般有三种情况。一是没有儿子又没有侄子，只有女儿可以继承，由其负责父母生养死葬，继承家产，那么没有人延续香火，就绝户绝嗣。多数不会采用这种方式，比如熊华安，没有儿子，又没有过继成儿子，虽有女儿嫁了，去世以后，只能找侄子端灵，家产给侄子继承。二是过继子嗣，比如过继亲子本房侄子或同姓族人以及舅爷儿子，负责养老送终，继承家产，兼祧两房，才不会绝嗣。三是认义子，如果没有子嗣，又不过继他人作为子嗣，在征求他人父母同意情况下，不管同姓还是异姓，有无血缘关系，喜欢谁家的儿子就可以立他为子嗣，俗称义子，由义子负责养老送终，房产和田产由他继承。四是招上门婿作为子嗣，要求改姓，负责养老送终，生下子嗣延续香火，继承财产，以免绝嗣。

　　郭用文老人回忆，过去，过继养老送终很普遍。那些孤寡老人，没有子嗣，生前只能过继侄子或者族人作为子嗣，负责生养死葬。或者死后，过继一个儿子，由他用钱帮助其办丧事送葬，孤寡老人家产和田产由他继承，负责清明或者过年祭祖。

如果分家，不管儿子有无子嗣，都要平均分配，因为他们要田和房生活养老，以及抚养女儿成人出嫁，只是待无子嗣的儿子去世，其房产和田产由其他儿子继承。当没有子嗣，又无法从兄弟、叔伯等家族成员过继血脉继承家产，比如房子和田产等时，只能从同姓过继子嗣继承产业，由继子负责养老送终。如果继子没有履行养老送终义务，本姓家门或者户长有权剥夺其继承继父母家产的权利，充为本家族或者宗族公产。

　　李良望老人回忆，陆德高是从曹市镇陆姓过继过来的，先人没有子嗣，立杜家到陆氏门户，继承养父母的家产和田产，继父母很勤俭节约，只有两间小草屋，后面，辛苦攒钱买了曹市镇3间瓦屋，拆掉房子，把木料运回来建房子。

（八）遗孀继承

父亲早逝，剩下儿女和妻子，没有改嫁，房产和田产由妻子代为继承，由叔叔和婶娘帮助抚养儿女成人，一起负责出钱送其上学，还有负责嫁女婚妻，女儿出嫁帮助出嫁妆，如果是儿子就安置结婚，以后，叔伯婶娘不管。另外，如果丈夫去世早，妻子抚养子嗣困难，可以招公扶子，继承家产。比如李氏第三代人沈昭贤（百桥村9组黄家倒口），与李前元是嫡亲兄弟，是湖南桃林县人，被李姓招公扶子，因为姓李男子去世早，留下孤儿寡母，生活困难，就找一个男子结婚，与遗孀继承家产并一起把儿子养大。

（九）招婿继承

为了保留家产而不给外人，只能招婿保家产，如果找女婿继承家产，其实很多人不愿意，因为女儿一辈子没有娘家走，家族力量弱小，而且女婿的后代第1~2代跟女方姓，3代归宗，甚至2代就改姓，就变成另一个家庭，没有血脉延续香火。比如女方姓王，第1个儿子跟王姓，第2个儿子跟女婿李姓，把两家门户立起来，因为是两兄弟关系也亲爱，但是，2~3代以后归宗，就跟李姓，上李姓谱，立女婿方的门户，如果3代单传，没有三兄四弟，原来王姓就无人延续香火。李丙贵回忆，解放以前，曾祖父买了20亩田，两个儿子平均分配10亩，二儿子到杜家剀做李氏的女婿，但是，不改姓，只负责养老始终，同时，回到观阵村种田。但是，李氏三兄弟没有子嗣，曾祖父将父亲李前元过继给李氏立门户，当时只有2间草屋，后来，买了李公柏的屋台居住。

（十）坟地继承

家族坟地，家族共同继承，禁止私分。私人坟地，由儿子共同继承，一般也禁止私分，用来埋葬去世父母。如果孤寡老人去世，禁止女儿继承坟地，因为她是外人，禁止她带走，只能由侄子同姓继承。如果既有家族坟地，又有私人坟地，儿子两边都可以继承，待父母去世或者他们去世，既可以安葬在集体坟地又可以安葬在自家私人坟地。

（十一）私房钱继承

老人去世后，剩下的现金（私房钱，用于生前养老），不能由姑娘继承，一部分作为办丧事的费用，剩下的只能由儿子分别继承，比如30块大洋，3个儿子平均每人10块大洋。因为女儿已经是外人。只有当女儿婚嫁，兄弟赶情，父母也会赶情，礼金不上礼簿，意味着免费给女儿，兄弟不能有意见。

第九节　杜家剀村经济变迁

解放以后，杜家剀经济形态发生显著变化，主要表现为土改时期经济变迁、集体化时期经济变迁和改革开放以后经济变迁，这三段经济变迁，为了解当时杜家剀经济状况提供了借鉴。

一　土地改革时期杜家剅经济变迁

（一）没收公产

解放以后，1950 年 6 月颁布的《中华人民共和国土地改革法》规定："征收祠堂、庙宇、寺院、教堂、学校和团体在农村中的土地及其他公地。"可见，国家政权下延，逐渐改变基层产权状况，公产产权的公益属性逐步削弱，经济属性越来越强。

1. 没收族产

宗族的公田、公湖、祠堂台等公产，都被当作封建遗产，没收充公，宗族也就丧失筹办活动的经济基础。另外，1950 年 6 月 30 日《中华人民共和国土地改革法》规定，"祠堂等得由当地政府管理，并充为公用"。当时各姓宗祠等产业都一一充公，当时，土改干部召集群众将不少祠堂拆掉，把木材、瓦片和砖头等材料，运送到村公所驻地，用来建设村公所。祠堂是宗族存在的外部象征，一旦被摧毁，连基本宗族活动筹办场所都没有，导致宗族力量更加微小。

2. 没收垸产

传统时期，闸台和闸田都是给予贫穷的农户居住和耕种，即使需要土改，也不会没收他们闸台和闸田，因此，闸田和闸台没有流失。而过水丘，处于无人认领状态，土改过程中，被就近划给当地生产队所有，后面，开河修水利，变成排洪水水渠。同时，由于水渠改道，原来水剅或者水闸也荒废，不再起排水防洪的功能。可见垸产被没收，以垸为中心的水利服务被摧毁，以后大型水利服务主要依靠政府提供。

3. 没收村产

解放初期，即使遭遇洪水，也没有人组织修堤抢险，村落荒地也一直撂荒，无人认领，直到土改时期，荒地才逐渐被私人开成熟田耕种，后面，被收归生产队所有和经营。另外，村落义地，先前葬满大量去世老人，不过，剩下一些空地，后面，坟墓也被干部带领群众逐一破坏，甚至平整土地，建了公社的粮仓。土改时期公产处置情况见表 3-46。

表 3-46　土改时期公产处置情况

类型	明细	处置方式	功能	有无管理
族产	各姓公田、祠堂台和祠堂等	就近归生产队所有	公益功能丧失，经济功能强	祠堂拆毁，无管理
垸产	闸台、闸田、庙田和寺庙等	就近归生产队所有	公益功能丧失，经济功能强	寺庙拆毁，无管理

续表

类型	明细	处置方式	功能	有无管理
村产	村落土地、义地等	就近归生产队所有	公益功能丧失，经济功能强	无

（二）没收地主土地

工作队下乡，召开贫雇农会议，那些家庭好过或者有雇工的家庭没有权利参加会议。然后，组建贫协组织和民兵组织等。工作队干部扎根土改根子家，废除旧田册，清查土地情况，如杜家剐有多少人有多少田地，平均每户或者每人多少地，谁家田多田少，谁家好田多坏田少，然后，调查有没有请长工剥削，或者有没有放高利贷，有没有受人压迫，划分阶级成分。

土改初期，首先，进行土地确权活动，当给别人的田，出当者和承当者一人一半，俗称割瓢。当时，中农、富农所种田面积不变，地主田被没收，贫农和雇农分到地主田，杜家剐有 33 户，总计 477 人，耕地 477 亩，平均每人 1 亩田。总之，不要搞个人发财，谁生活变好，又将谁成分提高，要求平等致富。另外，即使进行声势浩大的土地改革，彻底改变传统时期产权类型，但是，除地主、富农以及"恶霸"土地被没收以外，其他中农和贫农拥有的土地不变，一家一户生产和经营的单元没有发生改变。

二　集体时期杜家剐经济变迁

（一）集体产权演变

1. 开荒占地

（1）村外开荒

解放以后，洪湖地区仍旧大部分是百里洪荒之地。大片的荒地都收归国家所有，以粮为纲，政府号召百姓到处拦湖垦荒。5 组集体村民[1]到洪湖范围开荒 110 亩，又到戴家湖区域开荒 50 亩。开荒时，采用犁田标记法，队长带领村民去背犁[2]，将荒地犁过，呈现正方形田框子，算插志为标，占为己有。或者一旦开了荒，就有干部登记，荒地的面积多少、荒地的位置，谁私自占地就可以干涉。与解放以前不同，以前地阔人少，外来客户来洪湖抢地，谁抢谁占就是属于谁的，插志为标或插草为标，以及找一个关系好的人做证，这块地的产权属于自己。新开荒水田归 5 组村民经营，后面，被迫将 22 亩归百桥大队，平摊给其他队。80 年代土地承包时期，平均每人 1.5~2 亩，最大田为 8 亩，最小田为 5 亩。

---

〔1〕　5 组属于杜家剐村民。

〔2〕　由于人多地少，没有足够耕牛，为了抢到更多荒地，多为人力拉犁垦荒，俗称抢荒。

（2）村内开荒

互助化时期，东堤有荒地2块，面积分别为2.8亩和1.8亩[1]，荒田一块，面积为3亩。这些都是被私人开荒而成，集体时期，以开荒不作数为原则，划片分给5组，后面，开荒成熟田大概有6亩[2]，再进行平均分配土地。集体时期，5组最大田面积为15亩，只有一个埂子，最小田8亩。改革开放以后，只有5~8亩大田，最小为5亩，最大为8亩。据说，李良望、黄孝德等几户共同开荒，把生田改成熟田，如果队里要田，就交给队里，队里也没有什么意见。

（3）土地划片

集体时期，百桥村5生产队距离戴家湖较近，开荒抢占50亩湖田，为了集中耕种，百桥村和南安村就进行兑换，南安村把一些官湖垸的地，与百桥村抢荒的地兑换。对抢荒的土地，以大队为单位，进行砍边，按照人口平均分配，建立田埂。原来螺潭、竹林和百桥三村水田，就砍断，进行划片，左边就是螺潭村，中间是百桥村，右边是竹林村。另外，按照就近原则，将土地划片，9生产队在官湖垸有田、湖水、白田（包括屋台、台田）、河滩，就近划给杜家剅，而李姓有20亩白田，被划给4生产队作为白田。

（二）集体经济经营演变

1. 个体经济

（1）种私地

集体经济时期，只准种社会主义的田。家里没有发现一个人，人人都在田间做活，挑担割草，进行生产。要求先公后私，种好社会主义的田，保证国家粮食任务，才准干私活，比如私自开荒耕作，粮食归私人所有。比如，东堤有荒地2块，荒田1块，这些都是被李良望开成熟田的，大概有6亩。当时，杜家剅村民和戴家湖戴家人抢荒，丢下秧苗，李良望捡回来也插了0.5亩，收了30斤稻谷。另外，到河边开荒2.8亩，栽种秧苗，也收80斤稻谷。其实，这些行为，不属于搞私不搞公，都是农闲时，出工去开荒种田。

（2）捕鱼

集体时期，只准种社会主义的田，抓生产任务，谁不顾生产任务，只做私活就被打成"搞私不搞公"，并抓起来进行批斗。比如1958年，李良望父亲没有粮食吃，就和9队老头到青泛湖打鱼来卖，当时吴成荒因为是贫农，担任公社通讯员，就告到公社，说他们搞私不搞公，被开会批斗。李良望就找吴成荒，说"你叔叔也经常打鱼，是搞私还是搞公？我父亲打鱼你就告状"，"你叔叔弄鱼咋不说，你革命咋不从自家搞起，怎么拿我父亲开刀"。从此，关系就不好。

---

〔1〕　土改以后，该荒地被李良望开成熟田耕作，后来，归5组集体所有。

〔2〕　土改以后，这些荒地先被个人开成熟田，大概有6亩，开荒不作数，集体时期，划片就近分给5组，然后，再进行平均分配土地。

2. 集体经济

（1）互助组

第一，划片。解放以前李、夏、涂和熊等姓氏共 8 户，在一个大字号有田，土改时，工作组进村，8 户也一起开展土改，1955 年搞互助组，以地域相近原则，将 8 户划到 4 组李家咀。集体化时期，搞合作化，按照人口和地域便于生产，同样，就划归 4 组。李良望老人回忆，解放以前，大字号有 42 户，到互助组时期，其中杜贤成、黄中香、杜贤明、黄中生、黄中新、黄中立、夏广银、李丙胡、李丙界、李丙堂、涂天平、涂文玉、涂文杰、熊生杰、熊生华、熊生意、熊家声共 17 户，因地域相近，被划到 4 组。

第二，组建。1954 年，洪湖发大水，杜家剅村民转移到钟祥县逃荒，有船的到天门赶工，水退以后，25 户农户合成一组，进行集体种菜，菜籽都是李良望独自出钱到公社购买。后面，从生产队长李良望房子为界砍片，以相近为原则，将 25 户分成 2 个互助组，以职业为标准，一个 15 户的互助组去打鱼，另一个 10 户的互助组去砍柴。到种田时，自北到南，从杜子英房子到陆德高房子，自东到西，从杜家剅到东堤沟，以一个大字号或福场为单元，坚持自愿结合为原则，一般关系相好，由一个人牵头，5～10户组成一个组。

第三，效率。互助组时期，集体搞农业生产，田属于自己的，相互合作，你帮我搞，我帮你搞，串工搭伙，互帮互助，比如秧脚是各搞各的，独立下秧、插秧，不讲每个人多少田，田多田少，直到每个人插完为止，效率很高，哪户人的田整好，就先帮他插。各自在各家吃饭，不是互相请吃饭，只是出工做活时，一起集体出工，防止偷奸耍滑。互助组彼此进行竞争比赛，效率确实高，提高生产积极性。如果有儿子参加志愿兵，缺少劳动力，队长派人帮他家搞生产，耕田整田，插秧割谷，享受特殊照顾。但是，互助组只搞了1 年。不少人嘲笑互助组的会计偷闲，没有时间搞自己的田，"不动脚不动手，1000 斤坐着也能收 990"，说明当时互助组生产效率高。

（2）人民公社

1955 年逐渐转初级社，再转中级社，最后，改成高级社，比如人口多的吴湾一个自然村就是一个公社，人口少的柏红小公社和三星小公社合成一个大公社，这时，田地、农具、耕牛和船只等收归集体，没有私人的田地，建设仓库，设有仓库会计、生产队长、副队长和生产小队长、副队长等，就是集体农庄，进行农业生产。

①组织领导。集体时期，生产大队设置支部书记和大队队长负责公社一切生产事宜。生产小队设置队长、副队长、会计兼任记工员和田间管理员。其中，生产小队队长负责到公社开会，晚上召集村民开会，宣布县里的指示、生产形势、今年生产计划怎么样、如何完成以及进行生产布置。另外，不开会时，小队队长制订生产计划，就入户喊工；副队长负责领村民出工做生产，进行生产过程监工；会计专门负责记录工分，不过，会计比队长责任大一些，负责记工和入库等登记工作，不能出现差错；田间管理员负责水田灌溉，哪一块田需要晒田，哪一块田需要灌水，都是他负责布置人踏水。仓库保管员兼会计，要奉公守法不敢贪污，专门管理粮食入库和出库，可买多少粮，可卖多少粮，并按照每月每人

要消费多少粮食，剩多少口粮，由保管员负责核算清楚，并制订好粮食入库和买卖计划。生产小队干部任职情况见表 3-47。

表 3-47　生产小队干部任职情况

类型	成分	职责	性别
生产小队队长	贫雇农、中农	开会、落实上级指示、组织生产、喊工等	男
生产小队副队长	贫雇农、中农	领工、监工等	男
生产小队会计	贫雇农、中农	记工、入库、分配等	男
生产小队田间管理员	贫雇农	水田灌溉	男

②出工模式。第一，出工。由生产小队队长安排好生产计划，需要多少人薅草、多少人插秧、多少人踏水等，分工明确。第二天，由队长敲锣出工，要求社员并行并走，统一搞生产，如打草或者插秧，跟着队里人走，迟到不仅要挨批评，还要扣工分。比如副队长的老婆做完半天就回来吃饭，有小孩家庭，没有公婆照顾，还要喂养孩子或打理家务，经常迟到，就会被批判和扣工分，被公社干部批评："你还是副队长的老婆，怎么带头迟到！"

第二，作息。生产队时期，凌晨 3 点扯秧，5 点过早，再栽秧，12 点回来休息 1 个小时，再去做工，18 点吃晚饭。遇到农忙时节，一天到晚在田里。早上背田[1]时，不过早，把米炒熟充饥，有月亮的日子，三更半夜，也要出工批秧搞田。割谷时，不分天热，割了谷还要堆窖。遇到劳动力少的家庭，一天在田里劳作，即使孩子没有奶吃，在家里哭，也没有人带。每逢水灾严重，水田位置低，插秧半个身体浸湿在水里，除非上大厕才上坡，不然一直在水里，非常辛苦。据李良望老人所述，集体时期，为了完成生产任务，"大雨小干，小雨大干，没有雨就拼命干，夜晚当白天干，白天一天当两天干，冬天做活天出力就不冷，夏天干活出力不瞌睡"。集体时期生产作息见表 3-48。

表 3-48　集体时期生产作息

时间	事件	管理者
5：00	过早	小队长敲锣出工
5：30	薅草、扯秧、打草	生产副队长
12：00	吃中午饭	小队长敲锣收工
13：00	插秧、踏水车、用牛	田间管理员、副队长
18：00	吃晚饭	小队长敲锣收工

第三，分工。集体时期，15 岁的男子，最初算半个劳动力，如果力气大，就算作整个劳动力。18 岁算做劳动力，60 岁不算劳动力。60 岁以上老人，年老体衰，搞不动力气

---

〔1〕　背田是指发生水灾，把耕牛淹死，只能依靠妇女背犁，男子扶犁，整田耕种，搞农业生产。

活，就不下工，不参加田里农活，只负责踏水或者打草腰子，以及到禾场晒谷。解放以前，插秧和割稻，妇女不下田，因为妇女裹小脚，三寸金莲，下不了田。直到1958年，妇女才学栽秧，下田栽秧、割谷，甚至出工修堤和开河，顶上半边天。不少人嘲笑，"毛主席领女把身翻，妇女能顶天一半，穿衣做饭自己干，热情完成一亩三，看你愿不愿"。

第四，请假。生产队队长安排生产工作，有事需要提前请假，不然都旷工，就无法搞生产，贻误农时。请假只需向队长做口头说明，说明事由，几天回来，不记工分。如果怀了孩子，就不能做重活，向队长申请做轻松活，但是，不能抗工，不做活。不过，为了挣工分不会轻易请假，比如叶老妈怀了孩子，已经快生产，感觉不舒服，很吃亏，还背着差不多上百斤的水车，有人见了，也很冷漠，不搭把手，谁都想轻松，还踏完了一天的车，回来才生孩子。

第五，搞副业。集体时期，以生产小队为经济和生产单位，有多少生产成果，队里农户就能收益多少，再兼顾完成公社分派任务，比如修水利和开河等，可以派人出去搞副业，增加队里收入。比如打鱼、做苦力等，比如赚取300元，要交给生产队100元，记工分，剩下归自己所有。当一个生产队田少，劳动力剩余，由生产队队长召集社员开会，允许一些有手艺的社员，比如木匠或者犁工，出去做副业，赚取钱，交一部分给生产队记工分，或者所有钱交给生产队，由生产队补贴0.3元作为工资。每组只能抽2~3个外出搞副业，修路、建闸、挖煤等，不然没有人搞生产，一般劳动力，每月挣取300分，就要交30元给生产队，记村里工分，分口粮。另外，读大学或者外出工作就要找生产小队队长，要开具证明推荐，就可以到供销社工作，每个月工资40元，20元交给生产队，记工分，20元留给自己支配。

③记工制度。第一，基本工分。人民公社时期，搞生产，当时生产队队长、副队长、保管员，他们记10工分[1]，比社员高一点。一般社员按照4：6记工分，比如10分，6分是基础分，4分依靠抢，谁的效率高就抢得多，谁的劳动力多，也抢工分多。另外，根据从事劳动工种计算，栽秧一亩田15分，打草10~12分/天，薅草9分/天，老人用牛犁田一天9分/人，老年妇女踏水车，一天5分/人。一般一人赚取3000分/年。最后，年终结算，将各社员工分数量公布。郭用文老人回忆，出工搞生产，一天做到晚，插秧割谷、打草挖地、脱粒磨米，也算工分，打草和捡粪都是按照重量记工分。不出工就扣工分，分少就钱少和口粮少。

为了竞争比赛、分出等级，设置突击班，劳动力能力强，手脚快，记工分10分/天；中级班，劳动力能力适中，记工分8分/天；低级班，老年妇女年纪大，速度慢，记工分6分/天。还有不做事的老人或者小孩，谁放牛就记工分。喂牛不需要做事，主要把牛喂好，如果喂不好牛，就不奖工分，比如喂一天牛，记工分8分，喂得好就奖励2分，记总分为10分，喂不好就扣2分，记总分为6分。不过，生产队长或者副队长等干部，也有人讨好他们，与他们关系好，记的工分就高一些，做一些轻松的活，安排工分高的活。不同记分方法见表3-49。

---

[1]　当时10工分等于0.3元。

表 3-49　不同记分方法

类型	明细	年龄段
工种记分	栽秧一亩田 15 分，打草 10~12 分/天，薅草 9 分/天	青壮男女劳动力
劳动力记分	犁田一天 9 分/人，踏水车，一天 5 分/人	老人用牛犁田，老年妇女踏水车
对象记分	生产小队干部记 10 工分，比社员高一点。一般社员按照 4:6 记工分	青壮男女劳动力
等级记分	突击班，记工分 10 分/天，中级班，记工分 8 分/天，低级班，记工分 6 分/天	突击班，劳动力能力强，手脚快；中级班，劳动力能力适中；低级班，老年妇女年纪大，速度慢
奖惩记分	喂一天牛，记工分 8 分，喂得好就奖励 2 分，记总分为 10 分，喂不好就扣 2 分，记总分为 6 分	不做事的老人或者小孩，谁放牛就记工分

第二，对照工分。为了鼓励搞生产，大队提出工分对照考核手段，考核社员或者干部生产效率。比如一天插秧多少面积，自扯自栽，1 亩相当于 20 分，要扯 560 把秧，手脚快以及较为勤劳的村民栽秧最快速度，一天插 1.5 亩，记 30 多分。生产小队记分员要测算，而且要大队书记用尺子来测量，检查有没有偷工减料，有没有太宽，合不合格，搞不搞实，如果合格获取头等工分，工分奖励至 33 分，如果不合格，就扣工分。要求一月一对照，一年一对照，用红榜公布分数。

④奖惩制度。集体化时期，按照劳动量记工分，多劳多得，比如插 1 亩，记 15 分，有的插 30 分，也有的插 10 分，如果没有完成生产任务，就扣分，那些插得距离较宽的，还要返工，有记分员监督。当时，早稻，不插立夏秧；晚稻，不插秋后秧。要求日夜搞生产，抢季节，由生产队队长拉皮尺，每天完成 1 亩，完不成，就扣工分，挨批评。当比其他人速度快，做活多，记高工分。比如副队长李良望不搞干部，还拿头等工分，参加戴家场的表彰大会，获得茶壶和盆子作为奖励。

⑤分配制度。生产队成果由会计和保管员负责管理，其中，会计负责按照出工情况计算工分和口粮，保管员负责钱粮管理和分配。对于生产成果分配，按照 4:6 标准分配，1000 市斤，600 市斤作为基本口粮，作为人头粮，剩下 400 市斤就按照工分挣取，谁挣取工分越多，抢到口粮越多。比如 4 个人分 300 斤口粮，120 斤是人头口粮，剩下 180 市斤，依靠工分去抢，谁赚取的工分多，就把别人粮抢了，那些劳动力少，又要丢工照顾孩子的，记 8 分/天，挣不够工分，只能吃萝卜丝或腊萝卜，没有米吃，如果 5 个劳动力，记 10 分/天，赚取工分越多，年分得口粮越多。另外，修路、建闸、挖煤等村民，没有算钱，要从村里工分中分给他。没有后代的五保户，也只能从生产队抽粮给他们吃。

　　如果队里收益大，也就是田亩水稻、棉花和芝麻产量高，收入多，折算成工分钱也就多，以小队为经济核算单位，分得的口粮和收入也就多。一般都可以赚取 3000 分，如果劳动力能力强，可以拿到头等分，赚取 4000 分，当小孩少，劳动力多，赚取工分多，分得口粮和收入多。如果小孩多，劳动力少，工分赚不够，就是超支户，口粮搞不回来，只能欠集体账，年年借集体粮食，待儿女长大，才能慢慢还清所欠的账。

　　⑥税收分配。第一，税收政策。1949 年以前，最初，戴家湖纳垸的荒田，归戴家所有，集体时期，共产党打击姓霸，将土地收归国家，谁占到归哪个生产队。同时，按照生荒 5 年、熟荒 3 年政策，进行完税。意思是开垦荒田，可以免税耕种 5 年，才要上交农业税，如果熟田免税耕种 3 年，3 年后按照田亩实际面积完粮。第二，征收标准。集体时期，每个生产小队每年粮食产量有多少，收取多少公购粮，需要大队干部和小队队长一起估产，根据田亩数量多少和稻谷长势好坏，比如杜家刴总计 470 亩，亩产 800~1000 斤，估算出生产小队粮食总量。大队干部通过摸底，了解哪个队收成好，哪个队收成差，然后，制定纳粮任务，不减产生产队多卖余粮，减产生产队少卖余粮，防止生产队少报或者瞒报粮食总量，瞒产私分。比如大队干部要求各生产小队解决困难户缺粮问题。李良望到大队讲道理："毛主席说，增产多吃，减产少吃，现在没有粮食，怎么解决困难户，还要交皇粮国税，你们要搞绝对平均主义！"大队干部讲不过他，就把 500 粮票给 5 组，解决 5 组困难户生活问题。

　　⑦劳役分配。1949 年以后，为了改善排灌系统和防御水害，沔阳县、天门县、监利县、江陵县和潜江县共同修水利排涝。每年 10~12 月，一般持续 1~2 个月，每个生产大队派出水利主任和水利会计，由生产队长或者副队长担任，派农户出工完成开河任务，比如戴电河和排涝河，先以县为单位，每个县要完成 2 万米，再以公社为单位，每个公社 5000 米，还要以村为单位，每个村完成 1000 米，10 米宽，并按照传统计算土方，"劳 7 土 3"，意思说劳动力占 7 份，田亩占 3 份，按照劳动力数量和土地田亩面积摊派。还要修建水闸，有 20 几个闸门，派工出力，同样，按照田亩面积摊派，种多少田就派多少任务。除此之外，为了便于排水和灌水，生产小队队长安排社员出工，将良田开成 4~5 米宽度的河沟，出工就记工分。另外，还需要抢修江堤，设置修防主任，由吴成之担任，也造水利册。由生产小队长、副队长带民工上堤。同时，设置一个突击班，他们身材高大，由力气大者担任，普通人完成 5 个土方/天，突击班成员却完成 8 个土方/天，他们挑的担子，普通人都挑不起，奖励时，他们吃稻米 1 斤，普通人吃稻米 0.7~0.8 斤。修堤劳务分配情况见表 3-50。

表 3-50　修堤劳务分配情况

类型	性别	年龄	工作量	粮食分配
突击班	男	18~35 岁	8 个土方/人·天	稻米每天 1 斤/人
普通班	男、女	30~50 岁	5 个土方/人·天	稻米每天 0.7~0.8 斤/人

⑧集体时期消费。第一，日常消费。初级社时期，粮食分配，平均每人 0.2 市斤/天。平时，只能吃腌制菜肴，如萝卜丝或白菜，家庭富裕点的，就买点鱼过年。统一使用三票，比如抽烟使用烟票，买衣服用布票，吃米用粮票，吃油也用油票，没有票买不到商品。特别是如果要买肉，有钱没有票，也拿不到肉。除非自己养猪，坚持购五留五，比如 100 斤猪，交给国家 50 斤，发给自己 50 斤肉票。或者自己养 2 头猪，交一头猪给政府，作为屠宰费，另一头换取肉票，过年过节，凭票领取猪肉。或者碰到没有钱用，就可以到市场卖掉肉票，换一些钱。不过，赤贫就享受特殊待遇。如黄孝恪，祖辈和父辈在沙口镇打鱼为生，没有田地，父母和两弟兄搬过来，只能住同族亲房人黄中门的一间房子，解放以后，他就因赤贫成分，非常吃香，红遍半边天，先做贫协组主任，再做民兵连长，后来，做"四清"工作队队长，在新堤镇他的名声也大，计划时期，买不到东西，只有说黄孝恪叫过来买，才能买到东西。

人民公社时期，生产积极性不高，亩产量不高，按照留足留够原则，不是全部把口粮都卖，基本够吃，1958 年柏红生产大队和三星生产大队合成一个公社[1]，并成立人民食堂，吃大锅饭。一个公社组建一个食堂，一敲锣就可以到食堂打饭，按照人口吃饭，每人0.8 斤/天，要求 4 菜一汤，吃饱吃好，也有打饭拿到家里，自己做菜。但是，吃饭不要钱，外来人也可以进食堂吃饭，浪费很严重。后面，就遭遇水灾，稻谷减产，又"浮夸风"，亩产上万斤，把大部分口粮卖给国家，口粮不够吃，只能到湖里讨吃的。不过，1958 年以后，不仅没有水灾，而且到沙口开荒，粮食供应勉强足够。1962 年，接收沙口镇去开荒的田，田多有口粮，就不缺粮。集体时期消费情况见表 3-51。

表 3-51　集体时期消费情况

类型	分配情况	消费方式	消费地点
口粮	平均每人 0.2 市斤/天	使用粮票	由家庭到食堂
猪肉	卖 100 斤猪，交给国家 50 斤，发给自己 50 斤肉票	使用肉票	由家庭到食堂
衣服	一张布票 10 尺，做一件衣服要六尺，做两件衣服都不够	使用补票	由集场到供销社

第二，红白喜事。公社规定，不准铺张浪费，禁止办酒席。比如 1972 年黄中生的父亲去世，就像是年轻人不正常死亡一样，既没有报丧帐子，如悼念黄对联或者白对联，也没有灵屋子，道士先生也没有，没有人做法事诵经，只是当天办了一桌酒席，待送葬以后，由于姑娘女婿较多，其他亲戚都没请，所有粮食被客人都吃光，第二天就没有粮食吃，当时，按月分粮，办丧事把粮吃完，队里没有开仓，只能向亲戚或者邻居借粮。还有1979 年田家口倒口，早稻谷没有割，挨水淹，粮食减产，某家腊月十二嫁女儿，亲房人帮

---

[1]　柏红大队为 7 组、8 组、9 组，三星大队为 1 组、2 组、3 组、4 组、5 组、6 组。

忙到田里扯萝卜，用菜刀切成丁，没有粮食吃，只能吃萝卜丁，吃得人呕吐。

第三，赶情。集体时期，有红白喜事，禁止请假去走亲戚赶情，如果你穿戴整齐，去访客，被干部看到，就叫你下地干活做工。不少人聪明，就偷偷绕远路或者走山路，才能到亲戚家。比如女儿坐月子，娘家要过族米都不准去，请不到假，如果被发现就把你准备的礼物没收，有些人有胆识，就走小路，见人就躲，才能偷偷送到族米。郭用文老人回忆，解放以后，地主和富农的田被收到生产队，没有多少钱，都依靠工分赚钱，女儿都做生产队的活，女儿陪嫁只能有 2 间屋子的嫁妆，排不上号，很不体面。

三　改革开放时期杜家剀经济变迁

1982 年包产到户，将土地、农具、船只等财产都平均分到户。按照抓阄或者捻沟，分田地和生产工具，防止扯皮。田按照产量分成好田和拐田（坏田），分到户时，好田和坏田搭配分配。有些好田种稻谷，坏田就挖水塘，用来养鱼。当时，5 组平均分得 1~1.5 亩/人，每户分得 7~8 亩。

自从单干包产到户以后，农业生产以家庭为负责单位，没有队长、副队长、会计、田间管理员，生产各搞各的，生产安排由私人当家管理，想怎样安排就怎样安排。杜子英老人回忆，1982 年包产到户，大队干部召集各小队会议，平均每人分到 1.5 亩田。生产更加自主自由，各搞各的，想早一点就早一点，想晚一点就晚一点，今天做不完明天再做，没有人跟你抢工分、口粮和钱。

未取消农业税时期，按照田亩面积摊派合同款，每亩要交 100~200 元，10 多亩的每户都要 1000 多元。不缴纳合同款，就被干部抓到乡镇府下跪，甚至用刑，还要到乡政府做苦力。另外，因种田农业税重，把田租给人家种，自己种几亩，有粮食吃，出去收破烂，每天可以有 100 多元的收入，远远超过种田收入。郭用文老人回忆，有些人精打细算，非常精明，不要田，因为当时农业负担重，平均每亩缴纳合同款 500 元，每亩地的收入都不够缴纳合同款，他们就出去打工或者做生意。

不过，后来，随着政策放松，有很多人抗粮不交，都困（记录）在集体账上，由村集体帮忙垫付粮食，无法处置欠合同款者，"大错不犯，小错不断，罚也不罚，判也不判，看你拿我怎么办！"比如 5 组很多党员较为精明，拖欠合同款，一样子过日子，政府也不会拿他们怎么样，倒是普通百姓不敢拖欠，怕拖欠款被人说，没有面子。

第十节　杜家剀村经济实态

改革开放以来，随着工业化和城镇化步伐加快，杜家剀经济受到剧烈冲击，并呈现自身发展特点，从杜家剀的产权实态、经营实态、分配实态和消费实态四个方面得到集中体现。

一 产权

现在产权实态发生显著变化，其集中体现在产权类型、产权边界和产权调整三个方面，不妨从以上几个方面进行阐述。

（一）产权类型实态

1. 族产实态

最初，1934 年，鄂豫皖根据地政权颁布《没收和分配土地条例》，规定"祠堂、庙宇、公堂、会社的土地、房屋、财产和用具，一切没收"，再加上土改时期，彻底没收宗族财产，促使宗族等共有土地遭受沉重打击，逐步丧失了经济基础。

（1）河滩变更

杜家剅村李姓一世祖购买的 27 亩寨堤下面河滩，范围从杜家剅延伸到青福寺后面潭子，垸堤倒口，被叶姓和郭姓侵占。解放以后，土地归国有，居住有远近，进行土地划片，分到谁就属于谁，杜家剅村民要求叶湾村和杜家剅一村一半。杜氏 3 亩公河滩，也是按照土地归国有，就近划归杜家剅生产队所有，然后，平均分配给各户村民。另外，涂姓 27 亩河滩也收归国有，划归当地生产队所有。

（2）祠堂台变更

解放以后，国家权力下沉，要求没收宗族相关土地。所以基本所有姓氏祠堂被捣毁，剩下祠堂台，要么被开垦成耕地，平均分配给农户耕种，要么被平均分配给村民建房子，可见，现在祠堂和祠堂台更不复存在。不过，随着国家政策放松，宗族力量得到一定复原，不少姓氏重新修祠堂，按照户捐资和有钱者赞助，购买一些祠堂台，作为兴建祠堂之用。

（3）湖水产权变更

李姓和杜姓等大姓湖水，随着土改运动，打掉湖霸，将湖水收归国有，有一小部分划归村集体所有，大部分归政府所有，被建成国有渔场。可见姓氏公有湖水产权也不复存在。李良望老人回忆，过去，沙口镇、小港镇的大沙湖与杨沙湖都是芦苇荡，村民到当地砍干柴。解放以后，政府征地，纳堤建农场，鼓励村民迁入开荒，以前在农场开荒者，可以在里面上班，退休有工资。比如吴成荒、杜子英、吴成蓝都到小港开荒，后面，嫌弃没有多少收入，搬回杜家剅，没命过好生活。

（4）坟地产权变更

除了夏家、黄家、陆姓没有集体坟地，熊家、吴家、杜家、李家存留有家族集体坟地，都被没收改成良田，遇到老人去世，只能埋在自家菜园或者屋后空地。郭用文老人回忆，坟地是祖宗留下的土地，属于一行田，用人工挑成的台地，土改以后，收归集体，不是自己土地，成为国家和集体的土地，又分给台上的其他人，不敢说是自己的台。

2. 垸产实态

（1）垸庙田变更

青福寺建设庙宇以后，剩下水田，土改时期，被收归集体所有。1958 年，被挖去部分泥去修堤，田变少了，剩下就建庙。剩下 0.3 亩田，供庙里斋公种植管理，现在修了坡，变成 0.5 亩田，供斋公耕种和打理菜园，自给自足，即使田和地都被收归集体所有，也不派赋税，作为不纳税的黑地。可见寺庙活动经济基础仍然存在。

（2）闸田（台）变更

官湖垸和青泛湖垸购买的闸田和闸台，土改时期被收归当地生产队所有，平均分配给当地人所有，不过，后面，改建水闸排水，扩大水闸规模，还要开挖沟渠，增加排水量，占掉一部分闸田和闸台，剩下一部分，用于建设守闸房，作为管闸之用。随着人民公社时期行之有效的义务工制度，开挖河流，修缮江河堤，以前水患逐渐解除，不再是三年两水。

（3）过水丘变更

解放以后，为了改善排灌系统，开挖大河，比如戴电河和洪排河，导致上游垸子水渍改道排出，又抢修江堤 3 年，逐步解除官湖垸和青泛湖垸洪水威胁。这样，过水丘作为含蓄水源功能下降，除一部分作为排水沟以外，大部分被开垦成水田，归当地生产队所有，平均分配到户。

3. 村产变更

以前的荒地、义地、黑地和免税地，都被没收归村集体，再平均分配给农户，几乎不存在多少集体用地。比如杜家剅的 2 块白田和 1 块荒田，总计 6 亩左右，原为被私人开荒的水田，集体时期，以开荒不作数为原则，划片分给 5 组，再进行平均分配土地。还有 10 亩义地，坟墓被掘走，开成平地，建生产队仓库，收购棉花，改革开放以后，卖给私人建房居住。另外，征用 5 组和 9 组土地 3 亩，修建中学，后面改建福利院，除非撤销，才能收回 5 组和 9 组的地，如果尚未撤销，一直归政府所有。另外，生产大队占用 5 组 2 亩土地修建窑场，后面，归 5 组经营。现在土地在减少，人口不断增加，土地不会增加，劳多地少，迫使村民外出谋生，人口外流严重，并不是守着土地为生。最初平均每人 1 亩水田，现在劳多田少，除了林地、自留地外，种植耕地只有平均每人 0.7~0.8 亩。现在产权实态见表 3-52。

表 3-52 现在产权实态

类型		归谁占有	有无纠纷	有无管理
族产	河滩	以前归大姓所有，现在归叶湾村	有	无
	坟地	以前家族所有，现在归 5 组所有	无	有
	祠堂台	以前归生产队所有，现在重新购买	无	有
	湖水	一半归国家农场所有，一半归 5 组所有	有	无

续表

类型		归谁占有	有无纠纷	有无管理
垸产	庙产	先收归生产队，后回归青福寺所有	无	有
	闸田（台）	收归生产队，平均分配到户	无	—
	过水丘	收归生产队，平均分配到户	无	—
村产	荒地	收归生产队，部分被国家征用，部分分配到户	无	—

（二）产权边界实态

改革开放以后，国家重视土地确权工作。没有做好确权工作时，谁都想多占地，但是，一旦进行土地调整，造好田册，土地边界清晰，不容易有田地纠纷。土地调整时，就设置不同界口。生产小组与生产小组之间的耕地，一般修建了排水枧，以枧为界。比如，4组和5组以100米水枧为界，左边是5组的田，右边是4组的田。生产小组里村民的耕地以田埂为界。另外，屋台之间是以巷子或排水沟为界，一般都是靠着边界建房子，不会逾越界线建房，自然而然遵守界线，其他家庭也是以家户房子为界线，一一对齐，不会让谁偷占屋台。

（三）土地调整实态

1. 土地调整原因

改革30多年，以前增人不增地，减人不减地，导致田地分配不均衡，有的田很多，大部分村民田少或者没有田，不少群众提议，要将以前老人去世留下的土地和嫁女儿时带出去的土地收归集体，再根据人口数量重新分配，较为合理。比如有些人结婚以后，生了孩子，过了分田时机，如果不进行土地调整，会一直没有田种。

2. 土地调整时间

土地确权以后，杜家剅土地每5~10年进行一次土地调整，政策灵活，因地制宜，而且不同村有不同政策，也要因组制宜。并制定规定，以后每10年，收归集体，重新分配土地，较为合理。每个小组执行土地政策不同，没有一刀切。

3. 调整主持者

土地调整时，以组为单位，一般推荐或者选出本组干部或者党员以及群众代表，由以前干部或者共产党员制订分田方案，比如杜家剅进行第二次土地确权，以二类承包为主要标准，不同生产小组，实施不同分田方案。第一类按照人口平均分配；第二类按照土地底份进行分配；第三类按照田亩好坏进行补产，田亩好坏和优劣，好田和坏田进行搭配分配。由每个小组开会同意即可，为了避免分配不公，要自右到左，依次捻沟，抓到哪个沟，就分到哪块田。先抓好田，再抓拐田，正好好田和拐田一一搭配。每次调整土地，要求选出 5 个代表制订分田方案或者在村委协助下制订分田方案，再开组里会议讨论，一致通过，就可以进行土地调整。

4. 水田分配

在村民的协助下，由干部、党员或者群众代表负责到田间重新测量每家每户的土地面积，计算他们的土地总面积，按照人口数量，算出平均每人的土地。同时，将土地分成三个等级，一级田有多少，平均每人多少，二级田多少，平均每人多少，三级田平均多少，先分一级田，再分其他两级田，捻沟成份，以示公平合理，防止有人扯皮。另外，现在人口变化，5 组拥有田亩数量，相对于以前承包地少了 18 亩。要求入组分田，干部就要求他们出钱，平均每人缴纳 1000~2000 元，进行入股分田，因为以前其他村民缴纳很多合同款，你们没有出一分钱，如果要想分田就必须进行一些补偿，不出钱就不给你分田。比如 2016 年平整以后，杜家剐宅基地和菜园地不分，水田重新分配，60 岁以上老人分得田 0.3 亩/人，成年人 1 亩/人，6~10 岁分得 0.3 亩/人，11~18 岁分得 0.6~1 亩/人。不同分田顺序如图 3-7 所示。

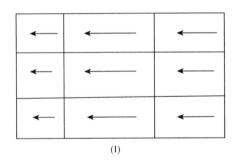
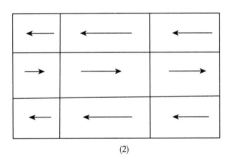

(1)　　　　　　　　　　　　　(2)

图 3-7　不同分田顺序示意

5. 落桩做界

土地调整时，干部也根据田册子，落界桩，拉绳子，进行分田确权。土地调整时，由队里干部和党员 4 个代表落桩，比如本队队长、分田代表（黄孝治组织群众代表）、党员代表，即使队长不参加，分田代表也可以负责分田，他们负责拉绳子，承包者作为见证人和监督者。代表用绳子拉直四角公口，用铁锤打一个眼以后，另一个代表提袋子灌下石灰，俗称石灰桩[1]，不容易腐蚀，即使木桩腐烂，石灰痕迹仍存在，同时，石灰桩也挪不动，避免起纠纷。别处没有台盖房子，集体分配台建房，比如 6 个儿子就分 6 个屋台，人人都受益。

---

〔1〕　界桩也有用沙树做成的，然后，用火烧煳过，用榔头打下土里 1~1.5 米，可以持续 1~2 代人，不会腐烂。

6. 土地确权

待土地调整过后，由村会计上报分田明细，完成土地确权方案，并实现确权电子化和数据化。根据村庄平面图，设置精准扶贫定位到每个村民小组。土地确权都是通过卫星定位，每一块土地面积多少，一旦输入就为村民实际面积。比如，卫星测试有 30 亩，但是村民报入只有 20 亩，就是不相符合，由于个别村民小组、村民之间互相交换或者流转，年限长以后，没有及时调整，就报不够实际面积，就要反复查。

二　经营

（一）集体经济经营

1. 生产小组经营

（1）土地经营

集体时期，5 组集体到沙口镇三角湖开荒 50 亩，但是，这些荒地是当地人陈氏的祖地，按照政策也收不回来。每几年跟他们打一次官司，几年来，陈氏族人多次要求 5 组缴纳排涝费和电费，并出工修堤，而 5 组只有一户人在那里耕种，其他人没有耕种。最后，政府和法院出面调解，5 组被迫割了 30 亩给陈氏族人。虽然陈氏无法赶走 5 组村民，但是，他们慢慢侵占 5 亩，田就越来越少。近年来陈氏族人又想办法，挖鱼池搞养殖，向 5 组买田，花了 3500 元购买 5 亩。卖田的 3500 元归 5 组集体收入，用来修路或者埋下水道。另外，剩下的 10 亩水田，留给本组村民杜子方耕种，并利用 5 亩鱼池养鱼。据说，5 组打算将 10 亩水田和 5 亩鱼池卖给他，价格为 5000 元，但是，他没有出一分钱，他不出钱，5 组也不分田给他，因此，每次土地调整，他在 5 组分得一个屋台。据李良望老人回忆，三角湖开荒，与当地陈氏族人扯皮，"田是望天收，排水没出路，抗涝没有排涧沟，排涝费照样收！""没有多少收入，怎么跟你们当地出同样排水费用，怎么还会帮你修堤！"

（2）鱼池经营

第一，开挖鱼池。土地调整过后，水田挖成鱼池，每个组将靠近湖泊，没有生产用桥，耕种运输困难。另外，也可以将承包田挖成鱼池，不过，土地调整时，需要收归集体，才重新调整。

第二，经营时间。据文熙娇所述，鱼池所有权在生产小组，实际按照面积平摊到个人，鱼池经营权每人都有份，其经营收入可以平均分配到人，也可以留在村民小组。每次土地调整需要改变经营者。每个组土地调整方案由每个组开会进行民主讨论决定。最初，5 年调整一次，但是，5 年周期短，养鱼都没有产生收益，就收归集体，要求 10 年调整才合理。据说，懂养殖的村民想要聪明，想继续喂鱼，要求缩短调整周期，其他村民就不想喂，他们就可以抢到鱼池经营权，或者有些村民怕别人赚钱，玩狡猾，少给你们养几年，你们就少赚几年。

第三，经营模式。经营模式分为以组经营和以家庭经营两种。一是以组为经营单元，没有平均到户，每一次调整土地需要调整鱼池经营者，把部分鱼池经营权在组里进行拍卖，出价高者承包，或者由组里捻沟承包，以示公平合理，以 10 年为一个经营时间，向村民小组缴纳 15000 元租金，可以分段缴纳。在没有收益的前几年不需要上缴，待鱼池有收益时，也就是 3 年后支付一部分，再过 5 年就把田租金全部缴清，10 年后就交回集体。比如 5 组，2007 年有 1 亩 100 元/年，15 亩一个鱼池，1 年 1500 元，15 个鱼池总计 22500/年，10 年总计 225000 元，承包者一次缴清给组里，成为组里集体收入，搞组里公益事业。二是每次土地调整时，按照人口数量，将鱼池平均到每户，然后，抓阄决定谁来经营，凡是经营者，要支付水田承包者租金，平均每亩 150~200 元/年。比如 4 组将集体土地挖成鱼池，谁捻到沟谁经营，承包价格为 200 元/亩，如果自己不养殖，就可以把承包权流转给其他人经营，价格为 250 元/亩。

第四，租金管理。鱼池承包租金，以村民小组进行管理，一般由本组干部或者党员负责管理，也有组要求村委干部委托管理，但是，村委为了保障财务有序，拒绝保管组里集体收入。比如 5 组鱼池承包收入有 225000 元，强烈要求不能给一人进行保管，希望交给村委干部管理，但是，村委不肯管理，不干涉村民小组财务，要求 5 组自己选 3 人保管，将钱存到银行，设置密码 6 位数，每个人输入 3 位数，由群众代表管理存折。

第五，租金使用。每个小组鱼池承包收入，不能挪作他用，村委也不能使用，主要用于本组公益建设，比如道路硬化、建设生产桥梁或者安装路灯等。由村民委员会牵头和引导，选出具有责任心和公平公正、没有私心的党员或者前干部为首，5 人左右，组建财务领导小组，设置财务、会计和组长。公益项目都是承包建设，比如 4 组修路都是承包给包工头修建，平均每米造价 360 元。不过，由于监督不到位，组长李启元将剩下的 28000 元挪用 1 年，后面，群众提议修到鱼池的路，他才肯拿出来修路。

2. 行政村集体经济经营

（1）集体土地经营

百桥村集体土地 8 亩，流转给本村村民种树，签订 10 年合同，共 24000 元，由村委会代为管理，如果党员或者老干部与村委关系好，优先租种村委集体耕地或者林地，反正，签订合同，规定年限，一次性缴清租金。集体出租的租金使用，需要村民议事会和村委会干部讨论通过，主要用于村委会日常开支或者村民困难户救济开支等方面。

（2）"两工"收入和"一事一议"收入

"两工"费用，按照劳动力出资 80 元/人，全村共 2553 人，共计 204240 元。"一事一议"的费用，按照田亩面积摊派 6 元/亩，村耕地面积总计 3054 亩，总计 18324 元。每年做项目结算，用不完的结余，一年一年累计，2016 年村集体收入有 10 万元左右，主要储存在"三支"费用账户，由乡镇进行管理，需要开支都要向上报销。其主要用于生产用桥、道路或者灌溉和排涝等方面的开支。

（3）项目收入

①外来项目资金。第一，外来项目类型。百桥村没有发展集体经济，村级公共建设，

主要依靠村委外出跑项目，多少依靠相关职能部门，每次拨付资金有 10 万~30 万元，比如在精准扶贫过程中，由于对点帮扶或者领导挂点，2015 年百桥村修村委会大楼，房产局就支持了 11 万元。据文熙娇所述，2015、2016 年财政所局长包村挂点，以洪湖市财政局以事养事项目，获得财政拨款 12 万元。2013 年纪委书记李启云包村，帮助村庄到扶贫办申请升级改造鱼池项目，每个鱼池 1000 元，30 个鱼池，总计 3 万元，村委挪借 8 万元作为村集体建设费用。

第二，资金管理。村庄进行生产设施建设，当年 2 月份需要做好预算，做什么工程、工程量多大、资金要花多少，形成项目申报书，并递交乡镇财政部门进行审核，待施工时期，由乡镇财政部门拍照，将材料递交市一级财政局，市一级财政局根据项目工程预算拨款，比如拨 20 万元，只用 18 万元，就剩下 2 万元，就成为村委收入，不过，需要打入"三支"账户，由乡镇进行管理。

第三，资金使用。公益项目实施，多数承包给施工方，涉及资金使用，先要到地税局开税票，并交给村委，由村委拿着税票做账，到乡镇"三支"部门报销，要么直接汇入承包商账户要么汇入村会计账户再支付给承包商。另外，要使用"三支"账户的每一笔钱都要找分管的镇长签字，发票或者账目不合格，报销不了，程序烦琐，管理非常严格。但是，可以预支一部分款项，比如施工需要 20 万元，不能等项目竣工才支取，提前预支一部分，比如 5 万~10 万元，写清付工程款的事由，也要找镇长签字，才能支取这笔钱。

②村内项目资金。第一，项目资金类型。除了"两工"费用和"一事一议"费用，还有一些其他项目费用收取，比如环境整治费用等。但是，不能以村委负担名义出资，要由理事会收取资费。比如 2015 年按照田亩出资 18 元，比 2014 年少收 8 元，有些村委反映，把 18 元下降到 10 元，以后如果要加费用，难度就很大。村会计说，以后不会增加，除了增加一些垃圾池费用，比如以前每户 1 个灰龛，后面，就每 5 户设置一个垃圾池，另外，清洁工工资也只有 2.1 万元，还有一些环境设施管理费，其实不算多，即使村民欠7000 多元，每亩 10 元基本够，已经做好预算。

第二，资金管理。环境整治，都需要召开群众代表组成的理事会，比如每年收多少钱、怎么收、怎么使用，都要召开理事会通过，不过，已经有党员代表大会代替理事会功能。

第三，资金使用。其实，资金也没有多少，只有 3 万多元，要支付清洁工工资和增加垃圾池等费用。比如 2016 年按照田亩摊派出资 10 元/亩，因为 2016 年国家亩产补贴下降20%，比 2015 年少收 8 元，2015 年剩下一些环境管理费用，即使不够，也不能把"两工"和"一事一议"的费用用作环境整治，因为这点费用大部分支付干部工资，1 个干部 1 万多元，也要 5 万多元，不然就不够用。

（二）家庭经营

1. 农业生产

第一，作物安排。以前夏季种水稻，冬天种小麦和菜籽，现在只种一季水稻。一方面，水稻改良种子，产量高，有吃有喝，不搞两稻，没有那么辛苦；另一方面，养殖鳝鱼和龙虾效益高，少种田，多养殖，每年几万元收入，或者种莲蓬，收莲子和藕茫去卖，十几元一斤，热起来就在牌场打牌。

第二，耕作效率。现在春耕末端，采用铁牛耕田，一天可以耕 10 亩左右，插秧有小型的插秧机，每天可以插 8 亩，较为整齐有序。而面积较小的水田，以家庭为核心单元，进行人工插秧，每天插 0.7 亩/人，整齐划一。如果为了减轻劳动强度，就把水田水排干一些，平均划成几小块，只需把发芽谷种均匀撒播，虽然效率很高，每人 3~5 亩/天，但是，需要花费 2 倍的谷种，谷种每市斤 40 元，就需要 80 元 1 亩，而且较为混乱，长出来的禾苗毫无秩序。

第三，雇工。现在弟兄和亲戚都出去打工，农忙时，多数需要雇工经营。雇工时，要挑选那些干农活的好手，那些做事拖拉或马虎的人不被雇用，为了保证质量，不少主家宁愿多给 10 元。如果雇工移栽，花费为 300~400 元/亩。现在请人吃三餐，早上 5~6 点过早，买早餐 3 元左右，然后出工，为了节省时间，中午 11 点吃午饭，中午有货郎担挑团子（现在用三轮车"麻木"）到田间叫卖，有钱村民可以买一些充饥，中午不休息，下午 5 点吃晚饭，工资为 150 元/人。收割时，请外地人用收割机进行收割，110 元/亩，需要中人介绍，但需要抽取 20 元作为介绍费。

2. 土地流转

第一，流转对象。50 岁以上农户种田，甚至 70 岁还种 10 亩白田（旱地），身体好的村民 80 岁还种 6 亩田，后面就流转给女婿耕种 4 亩，自己还种 2 亩。不过，年轻劳动力外流，一旦年纪大种不了田，只能出租给一些本组关系较好的兄弟或者叔伯，他们既养鱼又种田，成为兼业农民，收益高一些，没有其他赚钱行业，田没有多少，租种他人水田，一方面维持生活，另一方面还可以种鱼草喂鱼等，这样，很少有外面人能进村租田，租也只能租到鱼池，外面的水都泼不进来。

第二，流转租金。现在没有人进村租田，都是流转给叔伯或兄弟耕种，价格低廉，不需要签合同，每亩 100~150 元/年或者每亩每年 100 市斤稻谷，如果价格贵，没人帮你种，田就荒芜长草，熟田变成生田，长成材山。现在村里流转租金很便宜，租 1 亩收取 100 市斤稻谷，晒干以后，就送到主家，要钱给钱，要粮给粮。还有流转鱼塘也一样，属于谁家的底份，就以统一价格流转。

第三，流转方式。一是引导农户"对流"。按"传统习惯"，"亲找亲、邻找邻"进行承包地"对流"。这种自愿流转方式，占比 59.84%，比如承包地 5 亩，流转给弟兄叔伯耕种，口头约定价格和期限，不需要签订合同，不具有法律保护力度，可以随时收回，一般租金每年 100~150 元/亩，随时要田随时收回，不与村委相关，而且有人要赖，刚开始流转价格每年 300 元/亩，后面，效益不好，就不给每年 300 元/亩，或者见到别的村民租田给每年 200 元/亩，我为什么给 300 元，价格变动很大，很随意。如 8 组集体水田，一般价格流转每年 200 元/亩，刘雪娇就出每年 300 元/亩抢来种，就流转给他耕种，甚至，你出每年 300 元/亩，我也出每年 300 元/亩，也出得起，村里互相争田，为了抢到田，你出高一点，我也出高一点。不过，有些村民租田靠谱，只要组里土地不调整，就一直给他种。二是代理流转。对来不及流转的外出打工农民的责任田，该镇实行镇驻村机关干部与村委会干部包片"代理流转"，即驻村干部、村组干部"有意"地将外出村民责任田流转到种田大户。40.16%选择代理流转，通过政府登记手续流转，签订合同，承包时限在10年以上，如果承包到期，还可以继续续约，具有法律依据，如果发生违约纠纷，比如规定10年，承包者不能提前收回，到期也要按期收回，可以到法院打官司，受法律保护。如5组亲戚进村租亲戚私人的地养殖蛋鸡，约定流转价格为每年300元/亩。

3. 机械化经营

经过土地平整以后，水稻种植基本实现机械化。现在百桥村村里有4台耕田机和3台收割机，插秧机70%村民都有，还有小型拖拉机和小型耕整机，有能力流转到40亩进行耕种。即使没有，请人耕作，耕田100元/亩。打农药时，用电力的药水机，平均每天可以打药10~15亩，效率很高，一次可以覆盖4畦田，一年只要打3次药水就行。收割时，有外地老板进村收割110元/亩，"混混"要抽20元，政府和村委管制，不准外村或者本村收保护费，避免产生社会矛盾。还有外地人过来收割和耕田，比如江苏和河南的老板过来收谷，因为季节等不及，稻谷一熟就要求及时收割，要求价格一样，平均竞争，如果乱涨价，可以向派出所举报，一经查实就进行罚款。

4. 互助经营

现在50岁以上的劳动力在家种田，即使劳动力不足，想请工也请不到，只能自己买插秧机，或者买不起，就请别人的插秧机插秧，或者抛秧，省去插秧环节。不过，"亲帮亲，邻帮邻"的生产互助旧习惯仍有。比如李公海的儿子在外面做生意，自己在家买耕田机承包村里土地耕种，100元/亩，遇到乡亲李良望80岁要请他耕田，他不需要费用，甚至一包烟都不要，照顾他们老人家。现在土地平整，平均分配土地，实现机械化，而且农田产量也高。特别人多地少，年轻人都到外地做生意。如贵州，云南、浙江、天津和北京等，他们也能做生意，天南地北，都敢闯。

5. 非农经营

（1）务工

改革开放以后，国家户籍改革，允许多渠道赚钱致富，家庭人多地少的村民外出赚钱，生活清闲一些。现在5组除了老人和小孩在村生活，60%的年轻人在外面做生意，主要经营玻璃、铝材和装潢等行业的生意，还有去外地打工，如广西、四川、广东、浙江、海南、云南和贵州等。只有小部分中年人在家种田和养鱼，兼业农民年龄为50岁以上。其实，种田1亩最高赚1000元，50亩也就赚5万元，但是，在外面做生意，轻轻松松，最起码一年也能赚5万元以上，种田很累。另外农闲时，村民轻松，都去打麻将，就有支出，即使没有输，也要交钱给牌场子。杜家剀村民职业分类见表3-53。

表 3-53 杜家剅村民职业分类

姓氏	户数	职业
李氏	34	25 户外出做玻璃和铝材生意,9 户养鱼和种田
杜氏	15	2 户种田和养鱼,9 户外出做生意,4 户务工
熊氏	9	1 户种田和养鱼,3 户外出做玻璃生意,5 户务工
黄氏	9	4 户种田和养鱼,2 户外出做生意,3 户务工
夏氏	7	1 户种田和养鱼,4 户外出做生意,2 户务工
吴氏	2	1 户种田和养鱼,1 户外出做生意
陆氏	1	1 户种田和养鱼
万氏	2	2 户外出做生意
涂氏	6	不详

(2) 养鱼

百桥行政村水产养殖总计 100 户左右,收益比水稻种植高,平均每亩 1.5 万元,成为增加农民收入的主要产业。杜家剅共有 22 口鱼池。养鱼的李氏 9 户、杜氏 2 户、黄氏 4 户、熊氏 1 户、夏氏 1 户、陆建华 1 户,其中李志伯、杜美成、李启檀、李双新将鱼池经营权流转别人,本组承包价格为每亩 150 元,承包给本组、其他组或者外村每亩出价 200 元以上。可见鱼池经营主要由本组村民经营,外面 4 户经营,因为有些村民标得鱼池,养殖 5 年,不想再养殖,就把剩下的 5 年养殖时间转包给外人养殖,最初,10 年承包费 2 万元,外人就把后 5 年 1 万元承包费支付给自己就行。如果组里没有经营,以组为单位向外人招标,价格就贵一些,如组里经营价格为 100 元/亩,那么出租给外人要 200 元以上/亩。鱼池经营情况见表 3-54。

表 3-54 杜家剅村民鱼池经营情况

姓氏	户数	如何经营	原来经营价格	如何取得经营权
李氏	9	卖给南安村经营 200 元/亩	原价 150 元/亩	抓阄所得经营权
杜氏	2	卖给南安村经营 200 元/亩	原价 150 元/亩	抓阄所得经营权
熊氏	1	自己经营	—	抓阄所得经营权
黄氏	4	自己经营	—	抓阄所得经营权
夏氏	1	自己经营	—	抓阄所得经营权
吴氏	1	卖给南安村经营 150 元/亩	原价 100 元/亩	抓阄所得经营权
陆氏	1	自己经营	—	抓阄所得经营权
万氏	1	卖给南安村经营 150 元/亩	原价 100 元/亩	抓阄所得经营权

（三）合作经营

1. 土地平整

第一，土地平整目的。为了实现农业现代化和机械化生产，地方政府要求对农村耕地进行平整，同时，修建水泥沟渠，实现灌溉设施网络化，便利水源灌溉，提高生产效率。

第二，监管者。最初，平原地区开展土地平整方案较早。当杜家到大面积进行土地平整时，由国土管理部门主导和监督，村委会干部辅助，特别是因平整土地产生的一些纠纷，需要村委会负责协调和解决。

第三，实施者。土地平整实施承包给工程施工方，由其负责实施方案，交由国土管理部门审核通过，方可实施，由于没有人参与，规划存在失误，安装一个变压器，带一个组都带不起。以1000米为单位进行平整，中间低，两边高，只能挖一段横埂，从两头灌水。普通群众反映，"你们怎么把田搞低，路搞这么高，怎么下去耕田，而且，灌水时，由于田不平，低田秧被淹死，高田还没有水！"

第四，出资者。土地平整过程中，施工费用、劳务费和设备采购费用等，都是政府出资，村民没有出资支持。不少群众反映，土地平整存在贪污款项嫌疑，当时，官湖垸工程款有1800多万元，一下子就没有钱，就验收竣工了。2年以后，有人核查账目，他们就用大船运了3船石料，在机耕路铺了一些石子。不过，以前连政府也监管不了，因为通过领导关系招到项目，他们分了钱，村委更加干涉不了。

第五，验收者。土地平整自己做，自己验收和督察，都是政府主导和管理。现在进行土地平整，不仅是政府监管，而且村委和村民也监督，做不好就可以要求返工，比如土面不够平，就要求重新做。

2. 水利建设

改革开放以后，从电排河进水，从戴电河排水，竹林村、百桥村、螺滩村三个行政村都可以受益。土地平整过后，用机械挖土机把洪沟平填，按照500米一条开大沟，100米一条开小沟，有田相隔开，多少田，就有多少沟，可以进水也可以出水。不过，几年来，水渠基本都毁坏，灌水就很不方便，漏水严重，都是各搞各的，以集体形式，不敢多收钱，都是符合省一级规定，不敢踩这个红线，一分都不敢多。当国家有扶持政策，才有钱修缮，2016年村委申请2万亩的水渠硬化工程。除此之外，关于生产用桥，如果对面有水田的收益户，就要摊派出钱，每户100元，有钱出1000元，修建生产用桥，由组长为首，还要搭建桥模子，才能施工修建。

3. 水田灌溉

解放以后，就集体修建大沟，用柴油机抽水灌溉。遇到沟渠堵塞，由坝长组织，进行片区承包管理，比如1~3组、4~6组、7~9组，分别由一人管理，每亩摊款0.4~0.7元，或者由村民负担，组织者每次 20 元，春夏之际，贴出告示，请大家出工修沟，一年一次，谁受益谁出工，地域相近者出工，如果遇到水沟崩塌，就随时组织修沟。后来，安装了多户共用机户设备，几户集体灌溉水田，按照田亩数量摊派负担。现在以户为单位进行水田灌溉，并安装每户电表，以用电数量计算费用，由小组长负责收取，不用电不收费，水渠硬化后，灌溉条件变好，各修各家水渠，不需集体出工。

4. 防洪抢险

每年洪水来临，巡查堤岸，需要安排村民执行任务，以前巡堤有一定危险性，没有工资，一般人不愿意去，现在巡堤有工资，大概平均每人 200 元/天，包吃住，不少人争着去抢险。所以需要抓阄，安排村民去巡堤，每年一批，公平起见，每户都有机会，防止村干部偏向某人。

三　分配

（一）村内分配

1. 村级费用分配

第一，税改前村级费用分配。改革开放以后，实行家庭承包责任制，分配给农户土地，就需要缴纳合同款。以前村级提留很高，要交合同款负担很重。当村级差钱时，就要向村民提取，存在乱摊派、随意加征项目，以及以资代劳等现象。这些费用，可以从生产小组收取，组里没有集体收入，要求本组村民按照耕地面积摊派，比如今年要向村民提留10 万元，如果结算时还差 1 万元，而且今年还有村民拖欠 1 万元，就明年增加提留 2 万元，总计 12 万元，10 万元基本费用，另外 2 万元就是补村民拖欠的亏空。这样，水涨船高，提留款一年比一年高。

第二，税改以后村级费用分配。税改以后，村民需要缴纳村级费用大大减少，只需缴纳比如灌排水和杂工费用等，有偿服务，村级管理劳务费、排水和灌水等费用都是村级的服务费。其表现为缴纳"两工"费用和"一事一议"费用，其中，"两工"费用，主要是支持水利改造、水渠疏浚等的劳动积累工和义务工费用，按照劳动力出资 80 元/人，全村2553 人，共计 204240 元；"一事一议"的费用，主要是村民自愿筹资，政府适当奖补，支持村内道路建设、水田水利和村容村貌改造，按照田亩面积摊派 6 元/亩，村耕地面积总计 3054 亩，总计 18324 元。不过，现在村委希望从生产小组收提留款，村委做账目打预算，算出总费用，按照耕地面积摊派，每亩 50 元，可以获得大概 10 万元。但是，由于村民拖欠，估计有 2 万元收不回来，就多增加每亩 2 元，多收 2 万元，才够开支，但是，多收 2 元就是村集体欠生产小组 2 万元，就成为村集体债务，遭到群众反对，因为上一年就欠生产小组村民借款 2 万多元。

2. 其他分配

村级开支实质就是村级费用分配环节，比如村委日常支出、干部工资、劳务工费用等，不同开支有不同特点。

（1）公共基础建设支出

村级公益设施建设，是村级费用第一大开支。比如修建公路、桥梁和办公大楼等，需要村级出钱。文熙娇老人回忆，2016 年修建村委大楼，预计 11 万元，由村委找政府部门要钱跑项目，政府财政拨款 11 万元，村里老板捐款 2.5 万元，还有村民"两工费用"和"一事一议"的费用支出，总计 13 万元。

（2）干部工资

干部人员中少数为定工人员，其他为不定工人员。定工人员每年工资有 4 万元左右，其他不定工人员只有 1 万多元，所有村委干部工资总计每年有 10 万多元。因为除了书记工资高，年薪有 4 万元，相当于副镇长（副科级）待遇，其他干部只有 2 万元左右，心里很不平衡，比如杜作平做了 20 多年干部，社保也没有解决，都不想搞工作。另外，国家政策规定，做过村里书记，年限有 10 年以上，可以每年领取 1800 元的生活津贴，但是，这个老书记工作年限不够 10 年，最初，这些津贴由村委负担支取 300 元/年，后面，就由国家负担支取。

（3）劳务工费用

务工开支是村级第三大开支，比如发生洪涝灾害时，政府要求村委安排多少劳动力巡堤，负责巡查和防护，请老百姓做工，不是义务摊工，是国家支付生活费，每人支付 200 元/天。另外，村级防汛，村民田亩有水灾，需要做堤，是村民摊派义务工，现在巡堤要村委出钱支付工钱，每人 150～200 元/天，比如沙口镇有 20 亩田，只要发生水灾，就支付 1 万元/年。上级过来进行视察，就要提前请人除公路旁边的杂草，150～200 元/人，需要 10 人，总计 1500～2000 元，几次下来，每年要 2 万多元。还有村委换届选举，需要委派劳动力，也需要支付劳务费。两笔费需要村民缴纳"两工"费用支出。

（4）沟渠清淤

人工修建大型沟渠，需要国家出资洗沟清淤，用机械清理淤泥。比如村级小型沟渠，需要用两工费用，去年政府返回 30%，今年返还 20%，用于村级水利设施建设、小型水渠建设费用。比如冬季清理沟渠，大沟由国家负责出钱清洗，村级小沟由村级出钱洗沟，比如抗旱涧、排水涧，费用也要 2000～3000 元，需要使用村级每年"两工"和"一事一议"的费用。

（5）环境整治费用

环境与村民健康、村容村貌息息相关，必须加大环境整治力度。比如清洁卫生费用，垃圾处理，每 5 户设置一个垃圾池，村里有 3 个环卫工人，每月收集 2～3 次，每年支付给清洁工费用总计 2 万多元。据文熙娇所述，环境整治工程费用，都是村民理事会收取，专款专用。最初，都是政府成立理事会管理，由村委代为收取，由政府进行返还，用于环境整治，但是，现在政府不敢收取，就把任务下压给村委负责，由村委做一本专账，通过挂欠形式收取，有些村民不肯缴纳，连合同款都不交。但是，一味强调环境整治，却不允许村委收钱，想要牛奶，却不让牛吃草，这笔环境整治费，也入不了村级债务，由村委想办法从其他资金中进行垫付。

（6）其他开支

比如青苗费和土地费，当初清理沟渠淤泥，淹没了村民的庄稼，就按照每亩 800 元作为补偿，因为小麦收成的最高收入为 800 元/亩，少了村民就不答应，要上访。另外，应酬开支和生活开支都没有，明令禁止，实现零开支。以前村委每年招待费和餐饮费达到 2 万~3 万元。2016 年百桥村各类开支明细见表 3-55。

表 3-55　2016 年百桥村各类开支明细　　　　　　单位：元

类型	内容	开支费用	资金来源	支持部门
基础建设开支	修建公路、桥梁和办公大楼等	13 万	政府拨款、村老板赞助、"两工"和"一事一议"费用	村老板、房产局
干部工资开支	干部基本工资和老干部津贴	10 万多	政府拨款、"两工"和"一事一议"费用	财政局、民政局
务工开支	防汛务工开支	3 万多	政府拨款、"两工"和"一事一议"费用	水利局
沟渠清理	施工费	3000	政府拨款、"两工"和"一事一议"费用	水利局
环境整治	清洁工工资、垃圾处理设施	2 万多	环境整治专项费	无
救助费	生病或者遗孀救助	1000	"两工"和"一事一议"费用	无
生活开支	—	—	—	无
其他费用	损坏青苗赔偿	800/亩	"两工"和"一事一议"费用	无

（二）组内分配

第一，小组道路硬化。以组为单位进行硬化，不与村委相关，由组里的若干党员为首，组织一些代表成立理财小组，商量讨论制定硬化方案，多长多宽、总造价多少、平均每人出多少钱，按照这个比例摊派。不过，生产小组道路硬化，多数来自经营鱼池收入，不要村民再分摊。组与组的硬化距离最少，大概有 10 公里，生产路有 800 米，基本是村民集资，造价平均 1 米×3.5 米宽度为 370 元，除了主要从"两工"和"一事一议"费用中出资，部分以奖代补方式，平均 1 米补贴 50 元，进行建设。

第二，路灯建设。1、2、3、8 组建有路灯，如 1 组里有一个干部在新堤镇安监办帮助本组找项目，财政拨款 3 万元，修建了路灯，后面，又拨款 2 万元，再找村委拨款 1 万元，就修路灯，600 元/盏，村民不需要出钱，每天晚上 6 点准时开启，即使安置路灯，也有部分组不肯出电费，只有 1 组按时使用，一年每户出资 30 元电费，用银行卡账户扣钱，习惯以后，组里一片光明。其他组不在家，就不想出钱，路灯就间隙开。4、5、6、7、9 组没有路灯，村民不肯出钱修建路灯。

第三，生产用桥建设。生产用桥建设费用来自两个方面。一是一些小桥都是村民集资修建。比如 1 组修建桥，花费 2 万元，每户出资 30 元，组里队长挨家挨户收钱。二是大型桥梁，一部分需要村民集资摊派，另外一部分需要动用村级费用，比如当初"一事一议"收 80 元/亩，50 元上缴政府，剩下 30 元，留给组里进行使用。另外，需要投工投劳，花费费用就少，如果承包给别人，劳务费就很高，要上万元。

（三）家庭分配

1. 养老分配

独子家庭，儿子不与父母分家，但是，多数父母跟儿子分房居住，生活和医疗等费用，由儿子负担。而多儿子家庭，与儿子分家以后，父母年轻时，自己劳动赚钱，自己养老，待没有劳动能力时，就需要儿子供养，每个儿子平均供养 3~7 天。当父母不跟儿子一起生活时，儿子需要承担赡养费，平均每个人 200 元/月。当父母生病时，看病所需费用由儿子平摊，当卧病在床时，儿子轮流照顾，碰到儿子在外面做生意或者打工时，只能出钱请人照顾。比如郭姓老人生病，子女才回来照顾他，分别照顾 10 天左右，老人看病的费用都是儿子平摊，康复以后，儿子就马上外出打理生意，3 个兄弟分别出 1000 元，请妹妹和伯伯帮忙照顾。但是，女儿也成家，不能照顾太久，当女儿没有空时，只能请旁系的叔伯照顾。身体好了，就自己烧火做饭，自己照顾自己。另外，现在老人也好过。据李良望老人所述，熊家 4 个儿子，每个儿子支付母亲 500 元/年，共 2000 元，还给食用油，还要女儿过年过节给老人几百元，加上国家养老金 1080 元/年，基本够老人生活。

2. 家庭债务分配

第一，欠债者。现代生活水平高，多数人没有欠债，一般欠债多主要由于以下原因：一是因病致贫，借钱治病欠债；二是因残致贫，发生天灾人祸而伤残，丧失劳动能力；三是因学致贫，多孩子上学而承担大笔学费而欠债；四是借钱创业而欠债。

第二，贷款者。现在有两种机构提供借贷。一是民间借贷。如果遇到经济困难或者做生意，可以向有钱人借贷，不过，利息不能高于银行利息的 3 倍，不受国家法律保护，即使发生欠款或者纠纷，也走不通法律途径。现在放高利贷的也很多，多数是信任的人，利息高达 12%，请人做中人，并写下白条，但是，风险很高，多数做生意的人才借高息民间借款。比如李平贵的儿子外出做生意，没有本钱，就找了本村有钱人借了 30 万元，按照 10% 利息计算。二是正式借贷。现在银行有贴息贷款，但是，多数村民不需要，家里有闲钱，也有 1% 的人需要贷款，主要是那些吃喝嫖赌、好吃懒做者，不能帮助他们担保贷款，后面没有还款能力，担保人负连带责任。

第三，还债。现在欠债者优先还高利贷和银行，因为利息高，之后，有钱时再还给熟人或者朋友，最后还给亲戚，因为亲戚可以延迟时间还债，只要提前说一声即可。与别人打交道，熟悉其人品，根据人品好坏决定是否借钱，后面，他拖欠欠款，要亲自上门讨钱，就不跟他打交道。不过，现实中很多人，不讲信用，欠债很多，不想办法还，甚至不想还。不仅自己不还，连儿子家庭也不会还。

第四，还债纠纷处置。遇到欠债不还的情况，有四种处置方式：一是自己上门要债，不给钱，就拿东西抵债；二是找有面子或者有权力的人帮忙要债；三是顾及亲戚或者朋友关系，不要其还债；四是走法律途径，请法律部门帮助解决。

四　消费

（一）村级消费

第一，消费项目。村级消费主要有三类：一是村委生活招待费用，比如领导下村视察，接待领导餐饮费；二是人情交往费，比如企业与村庄关系密切，因为他们支持乡村建设，遇到他们开业或者店庆，村委要买一条烟和一挂鞭炮前往祝贺；三是慰问费，碰到老党员去世，村委干部花集体钱，买一个花圈和一挂鞭炮前去慰问。不过，现在上述费用，都不能入账，政府不允许报销。

第二，消费金额。以前每年村委生活招待费用有7000元，用于接待领导检查、与村庄关系较好者的人情开支和老干部或者老党员慰问开支等。现在政府明确规定，应酬开支和生活开支都没有，明令禁止，实现零开支。

第三，消费报销。按照国家明确规定，接待费用、慰问费用和人情费用等，不能走村级管理费途径报销，只能走其他途径，入特困家户救助款的账目，比如将患重大疾病家庭、父母或者丈夫早逝的遗孀作为特困户进行救助，允许村委出一笔款进行一些救助，报销金额限度为1000元，如周其白细胞病变，村委就拨钱500元进行救助。

（二）家庭消费

1. 生产消费

现在种粮成本高，每亩成本大约1500元，请人栽种、平整水田花去400元/亩，化肥需要200元/亩，农药花去150元/亩，洒农药40元/亩，请收割机收割110元/亩，请人托运和晒谷花去100元/亩，排灌花去60元/亩，亩产1500市斤粮食，按照1.29元/斤，每亩毛收入为1936元，纯利润为400多元，50亩的种粮大户年毛收入约有10万元。另外，还有排灌费用，比如公共排灌费，村镇级排水费5元/亩，市一级排水费11元/亩等。现在土地流转给私人耕种，这些是租种者负责支付，原承包者不需要支付。还有私人灌溉费。私人田灌水，农户需要自己买柴油机抽水灌溉，每年需要500~600元。同时，如果使用集体电排，以随机捻沟为原则，3户捻在一起设置一个电表或者5户捻在一起设置一个电表，抽一次水就结算一次，以原度数为基础，每户使用电量后，变化度数减去原度数，就是本次使用电量，按照实际用电量缴纳电费，多用电量多付钱，少用电量少付钱。

2. 生活消费

通自来水，国家出钱修建自来水水厂和压力站以及水管，大型管道和自来水厂，也是国家出资修建（东荆河—戴家场镇—沙口镇—瞿家湾）。当时，自来水入户，每户出资1.3万元，主要用于自来水水管建设入户，但是，结算时，农户出资不够，村委还贴了1万元。另外，水费每户出资5元/月，免费使用6吨水，超过6吨水，按照2元/吨进行结算。村里的理事会，负责设施费用收取和用水费用收取。

3. 教育费用

由于国家义务教育政策兜底，现在中小学生上学不需要缴纳学费，只要花费生活费和车费，2015年报名费有1900多元，2016年报名费有2000多元。另外，大学生每年学费为6000~8000元，生活费为每年1万~2万元，大学四年毕业花费总计8万~12万元。

4. 红白喜事消费

（1）白喜事消费

办丧事，如果家里条件较差，需要多个儿子一起筹钱，一般所用费用总计3万~5万元。由女儿购买寿衣和寿线，花费100元，还需要赶情随礼，女儿丢哭灵钱[1]，一般700~1000元。要请道士做法诵经，一个道士200~500元，道士多开支就高，1万元以上（逝者为大，不还价），一般根据家庭经济情况而定。请歌舞团唱戏需要费用为1万多元，聚餐费用2万多元，由于人口较少，只能承包给别人做饭，准备一桌劳务费为50元，一般30桌，一天1500元，三天就要花费4000~5000元。另外，老人去世，有女儿坐轿送葬，一般大女儿坐轿子，抬轿子钱，由多个女儿平摊，没有出嫁的女儿不出钱，如果有钱，由2个女儿分别坐轿。坐轿花费2000元和买烟花费300元，分发给丧户所得。火葬费用为2000~3000元/人，以及灵屋子花费500元，儿子平摊。具体花费明细见表3-56。

表3-56　白喜事花费明细

类型	内容	费用	谁来分摊	如何分配
做斋	道士诵经、超度	200~10000元	儿子	无
酒席	宴请客人、丧户	20000多元	儿子	无
抬轿子	坐轿送葬	2000元	女儿	丧户平均分配
火葬	尸体化妆、火化	2000~3000元	儿子	火葬场

---

〔1〕 女儿丢的哭灵钱，由儿子平均分配。

续表

类型	内容	费用	谁来分摊	如何分配
灵屋子	安放骨灰	300～500 元	儿子	火葬场
奏乐、唱戏	唱戏娱乐、奏乐送葬	10000 多元	儿子	鼓乐队、戏班
劳务费	烧火做饭	4000～5000 元	儿子	大师傅
哭灵钱	戏子代家属哭灵	700～1000 元	女儿	儿子

（2）红喜事消费

第一，结婚。

现在结婚所花费用有 20 多万元，聘金 5 万～10 万元，剩下 10 万元作为办酒席的费用。宴请花费 5 万元，百客吃一天，一次便餐，一次正餐，亲属前来住两天，第一天吃便餐，第二天开始，每日吃三餐。大师傅烧火做饭，支付劳务费为 4000～5000 元，请腰鼓队花去 5000 元，请小锣乐队花去 2000 元。

赶情礼仪。姑姑、娘舅等亲戚随礼 500 元，其他人随礼 200 元。点歌礼仪，点歌时，姑爷、娘舅等亲戚要点歌 1000 元、姨爷爷点歌 500 元、其他亲戚 100～300 元，关系越亲给的礼金越多。还要在做匾时，附带一条烟和两挂爆竹，大概花 2000 元，一般是娘家送。

请吃蛋礼仪。送族米时，每人一碗蛋，公公婆婆随礼 500 元，一般亲戚 100～200 元。请喝茶礼仪，公公婆婆喝茶，茶钱 500 元，其他亲戚 100～200 元。接婆婆礼仪，以示尊敬婆婆，先接少婆婆，婆婆要给红包 1 万～2 万元，老婆婆（祖母）就要给红包 500 元。其他礼仪，很多套头，结婚时，做匾、赶情、接舞台、点歌、喝茶、丢合子、吃蛋等，每一个环节都要给钱。据李丙贵老人所述，解放以后，一般家庭要花 20 万丢头钱，才能娶到一个老婆，其他办酒席费用不算，儿子结婚，媳妇接婆婆，婆婆要给 100 元，接着，就 1000 元，现在接婆婆要 1 万元。为了要面子，男女要打腾（平等），如果男的聘礼 10 万，女方也要陪嫁 10 万，过聘礼越多，陪嫁越多。

磕头礼仪。公公婆婆坐在高堂上，铺好席子，新郎和媳妇跪在席子上磕头，公公婆婆向茶盘子丢 3 万～5 万，有钱可以丢 10 万以上，向老婆婆（奶奶）磕头，老婆婆就要丢 1000 元磕头钱，其他亲戚丢 1000～3000 元磕头钱。获得的钱全部给儿子和媳妇支配，其他无人敢使用。而且每个随礼的礼金和彩礼，都要由礼房先生登记，并张红榜公布，如果给少了，就不好意思。比如有一户人家，丢磕头钱，讲究面子，喜欢攀比，娘家弟兄和姊妹共丢了 80 万，自己公公婆婆丢了 100 万，加上办酒席和过礼金 100 万。具体花费明细见表 3-57、表 3-58。

表 3-57 结婚花费明细

单位：元

类型	内容	费用	谁来分摊	归属所有
聘礼	下聘定亲	5 万～10 万	父母	娘家
宴席	宴请客人	5 万	父母	无

续表

类型	内容	费用	谁来分摊	归属所有
劳务费	烧火做饭	4000~5000	父母	大师傅
腰鼓队	迎亲奏乐	5000	父母	腰鼓队

表 3-58　赶情花费明细

类型	费用	归属所有
唱歌	姑爷、娘舅 1000 元/首，姨爷爷 500 元/首，其他亲戚 100~300 元/首	父母
嫁妆	号匾、礼炮、香烟	儿子
喝茶	公公婆婆茶钱 500 元，亲戚 100~200 元	儿子
赶情	姑姑、娘舅等亲戚随礼 500 元，其他随礼 200 元	父母
吃蛋	公公婆婆 500 元，亲戚 100~200 元	儿子
接婆婆	少婆婆 1 万~2 万元，老婆婆 500 元	父母
磕头钱	公公婆婆 3 万~5 万，老婆婆 1000 元，其他亲戚 1000~3000 元	儿子

第二，满月吃蛋。

孩子出生以后，做满月，主家花费 2000~30000 元办宴席，都是上酒店吃饭。而姑爷和舅爷、外婆随礼 500~1000 元/户，送 100 个鸡蛋，小姨和姨夫随礼 500 元/户，送 20 个鸡蛋，一般亲戚最少 200 元，送 10 个鸡蛋。满月、周岁、5 岁和 10 岁都要办，让别人赶情。不少人埋怨，把女儿嫁给男方，生一个孩子，娘家随礼 3 万~5 万元，根本划不来，吃穿费用多，养大成人，没有帮助家庭，就要嫁给别人，还要陪嫁费用。

另外，除了办周岁，还要办 5 周岁、10 周岁、状元酒，最后，结婚办一次酒席，可以赚取一定红包，不再是亲朋好友之间交流感情的情感表达方式，更多成为主家揽财的一种手段。特别每个人都在算计，如果结婚早，一旦生二胎比生第一胎赚得更多，俗话说，一代亲，二代表，三代了。晚结婚的家庭，生怕自己现在赶情这么多，以后如果没有交往或者没有赶情，基本收不回来以前放出的礼金。

第四章　杜家剀村社会形态与实态

传统时期，杜家剀社会形态丰富多样，当前，到底杜家剀村社会实态有哪些特征？以下从社会关系、社会交往、社会流动、社会分化和社会保护五个方面进行剖析。

第一节　血缘与血缘关系

过去，传统农村社会，具有强烈的血缘特征，具体体现在家门、家庭、亲戚、拟血缘和宗族五个主要方面，在一定程度上形塑了村落共同体。

一　家门

（一）家门概况

杜家剀村域家门散居分布。民国末年，杜家剀村共有 10 个姓氏，总计 33 户。其中，李姓共有 8 户，8 户是同一祖宗繁衍下来的，分成 2 个家门。黄姓和夏姓分别有 4 户，4 户也是同一个祖宗，分成 2 个家门。熊姓也是同一祖宗繁衍，共计 4 户，分成 3 个家门发展。涂姓和吴姓分别有 4 户，分别有 2 个家门。陆姓只有 1 户，也算一个家门。最后，万氏和苏氏都是李家亲戚，最初，分别有 1 个家门，但是，三代要求归宗，分别立 2 个门户，两姓分别有 2 个家门。可见村落里有不同姓氏，寻根究底，同一姓氏多数为一支人，都是同一祖宗血脉，同血脉同祖宗，便于亲族之间发展互助合作和团结的自治单元。家门分布情况见表 4-1。

李姓分为 2 户，大房分为 4 户，斯松儿子（文）前元、（文）前修、（文）前章、（文）前迪；二房斯诚儿子分成 3 户，螺滩村一支，李家咀（4 组）一支，花谷坑一支。三房因为水灾搬到曹市镇居住。过清明会，也会来插青，李良望还帮助其分过一次家，因此与隔壁邻舍李良计的关系更亲近。

表 4-1　杜家剅村家门分布情况　　　　　　　　　单位：个，户

姓氏	同家门数量	同宗数量	总户数
李氏	2	1	8
黄氏	2	1	4
熊氏	3	1	4
杜氏	3	1	6
涂氏	2	1	3
吴氏	2	1	5
夏氏	2	1	4
陆氏	1	1	1
苏氏	1	1	1
万氏	1	1	1
总计	19	10	37

（二）家门关系

家门关系就是五代关系，其中，第一代，同一个父亲，嫡亲兄弟，同胞兄弟姊妹；第二代，同一祖父，嫡亲叔伯；第三代，同一曾祖父，叔伯；第四代，同一高祖，堂叔伯。出五代，就属于族人。据李良望老人所述，清朝时期，李氏同一个一世祖，同一个家主分为3支人，由3户人发展成12户，已经繁衍了8代人，共计200多年，血源稀释多代，关系也不亲。有的留在杜家剅，有的划到李家咀，有的搬到府场镇等地方。长房李良望与李斯银、李前元相隔6代，跟李良望关系亲的，只有16户，比如李良红、李良怀、李良才等，其他亲弟兄搬到府场镇居住。

二　家庭

（一）家庭概况

据统计，解放以前，杜家剅共计33户，共168人，平均每户大约5人，每户人数最多为9人，最少为2人。每户人数为5人的家庭最多，其次是6人家庭，人数为8人和9人的家庭最少。核心家庭有16户，主干家庭有13户，扩大家庭有4户。另外，平均每户儿子数量大概为1.45人，平均每户女儿数量为1.03人。每户儿子最多为4人，每户女儿最多为3人。没有子嗣家庭有7户，生育1个儿子的家庭为11户，生育2个儿子的家庭为10户，生育3个儿子的家庭为3户，生育4个儿子的家庭为2户。其中，生育儿子，又生育女儿的家庭有17户，占杜家剅总户数的51.5%，可见当地村民偏爱既有儿子又有女儿。杜家剅家户人口统计情况见表4-2。

表 4-2　杜家剀家户人口统计情况　　　　　　　　单位：人

姓名	家主	父亲	母亲	妻子	儿子	媳妇	女儿	总人口	职业
黄中香	1	0	1	0	1	1	1	5	农民
涂天平	1	0	0	1	1	1	0	4	农民
李前元	1	0	0	1	2	1	2	7	农民
陆德高	1	0	1	1	0	0	2	5	农民
夏大生	1	0	0	1	2	0	0	4	农民
夏大学	1	0	0	1	4	0	1	7	农民
黄中生	1	0	0	1	2	2	0	6	农民
黄中进	1	0	0	1	4	0	0	6	农民
黄孝银	1	0	0	1	1	0	3	6	瓦匠
杜贤成	1	0	0	1	2	0	1	5	农民
杜贤才	1	0	0	1	3	0	0	5	弹棉花
熊茂才	1	0	0	1	0	0	2	4	农民
熊茂元	1	1	0	1	0	0	0	3	农民
吴家郴	1	0	0	1	1	1	2	6	农民
李丘伟	1	0	0	1	2	0	2	6	农民
李公执	1	0	0	1	2	1	1	6	农民
李窥银	1	0	0	1	3	1	0	6	农民
李文岸	1	0	0	1	0	0	0	2	农民
杜贤公	1	0	0	1	2	0	1	5	农民
杜贤强	1	0	1	1	1	0	0	4	农民
杜贤严	1	0	0	1	1	1	1	5	农民
杜贤进	1	0	0	1	1	0	2	5	农民
熊茂盛	1	0	0	1	1	0	1	4	农民
吴成志	1	0	0	1	1	0	2	5	渔民
吴成分	1	0	0	1	3	0	1	6	渔民
吴成蓝	1	1	1	1	1	1	2	8	农民
吴成华	1	0	0	1	0	0	1	3	养鸭子

续表

姓名	家主	父亲	母亲	妻子	儿子	媳妇	女儿	总人口	职业
李公允	1	0	0	1	2	1	0	5	农民
李公户	1	1	1	1	0	0	0	4	农民
夏广银	1	0	0	1	2	0	1	5	农民
舒则民	1	0	0	1	0	0	0	2	农民
万寿青	1	0	0	1	1	0	2	5	农民
李丘范	1	0	0	1	2	2	3	9	农民
总和	—	—	—	32	48	13	34	168	农民

（二）家庭成员

1. 分户

分户即分家，即使多个儿子住在一个房子，也不算一家人，分户自成一家。比如一户最多有 8 人，最少有 2 人。分家立户以后，8 个儿子就分成 8 家，父母别居或者父母住在套房，与儿子算一户。分家以后，各起炉灶，各吃各的饭。由保长和小得副造有人口统计册子，记录哪家有多少人、有多少户。据郭用文老人所述，子大分家立户，按照儿子分户，比如 2 个儿子就算 2 户 2 个门面，父母跟儿子一户，不为独立一户。分家立户以后，兄弟之间红白喜事都要互相来往。老人去世以后，儿子平摊丧宴成本，逝者的家产共同对分，比如现金、房子等。

2. 嫡亲

嫡亲就是同父母的兄弟姐妹，泛指三代以内血亲，比如嫡亲兄弟姊妹、嫡亲姑姑、嫡亲叔伯婶娘等。俗话说，嫡亲叔伯、堂叔伯，关系不假，血缘相近。遇到哪户没有子嗣，要求从嫡亲叔伯、堂叔伯家过继，如果只有一个子嗣，就一子两挑，过继改口，待生了儿子再过继一户，把门户立起来，不然，就是绝嗣，无法生根。

3. 家人

传统时期，除了有血缘关系的嫡亲关系，还有一些雇佣关系和买卖关系家庭成员，俗称家人，比如奶娘、长工师傅、丫鬟和书童等。

第一，奶娘。富裕之家，亲生父母不带孩子，请奶娘带孩子。这时，奶娘就是家人，俗话说，"亲生父母在一边，奶娘大于天"，儿子把抚养自己长大的奶娘当作父母一样。遇到其生病，请人看病抓药，侍候床前，待其去世，也要风风光光办丧事下葬。

第二，长工师傅。田产多的富裕老板请长工师傅，把整个家推给长工师傅，老板不管闲事，就称其为家人，而打散工者或者请做月活者，不算家人。做长活的，一年一请，不算家人，如果连续几年都请他，就算家人。

第三，丫鬟和书童。富裕之家出钱购买一个丫鬟或者书童，那些丫鬟和书童都是改姓，跟主人姓，都算家人，不改姓不算家人。比如有钱有势的家庭买一个书童，陪儿子读书，要求改姓，随主人姓，也被视为家人，陪儿子外出读书或者上京赶考，书童负责挑行李，端茶倒水，帮忙找客栈或者房子居住，照顾少爷日常起居，受少爷支配和使唤，也相当于用人；小姐在闺房绣花，也买一个丫鬟，帮忙照顾小姐日常起居，端茶倒水，侍候生活，相当于家人，也是一个用人。传统时期家人情况见表4-3。

习文丙上街抓药，给母亲治病，就被梅氏泼水泼到，故意调戏习文丙，招呼他进屋，帮其把衣服晾干，习文丙觉得她是有夫之妇，是非之地，赶紧离开，却把纸扇子忘记。待其走后，有一个强盗进门，准备偷东西，发现梅氏非常漂亮，就想劫色，强奸未遂，结果把梅氏勒死。待丈夫回来，见到梅氏死了，同时发现一把扇子，就拿着扇子到县衙告状，县官把习文丙抓来，屈打成招，并定期要斩首。习文丙母亲听到噩耗，赶紧命家人葫芦到京城，求见丈夫在京城做官的世交，帮儿子申冤，结果很顺利，找到世交帮忙调查，发现梅氏头上金簪被偷走，到处到当铺查金簪，结果查到强盗，为习文丙平反昭雪。母亲为了答谢书童葫芦救儿之恩，把家产均分成两份，一份给儿子继承，一份由葫芦继承。

表 4-3　传统时期家人情况

类型	有无血缘	家庭角色	对待原则	是否抽壮丁
奶娘	无	照顾孩子	亲生父母在一边，奶娘大于天	—
长工师傅	无	做农活	短期做活不是家人，长期做活算家人	否，但抓非丁
丫鬟	无	照顾小姐或夫人	跟主人姓，算家人	—
书童	无	照顾少爷或老爷	跟主人姓，算家人	否

4. 非家人

过去，即使有血缘关系或者居住关系，但也不是家人关系，形成非家人关系，非家人主要有以下几种类型。

第一，姑娘。俗话说，嫁鸡跟鸡，嫁狗跟狗，嫁叫花背鳖婆。过去，一旦女子嫁到丈夫家，算男方家人。俗话说，嫁出去的女儿，泼出去的水。小时候划八字定亲，不算娘家的家人，除非过门后，就算家人。嫁出去的女儿和女婿、外孙不算家人。

第二，教书先生。过去，好过之家，会请教书先生教学，即使在家做教书先生，也不算家人，只是暂时居住，算是租佃关系，户主为学东，而教书先生只是租住的租客，不入户主的人口册子。遇到抽壮丁，也不会抽他当兵。

第三，仆人。以前富裕之家，为了便于持家，会雇请一些仆人，做一些杂活。比如那些请来烧火做饭的仆人，还有负责磨米或者劈柴、扫地等的仆人，他们不算家人，只算家里的一些下人。

第四，继子。俗话说，过继不为儿。凡是过继给他人的子嗣，就不算生父母的家人，既不需要赡养生父母，也没有生父母的继承权。不过，当没有经过户长、房长或者门长同意和批准，举行过继仪式，不算继父母家人，反而算家人。

第五，养子。没有子嗣的家庭，为了传宗接代，延续香火，在征求父母同意的情况下，抱养他人的儿子作为子嗣，同时，又经过户长和门长的同意和批准，举行过收养仪式，才算家人，否则，私自抱养不算家人。

第六，改嫁。俗话说，下堂不为母。意思是说碰到丈夫去世，女子不再守护贞节，改嫁他人，就不算原来家庭的家人。还有，富裕之家，经过大老婆同意，有钱人娶三妻四妾，进行婚礼仪式的，也算家人，没有举行婚礼仪式的，则不算家人。

第七，其他。当儿子外出，几年不回来，不过可以通信的，算家人，可以继承本家家产，渺无音讯的，就不算家人，剥夺其家产继承权。当儿子嫖赌进窑或者好吃懒做，虽然父亲与其断绝关系，但是，外人不承认，也算家人。不过，儿子到处抢劫或者奸淫，犯了族规被户长或门长赶出去，就不算家人。传统时期非家人情况见表4-4。

表4-4　传统时期非家人情况

类型	有无血缘	家庭角色	对待原则	是否抽壮丁	备注
姑娘	有	亲戚	出嫁不算家人，招婚算家人	是	女婿不抽
教书先生	无	雇用	属于雇用或者主客关系	否	
仆人	无	雇用	地位低，属于家里下人	否	
继子	无	拟血缘	过继不为儿，不算生父母的家人	是	
养子	无	拟血缘	举行收养仪式，才算家人	否	
母亲	有	生母	下堂不为母	—	
小老婆	无	—	举行婚礼仪式，算家人	—	
儿子	有	子嗣	外出无消息或者断绝子嗣关系，不算家人	是	

（三）家庭关系

1. 嫡亲关系

第一，叔侄关系。父亲早逝，剩下妻子和儿女，没有改嫁，由叔叔和婶娘帮助抚养儿女成人，一起负责出钱送其上学，还负责嫁女婚娶，女儿出嫁帮助出嫁妆。烧清明香，儿子到父母坟地祭祖，也到嫡亲叔伯坟地祭祖，如果叔伯儿子不过来祭我们父母，我们也不去祭祀他们父母，有来有往。

第二，兄弟关系。俗话说，一母所生，上同奶母，下同衣包。父母早逝，长兄长嫂当爷娘，辛苦赚钱抚养弟弟和妹妹长大成人，出钱帮助其嫁女婚娶，才分家不管。据郭用文老人所述，分家以后，弟兄关系好，哥哥先富，弟弟结婚晚，致富慢，哥哥会提携和扶持弟弟，帮助弟弟致富。不过也有弟兄望弟兄穷的。有的家庭，哥哥性格拐，心不善，即使弟弟再穷，哥哥也不会帮忙，不管弟兄死活，一个富上天，一个穷贴地。

第三，婆媳关系。过去，儿子与公公直接打交道。媳妇只与婆婆打交道，不能与公公打交道，生活和生产规规矩矩，不能多说一句话。即使媳妇被儿子欺负，也只能跟婆婆说，婆婆再与公公说，由公公教训儿子。父母当家，如果儿子媳妇要钱做衣服，就由媳妇跟婆婆说，不能跟公公说，他不管这些琐事。李良望老人说，以前忌讳媳妇和公公打交道，会被嘲笑公公烧火，意思是说防止公公和媳妇发生奸情。

据郭用文老人所述，当媳妇需要做衣服时，媳妇跟婆婆说："我要做一件衣服。"婆婆就说："好啊，我到街上绸缎行撕布匹，接裁缝师傅过来做衣服！"遇到什么事情，媳妇跟婆婆说，婆婆再跟公公说，公公答应，就由公公支取钱财买布匹做衣服。

2. 家庭与宗族关系

过去，家户亲爱同姓的族人，不改姓，这辈子永远都是同族人，不管是分散居住，还是迁移到其他地方，即使迁到其他国家，还是同根同祖，除非改姓才不是本族人。比如孤寡老人去世，没有亲子嗣，由其亲子本房或者本族人照顾，负责安葬，不需要外姓人管。如果没有儿子或者嫡亲侄儿子，就找本房人主祭奠，过继他们的男丁为子嗣，负责生养死葬。

3. 家庭与亲戚关系

亲戚之间互相帮助患难相恤，没有千百年的亲戚，只有千百年的宗族。短时间，即使再亲密的亲戚，一代亲，二代表，三代、四代就完了，时间一长，再亲密的关系也都疏远了，由亲人变成陌生人。如果亲戚之间发生矛盾，犯错方就需要提礼物上门道歉，请求原谅。如果有亲戚或者族人有矛盾，就要找人帮忙解决问题，秉公调解，不能有所偏见（为向），不然，办不好事情。

父母生病，一般由儿子第一时间通知姐妹、叔伯，邻居多数是从媳妇口里得知，湾里或者台上乡亲多数是按照儿子和媳妇—叔伯—关系好的族人—乡亲，由近到远，由关系亲到疏远的原则。如果是儿子生病，父母和兄弟要第一时间前来看望，叔伯也要探望，不过，儿子和姑娘同时生病，要先探望儿子，再探望姑娘，因为儿子是自家人，而女儿是嫁出去的外人。特别是父亲卧病在床，就需要儿子、姑娘轮流照顾，直到长辈去世。长辈患病期间，嫡亲兄弟和他们的女儿和儿子、叔伯会买一包茶丝前来看望，嘱咐其安心养病，如果缺钱，也会借给他钱。如果是邻居一般不会买，只是前来问候，如果借钱，不需要利息。还有就是关系交好的族人或者朋友（乡亲），也会前往探望。

4. 家庭与国家关系

抽壮丁时，按照年龄抽去当兵，长子年龄大先去，当父母年纪大，没有人当家时，则次子去当兵，留长子当家。同时，不能逃壮丁，不然，保长会派联丁抓人，拘留家小，直到逃丁回来自首。但是，书童和长工师傅虽然算家人，但不是血缘关系，不需要抽丁去当兵。

5. 家庭与亲戚、族人关系

遇到困难，比如儿子结婚或者求学等，优先向姑爷或者舅爷借钱，还有向兄弟借钱，也可以向嫡亲叔伯和侄子借钱，不需要利息和打欠条。但是，向没有亲戚关系的同村族人很难借到钱，除非是向关系好的族人借，但需要利息和打欠条，即使再高的利息也要按时还，借东墙补西墙。据李良望老人所述，如果向外人借钱，一般是向舅爷、姑爷才能借到钱，姑老表和舅老表，都是最重要的亲戚，碰到不还钱，他就不讲脸，就不当亲戚看待，你不来，我不往。另外柴米的夫妻，酒肉的朋友。平时如果女人嫁到你家里没有柴烧，没有米吃，天天吵架，就做不久夫妻。朋友之间，互相走访，准备好酒好菜，热情招待，这样才算做朋友。

三　亲戚

（一）亲戚类别

第一，姻亲与婚亲。姻亲是以婚姻关系为中介而产生的亲属。在村落里，不沾亲不带故的异姓乡亲通婚，就可以结成姻亲，比如姻伯或者姻叔，多为女儿嫁出去，联姻亲家之间互相称为姻兄、姻弟。以及舅爷的儿子的岳父母，姑爷也称为姻兄、姻弟，其子女称为姻侄、姻侄女，其兄弟称为姻伯、姻叔。而婚亲是有婚姻关系的亲戚。比如姑爷、舅爷或者姨爷。据李良望老人所述，姑爷是交客，暗指为重要亲戚，过年，准备茶丝给岳父岳母拜年，岳父母要准备鸡蛋和胡子酒热情招待，其他亲戚没有这个待遇。

第二，近亲与远亲。三代以内，比如嫡亲兄弟姊妹、堂兄弟姊妹和嫡亲叔伯等为近亲。也有人认为，五代以内为近亲，比如高祖、曾祖、祖父、父亲，自己、儿子、孙子、曾孙、玄孙，五代以外为远亲。孝顺不分亲假，即使关系好的邻居或乡亲，也可以当亲房看待。而远亲，为五服之外的族亲，比如族兄弟，其晚辈等辈称呼为贤×××或贤×××，比如贤弟、贤兄，或贤祖×××、贤妣×××。另外，一代亲，二代表，三代、四代就完了，表亲以后属于远亲。

第三，正亲与歪亲。俗话说，姑娘姊妹亲，姨表外姓人。姑爷、舅爷，舅表、姑表算为正亲，去世能够上祖宗牌位或者墓碑碑刻。姨妈或姨表，相互之间只走访一两代人，关系不是很亲密，即使去世也不能上祖宗牌位或者墓碑，像是外乡人，属于歪亲。

（二）婚姻圈

传统时期，婚姻圈主要覆盖村落、邻村和乡区，扩展到县域，再到省一级和外省一级，逐步扩大。近者通婚多，远者通婚少。村落之间，互相信任，你相信我，我相信你，就对亲戚。同时，红白喜事或者农忙互相帮助，互相照顾。远者在外省，就多数是姑表亲或者姨表亲，亲戚说媒通婚。最初，杜家刳8户人不通婚，因为居住相近，如果近姓通婚，夫妻闹矛盾，娘家容易听到消息，娘家和婆家容易产生纠纷，直到解放以前，在33户中，李氏两个女儿嫁到杜姓，开始通婚。据李良望老人所述，出五服，不同派系允许结婚。比如同姓李不是同一个祖宗，查过族谱，派系不一样，允许结婚。同村结婚少，多数找邻村落结婚，一旦夫妻吵架，你骂我的母妈，我骂你的母妈，娘家不好听，没有面子。

不过，同一村落关系好就把女儿嫁给跟前关系好的乡亲，因为地域相近，便于亲情的表达，女儿既可以照顾父母，父母也可以关心女儿。旧时，关系厚重的乡亲或者朋友，双方妻子怀有身孕，就承诺说，"假如我生一个女儿，你生一个儿子，就把女儿安置给你的儿子；我生一个女儿，你也生一个女儿，就结拜姊妹同楼绣花；我生一个儿子，你也生一个儿子，就结拜兄弟同楼读书"。朋友关系一代一代延续下来，可以互相帮助。

（三）随亲而居

传统时期，多数小姓杂小姓居住，出于安全和话语权考虑，一般小姓不会杂大姓居住，除非有亲戚关系，才会入住大姓村落，不然，单家独户容易被大姓欺负，比如万姓和舒姓单家独户，分别从湖南和戴市镇卢家墩搬到杜家刳居住，因为她们父亲姓李，依靠人数多的李姓定居，才没有被人欺负。据李良望老人所述，过去，小姓不会迁居大姓村落居住，即使要杂大姓，也是投靠村落的亲戚。

（四）亲戚关系

第一，互助。日常生活和生产，需要亲戚之间相互帮助，特别当家庭有困难时，都是亲戚帮忙。比如李良望妻子的长兄30岁去世，儿子还小，李良望作为妹夫，到他家帮忙耕田，并告诉他怎么用牛，让他自己学习，以后其他亲戚也会帮忙农事，同时，舅儿子上学，他还帮他缝制新衣服和鞋子，并叫未出嫁的女儿挑柴火和米给他，给他钱用。

第二，办酒。如果遇到较远的亲戚，平时就会互相通信，互相问候，是否生病，情况怎么样等。遇到红白喜事，主家上门接亲戚，写一个请帖，注明什么事，什么时间，举行宴席，派人或者家长拿着帖子，上门接姑爷、舅爷、姨爷、姑爹、舅爹、姨爹参加，不接不来。碰到白事，亲戚带鞭炮、黄纸和挽联，姑娘还要买寿衣和寿线；遇到红事，比如结婚，亲戚就携带礼金和牌匾参加。当生孩子做满月，亲戚就送鸡蛋，亲戚不接不来，不然没有来往。

李良望老人回忆，解放以前，儿子结婚，舅爷分别送一块号匾，上面写上外孙的字号，既送匾又赶情，姑爷和姨爷只赶情，不送号匾。舅爷、姑爷和姨爷都要请乐师傅吹鼓乐迎接，外孙亲自向前迎接舅父大人（舅父为大，娘亲舅大），并递上烟，招呼进门上座喝茶，舅父上前道贺，并送上号匾，以及迎接其他客人进门。姑爷也例行隆重迎接，他们去世都要上祖宗牌子，也要烧符包。其他舅表、姑表都是要隆重迎接的大亲，因为一代亲，二代表，三代、四代就完了，最多走完三代。姨父及姨表都是歪亲，只走一两代人，就像一个牛伙计，一般相当于百客不迎接。一旦去世，就不走亲戚。

白喜事，接亲戚朋友参加。距离远就写信，距离近亲自接人。一般一天可以往返的，就亲自接人，超过一天的，就写信接人。提前一个星期接亲戚，朋友也要上门接才参加。亲戚要办事，由主家去接，如果是朋友就由帮忙的叔伯去接，告知地址、姓名等详细情况。如果老人去世，要戴黑色袖章去接亲戚参加葬礼，讲明老人去世，何时何地办丧事。如果娘家远，父母去世，嫁出去的女儿和女婿要亲自奔丧，如果娘家舅爷去世，嫁出去的姑姑，年纪大，距离又远，即使通知到，只由大儿子代表父母和弟弟去奔丧吊唁。如果姑姑女儿与舅爷走得亲厚，姑姑的女儿也会走亲戚，也会随哥哥一起赶情。同时，办酒席，还需要礼房先生回礼，娘家亲戚礼物重一些，比如茶丝和香烟，朋友回礼一包香烟。还有赶情的百客或者邻居，也只有一包香烟。俗话说，礼轻情意重，即使再小回礼都需要做到位，不然，客人会怪罪主家。遇到走亲戚或者办红白喜事，坐席时，姑老表、舅老表、姨老表经常可以交往和喝酒吃饭。同时，老表缠老表，百客缠百客，百客不能缠亲戚。

李良望老人回忆，以前黄孝义家里困难，母亲是一个跛子，李良望的老婆帮助他扯秧插秧，还免费给他们米吃。最初，李良望儿子结婚，黄孝义过来赶情，知名先生忘记把一包烟给他，但是，主家不是很清楚，并不是主家的错，后面，也没有去弥补。然后，两个人就有矛盾了。

第三，借钱。当家庭遇到困难，比如患疾病或者儿子娶媳妇缺钱时，优先向姑爷、舅爷或者岳父母借钱，再向姨爷借，还可以向姑表、舅表和姨表借钱，不需要利息和打欠条。但是，对于两代以外的表亲，关系好就借得到，关系不好就借不到。郭用文老人回忆，过去，碰到困难时，向岳父岳母借钱，如果岳父母嫌贫爱富，就不会借钱，不过遇到正直的岳父母，就会接济姑娘和女婿。还可以找兄弟姐妹等亲戚借钱，或者找相好的朋友借钱。

第四，走亲戚。舅爷、姑爷是一门正亲，走亲戚时走三代人，一代亲，二代表，三代、四代就完了，他们去世，可以上祖宗牌子，进行供奉，而姨爷姨妈是一门假亲，走亲戚一两代人，属于外乡人，不上祖宗牌子。不少人嘲笑，"姨妈姨爷就是牛伙计"，就是伙养耕牛时牛伙计打交道，轮流养牛，今天送给你，明天送给我。

据郭用文老人所述，如果姐姐在世，舅舅亲近姐姐姐夫，或者舅子儿子亲近姑姑，舅舅来看姐姐，舅子儿子看姑姑，会带一包茶丝，不割肉，来的次数少。但是，父母在世，姐姐要回去探望父母，或者外孙要亲近舅爷舅妈，要割肉和买茶丝，来的次数多。另外，舅老表、姑老表关系亲密，延续两代互相走访，姨老表关系较远，甚至两代就不走访了。

第五，解交。俗话说，亲戚只望亲戚好，朋友只盼朋友高。亲戚之间有矛盾，就接姑爷和舅爷帮忙调解。比如李良望的舅儿子与嫡亲叔伯有矛盾，就找姑爷帮忙调解。同胞姊妹发生矛盾，可以接外祖母或者舅爷调解。俗话说，有理走遍天下，无理寸步难行。不只是长辈帮忙调解，一些同辈能讲究理性，能言善辩，都可以帮忙调解矛盾和纠纷，根据双方反馈的情况，分清孰是孰非，酌情处理。比如大姐和小妹有矛盾，由二姐帮忙调解。

第六，节庆。不同节日，接不同亲戚过节。端阳节，女婿和女儿、侄女儿和侄女婿回娘家，相互探望父母或叔伯婶娘等，割2斤猪肉，不过，叔伯不安置吃饭，由哥哥嫂子安置吃饭喝酒。春节上坟时，女婿先祭祀本家父母坟地，再到叔伯坟地祭祖。

第七，祭祖。清明节或者过年祭祖时，长辈不敬晚辈，同辈也不敬同辈。祭祖，儿子和女儿只祭祀三代先人，比如高祖父母、曾祖父母、祖父母，三代以外很少祭祀，比如太祖以上。要先敬五代以内先人，再敬五代以外先人。过年，外孙还要给外公外婆祭祀。

第八，送礼。过年时，拜年送礼，未结婚，先到舅爷家送礼，结婚以后，先到媳妇娘家送礼，然后，到母亲娘家送礼，再到姨爷家送礼。表亲之间，关系处得亲厚，走一代，关系不好，就不要送礼。

四　拟血缘

（一）过继

1. 过继原因

第一，命理原因。老话说，当没有子嗣养老送终时，去世以后，在阴间入祠堂时，有子嗣的亡魂都欺负没有子嗣的亡魂，甚至用手打你，说你没有后人帮，所以必须立门户，享受子孙的香火。

甚至，去世者没有子嗣，会跟活者要赐产，俗称抢儿子，在屋里吵事，家人过不好。李良望老人回忆，以前孙子出生以后，哭闹不止，晚上睡不好，就向本家李爹咨询，原来是英年早逝的姑姑，老是打扰侄子，只能实施过继之法，将侄子过继给姑姑，寻求其庇护。程序：择良辰吉日，烧香燃烛，将孙子生辰八字写在纸上，并增加过继和兼祧两户内容，然后烧掉纸张，默念"将侄子过继给姑姑，希望姑姑能将其作为亲生子女对待，不要打扰侄子正常生活"，并在年庚簿上注明兼桃两房内容，而且在家谱上也照样填上相关内容。

第二，利益原因。嫁出的女儿是人家的人，不能继承田产和家产。无子嗣家产只能由同姓的本房亲人，比如叔伯或者侄子继承，不能轻易让外人分享家族财产。任何外人分享就意味着本房亲人失去继承本族财产的机会。据李良望老人所述，父亲买了20亩田，两个兄弟平均分配10亩，到杜家剑李氏家做女婿，负责养老始终，不改姓，回到观镇种田，但是，这边李姓三兄弟没有子嗣，过继一个子嗣立门户。

第三，仪式原因。任何人去世以后，每年祭祀只能由有血缘关系的人完成，也就是逝者子孙后代进行祭祀，俗称血祭，不接受外人祭祀，说不能歆享外人祭品和纸钱，除非举行过继仪式，那么就算本人后代。

2. 过继条件

没有子嗣也不是随便都可以过继，过继条件有两个：一是没有子嗣的夫妻，即使有女儿也不算子嗣，无人养老送终，继承家产。二是年龄条件。过了12岁童关，如果其去世，要上谱立门户，过继子嗣。而不满12岁不需要。据郭用文老人所述，如年龄过了12岁童关，要打谱上名字生辰八字，做鬼能够进祠堂，享受后辈香火。同时，打阴阳合同，如果后面父母生了子嗣就过继给去世小孩，把其门户立起来，不然，他们没有子嗣，就会与生者的弟兄抢子嗣，子嗣就不得安逸。

3. 过继对象

遇到没有子嗣的家庭，先从本房亲人里过继子嗣，比如优先过继兄弟嫡亲叔伯的，如果没有，再找同姓之人（辈分高者不能做儿子），把门户立起来，打谱时上谱，负责父母生老病死。据郭用文老人所述，如果兄弟去世，没有子嗣，不能关门户，绝了子嗣，要把香火接起来，另一个兄弟生了两个儿子，小儿子留给自己，把大儿子过继给他打阴合同，过继改口，原来称为爹爹，过继就改口为"叔叔或者伯伯"，过继不为子，就不是你的儿子，但是，过继给其他人，也在眼前生活，看得见，如果有的过继孩子讲良心，生父母年老生病了，过继的儿子不忘生育之恩，也出钱赡养生父母。

4. 批准

过继先需要征求妻子意见，也要与父母商量，当父母同意，再征求户长、房长和门长意见，一般只要改姓，双方父母自愿与同意，族里都不会反对。不需要保长、小得副批准，但是，登记人口时，需要告知。

5. 过继仪式

第一，请求。过继年龄一般在5岁以上、10岁以下。过继请求。生父母和养父母共同商量，是否同意过继一事，立他人门户，如果同意，即可过继。如果没有子嗣，就要求过继一个子嗣，如果只有一个儿子，可以一子两祧，或者生了两个儿子，把其中一个儿子过继给其他无子嗣者，把无子嗣者门户立起来，不能绝嗣。

第二，规定。过继，族规规定，坚持本房过继本房子嗣的原则，长子立长房，如果长房没有子嗣只能过继长房的男丁，二房没有子嗣只能过继二房的男丁，依此类推，禁止越房过继子嗣，因为本房人有田产和地产，如果过继他房的男丁，由他房男丁继承，意味着本房男丁失去了田产和房产潜在的继承权，房长或者门长会千方百计的阻止。如有违背这一原则，不相信本房，不立本房男丁子嗣，要求爱子立子，要根据经济情况，抽一两亩田，留给本房拥有潜在继承权利的侄子，但是，辈分高的不能过继到晚辈那做儿子，派系不能更改，乱了辈分。

按照传统方面，祖父把第三个儿子的儿子过继给二儿子作为子嗣，二儿子继子又把生下的孩子过继回三儿子作为子嗣。如果哪一房后人人数少或者没有子嗣，就从其他房过继儿子，肥水不流外人田，由自己儿子继承别人家产。比如我家没有子嗣，从你家儿子中过继一个子嗣，当你家没有子嗣，我就把自己家里儿子过继给你，都是互相平等交换，没有亏欠，如果谁没有交换，破坏规矩，就再也没有人过继给你。

第三，过继官。过继一事，必须经过户长或者门长同意，不然，没有经过族戚，过继一事作废。承嗣者提前通知户长、房长和门长，邀请他们过来主持过继仪式，同时，也要邀请舅父、姑父、姨父、岳父、祖父、姊兄、胞弟、叔父、伯父等族戚过来见证。过继当日，由户长主持，户长不在，由副户长代为主持，焚香秉烛，告知祖先过继仪式。户长提前做好告祖悼词，并当面宣读。

第四，立嗣书。嗣书，俗称合同，是过继的唯一书面凭证，其分为阴合同和阳合同，其中阴合同就是给年满12岁无子嗣的人过继子嗣，延续香火、立起门户的一种凭证，而阳合同是给生在世而无子嗣的人过继子嗣，书写的一种文书。不管阴合同还是阳合同，立嗣书内容都包括立嗣人姓名、过继人姓名、凭族戚姓名、立嗣理由、立嗣义务、代表人和时间等。另外，阴阳合同过继写明：如果是独子，一子两祧，如果是两个儿子，则长子或者次子给某某为子。阴合同代表人可以是生父或者伯父，而阳合同代表人必须为户长或者门长。一般立两份，一份留给承继者保存，一份当众焚毁告祖，或者烧给阴间的去世者，通知过继子嗣给他一事，求他保佑孩子。

第五，宴请。过继当日，由承继方整大酒或者小酒款待户长、房长以及门长，还有岳父、舅父、姑父、叔伯等在场人员，户长宣布过继程序合理和生效。过继需要改口，称呼生父母为叔子姊娘，称呼继父母为爹爹和母妈。过继也上家谱，无人敢轻视。过继，写符包称为生父母，降福男。

第六，归宗。归宗时，需要找户长、房长和门长主持归宗仪式，不然不符合规矩，则过继无效。比如李良望作为门长，能够代理户长职能，帮助万家归宗合族，同时，万家接老户长和新户长喝酒吃饭，由门长表述合族事由与过程，如果程序合乎族规，户长认可抬举门长，并签字，同意三代归宗，如果处置不合道理，户长有权提出其作废无效，重新按照祖宗程序举行仪式。最后，准备好酒好菜招待户长和房长、门长以及族人。1949 年以前杜家剅过继子嗣情况见表 4-5。

表 4-5　1949 年以前杜家剅过继子嗣情况

成分	姓名	田产数量	过继
地主	黄中香	有 40 亩田，出租 10 亩给本村人，大部分田基本自己种，劳动力少，请外村人放牛[1]，放高利贷，并没有请长工师傅，请人做零工	百桥村黄家倒口黄中门有两个儿子，过继小儿子到杜家剅黄家，改名黄中香
富农	李前元	有 25 亩田，在戴市河坝村有 2 亩田，没有请长工，而请零工。放高利贷，被划成富农，复查没有改成分	祖父到戴市镇做上门女婿，生了三个儿子，过继李前元
	陆德高	有 28 亩田，出租田，放高利贷，没有请长工，有请零工，人均 5.6 亩，划成富农	百桥村杜家剅陆家儿子出去投身革命，被国民党杀害，就从曹市镇陆姓过继而来
	熊茂才	有 17 亩田	与熊茂盛是亲兄弟，从曹市熊姓过继而来
	熊茂元	有 12 亩田	父亲是赵启东，是革命烈士，第一任妻子生女儿，第二任妻子生下儿子，后来父亲被国民党杀害，儿子被妈妈送到百桥村娘家，作为熊生元的义子，改名熊茂元
	李文岸	有 10 亩田	从曹市镇李姓过继而来
	熊茂盛	有 8 亩田	从曹市镇熊家过继而来
雇农	舒则民	无田，依靠租种黄中香 5 亩田生活，农忙时，到陆德高家做短工	未过继。原籍戴市镇卢教村，因为闹水灾淹没，逃荒投奔李良望，定居杜家剅

第七，继子与养父母关系。孤寡老人，没有子嗣，只能过继侄子或者族人作为子嗣，负责生养死葬。或者死后，过继一个儿子，由他用钱帮助其办丧事送葬，孤寡老人的家产和田产由他继承，负责清明或者过年祭祖。同时，过继改姓，获得养父母家产继承权，但是，没有改姓和共同生活，就没有继承权和分家产的权利。

过继不为儿，不需要赡养生父母，只需赡养养父母。由其他儿子赡养生父母，如果儿子早去世，由孙子赡养爷爷奶奶，如果没有子嗣，可以过继叔伯或同族人养老送

---

[1]　雇工剥削，放牛不算长工。

终，或者由过继儿子赡养生父母，但不能转回生父母，然后，将孙子过继回来立门户。比如万家养了一个儿子，见哥哥没有子嗣，就过继给他抚养，后面，迁到杜家剅定居，但是，妻子生病去世，就没有子嗣，又不能向哥哥要回儿子，李寿兴去世早，妻子从湖南逃荒投奔杜家剅的李氏娘家，育有一个儿子，万家就认寡妇的儿子为继子，养老送终，继承家产。

第八，过继与房关系。长子立长房，幺儿子立幺房。意思是无子嗣老人，无人养老送终，要过继子嗣，只能过继本房族人，不能过继他房男丁，长房只能过继长房，幺房只能过继幺房，阻止本房人的地产和房产落入其他房。

第九，继子与兄弟关系。当家人未婚嫁去世时，需要将家里子嗣过继给逝者做子嗣，把门户立起来，不然，其跟生者抢子嗣，不得安宁。比如李前章没有子嗣，就过继李良怀立门户。据郭用文老人所述，当有两个儿子时，过继一个儿子给别人，但是，留在家里养老送终的儿子出意外过世，生父母不能把过继的儿子要回来，只能把过继儿子生的孩子过继回来，把门户立起来。

第十，继子与生父母关系。过继不为母，过继不为儿。即使过继到本村或者本房，也不算是生父母的儿子，遇到父母去世，不能到他家停丧办白事，只能由留在家里的儿子出钱办丧事。过继需要改口，称呼生父母为叔子婶娘，称呼继父母为父亲和母妈。如果不讲良心，不认生父母，而且下堂更加不认生父母，讲良心就会养生父母，即使是生父母，过继儿子也会写符包，烧点纸钱。另外，过继改姓，家庭人口增加，保长和甲长登记，造人口册子，做抽丁和服劳役所用。

俗话说，过继不为儿。在义务方面，一旦过继以后，子嗣与生父母没有关系，没有赡养生父母并继承生父母家产的权利。继子必须对养父母履行生养死葬义务，养父母也有抚养继子义务。还有待养父母去世以后，继子有继承养父母家产和田产的权利，除非没有履行该义务，叔伯才可以剥夺其继承权。在称呼上，生父母称为叔叔婶婶，养父母称为父亲母亲。不过，当生父母没有子嗣时，过继儿子生的第二个儿子，可以归宗，改生父母姓，立起门户，延续香火，不能绝户。

（二）抱养

第一，批准。过去，没有子嗣家庭，当没有过继到合适子嗣时，就可以抱养一个子嗣。一般找相好的人或者亲戚介绍，多数抱养穷人家的男丁，富人之家不会将孩子送给他人抚养，除非家庭遭遇变故。抱养之前，需要征求家长同意，与丈夫商量。抱养时，不需要告知户长、房长和门长。

第二，仪式。对于抱养子嗣，需要举行一定继养仪式，才算自己的子嗣。待打谱时，需要邀请户长、房长和门长主持仪式，还有邀请姑父、舅父、姨夫等长辈见证，将抱养子嗣归宗于本族门下，立本家门户，接本人家庭香火。同时，还要打抱养嗣书两份，一份焚烧祭祖，一份由抱养父母保存。另外，抱养子嗣不需要支付钱财。据李良望老人所述，只有一些下等之人卖儿、卖女，让其改姓给别人做儿子，属于别人的儿子，其不能报答养育之恩，赡养生父母。

第三，抱养与生父母关系。一般生父母不会亲自抱给人家。一旦养不活，或者将私生的子女送给他人抚养，即使长大也不能回去，养育之恩大于生育之恩，生父母不敢看子女，怕子女怨恨，也不敢去认领子女，养父母也不给生父母看。比如李良望的一个外甥，生了三个姑娘，想要一个儿子，就抱养给杜家到熊家姐姐，改跟姑父姓，抱养不需要打合同，后面，养女儿就认姑姑姑父为父母，虽然走亲戚走两家，但是，把抚养其长大成人的姑姑放在第一位。

第四，抱养与他人关系。抱养子嗣，不管兄弟、叔伯、族人，还是邻居或者乡亲，都不敢轻视，比如羞辱别人，嫌弃人家是抱养的儿子，否则人家父母可以责骂或者训斥，甚至可以到其家里掀翻祖宗牌位，以示惩戒。比如抱养儿子，无人敢轻视，比如河南人的儿子多，杜姓抱养一个儿子，照样上家谱，族人不敢说他是抱养。

（三）爱子立子[1]

第一，对象。继子选择标准多为孩子乖巧、伶俐、聪明，那些木讷、不善言辞的孩子，没人喜欢。立子嗣很自由，坚持自愿原则，当没有合适选择对象，可以爱子立子，选择对象可以多样化，只要同姓就可以，比如同族人子嗣，爱上他就立他为子嗣。后面，自由度更大，不管同姓还是异姓，只要喜欢这个儿子，就可以立为子嗣，比如舅父儿子或者姑父儿子，还有好朋友的儿子。据郭用文老人所述，如果同族没有，喜欢谁家的儿子，就爱子立子，要去改名换姓。比如熊老头本家，后面，到熊家立嗣，改名换姓。还有本村李姓儿子，到万家立门户，也要改姓。立子嗣，同村优先外村。

第二，批准。爱子立子条件，是家庭没有子嗣传宗接代、继承家产，有子嗣不能爱子立子。而且多数为家长说了算，也要征求妻子、父母同意，另外，也要经户长、房长和门长同意。一般爱子立子，相信他，户长都会同意，没有理由反对和干涉，签字同意打合同，只是一种象征环节。

第三，仪式。同样，需要邀请户长、房长和门长主持立嗣仪式，还要邀请舅父、岳父、姑父、叔伯等过来见证。焚香秉烛，告祖宗，立嗣书，焚烧一份嗣书，另一份由立嗣家庭保管。然后，请大家喝大酒小酒，庆祝立嗣成功。另外，每逢保长或者甲长造人口册子，要向其禀明立嗣情况，由其进行人口登记。

第四，义务。爱子立子，多为无子嗣的家庭生前举行，由所立子嗣负责老人的生养死

---

〔1〕　最初，对于没有儿子的家庭，在继承上有很多规定。"无子立嗣，必择名分相当者，于谱内说明。如后继无人，准其立爱，惟不得抱养异姓之子，以致紊乱宗族。""不育无子，此人生不幸之事，故抚抱亦世之常情，但须于同父同亲昭穆相当中择爱择贤，听从其便，切勿以异姓承祧，致遭非种之锄。"为了避免因图产争嗣而在宗族内部引起争端，宗族习惯法对承继立嗣的顺序进行了规定，如李河李氏"凡无子之家，必遵长门无子过次门之长，次门无子，过长门之次子例，不许乱争。如无应继之人，必择其近支之子多者而继之，如近支无人，必择其远支有才者而继之"。

葬等，待养父母去世以后，子嗣可以继承他们的房产和田产等遗产，但是，所立子嗣没有继承生父母家产的权利，也没有赡养他们的义务。

（四）认义子

第一，对象。一般多数没有子嗣家庭才会认义子，不过，也有好过的富贵之家认义子，只要性格相合，不会打结。认义子，不管是本房亲人还是同姓族人，还是异姓人，都可以认为父子关系。不过，认义子多为没有血缘关系者，比如朋友或者世交的儿子。只要儿子聪明懂事，尊师重道，读书好，深得人喜欢，就可以父子相称。

第二，批准。认义子，只要义子以及双方父母同意即可，如果生父母不同意，就不能认义子，需要义父母和生父母都同意。不需要其他人同意，不过，也要经过户长、房长和门长，以及姑父、舅父、叔伯父等人见证，认义子仪式才算合情合理。

第三，仪式。同样，认义子也需要邀请户长、房长和门长主持仪式，焚香秉烛，祭祀祖宗，立嗣书焚毁一份，保留一份，并由义父整大酒小酒款待户长、房长和门长，以及舅父、姑父以及其他族戚。另外，认义子，一般三代归宗，一个改姓，一个保留原姓，把两户门第立起来，要接户长批准、同意、签字，以及门长、房长、姑爷舅爷做证。

第四，义子与义父母关系。虽然父子没有血缘关系，只是名义上的父子，但是，父子之间关系亲爱。比如孩子小时，义父义母要帮助购买衣服鞋子，上学要帮助其买书，逢年过节，可以接他一起庆贺，过年给压岁钱，结婚时，也要当亲儿子一样赶情，安置婚事；而义子从小要尊敬和孝顺义父母，过年要给他们拜年，做寿时，义子要亲自上门拜寿，义父去世，也要给其戴孝送葬，清明时，按时插青祭祀，烧符包，不过，义子没有继承义父家产的权利，除非义父没有子嗣，才有权利继承。另外，没有改姓和共同生活，也没有继承权和分家产的权利。

认义子分为两种情况。一种是义子到义父母家生活，需要改姓，负责生老死葬。另一种是不需要改姓，也不需要与义父母生活，当亲戚走访。没有子嗣，就收一个男丁作为儿子。比如万家没有子嗣，也没有过继同姓儿子，就收李家儿子为子嗣，改姓万；熊家没子嗣，也没有过继到儿子，赵正东干革命被国民党杀害，其在牢里生的儿子被舅舅抱养给熊家，改姓熊。

第五，义子和继子关系。当父母去世，送葬时，只能由继子捧灵，其他义子不能捧灵，因为他是假儿子。不过，有子嗣时，也可以认义子，义子和继子没有直系血缘关系，也称为契兄、契弟、契姊、契妹，允许互相通婚，增强互帮互助情感。另外，女人外嫁外省，娘家较远，女人就拜本村一对关系好的父母为干爹干妈，不需要改姓，当娘家走，互相走访。

第六，认义子与国家关系。当所认的义子没有跟义父母共同生活，只是作为亲属进行礼仪交往时，也就是义子没有作为义父母的子嗣时，不需要登入黄册[1]，也不需要抽壮

---

〔1〕　泛指登记人口情况的册子，作为征徭役赋税的凭据。

丁服役。若义子已经搬来与义父母共同生产和生活，则需要向保长或者小得副禀明情况。而且当义子作为义父母子嗣时，就需要抽壮丁。1949 年以前杜家剅认义子情况见表 4-6。

表 4-6　1949 年以前杜家剅认义子情况

义子女	义父	原因
李良望妻子	杜贤成	李良望妻子远在湖南的父母去世，妻子为了在村里有依靠，就拜杜贤成做义父
舒疏光	熊茂元	熊茂元妻下无子，就认舒疏光为义子
万寿青	万远洪	其外祖父姓李，和李良望一支，其母嫁到湖南省重阳县，而丈夫早逝，其母亲携带儿子和媳妇乞讨回娘家，后将其转为杜家剅万洪远的义子，并改姓为万姓

（五）招婿

第一，对象。当家庭没有子嗣传宗接代时，女儿可以招夫入赘，延续香火。没有子嗣，只有女儿，为了保留家产而不给外人，让外人分享荣华富贵，只能招婿守家产。一般招婿对象，要求是异姓，不跟同姓结婚，优先招一些子嗣多又勤劳、品行端正者，不招好吃懒做或者嫖赌进窑者。另外，入赘时，一般由父母做主，只是与祖父母商量，不需要与女儿商量，不需要户长或者门长同意。

第二，归宗。如果找女婿继承家产，其实很多人不愿意，因为女儿一辈子没有娘家走，家族力量弱小，而且女婿的后代跟一两代女方姓，三代归宗，甚至两代就改姓，就变成另一个家庭，没有血脉延续香火。比如女方姓王，最初女婿姓李，第一个儿子随王姓，第二个儿子随女婿姓李，把两家门户立起来，即使两兄弟关系也亲爱，但是，两三代以后归宗，就清李姓根子，上李姓族谱，立女婿方的门户，如果三代单传，没有三兄四弟，原来王姓就无人延续香火。据郭用文老人所述，招女婿，一生没有亲戚走，只能名义上过继外甥作为子嗣，延续香火，大多数人不愿意招上门女婿。

第三，上谱。最初，招夫入赘不能上谱，后来，做上门女婿，需要改姓，随女方族人姓，上其族谱，随女方一族人，不再属于原生父母一族人。未改姓，不上女方族谱，仍随生父母一族人，不属于女方一族人。入赘时，每逢节庆之日，写符包时称为螟蛉父母，女婿称为螟蛉子。

（六）十友弟兄

第一，概述。十友弟兄是一种民间互助和交往组织。十友弟兄之间并没有血缘关系，也是一种拟血缘关系。该组织有 10 多个弟兄，关系亲爱厚重，要求排班轮辈，一般以年龄为标准，排老大、老二……依次进行称呼，然后，选择良辰吉日，举办结义仪式，焚香秉烛，喝雄鸡血酒，发下誓愿，凭天地，生死同患难，有福同享，有祸同当，犹如同母所生。

据郭用文老人所述，过去，十友弟兄关系最厚重，遇到困难，由苦难户联系老大，由老大召集其他弟兄，轮流请人吃饭，每人出 1 担稻谷作为互助资金，帮助其建房子或者结婚。同时，红白喜事，都来赶情和筹办事情。平时，互相请吃饭，交流感情。不过多数是同一种职业，如农民与农民结拜，商人与商人结拜。

第二，功能。一是相互提携。当哪个兄弟飞黄腾达，就安排其他弟兄一起共事，还有在外面做大生意，也一起请其他兄弟过来帮忙，有福同享。二是相互帮助。遇到天灾人祸，也会互相帮忙。甚至有弟兄犯事入狱，大家共同出钱，用钱消灾，把弟兄救出来。比如刘亦非，如果弟兄蒙难，都出钱，帮忙救助出来，后来，一个被抓，也没有供出其他人，最后被斩首。三是相互交往。不管平时还是遇到红白喜事，互相走访，相互赶情。比如夏至柏组织，遇到红白喜事，互相庆贺和赶情。

据郭用文老人所述，十友弟兄，人心齐，心相连，知根知底，只能提拔自己人，如知心朋友，关系好，办得了事，不像外人口是心非，心里使坏，他会给你使手段把你搞下来，他就往上爬，把你当成垫脚石。所以当官，要提拔知心人，心连心，口连口，才可靠。

第三，运行。俗话说，蛇无头不走路，鸟无翅膀不飞，当兄弟之间有大事小事发生，由当事人找到老大或者老大直接召集其他兄弟聚义。比如一个遇到困难时，集体讨论如何出钱或者出力帮助其过关。或者碰到红白喜事时，老大召集兄弟去赶情。可见十友弟兄并没有严格的运行制度和规则，只是凭借一定道义原则。

五　宗族

（一）族人

第一，标准。族人就是同一直系血缘而出了五服以外的同姓人。包括血族和合族，血族就是直接有血缘关系的同族人，而合族就是由于历史悠久，迁居他方，掉了号子，要求与附近同姓合族，也就是成为同族人。俗话说，有千百年的宗族，没有千百年的亲戚。自出生属于同一族人，日常可以互帮互助，即使搬到其他地方，也比陌生人要亲一些。

第二，居住。宗族具有庇护族人的功能。在低平湖区，居住地的大姓族人很少，多数进行散居。不过，零散的家户及缩小的宗族往往避开强族独立建村，或改姓归宗，依托于大族强宗，或利用同籍等关系组织起来，甚至改为同姓，认同于一个虚拟的祖先，形成新的宗族，一起对抗强邻。

第三，族人之间关系。如果碰到同姓族人，属于自己屋里人，一姓人亲爱一些，距离太远，或者互访，就接到家里吃饭。比如到广州做生意或者迁移到外地定居，碰到一户族人，接吃饭或住了几天，得到族人的照顾。

第四，族人与宗族关系。传统时期，以族连坐法，如果有人到处犯案，族人不得安宁，也受牵连，比如出命案，族人逃跑，他人告状，户长不能脱皮，找户长要人，户长只能起族会，按户捐钱请人打官司或者用钱把案子压下来，或者出钱进行赔偿。据李良望老人所述，遇到有人做了大官，回乡祭祖，邻居、乡亲会带鸡蛋上门恭贺，邻居有我，我就有邻居，当官者会办酒席感谢亲房叔伯以及邻居。同时，也可以祭祖，也可以不祭祖，户长会安排祭祖仪式，整小酒款待当官者，族里有我，我就有宗族，官员一般出善钱，作为香钱。同时，官员还宴请族户长或者房长、门长吃饭。

（二）族董会

第一，概述。族董会成员，多为族中各房中有面子和文化的族人，要求热衷于本族公益事业，为人正直，品行端正，由不贪得无厌者担任，因为族董会没有工资报酬，做事为义务出工。一般为 6 人以上，分设出纳和会计、保管，由族董会成员兼任。最初，设立该组织，是为了更好地筹办本族活动，比如清明会等。

据李良望老人所述，过去，户长都是选举出来的，一般是开清明会或修缮族谱才举行选举仪式，族人人口集中，多数采取终身任职，没有任期，待户长年龄太大，自愿退休，或者生病去世，才改选新户长。户长找房长、门长开会，商议举手选举，不需要家家户户去进行选举。选拔标准：要有能力，有文化，有威望，办事公正，能言善道，品行端正者担任。房长、门长是户长任命或者指定，不需要选举，多数是对族里有贡献的本房冒尖族人，能够帮助户长做事情。

第二，功能。对内功能。一是筹办宗族活动。族董会是族人代表大会和族委会的执行机构，比如修缮族谱或者清明祭祖等活动，该方案需要多少人力、多少资金、实施进度如何安排等，都由族董会决策，这些事宜需要族董会集体讨论决定，并形成一定实施方案，待户长批准以后，由其负责实施，除了本祠堂存款动用外，还可以收房捐。二是负责族内家庭纠纷调解，比如好吃懒做之人，打骂父母，族董会负责执行家法族规等。三是审核宗亲情况，比如分家、过继、认义子、招婿等仪式主持。四是本族人有考取功名或者创大业者，可进行奖励。五是扶危济困，救助本族孤寡遗孀。对外功能。一是对外和宗睦族，联合宗支血脉，增强本族实力；二是调解财产纠纷，维护本族祖产完整；三是保护族人，遇到族人犯罪或者蒙难，可以起族会，按户捐钱，平复官司。

据李良望老人所述，祠堂台及其坟地等契约登记入簿，由户长妥善保管，所有每年收入除修族谱祭祀及其例行开支，还有填制祭器或者祠产，不得挪为他用，以及祠堂祭祀器物或者文契登入簿，妥善保管，不得遗失。还有本祠堂前后殿，永不典卖，其他田房产非族人集体开会表决，不得典卖。

第三，运行。遇到本族事务需要召开会议，先召开预约会议，由户长先祭期提前一月，函告开会的缘由，请各大房推荐两人到祠堂集议。临时会议由户长在祭以后一天，约定时间，请各大房推荐 1~2 人参会，告知祭祀事宜。开会时，保持安静，不得 2 人同时发言，不得打断他人发言，并做好会议记录保存。比如族董会直接受户长指挥和分派任务，对户长负责，族中一切事务，待族委会或者召开族人代表大会商议，做出相关决定，待户长出席族董会，分配成员任务，需要多少经费预算、多少族人参与等，都需要族董会负责筹集和通知。比如族人犯案，找到户长，户长就需要通过族董会召集族人，起族会捐钱，平复官司。

据郭用文老人所述，如果族人性格拐，到处犯案，由户长或者门长进行惩处。他们闯事情，株连族人不安，比如打死人，犯了命案，肇事者逃跑，受害者到县衙告状，政府找到族里户长，户长就起族会，家家户户按照丁数出钱，用钱补偿人家，平复官司，与他族人讲和。比如叶新界，他读书好，文墨好，但是，性格拐，不行正当，做强盗，到外面闯大事，下不了台，被人告状，户长就起族会，挨家挨户出钱，帮其把官司和平，平息命案。

第二节　地缘与地缘关系

传统村落体现在一定地域范围内的聚合，村民相互之间的关系投影到地缘关系，不同主体之间也会发生一定横向联系，以下从邻居、熟人、乡亲几个方面进行描述。

一　邻居

（一）划分标准

在村落范围内，邻居就是以居住地为中心，划一个同心圆，不管同姓还是异姓，也不管兄弟还是外人，隔壁为住所左右前后各 1 户，左邻右舍，上百客下百客，共 4 户。不过，因为平原地区亲水而居，屋后为大河，因此，隔壁多为左邻右舍的 2~3 户人，而邻居为左右前后 3 户，总计 9~12 户。

据李良望老人所述，解放以前，不讲阶级成分，各自在田里做活。以李姓为中心，左边杜姓，右边陆姓，远一点夏姓，杂姓为主，关系亲爱，不打结。拐人缠拐人。抗死团李秋范，最初，在地方有点地位，喜欢欺负人。

（二）邻里分界

第一，物理边界。村落范围内，最初，地少人多，荒无人烟，即使挤在河堤上居住，户与户距离也很远，相差 1~2 里。民国时期，随着人口增多，户与户房子之间距离大大缩小，相隔 1~2 个空台，20 多米，多作为晒谷禾场或者作为种菜的菜园地。同时，禾场或者菜园之间留有排水沟或者巷道为界，作为屋檐滴水或者行走之用，任何人都不能盖房越界或者滴水越界。

据郭用文老人所述，村落每户屋台做界口，一户种一边，各种各的名份，各守各的界口。不过，不能过细，不然，就会经常闹戏码。因相邻之间一强一弱，强的一方就想多占别人的田，容易起土地纠纷，一般接叔伯或者邻居过来解交，问清楚事由，进行劝和就算了，如果你想赢，我也想强，就一直闹戏码，多占一点就算了，模糊一点处理。如果屋台不够，与别人商议，要么与相邻的换地，或者多给一点地跟别人换屋台，实在不行，就出钱买屋台建房。

第二，心理边界。同一个村落，不管邻居是同姓还是异姓，自家外出做活，家门都上锁，除非有老人在家。俗话说，知人知面不知心。即使再好的邻居或者朋友，也不知道心里怎么想，防止见财起心。即使隔壁或者邻居没有偷盗之心，外面也有人入户偷东西。因为平原之地，村庄开放，村落既没有共同围墙，家户也没院墙，房子靠近道路建设，人来人往，容易出现偷盗现象。

（三）居住位置

同一个湾子或者台子，每户盖房子，既不能越过地界建房，又要与邻居房子地基位置平齐，不能超过邻居房子地基。不能往上盖房，房子一上一下，会遮着别人的房子，要与众人合相口，不然，邻居会讨论你，不懂礼数。不过，房子高矮随便，根据自家经济实力决定盖房高度，邻居不会说。因为房子中间高，两旁的邻居房子矮，呈凤凰展翅状，风水不利于自家发展，一般要与别人建一样的高度。另外，买下屋台建房子，剩下屋台，围建成菜园子或者种树，防止其他人偷占。同样，一般小姓杂小姓居住，大姓与大姓并置居住。除非有血缘关系，小姓才会入住大姓村落，不然，单家独户容易被大姓欺负。比如李良望周围是同一高祖嫡亲叔伯，比如前义、前元、前坤、前公、前两为高祖派，3 户是族亲，3 户不是族亲。

（四）邻里关系

1. 买卖关系

杜家剅各姓氏多因买卖关系聚合成村落。最初，只有李姓、陆姓、杜姓、熊姓、涂姓、夏姓，后面才有吴姓和万姓。杜姓搬来杜家剅，是担任钱粮先生，有钱购买屋台安家，也买了南安村吴家屋台，后面，转卖给后搬来的吴姓[1]，吴姓再搬走，又卖给他姓。

---

[1] 吴成荒、吴成荤、吴成蓝、吴成茂、吴成之、吴成华，原是螺滩村人，买了杜姓屋台，搬过来居住。最初，吴家新场居住杜家剅，最早居住此地，与螺滩村吴姓没有关系，只是同姓人。

有钱就买田置地，没有钱就卖田地。夏姓屋台向陆姓购买，杜姓也部分向陆姓购买，熊姓也向陆姓购买，因为陆姓只有一户，但是，有一个半号子的田和屋台，没有延伸到戴家湖，而李姓有一个号子（田和屋台），一直延伸到戴家湖。万姓是亲戚李姓给屋台和田种，只有5代人，而李姓有11代人。

2. 互助关系

（1）互助条件

在传统时期，平时，生产和生活便于打凑工，进行互助合作，比如建房互相帮工，但是，遇到逃命时，不会进行合作，各安天命。比如抗战时期，以家户为单位，在菜园子挖地洞，或者到垸堤各自挖一个洞，晚上吃住在洞里，大白天，村民不敢躲在家里，老东（方言，指日本侵略者）来，村民就跑，老东走，村民就回家。逃命时，不搞互相合作，各奔各的，各安天命，你逃走幸运，逃不掉就找死，如果两个人一起逃跑，你跑前面，我跑在后面，被抓到了，也不能搭救，徒手无法跟老东拼搏。可见，人与人的互助关系，并不是任何时候都适用的。

（2）互助类型

第一，红白喜事互助。远亲赶不上近邻，近邻赶不上隔壁，隔壁就当成亲房。不管同姓还是异姓都做邻居，异姓作为邻居，同姓是族人，作为邻居更加亲爱。俗话说，相识一里，亲爱或者孝顺不分亲假。因为兄弟或者叔伯以及女儿等亲戚住址远，地缘相近的邻居或者乡亲即使没有血缘关系，都是当近亲看待，遇到红白喜事，都可以及时互帮互助，但是，有血缘关系较远的，根本帮不上忙。比如邻居父亲生病去世，而儿子不在家，李良望就帮忙找人办丧事，其儿子养鱼经常送鱼给他吃，自己有吃不完的蔬菜或者用不完的扁担和锅盖，就给邻居一把和一口，这样，邻里关系更加和顺亲爱。据郭用文老人所述，父子别居或者兄弟别居，最近是隔壁，最远相隔1~2里路，有什么事情，都会找邻居帮忙，你对我好，我也对你好。凡是有事，接我就帮忙，不接不来帮忙。

第二，日常互助。亲戚距离很远，远水救不了近火，遇到火灾、生病等，找邻居或者隔壁就能帮忙解决问题，平时，互相照顾，你帮我，我才会帮你，我帮你，你不帮我，就没有交往。比如，村民外出做农活，邻居在家，就交代邻居，如果碰到下雨，就请他们帮忙收衣服，如果自己跑回来，或者嫁在邻村的女儿回来，衣服早打湿了。甚至，嫡亲兄弟别居，赶不上邻居或者隔壁。

据李良望老人所述，远水救不了近火，远亲赶不上近邻，近邻赶不上隔壁。家里大事小事或者紧急事务，比如生病或者救火，都要求助邻居帮忙，以邻居帮助为主，较远的亲戚（居住较远的舅爷、姑爷、姨爷）应付不上，指望不上。俗话说，和乡亲，息邻里。不能与隔壁乡亲钩心斗角，经常闹戏码，一点小事就算了，要以叔伯弟兄看待，紧逼当亲房，有什么事互相帮忙。叔伯弟兄等属于嫡亲，关系亲爱。比如隔壁老人摔倒，肯定等不及远处儿子过来扶起，但是，隔壁早把他扶起来了。

（3）互助形式

第一，逃荒。发洪水时，各自逃荒，各安天命，一些困难户，没有船只，只靠乡亲帮忙。同时，如果遇到以前有矛盾的村民被水困住，不能见死不救，不然良心不安，也要救他们上船。碰到人被围困，爬到树上，如果不向船老板求救，可以不救（船老板可以装不知道他有没有死），君子爱财取之有道，如果发出求救，即使没有钱，也要救他上岸，做善事培德。被救之人，当时有钱出钱给摆渡之人，即使没有给钱，后面也割猪肉进行感谢。

　　据李良望老人所述，兄弟或者邻居之间一起逃跑，互相帮忙，到没有水灾的地方，各自找工做，比如割稻谷或者运输粮食等。如果老板工作多，可以介绍给兄弟或者乡亲一起过来做，你接我做活，我接你做活，不需要报酬。讨米时，不能同一个方向讨米，各走一个方向，你讨过米的地方，他过来再讨就讨不到了。

第二，借钱。遇到困难时，优先向隔壁借钱，也可以向左邻右舍的邻居借钱，不要利息和打借条，但是需要有中人做证，比如乡亲或者邻居。当向邻居和隔壁借不到时，可以向村里乡亲借，也可以找外村熟人借，前提是关系交好，玩得亲厚，不然不会借，而且不需要利息和打借条。不然一般需要低于市场或者与市场一样的利息，还要打欠条。俗话说，有借有还，再借不难，只借不还，无人再缠。所以，不能到期不还，不然会失去诚信，再也不借给你！

　　据郭用文老人所述，困难时，向相好的朋友或者乡亲借稻谷，借 1 担还 1 担半。如果向亲戚借，比如姑爷或者舅爷，不需要利息，借 1 担还 1 担。不过，多数乡亲邻居或者亲戚不富裕，只能找田多的有钱人借，被迫还高利贷。借钱，借 100 钱还 103~110 钱，利息为 3%~10%，根据借款者经济情况，是否勤劳，是否有还款能力，不然还不清，连本都收不回来。

第三，打凑工。修房子时，亲戚、族人或者乡邻互相打串工，比如盖草或者上瓦，你建房接我帮忙，我建房接你帮忙，不需要报酬，邀请吃 3 餐，菜肴安排灵活，有钱准备 10 个菜，没有钱少准备几个菜，帮忙的不会嫌弃。一般帮忙 1~2 天，如果有时间，可以帮 2~3 天，没有时间只帮 1~2 天，时间较为灵活。另外，农业生产时，当姑娘和女婿家较近时，他们会来帮忙，亲戚朋友，互相帮忙 1~2 天，不需要工钱。多为交好的邻居或者乡亲打串工，你帮我栽，我帮你栽，帮忙 1 天就还 1 天，除非给工钱。

　　据李良望老人所述，邻居之间也搞好关系，遇到大事小事，才能打串工，相互帮忙。盖房时，只是到上梁盖瓦时，亲戚、邻居、朋友互相打凑工。你帮我，我帮你，需要找跟前的邻居、乡亲和朋友打凑工。后面，他们建房子、夹壁和盖瓦，也去帮忙，邻居或者亲戚还凑工。如果你建房，我没有帮忙，我建房，也可以求你帮忙，只要你有空。只要你瞧得起他，叫了他就会前来帮忙，比如递瓦、上梁。另外，如果邻居不晒稻谷，可以到他们家晒谷，挨着你家的禾场，你不晒，邻乡也可以到你家来晒，互相借禾场来晒。还有一起伙养耕牛，轮流使用。

另外，江汉平原腹地乡村聚落的选址，首先考虑的是选择地势稍高的自然墩台、长冈或建造人工墩台，以躲避洪水的侵袭。最初，人们可能主要利用江、汉等自然河流两侧的自然堤、平原周边的天然冈阜、平原腹地的残丘。随着开发的深入，越来越多的民众进入没有自然冈丘可资凭依的平原湖区，就不得不依靠集体的力量，通过协作，堆筑墩台，以营筑居所，从而形成以散居为主导的乡村聚落形态。

第四，办酒席。红白喜事，兄弟、叔伯、侄子不请自来帮忙，或者邻居帮忙，一般2~3天，不接不来，不需要报酬，发香烟，请喝酒吃饭，村里乡亲不来帮忙，朋友不帮忙，只负责赶情，吃饭喝酒。亲戚也不帮忙，只负责赶情，吃饭喝酒。如果关系好，同姓就会主动赶情1天，吃完饭离开。道士、乐师和厨师不请不来，他们不赶情，主家要支付报酬，请吃饭喝酒。另外，不接户长或者房长，直接接本房亲人帮忙。

据郭用文老人所述，一个湾子或一个台子的异姓，就俗称百客，也要赶百客情，挨家挨户赶情，一般不要自己上门，先要接邻居，要他帮忙，要邻居帮忙接乡亲坐百客席赶情，而且百客赶情，出钱都是大家商量的结果，统一按照一个价格出钱，吃一餐席。还有距离2~3里路的叔伯，也要邻居帮忙接堂叔伯坐席。以前没有大师傅做饭，做承包宴，向邻居（左邻右邻，大概要关系好左3户、右3户，一般请男的，如果人手不够，就接女人过来做切菜、烧火等小工）讨喜，要邻居帮忙，比如挑水做饭，搬桌椅板凳，还要帮忙收碗、洗碗等。

（4）邻里打结

隔壁或者邻居之间有矛盾，如果是明理之人，会反思谁是谁非，如果自己不对，就上门道歉或者主动喊别人一声，不需要送礼物，求得别人原谅；如果是他人不对，想开事情，也可以和好，或者找有威望的人帮忙调解："互相不要计较，今生做隔壁或者邻居，来世还能做隔壁或者邻居？不可能吧。各退一步，大家以后好见面！"不过，邻居之间容易闹矛盾，这一代有矛盾，下一代未必有矛盾，不可能代代有矛盾。

（5）邻里宴请

平时，没有事情，邻居不到家里吃饭，除非碰到红白喜事，才会来庆贺吃饭。比如老人过生日，邻居携带一些礼物道贺，并吃酒席。平时，如果没有事情，或者没有好酒好菜，就不请邻居吃饭。若是距离远的同姓族人，互相拜访，可以留族人在家吃饭。另外，关系相好的乡亲，有好酒好菜，就互相接吃饭。据黄孝治老人所述，过去，遇到有客人来，整10碗大菜，亲房之间或者邻居之间，你接我陪客，我也接你陪客，礼尚往来，不需要礼物。平时，不能随便到别人家吃饭，如果赶情随礼，就吃饭喝酒。人家说"你到我家吃饭"，不能说"好啊！"宁可吃"三点头"，不可吃"你也来"。"你也来吃啊！""我吃过了！"或者"家里煮好了！"意思是说客气话，不能答应去吃，重点在"也"，意思不是说吃。做人懂礼数，禁止端碗到处吃饭，看看别人家煮什么菜，到处骗吃骗喝，我一一吃点，要求规规矩矩在家吃饭。

在短时期，邻居比族人关系好，如果长时期，族人比邻居关系更持久。现在是邻居，以后几代、几十代、几百代，未必是邻居，但是，同姓族人，就是亲爱一些。同时，在跟前或者同村落，邻居互相请吃饭，但是，到外面，邻居不在，只要是同姓族人，别人会招待你吃饭。另外，同家族或者邻居出了丑事，不跟外人说。家里吵架闹戏码，请信任的乡亲或者邻居帮忙调解，一般不会向外人宣扬。比如邻居李秋范的曾孙，小时候不懂事，到李良望家偷东西，被发现抓到了，并向李良望下跪，李良望见他悔过自新，年小不醒世，就保密，不跟外人说，不让他出丑，保留好名声。

（6）连坐关系

传统时期为便于管理，实施五户连坐制度，一户犯罪，其他人不得脱罪。比如抽壮丁，被抽中的男丁，实施五户联合保，遇到壮丁逃跑，家人和邻居，甚至姑爷和舅爷不得脱干系，要背家伙。据说，对壮丁等徭役，实行五户连坐法，一人拒服兵役，比邻问责，甚至亲戚，如舅父和女婿等，难辞其咎。

（五）邻居职业

士农工商，各施一业。不同人擅长的东西不一样，使得左邻右舍职业各不相同。现实中，杜家剖花户从业大同小异，不妨以李良望为例，左邻李斯银做麻脚和打鱼，李前元务农和打鱼；右邻李秋范不会捕鱼，只会种田，做抗死团成员，但是，李秋伟擅长捕鱼；前邻杜家美经商，李公柏做木匠，负责赶工，吃好喝好，还有工钱，生活也好。以前野鱼很多，只要有渔具就可以捕到鱼，原来邻居擅长捕鱼，生活就好，几代人捕鱼为生。还有万寿青有大船，做船老板，帮别人运货到新堤镇或者汉口镇。那些只种田的农民，生活不好，起早摸黑。虽然每个人从事的职业不一样，但是，不影响正常交往。邻居职业情况见表4-7。

表4-7 邻居职业情况

职业	生活好坏	姓名	生活描述	备注
做生意	非常好	杜家美	经纪钱、卖货收入	
麻脚、捕鱼	很好	李斯银	烟酒鱼肉蛋	
船老板、捕鱼	较好	万寿青	工钱多	
木匠	好	李公柏	赶工、吃喝好	
打鱼、种田	一般	李秋伟	种田多，擅长打鱼	
	一般	李秋范	种田多，打鱼少	抗死团
	好	李公户	种田多，擅长打鱼	20亩田
种田、砍柴	差	吴成荒	种田少，只简单捞鱼，砍柴	

（六）邻居地位

解放以前，同一个湾子里，杜氏家门地位高，有权有钱，最初，绅士老爷杜老七，读书好，有功名，笔口两尖，德高望重。还有乡代表涂文元，也是一个绅士，到处帮有纠纷者说事解交，整个村落里只有杜家和涂家地位最高。还有李斯银做麻脚先生，不仅擅长驱邪，还擅长医术，经常替人看病，有人接他和抬举他。另外，李秋伟，读过几年书，有点文化，还搞过革命。这些人在村里有点地位，花户都要给他们面子。据李良望老人所述，虽然做麻脚没有多少钱，但是，可以得到福场或者本村或者邻村，甚至更广地方的抬举，名声在外，你接我去，他接我来，一来一往安置吃宴席、吃夜宵或者给一些烟，作为酬谢。

二　熟人

由于地理限制和交通制约，人与人之间，并不是一开始就是熟人，通过见面、打交道或者引荐等方式，逐渐从生人发展成熟人或者半熟人，同时，又受交际边界约束，熟人圈子有限。

（一）熟人形成阶段

1. 生人阶段

同一地理空间或者某一时刻，碰到或者遇见一个人，识别他的性别、长相和年龄、身高等外部特征，但是，叫不出他的名字，不知道他来自何处、做什么职业、家里有什么人。一般外镇或者本县、外县范围，方圆40公里以外，碰到的人属于生人，以前没见过，不知道叫什么、姓什么、家在哪里、家里有什么，这样的称为生人。

2. 熟人阶段

当见过几次面，不仅了解他的性别、长相、身高和年龄等特征，还可以叫出他的名字，就成为熟人。即使叫不出名字，因为打过照面，也是熟人。[1] 另外，从地理边界来看，村落或者邻村之间，方圆5公里之内，了解到别人姓什么、全名叫什么、住在哪里、家里有几个人，或者到他家拜访或者打个交道，就成为熟人。

据李良望老人所述，本村落的人都是熟人，乡亲打交道较多，知道姓什么，叫什么，家里有多少人，以什么职业为生，有没有到政府办公。3里路以内的邻村落村民，

---

[1]　距离1~5里路村子的乡民，如果认识，就成为熟人，以自己为中心，5里路为半径，画一个圆，都是熟人。

基本是熟人（杜家剅、李家咀、中湾），知根知底，3 里路以外的邻村，不是了解的很具体，了解谁姓什么，叫什么，不知道他家里有多少人（黄家倒口、周家倒口）。

3. 半熟人阶段

从物理边界来看，人与人之间的距离，在邻村或者本镇、本县范围，方圆 5~10 公里，当只见过一次面，或者初步打过交道，知道对方姓什么，全名叫什么，来自哪里，但是，不知道对方家里有什么人，而且不认识，这种与其关系生不生、熟不熟的人，就是半熟人。比如，相互之间外出碰到，好像认识又好像不认识的人，既叫不出名字又不知道家住何处，甚至家里有没有钱，都不甚了解。还有到几十里外做小生意，或者到 20~30 里路的刘家场或龚家场，跟当地人买过东西，打过初次照面，知道他姓什么，居住何处，但是不知道他家里有什么人，没有跟他们打过交道。

（二）熟人形成条件

熟人形成需要条件，关键是与对方打交道，次数越多，越容易成为熟人，或者遇到就打招呼闲聊，见面次数越多，也越容易成为熟人。比如叶湾村的郭老头修房子，都是邀请杜家剅李丙贵瓦匠师傅，所以他们就是熟人。那些名望越高、家里越有钱和社会地位越高的人，熟人也越多。比如张九界或者涂文元都是绅士老爷，擅长说事解交，上通官员，下达百姓，跟普通人的熟人范围相比，他们的熟人圈子较大。

凡是认识的人都有可能发展成熟人，但是，不是以数量计算熟人，而是以地域、职业和交流次数计算[1]，比如上街认识行老板，打鱼认识买鱼和卖鱼的人，田相己、生产和生活相遇的也是熟人，还有到侯湾村读书，就认识当地人，也是熟人。不过，还受年龄限制，同龄成为熟人的可能性大些，老人认识老人，不怎么认识年轻人，不知道是谁家的后人，不跟他们打交道。因此，同族人认识多，其他异姓认识少，比如郭姓认识郭姓多，其他黄姓、李姓等认识少，你认识我，我认识你，都是跟前的人，抬头不见低头见，平时出门生产和生活，经常见面，都会认识。熟人圈如图 4-1 所示。

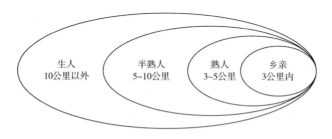

图 4-1 熟人圈示意

---

[1] 熟人 =（上村一半+下村大半+左村一半+右村一半+同镇亲戚朋友+学友+业友+同龄人）$\times M \times N \times L$，$M$ 为相遇的次数（上街往返会遇到），N 为关键因素是打交道次数（互相走访），L 为相邻人讨论次数。或者熟人=互相见面+打交道+互相打招呼+互相走访+别人讨论。

（三）熟人关系

第一，熟人与年龄关系。当一定范围内，比如同村或者邻村，同龄人或者小3~4岁，基本都熟悉，姓什么，全名叫什么，做什么事业，而对方家里的年轻人，打照面机会少，就不了解。一般只认识上下2代人，共5代人。不过，做小生意的人，天天挨家挨户走访，基本都打过照面，认识人越多，熟人越多。

据郭用文老人所述，害人之心不可有，防人之心不可无。陌生人更要防备，再好的朋友，也要留心三分。比如在外面做官，都是提拔自己的手下，知根知底，他们都是心口合一，心合心，口合口，脾气相合，不会使用不正当手段，把你当提拔上升的垫脚石。

第二，熟人与亲戚关系。同村范围内，相互之间熟悉，了解对方家庭情况，比如经济条件、人品性格和人口数量等，当门当户对时，不乏相互通婚情况，那么熟人发展成亲戚。当与外村或者其他镇、县的熟人或者半熟人联姻时，不过，他们是通过他人引荐或者熟人介绍认识的，同样，他们也变成亲戚。

第三，熟人与职业关系。同等职业或者相关职业，认识和发展成熟人的机会多。如果做了官，就认识本镇上各个村的保长、埝主、乡代表或者绅士等。不过，当街上有熟人开茶店，做行老板或者开饭馆，就不会去找熟人买东西，因为是亲戚不好讲价，而且亲戚不会要钱，多数会送给亲戚。熟人生意好做，相信熟人，不做一锤子买卖。比如卖牛犁，到其他村卖，熟悉的种田人多，与农民打交道，就成为熟人。当只在村落里认识人，做了走步买卖，认识其他村民。卖的犁不好耕，即使说得天花乱坠，也没有人买。当最初卖给他人的犁好耕，名声打出来，买过一次，就再找你买。另外，买卖双方发生纠纷，因为做买卖者经常跑线路，都是熟人，发生纠纷，周围的乡亲帮忙解交，评出是非对错，各退一步，妥善解决。

第四，熟人与借钱关系。有困难，比如婚丧嫁娶缺钱等，除了找亲戚朋友，也可以找熟人帮忙。比如借钱，当所借的钱少时不需要写借条，不需要中人做证，不过要按时还钱，有借有还。当借钱超过10块大洋时，就需要写借条，甚至找中人上门做证。不过，玩得最好的熟人才会借钱给你。比如以前种20~30亩以上田的花户，经常到杂粮行卖稻谷，当遇到困难时，行老板多数愿意借钱给他们，因为相互之间经常打交道。

第五，熟人与吃饭关系。熟人之间相互到对方家玩耍或走访，到饭点前就自觉回家吃饭，不在熟人家吃饭。除非熟人办酒席，前去赶情，才会吃饭喝酒。还有上街赶场，遇到关系交好、玩得亲厚的熟人，相互之间请吃饭，你请我一次，我请你一次，俗称合账。

第六，熟人关系。认识不一定算熟人。比如何家湾的何同树既是埝主，又是户长，相隔4~5里路的人都认识，因为村民进进出出，即使没有见过面，听别人讨论他，谁有名望，谁有钱，大家都知道或晓得他，但是，双方之间没有打交道或者相互走访，不算一个熟人。当你见过他的面，又听别人讨论他，这样，你认识他，就可能发展成熟人。比如郭老头的母亲是何家湾人氏，就是何同树家里的老姑姑，这样何同树就是他的嘎爹爹（叔伯外公），郭老头经常跟母亲到娘家探亲，打过照面，就认识何同树。

三　乡亲（百客）

（一）划分标准

同一村落范围内的村民相互认识，比如同一个湾子或者台子的地域单元，或者同一个福场的信仰单位的人，称为乡亲。与邻村关系相处较好的人，就称为朋亲。比如杜家剐，最初只有李氏3户买地居住，后来其他姓氏也买地居住，变成邻居和乡亲。另外，还有时间标准，最初居住本村落，搬出去1~2代，因为根底在本村落，还以乡亲对待，比如相互遇到，乡亲之间谈家常："你父亲叫什么？哪一年搬出去？家庭情况怎么样？"但是，搬出去超过3代以上，长达几十年，没有认识的人，不算乡亲。比如李良望和乡亲吴成荒因为关系好，即使儿子搬出去，他去世时也嘱咐儿子每次回乡祭祖也要问候李良望，以示交好。在外省遇到同乡人，比如同省、市、县人，说话亲爱，相互信任，称为老乡。可见将村落范围放大，显示关系亲爱。

（二）乡亲关系

第一，乡亲与族人关系。同村同姓的人，不仅是乡亲，俗称百客，也是同族人。当乡亲迁到其他地方，就不再是乡亲，但是因为同姓，那就变成族人，比如李竟成是李氏的户长，搬到南安居住，到湖北省政府做官，不管到哪都是族人，由乡亲变成族人。

第二，乡亲与亲戚关系。同村范围内，异姓之间相互通婚，本村乡亲就是亲戚。或者通过与乡亲的亲戚通婚，那么同村乡亲就发展成亲戚。遇到红白喜事，就需要按照亲戚身份赶情。据李良望老人所述，过去，由于同一个台子或湾子乡亲关系好，就喜欢相互对亲家，遇到大事小事可以互相照顾和帮忙。

第三，乡亲与外村人关系。传统时期，农户大多只会种田，受小富即安思想的影响，交际范围多在本村落，鸡犬相闻，守望相助。遇到红白事，依靠互帮互助。特别是那些抢劫犯多的村落，出于安全考虑，其他村与其打交道较少，鸡犬之声相闻，老死不相往来。据李良望老人所述，杜家剐附近抢劫犯多，较为拐，他们犯罪了，就污蔑你们是一伙，害怕盘缠在内，连坐获罪，特别清汗流（指强盗）成堆，一般不敢去玩，不与其打交道。

（三）乡亲相处方式

第一，打牌。找关系好的乡亲一起打牌，轮流做东打牌，今天到你家打，明天到我家打。打麻将也可以打发时间、娱乐，特别亲戚之间或者乡邻之间打麻将，可以交流农事，评论是非，增进感情。如果不会打麻将，就不太容易融入亲戚圈或乡亲圈子生活。同时，牌场也是十里八乡之间消息的传声筒。俗话说，好事不出门，坏事传千里。哪家发生什么事情，如何解决，找谁解决，只要到牌场，打几圈麻将，就能打听到。还有就是可以到牌场找办法，比如自己儿子年龄大了，可以通过牌场打听，谁家有姑娘或者亲戚，是否要找对象，你介绍我介绍，互相都变成亲戚。同时，打麻将也可以化解矛盾，比如谁和谁有矛盾，之间的相好者，邀请矛盾双方一起打麻将，说一说是非长短，互相退一步，因为只要愿意一起坐下来打麻将，拉近关系，以前纠纷就能慢慢化解。

据李良望老人所述，单一血缘多数是逢年过节时，比如，除夕至十五，亲戚之间席坐打麻将。或者红喜事，比如满月吃蛋或者婚嫁，七大姑八大姨之间打麻将。多元地缘一种是农闲时，邻居、同村乡亲或跨村熟人之间串联打麻将；另一种是在家打麻将或牌场打麻将，在家打麻将多是亲戚之间或者邻居之间，不需要付费。

第二，吃饭。日常生活中，关系好的乡亲，玩得亲厚的朋友，只是互相来访，平时没有事情或由头，一般不在乡亲家里吃饭。当碰到乡亲红白喜事，比如婚丧嫁娶或者做寿，才会前往赶情吃饭。同时，户长要准备好酒好菜，进行款待。比如当有好酒好菜，遇到外人来访时，就会叫吃饭，别人会在他家吃饭，如果没有好酒好菜，主家叫吃饭，其实就是人情话或者客气话，不能在他家吃饭。比如跛子婆婆，做了几个菜，见到邻居来访，就喊："在这里吃饭！"李良望说："都没有搞多少菜，你自己都不够吃，说巧话！"

第三，打交道。村落范围乡亲之间双方关系不好，一般不直接打交道，没有特殊情况，不会找他。即使必须要跟他打交道，当事人也不会直接上门找人，会找与其相好的人去打交道。比如，传统时期，村落人口少，离不开相互帮助，像办丧事，请丧户，碰到与其关系不好时，也不能推辞不做，即使自己不愿意做丧户，也会找关系好的人代替一次。还有就是身份原则，一般平民百姓遇到纠纷或者困难，才会邀请威望高者解交，调解纠纷，谁家越有威望，上门打交道次数就越多。而且同姓族人，一般请族人解交，评辨是非，多数还会重归于好。

第四，赶情。赶情是村落范围内乡亲感情交流或者表达的主要方式，遇到红白喜事，相互之间都会上门赶情，喝大酒小酒。当同一个村落，乡亲之间发生矛盾或者纠纷时，不沾亲不沾故，只是乡亲，以后办红白喜事，也互不参加，断绝来往。

据用文老人所述，顾乡亲，息邻里，远亲赶不上近邻，隔壁当亲房。即使异姓，也当作弟兄叔任看待，遇到大事小事，都会互相帮忙，不会吵架。关系好，红白喜事，都会赶情或者帮忙，你来我往。一生没有戏码（吵架），这种情况很少。遇到心尖，心胸狭隘，千方百计谋取自己利益的，那就不喜欢，不跟他打交道。遇到修桥铺路或者修庙，不喜欢的人找你筹钱，就把你看得蛮大，向你示好，因为功德无量，一般就会回心转意，慷慨捐钱，多少不计较。要么就换一个人前来捐钱，与其关系好的人去筹资。

第三节　信缘与信缘关系

传统时期，生存和生产条件差，受大自然影响，在遭受天灾人祸的情况下，杜家剀逐渐形成丰富的信仰体系，比如土地神、潭神、庙神和麻脚神。不同神灵具有的信仰内涵也不同。

一　正规信仰单元

传统时期，信仰多元化，以家为小单元的家神信仰圈，以村落为单元的小神信仰圈，多聚落共同信仰圈，每个信仰圈具有不同特征。

（一）土地神信仰单元

祭祀、信仰圈并不是单一的，而且存在一定上下层级关系。最上层是以县域为中心的县庙，多为士绅主导，中间层是以乡镇为中心的城隍庙，由若干绅士、商人和读书人支配，下层是以村落为中心的土地庙。

（1）村落土地神

第一，土地神信仰圈。过去，每个地方有一个土地神，每个土地神管理一方土地。比如大字号4个福都属于沔阳县咸宁乡大字号新兴庄土地福。其他村不是这个土地福。叶湾村是周桃垸子午里王刘庄土地福，全名是沔阳县咸宁乡子午里周桃垸王刘二庄土地，李家咀是康宁垸季平里雨河庄土地福。最初，杜家剀只有8户人，组成1个福，民国时期，发展到33户，分成4个福，其中，大姓李一个福，其他杂姓组成3个福，每当做福时，每个福之间相互参加赶情，以示祝贺，可见都是由咸宁乡子午里大字号新兴庄土地神管。人的生死由土地管理，去哪里降生、降生到哪户，都是土地神分管。即使遇到天灾人祸，做收时，请道士做法，把妖魔鬼怪收去，也需要根据什么里份什么垸份，属于哪个土地神管辖，供奉一个土地神。村落土地神分类见表4-8。

表4-8　村落土地神分类

村庄	土地爹爹（土地神）
叶湾村	沔阳县咸宁乡子午里周桃垸王刘二庄土地
杜家剀	沔阳县咸宁乡官湖垸大字号新兴庄土地
李家咀	沔阳县咸宁乡康宁垸季平里雨河庄土地

第二，土地会。二月农闲时节，有土地庙祭祀（土地会），俗称做土地福，向阴司缴纳钱粮。最初采取首事制度，推荐有文墨或者有面子的人担任首事，筹办土地福。轮流负责，轮到者当会，俗称执某某参事，比如李前元、涂天平、涂前元，就挨家挨户通知，想做土地福，并与一些老辈的人商量出资多少，何时做福，一般按照户数摊派钱款，当日，花户集体抬出土地神，轮流人家担任会首，称为征钱粮。据李良望老人所述，涂前元和李竟成，很有威望，是地方的人物头，并不是选他们，遇到大事小事，都会挨他们主持解交。还有杜老七，也是有名望的人，甚至，有能力组织沔阳县的花户跟别人打仗。

多个聚落共同信仰、祭祀的对象是在以土地庙为核心形成的地缘社会基础上产生的。最初，自然村不设村长，若干村落合成一庄，一般以庙为中心划分一个庄，庄以地理位置编号，如第一庄，或者以村落姓氏命名，如王刘二庄，庄头也就是钱粮保长，庄上大事，比如完钱粮、做戏、办会、修庙等，需要召集各村阿爹商议讨论，制定方案以后，由阿爹分头执行。一般小聚落中没有庙，若干聚落集中在一起，共有一座土地庙。土地庙宇使特定的聚落之间形成固定联系，被看成一定地域范围的地下管理神的土地神，有相应的范围和辖域。每逢祭祀活动，自然村村民参与祭拜，每户派一人参加，具体事务由当地阿爹负责，准备好酒好菜，摆上案台或者神桌，进行祭祀。祭祀以后，把饭菜拿回聚餐，也可以请戏班唱戏两天，比如荆州皮影戏或武汉戏班唱戏，费用由各户均摊。

（2）城隍庙土地神

①城隍庙信仰圈。传统时期，除聚落或者跨聚落，共同祭祀一个土地神外，乡镇一级也有高于村落土地神的城隍，他们也是供奉土地神，甚至县一级也建有远远高于镇和村的城隍庙，不同层级由管辖范围内的香客进行祭祀或者筹办活动。

②土地会。第一，概述。全权负责土地会的会首，多由镇上有威望者或者有面子的人物头或者绅士担任，敲锣者则是其他首事担任。聚餐和做福费用，每当接近庙会演戏时节，就有人敲锣呼吁每户自愿上功德钱。根据贫富程度，捐出相应的款项，在镇上做生意或者做大官的家庭会乐捐大金额的钱款。第二，功能。土地神所管辖范围的花户，都要缴纳一些纸钱、钱款和粮食，也有八月赛神，各村抬土地神到城隍庙，缴纳纸钱，以钱款作为费用，俗称解钱粮。其行为是模拟保长或钱粮先生催缴，然后，向国家行政政权的县衙缴纳钱粮的行为。如果谁不缴纳，保长就在庙宇敲钟，召集村民来交粮。第三，运行。每逢8月，举行太平会，城隍土地神等巡游至村庙，诸庙执事，诸多土地神由水道集中到市镇城隍庙，设置宴席和戏剧，聚集上香和焚化黄钱，富贵之家相互炫耀。锣鼓喧天、鞭炮齐鸣，各村落村民各自抬着自己的土地神巡游自己村落以后，集中到乡镇一级城隍庙设置宴席祭祀神灵。当时，搭建棚子，放置聚集而来的土地神，材料用木和竹，屋顶是竹，搭建小屋的工作由专门的篾匠负责。神庙之间的上纳、收取黄钱的催（告知）、征（征收）、解（上纳）、收（领收）等是官府征收田赋过程中所能见到的行为。做土地福时，还要请人唱戏，其艺人多数为武汉戏班的，如果有著名演员，报酬就要高一些。不同层级土地会情况见表4-9。

表 4-9 不同层级土地会情况

类型	供奉神灵	主导者	筹资
县域庙宇	城隍	绅士、商人	绅士、商人捐款
乡镇庙宇	城隍	绅士、商人、读书人	绅士、商人、读书人、乡民捐款
村落庙宇	土地神	人物头	人物头、福场村民捐款

郭用文老人回忆，花户每年自愿向土地庙缴纳纸钱及其他费用，俗称钱粮，只有按时缴纳费用，才会得到土地神保佑，风调雨顺，国泰民安，日子越过越好。如果不自愿上功德钱，就没有土地神管。

到乡镇进行赛神，在一年中的某一天或某段时间里去村落以外的地方进行游走朝圣，该活动反映了对以村落为中心的道德教化的消解，人们希望从村落以外的地方获得一种灵力弥补自身村落神灵庇护的不足。这种偏离村落自身中心的趋势，在另外一个意义上也是对以自身为中心的强化，只是这种强化力量是来自村外的，人们对于外部力量的信从和寻找，使得自己作为中心的力量反而得到进一步强化。

（二）潭神信仰单元[1]

1. 潭神信仰圈子

在同一个聚落，或者跨诸多聚落的范围内，普遍存在着对保护聚落且管理范围内的神灵（多为无祀鬼神），进行共同祭祀。其垸潭菩萨都庇护大字号或者杜家剅，如果曹市镇或者本镇他村遇到邪灵也会请麻脚先生帮忙驱除灾祸。据李良望老人所述，潭神本领大，法力高，信仰的人很多，信仰单元覆盖整个村落，比如青龙潭信众覆盖到杜家剅村或者大字号花户，菩萨找接班做麻脚，管理庙宇。比如村落几个麻脚候选人，进行超度菩萨，一个又一个"翻栏"，由菩萨上身，验证是否符合做麻脚，如果不符合就承受不了菩萨的法力，会折阳寿，最后，捆到李斯银，化作神灵，专门抓鬼捉妖，庇护一方平安。而且替人消灾解难，不能贪钱，只是接受乡亲的鸡蛋或者香烟等礼物。

2. 潭会

第一，概述。村庙事务筹办，一般公选年龄较大、品行端正、热衷于公益事业又有威信的村民主管事务，俗称某某爹，村落事情甚至大事，都是某某爹说了算，俗称当

---

[1] 潭神是大麻脚超成菩萨，而麻脚神，也是麻脚，但只是法力很小的菩萨。

会，一般每 100 户内设立一处坛，祭祀无祀鬼神，祈求本村落村民平安吉祥，人丁兴旺。

第二，功能。每次起潭会，都是临时组建社会组织。一般由负责筹办的老爹执事，一是负责召集村落家长商议做会时间和筹资数量，以及做活动的目的；二是负责挨家挨户筹集资金，通知做会时间，请花户按时进行祭祀；三是请道士、书办或者乐师傅按时出席；四是列出起会乡民所捐钱款和花费清单，供乡民监督；五是负责安排人烧火做饭，款待道士或者书办等；六是负责麻脚先生遴选仪式；七是协助道士收禁祈福。

第三，运行。每当做潭会时，当会的老爹爹会提前一个星期筹集资金，并通知乡民做会时间，安排烧火做饭人员，购买香烛纸草等，总之，做会一切事宜由老爹负责。其他没有任务的人只是当日前去敬香，以及在家准备迎接收禁。据李良望老人所述，虽然聚落分散布局，但村庙成为凝聚村落人心信仰的重要场所。比如大字号杜家剡村的青龙坛（潭）神，自古以来，就是他们的保护神。以村庙为单元，进行祭祀活动，进行村落家户聚餐，祈求平安富贵吉祥，相信因果报应。

（三）麻脚神信仰单元

1. 麻脚神信仰圈

过去麻脚神法力很小，只是庇护一方的小神，信仰单元覆盖范围很小，一般都是 5~7 户人家修建麻脚庙，有的信仰，也有的不信仰。比如顾老妈也是小麻脚，不过是一尊小菩萨小捆着，菩萨上身，遇到小病小难，都会找她帮忙驱灾避难。再比如，自己的不端行为，冒犯何方神灵，就找麻脚，烧香秉烛，化水焚符，点上神灯，祈求菩萨上身，与冒犯的神灵进行通话，请神原谅，不再骚扰凡人，以后就烧纸钱给他用，再打卦，如果有阳卦和顺卦，就说明神灵同意，按照旨意去还愿就行。

2. 麻脚会

第一，概述。麻脚庙捐款及修庙之人叫作东家，采取首事制度，每逢农闲时节，村落公议，每个麻脚庙推荐若干贤能或者公正之人担任首事。上香之人叫作香客，管理庙宇之人叫作麻脚。他们都是自愿参与，没有任何报酬。

第二，功能。每当遇到各种灾祸，比如瘟疫等怪病，村落村民齐聚坛里，焚香秉烛，进行祭祀，同时，请麻脚先生做法诵经，祈求富贵吉祥、平安顺利。另外，由于麻脚庙覆盖范围小，只有几户信众，平时，不起大会，只是几户祭祀活动，无大规模祭祀活动，没有形成固定组织。

第三，运行。每当需要修缮庙宇或者更新祭器时，由麻脚与信众商量，挨家挨户出钱，购买香烛纸草、祭祀器物，遇到大型修缮，还要购买木条子，请瓦匠师傅出工修缮，待活动结束以后，麻脚和信众一起算账，列出消费清单，剩下的钱则由有威望者保管，待下次起会再找他支取。不同信仰单元情况见表 4-10。

表 4-10 不同信仰单元情况

类型	信仰单元	信仰程度	敬神频率
青福寺	官湖垸、青泛湖垸	高	多
土地神	杜家剅、大字号	较高	较多
青龙潭神	杜家剅、大字号	较低	较少
麻脚神	5~7 户	低	很少

（四）庙神信仰单元

1. 庙神信仰圈

沔阳地区大多数的垸只有一座庙宇，即一垸一庙，少数垸有多座庙宇，如万全垸有三座庙：回龙寺，据说明时由王姓及众姓共同修葺；青泛湖垸的关帝庙，道光年间由胡姓出资舍地修建；青福寺，于乾隆年间，垸堤两边倒口，由王姓联合垸民资助建立，为青泛湖垸 18 个垸[1]和官湖垸公共所有的古庙。合修垸堤时，各姓人亦分别在各自的庙中上香集工。所以，虽然这些庙宇奉祀的神祇各不相同，营建与管理也各异，但实际上都不同程度地发挥了凝聚垸内民众的作用。

2. 太平会

第一，概述。祭祀庙神，采取首事制度，多数为绅士爹担任首事，他们都是地方有面子的人和有威望的人物头，都是垸民公选出来的首事，比如何家湾村何同树是一个大首事，叶湾村叶道四、王启树医生，杜家剅涂文元，周家倒口周良华，黄家倒口刘敬德，洄河村王长伟、杨云先、夏元德，家境殷实，生活富裕，基本上都当过保长，有官衔或者功名，负责说事解交，不需要投票，都是推选出来的首事。

第二，功能。首事都是湾子或者垸子出名者或者大有名声者，他们爱管闲事，爱操心，没有报酬，只管闲事，负责本垸一切宗教事宜，比如修庙、祭祀或者祈福等活动，扮演一种公共祭祀服务者角色，主要起组织、协调和处理有关寺庙祭祀活动一切事宜的作用。

第三，运行。每当做太平会或者修缮和建设庙宇时，由首事负责召集信众商议，如何分工，如何摊派功德钱。其他乡镇也可以入庙敬神。做会或者敬神，秉承自愿原则，功德无量，没有强制性。不过，其组织由首事和信众临时组建，待祭祀活动结束以后，太平会就会马上解散。

据郭用文老人所述，信众们组成临时的组织叫作会，有几十、上百人不等，一起前来烧香。会众捐出一定功德钱，用来购买香烛纸草、元宝等祭祀用品，以及中饭费

---

[1] 青泛湖垸有 18 个垸，上 13 个垸，属于天门县，下 5 垸（周桃垸、南宁垸、张氏大垸、通老垸、泰氏垸），属于沔阳县。

用，通常每位信众都带一些米给庙管事，由其帮助准备一些简单饭菜，香客一整天在庙里度过。结束前由首事制作好记录每位香客捐钱数量及支出明细单清单，然后，给菩萨烧香礼拜，并誓言公正。这种类型会，并非固定组织，参加、退出都是自由的，没有约束。它只是形成信缘的群体，按照烧香日期命名，如观音大师诞辰、祖师诞辰等，多数人根据兴趣参加，允许随时改变或者都参加，只是每当起会之时，附近香客聚集到垸庙，持续烧香念佛，祈求神灵保护。

3. 庙神信仰与水害关系

明后期与清后期正是江汉平原垸田围垦渐趋于膨胀、水患逐步加剧、堤垸溃决频繁的时期，而清初则是较大规模地重整堤垸的时期。这也从一个侧面说明，大部分垸庙的修建均程度不同地与水患、堤垸修防联系在一起，故防御水患、保障堤防至少是其部分功能。这些庙宇往往是垸堤维修的集工之所，在团聚垸内民众共同维护垸堤、处理垸内事务及与邻垸间关系等方面发挥了重要作用。

4. 庙神信仰与国家关系

过去，围绕垸庙进行的一切活动，都要得到垸主许可和主持，垸主也就是国家在地方社会的一种象征。解放以前，青福寺是青泛湖垸 13 个子垸民众出资修建，垸主拥有认可和批准的权力。垸主主管一个垸子，比镇长管辖范围还大，认为倒口没有塌，就要修一个庙谢神，并形成遇到水患或者水患没有损失，必定由垸主召集花户祭祀的制度。

二　非正规信仰单元

北极会设有法师，左右护法，多为一些三教九流之人或者好吃懒做的湖匪组成，每逢打仗时，高挂八卦旗，在福坛上敬神，请神保佑，胸前挂着白布，画有太极图，法师穿八卦旗袍，手持七星剑，念符咒，能够刀枪不入。他们专门帮助土豪劣绅打共产党，在襄河作战，把桥柱子锯断，待共产党撤退，经过襄桥，就掉到河里，淹死将近 100 人。据郭用文老人所述，民国时期，北乡河有北极会，拥有长矛、大刀等武器，进行祭祀仪式，一旦神上身，就可以刀枪不入。祭祀由坛主主持，领导所有北极会成员，而且成员有严格的等级，每年要上贡一些粮食，只有信奉他们才能风调雨顺，国泰民安。

第四节　业缘与业缘关系

传统农业社会，也会逐渐形成一定初级业缘组织，比如水利或者职业等，不同事业型组织有其自身特点，有必要进一步做出分析。

一　水利

（一）县域水利单元

1. 县域水利类型

第一，县域江堤修缮。明朝政府不仅令民自耕，也督促地方官为发展农业生产兴修水利，比如荆江大堤的前身，系整个江汉平原的屏障，它的存毁直接关系着垸田的兴废等。比如长江干堤、柴林河、内荆河和沙洋河等堤防，江堤列为官堤，长江、汉江两岸堤防为官堤亦称干堤，其余均为民堤。官堤，亦称长江干堤，备用省堤工捐款进行修防。多为清朝年间夯筑，国库出资修建或者以工代赈修缮，长江干堤堤防长度为 200~1000 丈，宽度为 9~12 尺，高度为 90~100 丈，功能为抵御江水泛滥，防止江水倒灌。

第二，县域大河堤修缮。大河堤，比如柴林河堤，明崇祯十二年（1639）修建，由于汉水溢于监、沔之柴林，又是东荆河、沙洋河之要冲，于是筑沔阳青泛湖垸、万全垸等处堤防。是时，沔阳知州主持，动员垸民创修北口横堤 340 丈，堤身修得高厚坚实，堤身增高 3~4 尺，沿堤岸还植杨柳保护。每年 12 月，对江河堤进行修缮，增高或者增厚堤防，均系动用公款官修，勒限保用 10 年。保固期满照例民修。每逢江河堤倒口，洪水吞没百余家，冲至 20 多里。次年沔阳县知县请努挽筑，以工代赈，修筑堤防溃口处堤防。比如东荆河北堤，上起狮子坡，下迄姚家咀，长 40 里。经费由省财政厅借垫，由监利、潜江、沔阳三县事后摊还。该堤分上、中、下三段经管，每届加修工费，采取按亩摊派的办法。

2. 县域水利组织

第一，概述。民国末年，县设立水利委员会，各垸设民堤修防处，修防主任由垸民公推报县委任。修防处是一个实体组织，有独立的办公地点、人员和财物。设有修防主任 1 人，全面负责垸内水利事务；堤董 2 人，负责协助修防主任召开会议、征收粮款、验收土方，提供一定的技术帮助等；堤保 10 人，一般与行政保并行，负责催收该保的土方堤费以及在汛期组织人员上堤抢险防洪等；文牍 1 人、书办 1 人、事务员 1 人、堤警 4 人、勤务员 2 人、炊师傅 2 人。共计 24 名常设人员，除了主任、堤董、堤保的推选严格外，其他人员的任用较为随意。他们按照月份领取固定主副食费用和工资，这些费用来源于地方花户每年摊派的土费。修防处一年一选，允许连任。开支包括日常生活用品、防汛用具、伙食费用等。同时，保甲长等行政人员一般负有协助责任，修防主任承担主要责任。同时，他们借官家名义肆意向花户摊派，并非法拘捕、关押和审判花户。

第二，功能。修防处可以看作协调、组织江河堤修防事务的管理机构。修防处主要功能有以下几个方面：一是拨付资金抢修江河堤，粮款筹集需要地方自行处置；二是每逢汛期，组织花户上堤防汛，或者堤防溃口时，也需要组织花户抢修江堤；三是督察江堤防务，防备洪峰风险；四是收集灾情信息，及时上报，上情下达；五是开挖河道，疏浚排水等。

第三，运行。湖北水利厅拟定《湖北各县堤工修防局章程草案》，经审定后施行。章程规定有堤各县分别设置堤工修防局，办理一切堤防事宜。各干堤防护事宜，除设有专管机构外，其余均由各该管县长或堤工防护委员会负责督导各堤堤董、堤保办理。同时，对堤委会加以稽查。土费征收办法虽再三改变，但收费之事为地方官所把持，随意加征堤费，甚至用刑锁拿欠款者，以致引起民愤。对堤工总局章程重新加以稽查，规定今后"局不许多设，人不许多充，用不许多开，费不许多派。首士必由公举，不许连留把持，如有狡诈巧猾之人，应加以惩办以儆效尤。并责成各管道府随时秉公查核，有病即除，有犯即惩，如或迁就因循，查出一举参处"（《林文忠公奏议》）。[1]

（二）垸子水利单元

1. 水利圈

洪湖地区"垸"的规模较大，一个垸可以包括十数个乃至数十个自然村落，方圆可达数十里。位于垸岸之上或依凭堤岸、沿堤岸延伸的村落规模稍大，位于垸内台、墩之上的村落规模较小，很多只是孤立房屋或只有两三户人家。自然村落是从属于垸的，真正将分散居住的各村落居民联系在一起的，乃是围垸。围垸是以水利与生产活动为基础的村落之间的联合，它将位于堤岸与垸内的大小散居村落，通过围垸、排水、垸堤修防过程中的协作，联系在一起，进而形成自然村落的联系。

李良望老人回忆，龙潭河倒口，闹水灾，淹没了水稻，一个水坑或水潭子，户单人少，李姓和张姓两户人修河堤修不好，就打官司，李家门和垸首联合，李家出钱，垸主张九界都出人，到县府打官司，说两户人怎么做不起，单家独户，人单力薄，人都跑了，谁做不起就跑，没管理倒口，导致附近闹水灾。为了防止这种修不起河堤就跑的恶性循环，最后，县太爷就裁决，要求垸子范围内有田者，按照水田面积派工，集体出工修堤。由于人多，几天就修好堤。不要自己出钱出力做堤，请垸内村民一起做堤。

2. 水利组织

第一，概述。民国初年，采取垸首制度，他是一个大首事，为垸总，其他为垸主或者堤老，其成员都是地方有面子的人和有威望的人物头，都是垸民公选出来的为头首事，报官府任命，比如叶湾村叶道四、黄家倒口刘敬德、何家湾村何同树，他们不需要投票，都是推选出来为首事的。还有张九界博学多才，能说会道，品行端正，德高望重，不贪财好

〔1〕　监利水利志编辑室：《监利堤防志》，北京：中国水利水电出版社2005年版，第412页。

色，不屑做保长，只做过垸主，因为其他保长吃不开，做不好垸主，没有号召力量。其中，螺滩村的张九界、何家湾的何同树、渡口的彭现成，他们多数既是宗族户长，又是垸主。在水利事务管理方面，除了大权在握的垸主，还需要专职人员负责辅助其工作，比如书办、块首、小跑的和伙夫。垸主任免人员见表4-11。

表4-11　垸主任免人员

姓名	职务	住址	担任过职务
叶道四	垸主	叶湾村	教书先生、垸主、保长、"铲共团"大队长
王启树	垸主	高河村	郎中
刘敬德	垸主	黄家倒口	保长、"铲共团"大队长
何同树	垸总	何家湾村	下5垸何家湾村家族户长，能说会道，善于诉讼和打官司

据郭用文老人所述，堤委会垸主，多数家境殷实，生活富裕，多是大姓族人的户长，有的当过保长，有官衔或者功名，又是有文化的人物头或者乡绅，负责说事解交。即使到戴市镇联保处开会，这些人物头也说一句话就是一句话，连联保处主任都必须给他们面子。但是，比不上涂大渭威望和面子大，他连沔阳县县长都拿到手里玩，他说一句话，到沔阳县告状都告不进去。

第二，堤委会功能。每逢修缮堤防，由他们负责组建堤委会民间水利自治组织，商量修缮方案，比如按照田亩摊派费用和出工，一部分支付他们生活费，另一部分用于支付土费，号召垸民出资出工，比如做太平会或者修缮和建设庙宇，如何分工，如何摊派功德钱。

据郭用文老人所述，每逢垸子不遭遇水灾或者垸堤不倒口，垸主先准备三牲，比如猪头、山羊和牛头，燃香秉烛，以垸主为首，垸民跟着垸主一起到青福寺敬神，感谢上苍大神，保佑百姓国泰民安，风调雨顺。请道士先生披法衣，手操宝剑，敲锣打鼓，超度诵经。费用也按照田亩摊派，一般1亩收3~5个铜板，如果有钱的绅士，也可以赞助2~3个大洋，由几个块首负责收取。

第三，堤委会运行。垸主全面负责水利相关一切事务，书办兼会计负责管理所有公文或者公款支出。块首或者小跑的定期巡视湖水、河水大小，闸坝或者桥梁等是否有异常或者损毁等情况，每5日向垸主报告，每10日以文书形式向堤委会做汇报。如果遇到偷放闸坝或者占田移界等不轨行为，应该立即汇报。同时，如果管理人员有不法行为或者懈怠行为，则立即免职。在任职3年期间若没有过错，将酌情奖赏，以资鼓励。

过去，青泛湖垸设有闸，官湖垸设有仙人口大闸，请附近叶道柏居住管护，一旦堤上发洪水，俗称堤上摆脚，达到危险水位，就要对闸下模子固闸，管闸的通知垸主[上13垸垸主黎继门（大首事），其13垸有黎、卫（卫鞅生是户长）、霍三大姓，垸主多为大姓担任，下5垸垸主何同树，垸主终身任职，块首随便更换，由垸主推荐。出工按照田亩面积摊工和摊费用支付（镇上有堤工局，垸子临时组建的组织：修堤指挥中枢），堤委会垸主、小跑的（监督民夫修堤）、块首（带民夫上堤、统计土箱子）、烧火师傅等生活费用，平均每亩5~10个铜板，凡是修堤就要摊费，不修堤就不摊费，基本1年1次。有田就有害，花户就要出工修堤，劳7土3，劳动力占7股，土地面积占3股，计算要出土方数量，比如1亩田占7股开，1劳动力占3股开，田多多挑，田少少挑，然后，由块首数土仓子，计算土方数量，待土方数量完成，就允许回家。由小跑的随时监工]，垸主就派人买沙树抛光，下木桩打木障子，进行防险。同时，管闸的就敲锣，催民夫上堤，遇到垸堤有险情，就是要倒口被水漫，到白田挖泥土，塞进草腰子做成的木笼子，做成草泥包，并下障子，把草包障子堆进去，根据水位高度，不断堆高垸堤。垸民日夜守在垸堤上，不敢松懈，害怕倒口。

每当修缮垸堤，就需要进行隆重祭祀仪式。动工之前，由垸主主持祭祀仪式，以表示修堤决心和真意。然后，由小跑的进村敲锣，垸主有令，各花户准备上堤修堤，块首带民夫上堤，算土方。比如收土仓子，印多长，印多深，算出每个完成多少土方，多少田完成多少土方，待完成土方数量，就允许回去，并限期缴齐土费等。进入汛期时，垸主或者修防主任，则要举行相应的降雨仪式，待降雨仪式过后，由堤工会或者修防处作为主家，摆宴席请绅士或者块首，颇为隆重。

据郭用文老人所述，每逢修堤或者垸堤倒口，在邻村设置临时堤委会，垸主、块首和小跑的在会里办公，雇请厨房大师傅烧火做饭。按照花户田产面积分摊修堤土方数量，1亩田出8~10个土方，由块首把修堤任务单和费用明细送到各家各户，要求民夫上堤挑土方。同时，每亩田出10个铜板，按时缴纳费用，支付垸主工资和生活费。

2. 水利管理

现实中水利管理，除了抢修垸堤以外，还有垸闸或者垸剅的管理，下面以垸闸作为分析对象进行阐述。

第一，闸首报酬。最初按照田亩摊置闸田，后来，按照田亩出钱，购置屋台2间，并出钱请瓦匠盖房，供闸首居住。由其耕种5亩闸田，闸田所产租谷支付其关闸的工资。闸首多数是无田无地贫困户，轮流耕种闸田。

第二，闸首职责。闸首接受全垸垸民委托，专门掌管湖泊、河道、闸坝开启关闭，以及闸田、剅田收租，养鱼等事务。每当暴雨来临、洪水泛滥时，由闸首用测量工具测量水面高度，一旦超过警戒水位，就派人通知垸主过来主持修堤。如果水势较猛，就由闸首敲锣，巡游子垸以及整个垸内村民，出工抢险。

第三，管闸制度。请人管闸，约定时间开关闸门，订立规约：三月三关闸，不准放热水，九月九开闸，只准放冷水。即使水大捂死人，也禁止乱开关闸。由于铁制的闸门上吨重，管闸的用机械辘轳升降，只需动手操作。同时，请一个闸首看守，负责开闸和关闸，以及防护水闸，如果水大就请示垸主修闸。黄孝治老人回忆，过去，每逢洪水泛滥，先关小闸，总闸不关，让子垸水源自动调节，而洪水可以从干渠排出。当枯水期时，外面水位低于垸内水位，打开小闸，关闭总闸，促使小垸和大垸水系贯通，相互调节，而且还可以向大垸外排水。垸闸分布示意如图4-2所示。

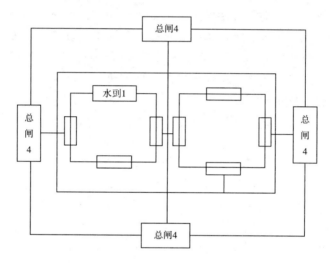

图4-2　垸闸分布示意

据郭用文老人所述，清朝年间，杜老七招兵买马，兴兵挖子贝渊，挖有战沟，谁掉下去就被淹死，死了很多人。后面，惊动湖北省汪大人，他联合县官出兵镇压，并向上级申请拨款修建新堤闸、福田寺闸（30里路）和子贝渊闸[1]三口大闸。同时，由政府主持订立合约，勒石刊文：“刊碑禁约：三月三关闸，不准放热水，九月九开闸，只准放冷水。咸丰某年某月某日立。”由垸长批准出资修建闸屋，附近供管闸的1人居住。还购买10亩闸田，供管闸者耕种，作为管闸的工资报酬。

（三）村落水利单元

1. 村落水利圈

传统农业时期，与以垸为水利单位相比，以字号为单位的村落水利圈，其水利范围小，

---

[1]　官湖垸张九界担任垸主，读书好，担任过教书先生，修建子贝渊大闸。

比如杜家剅沟（以大字号为单位）、肖家剅沟（以康字号为单位）、尹家剅沟（以卢字号为单位）、新剅沟（以卢字号为单位），主要围绕字号或者垸份，进行一切水利管理行为。

2. 村落水利管理

（1）水剅

水剅管护是村落水利管理的重要环节，如杜家剅沟、肖家剅沟、尹家剅沟、新剅沟，以字号或里份为单位进行修建，出钱购买木头或者石材修建，规模小，只有 2~3 米，一般由木头或者石头建成。李良望老人回忆，以前垸堤上打木桩，铺石头，造成灌水的剅子，宽度有 7~8 米，其范围可坐下 8 人摆桌打牌，既可以走路过船，又可以排水灌溉。当时，杜家剅打了 1000 多根沙木桩，圆木宽度有 20~30 厘米。

（2）管理

由村庄熟悉农事的老爹管理，产权由若干户的家族所有，后面，有若干姓共同管护，其不按时开剅门，每当天干不下雨，湖田水干，禾苗裂开 1~2 厘米，洪沟没有水踏车，河里水很大时，就把剅门拉开，从河里放水到洪沟。不经私垸或者村民默认和同意，不能随便开水，淹没禾苗。如果涨水时，由众人用草包把剅门堵死，禁止河水进入。

（3）规则

水剅管理有严格规则，不能将水害嫁祸给其他垸子或者村落。比如下 5 垸是上 13 垸的水路，属于过水丘，作为放水之用，后面，上 13 垸共同出钱制造一个剅子，尺寸只有 45 寸宽，禁止他们肆意放宽剅子，由李举人到时测量，验证尺寸，只准慢慢放水，不能随意放，不然，威胁到下 5 垸垸民的水田。放水规则：三月三禁止放热水，九月九允许放冷水。双方订有合同，约定放水和管水契约，请中人做证。

（4）抢险

每当洪涝发生，洪水冲毁剅子，垸主派人过来抢险，发布命令，为了抢修剅子，争分夺秒，要求杜家剅就近砍完本村的树，甚至拆掉万家的房子，把剅子做起来，不然，剅子彻底垮掉，洪水一冲，下面的水田庄稼全部颗粒无收。但是，其他村落来不及帮忙，不出一根树或者一块砖，当时，打围桩，下木栅栏，堆泥土，加影壁，上天盖，都是杜家剅所有人出力完成。

（5）抗旱

第一，剅子放水。1938~1941 年突发 3 年干旱，设法灌溉水田。从地势高的河里通过剅子放进水抗旱，杜家剅由李前元号召出工抗旱，按照收益田亩的原则，每户出 2 人，2 个男子轮流负责剅门开关，上好剅门函口保险，没有费用，做义务工，妇女负责洗清沟渠淤泥和杂草，按照由近到远的原则，花户在水田开口子，进行水田灌溉，灌满即关，待最远田者灌满水，才能通知负责管剅者关剅门，不参加出工者或者外人不能使用水。

第二，打坝灌水。大字号的花户推荐涂前元作为首事，挨家挨户通知花户开会，准备打坝抗旱，按照收益田亩的原则，要求每户出 2 个人，如果不参加，就禁止用水，而且会被人家说，没有面子。女人编草腰子，挖土做成土草包，男人打桩下障子，并把土草包堆成河坝，并洗通沟渠，由近到远，打开每户田口进行灌水，水满则关田口，外人不能使用水。待春天水大，就集体将坝挖一个口子，如果又遇到干旱，就把口子重新堵上，拦坝灌水抗旱。

二 汗流

（一）汗流圈

抗战时期，洪湖地区水域广阔、易守难攻，导致大量杂牌部队退居此地，还有大量湖匪，到处敲诈富人的汗流非常活跃，特别是在百子桥村。郭用文老人回忆，过去，百子桥村抢犯横行，汗流成堆，没人敢缠他们，是一个烂掉的地方。

（二）汗流党

第一，概述。汗流是一个收留流民的民间组织，比如洪七老五、老三、老幺，他们剃了光头，身着长衫、头戴斗笠（尖斗笠，安上三根长线为汗流党的标志），有号头或标志，到处游玩，不做事，游手好闲，跟着逃荒的流浪的人，到处抢劫或者敲诈有钱富庶人家。如果参加他们，就要交3担稻谷。他们有生杀大权，经常杀死或者活埋人。村民在洪湖芦苇荡打草，经常会发现2~3具尸体。不过，他们专门敲诈百姓的钱，也会拐的缠拐的，被其拐的家伙，挖一个坑活埋。抗战时期，汗流党非常猖獗，比如李秋范搞抗死团，汗流最多，结义南安县殷家墩队伍，都是一些拐家伙。

黄孝治老人回忆，汗流中洪七老五有生死之权，如果有人叛变或者与门为敌，就派人挖一个坑，把人倒埋进坑里。比如霍家有一个戏子，男扮女装，唱戏技术好，十里八乡很红，有点小名声，又有面子，平均每天有8块大洋，一般唱戏一天只有4块大洋，后面，戏子却学做汗流，做抢犯，一天可以搞几十块大洋，不到一个月就把戏子活埋，当时，挖一口穴，被倒埋进穴里，血攻心而死。以前，被杀死一个人，音信找不到。

第二，程序。汗流缠有钱的人或者大家之人，到富贵之家的门缝塞条子，根据他们家的富裕程度，一般是几块大洋，要以香或者火为号，到哪个位置，如荒野之外，要准备现洋，放在固定位置，就回去，汗流躲到丛林当中，等他们走了以后，就来拿钱。如果不捐钱，就会被杀了，一个村落，单家独户，力量薄弱，因为他们扎堆，人多势众，不敢招惹他们，也不敢声张，只能忍气吞声。

郭用文老人回忆，哪户家庭富裕，土地很多，几十亩地，生活好过，这些汗流党就写一个条子，内容写明要你给多少钱，捐多少款，塞入每户门缝里，按照具体时间和具体地点，把钱放到具体箱子，并以三炷香或者火堆为号被敲诈家庭把钱放到指定位置，离开时不能回头，让他们拿走钱，如果回头见到汗流的真面目，即使认识也要说不认识，否则会被杀掉灭口。当时，国民党都不管，共产党还没有来，以前，很苦啊，遭遇到多少磨难。

第三，汗流与花户关系。强者缠强者，弱者不敢缠强者。遇到汗流，如果没有本领或者能力，不跟强者对抗，往往忍气吞声。即使被抢劫或者敲诈，也不敢告状。比如抗死团、汗流党的人，到处偷盗，比如偷人家鸡子，即使看到，也不能吱声，不然，他们会报复。一般人不敢惹他，不能结仇恨，不然家小就会被杀，不拥护他们，也不要打击他们，大部分村民选择自保。

第四，汗流与饭蒲大哥关系。饭蒲大哥，就是一些富庶家庭，为了保护家财，如果汗流党或者强盗入户，不跟他们对抗，准备酒席，开7~8桌，没有衣服和斗笠，出钱购置，不参加这些组织，要求他们不抢劫自己。

　　郭用文老人回忆，有钱之家，俗称饭蒲大哥，当汗流来之时，给他们买衣服和斗笠，还准备7~8桌宴席，让他们吃好喝好，招待他们，适当还会给他们一笔钱，乞求他们不伤害自己，保护自己的生命和家产，不闯自己。自己有钱，要什么就给什么，这样风头小些，既不参加汗流，也不与他们为敌。

第五，汗流与互助关系。遭遇到汗流，也不敢帮忙，不然被他害死。不能跟他结怨。一般不敢缠他，见到也换路走，也不敢组织队伍打击他，一旦你得罪他，就没有安逸，除非你不在这个地方住，跑得了菩萨跑不了庙。

三　维持会

抗战时期，在戴市镇建立维持会，设有会长、副会长、小跑的，人数多达20人。当时，会长由杨青山担任，副会长是叶道金，小跑的都是由好吃懒做的地痞流氓任职，有劳动报酬。职责是为日本人服务，征集粮食和船只、伙夫、民夫，或者拆祠堂或庙宇砖头，去修防御工事，比如碉堡或者壕沟、炮眼，割草喂马，查户籍，派发良民证，找慰安妇，维持社会秩序。可见为了管理地方政权，管理社会秩序，日本成立维持会，不仅要给伪政权收集粮款、衣物，而且还要派人服各种徭役，比如修堤或者修战壕等工事。当时，李良望和侄子一起去，但是，由于自己只有9岁，而侄子只有5岁，没有被招募。

　　郭用文老人回忆，一些人搞过维持会，多数人性格狠，喜欢仗人势，帮助日本修碉堡或者防御工事等，收月捐款子和布匹。比如周家倒口的胡智茂担任联丁，性格狠，拐家伙，没有田，好吃懒做，寡皮溜筋，喜欢做联丁欺压百姓，日本来了，他就搞维持会的小跑的，担任走狗，到处抓人做工作。

四　道士

（一）堂门

道士以堂门为单位，划定一定范围，不同堂门有不同管辖范围，某个堂门负责一定范围，外人不能介入，如果介入就容易起纠纷，避免恶性竞争，互相拆台。如果近前没有道士，就到外村请道士。但是，不是自己管辖范围，不能抢生意，因为道士出名，十里八乡都了解。只要把信给他们，他们就会前来做法事。

（二）行规

俗话说，国有国法，行有行规。行规是某一行业的成员共同制定的各种规范和章程，由共同行业的人共同遵守。各行业自发形成一些共同遵守的规矩，一旦违反规范，就可能在行业中遭到除名或者无法在行业中顺利发展。它是最为原始的、行业自发形成的、不带法律强制力的自我约束规范。比如，做道士行情价格一样，禁止提高或者降低价格抢生意，遵守行规，不能轻易违反。

（三）功能

道士是一种职业，其主要负责民间丧葬和祭祀，进行做法、诵经、超度或者祈福的活动。特别是在传统时期，遇到丧葬离不开道士指挥，还有遇到天灾人祸时，也会请道士披法衣、手舞宝剑，与菩萨通灵和上表，为相邻祈福，驱鬼避邪，还一方太平。

（四）运行

遇到丧事，提前派人上门接道士，下请帖，约定时期上门做法事，按照做斋天数计算工钱，待送葬结束，支付工钱，不需要给礼品，同时安置吃饭喝酒。遇到有违反行规，越界抢生意的道士，不仅可以谴责而且还可以拒绝与其来往，让其名声扫地。

据李良望老人所述，旧时，道士先生，如套湾村的万道士，李家咀的熊道士，杜家剅的吴道士，一般祖传做道士或者拜师做道士，有很高地位，因为他们踩有界口，管辖康宁垸、杨宁垸、周堤垸，吕河垸等，谁名气越大，地位越高，能力越强，管辖的范围就越广。同村有道士，有事找同村道士，不请外村。同姓有道士，也找同姓道士。如果需要做法事，不能越界请道士，就会找管辖的道士做法诵经，外面的水都泼不进来，其他地方的道士先生不能进来抢生意，如果破坏规矩，会被同行孤立、排挤或者驱逐。

（五）报酬

道士除了出席丧葬或者祈福等活动，获得一定报酬外，算命先生与道士先生合伙，一年起 3~4 次会，如果去的香客多，分的钱就多，平均每人几块大洋，如果香客少，就少分钱，取决于这些算命先生招揽客人的能力。

算命先生，帮助别人算命，就说他人多灾多难，或者为了儿子求功名，何时何地到庙里敬香，要做表驱灾避难，当时，算命先生起会，就帮助他们做表（奏折奏请天上神仙），一张表 2 块，一般敬一次神就要 2~3 块。

第五节　交往与交往关系

在传统农业社会，人与人之间不是孤立存在的，相互之间会发生联系，那么社会交往成为人与人联系的重要纽带。本节主要从社会交往特征、社会交往类型、社会交往圈子以及社会交往关系进行阐述。

一　社会交往特征

（一）利益连带性

最初，5 户立保长，5 保（25 户）设闾长，4 闾（100 户）设有户长。其职责是检查户口、监督耕作、征收租调、征发徭役和兵役、管理邻里日常事务。后来，民国时期，实行 5 户联合保制度，采取 5 户连坐法，进一步加强对基层的控制，加强村庄稳定性。

（二）生活互助性

杂姓居住村落，遇到生老病死，单家独户根本无法筹办，需要守望相助。比如，办丧事时，有不成文规定，同姓家族不做丧户，大大缩小了丧户选择范围，加强了异姓之间的互助关系。解放以前，平原之地，8 户人房子居住很远，杜家剀以外没有人居住。随着发展成 33 户，村民集中居住同一个垸堤，遇到丧事，同族人或者亲戚不做丧户，不帮忙抬丧，如果大姓居住集中，亲房人不做丧户，比如堂叔堂伯不做丧户，其他不属于同一高祖，即为 5 代以外叔伯做丧户。丧户几乎没有推脱的，因为每家每户都有老人，家家有一块搓衣板，如果别人需要的时候不过去帮忙，以后轮到自己也无法承担。而且如果没人帮忙抬丧，在村落的名誉会遭受损害，这也是被其他村嘲笑为人丁不昌的笑柄。

郭用文老人回忆，过去，儿子当家以后，父母不参加亲戚朋友的红白喜事，当儿子没有空或者在外地时，才由父母代为参加。遇到丧事，家长不在家，由儿子或者父母代为参加。同一个福场人，才参加丧礼。即使先前与逝者有矛盾，关系不好，或者与其家庭成员关系不和睦，待逝者归天之时，大部分都会放下恩怨，参加葬礼，或者自己不参加，自己家人也要到场；或找其他人代为参加，否则村民就会议论你家不合礼数，只顾自家利益，大家都会疏远和孤立你家。

（三）对象选择性

第一，性别和年龄相仿。男有男一党，女有女一群。男跟男玩，女与女玩，男女不能一起玩，男不能摸到女群里玩，女也不能摸到男群里玩。年轻人跟年轻人相处，老人跟老人交往。比如解放以前，同是一个湾子或者同一个台子，按照年龄分，老人和老人打交道，年轻人和年轻人玩，小孩跟小孩一起玩，不然，没有话题，打不上靶子。还有就是关系好坏原则，除了年龄相仿，关系好而厚重，才会打交道。

据李良望老人所述，过去，女是娘的罗裙带。养的姑娘，不能走东走西，即使到外面，也要规规矩矩，跟在母亲身边，不离娘之身。男有男一党，女有女一群。男女不能一起互相打闹嬉戏，即使聊天，女孩子只能跟女孩子聊天，在家里与娘聊天，嫁出去就与婆婆聊天。女孩子要在闺房绣花、纺纱和做鞋子，做了妻子以后，也在家绣花、纺纱和做鞋子，还可以打理菜园子。

对80~90岁的老人家，不能开玩笑或者瞎聊，要看对象说话，只能同龄人一堂开玩笑，要尊敬长辈，一是一，二是二，如说嫖赌进窑、说流氓话等，如果是土生土长的还好，不然被长辈说"没有教导或者没有家教"，这不是人做的事，不是人说的话，只是下等人或下贱人做的事，人家就不喜欢。女人一堂玩。关系跟关系好的玩。妇女跟妇女一起玩，你说我我说你，只跟合意的人一起说笑，有点不合意，就不能跟他说笑。"你们一边去，不跟你说，再说就打死你！"

第二，地位相当。根据社会地位、财富数量或者职业不同，不同人交往对象不同。富者多跟富者来往，穷者跟穷者相处，做官者与做官者打交道。比如叶湾村的叶道四是读书人，又做教书先生，也做过保长，开会时，一个礼帽一副墨镜，还挂着一个拐棍，穿着绫罗绸缎做的长褂子，即使吃酒席掉下油都不沾衣服，只有他有一件这样的长褂子，到联保处开会，打交道的有孟广生、李大宗、李连章、敖大红、周良华、刘敬德、叶道四、习丙窑等保长。

郭用文老人回忆，张九界，读书好，能说会道，有40亩田，全部租给人家耕种，居住二进口房子，是一个光棍头，有很高威望，说要写诉状，将纸铺在膝盖上，就能信手拈来，比其他乡绅更加狠，连沔阳县县长都拿在手里玩。比如周良华、刘敬德和涂文元都是小搞的，看不上眼，瞧不起，张有自己一派人，不跟他们打交道。另外，基本不在家里吃饭，都是镇上下馆子吃饭，由有威望的人作陪。

第三，对象选择性。如果儿子有学友过来做客，父母会赞成，或者做生意的世交，也可以互访，在家里居住，家长也同意。如果那些狐朋狗友，专门偷鸡摸狗，父母不同意他们来做客。子女从小要教育好，多与善良或者上进之人交好，不与为非作歹者同流合污，不然，百害无一利。

据黄孝恪老人所述，他的孙子，与同学出去玩，他同学偷别人排子，被当场抓获，却诬陷孙子是偷盗同伙，但是，孙子没有分到一分钱，最初，判为5年，父亲去申诉说："他没有抓赃在场，他说是同伙就是同伙，是不是搞错了？"最后，办案人员生气说："怎么会错？你不去别人会拉你去，我就再送材料！"导致孙子被多判刑为9年牢，同学推脱责任，只轻判为5年。坐牢时，同学父亲要求孙子带行李，但是，其妻子却说："你儿子害人，还要别人带行李！"可见那些好吃懒做、偷吃摸狗的朋友，不能跟他们相处，有害无利。

第四，财富相当。"闹得有钱，庆助安生，来时风雨，去时霉尘"，如果是有钱之家，到别人家少，一旦来朋友家，别人会提前过来迎接，帮助提行李。朋友热情接待，准备好酒好菜款待，恨不得多留几天住，拜访一下，就跟亲戚朋友告别，别人就亲爱，使劲留你："你还来几天啊，过几天才回去！"如果你是没钱的穷人，闹得不好，即使到了家里，别人对你也置之不理，连杯茶都不倒，朋友不理，认为你这个穷鬼，又要到我这里捉钱（借钱），恨不得赶你走，饭也没有一顿吃。

增广贤文有言，"富在深山有远亲，贫居闹市无人问"，如果人穷，即使住在热闹街道，有事也没有亲戚朋友过问，不跟你合情；那些生活富裕的家人，即使住在偏远的山上，有事情，亲戚朋友也想方设法去帮忙，使劲巴结奉承。俗话说，酒肉的朋友，柴米的夫妻。朋友之间互相来访，要好酒好菜招待，友谊才长久；夫妻之间有油盐柴米，夫妻情意才能长久。

据郭用文老人所述，如果你家里有钱，见到人也不打招呼，瞧不起人，最为狂妄无道，即使有钱，别人也不会奉承你，你称呼我，我也不称呼你。一般有钱人做小意，见到人要亲近别人，别人会好心评价你"有钱也话好，这个人好人"，他人会主动跟你交往。如果你狂妄自大，别人就一起议论你："他装大，能富多少年！"也不奉承你，人际关系不好，甚至孤立你。

第五，职业相同。同职业打交道较多，比如种田、养鱼，可以互相打串工，交流经验，木匠或者瓦匠，一项活做不完，工程进度慢，我接你做，你接我做，可以互相帮忙，赶上进度，效率高。但是，做生意，行头行独，你想多卖，我也想多卖，是一项独艺。比如下乡卖犁，你走这边，我就走那边，不然自己货物就卖不掉。

二　社会交往圈

在传统时期，受地理条件限制和交通手段制约，村民的主要交往范围集中在聚落或者跨聚落的村落，平时，都是与杜家到乡亲打交道，与邻村基本打交道不多，除非有亲戚，遇到红白喜事才会赶情，或者做生意。当外出上街或者做船老板，以及做清明会时，交往圈子可以扩大到其他村镇，甚至县市。

同村落、同姓氏交往多，如果关系好，不论姓氏，也和同姓氏交往一样多。同村乡亲交往多于邻村熟人交往。做农活多，多数在村落与农民打交道，交际圈小一些。一是同村交往，比如李良望最好的朋友为李公祥、李丙银、熊茂盛等。到别人家里玩，你来我家玩，我到你家玩，但是，不能随便到别家吃饭。二是邻村百子桥村，比如与买卖商品的刘老板关系好，到他家买烟酒糖多，经常聊天，谈天论地，玩得好。三是性格相似，容易相处。俗话说，"那个穷人穷到底，那个富人富到天！"不能只跟富人交往，瞧不起穷人。乡亲示意图如图4-3所示。

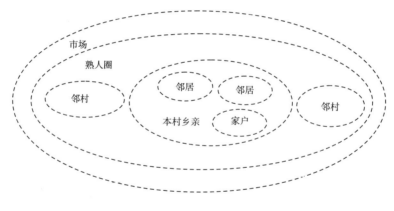

图4-3　乡亲圈示意

三　社会交往类型

（一）家庭交往

第一，白喜事。遇到白喜事，以亲族为单位筹办为主。先是鸣炮，一是表示老人去世，二是起报孝功能，告知左邻右舍。家族首先到邻居家告知丧事，拜托邻居接知名先生和礼房先生，当叔伯文墨好和有面子时，可以接他，也可以接本村有文化和有威望者担任，与其商量丧事规模、宴请客人数量、经费预算等，并分配任务。第一天，请邻居或者叔伯帮报丧；第二天，客人悼香，安置客人；第三天，请人唱戏，唱2~3个戏；第四天，送葬。同时，知名先生写下帖子，派邻居拿信按上面所写接亲朋好友前来悼香，要亲戚朋友准备香烛、纸钱、鞭炮过来吊孝作揖，比如舅爷、姑爷和姨爷等重要亲戚。同一个村落百客不请自来悼香。丧户多为左邻右舍 8 户人家，在送葬前一天早上，要接丧户吃宴席，一般孝男孝孙或者叔伯等帮忙去接丧户，上门给丧户装 1~2 根烟，告知某某去世，要求何时送葬，某某到家里喝酒。当日筹办事宜，多为知名先生安排，烧火做饭多为家族叔伯帮忙，邻居或者关系交好的百客帮忙，比如烧饭、摆桌子、端菜和洗碗等。另外，只有同一个湾子或者同一个台子的百客或者乡亲才会悼香，邻村沾亲的人才来，不同村的保长、教书先生不来。不会邀请乡代表或者绅士，除非他们做知名和礼房先生，户长、房长也不是被邀请对象。如果地主办丧事，不是本村乡亲，也不去参加，只有本村地主办丧才参加。

第二，红喜事。每逢红喜事，比如结婚、满月或者做寿，同样，以亲族筹办单位为主。家长提前接知名先生和礼房先生，多为叔伯或者教书先生、绅士等人担任，与其商量宴席筹办预算、宴请客人数量和规模等事宜，并由知名先生写请帖，家族提前一周上门邀请亲戚朋友，当筹办规模小时，一般不请邻居或者百客，邻居或者百客不请不来，关系较好的邻居或者百客亲自上门道贺、赶情和帮忙。当主家在政府任职时，才会邀请保长和小得副或者乡代表等，不然，不会邀请。虽然租种地主土地，也不需要邀请他，跟他没有血缘关系。另外，除非接户长或者房长做知名先生、礼房先生，不然不邀请他们。白喜事与红喜事交往如图 4-4、图 4-5 所示。

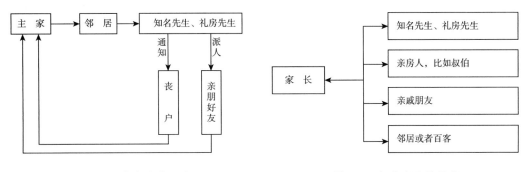

图 4-4　白喜事交往示意　　　　　图 4-5　红喜事交往示意

（二）宗族交往

传统时期，宗族内部交往主要表现为三种类型：一是祭祀交往，二是打谱交往，三是事件交往。前两种交往是自上而下，而第三种则是自下而上。

1. 祭祀交往

每年清明时节，需要做清明会，由户长提前一周召集散居各地的房长集中开会，讨论清明会筹办规模、经费预算和经费筹集等，形成一套筹办方案，然后，由房长一一通知各支的门长，告知其筹办清明会时间、分配任务和需要收集丁钱，以及各房长推荐代表做悼词，再由门长挨家挨户通知本支的家长，告知筹办时间，并按照人丁收取丁钱。筹办清明会当日，以房为单位，前去参加清明会。通知到的家长不去，会遭到门长批评："你会巧，出几个钱，让别人帮你祭祀祖宗！"祭祀交往如图4-6所示。

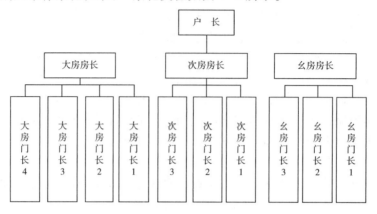

图4-6 祭祀交往示意

2. 打谱交往

族规规定，族谱30年一小修，60年一大修。每当打谱时，一般由户长提议修谱，同时，也可以由散居他乡的族人提议修谱或者合谱。首先，户长召集房长和门长开会，推荐本族贤能之士，组成督修成员小组，商量讨论修谱预算、修谱分工和修谱办法等，然后，户长或者房长下乡找门长收取丁钱，需要门长提前找本家门人收取，或者遇到拖欠丁钱者，由户长或者房长亲自上门收取。

据李良望老人所述，修缮家谱，每逢有丁不能入谱，家长可以向门长和房长反映，房长再找户长商量，约定何时进行打谱。何时修谱，收取多少丁费，也是户长和房长讨论决定，再由房长通知各门长开会。各地门长收集族人名单和生辰八字，转交房长，房长汇总本房所有家门族人名单，交给户长。由户长找专门人排版、捡字和印刷，编成家谱。

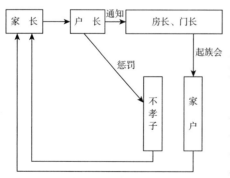

图4-7 事件交往示意

3. 事件交往

当需要过继或者认祖归宗，以及惩罚族人或者族人翻案时，就需要向上找户长帮忙主持。以惩罚不孝族人为例，比如族人殴打父母或者到处犯事，家人可以找户长帮忙，请求户长前来执行家规，打不孝子的屁股，同时，要整大酒小酒款待户长。当族人到处犯事，比如偷盗或者犯了命案等，家人无法解决时，家长可以找户长，户长可以通知房长和门长开会，并起族会，挨家挨户捐钱，帮助其抚平官司。事件交往如图4-7所示。

（三）租佃交往

过去，凡是无田或者田少者，可以租种本村或者外村老板田，一般 50 亩以下的老板，收租都是佃农与老板直接打交道，交租金。100 亩以上的老板，请看课先生收课，老板与佃农打交道机会少。另外，租给佃农的田，可以转租，不过缴纳租金时，老板只找直接承租者收课，不找转租者，如果转租者太多，就找不到下家。另外不需要帮地主免费打义务工。遇到红白喜事，佃农不需要帮忙，除非请他吃饭喝酒。如果贫雇农遇到天灾人祸，与老板关系好，就会借钱，不需要利钱，如果关系一般，找私人借钱，就要利钱。当地租太高，贫雇农会和地主协商，降低租金，而不是与收课先生商量，碰到收课先生上门收课，佃农会准备 10 碗大菜和胡子酒款待他，给点小钱，希望他少估点产，少缴一些课。

（四）村庄交往、政府交往

1. 徭役交往

每当水患抢险或者岁修堤坝时，由垸总召集垸主开会讨论提出修堤方案，上交官府审核，待批准过后，分配每亩出工任务，然后，由块首负责告知花户修堤任务，并按时带民夫出工修堤。当田或者出租田都不需要出工修堤、做劳役时，只有田主出工，不与垸主和块首打交道。由垸主决定修垸堤时间，再通知各地块首，由块首通知地方村民，修完堤就通知解散。

2. 赋税交往

税赋 1 年征收 2 次，夏征小麦，秋征水稻，花户到沔阳城找钱粮先生或者钱粮先生下村收税，按照买卖田产过户碎契，还要打 1 壶酒，割 2 斤肉，给点小惠钱打发。遇到水灾，没有收成，不需要完粮时，不与钱粮先生打交道；当遭受减产时，请钱粮先生估产交税。当租种老板的田时，不需要完粮，也不需要缴纳堤捐，只需完课。后来，每当国家下发税赋征收任务时，由联保处主任召开保长会议，然后，由保长、小得副和甲长召集花户开会，通知征收任务和时间，按照耕地面积，花户将粮食和布匹交到戴市联保处仓库。即使族人交不起税赋，户长和门长也不管税赋缴纳。可见国家与村民是一种直接纳税关系，农民没有任何抵挡国家权力的工具。如果税赋轻，农民负担就轻一些；如果国家赋税重，农民负担就加剧。

据郭用文老人所述，摊布匹都是军部下命令，保长和小得副去征集，禁止私自提高月捐款子和军布等敲诈花户。遇到贪官污吏或者敲诈花户，查清事实就用刺刀杀死正法。修垸堤、征集民夫修工事、出月捐款子、出军布匹和积谷积麦，都是按照田亩数量分摊任务，田多者多出，田少者少出。由保长和甲长造田册，统计每户田亩数量和人口数量，便于赋税和徭役摊派。

3. 抽壮丁交往

国家需要多少壮丁，先按照村庄数量摊派，再按照三丁抽一、五丁抽二，由保长和小得副、甲长通知家长，由家长带儿子到联保处体检，验得上就去当兵，验不上就回来。如果没有人去，就违反兵役法，联保处派联丁抓人，实行五户联合保，也就是五家连坐法，如果有人逃跑，左邻右舍以及姑爷和舅爷都不能脱皮，联丁入户抓人，直到壮丁回来自首。

四 交往形式

红白喜事都会整酒，亲戚邻里都会去赶情，这种赶情更多是礼物的馈赠，双方交换礼物的种类和数量，是衡量双方社会关系的厚重与亲密程度的标准，主要是情感表达、维持关系，甚至形成互助关系。坚持以平等互惠为原则。其分为重大仪式的赶情和日常事件的礼物交换。

（一）赶人情

传统时期，儿子娶媳妇，同一个湾上或者台子，或者同一个福场的乡亲，以及邻村相好的朋友去赶情，就俗称百客情，舅爷、姑爷和姨爷等亲戚来赶情，俗称内亲情。99要往娘家走。即使到了99岁的大年纪，因为是娘家父母所生，娘家是靠山，遇到娘家大事小事，作为姑姑也要去参加。姑爷、姨爷赶大情，嫡亲叔伯姊兄姊弟姊妹赶小情，其他五服之外的叔伯，更少，姑表、舅表、姨表较少，得轻还轻，得重还重，别人赶多少，你也还情多少，百客最少。世交等朋友赶情较百客多一些，其他同姓族人，关系相好多一点，多数视同乡亲或者百客一样赶情。一般按照礼簿登记别人随礼数量进行赶情，我办红白喜事你随我多少，一般都由礼房先生登记在簿册，待你家有红白喜事，我也按照礼簿登记数量赶情，你挺我，我也挺你，只能多赶，不能少赶，如果少赶，关系就不亲爱。

据李良望老人所述，年年赶情，有多有少。本村落亲戚赶情，不然不赶情。比如湖南，如果碰到舅儿子结婚或者舅舅结婚，一般老大作为代表去赶情，其他儿子和女儿不去赶情。几年不去了，要买礼物给老人或者小孩，不然不好意思。比如小孩要打银质的箍子，共9个，价值9个大洋，但是，自己也只能戴铝制的箍子，送人只能送银质的，如果过年赶情，不去拜年。待年纪最大，就不再回娘家了，只等他们晚辈过来看望。

娘家办红白喜事，嫁出去的同辈姊妹商量统一意见，赶情数量都一样，每人分别出5~6块大洋，不能一个出多、一个出少，一般情况姐姐已经赶情，自己晚到参加宴席，就会问姐姐赶多少，自己也赶多少，晚辈照着长辈赶情。同一个台子或者同一个湾子，遇到乡亲办红白喜事，赶百客情数量一样，比如由有威望的首事提出，按照物价水平，要出1块大洋参加宴席，不然，你到宴席吃饭，主家就会贴钱，别人赶1块大洋，你也要赶1块大洋。

据郭用文老人所述，到别人家里赶情，带很薄的礼，但是，希望别人到自己家里带礼重一些，心术不正。如果次数多，就会不亲爱，不讲究亲情或者友谊。比如，白回头（丧事），不怎么来往的百客赶100吊，关系好的乡亲赶200吊，朋友赶200吊，赶100吊吃一餐饭，并一起购买鞭炮、纸钱，只赶礼不赶情，其他赶200吊以上的亲戚朋友，不仅赶礼，而且也赶情。

另外，当已经与外人划八字或者定亲，其准女婿可以过来赶情，如果定娃娃亲，女婿年龄小，由父母代为赶情，如果没有过来赶情，女儿或者娘家就有意见或想法，"老人去世，都不来赶情，这种女婿靠不住"。亡者为大，嫡亲办丧事一定要去，其他事情可以不去。非嫡亲办红白喜事，未婚娶的女婿可以不赶情。

（二）串门

同一个湾子或者台子，熟人之间相互串门，有威望或能力的人少到别人家串门，多为礼仪性交往，无威望或能力低的人到别家人串门多，为趋利性交往。比如农事安排，不懂时节的人，就到熟悉农事的人家里请教，什么时候下种；讨论天气，天干或者天湿，怎样搭配农作物，才能获得最好的收成；如何抗旱或者防洪，保障庄稼有收入。冬天不做事，互相串门闲聊。

（三）打牌

农闲时，下雨天，交好的邻居或者乡亲可以互访打牌娱乐，今天到你家打，明天到我家打。逢年过节，购买麻将或者纸牌，姑爷或舅爷来访，在家里一起打麻将或者玩纸牌，不去牌场打麻将或者玩纸牌。不过，主家接邻居做脚子，过来陪客人打麻将或者玩纸牌。另外，输赢没有定数，今天赢，明天输，天天赢，没有人跟你打。打牌谁都想赢，碰到牌不好，就想扯皮，就闹出矛盾。比如兄弟俩杜子英和杜子松打牌发生矛盾，一般找一个中人，与双方关系都好的人，双方向其倾诉，帮忙劝说，不对的要主动和好，对的一方就退让一点，不要计较，俗话说，"弟兄叔侄，今生是弟兄叔侄，来世还是弟兄叔侄啊？"大家退让和好如初。请人调解以后，矛盾就消除了，互相来往，如果解决不了，就是子孙结仇。

（四）乘凉

过去，休闲时，有钱人或者穷人一起打交道，不讲有钱没钱。晚上，一般男子端短板凳，到垸堤上乘凉，半夜吹凉，家长里短，谈论农事，如何安排农事，有多少稻谷产量，庄稼收成好不好，或者老人家和教书先生讲神话与前朝故事，比如哪个皇帝有道，哪个皇帝无道，坐多少年天下，多少忠臣、多少奸臣，待小半夜就回来睡觉。

据郭用文老人所述，农忙时，各忙各的，没有时间闲聊。农闲时，同一个湾子或台子的乡亲到坑堤上乘凉。冬天，乡亲或者邻居互相到别人家里烤火，砍劈柴来烧，然后，坐下来闲聊喝茶，烤烤糍粑。

（五）抽烟

过去，自出生到而立之年，一般不抽烟，直到 30 岁以后，人与人之间交际多了，才开始抽烟，也有一些年轻时不抽烟，到了年老时才开始抽烟解闷。到外面做生意或者做官，别人分烟给你，你不能一直抽别人的烟，你也买一些烟，分给人家抽。后面，到外面，也携带香烟，见到亲戚朋友也分烟。还有到别人家里闲聊无事，你分一支，我分一支，一支接一支，抽烟数量多。打牌时，为了坐醒，保持清醒，集中注意力，才能不输钱，抽烟数量也多。

（六）互赠

每次打鱼，吃不完，就分给姑爷、舅爷一些大鱼，以及送给关系相好的邻居或者有来往的朋友一些大小适中的鱼，你送给我，我送给你，也会送给本族孤寡老人一些小鱼，关系不好的村民不会送。比如郭老头吃不完的冬瓜，割了一个冬瓜，分给了三家，一份分给嫡亲兄弟，一份分给相近邻居，最后一份分给相好的乡亲。其实，都是还礼，不能白吃别人的东西，平时要互相赠送东西。人都有几个相好的乡亲或者朋友。

五　交往频度

传统时期，贫富不等，交往不能太频繁。姑爷女婿家里贫穷，而媳妇娘家较为富裕，姑娘女婿就不能老往娘家走，不能多住在娘家，久住人贱，遭到舅舅和舅母的嫌弃，甚至嫌贫爱富，关系就没有那么亲厚。俗话说，人穷志短，马瘦毛长。人穷志不穷，要把志气立起来，即使穷也不巴结或者奉承他。

据郭用文老人所述，如果家里遭遇天灾人祸，也不能一味求助娘家，吃喝住都在岳父岳母家里。即使岳父岳母不说，舅爷舅妈也会不喜欢。还是要自己独立，和妻子赶工赚钱改善生活，而不能依靠他们，应该用钱多答谢岳父岳母。还有走亲戚，到岳父岳母家拜访，也不能多住，不然，他们不喜欢。所以走人家，不能老走，要少走一些，别人就热情一些，"某某，你怎么老没来"。

六　社会交往关系

（一）交往与国家关系

军是军，民是民，军民分开。国民党 128 师以排为单位住在村民家里，村民把房间让给士官居住，堂屋也开联合铺供给士兵睡觉。村民就居住套房。家里有大灶和小灶，把大灶让给军队烧火，村民烧小灶做饭。据郭用文老人所述，国民党 128 师军队驻扎村里，把村民赶到厢房或者偏房居住，长官住在正房，士兵在堂屋开联合铺，还要花户提供一口灶烧火，10 人围着吃一盆萝卜或者洋葱，生活贫寒。由于距离师部很近，不敢敲诈村民。吃一个鸡蛋或者烧点柴火，都要付钱给村民。

（二）交往与亲戚关系

舅爷舅母、姑爷姑母、舅爹舅奶、姑爹姑奶、舅表、姑表属于正亲，一走三代，去世要上祖宗牌子，还要写符包祭奠，如果办红白喜事，可以邀请他们帮忙，他们会出钱出力。其他姨爷姨母、姨爹姨奶、姨表不是正亲，他们去世，也不上祖宗牌子，也不写符包祭奠，走一代就不走，互相不亲爱。

（三）交往与居住关系

朋友之间互访，不会住，除非家距离很远，多数女婿或者外孙去给岳父母拜年时，允许小住几天，不能常住。但是，有很多规矩，如果情侣或者夫妻到别人家里做客过夜，男女分开，男与男的睡，女跟女的睡，男女不能一起睡一个房。俗话说，宁可给别人停丧，不能给夫妇成双。意思是说，家里不能给一对男女成双同床，宁愿给别人停放尸体。当男女划了八字，到岳父母家里，与未过门妻子同床，俗称偷人换，岳父母就会不高兴，说是丑事，就会训斥女儿不懂事。但是，过礼以后，女儿到婆家，允许女儿和女婿同床。

第六节　社会流动与流动关系

世居是常态，迁居是变量。平原之地，地势低，三年两水，年成好，几年庄稼有收成，生活就好。如果水害多，就没有收成，生活困难。可见旱灾水灾、流动商贩、求学都是促使村民流动的主要因素。

一　社会流动概述

最初，吴叶山、欧阳贵、周则严 9 大姓，由于洪水或者兵灾搬走，土地被李氏 3 户、陆氏1户、杜氏2户、熊氏1户、黄氏1户,共8户,通过购买或者插占方式占有。后面,涂氏1户、夏氏1户因水灾迁来定居,总计10户人,后面,再迁来万氏和舒氏、吴氏3户,共计13户。民国末年,杜姓三兄弟到戴家场做生意而外迁,可见村庄姓氏由少变多,并趋于稳定。据郭用文老人所述,清朝顺治李姓迁来杜家剅,随后,熊氏和王氏[1]因水逃荒,同时来到杜家剅,当时,夏姓是9组盘过来,就是民国初年倒口,把他家的屋台冲走,就搬到杜家剅向杜家买台居住。最初,只有8户人(李、熊、涂、杜、万、陆等),也称为8屋台,没有夏姓和涂姓。还有李振伟自杜家剅盘到花鼓垸,以前也有田产,并把屋台和田产卖给李家咀李公祥的父亲,螺滩村只有振德和振伟,振伟也盘到花鼓垸,振德留守,其一支人分在螺滩村繁衍,一支分到振伟在李家咀屋台。各姓氏社会流动情况见表4-12。

表4-12 杜家剅各姓氏社会流动情况 单位:户

姓氏	迁出时间	迁往何地	迁出原因	迁出户数	如何落籍
吴、欧、周等	明末清初	除吴姓迁到吴家新场,其他不详	吴姓做生意,其他不详	不详	不详
李氏	顺治	杜家剅	沙洋河倒口	1	购买
杜氏	清朝	杜家剅	退休	1	购买
李氏	清朝	曹市镇	龙潭河倒口	1	购买
黄氏	清朝	杜家剅	洪水泛滥	1	购买
熊氏	清朝	杜家剅	洪水泛滥	1	购买
陆氏	清朝	杜家剅	水灾逃荒	1	购买
李氏	民国	螺滩村、李家咀、化果垸	做官	3	购买
夏氏	民国	杜家剅	垸堤倒口	1	购买
涂氏	民国	杜家剅	战乱	1	购买
万氏	民国	杜家剅	丧夫	1	娘家给地落籍
舒氏	民国	杜家剅	水灾逃荒	1	娘家给地落籍
吴氏	民国	杜家剅	垸堤倒口	1	购买
杜氏	民国	戴家场	做生意	3	购买

---

[1] 王其昌乃黄书册的父亲。

二　社会流动原因

（一）因水害流动

湖区河流密布，农户多随水而居，以芦苇作为篱笆，茅草建成房屋，饲养牲畜居于其中，待嫁女婚娶，子女才与父母分居。每当遇到洪水泛滥，村民则乘坐船只逃荒，采集菱角等充饥，三年两水，农民习以为常。比如清朝时，李姓10亩田（1号子田），垸堤倒口，垸主要李姓三户人做堤，人少溃口大，做不起，这三户都是李正云（李良望的祖父）的后代，李姓跑了一户李正贵，搬到府场落籍。

几乎家家户户都有船，每逢洪水，如果没有船，要提前1~2天逃荒到高地，那些有船的，直到水漫到屋里，才坐船逃荒到府场，那里地势高，较为安全。而且一般要提前把鸡鸭都卖掉，把牛也赶走，种田无粮课无本。1940年发大水，水不大，垸堤没有被淹没，为了安全，人们到庙堤上搭草蓬居住，待水退以后，才回家住。

（二）因职业流动

最早插志为标的大字号所有田亩的吴姓，搬到沙口镇吴家新场做生意，把田卖给李姓。杜氏三兄弟到戴家场做生意，杜家美开杂粮行、杜家银开药铺，杜家美作为行老板，又是经纪人，他们很早盘到街上，落籍当地，繁衍3代人，把自家台子和田地就卖给留守农村的人。以前不要户口登记，只要有钱可以到任何一处买台安家，并落户当地，不属于原村籍人，变成外地人。

（三）因生计流动

过去，不少家庭由于家庭变故而流动，比如因为丧夫，遗孀无法维持生计，选择投奔娘家，依靠他们为生。比如万氏是李氏女子外嫁湖南省重阳县，丈夫去世，其携带儿子和儿媳妇投奔娘家落籍，李氏娘家给予屋台和水田，维持生计。另外舒氏也是李氏女子，外嫁原籍戴市镇卢家墩村人，因为水灾冲垮房屋，投奔李氏娘家落籍。

三　社会流动类型

（一）暂时流动

平原地区，因水患而举家逃荒，水退后则返回。沙湖沔阳州，十年九不收。每逢发了大水，就逃到建宁县。沙洋河堤倒口连续18年溃决，致使人心恐慌，人们无心抢险，水来就跑。三年两水。碰到政府没有组织人修堤，江水倒灌，因为垸民有船没有被淹死。官湖垸的垸民一年到头不在家，逃到汉口后湖捕鱼，到湖南省逃荒，做赶工、讨米、跑航运、摆渡等职业。李良望老人回忆，过去遇到水灾，老小家庭一走几天，逃到荆州市或者天门县，太阳很大，没有房子居住，到处吃喝拉撒，口渴喝被污染的河里的水，生病患痢疾，就死了，传染病传给很多人，很多尸体都没有搬回来，埋在当地山上，几年以后，没有祭奠，成为孤魂野鬼。

（二）外迁流动

传统时期，为了躲避水灾、战火，或者经商、选择更好的生存环境而举家外迁，那就改变住址，换新地方定居。比如，早期吴姓改迁沙口镇做生意，将田地卖于李姓。杜姓做官退休，购买杜家到田地定居于此。还有清朝年间，官湖垸垸堤倒口，李氏一户因修不好垸堤，逃到曹市镇定居，连田都不要。

四　社会流动关系

（一）社会流动与湖匪关系

过去，由于交通工具限制和经济条件制约等外部原因，农户流动范围很有限。比如小港镇有很多湖匪，一群湖匪有 10~20 人，不抢打柴的船只，专门抢一些坐船的有钱做生意的客商，一旦富商客船经过汉口或者新堤，湖匪就突然跑出来，强登上客船，殴打客商，要求把所有的钱都交出来，不然，就打死人。不过，有时碰到湖匪，有时碰不到，全凭运气。据黄孝治老人所述，棚民本无定居，今年在此，明年在彼，甚至一岁之中，迁徙数处。即其已造房屋者，亦零星散处，非望衡瞻宇、比邻而居也。

（二）社会流动与族人关系

传统农业时期，即使族人散居各地，也具有强烈认同感。最初，本族人，迁移到其他地方，不管到什么地方，永远都是同族人，除非改姓。即使迁到其他国家，更改国籍，还是同根同祖，第一代还是属于本族人。

（三）社会流动与政府关系

太平盛世外迁，外出做生意，需要报告保长、小得副，及时登记人口变动，当没有卖掉田地时，仍旧需要按照田亩面积完粮。当碰到战乱或者天灾之年，外出逃难，来不及报告保长或者小得副，水退以后，保长或者小得副重新登记人口情况，迁居异乡投奔亲戚的，就由亲戚介绍给保长，入当地户籍。

（四）社会流动与家庭关系

湖区洪涝灾害多，向外迁移很频繁，当需要外迁时，迁往何地或者如何迁移，哪些人走路，哪些人乘船，如何找生计，都是家长说了算，也可以与父母商量。不需要向保长、小得副报告。据李良望老人所述，清代中期几次较大的洪水，长久不退，上下洪湖被连成两片，"绵亘上百里，为河州南一巨浸"。清同治年间，汉水泛滥，冲成东荆河，境内西北部连淹 4载，许多垸田，如珍珠垸、官湖垸、万全垸、永丰垸、西成垸、五合垸、大兴垸等，由农田变为湖泊。当时，垸民乘船逃荒到天门、荆州，依靠赶工或者讨米为生，政府根本不管。

第七节　社会分化与分化关系

在传统农业时期，一家一户多能自给自足，不过，存在血缘关系和社会分化，本节从称呼分化、座次分化以及贫富分化等方面进行阐述。

一　称呼分化

（一）日常称呼

俗话说，"十年一长父之辈，五年一长兄之辈"。意思是长龄超过 10 年称为父辈，长龄超过 5 年称为兄辈。如果直呼长辈名字或者小名，就会被长辈指责没有教养。同姓族人，就按照辈分称呼，比如大嫂、二嫂、三嫂等，如果是异姓人，避免重复，就以姓或者名称呼，比如李爹、黄爹、丙贵爹、丙伯爹，不讲辈分大小。如果年龄很大，为了尊敬，不能喊名字，比如吴大老妈、吴二老妈或吴幺老妈。前辈就称呼爹爹（爷爷），如果等辈就喊大爷（叔伯），跟儿女喊。户长地位很高，受人尊敬，说一句话算一句，吩咐怎么做就怎么做。对长辈或者户长，不能直呼名讳，其父母才能称呼名字，其他人只能按照辈分称呼。

黄孝治老人回忆，抗日时期，长房黄姓房长担任伪军大队长，就担任户长，要与百桥村黄氏一支人联宗睦族，但是，他们长房辈分低，百桥村黄氏满房一支人辈分高，生下来就是他们的长辈，长房需要其低几辈，而百桥村黄氏户长不肯，生气地责骂："你们敢忘掉祖先，你想辈分高，让祖父叫矮几辈！"长房人就很气愤，就不满地说："不肯降低辈分算了，那我们照样称呼你们，我们一房人做我们的事，不需要你管！"这样长房人与百桥村黄氏满房人有矛盾，权力有纠纷，就把百桥村一部分黄氏族人丢掉，自己建立祠堂，导致黄氏族人分裂。

（二）符包称呼

写符包有讲究，男称大人，女称孺人；亡男称故显考，亡女称故显妣。过年写年节，七月写中元，过生写生期。写符包一般写 5 代，从高祖父开始写符包，没有儿子，从祖父一辈向上写 5 代；有儿子，从父辈一辈向上写 5 代；有孙子，自儿子一辈向上写 5 代（长辈写"上奉"、晚辈或者等辈写"寄予"）。如果碰到哪个亲戚，比如姑爹，没有子嗣，侄孙也写符包供奉。同时，分为内侄或者外侄，3 代以内，称为嫡亲叔伯内侄，3 代以外称为堂叔伯外侄。分亲假，写"堂×××"，比如堂叔或堂伯。另外，没有出嫁的女儿，侄子写符包给姑姑，注明"孝内侄"，出嫁去世女儿，写"孝外侄"。过继侄子给去世姑姑立门户，写符包给姑姑，未过继者写"孝内男"，过继者写"孝继男"。同父亲的兄弟姐妹，写符包，注明"胞兄胞弟胞姊胞妹"，父母亲写给去世儿女，"亡子"或者"亡女"。长辈写给晚辈，反念

"父或祖×××"，长辈称"尊×××"，晚辈或者等辈称"贤×××"。比如，中元节，一个年轻妇女找老人写符包，只写10包，包括父亲和叔伯等6人，比如公允、公堂、公伯、公升、望成、星成，婆家4个符包，比如嘎爹、嘎老妈、嘎老爹、嘎老老妈，老人就批评，"怎么能这样只写2代人，一般都是写5代人，不能把其他先人都忘记"。符包辈分称呼见表4-13，符包称呼款式如图4-8所示。

表 4-13　符包辈分称呼

父亲、母亲——显考、显妣——孝男，伯父、叔父——孝侄，伯姉妣、叔姉妣、姉妣——孝侄

祖父、祖母——祖考、祖妣——孝孙，伯姉、叔祖——孝侄孙

伯姉祖妣、叔姉祖妣、姉祖妣——孝侄孙

曾祖、曾祖母——曾祖考、曾祖妣——重孙，伯曾祖、叔曾祖——孝重（曾）侄孙

高祖、高祖母——高祖考、高祖妣——玄孙，伯高祖、叔高祖——孝侄玄孙

岳考、岳妣——孝女婿，外祖考、外祖妣——孝外孙

姑考、姑妣——孝外侄，舅考、舅妣——孝外侄

太祖、太祖母——太祖考、太祖妣——耳孙，伯太祖、叔太祖——孝太侄孙，一般超出5代以上先人就不需写

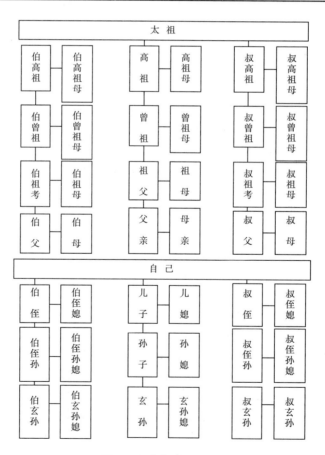

图 4-8　符包称呼款式

据李良望老人所述，前元、前修、前章、前立四兄弟，一般不写明孝子或者孝侄，写明就不亲爱，俗话说，孝顺无亲假。越近先人，烧符包或者钞洋数量越多，越远先人，烧符包或者钞洋数量越少。因为越远的先人，供奉人越多，烧符包人数越多，可以少烧；越近的先人供奉人越少，烧符包人数越少，理应多烧。

二　座次分化

（一）非正式宴席座次

平时，不讲究尊卑座次。如果农闲时，祖父、祖母和父母健在，等祖父母或者父母一起同桌吃饭。如果农忙时，儿子和媳妇下地做活，可以先吃。过年时，坐席吃饭，讲究尊卑座次。父母同坐，不能与媳妇对面坐或者同坐，父亲要与媳妇间隔坐，媳妇与丈夫坐，妯娌同坐。如果有了孙儿，祖父可以与孙儿同坐。如果有女婿和女儿回娘家，女婿和长子坐上席，如果有位置，父母插空坐，如果没有位置，父母先不吃，待女婿和女儿吃完，他们再吃。如果圆桌，可以坐12人，女婿和长子坐中央，父母可以插角，同女婿和女儿同桌吃。日常座席如图4-9所示。

过去，一般是面门为上，就是说，面对房间正门的位置是上座，因为它视野开阔。冲门口的位置是主人或者东家的（就是买单请客的人），酒桌上有时戏称为"庄主"；在他对面的位置是主人一起来招待客人的，叫"主陪"。这两个位置各地叫法有点差异，但意思差不多。若是圆桌，则正对大门的为主客，主客左右手边的位置，则以离主客的距离来看，越靠近主客位置越尊，相同距离则左侧尊于右侧。若为八仙桌，如果有正对大门的座位，则正对大门一侧的右位为主客。如果不正对大门，则面东的一侧右席为首席。摆席以正厅为尊，如扯起的棚子等居次。亲友以一姑、二舅、三姨、四表为序，以老亲陪新亲为礼节。朋友则以外姓、远客及年长者为先。

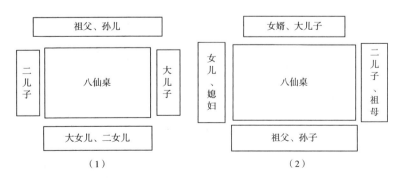

图 4-9　日常座席示意

（二）正式宴席座次

同姓按照派系排辈分安排位置，如果是异姓，年轻叔子弟兄辈，十年一长父之辈，五年一长兄之辈。如果你长我十岁，我就以叔辈安排座席，如果只大我五岁，就可以以兄辈安排位置。如果儿子考上大学，请状元席，只有母亲娘家坐首席，祖母娘家坐次席，曾祖母娘家坐三席。生孩子办满月，也是媳妇的娘家坐首席，祖母娘家坐次席，母亲娘家坐三席。乔迁新居，也是媳妇的娘家坐首席，祖母娘家坐次席，母亲娘家坐三席。结婚，第一天，母亲娘家坐首席，祖母娘家坐次席；第二天，媳妇娘家坐首席，祖母娘家坐次席，母亲娘家坐三席。谁当家谁办红白喜事，就由谁娘家坐首席。如果父母去世，母亲娘家坐首席，祖父母去世，由祖母娘家坐首席。

每逢安置宴席，主要招待媳妇娘家亲戚及送亲者，由其坐上席，其他祖母、母亲娘家亲戚不能坐上席。不过，第一天，过礼，坐宴席，祖母舅爷姑老爹姨老爹、母亲舅爷姑爹姨爹坐上席（如1席口），其他弟兄叔伯坐偏席。第二天，坐宴席，祖母舅爷姑老爹姨老爹、母亲舅爷姑爹姨爹坐上席（如1席口）。第三天，坐宴席，上午，祖母舅爷姑老爹姨老爹、母亲舅爷姑爹姨爹坐上席（如1席口），下午，媳妇的舅爷姑爷姨爷坐上席，祖母舅爷姑老爹姨老爹、母亲舅爷姑爹姨爹坐偏席。第四天，坐席，媳妇的舅爷姑爷姨爷坐上席，祖母舅爷姑老爹姨老爹、母亲舅爷姑爹姨爹坐偏席。另外，自家帮忙的，随意坐席，不太讲究。日常坐位置原则：同辈相坐，晚辈不跟长辈坐，比如侄子不跟叔叔坐，儿子不同父亲坐，媳妇不与公公坐。正式座席安排如图4-10所示。

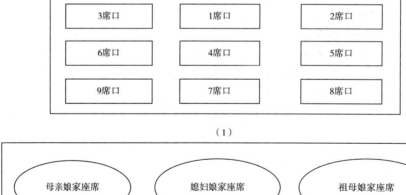

图4-10　正式座席安排

三　贫富分化

（一）地位分化

过去，通过勤劳致富，有钱家庭，人都珍贵一些，别人看得起，给他们面子。那些好吃懒做或者嫖赌进窑之人，被别人瞧不起。即使遇到困难，别人不会同情他们，也不会借钱接济，到结婚年龄，也不允许女儿嫁给他们。遇到婚丧喜事，也不会接他们参加。据郭用文老人所述，叶道四是读书人，又做教书先生，担任保长，娶了两个媳妇，平时，一个礼帽一副墨镜，还挂着一个拐棍，穿着绫罗绸缎做的长褂子，即使吃酒席掉下油都不沾衣服，只有他有一件这样的长褂子。每当上街，熟人都会奉承他，打招呼，"四先生，上街"，他头都点不赢。

（二）生活分化

平原之地，地势低，三年两水，年成好，几年庄稼有收成，生活就好。如果水害多，就没有收成，生活困难。人多地少，没有饭吃，只能到洪湖打菱角、蒿草或花蕾来吃，磨成粉做成粑粑吃，俗称叫花米。农忙时，劳动强度大，吃三餐，农闲时，吃两餐。而田多富贵之家，地主吃着白米饭，嘴含着干鱼盐鸭蛋，不过，平时也很少吃肉，逢年过节或者有亲戚来访，才能上街割肉，款待亲戚。以前不吃乌龟、牛肉、狗子、泥鳅、黄鳝，只吃一些卖不掉的黑鱼、黄骨鱼、白鱼，如果吃这些鱼，则会被富人嘲笑"吃狗子吃的东西"。

> 据李良望老人所述，以前吃瓜菜，吃鱼多，亲戚来，才上街割肉。多数人不舍得吃，攒钱买田置地，村里买卖田或者当田，比如生病困难或者安置儿子结婚才肯卖田，一般只卖田1~2亩，多卖好田，1亩田卖价为15~20担稻谷。没有洋布，只穿土布，即使有钱的吴成荒也穿土布。

富者有钱生活好，而穷者生活苦，其实，社会就有穷有富，不能平等，穷者赶不上富者。那些只种田的农民，生活不好，起早摸黑。旧时贫雇农舍得吃，没有家财，地主富农，如黄中香，舍不得吃。另外李公户家庭生活好，种有20多亩田，擅长打鱼，不仅有鱼吃，还有鱼卖，天天割肉，一次割2~3斤肉，屠夫就知道他有钱。

（三）财产分化

1. 房屋分化

富裕的地主家庭有四进口的房子，前面一个门楼，后面一个祖屋，用于住人、祭祀祖宗、执行家法，两旁两个厢房，用于接待客人居住，耳房用做厨房、厕所，中间一个天井，用于通风和照光。习家从洪湖盘到百桥村，压有伞子养鱼，每天要用2个筏子把鱼运送到武汉去卖，建有四进口房子，买了2个双号子田，总计48亩田。富农有3间大瓦屋。还有陆德高因继父母没有子嗣，从曹市镇陆姓过继过来，立杜家到陆门户，继承养父母的家产和田产，继父母很勤俭节约，只有2间小草屋，后面，辛苦攒钱买了曹市镇3间瓦屋，拆掉房子，把木料运回来，出资修建四进口的房子，墙壁用火砖砌成，屋顶盖瓦。一般有点钱的花户，所使用的木头，比如柱头，也是木质，盖小木瓦。而那些没有钱的花户，住的只能是草棚，连墙壁也是使用芦苇做成的。

李良望老人回忆，清朝年间，李家一户一世祖搬到杜家到，有96亩田，不会读书，其妻子周氏，娘家是戴市镇的，经营药铺，非常有钱，出资盖建围墙，里面修建四进口房子，墙壁用火砖砌成，屋顶盖瓦砾。屋前菜园子围一个篱笆。后来，生了4个儿子，分家以后，把房子拆掉，平均分配屋梁，重新修建自己的房子，独自生活，田每个儿子平均分得24亩多，一富裕之家，变成4小家，导致经济没落。即使再大家产和田产，多生几个儿子，诸子均分，也会导致家庭没落。

2. 嫁妆分化

过去，嫁女儿，陪嫁嫁妆，可以分为三个等级，不同等级嫁妆数量不相同。

一是上等之人陪钱嫁女，出嫁时陪很多或全副嫁妆给女儿，什么不缺，如被子、农具、柜子、板凳、油等样样俱全，还有嫁妆田，2~3亩，而且还是提好田，赶猪赶羊，甚至办酒席和烧茶的柴火，都陪嫁过去，陪嫁越多，说明女方的家族势力越大，对方不能欺负自己的女儿。例如一个姑娘家里有钱，陪了所有嫁妆，婆家欺负她，不给他柴火烧茶，媳妇见识大，就把一匹布，泼上带来的油，拿去烧茶给宾客喝。旧时陪嫁3间红最多，全红很少，如戴家湾邓连先，一个号子面积共计96亩，由垸堤北端开始，抵戴家湖，一个行口延长，没有杂姓一块。没有儿子，养三个姑娘每个姑娘陪嫁10亩。这种富裕之家很少有这么大陪嫁情况。还有李家嫁到万家，陪嫁1个台和1块田，总计3亩，还有嫁妆，价值很高。

二是中等之人养女嫁女。如果是一般家庭，没有多少钱，养一个女儿就嫁一个女儿，没有什么陪嫁，比如田地，只是自己打造简单的衣服或者梳妆台。或者没有多少钱陪嫁，就是把女儿抚养大，多给点嫁妆，不会争执。李良望老人回忆，女儿婚嫁，有钱多陪嫁，没钱少陪嫁。一般是八仙桌、平柜、4张长板凳、4张短板凳、长短座椅、平箱、衣柜、梳妆台、鞋柜、扁担、镰刀、喂猪食槽等，甚至陪猪牛羊。比如全红、3间红、2间红、1间红，娘家陪嫁3间红嫁妆（厨房红，如饭桌、板凳等；堂屋红，如八仙桌、长短凳等；1间红，如平柜、平箱、梳妆台、鞋柜、凳子等，还有一些农具等），婆家要过礼100斤鱼。旧时，儿子较多，多数过礼半边猪肉。当只有一个女儿时，有钱人陪嫁嫁妆应有尽有。娘家陪嫁东西越多，显示娘家财力越大，越有面子，婆家越不敢欺负。不过，如果娘家陪嫁全红，婆家就要赶猪赶羊，如果娘家陪嫁半边猪，婆家就要过礼一头猪。

　　三是下等之人卖儿卖女，不是人做的事，情况很少。没有钱的家庭，就只能早早把女儿嫁到别人家做童养媳，不需要自己出钱抚养和准备女儿出嫁嫁妆，这种卖女儿的人属于下等之人。比如辛未年发生水灾，郭老头妻子的弟弟，逃荒到湖南岳阳，没有吃的，就把女儿和儿子卖了，换了一船红薯回来，当时，他也非常伤心，经过一个湖而哭声未停止。还有夏利得遭遇天灾，把女儿卖到沔阳城，被别人说他的拐话，撅他的后背，不是人做的事，不应该把亲生子女卖掉，换钱生活，即使饿死也不能这样做，被人戳脊梁骨。具体嫁妆情况见表4-14。

表4-14　1949年以前杜家剅嫁女嫁妆情况　　　　　　　　　单位：户

类型	内容	李姓	涂姓	杜姓	夏姓
全红	堂屋、内房、厨房、猪圈、牛圈等器物	1	2	0	2
2~3间红	堂屋、内房、厨房的器物	4	6	2	1
1间红	房内器物	3	5	3	1
没有红	无	0	0	0	0

3. 棺材分化

　　过去，老人去世时，小富之家，自己买湖南贩卖的20~30厘米的大木条子，请木匠师傅到家里做棺材，每天2元/人，吃两餐。两底三盖两侧的对镶棺材，8莲花，高度为1~1.5米，还要请漆匠，油漆三次，厚度有3~4厘米，甚至尸骨腐烂也流不出血水，封闭性很强。埋葬时，还倒有石灰3~4厘米，与泥土相隔，增强保护功能，再加上四个把子，与水和泥相隔，虫蚁鼠都不敢亲近，再放上泥土，留存子孙万代，供后代祭祀。一般的家庭，才会到街上棺材铺去买12莲花棺材，以前戴家场有3个棺材铺，三底三盖三侧，高度为0.5~1米，再用油漆一次，质量也没有那么好，厚度只有0.5~1厘米，1~2担稻谷/口，超过3代以后，无人敢打理，让他尸骨烂成泥，只是有一个土堆，清明还祭奠一下。如果是穷人，只能用无数木板打造小棺材，高度在0.5米以下，不用油漆，无人敢打理，甚至挖成菜园地，无人照看和祭祀。贫富家庭棺材使用情况见表4-15。

　　郭用文老人回忆，过去，官员家庭或者富庶家庭老人去世，用的套棺材，价格为30块大洋，一般也要10~20块大洋，外一层是大木棺内一层小棺材，几十、上百年，尸骨都保存完好，尸体不腐烂。坟地面积有1~2亩，面前有石马、石乌龟和石人，还布置有巨大的香炉，"文化大革命"时期，干部去挖坟地，席子保存完好，还有尸骨也完整。

表 4-15　贫富家庭棺材使用情况

类型	棺材类型	组合方式	油漆	制作方式	密封效果	其他
富裕之家	8 莲花	左右 2 块，上 1 块下 3 块，共 8 块	上等漆、漆三次，厚度高	木匠制作	密封性强	撒石灰、高地安葬、竖立石碑
中等之家	12 莲花	左右 3 块，上下 3 块，共 12 块	一般漆、漆一次，厚度低	购买	密封性弱	无石灰、低田或者河滩安葬
贫困之家	无莲花	15 块以上	无油漆	自己制作	不密封	随便安葬或者义地安葬

4. 田产分化

1949 年以前，杜家剅花户拥有的土地差别不大。据不完全统计，土改时期，杜家剅总计 477 亩田。黄中香有 40 亩田（35 亩湖田，5 亩白田），出租 10 亩给本村人，大部分田基本自己种，劳动力少，请外村人放牛[1]，放高利贷，没有请长工师傅，请人做零工。涂天平有 35 亩田（18 亩湖田，17 亩白田），出租给他人耕种。李前元有 20 亩田（18 亩湖田，2 亩白田），在戴市河坝村有 2 亩田，没有请长工，而请零工，放高利贷，被划成富农。陆德高有 18 亩田（10 亩湖田，8 亩白田），出租田，放高利贷，没有请长工，有请零工，人均 5.6 亩，被划成富农。熊茂才有 17 亩田（16 亩湖田，1 亩白田），祖父勤劳，积累田产，去世后，劳动力少，人均田地多，又出租 3 亩田，初被划成小地主，后经群众评议，改成中农。李窥银有 15 亩田（14 亩湖田，1 亩白田），最初因父亲去世，劳动力少，人均土地多，就出租土地，收取租金，被划成小地主。杜贤严和吴成蓝只有 2 亩湖田，到黄中香家做短工。舒则民无田，租种黄中香 5 亩田，农忙时，到陆德高家做短工。万寿青无田，租种黄中香 5 亩田，向李前元借了高利贷。李秋范无田，租种熊茂才 3 亩田，到黄中香、陆德高、李前元家打零工。

李良望老人回忆，农户拥有田产，包括祖业继承一部分和创业买田一部分两个部分。如果先辈好过，田产多，一般后代也好过，田产也更多，如果先辈穷田少，后代也穷田少。解放以前，地主黄中香没有买卖田，只是自己劳动，他的田产都是祖辈传替下来的。陆德高继承继父母田产，被划为地主或者富农，有一定争议，说不够地主、富农。有劳动力自己种田，没有劳动力出租田，自己耕种则请零工，或者请长活，就划高成分，划成地主、富农，比如王书册请长活，雇工剥削。李前元原是观镇沈家人——沈星茂与李前元为同胞兄弟，同父异母兄弟，后面，父亲买了 20 亩田，两个兄弟平均分配 10 亩，到杜家剅李氏做女婿，负责养老送终，不改姓，

---

[1]　雇工剥削，放牛不算长工。

回到观镇种田，但是，这边李姓三兄弟没有子嗣，过继一个子嗣立门户，只有2间草屋，后面，买了李公柏屋台居住，因为前元在观镇和杜家剅两边有田，还放高利贷，就被划成富农。并不是贫农没有田地。杜宪工家里也有十几亩田，因为家庭经济情况不好，也被划成贫农。李公柏家庭富裕，嫁妹妹有三间红，家里房子有阁门，父亲年纪大，哥哥去世，不能种田，出租土地本村人耕种，被划成小土地出租。

家庭田多，多数是先辈祖业继承下来，一代一代买田创基业，后辈田产就不断扩充。如果先辈贫穷没有买田创基业或者买田少，后辈因为田少，发展基业能力有限，家户拥有的田地就少。富者连田阡陌，贫者无立锥之地。比如涂老五和峰口镇的王丹青。大多数花户田地只有10亩以下，每年粮食只有30担以下，不遭遇水灾，一年收成，吃几年，村子里没有哪家有多少钱，基本可以糊口，自给自足。而20亩以上花户，有吃有穿，每年粮食收获100多担稻谷，不仅可以保留一部分口粮，还可以出售换钱改善生活。比如郭用文，家里有30亩田，收100多担稻谷。保长家产情况见表4-16，绅士家产情况见表4-17。

郭用文老人回忆，民国时期，孟广生做保长，管理范围抵建宁县，到处开会，骑着一匹马。敖大红非常有钱，良田百亩，家开粉行生意，雇请人做工，还请3个长工师傅种田，身穿绸衣绸褂，穿衣摇摆，戴一个礼帽和一副墨镜，气派得很，做保长，出行时，骑一辆自行车，在别人看来很稀奇，"怎么有这样的车子"。李连章等保长只能走路去开会。习丙窑也当保长，有48亩田，10米长的四进房。特别128师驻扎在百桥村时期，他非常红，兼任柴火委员经纪一职，负责到每个保收柴火供军队使用，如果哪个保没有柴火，就负责出钱摊派相抵。还有戴市镇涂老五、陈新谋（陈家垸子人氏）在镇上开油榨坊发财。

表4-16　保长家产情况统计

姓名	住址	职务	家产	成分
叶道四	叶湾村	保长、垸主、教书先生	15亩水田、水田出租、娶两个老婆	"恶霸带地"
敖大红	—	保长	100亩水田、自行车、开粉行、请3个长工	—
张九界	螺滩村	保长	40亩水田	—
李连章	套湾村	保长	24亩水田	"恶霸带地"
习丙窑	—	保长、柴火经纪	48亩水田、四进口房子	—
孟广生	—	保长	30亩、一匹马	"恶霸带地"

表 4-17　绅士家产情况统计

姓名	时代	地位	住籍	土地、湖水面积	其他财产
涂大谓	民国	大绅士、无官衔	戴市镇	恒丰垸、官湖垸等 5 垸，土地 4000 亩，湖水 3300 亩	油作坊
王丹青	民国	大绅士、无官衔	峰口镇	王家湖垸，土地 2000 亩，湖水 2500 亩	
张九界	民国	绅士、教书先生、垸主	螺滩村	土地 40 亩，湖水 40 亩	
杜老七	清朝	大绅士、有功名	沔阳城	土地 40 亩，湖水 30 亩	
杜老六	清朝	有面子、无功名	杜家剅	土地 30 亩，湖水 30 亩	
李得修	清朝	有面子、举人	黄家倒口	土地 40 亩，湖水 20 亩	
涂文元	民国	绅士、教书先生、乡代表、无功名	杜家剅	土地 30 亩	

第八节　社会保障与保障关系

过去，在村落范围内，家庭是一家一户的生产和生活单位，但是，在洪涝或者战争面前，单家独户并不好维系，也需要社会提供保障，本节从社会救济和社会保护两个方面，阐述家户与社会的关系。

一　社会救济

（一）亲族救济

第一，亲戚救济。孤儿寡母欠债，安葬丈夫，只能卖田抵债，或者亲戚帮忙筹钱帮助筹办，比如李良望借 5 斗谷，帮舅舅儿子埋葬父亲，他们变成孤儿寡母，不需要归还。

第二，宗族救济。俗话说，只有孤丁没有寡族。意思是说只要单传儿子，不只有一个族人，近处没有族人，其他地方有同姓族人。如果孤寡老人去世，亲房人就筹钱帮忙安葬。比如夏家 4 兄弟，父亲去世，族人筹钱买棺材，打豆腐、捐粮食、安置客人，都是依靠族人帮忙。比如吴成蓝到四川卖铁器，住在别人家里，后来因病死去，住户姓吴族人又联系不到其亲属，住户联合乡亲，到警察局报案，就集体出钱安葬，不让其抛尸荒野或者葬身鱼腹。后来，百桥村的儿子千里寻父，姓氏和相貌描述一致，就重新掘坟，迁移回来。

有钱的族人，看清情势，不敢狂妄，喜欢做好事，培功德，赞助钱款修桥铺路，或者修缮族谱或者祠堂。不能只管自己生活好，踩着脚板看地下，穷人会扳倒富人，比如几次土地革命，提出口号，地主吃着鱼和肉，群众吃着糊和粥，要求打大地主分田地。如果钱多了，就会不太平。

（二）族外救济

第一，富者顾穷。解放以前，有钱人有看不起人的，也有照顾穷人的。俗话说发财不知来路，背息（倒霉）不知输路。别人发财，不知道人家赚钱方式是否正道，如果背息（倒霉）也不知道倒霉在哪里。穷不失志，富不癫狂。谁家供奉穷祖宗，几代都是穷人，没有这样的事情，穷人要争气，自己努力创家业，由穷变富。富不癫狂，富不过三代，谁也不能代代富裕。如果老板田多，过于狂妄，性格狠，别人争穷气，就不帮你赶工，即使高价请工也不去，宁可到湖里打螃蟹或者菱角吃，让老板家田荒芜或者成熟稻谷被水淹发芽，看你家还能不能富。还有告诉偷盗者，到你家偷金银首饰，或者汗流党丢条子进行敲诈，想方设法把你扳穷。穷人多，富人少。不敢对穷人太狠，不然，穷人就不配合。

> 李良望老人回忆，种老板的田，收课多少，一般由看课先生决定，如果年成好，就按照约定3：7或者4：6比例收取租金，如果遭遇水旱灾害，根据收成情况，减产多少，酌情估产，减半收课或者免课，并不是不讲道理。如果家庭困难，先把课交了，如果没钱可以向老板借粮，他们作为多年的东家可以优待，也不要利息，借1担稻谷还1担稻谷，如果没有租过他的田，借老板的粮食，要出利息。当割谷或插秧时，要出去赶工。如果老板剥削厉害，虐待农民，雇农不帮你赶工，自己出去砍柴或打鱼为生，让你家稻谷烂在田里，你狠他更加狠。

第二，绅士救济。如果遭遇大水灾，只能找员外或者大绅士捐钱，养军队或者赈济灾民，同时，出兵保护这些有钱人，防止流民抢他们的粮食和家产。还有外来乞丐死掉的，不知根底，附近相干者或做好事者，就到河滩挖一口穴埋掉。同时，有钱大善人，做好事，为后人培德，施舍田地埋乞丐或者孤寡老人。比如田多富裕之家，买了一块地，中间有一个坟，请师傅到耕田，要他把田里坟修缮一下，一年修一次，坟地就变得很宽。

> 郭用文老人回忆，过去，一个老板，田多生活好过，买了别人的田，田里旁边葬有一个坟，就请长工师傅帮忙耕田，老板嘱咐师傅帮忙修一下坟，一年一嘱咐，坟地也是一年一修，坟地就变得很大，老板的儿子上京赶考，做问卷，写马字少写一点，如果少了一点就考不上，但是，看到一个蚂蚁爬到考卷上变成一点，中堂大人用手摸下来，蚂蚁又爬上去，感叹，"这个家庭做了好事，有阴功兑现，前人有德，后人有缘"，就点为八府巡按。考取功名，对有恩之人就报恩，如果有仇就报仇，所以人要做好事。

第三，道义救济。每当发洪水，花户坐船逃荒，男子赶工赚钱，女子和老人入户讨米，一般遇到乞讨者，不淹水地方村民都会行善，少吃一点，也会施舍一点米给乞讨者，给后世子孙培德。

（三）国家救济

国家救济体现在遇到水灾，地方政府开仓放粮，救济灾民，另外，还有为了抢险江河堤，及时恢复生产，地方政府往往采用以工代赈救济灾民，凡是参与修堤工作的花户，按照人口数量派粮度日。比如国民党时期免税，同时，修堤派救济粮，以工代赈。据李良老人所述，每逢水灾过后，地方政府发放救济粮食，州县官将写明赈济人所领粮食数量以及所领人户，每月发于里老或保长带回本乡张贴，防止他人多领或者冒领。

二　社会保护

（一）社会保护类型

1. 神灵保护

（1）庙神保护

如果遇到大灾大难，小麻脚、中麻脚无能为力，为村民消灾避难，就会找道士先生到庙里举行隆重超度仪式，起会升表，要求东岳大帝等上天大神帮忙，出面消灭各路邪灵，或者完成做表者的愿望。另外，青福寺作为固定信仰场所，也是缓解垸民洪水恐惧、凝聚人心的重要场所。最初，垸主带领垸民奋勇抢险，运土堵口，防止洪水泛滥，堤修缮过后，在垸主主持下，号召垸民自愿出钱在堤旁修建该庙，以感谢神灵保佑。从此该庙作为垸民祈求平安和修防时祭祀的场所。

据叶方明老人所述，成化年间沔阳地区发大水，河堤就通刬子，以消水灾。但是，洪水太大，威胁到垸堤，"堤在人在，关系村民存亡"。当时官湖垸垸主叫曾凡山，没有办法，就组织垸内群众，准备整猪、整羊和整牛等祭品到庙里敬神，祈求神灵保佑垸堤，保护河堤不要溃口，如果保障垸内百姓安危，就准备三生祭奠菩萨，请人唱戏感谢菩萨。当时，下午3~4点，群众发现，菩萨显灵，河堤出现一个大坝，不知是何物，阻挡洪水进犯，保障垸内百姓安全，对面官湖垸溃口，而青泛湖垸堤得以保全。

（2）潭神保护

小菩萨小捆，大菩萨大捆，麻脚是否灵验，在于是否有人找他看病，人数去得越多，说明越灵验，上身菩萨地位越大，法力越高。因此村民有什么不顺心，碰到脏东西，就找他做法。比如夏之街的妻子，晚上出去上厕所，碰到一个阴兵，被阴兵指一下脑袋，就不能下床。就接麻脚先生过去做法，请菩萨上身，跟阴兵沟通，不要骚扰凡人，给他烧钱投胎去，如果阴兵不同意，就用油锅炸鬼或者开血符杀鬼，她就恢复了健康。

（3）麻脚神保护

虽然麻脚庙里供奉小菩萨，招呼菩萨的麻脚能力有限，但碰到日常小病小灾，可以找麻脚帮忙处理。每遇到鬼怪，就接麻脚，请其烧六炷香，然后烧一道纸，告诉其生辰八字，并说明病因，请求神灵明示。通过打卦，指明犯病原因，是被阴兵骚扰，还是触犯神灵，再以顺卦确定患病原因，然后，可以讨价还价，就以黄纸、香和纸钱作为送神的补偿，再打卦问其是否同意，不同意再增加黄纸道数、纸钱数量和香的数量，直到打到顺卦为止，表示神就同意，可以负责送神。

不过，这些麻脚精通天命理数，只能帮人和救人，但是，不能动用私心，利用法术去害人，因为菩萨不会听他们的，没有哪一个菩萨会做害人之事。可见，遇到灾祸，求助麻脚，祈求平安、人丁兴旺，也是村民心中求得心理安慰的一种必要手段。另外，麻脚先生，不仅驱邪抓鬼，而且还可把脉看病开药方，比如把脉看妇女是否怀孕或者开安胎药或者治疗感冒。

据叶方明所述，神也解释不了，有时没有，有时有。比如生病遇到一些疑难杂症，在医院看不好，但是，回来求神拜佛，就痊愈了，其实也是一种信仰。但是，不能专门信菩萨，也要到医院看病。比如顾老妈是一个小麻脚，法力不高，遇到小事，才能解决。再如村民在湖南做生意，在大树下解手，哪知道那是一个神位，就触犯神灵，就拿一包黄纸和香烛烧给他们，向神道歉。

（4）神灵保护关系

遇到疾病，比如出汗、抽筋或者痉挛等疾病，就烧三炷香，请求祖宗保佑。然后，由邻居或者乡亲麻脚进行诊断。然后，再到村庙——青龙潭福场，向道士问诊，比如乱占神建房或者冒犯神树，就要借道士送神，祈求平安。如果再解决不了，就到垸庙——青福寺，请求庙里大神，驱灾避邪，保佑平安，做表升表。

（5）神灵保护与国家关系

旧时，犯法者，往往到寺庙，剃度出家，披上法衣，进庙修行，国家不会抓人。比如抓壮丁时，就躲到寺庙里，联丁就不进庙抓人。还有一个王爷犯了错误，被贬为乞丐，逃到青福寺，住了几年。据李启中所述，旧时，青福寺作为共产党秘密开会的会址，成为青泛湖垸和官湖垸地下党秘密召集点，比如他的祖父等共产党员，是洪湖赤卫队组织队长，被国民党迫害，逃到庙里避难。还有其父亲是湘鄂省政府秘书，都逃到这寺庙里避难。旧社会，那些被追杀的人，都可以躲在庙里避难，一般人不准到庙里杀人，他们都受敌人诱导，说要保他们性命，结果一出来，就被国民党杀害。后来，也是因为这个，地方政府没有再拆掉这个庙。

2. 自我保护

发洪水时，各自逃荒，各安天命，没有粮食吃，各自讨米，或者到外面赶工赚钱。男挑东西，女背孩子，老人空手走路或者被儿子先用船递上高地。另外，年成好，种植 20 亩田，包括高田和低田，高田产量高，低田产量低，甚至没有收成，一年收稻谷 50 担，每担稻谷 140 斤，平均每亩 2.5 担。收小麦只有 400~500 斤，玉米和油菜自给自足。三年两水，没有卖。没有钱，就卖粮食换钱，有钱就不卖粮食，多数储存粮食，以备水灾时进行自救。另外，遇到敌人时，也要懂得自我保护。比如老东来时，其他村民逃走了，熊生兵的父亲却没有逃走，人高马大，被老东捞到，要打他，想把他摔倒，结果他脑壳一低，老东却摔倒了，老东恼火，起来用枪指着他，重新把他摔倒，要求交出鸡子和猪子。

据李良望老人所述，壬午年，与日本抵抗 3 年，日本人来，一听到枪响，妇女非常害怕，只能躲到外面。比如在菜园子挖地洞，或者到坑堤各自挖一个洞，有 3~5 米深，一般 3~5 人家庭，多少人就挖多少宽，可以容得下吃住烧火做饭，放一个缸子和灶台，也可以吃金果、马枣和炒米等熟食品作为干粮。以家户为单位，家人撑船躲到洞里，把粮食和被子都藏在里面，晚上吃住在洞里，大白天，村民不敢躲在家里，只能逃到戴家湖芦苇荡里，老东就找不到。大概躲了半个月，日本部队才撤走。老东来，村民就跑，老东走，村民就回家。逃命时，不搞互相合作，各奔各的，各安天命，你逃走幸运，逃不掉就找死，如果两个人一起逃跑，你跑前面，我跑在后面，被抓到了，也不能搭救，徒手无法跟老东拼搏。

3. 亲族保护

（1）家庭保护

过去，遇到大事小事，需要家庭共同承担，可见家庭才是个人保护的有效单位。当哪户男丁欲被抽去当壮丁，父母怕儿子当兵战死，儿子也怕死，不愿意出去当兵，只能雇人抵空当兵，出价 20~30 担稻谷，只有河南、陕西人当兵，他们那里生活苦，被迫当兵吃粮，维持生计。据郭用文老人所述，当有吃有喝时，夫唱妇随，家庭没有矛盾。而夫妻之间，没有柴米油盐，吃上顿没有下顿，就吵架、闹戏码，养不活妻子，妻子不跟你，就被迫离婚，甚至妻子跳河落井，把妻子屈死，丈夫不得安逸，娘家人会告状，丈夫还会坐牢。比如孟姓一男子与妻子，因为家庭困难，生活不好过，没吃没用，妻子就上吊自杀，娘家人就告状，说女婿逼死女儿，女婿被抓去坐了 3 年牢。

（2）亲戚保护

首先，人身保护，如果女婿犯法或者犯事背上命案，岳父岳母也会搭救，给盘缠逃走。另外，外嫁女儿早年丧夫而无力抚养子女，或者因天灾无以为生，可以投奔娘家，寻求娘家人保护与帮助。另外，财产保护。洪水来了，洪水滔天，如果稻谷成熟，请姑娘女婿过来抢谷，能抢到多少就抢多少。如果水不高，淹没几天，稻草把子腐烂脱节，自己水性好，就撑船用绞割去绞放到船上，不然，就糟蹋粮食。如果自己家里抢完，就抢别人家的淹没在水中的稻谷，平均每天收割 1.5 担稻谷。收不到稻谷就算了，不能为了性命求得几担稻谷。另外，贫穷家庭的女儿嫁出去，被婆家欺负，比如嫌贫爱富，连丈夫也嫌弃娘家穷，如果吵架，把妻子逼得投河落井，出了命案，娘家就请人写诉状，到县衙告状，要女婿支付一大笔钱财赔偿，甚至倾家荡产，把对方家底拼干，女婿家庭也不能脱皮。

（3）拟亲保护

孝顺无亲假。过去，当遇到困难时，也可以发挥拟血缘功能，请义父或者继父母帮忙。比如叶道四，读书人，有文化，做教书先生，还说事解交。最初，参加共产党到新堤搞革命，被国民党抓住，本来没有命活，由于聪明能干，能言善道，被人看得起，拜新堤镇镇长陆大月为义父，他义父就把他放回来，投靠国民党。

（4）宗族保护

公田或者公地被人私自占有，户长出面沟通，或者组织族人械斗，如果有人死伤，就起会捐钱治疗，如果对方被打死，就集体出钱赔偿。儿子犯法，需要家长教育，如果犯命案，儿子就逃跑，家长就找户长，帮忙起族会，族人集体出钱打官司或者用钱赔偿。因此，儿子不听教育，屡次犯事不改，户长有权叫人把其用席子裹着丢到水里溺死，不然，屡次犯事输礼，使族人遭害。比如黄孝恪是沔阳县沙湖人，他父亲到沙湖村做罗姓上门女婿，生了两个儿子，后面，父亲把他们带回百桥村，住在黄氏族人居住，自己没有房子和田产。

（4）亲族保护与国家关系

不过，因为五户连坐法，遇到命案或者犯罪、逃壮丁时，叔伯或者邻居怕牵连，就会六亲不认，把罪犯送出去见官。"好铁不打钉，好儿不当兵"，一般有钱家庭，不允许儿子去当兵吃粮，出钱请人抵空服役。另外，妇女毒死丈夫，户长抓起来送到官府处置，按照国法处置，要求点天灯，填棺材。[1] 据郭用文老人所述，旧时，对于村里通奸行为，轻者家长谴责，执行家规，鞭刑或者休妻，重者请门长执行族规，严厉批评，剥开衣服示众，甚至，谋杀亲夫，一旦有人检举，告到县衙，通奸夫妇要执行点天灯之刑。

4. 村落保护

（1）邻居保护

第一，人身保护。过去，五户联合保，如果有人犯事，比如逃壮丁、偷盗抢劫等，邻居知道，必须举报，不得窝藏罪犯，不然，以同罪论处。还有遇到水灾，外出逃荒，找工可以互相帮忙，到没有水灾地方，各自找工做，比如割稻谷或者运输粮食等。如果老板工作多，可以介绍给兄弟或者乡亲一起过来做，你接我做活，我接你做活，不需要报酬。

据郭用文老人所述，捞贼，就喊抓强盗，俗称赶强盗，强盗晚上挖你家墙或把门

---

[1]　过去，女子谋杀丈夫，户长或者家长可以报官，如果证据确凿，按照刑法处置，将女子头皮拨开，点上油灯，将情夫活埋在死者棺材底下。

扳开，进去偷东西，一听到捞强盗，妻子都会喊，有强盗，快起来去赶强盗，即使有矛盾，也自觉起床，不然，发现你没有参加，不仅被人说闲话，后面，你家有什么事，别人就不理，所以一般都会参加捞贼。晚上村民都自觉跑起来，拿着大刀和棍子，一起去赶强盗，因为一般捞（抓）不到，所以就是赶强盗。

第二，财产保护。传统时期，形成邻帮邻、户帮户的互助习惯，遇到强盗或者小偷，都会集体保护，特别遇到哪家失火，邻居或者乡亲都要出手相助，挨家挨户叫救火，并通知是哪户失火，提着水桶救火，不然，火势蔓延，其他人家也会遭殃。当某人见火不救，不仅良心过不去，而且会被谴责，见死不救，跟你有多大仇恨。不过，多数会救火，你不救，以后，你家失火也没有人帮助。

据郭用文老人所述，遇到别人家里起火，一般都会参加救火。如果不参加，会被人嘲笑，"难道有杀父之仇吗，不来帮忙"。过去，遇到杀父之仇，一定要报仇，不然就不孝。但是，现在没有报仇，眼光看得远，俗话说，冤仇不过结，久结无休闲。比如你踩我一脚，我踩你一脚，仇气越来越厚，仇恨代代结，无休止。

（2）乡亲保护

俗话说，喂一只狗子，如果外人打狗，打狗欺主，欺负这个地方的人，只有说话的精神，没有打人的条件。如果做不对，你只能说话教训教育。外人进村打人，其叔伯或者族人甚至连本村的杂姓，会帮他们打你。还有地方安分守己或者父慈子孝家庭，平时，睦邻友爱，乐于助人，遇到事情，比如犯罪，乡亲可以出面保护，或者请求保长出面保护。比如抗战时期，128师的一个士兵企图逃跑，逃到田野中央，碰到一个黄家倒口的胡老爹，他们背着水车去踏水，逃兵就喊救命，说自己是沔阳县人，向他求助，胡爹就把自己衣服脱给他，让他换上，把军服埋到田里。后来，被发现了，就抓到逃兵，逃兵就坦白是胡爹帮助，也抓到胡爹，他是刘姓女婿，嫡亲弟兄刘姓也被抓，因为连坐法，但是，刘姓为了保他，就承认是自己帮助逃兵，如果被杀也愿意，但是，自己还有一个孩子，才几岁，请兄弟来探望一下，拜托胡爹帮忙照顾。地方保长和乡亲看刘姓的孩子可怜，就一起出面保刘姓，但是，刘姓已经被杀了，王劲哉见到这么多人出面，就说谁出面就杀谁，但是，保长和群众都说刘姓是地方好人，你们误杀了，王劲哉就被迫撤了杀刘姓的旅长的职务。

5. 国家保护

（1）劳役保护

抗战时期，为了抵御日本进攻，军队需征集民夫修缮防御工事。若碰到家里有人被抽去当兵，以后修公路或者壕沟、机枪眼、防御工事等，还有守民哨，不需出工派民夫，享受特殊待遇，但是，因为种田，完钱粮或者军布等都不豁免，一视同仁，别人多少你也多少。

（2）兵役保护

过去，抓丁服役，要求符合兵役法，甚至讲究道义。比如，李公柏的父亲年纪大，不能种田。抽壮丁时，按照三丁抽一、五丁抽二的原则，他们家要抽1个，其他3个弟弟年龄小，只有哥哥年龄够壮丁，但是，抽哥哥做壮丁，家里没有劳动力，整个家庭就饿死，军队就没有抽他家壮丁。

据李良望老人所述，如果哥哥是主要劳动力，只要弟弟年龄满18岁，弟弟可以替哥哥当兵，但是，如果父母年纪大了，弟弟年龄小，都不符合征兵标准，当兵源又足，不会从这户抽丁，因为把主要劳动力抓走，家庭就无法维持生计，如果胡乱抓壮丁，可以到政府告状。

（3）赋税保护

宋朝时期，为了促进垸田发展，增加政府税收，设置白沙征科巡院，后面，洪湖开发万顷良田，白沙征科巡院升为玉沙县。就碰到天灾，也请看课先生看灾，视情况减免租金。一旦遇到天灾严重，农作物颗粒无收，不仅不需要缴纳皇粮国税，而且连地主的课也减免。如果多收钱粮花户可以到县衙告状，或者提早征粮，粮食没到收获季节，钱粮先生收粮，就被告到钦差大人那儿，大人会秉公办理，以提早征粮治罪，砍了钱粮先生的头。

另外，王劲哉在百桥村安扎，他是一个清正官员，民风较好，路不拾遗，门不闭户，大杀贪官污吏，比如保长催缴赋税等贪污，算不清账目，就会被他抓过来用刺刀杀死。

（4）人身保护

第一，军队保护。抗战时期，国民党128师驻扎在百桥村，力量非常强大，土匪被128师抓到就被杀，不敢进百桥村抢劫，基本躲在洪湖里，晚上出没到别村抢劫。他们杀猪杀鸡，甚至强奸女子，以致女子都不敢出门，最后，地方士绅出面向王师长告状，王师长就叫人抓了8个人，当面就杀了。还有谁贪污或者欺男霸女，也会被军队杀死。

据郭用文老人所述，洪湖湖匪张威，被王劲哉抓到投诚，没有杀他，被派去攻打樊里关的日本人，结果他们没有完成任务，却下乡烧杀抢掠，回来后，王劲哉下令全部抓起来杀50人，一早上杀了49人，还差一个，在厨房吃鱼的伙夫都被拉出来杀掉抵数。

第二，保长保护。除了负责国家税赋、徭役和兵役摊派外，凡是所管村民有犯案作恶者，保长有惩处之责。但是，当村民不小心犯案，保长还有担保花户的权利。比如国民党统治时期，李良计的父亲是地下党，被国民党抓去，其父是一个好人，在村里名声很好，李良计就找到保长周良华（对共产党可杀与不可杀，他有生杀大权），请求他帮忙保父亲出来，他就睡在床上，轻蔑地说："这种共产党帮手不杀，那么要杀谁！不值得保。"

第三，治安保护。当时，由保长派人设置民哨，关键路口、村头村尾，都有民守哨，特殊时期，500米一岗，1000米一哨，就连士兵开小差，想出逃也逃不出去。出村庄探亲，要找保长开条子，写明姓名、事由，哪一保的人，哪一村的人，到什么地方去，什么时候回来，并盖上印章，才能出村。外面有人进村，先要验他们村保长开的条子，写明事由、姓名等内容，也要有印章，如果没有条子，就被扣押抓到联保处，由他们审问。民哨没有报酬，每户轮流出1人守哨，时间为一天一晚，没有枪支，只有长矛当武器，见到有人进出村庄——盘问。不仅村里有民哨，而且镇上还有军哨，壮丁根本逃不掉。消息管制很严格，防止外人走漏消息，侯湾村有军事大学、军官大学、基础学校，上级来的信，都要经过民哨传递信件，一个民哨传一个民哨，甚至晚上打开门，都能安全过夜，遇到强盗外人，就被军队抓起来杀掉。

（5）财产保护

种田无牛课无本。如果没有耕牛，就租不到田耕种。如果耕牛被偷，发现可以到官府告状，如果没有发现，自己赔偿损失。保长和小得副不管偷盗的事情。即使小偷到村里偷牛，被抓获，也只能取回赃物，再把他送官，不能打死，因为强盗无死罪，对这些偷盗抢犯，不敢殴打，多数进行说教，害怕日后被这些狠家伙报复。另外，王劲哉驻村时，村风很好，没有强盗，遇到欺压百姓者就杀。遇到抢犯欺压村民或者贪污，被王劲哉的部队抓到就杀死。

据李良望老人所述，抗战时期，每个村里还建有防御工事，几丈高，设置有枪眼，将公路挖断，致使只能走人不能走车，按照以保为单元或者联合保，负责出力建设，没有报酬，由保长、小得副、甲长进行监督，督察施工质量，用于128师军队抵御日本鬼子进犯和坦克攻击。

（6）健康保护

解放以前，如果生病，就请渡口郎中何先生看病，或者上门求诊病情，他医术高明，求诊人络绎不绝。由先生开处方，让病人去抓药，而且，看病人不需要付钱，待病情康复或者好转，病者多会给何先生送礼物，比如买1只鸡或者2斤猪肉，以及1壶酒送给他作为答谢。甚至，由于医术高明，名声在外，连128师的王劲哉生病，都命令人抬轿子请何先生过来给他看病。他自己开药铺，不缺钱，也不贪财，救死扶伤，遇到穷人看病没有钱抓药，到他药铺抓药不要钱，但是，没有后人延续香火。还有住在沙洋河的吴修凡也是一个郎中，有人打架打伤，接他前去看病，如果知道是打架斗殴受伤，他就要求准备好酒好菜招待，还要当面训斥受伤者："要安分守己，不能恶斗好狠，欺负他人！"同时，其他人找他看病不需要钱，但是，打架受伤者就要出钱，一个单子要出几块大洋，他才答应看病开方子。

李良望老人回忆，解放以前，人的阳寿很短，一般 50 岁就去世。由于三年两水，粮食没有保障，吃饭和穿衣没有保障，劳动过度，生活艰苦，寿命不长。同时，营养不足，免疫力不够，经常患瘟疫，医术不够，早早去世。

（二）社会保护关系

1. 社会保护与个人关系

在家靠父母，出门靠主人。意思是在家里，衣食住行依靠父母，他们可以照顾你，当出门在外，就需要入乡随俗，依靠东道主帮助。外出遇到困难，会得到好心人帮助和保护。比如解放以前，发大水倒口，巨浪滔天，郭老头和弟弟上天门县去搬鱼赚钱，发现一只船装满客 9 人，突然巨浪打过来，船就被掀翻，兄弟俩把船上东西丢到岸上，用桨把他们救起来，见到一个婆婆（孙场场的人）快被旋涡卷下去，几乎快要被淹死，她手里死死拽着装满几百块大洋的箱子，她最后被救起来，把所有 9 人救上河岸，兄弟俩才离开。兄弟俩都说，父亲活到 93 岁，他们也活到 80～90 岁，如果没有救这几个人，怎么有这么高的阳寿。

2. 社会保护与宗族关系

当宗族财产，比如公田或者公湖被私人侵占，为了保护族产，户长可以组织族人械斗，不管死伤，集体出钱赔偿。不过，当儿子屡教不改，户长有权治死，不然族人遭害。比如团长的父亲被国民党"铲共团"杀死，团长回乡祭祖，接杀父者喝酒，卫兵要为团长报杀父之仇，但是，团长要求不杀他，说现在我杀他，我走后，他的族人对我叔伯不利，他背有血债，有人会杀他，不需要我动手，后面，果然他被共产党惩处。

3. 社会保护与国家关系

不管家人保护还是宗族保护，都不能保护失当，比如打伤或杀人等极端行为，违反国家法律，国家也是按照国法论处。另外打官司，讲究理性。如果双方开始辩驳，如果辩得出来，讲得出道理，说得过去，就辩赢，人家输，就是真理。先要进行自我辩驳，模仿对方说出理由，你怎么说，我就怎么答复，知己知彼，百战不殆。如果自己都辩不赢，肯定辩不过人家，就不要找人打官司。如果能自圆其说，说得过去，就能找人理论，胜算概率大。

李良望老人回忆，李竟成在湖北省政府担任官员，又是李氏户长。李氏族人居住在老姑墩，压伞子，争洪湖的湖水，占有 90 亩湖水，杜家剅村不去压伞子，被居住洪湖的其他李氏占据。当时，为了跟万家争湖水，双方族人打架，李氏用镰刀把万姓族人头颅割下来，万家人就到县衙告状，跟李氏族人打官司，递上诉状，说李氏族人用刀杀人，要户长交出杀人犯伏法。不是杜家剅李氏亲房，族人就找到花鼓坑的户长李竟成，他是省政府的红笔师爷，户长能够看到诉状，就偷偷把"用刀杀人"的"用"字，添加一撇，改成"甩刀杀人"，不是用刀杀人，而是甩刀杀人，罪行由故意杀人变成误伤杀人，大大减轻。同时，他私下跟族人沟通，我们把一部分伞子收起来，把一部分湖水给万家人，作为杀人赔偿的费用，安抚万家人人心，不然，你们打死人，杀人抵命，人家誓不罢休。

第九节　社会冲突与冲突关系

随着人口增加，土地等资源有限，村落围绕资源的竞争和冲突日趋激烈，本节从社会冲突特征、类型、激烈程度、解交主体与过程等几方面进行分析，进一步了解传统时期杜家剅村的冲突形态。

一　社会冲突特征

（一）大姓缠大姓

强者缠强者，大姓才容易与大姓之间发生矛盾。比如大姓争湖水，大姓缠大姓。陈、李、刘、郭四大姓，湖田栽秧不说，收谷就开始招兵打仗，哪个强就归谁，县长都压不住。最后，四大姓不开亲。比如碰到自己田被人占，如果面积小，如10厘米以内，就不会跟他扯皮，因为这点面积也发不了财。如果过细，就经常嬉骂和打结，不得安逸。如果互相争吵一下，把气发出了，就息事宁人，因为吵架，总有一强一弱，强一方才敢偷占土地，弱一方才会声讨，没有两个强，如果两个强经常发生矛盾和打结，就住不到一起。

（二）大姓不欺小姓

过去，大姓欺负小姓现象较少，因为小姓不会到大姓村落居住，同姓之间或者异姓之间私人矛盾居多，但是，私人矛盾，不会引起家族矛盾。没有利益关系家族不会帮你出面打架或者打官司。比如杜家剅和李家咀，周姓、文姓、王姓、李姓、涂姓等杂姓多，大姓少，就没有大姓压小姓的现象。不像洪湖水上的几千烟灶，人多力量大。据郭用文老人所述，过去花户安分守己，规规矩矩，耕田种地，不轻易纠缠人家、与他人打官司。安心守田庄，胆小怕事。而且普通百姓不敢得罪人物头，比如鸡蛋碰石头。不过，人物头不缠普通百姓，只缠那些狠手的人物头，欺负小百姓，就专门写诉状告他们，好打不平。

二　社会冲突类型

（一）村内纠纷

1. 家庭纠纷

同姓之间有矛盾，由长辈或者户长、门长帮忙调解。异姓之间有矛盾，可以请相好的邻居或者有威望之人帮忙调解，比如王书册、涂前元、周良华都是地方有面子的人，也是村里保长或乡代表，村庄发生纠纷或者打架等，都会请他们进行调解。坚持大事化小，小事化无。比如一般过去老人死在谁家里，就在谁家里停丧。如果在长子家停过一次丧，下次就到小儿子家停丧，即使死在长子家里，为了公平合理，找门长协调解决，就由长子将逝者背到弟弟家停丧。

案例 1

李秋范的妻子去世，有两个儿子，要在长子李公麟家里停丧，因为李秋范去世，在弟弟家里停丧，如果母亲去世，理应在长子家停丧一次，以示公平。同时，长子留在老屋台，又是长子，停丧理所当然，其实父亲去世也应该在老住籍停，但是没有要求在长子家停丧。特别母亲也死在长子家里，停丧也应份。如果母亲娘家来参加葬礼，没有地方停丧，就感觉没有面子。但是，长子拒绝，说他们怕鬼，盖新房停丧晦气。长子不肯，就把门关了。叔叔调解不行，就找门长叫人把门都拆了，硬要把老人在长子家里停丧。同时，要求共同出资，两个儿子平摊，油米都是平均出，收到礼金，各自娘家归各自，母亲娘家礼金平均分配。如果没有柴火，找邻居买柴火，称多少给多少钱，平均摊付。

案例 2

如果买田，与异姓田产相邻，就需要落桩。家庭分田时，需要定桩，如果关系好，不需要定桩。比如杜子英和杜子明是叔伯弟兄，田相邻落有界桩，但是，田埂不直，杜子英种庄稼越界，玉米叶子被杜子明打掉，两兄弟就扯皮吵架。杜子英不服气，就找李良望说了事情，李良望也前去看了界口，就跟他说："界上落桩，中间没有落桩，应该事先以界桩为基点，用绳子两头拉直，种庄稼就不会越界，长庄稼以后越界，就把别人庄稼打掉，实在不对！"因为李良望和杜子英是干老表关系，李良望不好得罪亲戚和乡亲，不肯出面，建议他们自己解决，不要吵架，也不能毁掉庄稼，待庄稼收割以后，再用绳子去两头拉直，谁占谁的地，孰是孰非，一目了然，越界占地就自觉退出来。

案例 3

乡亲之间有误会，找中人讲和，或者做错一方会上门道歉："我做得不对，对你不起！"如果承认错误，对方不原谅，即使犯错也不肯低头。比如杜子伯和杜子松嫡亲兄弟，分别开牌场子，弟弟向哥哥建议："嫂子去世，我不开牌场子，你来开牌场子赚点生活费！"哥哥答应弟弟，但是，弟弟杜子松老婆非常奸诈，变本加厉，越开越大，甚至跟哥哥抢客人。一次，李公户要到杜子伯的牌场子打牌，被杜子松的老婆看见，就说："来来，到我家打牌！"结果李公户脚踏两只船，哥哥的牌客被弟媳抢走，哥哥就上门找弟弟杜子松评理："弟弟当初答应不开牌场子，让我来经营，现在你老婆抢客人，你家里有几桌客人，连我家的一桌都拆散了！"杜子松却出尔反尔："你说话没有道理，我买这么多麻将桌，任由它空着吗？"哥哥见弟弟说话不算，非常气愤，用手一推弟弟，弟弟摔倒在地上，这时，弟媳就过来帮忙，大声斥责哥哥。但是，不敢出手打哥哥，因为哥哥人高马大，身体剽悍，他们夫妻俩打不过哥哥。多数是弟弟杜子松的老婆错误，非常奸诈势利，俗话说，得罪菩萨一炷香，得罪弟兄一盏茶。为了不失去哥哥，重归于好，他就提礼物到哥哥杜子柏家里赔礼道歉，但是，哥哥不接受赔礼道歉，礼物也不接受，至今互不理睬。他们兄弟俩都是独自找到李良望评理，只是单个来，即使评出是非对错，李良望也不能解交劝和。

2. 邻里纠纷

同村乡亲或者邻居遇到纠纷，不会打官司，只需请人调解即可。但是，遇到村与村土地纠纷，就会到县衙打官司。俗话说，隔壁（紧逼）当亲房。因为邻居距离近，紧挨着，当亲人对待，遇到地界矛盾或者纠纷，邻居了解情况，孰是孰非，可以做证，出面调解更有说服力。调解以后，矛盾基本消除，和好如初，不记仇。同时，家族之间发生矛盾，也会邀请有面子的人，比如叶道四、涂前元等，帮忙调解纠纷和断公平。比如李良望和邻居李秋范因为屋台纠纷，你说是你的，我说是我的，奸的闯奸的，拐的缠拐的，李良望的父亲狠不过李秋范，因为他是抗死团，属于地下小组织，很有威望，甚至用枪兜殴打李良望的父亲，打得哭天喊地，李前元就接叶道四、涂前元和沈昭贤[1]来断公平。不管当什么长，讲出道理，拿得出话，降得住人，就抬举和服从你，讲不出道理，拿不出话，谁都不找你。俗话说，"尊卑讲理，整纲常"。

以前李前元和李秋范存在屋台纠纷，李秋范盖房子，存在僭越公口，但是，他是抗死团成员，性格拐，有一定地位，而李前元斗不过他，就请教书先生叶道四、乡代表涂文元（绅士、担任共产党秘书）等有面子的人，还请邻居族人沈中文爹爹（与李前元是兄弟，辈分高，年龄大，在家族有能力，熟悉家族情况，能够负责家族解交）出面调解，以公口为界，用弓丈量，谁家屋台多长，如果超过公口，就是偷占别人土地。最后，李秋范存在越界盖房，被迫退还土地，重新定桩，禁止起屋越桩。事后，李前元准备好酒好菜招待解交三人，以示答谢。后面，如果建房子，地基不够宽或者屋檐水滴到邻居地界，可以找邻居让一点地，如果关系好，占地不多，可以不要

---

〔1〕 李氏第三代人沈昭贤，百桥村9组人氏，与李前元是嫡亲兄弟，房子和田产平均分配，是湖南桃林县人，被李姓招公扶子，因为李氏男子去世早，留下孤儿寡母，生活困难，就找一个男子结婚，一起把儿子养大。他被称为粪塘板子，专门吃蛮钱，不行正道，做窝户，帮助强盗洗赃，将抢来的东西拿出去卖。

报酬或者割地，反之，就需要报酬或者割地作为补偿，若关系很僵，不肯让地，邻居就盖不了房子。李秋范找李良望说好话："良望哥，我建房子地基不够，只需镶一点你家墙角即可！"李良望也答应："只要能够走路就行！"

（二）邻村冲突

1. 请断公平者

村外纠纷主要为田地地界纠纷、打架斗殴纠纷和排水纠纷等。一般纠纷发起，必定有一强一弱，弱受欺负，敌不过强者，才会请他人解交。强者不会请人断公平。多数为家长请人调解，家长不在，儿子可以请人，男的不在，女的也可以请人。据郭用文老人所述，一般纠纷都要强弱双方，强方不请人断公平，只有弱方搞不赢强方，才去接名望者乡代表或者绅士评理。比如叶湾村的叶道四，就常被人接去断公平。

2. 断纠纷者

遇到纠纷，请人断公平，优先请那些有面子或者有威望的绅士或者教书先生，比如杜家剅涂文元担任乡代表，有文化有面子，而且是有钱有势的地主，还有担任保长和教书先生的叶道四，村庄出了大事等纠纷，弱方就会邀请他们帮忙调解和劝和。遇到纠纷，他们不会主动前来，不请不来，同时，还要准备好酒好菜，款待他们，吃完饭就由他们说话，断公平。

3. 断公平过程

双方争界口打架，说对方偷占自己的地界，被占土地者就接绅士前来，准备宴席吃喝。饭后，再接矛盾方前来，就由他们反映事实，有事说事，说出纠纷起因，你说你的理，我说我的理，你有多少田，我有多少田，有多宽的公口，再亲自到田里测量双方实际面积，重新计算，就知道谁占谁的土地，他们再断公平，说出过错，如果协商一致，确定双方土地面积，就凭借中人重新落界桩，重新确权。

4. 断公平结果

处理结果，双方都要服从，不然，以后有什么矛盾，乡代表等有面子人物不会过来调解。一般都是双方取和，即使评判结果不合理或者不满意，有点委屈就算了，也要听他们的话，不能再请他人评理，他们都是有威望有面子的人，不能打他们的脸，说一句话就算一句话，不能让他们没有面子。

5. 其他

当事人不能拿钱贿赂调解者，调解者也不会拿钱。因为在断公平时，有任何偏袒，下次，别人再也不会接你帮忙解交，而且名声败坏，不再有威望。比如李良望屋台和河滩总计 27 亩，都是向吴姓购买，东至叶家，西至张家，北至龙潭河，南抵屋台，写有田约。李良望到水潭里挖藕，把棉袄脱了放在田埂上，叶同虎看见，说他到自己潭里偷莲藕，就把李良望的棉袄拿走。后面，叶道四有两个儿子，一个叫叶同其（教书先生），另一个叫叶同新，河滩田分给叶同新耕种。"田是我们的，也是你们的，归根到底，是他们年轻人的，不与你我相干！"李良望就找到隔壁的李窥银叔叔，他是田册先生，专门管理田册，请他帮忙调解，同时，他找到叶道四先生帮忙评理，让他查阅田册和田约，水潭和河滩界口，相信他做教书先生，不会扯皮，也不会袒护。叶道四就找到叶同虎："李良望挖藕的田有没有卖给你？如果卖给你，你就拿出田约。如果卖给你，就写有田约，这些田就是你的，如果没有约，而李良望的父亲有最初的旧田约，田就是属于他所有"，"他开始卖的田有约，你没有田约，就不属于你的位置，也没有偷挖你的藕！"叶道四要求叶同虎乖乖把衣服送回给李良望。

（三）垸与垸冲突

民不告而官不究。如果原告不递诉状，官员也不追究，不理事情。有钱人才打官司，没钱打不起官司。谁品行端正，就请谁解交。比如杜老七，品行正派，文武双全，能言善道，还有张九界博学多才，能说会道，品行端正，德高望重，不贪财好色，妻子去世早，生 1 个女儿，没有子嗣，只是一个光棍头，没有后人，其他保长不敢与其打斗，不敢与他纠缠，因为他还在沔阳县城有靠山，他们都要千方百计奉承张九界，称呼九界爹或九界先生。还有下 5 垸垸主何同树，是"瞎眼子"光棍头，虽然读书不好，但是能言善道，善于讲理和辩驳，善于诉讼打官司。特别当垸与垸发生水利纠纷或者冲突时，就需要威望很高的绅士进行调解或者打官司才行。

戴家河一路都是大姓，各方势均力敌，上到沙口镇董家湾、谢家湾、戴家湾、吴家湾（几千烟灶、子贝渊）、杨家湾、瞿家湾、刘家湾，居住不散漫，几千烟灶，都是集中居住，守住湖水。子贝渊北岸是种田，南岸是摸鱼抬篓，南安县的吴姓、瞿姓、戴姓大姓要挖子贝渊放水，大姓欺负小姓，官湖垸禁止其放水，杜老七大绅士性格狠，招兵买马，兴兵打仗，死了几百人，用船装尸体，当时，杜家剅的李克等 2 个人，获得了一些丧葬费，由村民出钱负责抚养孩子和妇女。惊动湖北巡抚汪大人过来解决纠纷，修建三口官垸大闸，如子贝渊大闸、新堤大闸、福田寺大闸（距离高河村 30 里路），其功能是放出水和禁止江水倒灌，将水汇入河水，再到洪湖蓄水池，再流出大河，贯通长江，相互调适。订立合同甘结，三月三、九月九放水的原则，请堤闸老管开闸门，工资由湖北政府出资，每个月 5 块大洋，只准放冷水，禁止放热水，不然垸子不能种田。私垸民闸或有闸田和闸台，功能是放出水（排水），由叶道柏管护，民垸禾苗被淹，就要放水。由垸民出资摊派，垸主要求出资购买，屋台由管闸的建房居住，闸田就由管闸的耕种，当作工资。平时，什么时候开关闸由其负责，但是，要求上级垸主发号施令。闸上遇到洪水太大，超过警戒线，管闸的就敲锣，告知垸主水势告急情况，垸主就召集民工出工筑高闸、筑实河堤，防止溃口。

百桥村李举人，家庭贫困，勤奋好学，考取功名，成为当地有名的士绅。旧时，青泛湖共18坑，分成上13坑和下5坑水路两个号子，下5坑由李举人所有，下5坑不准上13坑排水，因为下面地域小，消解洪水能力有限，而上13坑洪水大，就如上游排出一潭水，下5坑如一个酒杯，就装不下这潭水，下游种地水稻就被水淹，颗粒无收。几乎两地村民要打架械斗，后面，由李举人出面，协调本村村民，答应把下5坑卖给上13坑村民，而且作为过水丘，同时，也把排水权卖给他们，还签订一个合同，设置一个闸，由闸首管辖，每年有3~5担稻谷，按照田亩数量负担，只准放冷水（秋水），不准放热水（夏水），三月三关闸蓄水，九月九开闸放水，并对设置闸大小有限制，规定大小，不能随意改大。而且每年洪峰时期，碰到险情，官府要求由上13坑村民负责修堤和管护，承担险工，小坑村民做几个小堤，每年由督办检查，坑主进行监督。

三 社会冲突程度

（一）大姓矛盾大，小姓矛盾小

不同矛盾，采取不同解决方式，不同大姓氏之间的矛盾，比如土地纠纷，就接地方的有名望大绅士过来调解，由他们断评，分清是非。如果分家时，因为分家产不均产生的矛盾，接叔伯、姑爷舅爷过来调解。但是，霸占有夫之妻或者打杀死人就会告官，请求县太爷处理。一般不请保长过来解交，因为他们没有多少威望，都是地方性格拐狠人物，不交月捐款子和布匹都会被强制抢夺，一些有抗税行为的花户也被他们抓起来，进行殴打和罚款。

据郭用文老人所述，李家（几百烟灶）与柴林村陈家（一千多烟灶）一直有矛盾，喜欢恶斗好狠，主要原因是大姓要出风头欺压小姓，或者大姓之间较量。李家到沙口镇赶场，经过陈家村子前面，就被拦下来殴打，导致李家不敢到沙口镇赶场，只能到戴市镇赶场。当陈家到戴市镇赶场，经过李家村子，也被拦下来殴打，导致陈家不敢到戴市镇赶场，只能到沙口镇赶场。俗话说，"李家在戴市镇李钢条，到沙口镇就是李面条"，意思是在戴市镇李姓人多势力大，性格狠，但到了沙口镇，其他大姓多，就是李面条，狠不起来。对于这些殴打事件，不会打死人，你打我一次，我也打你一次，打架双方都想出了风头，不会告官，谁人多势众谁就狠，在地方做一霸。

（二）短时间矛盾小，长时间矛盾大

大姓之间的矛盾历史长，即使报官也无法解决。比如北边的一口湖水，有彭、刘、郭、张四大姓争湖水，插秧的时候，互相不说话，待稻谷可以收割，就争界口，兴兵打仗，每家每户都去参加，谁人多势众，谁强一些就争多一些，户长就说打死人越多越好，甚至，连县长都管不住。双方都使用枪打，即使先前通婚的岳父和女婿，也动手打架致

死，后面，就四大姓不开亲。一次打死很多人，就把血衣挂在祠堂上，待3年再次兴兵打仗。洪湖的戴家与李家也争湖水，只是小搞一下。

四　社会冲突解交主体

不同范围发生冲突，进行调解冲突主体各不相同。首先，家庭之内纠纷，比如夫妻矛盾或者父子矛盾等，可以先请祖父母进行调解，也可以请姑爷或者舅爷进行解交。遇到分家纠纷或者婆媳矛盾，优先请姑爷或者舅爷进行调解，也可以请户长或者门长进行调解。邻里矛盾，比如地界纠纷等，有威望的邻居可以进行调解，也可以请本村有威望或者有面子的乡亲，以及村外教书先生或者绅士进行调解。村外冲突，比如土地纠纷等，优先邀请教书先生、绅士或者乡代表进行解交。最后，垸与垸之间矛盾，比如涝水排解纠纷，因为这类矛盾一般激烈程度大，要么直接找乡代表或者绅士出面调解，要么直接报官，由官府断公平。

五　社会冲突解交时间

每当遇到纠纷或者冲突，需要选择时间进行调解。现实中解交分为平时生活解交和特殊事件解交。平时，生活中出现纠纷，有请门长或户长帮忙调解，也可以请有威望的教书先生或者绅士进行解交。而特殊事件解交，就是碰到红白喜事，请知名先生和礼房先生帮忙劝和和解交。一般邀请同姓族人，辈分高或者年龄长者，最重要的是品行端正之人，才有权威调解纠纷。他们能说会道，讲出道理，以理服人。但是，遇到参与人数多、激烈的冲突，就需要国家派人马上进行调解，防止事件进一步恶化。

李丙贵和李丙伯关系不好，经常闹纠纷，李丙贵嫁女儿，当时李丙栋担任副户长和知名先生，李丙源做礼房先生，因为他们关系亲一些，其他李姓族人假一些，接他们喝酒，但是，没有接哥哥嫂子参加婚礼，知名先生和礼房先生却没有做事佬，也没有人提醒，没有帮忙劝和主家和哥哥嫂子，哥哥嫂子却等人接参加婚礼。李良望就生气地说："接你们过来吃饭，你们就光吃饭喝酒，还怕没有饭吃，你怎么不帮忙劝和，接哥哥嫂子参加婚礼！"李丙贵和妻子坚定地说："我们跟哥哥嫂子有矛盾，不接他们吃饭！"李良望对副户长李丙栋："你们担任知名先生和礼房先生，没有找机会劝和他们兄弟俩，你们搞什么知名先生和礼房先生，做什么前辈，谁没有本领做知名，就会吃饭喝酒，婚姻喜事好时机不劝和，让他们兄弟俩这样闹矛盾，待其母亲去世，母亲在谁家去世就由谁送葬！"后面，母亲果然在李丙贵家里去世，李良望到他家悼香，就接李良望做知名先生，帮忙劝和他们与同祖父的幺爹爹。李良望说："劝和可以，亡者为大，如果幺爹过来，悼香作揖磕头，理所当然，即使没有跟你招呼，你们作为晚辈，要筛茶敬茶，热情接待！""如果你们答应，我就做知名，并出面劝和，如果不答应，我就不做知名！"李良望就找么爹的大儿子丙窖，说："你知道我为什么来？"其媳妇说："知道啊，堂伯去世了。"李良望说："既然知道事情，有啥准备吗？"她就说："准备去啊，但是，其他兄弟去不去啊？"李良望说："蛇无头不走，鸟无翅膀不飞，我找你当大哥，你通知其他兄弟，你去了，其他兄弟都跟着参加，说去就走呗！"其实，他是有准备，只要你们有人劝和，有请才有去。一路叫其他兄弟，其实都准备好香纸和鞭炮。几兄弟到了灵堂，侄子就悼香和磕头，主家就招呼和喝茶，就帮忙办丧事。

六　社会冲突解交过程

第一，邀请解交者。根据不同纠纷的激烈程度或者涉及人数量，请不同解交主体。一般多为弱者请人断公平，因为强者喜欢欺负弱者，只有弱者才会求助他人主持公道。据郭用文老人所述，如果心胸开阔，眼光长远，冤孽不过结。久结不休闲，你踩我一脚，我踩你一脚。冤冤相报何时了。代代结仇，但是，结着仇恨，不得安心，就算了嘛！

第二，宴请。来者即是客，更何况帮忙解决纠纷。凡是邀请解交者，必须出钱整大酒小酒和蒸10碗菜，款待好解交者，他人上门帮助调解纠纷，不需要报酬，只提供一顿饭即可，以示对他们的感谢。

第三，断公平。酒足饭饱之后，首先，远处的当事人向调解人说清事由，或者跟前乡里乡亲，孰是孰非，心知肚明，听取双方陈述事实，综合考虑谁对谁错，提出双方满意的处置方案，更多是双方妥协处置的结果，对对的一方不能搞得十分圆满，出一口气算了，而对错的一方要进一步施加压力，让其认识到自己的错误，谁不服气谁不满意，都要讲出理由，没有谁不懂道理，最后，各退一步，化干戈为玉帛。

第四，结果。不管请谁断公平，处置结果必须服从，因为多数为协商一致的结果，即使有点委屈，也不能反对，请他们来都是信任他们，他们多数是有头有脸的人物头，打解交者的脸，以后没人帮你解交。不过，通过纠纷调解以后，双方关系也可能只是表面上和好，口和心不和，人和意不和。伙养耕牛或者打串工也不会有很多往来。只是本湾或者台子乡亲，遇到红白喜事，关系和好也来赶情，你来我往，来而不往非礼也，当作百客情交往。

七　社会冲突关系

（一）冲突与亲戚关系

家族之间有矛盾，只有冒尖人出面打官司，但是，家族之间有亲戚关系，不会冒尖，为了家族矛盾，断了亲戚关系。国家一王，天下一理。凡事讲究理性，讲出道理，别人才会信服。姻缘劝拢，祸福劝开。夫妻之间矛盾，要劝和不劝分，如果打架闹事，都是劝开。

（二）冲突与族人关系

当个人与他人发生纠纷，比如田地产纠纷，本家门或者族人，不会出面帮助。比如李家跟代家争土地，因为杜家剅姓李的40亩田，发生水灾倒口，租给螺滩村姓李的耕种，后面，螺滩村代姓说是他们的地，螺滩村李姓冒充田主跟代姓打官司，请政府帮忙调解。但是，螺滩村李姓没有记录，只能求助杜家剅李姓帮忙，因为他们有完钱粮的田册记录作为凭据，由杜家剅李斯银保管。不过，杜家剅李姓没有帮忙，除非赢了官司，将田产给自己，作为公田。

（三）冲突与乡亲关系

家户处理方式，并不是家族或者宗族处理方式。同一个湾子或同一个台子，遇到乡亲被打了，千万不能助纣为虐，帮助他打架，而是拉开和劝说双方，俗称解交，大家互退一步。如果帮助打架，打死人，就要偿命，欠债还钱，杀人偿命，甚至还要填棺材，输家败仗，被人告，被迫用家产消灾，求得安逸。

第十节　杜家剅村社会变迁

解放以后，一系列的政治革命与社会运动，逐渐改变了原有社会生态，要弄清当时的社会形态，可以从土改时期社会、集体时期社会和改革开放以后的社会三个阶段进行了解。

一　土改时期社会变迁

1947年解放，1950年工作组进村进行清匪反霸，一个自然村由一个工作组成员动员工作，工作组并没有枪炮，只是扎根在土改根子家里，分别在各自然村召开贫雇农会议，组建贫农协会，查处地方土豪劣绅。由群众反映谁是土豪劣绅，谁是行为不端者。

杜家剅于1947年解放，1950年工作组扎根农家，深入自然村动员群众，组建贫农组，进行清匪反霸运动。待清匪反霸结束后，贫协组召集群众参与会议，日夜开会，进行土地改革，划分阶级成分。

待清匪反霸结束以后，就进行土地改革，由贫协组织到某一农户开群众会议[1]，日夜开会，家里有多少人就去多少人，要求群众诉苦，如何受人剥削和受人欺压。

然后，工作组进行划成分的工作，调查村民有多少土地和房、耕牛多少等，谁家田地多、财富多，因经营副业好过就是地富，矮子选将军。那些行为不端，政治态度不坚决，帮助国民党做过事，有恶霸行为，与干部、村民人际关系不好的，其阶级成分就提高，如

---

[1] 召开群众大会，允许富农参加，地主不能参加，贫雇农会议，地主和富农禁止参加。

借钱给别人，收取利息较高，较为势利，就提高成分，反之，阶级成分下降。也有的徇私报复，有的查三代，有过剥削行为就是破产地主或者富农。

二 集体时期社会变迁

（一） 血缘关系变迁

1. 婚姻讲阶级

解放以后，讲究阶级成分，只选择成分好的家庭，贫雇农找贫雇农、中农家庭，他们起码是个官，有权威，大家都拥护，不找地主家庭和富农，富农和地主相互通婚，少数没有享受地主待遇的地主子女，也可以与贫雇农子女通婚。[1] 同时，傻子只能找傻子，聪明人碰聪明人。不讲究田多田少，讲究人品，要求人不能太老实，像个痴气（傻子），又没有多少钱，特别老实说不到姑娘，嘴要狡猾。同时，也看家庭经济情况，如房子有多少间，3~4间，家庭经济好。

2. 夫妻讲地位

以前妇女要遵从三从四德，没有什么地位，解放以后，提高妇女地位，要求与丈夫平等，无限拥护毛主席。歌谣唱道："旧社会，妇女受压迫，大脚裹得菱角脚，生活搞得无着落，筛茶递水过生活！儿子回来筛茶倒水，递洗脸水，照顾丈夫！"李良望老人回忆，解放以后，妇女不裹小脚，而且开始下田学习插秧，甚至比男子插的速度快，在生产安排或者消费方面，要求男子听她的意见，夫妻之间经常打结，闹矛盾，男女双方不服从，磕磕碰碰，比如下秧都要争论，男的要这样搞，女的要那样搞，你不依我，我不依你，互不服从，事情搞不好，家庭也不和睦，跟以前女不能掌男权，男子下田干活，女子负责打理家务完全不同。

（二） 地缘关系变迁

1. 生产关系

第一，互助组。1954年搞互助组，坚持自愿结合为原则，一般关系相好，由一个人牵头，5~10户组成一个组，插一个红旗，田属于自己的，平均每人1~3亩田，秧脚是各搞各的，独立下秧，进行集体生产，改为一个互助组，相当于打串工一样，串工搭伙，互帮互助，你帮我耕田、插秧、收谷，我帮你耕田、插秧、收谷。互助组彼此之间进行竞争比赛，效率很高，可以提高生产积极性。休息吃饭各吃各的，各自在各家吃饭，不是互相请

---

[1] 地主子女，没有享受到地主待遇，他们也参加会议，还有发言权。一些富农，有一些发言权，但是，不敢说多少，不说人家长人家短，做黑锅老，别人说什么政策，都拥护。

吃饭，只是出工做活时，一起集体出工，防止偷奸耍滑。

第二，人民公社。最初，黄家倒口、周家倒口组相当于李家咀、杜家剅中的1个村。柏红大队和三星大队未合并成一个百桥大队时，两个大队分别设置书记、大队长、民兵连长、会计等职务。人民公社时期，要求两个生产队合成一个公社，搞生产。

2. 阶级关系

要眼光放长远，不能踩脚板看地下。比如生产队长，办事要讲究合理，又不能得罪人，又要完成工作任务。一般人不愿意做首事，多一事不如少一事，害怕麻烦。因为做众人抬举的首事，办事就容易得罪人，比如有些拐家伙，要首事使用狠手段，跟他撕破脸，才能完成任务。但是，几十年来，得罪一个人干吗，抬头不见低头见。不能踩着脚板看地下，不能得罪人，不值得，聪明人不搞什么首事。比如，解放以后，有人过分积极，搞共产党，批斗人，聪明人根本不做，只有一些傻子才做，他们捆人吊人，开斗争大会，他们就打头炮，拍桌子斗争他人，六亲不认，被人说，"姑爷又和岳父拍桌子"。乡里乡亲，过分认真和积极，"做干部做一生，饶人有一线，久后好见面，村里事情不要太过认真，公一半私一半，得罪人不要太多，不然，见到别人就不过意"。那些"土豪劣绅"，家里财产都被搜刮，如金环子和银环子，如果没有就被干部继续批斗。现在见到被批斗的人或者其后代，就不好意思，做了亏心事，头都不敢抬起来，见不得人，现在怕丑。

3. 社会地位

解放以后，一些阶级成分低的村民走上政治舞台。比如李姓族人地位高，比如李良望、李良怀、李公路、李公胜、李公柏、李丙银和李丙林，都担任过生产小队或者生产大队干部。后面，杜子英担任生产大队队长，熊茂盛担任乡政府民兵连长，夏广银不认识字，脾气大，性格狠，担任田间管理员，乡亲怕他。另外，由于生产小队干部掌握推荐考大学或者当兵等方面的资源，不少邻居就会巴结他们。亲戚只望亲戚好，朋友只帮朋友高。作为邻居，也希望邻居好。比如杜子华做老师，也没有设卡，但是，他看眼前利益，偷了学校的财物，被辞退，别人却被提拔到镇中心校。

（三）信缘关系变迁

集体时期，禁止开展一切敬神活动，当时个人崇拜严重，只相信毛泽东，专门敬他，也是一种信仰，没有他打土豪镇压劣绅，哪能翻身，哪有现在幸福生活，没有开河沟，哪能搞好生产。特别有了电排，水利有了保障，才没有洪水，旱涝保收。

（四）业缘关系变迁

解放以后，每逢汛期之时，需要依靠民众抢堤，当江堤水位有7~8成时，县里就出命令和指挥，要求每个大队要出人，队长要求每村出20~30人，村民每人准备衣服、被子，扁担、箩筐和锹，住在农户家里，10人抽1个做饭，由国家发放米粮和菜，其他人挑堤补偿他的工，白天挑泥垒堤，修建防水堤，打土栓子，挑土箱子，晚上派人巡堤，每

500 米设一个巡查员看堤，一夜两班，一个上半夜，一个下半夜，检查江堤有没有溃口或者漏水，没有一分钱，水不退就不允许回家。据郭用文老人所述，解放以后，没有土改时，划成分，土地没有进行分配，也是按照解放以前拥有的水田面积去计算摊派修堤任务。如当时去修江堤，郭老头有 30 亩田，标工 300 个，需要全家出工，一共去了 5 个人，自己和弟弟，两姐娌，还有父亲，去挑了 20 多天，非常吃亏辛苦。

（五）社会分化变迁

集体时期，只准种社会主义的田，成天到晚都在田里忙，不准私自搞副业补贴家用，比如打鱼或者开荒，不然，就打成"搞私不搞公"，被大队干部拉去批斗。当时，大家都很穷，经济条件差别不大，要求消灭贫富差距，大家一起穷。除非那些劳动力多家庭，挣取工分多，生活好过一些，那些劳动力少、老小人口多的家庭，只能拿钱买口粮，当钱不够，只能靠生产小队接济。据郭用文老人所述，集体时期，要消灭穷困，要平等致富，人人生活一致。大家都平着穷（平均穷），大多数都在种田，没有多少人出去打工或者做生意，没有吃的没有用的，如果劳动力多，家庭生活好过点，总体生活水平基本差不多。

（六）社会流动变迁

集体时期，外出需要向生产小队长请假，未经生产小队长批准，禁止外出。不过，洪水逃荒成为村民社会流动的主要形式。每逢洪水来临，才会逃出村庄，如果没有船，要提前 1~2 天逃荒到高地，或者由生产小队干部派人用船运走，碰到有钱的人就要出钱请近到高地方，一般每人 7 元每次。那些有船的，直到水漫到屋里，才坐船逃荒到湖南、天门县等地方，那里地势高，较为安全。

（七）社会交往变迁

1. 交往圈

集体时期，交朋结友的很少，都在家种田，交往范围局限在本村。遇到有红白喜事，禁止请假走亲戚赶情，如果你穿戴整齐，去访客，被干部看到，就叫你下地干活做工。不少人聪明，就偷偷绕远路或者走山路，才能到亲戚家。对外交往也只是红白喜事赶情，比如集体时期，李良望到舅爷家赶情 20 元，是大情，猪肉 0.74 元/斤，后面，他儿子结婚，舅爷也是赶 20 元，当时，猪肉 7 元/斤，基本赶情不对等，都是亏本。但是，他的姑爷说，赶情太少，提议提高礼金，有个亲戚反对，就不来恭贺，互不来往。

2. 交往对象

集体时期，集中力量进行农业生产，生产队长等干部作为村落主要负责人，协助处理行政事务和治安事务，安排生产任务，外出务工或者探亲，都需要生产小队队长批准，如果没有提前请假私自外出，人数不够就无法搞生产，贻误农时，可以扣工分或者开会批评。可见生产小队干部是交往的主要对象。比如李秋伟的大儿子和大媳妇小时候划八字，儿子个子小，媳妇看不起丈夫，因为小事吵架打结。队长李良望一大早去喊工，后面，媳妇就背着一个包，准备好行李向李良望请假，李良望说："你没诚意，搞什么名堂，你都准备好行李，请什么假，我不同意，你也准备走，如果有诚意，先向我请假，回去再收拾行李！"媳妇就很不满："我不回来了，屎也不在这里拉！"李良望说："不要说这样的话，千里的龙神赶不上当方的土地，你要离婚，上面也要找我核实，如果我说你不对，不同意签字，你就离不了婚，不会帮你办离婚证！"

3. 交往形式

集体时期，除了需要搞农业生产，还需要参加各种会议，比如生产小队会议、公社会议、千人大会或者万人大会等，还有就是批斗大会，对于"四类分子"或者搞私不搞公者进行批斗。不犯法，不说什么捣乱团体谣言，不轻易说话，能够忍气吞声，不缠他们干部，就没有事，不怕他们干部。如果两个人说话，其中一个说了共产党或者社会主义的坏话，另一个人觉悟高，就到公社举报，晚上就开会批斗你。干部过于积极，捆人、打人、批斗人，就像一个瘦狗，主人一指，狗就去咬人。比如黄孝恪（百桥）、侯思议（螺滩村侯湾），性格很拐，称为"瘦狗儿子"，得罪了很多人。

（八）社会保障变迁

1. 社会救济

第一，亲戚救济。1958年上半年，遭遇水灾，再加上"大跃进"和"飞跃进"，一级压一级，上级压下级，"浮夸风"，水稻亩产上万斤，棉花亩产5000斤，把口粮大多交给国家，后面，就挨饥饿，有些人吃糠巴充饥，李良望得到不遭遇水灾的娘家舅舅儿子的救助，给他们100斤粮食。

第二，生产小队救济。集体时期，孤儿寡母成为五保户，享受本队里照顾，不要钱购买粮食，有吃有喝。另外，五保户由公社发被子、粮食、油盐柴米等，由干部细心安抚他们。另外，遇到丧葬，缺少粮食，生产小队也会救济。比如，熊家一户男子去世早，剩下孤儿寡母，李良望帮忙到队里支钱，买棺木，出粮食，买菜，安置客人，安葬、送葬都是队里帮忙。

第三，国家救济。1954年，遇到洪灾，水淹房子，公社派人把牛赶到金山云洛河，但是，因为牛被冻死的很多，没有再赶回来。人住在船里，由政府供应粮票吃饭。据李良望老人所述，解放前，孤寡老人很少，只能由叔伯侄子或者女儿照顾。三星大队由李良计担任5大组的书记，管辖5大组，4、5组合并，参与组织领导土改，作为统计员，发救灾粮票。

第四，道义救济。除了对本村困难户进行救济，出于道义或者做善事，给子孙培德，对于外来户也会救济。比如一个河南人在队里打工，把工资输光了，但是，媳妇要生孩子，他没有钱回去，找到李良望帮忙，他就自己出1元，再找其他村民筹钱18元，给他做回家的路费。

2. 社会保护

第一，自我保护。发洪水时，各自逃荒，各安天命，没有粮食吃，各自讨米，或者到外面赶工赚钱。男挑东西，女背孩子，老人空手走路或者被儿子先用船递上高地。如果不是困难户，有钱的家庭，请人摆渡需要给报酬，每个人为 7 块钱，价格为私人要价，有船村民不帮忙递人摆渡，因为他可以到其他地方找没船的人，进行摆渡赚取钱财。即使没有吃的，也可以到湖里打菱角，菱角成堆，够吃的。比如 1958 年河南、湖南衡阳年轻女人跑到百桥村找对象安家，说他们那里没有吃的，饿死人。1979 年田家口倒口，早稻谷没有割，挨水淹，粮食减产，6 月份，白天长，晚上 7~8 点天没有黑，没有吃的，国家也没有赈济农民。不过，没有饿死人，家里有腌制萝卜，想办法到湖里打菱角，还有腰子菜吃。

第二，乡亲保护。每当洪灾来临，一些困难户，没有船只，只靠乡亲帮忙。比如村里孤儿寡母，一个母亲两个儿子，逃荒时，公社干部吩咐小队干部帮忙用船递走，不需要报酬。在集体时期，如果品行不好，又做错事，就需要邻居或乡亲出面担保，才能安逸，比如集体时期，李秋范作为坏分子，专门帮队里放牛，耕牛却误食铁钉死掉，错误很大，他害怕被批斗，躲到树上，邻居李良望对他说："秋范爹爹你放心，牛不是你弄死的，如果上面政府来调查，我们帮你做证！是你搞的就是你搞的，不是你搞的就不是你搞的，我们不会栽赃，也不会包庇！"后面，李良望一家到外面搞秧脚，转眼间，李秋范就偷偷拿了一根绳子，上吊自杀。如果子报父仇，应尽本分，有陷害行为，肯定关系不好，李良望没有陷害，李秋范的儿子也没有和他结仇，关系很好。

第三，生产队保护。如果组里有困难户，有人害病，劳动力少，挣取的工分少，挣不够工分，分不到口粮，就属于超支户，生产小队保管员可以开后门支取口粮救助，即使没有告知队长也可以，因为不开粮食，他就没有米烧火做饭，"你队长、副队长不在，我也敢批"。如果那些好吃懒做、成天赌博打牌的人，没有饭吃，跑来找保管员借粮食，保管员不会借，害怕他们拿钱去赌博乱搞，即使告到哪里也不借，而且其家人也说不借正确，管得好，到哪去告状也告不进去。如果是队里小事，只需要小队解决，如果队里解决不了，就找政府帮忙解决。因为做的事情很正当，就连大队书记或者镇里书记追责，做事也不输理，没有什么可畏惧的。

第四，国家保护。当发生水灾时，虽然国家有救济，但是，很多人患病去世，比如痢疾和肺痨病。不过，当时，吃救济粮还要看人，贫下中农吃一次又一次，平均一个月 20 斤/户，相当于 1 斗米。那些地主和富农根本分享不到，粮票不给你，除非你们说好话，需要贫雇农代表或小队队长帮忙做证，他们心好，由其申请，还要由干部到家里抄家，如果事实如此，没有粮食，实在困难，才发给你一点救济粮食票，多数没有救济。

三　改革开放时期社会变迁

1978 年改革开放以后，实现家庭联产承包责任制，生产和生活单位复归家庭，生产积极性和生产效率大大提高。但是，税费时期，农民承担税费很重，平均每亩 200 多元，遇到天灾，基本亏本无收，当交不起合同款时，公社干部为了完成国家征收任务，过分积极，把人抓去关或者殴打，导致一些人不用土地，外出广东等地务工，开始出现外出务工潮。还有，当时计划生育政策严格，出现超生户，需要缴纳巨额罚款，当困难时，交不起罚款，干部就会采取一些强制措施，还要去上学习班，干群关系非常紧张。另外，随着国家宗族政策和信仰政策放松，宗族力量得到一定复原，逐渐出现宗族修谱或者祭祖活动。还有就是要求复修青福寺情绪高涨，最初，不少干部作为首事起会，挨家挨户募捐，复建青福寺。

第十一节　杜家剅村社会实态

随着通信手段的普及和交通工具的改善，传统村落封闭状态已经被打破。本节从各种社会关系、社会交往、社会分化、社会流动和社会冲突等方面进行分析。

一　血缘关系

（一）通婚

现在通信工具和交通工具更加便利，大大扩大了交际范围，但是，人们的信任圈子和婚姻圈子也在缩小。现在女子只嫁到本村、本镇或者本县，嫁得太远，不利于亲情的表达，同时，遇到大事小事，姑娘和女婿也不能帮忙，遇到自家的女儿被欺负，娘家距离远，远水救不了近火，保护力不够。在杜家剅多数都喜欢找本乡以内对象，只有三户是外乡嫁来的姑娘，比如襄阳、浏阳和黄陂。本村或者本乡，地域相近，知根知底，相当于隔壁邻舍，亲如一家人，有利于情感表达，平时互帮互助。但是，也不会过分降低门庭，巴结某一户大家，他们有很强的面子观念，讲究门当户对。另外，以前定娃娃亲，如果家庭经济条件好，都是附近媒人出门说娃娃亲，找的都是跟前地域相近的对象，长大就完婚，即使再穷再丑也要结婚。而且都不外出做工或做生意，近找近的，远找远的，女丁又多，做媒的人也多，现在，跟前女丁少，不到外面找姑娘，如广西、贵州和甘肃等地方，就找不到对象，所以现在放开政策，允许生二胎。杜家剅村内相互通婚情况见表 4-18，与其他村落通婚情况见表 4-19。

表 4-18　杜家剅村内相互通婚情况

父亲	女儿	女婿
李丙柏	李平英	熊元成
杜晓强	杜红	李公平
万寿新	万红颜	黄爱华

续表

父亲	女儿	女婿
杜作平	杜诨诨	万雨
李公户	李良珍	陆在华
熊茂元	熊红安	夏大华
吴成杰	吴菊兰	李良汉
夏之街	夏菊娥	李公培
杜子龙	杜菊儿	李公谨
黄孝龙	黄宝仪	杜作任
黄远钦	黄元英	杜作沙
黄孝春	黄秀英	熊邦贵

表4-19　杜家剅与其他村落通婚情况

5组	女儿	其他组	备注
李公双	李春玉	9组刘成清	周家倒口
李良怀	李月兰	9组刘朽公	周家倒口
夏子松	夏红群	8组黄红军	周家倒口
熊茂才	熊贵兰	3组王孝庭	中湾
陆德高	陆翠枝	8组黄孝顺	周家倒口

（二）拟血缘

随着经济的发展、人们生活水平的改善，养老观念逐渐改变，即使生育女儿，没有儿子，也不再过继，或者只招婿，甚至，不少人也不招婿入赘，因为年老以后，可以进福利院养老，又有养老金等各种补贴。比如土地革命时期，郭姓老人年轻时，在湖南华容县耕种老板的课田生活和生产，后面参加革命，被国民党大卸八块，死在湖南华容县，埋葬在公墓上，客死异乡。但是，申请烈士家庭，把烈士光荣户的牌匾挂在门户上，其过继儿子就有一定补贴的优惠待遇。

（三）宗族组织

第一，概述。宗族主要成立宗族委员会、理事会和顾问委员会，负责协调、处理宗亲事务。其成员来自宗族各大房宗亲，多由亲宗爱族、德高望重、有组织协调能力和一定知识水平的人员组成。宗族委会员设族长1名，常务族长若干名，副族长若干名；理事会设理事长 1 名,秘书长 1 名,副理事长 5 名,理事 4 名。顾问委员会设主任委员 1 名,副主任委员 4~6 名,委员若干名。

第二,宗族组织功能。一是处理家族重大事务及重大祭祀活动,普查房派宗族人员和审核家族宗亲情况;二是筹集家族活动资金、审核认证资金使用情况;三是集中力量抓好资金筹集工作,做好扶忧扶困,维护和发展家族宗亲事业;四是管护本族墓地园林及建筑物完整,防止他人侵占。

第三,运行。由户长不定期筹办宗亲代表大会和宗族委员会、理事会,其成员务必参加,讨论宗族活动经验。会议由户长或者常务户长主持,围绕宗族事务进行讨论与协商,形成一致的活动或者事情处置方案,并告知族人付诸实践。

第四,资金。族务活动资金由各房支筹措,争取知名人士和企业家捐赠善款。资金主要用于本族重点族务活动开支,族务活动办事的车船费、住宿费和办公补助,与族内利益相关的重要社会交往费,扶贫救助特困人丁和寒门学子完成学业等支出,任何人不得挪借。

二　地缘关系

(一)　传统地缘关系

土改以后,夏、涂、熊、李四姓被划到 4 组,由于地域相近,便于管理和进行生产。现在杜家剠有 80 户,杜贤成、黄中香、杜贤明、黄中生、黄中新、黄中立、夏广银、李丙胡、李丙界、李丙堂、涂天平、涂文玉、涂文杰、熊生杰、熊生华、熊生意、熊家声当时也被划归 4 组发展成 20 户,因为他们原属于大字号,现在杜家剠筹办什么活动,即使被划归其他组,同样,也会出钱出力参与,认同度很高。据李良望老人所述,现在村民只认同本镇人氏,不太讲规矩,喜欢吃生。外地人来到当地,就贪钱,外地人,搞一个钱就搞一子。比如外人搭车,本来 5 元几公里,外地人就要 10 元。他骗你,你骗他,"我是螺滩村人,到外面做生意,口音变了,其实是本地人,不要欺骗我,我到螺滩村只有 4~5 里路,怎么要 10 元,好远的路程"。

表 4-20　改革开放以后杜家剠姓氏分布情况

姓氏	人数	
李氏	李公文、李公斌、李公武、李丙饶、李丙顺、李丙午、李丙福、李丙贵 2 户、李公柏 9 户(4 个弟兄共发了 10 户,其中,有一户没有子嗣,一子两祧)、李公户 2 户、李良怀 2 户、李良望 3 户、李公明、李公陆 2 户、李公敬、李公海 2 户、李公商、李公金、李公府、李公珉 4 户,共 38 户	
杜氏	15 户	

续表

姓氏	人数	
夏姓	夏至松、夏至柏、夏至茂、夏至松（4弟兄）、夏至街、夏大荒、夏大发，共计7户	
黄姓	黄孝德4户、黄孝龙2户、黄孝春2户、黄孝年，共计9户	
熊氏	熊茂盛6户、熊华堂2户、熊生云2户，共计10户	
陆氏	1户	
吴氏	吴祖全、吴祖冰，共计2户	
万氏	2户（三代归宗李氏）	
原5组李氏	土改时，李丙堂，原来是1家，后面搬到4组，变成4户 土改时，李丙界原来1家，变成李公田、李公托、李公活3户	土改以后，夏、涂、熊、李四姓被划到4组，由于地域相近，便于管理和进行生产
原5组涂氏	土改时，只有3户，涂天平、涂文元、涂文新，后变成8户	
原5组夏氏	土改时，夏广云1户，后面，变成2户，与夏广银（2户）是兄弟	
原5组熊氏	土改时，原来只有2户，熊生文、熊生户、熊茂新（3户，盘到新堤办学学校或者到戴家场镇居住）	

（二）现代地缘关系

1. 干部与群众关系

（1）税改前干群关系

税费改革前，政府统一取消小组组长，村委瘫痪，一分钱都收不到，村级没有办公费用和建设费用。那几年收不到钱，就挤压成一年一年的债务，因为当时，村级提留太高，如果不交，就强制入户拆门或者搬稻谷等野蛮执法，又到处拉贷款提高村级债务，村民对立，矛盾尖锐，群众非常恼火。同时，干部形象很坏，他们与群众关系疏远，跟群众不一样，吃完饭，就拿一个包上街，吃喝嫖赌，不帮群众办事，群众看在眼里，明白在心里。还有他们多收购公粮，以低价购进，高价卖出，赚取差价，干部平分。当时，书记一年几千工资，就买了小车，村民嘲笑，"车哪是他自己买的，是村里帮他配的"，后面，在曹市镇嫖娼，被派出所抓到，才借钱去赎车。这样素质的干部，群众怎么会相信和拥护他们，怎么会给钱。

（2）税改后干群关系

税费改革以后，新一届干部当选，而且县政法书记包村，但是，入户收取合同款，没有收到几个钱。因为刚接手，以前形象尚未改变，村委只能改变思路，先从家里和亲戚开刀，再到关系相好的乡亲，再到朋友、同学或者党员，以面子换取，"我们干部刚上台，你们给点面子，希望众人抬举一下"。比如黄端午书记，与群众关系好，只要百姓或小孩求他办事，甚至添钱也要帮忙办理，与上下级关系搞得很好，所以被评为县劳动模范，不轻易得罪人，慢慢打开局面。

2. 干部之间关系

现在干部都是基础工作人员，遇到工作需要相互合作与配合，但是，随着基层工作不断加码，群众矛盾不断增加，容易出现互相推诿的现象。比如周天军找会计开证明，村会计知道他欠了很多合同款，拒绝说："你不用找我，我手里没有村委的章，你去找书记！"他就找到书记家里，哪知道书记学乖，把责任推给会计："他找到我，这是特殊情况，你就辛苦一点，你就帮忙开个证明！"最后，还是帮他开了证明。但是，责任就推到会计身上，认为是会计故意为难他，不肯帮他开证明。

三　信缘关系

（一）庙神信仰实态

1. 庙神信仰圈

解放以前，青福寺信仰单元覆盖到青泛湖 18 个垸和官湖垸信众，现在信仰青福寺神灵的主要有侯湾村、螺滩村和百桥村三个行政村。

2. 太平会

第一，概述。庙委会是民间寺庙事务治理自治组织，其下设置神棚、戏台、伙房、接待、书画、治安、烟火、财务等职能部门，庙会主要负责人成为会长，接待香客进庙上功德，其他成为首事，多为男性担任。不过，也有热衷庙会事务的女性成员，他们也参与庙会筹备事务。他们多数为庙神虔诚的教徒，认为寺庙为先祖留下的财产，是不可丢的传统和财富，热心筹办太平会也是积德行善的大好事，为子孙后代造福。

第二，运行。做会时间为正月初八、初九、初十三天。其日程安排为：正月初六，庙民主管理委员会召开筹备委员会，首事明确庙会期间职责；正月初七，斋公或者女香客负责打扫庙堂卫生，添香油；正月初八，搭建神棚，村民上功德钱，并准备祭品，烧香敬神，燃放鞭炮和烟花，最后，聚餐吃斋。下午请戏班进神棚拜神开戏，每天下午、晚上各一场，一直持续到正月初九。同时，每天斋公都需要上香敬神。正月初八上午，庙会组织香客前来上香。还有十多位女性香客一起折叠大小纸元宝，待最后一天烧掉纸元宝。待太平神会结束，在鼓乐伴奏下，拆掉神棚子，由首事负责统计功德香的香钱。

（二）土地神信仰实态

1. 土地神信仰圈

最初，杜家剅有 4 个福，平均 8 户一个福，李姓人多一个福，其他姓氏都是杂姓福。每年做上福、下福，同一个福场轮流做土地福，今年你做福，明年我做福，现在杜家剅共有 79 户，其中，李氏 16 户，包括高祖一支 12 户与曾祖一支 4 户，分了 8 户到 4 组，相当于一个福，比如李氏 2 户、熊氏 2 户、黄氏 1 户、涂氏 2 户等。还有吴姓搬到沙市或者江宁或者戴家场镇。而且 4 个福分开做福，不再一起参加做福。

2. 土地会

现在做土地福，先做算账福，轮流做福的东道只出油盐柴米，由首事做预算，每户预收 50～100 元，负责买菜买酒和香蜡纸草，再计算出账目，使用多少，剩下多少，多退少补。后面，谁家生男丁谁家做福，东道主出钱买菜做饭，接福场乡亲吃饭，每户出 1 人，只准男丁参加，不需要乡亲分摊费用。据郭用文老人所述，最初，做土地福，轮流做福，挨家挨户出钱，请福场村民吃饭。俗话说，衣食足礼仪兴。太平年间，家庭富裕，生活好，新的礼仪逐渐兴起，也不是一成不变的。如果谁家生了一个男丁，就做土地福，不需要村民出钱，由做福者安置村民吃饭。同时，请道士、锣鼓乐队做法，敬神。

四 业缘关系

（一）县域水利

1. 抢修江河堤

第一，组织机构。由县人民政府召开区、乡（镇）和有关部门领导参加的全县水利工作会议，安排包括堤防工程在内的水利工程任务，随后层层将任务分配到村、组，落实到户、到人。

第二，机构运行。根据防洪规划和堤防险工险段情况，每年汛后，堤防主管部门组织技术人员进行实地勘测，崩岸险工还要进行水道地形测量，绘制设计图纸，编制计划书和经费概算、预算，上报地区和省堤防主管部门审核。上级根据年度计划确定各县施工任务，通过水利工作会议，批准和下达县堤防岁修土、石方任务。县根据其任务并结合全县较大型农田水利工程计划，统一折算成标工，本着合理负担原则，按农业劳力（或田劳结合）分配各区、乡（镇）任务，然后按工程平衡，以近就近，统筹兼顾，合理调配，安排施工单位的堤段施工地址、项目、土方（标工）数量。

2. 岁修江河堤

第一，时间。一般是秋收、秋播完成后开工，春节前完成任务的 70%~80%，次年 3 月底完工，最迟在清明节前完成。20 世纪 80 年代开始，各乡镇多集中力量在春节前完成岁修任务，以便继续完成其他农田水利任务。

第二，组织机构。岁修施工，县、区、乡分级成立水利工程指挥部和单项工程指挥部，由县、乡（镇）长任指挥长，以堤防主管部门为主体，公安、交通、物资、卫生、宣传等有关部门参加，负责施工中的统一指挥，加强施工管理，掌握工程质量、施工进度，保证施工安全，做好政治宣传，及时抓好典型，总结推广经验。村、组（生产队）则按民兵建制成立中队、班组，组织劳力上堤，搞好劳动组合，进行施工。

第三，修堤。每逢汛期发大水，江堤洪水超过警戒水位，为了保护下游的武汉大城市，政府要求分洪，就挖断江堤分洪，洪水滔天，淹没洪湖、建宁、江陵三个县的村庄。不过，国家对于所淹没村庄有一些补偿和救济。每村出人上堤，平均每组出 2~3 人，年龄为 18~40 岁，老人不会去，由村支部书记通知，进行防险。村民就携带被子、衣服以及锹子等工具，时间长达 7~10 天，住在江堤附近村民家里。一旦遇到洪水较大，江堤有险情，就要日夜挖泥挑土到江堤堆高筑实。防险者没有工资，是出义务工，只是包吃包住，比如 10 人一组，抽 1 人负责烧火做饭，其他 9 人分摊烧火者的土方。包产到户以后，派村民防险，要支付劳务费，平均每天 200 元/人，没有钱谁都不愿意去。一些干部利用权力，可以支配其他村民去挑堤，自己或者亲属不安排去。据郭用文老人所述，解放以后，沙洋河做好堤，上 13 个垸的渍水从排涝河汇入龙潭河，直通小沙垸和陈大垸杨林关大闸，没有多少田，都是沉入水里，流经下 5 垸，到洪湖里，出小港镇，再流出长江。以前都是过荒年，从 1952 年到 1956 年 4 年没有淹水。

（二）村落水利

防汛期，村里进行生产自救，以组为单位进行排水，垸外王洛河和白目河两道堤，由河闸阻起大河河水，有大型电排排水，将垸子水排入洪排河，再排入长江，垸内小河修建水档，围蓄涝水用柴油机和电机进行排水，其他组三户五户共同涵闸，用袋子装满泥，组建一个水坝，就用柴油机排水，按户进行值班，换皮带或者上柴油。这些费用不能入村级费用，由于受益面积较小，不能要求村级出资，也不能单家独户摊派，成本高，只由本组摊派，按照每亩出资 10~20 元的原则，由党员代表为首进行收取，有鱼池的村民，也属于受益户，也要照样摊派。不过，有些村民自己的水稻被掳了，自己不去排水，抱怨干部不喊杂工或村民去帮忙挡坝，"喊杂工，你出钱，钱从哪里来！" "你的田被淹，人家田没有被淹，人家免费帮你挡坝啊！" "你自己都不去，人家帮你去挡"，"谁家的田谁去挡，我做干部，帮你挡可以！" "现在集体没有东西，我拿自己私人的水泵帮你抽，烧坏一个泵就花几千元，我赚取多少钱，要收负担时，都要求爹爹求奶奶才给，也不给拿一分钱！"

五　社会交往

（一）交往圈

虽然交通工具和沟通工具空前便利，促使交往圈扩大，但是，信任圈子大大缩小。交往密切的多为湾子、台上的邻居、乡亲，多为串工互助交往。而村外交往多为熟人交往，比如亲戚、姻亲、拟血缘等之间交往，如果哪个村的村民民风较拐，重利轻义，多为盗贼匪患，跟其打交道的村民较少，多为一些礼貌性交往，比如打招呼等。多择一些善良、淳朴村落打交道，对自身安全和财产安全较为有保障。

（二）交往类型

交往范围由地缘主导，交往最为平凡的就是本村落的嫡亲兄弟、亲房叔伯以及关系较好的乡亲，他们交往次数最多，不仅包括日常生产、生活交往，还有红白喜事的礼仪交往，还有就是做土地福、青龙潭庙等信缘关系的交往。而其他村落多数地域相近，还有就是通婚或者姻亲之间的交往，祭神的交往，以及水利合作的交往。

1. 按照范围划分，具体分为家庭交往、邻里交往、村落交往、邻村交往、集镇交往、县内交往和县外交往

第一，家庭交往。家庭交往主要以家人或者亲戚为核心相处，其主要有几方面：一是日常闲聊；二是红白喜事交往；三是生产交往；四是生活交往。交往原则：兄弟姊妹一家亲。现实中兄弟、叔伯和睦相处，关系亲爱，不轻易打结，孝顺无亲假。据李良望老人所述，对亲戚也是一样，比如舅儿子喝酒，骑车摔断手，一般不会通知其他亲戚过来看望，都是朋友一传十，十传百，得知亲戚有恙，才会前去探望。要准备 2 斤白糖才能登门，问长问短，临走时还要给 100~200 元，作为对亲戚的一番心意，如果探望者回家路途遥远，主家还会筹办宴席款待客人。这种亲情之间的互帮互助，时至今日，也继承下来，也是亲戚之间表达情意、热情交往的一种有效方式。

第二，邻里交往。与邻居相处，其交往内容有三个方面：一是闲聊，聊村里大小事，谁是谁非；二是相互串门，聊如何安排农事；三是解交，遇到与别人有矛盾，请求评理。交往原则：亲爱无亲假，紧壁当亲房。谁对我好，我就对谁好。即使亲人也是一样，如果亲人对我不好，即使饭菜吃不完，倒给狗吃，也不分他丝毫。

第三，村落交往。村落交往圈大，其主要表现为：一是相互串门；二是娱乐交往；三是礼俗交往；四是活动交往；五是驱灾交往；六是婚姻介绍。交往原则：远亲不如在村。比如白天，互相串门，不会留人吃饭，只是坐下来聊天。天黑就关门，把蚊子关在外面，一般不串门，各顾各的，即使在家睡觉或打苍蝇，也不来往。但是，遇到有困难，也会出力帮忙。

第四，邻村交往。邻村交往，坚持熟人原则。其交往内容表现为：一是娱乐交往，打牌或者串门；二是亲戚之间走访探亲；三是红白喜事交往，关系好的或者亲戚之间交往；四是业缘交往，比如一起出去打鱼；五是买卖购物之间的交往。据李良望老人所述，现在村民生活好，经济富裕，打牌成为交往最频繁的方式，夏天晚上村民不出门，条件好了，吃完饭就看电视，以前喜欢出去乘凉。

第五，集镇交往。集镇交往，除了上街赶场碰到熟人外，就是拜访亲戚。比如带小孩到新堤镇，孩子饿了，可以到亲戚家蹭饭吃，省下一顿饭。村民都有一定心理界限，远亲近臭，如果很久不来一次，如姑爷或舅爷来访，就会很热情，俗称稀客，如果经常来往，就没有那么热情。

第六，县内交往。县内交往不多，首先是亲属之间的礼俗交往，遇到红白喜事，互相赶情。其次，就是迁到县里居住的族戚之间互访。还有家人在县市做官或者嫁在县市，去探亲，才会发生交往。

第七，县外交往。县外交往主要坚持老乡原则。现在外出务工或者做生意的人占村庄人数一半以上，足迹遍布广西、贵州、云南、甘肃和内蒙古等，由于离家乡远，多数依靠同乡人互帮互助，抱团相处。

2. 按照性质划分，具体表现为娱乐性交往、目的性交往、事件性交往和互赠性交往

第一，娱乐性交往。每一个村落，都有一处或几处牌场，如果这个牌场价格高，下次也不会再光顾。如果有矛盾，不会聚到一处牌场或者到同一家庭打牌。不是一家人不进一家门。一般与同一聚落村民，因为打牌等业缘，关系好，就互相请吃饭，以示亲切，还有自家玉米、鱼互相赠送，以及外面亲戚赠送的礼物也会互相赠送。

第二，目的性交往。目的性交往是一种点对点交往。自己有问题解决不了，比如不懂农时，或者自己文化程度低，不懂写符包，就会找有文化的村民帮忙；如果遇到族人分家，也会接本族有文化和威望的族人做证。据李良望老人所述，邻居之间，互相借用物品，比如梯子或者气筒，就是一句话，顿时用顿时还，不会借用几天，拥有一定心理界限。还有就是讨论季节安排，什么时候种什么作物，今年旱情或者洪涝对于农作物影响，如何预防。

第三，事件性交往。碰到日常困难的交往，这是一种有条件的交往。比如一般邻居求助麻脚，驱除灾祸，遇到亲戚或者乡亲有困难，也会有中人介绍，都是平行交往，提上礼物，请求麻脚帮忙驱除灾祸。而且麻脚都是神物，一般不敢得罪，交往也多半敬畏一些。

第四，互赠性交往。平时互相赠送小物品，也是村落感情的表达方式。你帮过我，我就送你鱼或者丝瓜等，或者自家的蔬菜水果成熟快，就会赠送给邻居或者交好的乡亲。但是，我送你一次，你家有其他蔬菜果品，也会主动送来一份。特别是长辈，他们帮助自己较多，也会免费赠送一些鱼等。还有就是遇到邻居是孤寡或者伤残者，即使以前吵过架或者性格很拐，遇到煮好吃的，也会赠送一份给他。

六　社会保护

现在信仰神灵的人很多，每逢初一或十五，都会到青福寺烧香敬神，祈求平安和发财。同时，也信仰麻脚神，遇到不顺利，就认为触犯神灵，必须请麻脚先生帮助做表，送神驱邪，保平安。比如无缘无故晕倒，四肢抽盘，浑身冒汗，要么撞了鬼，要么就闯阴兵。就要请麻脚看一下，告诉他生辰八字，以及在哪工作，在菩萨面前，请他焚香烧纸，磕头算卦，请求菩萨指点。最后，麻脚就知道，比如西南方有一棵树，他就是一个神，你不小心在那里解手，就触犯神灵，就要在西南方向，准备一道纸、九炷香、一包钱，一边烧，一边道歉，"不知神灵，多有冒犯，请求原谅"，才能解除禁忌。如果弄不好，就要去医院看病，打针吃药。

七　社会保障

（一）社会救助

1. 伤残救助

现在社会救助政策逐渐完善，对伤残人士进行救助。残疾救助分为 1~4 级，1~2 级每个月伤残补贴为 150~200 元/人，3~4 级残疾补贴为 400~500 元/人，2016 年百桥村总计有 34 人。凡是申请残疾救助，先要由村委进行个人信息采集，录入残疾证联网审核系统，补贴根据国家标准 1~4 级发放，残疾程度不同，发放的补贴就不同，如果是重度残疾，还有国家支付护理费用。但是，2016 年有 4 人没有办理残疾证，没有办证，就领不到补贴。

2. 教育救济

现在对教育方面，国家有一些优惠政策。不管三本还是一本，村委帮忙开具贫困证明，获得国家助学金。初中升高中的孩子，成绩不理想，没有考上高中，通过村委申报阳光工程，可以直接到荆州技校学技能，学费免费，由国家支付，每个学期补助 3000 元，由学校出证明，让村委办理申报。现在可以由学生办理证明直接向扶贫办申请，只需通过村委开证明。上大学，对于低保户家庭的孩子有车费补助和生活补助，还有贴息助学贷款，申请这些补助和贷款，都需要村委入户调查，开证明。

3. 临时救助

为了农村社会稳定，国家加大对农村救助力度，比如大病救助，让农民享受到国家福利。比如，一户李姓去放树砍树，被树压伤，花去 4 万元医疗费，可以申请国家临时救助，获得 3000 元。凡要申请国家救助时，需要到村民委员会开具证明，然后，上交乡镇一级民政办，填写相关材料。不过，拖欠村委费用的农户要出证明或者获得救济，求助村委会时，村委就会卡住他们，要求他们补交以前拖欠的村集体的费用，大集体所欠钱不要你交，税改以后，这些钱都要交，才帮忙开证明。比如刘成新，砍树被砸伤，找会计开证明办临时救助，先讨好村干部，再交到乡镇民政办，民政办就打电话给会计，问是否属实，说是不是他的亲戚，他符合救助标准，就正常申报程序。不过，村干部与民政办打交道较多，起码面子会给他，给 1~2 个名额就有。

4. 社会低保

（1）低保户申请

低保户认定，先由村民自愿申请，填了申请表，由村干部入户调查和登记，如核准收入、财产和健康情况等，并公布，都要召开民主评议会议，群众人数要占到 30%，党员和干部占到 70%，一一汇报村民情况，调查情况是不是真实，进行讨论和表决，并不是某一个人独自决策。凡是申请低保户的，都要审查所有家庭成员经济状况，不符合申请标准的，一律不上低保户。比如 8 组一户人生有 3 个女儿，都嫁出去了，户口寄在娘家里，他们都生了大病，丧失劳动能力，没有经济来源，但是，村委帮忙办理低保户，填表申请时，发现女儿户口都没有迁出去，因为有的在国家单位上班或者在外面做生意，负担高补种田，而且家庭收入很高，所以只能村委出证明说明情况，到派出所办理分户手续。

（2）低保户数量

国家对低保户进行动态管理，每年低保户数量各不相同。2016 年百桥村共有 31 户，2015 年有 35 户，2014 年有 38 户，2013 年有 49 户。每年不能增加 2~3 户，要求增加 1 户，也撤销一部分。如 2016 年因为家里有车等财产核报不实，撤销 1 组习作华、7 组刘守前、5 组李良新、6 组楼月娥、5 组杜作武的低保资格。另外，低保户评定要召开村民代表和党员会议，经会议通过，做到公平公正。低保户名额取消与否，在很大程度上在于干部准不准，不在于村民，乡里乡亲一般不会得罪人。比如 5 组 2 个残疾人，行动不便，需要家人照顾，还经常生病吃药，不能看着他们死，要医治，应该吃低保，但是，弄不到低保。比如杜家到跛子奶奶，早年丧夫，没有拿到低保，儿子包养小三，不养母亲，闹矛盾，媳妇和孙子也不赡养母亲，母亲摔倒致残，但是，家里孙子建有楼房，并买了小车，就不符合申请低保户的标准。只能依靠女儿救助，还有日常起居，需要邻居帮忙照顾，比如吃不完的饭菜，也给她一份，或者烧热水洗澡，也提一壶给她洗澡。

（3）低保动态管理

撤销低保户，进行动态管理，如果某一年天灾人祸，如患大病或者父母英年早逝，村委可以帮你报低保，但是，过几年经济条件变化，就由村委进行核查，由村委上报符合撤销标准的低保户，由民政部门入村进行核查，如果情况属实，符合撤销标准，就取消低保。不好撤销那户，村委要到他家做思想工作，低保金额也不多，你家里变好，就取消低保。比如种田 6~10 亩，也只有 1 万元收入，迫使村民外出做生意或打工。低保户通过贷款送儿子或者女儿初中毕业外出打工，比如女的做衣服，一年也能赚取 2 万~3 万元，还有就是做装潢生意，生活就改善，自然而然就脱贫。但是，事实上村民没有感恩之心，"以前困难吃了低保，儿子长大成年赚钱或读书工作赚钱，现在生活改善，就应该取消低保，把低保名额留给别人"。

（4）低保补贴标准

低保费用发放标准不一样，根据低保户的家庭困难情况，非常灵活。比如1个人的家庭享受低保，低保费有120元/月，2个人的家庭每人享受90元/月，3个人的家庭每人100元/月，4个人家庭每人享受100元/月。摸清其平均收入，低保费用补贴补差额，如本县市低保人均收入水平3600元，某户人均收入为2400元，3600-2400＝1200元，再除以12个月就是每个月100元。而不是像以前按照收入水平，等级分为一级补贴为120元，二级补贴为100元，三级补贴为80元。

（5）低保与村民关系

低保本来就是解决临时问题的社会保障。如果生活改善，家庭富裕，就应该放弃低保，让困难户吃低保。以前有很多关系低保，最初家里困难拿到低保，后面家庭生活改善，家里开着小车还能吃低保，很多生活困难户没有拿到，村民意见很大，心里很不平衡，希望取消他的低保名额，但是，不敢有谁出尖去反映，怕得罪人。

（6）低保户与干部关系

低保户没有这种观念，"我曾经困难，村委帮我申请低保户，享受到低保待遇，但是，现在经济条件好了，应该取消，留给经济困难的村民"。但是，村干部取消他们低保，他们就想："村干部眼红，我领的是国家的钱，又不是你的钱，干吗取消！"为了不承担责任，干部要求哪一户申请，就自己负责，把低保户的相关规定每组发一份，欲申请者自己对照，自己学习相关规定，初步认定是否符合吃低保的规定，你们算清家产，再申请，村干部和驻村干部一起入户调查和登记家庭收入等具体情况，你们真实报出来，自己签字，如果有瞒报或少报存款和贵重财物的信息，你们自己承担责任，村干部不承担责任。

（7）低保管理干部与国家关系

凡是低保户申请，需要村干部负责评定和上报，如果出现问题需要问责。村里低保户家里有小车，不符合民政低保户的"十不纳入"，村干部取消这些低保户，就与低保户关系紧张，产生矛盾，村干只要处理村里的事务，不想管政府民政工作，村干部也没有拿多一分钱。不过，国家管理不够严密，有很多政策没有落实到位。比如村里要核查一户低保去世，要进行销户，要求当事人签字，但是，其后人签了当事人的名字，纪委已核查，发现怎么死亡还可以签字，明明就是假的。如果过细，就写一个某某亲属代签就行。不过，也有人抱怨，本来就是一个笔误，就不要较真。

5. 精准扶贫

（1）扶贫户申请

精准扶贫政策，坚持应保和尽保原则。现在精准扶贫户，把以前低保户推倒，政策上，以前以群众评议为主，现在以上级派工作队评议为主。以前每次低保户评定，都是召开村民代表大会，群众代表不少于30%，由干部、党员和群众组成，由干部汇报低保户申请者的家庭情况，由群众表决，如果过半数同意则为低保户，然后，公布7日，无异议就上报乡镇民政办。现在坚持以上级为主，由驻村干部和村干部进村入户核实家庭收入、财产和劳动力等情况，比如困难户的收入、务工情况、种多少田、有多少存款等。但是，工作队（房产局）都是督促村委完成，甚至把工作推给会计完成，资料由村委负责完成。比如身份证、户口簿、残疾证等收集很困难，有的人在外面，只能通过微信拍照打印或复印。据文熙娇所述，其实村里的基层工作，如果按照国家政策办，就会得罪很多村民，划不来，而且不能一碗水端平，做不到很公平公正。比如民政工作复杂，最难做，如低保、精准扶贫户、社保和合作医疗等，有些干部不愿意做。

（2）评定标准

精准扶贫户最重要的指标就是洪湖市村庄年人均家庭收入低于3600元。比如年家庭收入1万元，家庭成员3人，每人平均收入3333元，就低于3600元，就符合精准扶贫户的标准。如果有房子、车子和电冰箱等贵重电器，比如两套房，村里一户，镇上一户，就不符合精准扶贫户标准。如果都是村里两户，也符合精准扶贫户的标准。

（3）申请程序

精准扶贫户申请程序，先要学习和理解低精准扶贫户相关规定，然后，每户要填4张表，第1张是精准扶贫户申请承诺书，第2张是农村精准扶贫户家庭情况调查表，如家庭成员信息和家庭收入情况等，第3张是农村精准扶贫户劳动力系数测算表，第4张是农村精准扶贫户核算审批表。待这些表格填完，就由村委入户进行核查，核对其写的信息是否符合事实，对以前低保全部推倒，以40户为基数，都要一一核实，每一户的农户资料非常全，总计7张表格，比如户口簿复印件、身份证复印件、残疾证复印件、银行卡复印件，需要详细填写。2020年国家要求全部脱贫，如果实在困难，如重度残疾或精神病，无劳动能力，无法脱贫，就由国家出资兜底。

（4）评定户数

2014年选择了70户精准扶贫户，2015年开始精准名额减少至60户，进行抽查减掉10户，2016年精准扶贫瞄准率提高，进行入户抽查，名额减少至40户，能让他们脱贫就让他们脱贫。不过，精准扶贫大会战，进行了1年，名额也上报，但是，没有人能得到补贴，据说，每1户可能获得1000元/年。上级有政策，村里干部不办，政策也难以入户。比如叶方明，文化程度低，父亲患病去世，集体化时期，还做过生产队小队长，没有得到任何照顾。但是，因为办了城镇户口，找了几次村干部，他们说，他和老婆在家种田，而且儿子和媳妇都在外面做生意，做贫困户也没有多少钱，他就不好意思再让他们为难，怕他们难做人。后来他通过做干部的关系，找公社干部陈国璋帮他办了一个非农户口，每个月得到200元的救济金。

（5）结对帮扶

按照国家扶贫计划，要求2020年全部贫困户脱贫。不仅国家开展扶贫工作，而且村落也要进行扶贫帮扶。比如1个党员包3户贫困户，结对子帮扶。不过，多数为产业帮扶，养鱼就教他们养殖技术，一直带领到他们脱贫。但是，对点帮扶也会出现养懒人的问题。比如去年杜家剀村民找黄书记帮忙搞五保，也办成了五保，原先住在旧村委会里，现在改建新的村委大楼，五保户又私自搬到新村委大楼居住，想住哪一间就住哪一间，没有人跟他有意见，会计很烦躁，"你以为集体专门帮你盖房子，你出了多少钱，你真娇贵，有多少功劳，你是什么大人物"。

（6）扶贫户与干部关系

2016 年 52 户，重新推倒以前户数，进行扶贫大会战，现在都是要求想申请贫困户的村民，到村委领低保户相关规定，而且每组都发一份，自己比对，自己学习，以后，不符合标准，被取消不是村委的责任，不要埋怨村委。因为以前有些困难户，现在在外面做生意，赚了大钱，资产百万，但是，没有一个人到村委那反映实际情况，说"我生活好了，你把我的低保指标取消"，可是纪委每年都查。一旦干部把他们的低保户取消，他们就撅你，对你不满，恨死你。据文熙娇所述，最初，你帮他申请低保户，路上碰到就热情跟你打招呼，你把他取消以后见面也不打招呼或者直接绕道走了。村委会议上，会计反映，如果哪个干部推荐谁吃低保，你们自己核实情况，如果核查不清，查出来不符合，你们自己负责。比如村里有 3 户都有小车，通过关系吃低保。

6. 五保户救助

第一，数量。五保户共有 15 户，其中，五保集中居住在福利院的有 11 户，多数没有劳动能力，希望吃喝住都由福利院管理。还有分散五保户 4 户，居住在村里，可以适当劳动，有的愿意自由，不愿进去。

第二，申请。五保户首先向村委申报，需要身份证复印件、3 张照片、户口簿复印件，以及银行卡复印件，由村委上报民政办批准，还要找民政办主任签字，方可成为五保户，发放补贴都是直接打入五保户账户。如果分散的五保户居住在家里，每年就能获得 6000 元补贴。本村乡里乡亲都是熟人，本来符合五保户的标准，但是要申请，也要找民政办，因为与他是亲戚，有人有关系，算作自己的本事，民政办也要通过村委干部开证明，不怕官，就怕管。乡民政办打了招呼，村民还要向干部送点小礼，比如名贵的酒和烟。如文会计的亲戚是五保户，找这个解决不了，找那个解决不了，后来找会计，帮他们分户就顺利办好。凡事找熟人，有熟人好办事，如会计的舅爷，最初可以吃低保，60 岁以后，就可以吃五保。另外福利院都没有符合吃五保的标准，因为以前没有儿子有女儿也算五保，现在有姑娘不分户，谈也不谈五保户。

第三，养老。福利院主要照顾孤寡老人，即使不满 60 岁，如果身心残疾或者智障人士也可以到福利院生活，吃住都可以解决。福利院生活好，每餐都有肉和素菜，遇到夏天还有防暑药，逢年过节，还要蒸 10 碗，有大鱼大肉。但是，不是谁都可以进福利院，只有那些孤寡老人五保户，没有子女赡养，才能进福利院生活接受救济，因为它不是盈利福利院，不过也有一些通过关系进入福利院生活的，要支付费用 2 万元/年。原来规定 60 岁，向民政办申请批准，才能进福利院，但是，如果现在没有子女，身体残疾没有劳动能力，无法自理生活，就可以进福利院养老。另外，福利院老人看病有保障。百桥村有一个卫生室，共 4 个医生，其工资有国家支付基本工资和自负盈亏两部分，因为药品都是零差价，都是到医院去领取，由医疗去管理。每周抽 2 个医生到福利院值班，照顾福利院老人。

7. 危房改造

对于村庄危房，可以向村委申请危房改造指标，村委将相关材料录入危房补贴系统。当申请户需要改造房屋时，政府人员就进村拍照，补贴大概 8000 元/户，但是，大大低于西部补偿标准 1.5 万元。如果，没有能力改造，政府就不会拨钱，怕他们套取国家的钱。现在资金不经过村委手里，村委只有帮忙申报的权利，还需要上级核实，但是，政府缺少核查的环节，有很多寻租或者混乱机会。比如 2016 年旧房改造共有 5 户，没有补贴，只是登记，危房改造有 2 户，如 4 组李公举没有钱改善，只有一间房，危房改造只要 8000 元补贴，验收时，如果盖三层就不符合标准，要求面积都是按照规定建房子。

（二）社会保险

1. 养老保险

第一，保费缴纳。养老保险费缴纳范围为 100~2000 元，最低保费为 100 元，最高保费 2000 元，主要分为 10 个档次，比如 100 元、500 元、800 元、1000 元、1200 元、1500 元、2000 元等。2016 年 90%村民缴纳保费为 100 元，1000 元保费 5 户，500 元保费 9 户，2000 元保费 2 户。根据自身经济情况进行缴纳，而且较为灵活，每年缴纳标准可以改变，如果 2015 年缴纳 100 元，2016 年经济条件好，就可以缴纳 500 元，再后面，也可以缴纳 1000 元，不像商业保险，固定保费，不缴纳就违约。

第二，缴纳期限。一般缴纳期限为 15 年，以 2010 年 10 月 1 日为标准，当时受保人已经 50 岁，只需缴纳 10 年，45 岁以下缴纳 15 年，45~60 岁，按照实际年龄确定缴纳年限，如果 60 岁以上，就免费领取基本养老金。

第三，劳务费收取。一户有 2 元的劳务费，但是，不能一个独吞，要分到各组，每个组分开收，每个负责人有 200 元劳务费，大概有 2005 元的奖励。因为每个组的村民外出做生意太多，大概有 60%，一个人收不了，要各小组分开出动收取，都是熟人，一一打电话，才能顺利完成社保费缴纳。

第四，养老金发放。投保人年满 60 岁以上，可以领取养老金，（投保人投保金额+国家养老补贴金额）÷139+基本养老金 55 元。比如缴纳时限为 15 年，缴纳 100 元，国家补贴 30 元，养老金为 130×15 年的利息率÷139+55 元。从 16 岁开始缴纳保费，保费 1500 元，时限缴纳到 31 岁就达到 15 年，31 到 60 岁，就有 29 年，年满 60 岁每月可以领取 300 多元，其核算方法为（1500+30）×15÷139×44 年利率+55 元。

村里老年化非常严重，养老金存在缺口，加重国家养老负担。400 多老人领取养老金，平均每人 75 元，每个月需要 3 万多元。有人提议 16 岁以上就要求缴纳养老保险，但是，一些家庭成员到 30 岁不肯缴纳养老保险费，待 40 岁以后再交，他的父母年满 60 岁就可以领取养老金，村委没有制约措施处理，又要完成政府分派的买养老保险的任务，村委就提意见，像这样只讲享受不讲付出的农户，允许暂停发放，待其他成员缴纳保费，才开始发放，不然，国家保费缺口越来越大。

2. 合作医疗保险

第一，医保收取。2015 年每人合作医疗保险费用为 120 元，国家医疗保险补贴 180元，意思是每人医疗保险费用为 300 元/年。由村委干部挨家挨户收取。有村民也有糊涂想法，"我交了这么多钱，一年到头怎么一点报销没有"，村委计算过："要不你得一次大病试试，就可以看病报销，你很憨啊！""你一年交 120 元，10 年 1200 元，你敢保证不生一次病？40 多岁身体患病概率很高，不生一次病不可能，比如患痔疮或阑尾炎等手术，花去 7000 元，如果用医疗报销，只花去 2000 多元。"有些村民打小算盘，每人 120 元，家庭成员 6 人，就花去 720 元，投机一年，我缴纳这么多年，没有患一次病，连感冒都没有，今年就先不缴纳医疗费，明年再缴纳。但是，就是倒霉，不利行，不交这一年就患了大病。有些人就不玩滑头，就舍得几百元，几包烟钱，买一年平安。

第二，参保率。按照国家的医疗政策，要求人人看得起病。政府要求参保率 95%以上，2016 年百桥村参保率为 99%。即使碰到若干户在外面做生意，村委也会出钱帮忙垫付，但是，他们又不主动还钱，村委还要上门要钱，甚至他们拖欠几年不给，干部就不愿意帮忙垫钱。而且政府医保系统也有定时限，错过了就输入不进去，交不了款。

第三，医疗报销。每当患了疾病去看病，村里卫生室可以报销。要刷医疗卡，看小病每人报销 400 元/年，当超过 400 元，就是自己付钱。如果没有报销完，由合作医疗管理办公室负责管理，将剩余资金累积起来，当看大病，可以进行多次报销。乡镇医院报销比例为 85%，市级医院报销比例为 75%。但是，主要报销医疗费，其他手术费和买血等费用不报销，还有就是进口药也不报销。同时，120 元/人，又抽 30 元，用于购买人寿保险，让保险公司进行赔保，如果生大病，一部分由国家和村民出，另一部分由保险公司支付，比如看大病花去 10 万，可以报销 75%，只需自己花 2 万多元。

3. 生命意外保险

随着国家保险政策逐步完善，保险类型繁多。坚持自愿原则，出资 10 元购买一种意外险。当发生意外事故造成伤害时，就可以获得一定赔偿，不过，需要住院费用达到 8000元，才有赔偿，即使意外事故死亡，也只赔偿 1 万元。另外，办理手续烦琐，当家庭一个人购买，其他家庭成员都要买，还要身份证复印件和相片，但是，60%村民都在外面做生意，很难收集材料，村委怕麻烦就把 10 元费用退给村民。谁要买就自己去买赔偿金高一些的保险。

4. 水稻保险

水稻保险费用由村委兜底，从村委集体收入预先垫付，每亩 3 元，由村会计做册子，登记受灾农户情况进行补偿。以集体去购买，面积集中，如果受灾，就可以通知过来拍照和登记，3054 亩赔付 9000~15000 元，除去保费 9000 多元，无论多大损失，只能得到 5000~6000 元赔付款。当村民独自购买时，也不一定有赔，被淹了一个水窝子，受害面积小，一般不符合赔付标准。不过，现在搞工作都是依靠情面关系，负责财保工作的人员，与村会计是亲家关系，由于有熟人保障，不会折本，天灾人祸，谁交了保费就获得补偿，但是，找村民收不到保费，只能找几个村民垫付。帮他们搞了钱，他们年年按时交合同款。如果嘴巴关不住，到群众中间一说，"我得了钱，你有没有得"，就算与干部关系好，也不愿意帮他搞，因为他们嘴关不住，就会坏事，造成负面影响。

（三）国家补贴

为了保护粮食安全，向种植水稻农户发放粮食综合补贴。粮食综合补贴，由村委统计和上报田亩数量和补贴款项，经管局都是直接打入村民账户，村委干部不敢私自扣除。但是，有一部分村民，从不差合同款，与村委关系好，自愿把补贴的存折交由会计保管，代取国家对种粮补贴款，应该缴纳多少合同款，要扣多少合同款，由村委先扣除，最后与村民进行结算，如种粮补贴 700 元，要缴纳负担 600 元，结算时由村委会计将 100 元还给村民，就不会耽误工。即使让村委代为领取，也要由会计先与信用社沟通[1]，信用社也不敢私自担责任，必须进行民意调查。2015 年信用社就下乡调查，核查 100 户农民，是不是愿意把存折给村委会计保管和支取，如果愿意，就签字和按上指模，并造一个登记册子，取款时，只有按照登记 100 户进行支取，多一个人都不行。

现在将粮食补贴改成地利保护补贴，农户承包的耕地就有补贴，不管搞养殖还是种经济作物都有补贴，不种粮食作物也算，只要不违法占地建工厂或厂房等就行。最初，村民承包耕地，只有种植粮食才能领取粮食补贴，不种植粮食作物不能领取补贴。一旦改变农田用途，挖鱼池养鱼，如果领取粮食补贴，不符合国家规定，套取国家钱财，就是违法。比如竹林村村民有 8 口鱼池，100 亩左右，搞养殖，算作粮食作物承包地，领取了粮食补贴，就被处分。以前，只要把钱给村民，村干没有贪污，账目清晰无误就行，但是现在不符合国家规定，让村民冒领款项，就是弄虚作假，套取国家资金，就是渎职，就算违法。

八　社会流动

改革开放以后，国家户籍改革，允许外出务工，给了人多地少的村民外出赚取的好机会。现在 60% 的年轻人都到外面做生意或者打工、开厂、栽花树，如去广西、四川、广东、浙江、海南、云南和贵州等，只有 50 岁以上的老人在家种田。村里有竞争精神。以前村民经济条件好，生活好，就怕吃苦，不愿意出去闯，而那些以前村民经济困难，通过努力干，敢出去闯，超过以前生活，如果变差的村民再想出去做生意，就赶不上机会，生意难做了。经济好的现在变差，以前经济不好的现在变富。

---

〔1〕　因为粮食综合补贴直接打入农户账号，禁止任何部门代取，农村信用社也有监管责任。

九　社会分化

改革开放以后，虽然村民收入每年都提高，但是收入存在差距，收入不平衡，有钱越有钱，没有钱越没本事赚钱。20 世纪 90 年代，找一个万元户，非常困难，寥寥无几，甚至连屋外的柴草都计算在内。除了精准扶贫户，如残疾或者智力有问题，家底很差，一般家庭几万元都拿得出。甚至，现在拥有 10 万元以上积蓄的村民占到所有村民的 50%。比如外出务工或者做生意的村民回家过年，据不完全统计，4、5 组几乎每户都有车，平均价格为 7 万元以上，好一点车的价格有 20 万~50 万元。2016 年平均 10 万元以上的村民达到 70%。因此，贫富不等，虽然都建有房子，但是，家里经济不同，有的有百万元，也有的没有钱。

第五章　杜家剀村文化形态与实态

传统时期，村落是农耕文化的根基，自身文化提供一定空间。文化成为村落自我维系的纽带。解放以后，一系列政治运动波及，还有改革开放以后，新的工业化和城镇化冲击，促使村落文化发生深刻变革。本章从村落崇拜、农民思维、信仰习俗和规训等方面进行剖析。

第一节　崇拜与崇拜关系

湖区社会，虽然逃荒或者外迁习以为常，但同样难以摆脱血缘崇拜，具体表现为祖宗先人崇拜和生育崇拜两个方面，这给我们了解平原村落根文化提供了视角。

一　先人崇拜

（一）祠堂

1. 位置

湖区族人共同出钱建有家祠，而且家祠多建在族人人口相对集中区域，此地也是多数姓氏始祖暂居转折点。比如一般祠堂修在人口集中地区，几百上千烟灶。人口分散不能修祠堂，需要散居族人出丁费修祠堂。比如李氏祠堂，修建于清朝甲子年，几百年时间，有3层楼，前面有一个拜殿，大概90平方米，外面有围墙，建在戴家镇李河村，有1000多烟灶，距离杜家剀10里路，族人分别散居于李河村、周河村、新墩村、老墩村、府长场（建宁县）、曹市镇、汉河镇（5房）、杨林关（6房）、新堤、朱河村、杜家剀、小港镇等。另外，族人迁居过程，也是家族力量削弱的过程，族人散居各地，形成一个个家门或房支，由于人口少，财力和人力弱，无法再修建家祠。比如黄孝恪的一世祖搬到天门县，人丁兴旺，生了7个儿子，其中，第四个儿子搬到建宁县白口村，子孙又多，后面，又搬到百桥村，繁衍5代人。居住分散，渡口村有13户黄姓，夏姓河村有23户黄姓，百桥村有31户黄姓，人少力量小，没有能力建祠堂。

过去，夏氏宗祠、李氏宗祠、黄氏宗祠等祠堂都不在杜家峈。其中，夏氏宗祠共三层，坐北朝南。进大门为一庭院。第一层是牌楼，四柱三门，重搭斗拱，飞檐翘角。柱基为石墩，刻石狮石象图案，中门两旁立石狮一对，形象逼真，口含镂空圆球，运转自如。过天井第二层为大殿，门前一对石鼓，匠人就其石纹镂刻菊花，鼓边雕鼓钉，造型皆兽头，形态各异。三层为厅，格门花窗，浮雕各种花卉，图案精美。地平全用大方砖斜嵌。第五层早已倾绝。民国 29 年（1940）农历九月三十日，日本飞机投炸弹炸毁大殿。1949 年解放后被毁。

2. 堂号

堂号本意为厅堂，多因同姓族人聚族而居，数世同堂或者同姓支派、分房集中居住某一处或者相近处的厅屋，堂号就成为某一姓氏族人的标志，同姓族人为祭祀共同祖先，在其宗祠或者家庙，写上堂号，也有祠堂名号之意，表明它是以家族源流世系，区分族属、支派的标记，也是家族追功颂远、敦宗睦族的标记，也是寻根意识和祖先崇拜的体现。

过去，堂号是家族门户的代称，是家族文化的重要组成部分。不同姓氏有不同堂号，一是牢记祖先郡望，与其郡望或者发源地有关，比如李氏的陇西堂[1]、陆氏的鄜城堂、杜氏的襄阳郡和黄氏的江夏堂等；二是以祖先功业和德行命名，比如万氏的兰陵堂或者夏氏的会稽堂；三是训诫子孙发扬先祖之余烈，比如李氏的青莲堂等。不同姓氏祠堂堂号见表 5-1。

表 5-1　不同姓氏祠堂堂号

姓氏	堂号	恩赐	发源地
李氏	陇西堂	陇西高风	陕西省
杜氏	襄阳堂	—	湖北省
陆氏	鄜城堂	—	河南省
黄氏	江夏堂	—	湖北省
熊氏	江陵堂	—	江西省
夏氏	会稽堂	—	浙江省
涂氏	豫章堂	—	江西省
舒氏	京兆堂	—	陕西省
万氏	兰陵堂	—	山东省
吴氏	延陵堂	延陵高风	江苏省

---

[1]　过继或者抱养，都属于族人，同时，散居各地，堂号也不同，比如李氏有青莲堂、太白堂、陇西堂。

3. 功能

祠堂供奉有 1 世祖到 13 世祖，如果修缮祠堂或者家谱，以及办清明会，一般要到祠堂告祖，然后，户长、房长以及门长等到祠堂开会，时间为 1~2 天，一般没有事情不会到祠堂。如果谁欺师灭祖，有祸害族人或者殴打父母等大事，执行家法族规的家长就接户长到祠堂进行公开审判并给予处罚，而且国家也可以进行处罚。另外，乞丐没有地方落脚，可以到祠堂居住。比如李家祠堂非常宏大，有 3 层楼，可供乞丐过夜。

4. 管理

祠堂设置经管 2 人，帮助总管值经理祠堂一切事务。总管值由各房协商推荐，任期为 3 年，主要负责清点祭器、预备祭品、登记祭祀人名，陈列祭祀祭文，祭祀以后，清理祭器和保存，清算祭祀费用，登入礼簿公告族众等。同时，负责打扫卫生，招呼先人，装香化水。族人要支付报酬，每年 3~4 担稻谷。以前不能轻易破坏祠堂，其距离百桥村 15 里路。即使祠堂破坏，30 年一小修，60 年一大修，也起族会，由户长和房长、门长挨家挨户收丁费，多少个儿子收多少丁费。

5. 祠堂与家关系

有家就有祠堂，有祠堂就有家。有家才有人，出钱建祠堂，有祠堂供奉先人，请其庇佑，子孙才能兴旺。由于族人居住分散，即使遇到红白喜事，也不入祠堂筹办。因此，每年做清明会时，散居各地的子孙都会往返祠堂，祭祀先人，追功慎远，缅怀先人。因此，做清明会，以祠堂为中心，族人集中进行祭祀祖先等活动，祠堂之地重于私人家庭，但是，平时，不做清明会，以家为中心，日常起居不分家，私人小家重于祠堂。遇到红白喜事，都是在房子坐席，不到祠堂办事或者外面摆宴席。郭用文老人回忆，祠堂是公家的，屋是私人财产，族和家分有界限，即使建不好祠堂，也不可能要求族人拆私人房子或者征用私人财产去修祠堂，不然，就是混账户长。

6. 祠堂与族人关系

俗话说，无事不走三堂。[1] 首先，人没有事情，不能到学堂，不然就会打扰正常教学秩序，耽误孩子上课。其次，人不做清明会祭祖或者处罚族人，不能到祠堂。最后，人不敬神烧香，也不入寺庙。不过，祠堂距离家户房子一般有 200~500 米远，与村民房子密集地区分开，没有什么事情不会到祠堂，入祠堂要经过户长同意，比如修谱、修祠堂或者清明会等，才入祠堂。

据郭用文老人所述，逝者下葬以后，入堂神龛享受子孙祭祀，最初为鬼，后转为神，祖宗充为家神，子孙日夜侍候，若干年之后，迁入支祠或者宗祠享受全族祭祀，

---

〔1〕 三堂泛指祠堂、庙堂、学堂。

鬼神转化也是由家庭向家族的转化。举行丧葬是子孙对先辈义不容辞的责任与义务，也是祈求家族平安、人丁兴旺的保障，还是亲朋好友情感表达的重要方式，体现了村落家族地位。

7. 祠堂之间关系

不同姓氏有自家的祠堂，各姓氏祠堂之间没有任何联系，比如黄姓入黄姓祠堂，李姓入李姓祠堂，外姓人不能到别姓祠堂祭祀或者做清明会等。另外，多数姓氏没有家祠之说，在相距很远的地方，才建有家族祠堂。

8. 祠堂和寺庙关系

祠堂和寺庙，距离很远，其功能不同，互不干涉。如果求子，不要到祠堂，要到庙里。而做清明会时，就入祠堂。另外，祠堂是某一大姓所有，而寺庙是杂姓信众所有，信仰寺庙人数多于祠堂，不过，可以不信庙神，但是不能不敬祖宗。

（二）族谱

1. 上谱

过继或者抱养儿子，也上家谱，比如河南人的儿子多，杜姓抱养一个儿子，照样上家谱，族人不敢说他是抱养的。没有子嗣，把女儿留在家里养老，打谱时，女丁上谱，女婿养老改姓，也上家谱。如果孩子过了12岁童关夭折，就可以上谱，不需要多出钱，还要从兄弟过继一个儿子，将其门户立起来。反之，小于12岁夭折，不过童关，俗称少年亡，不上家谱。打谱时，门长和户长上门收丁钱，家长把孩子的生辰八字（某年某月某日某时某刻）交给门长和户长，由他们负责登记上谱。

据郭用文老人所述，女婿（过继）上谱，要举行一定的上谱仪式，要接亲房叔伯、房长和户长，同时，接女方的姑爷、舅爷一起做证，经过他们同意，还准备供品祭祀祖宗，由家长禀告招婿一事，祈求祖宗庇佑，忠厚传家，子孙万代。并要整酒席，宴请叔伯、房长和户长以及族人吃饭喝酒，程序和仪式才能获得本族认同，才允许改名上谱。比如黄孝恪，被父亲劝说到别人家做女婿，甚至别人过来"欺骗"，说做女婿多好，但他不肯去做女婿，在家里多安逸，怕到别人家里没有弟兄，受别族人欺负。

2. 管谱

待家谱修缮完毕，总谱供奉在祠堂，由户长管理。每房房长掌房谱，支谱由门长掌握，同一支人集体出钱购买一本支谱，10块大洋一本，末谱专门登记招婿的女丁，也专门有户长保管。另外，家谱可以清根子，知根底，起名字，供族人生根。如果遭遇天灾人祸，族谱丢失，由门长到户长或房长分别有一本家谱，有根底在，重新摘抄一份。或者由本支人集体出钱，重新打一本。每当遭遇火灾，家长要求首先抢祖宗牌子，因为祖宗可以庇佑后人子孙。如果烧坏，要求家长出钱重新做一块族谱。

3. 祭谱

待修好谱，某一支人集体出钱购买一支谱，族谱供奉在祠堂，由户长管理，房长掌管房谱，用谱盒子装着，供奉在掌谱的门长家里的神柜上，不管长房还是其他房，都可以掌谱，每逢过清明节、七月半和大年初一，每户家长、儿子和孙子上门烧香、作揖，敬家谱。据李良望老人所述，过去女人可以敬神，但是，不祭祖，也不能爬神柜，其是来供奉祖宗、家谱之用，冒犯神灵，会遭不测。

4. 打谱

第一，修谱时间。族谱修缮，有固定修缮时间，一般30年一小修，60年一大修，修缮时间在2~3月，农闲之时。由户长通知各房长，房长再通知各支的门长，前来开会商议，分配修缮工作。地点在各姓祠堂处，也就是人口集中地区，吃住由户长安排，族人不得怠慢。民国时期李氏族谱首修名录及世系名录分别见表5-2、表5-3。

表5-2　民国时期李氏族谱首修名录

职务	派系
督修	立标（竞成氏）
协修	慎章（徽武氏）、文寿氏、详武氏、明陪氏、秉香氏、斗南氏等
编辑	介甫氏、栋章氏、国城氏、子华氏、良树氏
校对	介甫氏、少城氏、雪桥氏、秉荣氏
户长	文均
副户长	立臻、竞标、华章、良富氏、世禄氏
总经理	开阳、华藻、斯武

表5-3　民国时期李氏族谱首修世系名录

职务	派系
督修	文华
篡修	文忠
领修	文亮、文振
监修	文楷
协修	芳远、松远、文涛、文丙、文千、文金、文才、文福、文锦

第二，修谱目的。解放以前，打2次家谱，如果家谱派系使用完了，不能乱起名走乱派系，户长主持再续15年派系，不能乱祖乱宗。还有迁来定居的单支独户，要找族人生

根，购买家谱，遵循派系取名，不能乱宗。同时，修谱睦族，人口少的一支人参加打谱，清根底，需要辈分低1~2辈，才肯收宗睦族。

第三，出丁钱。打谱时，户长找房长和门长，由门长入户按照男丁收丁钱，登记未上谱者名单，交给户长和房长，转交礼房先生登记礼簿。按照人丁出钱，一般为每个丁出20吊钱。如果妇女怀孕，没有生下来，也要缴纳丁钱，费用与其他丁钱一样，谱上登记为"旺丁"。因为女丁不算子嗣，当生下为女丁，登入末谱，不嫁人招婿，延续香火，不过，打谱要多出钱，出2倍丁钱，比如正常男丁出20吊钱，女丁上末谱出40吊钱。作奸犯科或犯了命案者也可以上家谱。女人不算丁，女人上丈夫家谱，不上生父母家谱。另外，最初，无子嗣，留女招女婿，不可上谱，后面，改女方姓，可以上谱，同样，也要出丁钱。儿子、孙子的丁钱由父母出，父亲的丁钱由多儿子平均分摊，比如20吊钱，2个儿子一人10吊钱。

不管修族谱还是祠堂，如果孤儿寡母或者遭遇天灾人祸，族里免除费用，房支或家族摊派费用，但是，如果私人有钱，不肯交钱，天天摸牌打牌，门长或户长可以整家规或族规，让他们背家伙，用鞭子打。每当做会时，户长要求出红榜公布财务状况，支出多少，剩余多少，列出支出明细，不敢吃钱，用不完的钱留给总经理保管，下次起会搞活动，再支取钱。庙里或者祠堂的钱，不敢轻易贪污，不然会遭到先人惩罚，子孙不发人。

　　郭用文老人回忆，打谱时，门长和房长都来做宣传和收丁费，按照丁算钱，每个男丁20吊钱，如果不缴纳，就会被批评和背家伙。门长大于房长，仅小于户长，打谱时，都是他们三个人收取丁费，户长找门长，门长找房长，房长管理各房。但是，如果哪几户人，想要参加打谱，因为人少，修一本支谱费用很高，多出钱。如果不缴纳，就会被批评和背家伙。

第四，捡字。打谱时，讲究禁忌，要接外乡专门的打谱人帮忙，他先焚香秉烛，倒酒敬祖宗，然后，用专门盘子，从始祖一代一代清根底，捡字合版，分清生辰八字和生死年号，再装箱成文，要等一个晚上，待第二天早上，观察盘上所捡字没有乱，就可以印刷成文，如果字盒子散乱，就说明清根不对或者生辰有错（意味着打谱清根底有错误，祠堂祖先不满，才把字盒子打乱），要仔细检查更正，要重新装香秉烛，再重新捡字，直到字盒子没有乱为止。一般打谱时限为1~2年，大姓人多，工序烦琐。印刷好谱，将谱发给各房支，以房支为单位购买，一般20~30吊钱，并不是免费发放族人，由户长保管总谱，供奉在祠堂，房长掌握房谱，供奉在神柜，门长掌握支谱，同样供奉在神柜。逢年过节，焚香秉烛，祭祀家谱，缅怀先祖。

第五，续派序。过去，有新丁诞生，起名时，必须按照族谱续派序，禁止乱辈分。待家谱派系使用完，就要重新打谱。如果亟须修缮家谱，但是，派系没有用完，户长可以把先前剩下派系摘抄下来，重新编为新派系，或者把剩下派系不用，完全新编派系。派系拟定和修缮有户长和房长、门长商量决定，不需要经过族人同意。民国时期李氏字派语见表5-4。

表 5-4　民国时期李氏字派语

派语
宗南世与万，邦孟蒙云爵
仁道大政元，汝以允志迪
斯文秉公良，启佑怀茂德
克绍兆昌应，联源定有光

第六，合谱。同姓而不同派系，接户长、副户长和房长、门长过来，进行商量讨论，探究根底，核对哪一派系、哪一朝代、哪一祖先，编入家谱。如果清不到根底，根据年龄或者繁衍代数，就以平辈或者低辈，十年一长父字辈，五年一长兄字辈。（十年一长称为父辈，五年一长称为兄辈）编入派系，修成支谱，那一支人越少，拥有一支谱，分摊成本越高，反之，买谱费用越少。然后，请户长吃饭。

据郭用文老人所述，过去，大姓之族对外收宗睦族，同姓人都可以参加和依附发展，只要出钱就可以入族，只要肯出钱就可以入族谱。如果同姓比邻不欢迎，就可以与另外一支同姓联宗，比如参加共同修谱，买一支谱，要 2 倍价格，但是，辈分要降低 1~2 辈，因为人口少，只有几户人，地位低。

第七，修谱和族人关系。打谱时，如果族人不出钱，族里并没有除名，继续帮其续后代，不发给家谱。同时，有的族人，如果不出钱，就保留原来子孙名字，但后代不续名字，就从家谱中除名，不再属于家族子孙。比如李氏一支人，埋怨说："户长把派系续低，派人找他收钱，他就不出钱！"户长继续帮其支人续上，没有除名，就不发谱给他们一支人。李良望说："低也不低你一辈，很多支人都续错，我们比你更加低，你不应该说这些话！"同时，他的先人一支习惯不配合修谱，修谱没有出钱，户长派人把他家牛赶走，如果不出钱，就把牛作为补偿。

第八，修谱和国家关系。清朝顺治年间，为了控制汉人，禁止修缮族谱，5 年没有谱，几代人没有派续，都是起单名，难免出现宗支错乱或者子孙掉号，追溯不到根子。后面，清政府被推翻，俗话说，畅谈情理三代五百年安，江山还原水还原，才开始修缮家谱。

（三）祖坟

1. 位置

坟地选址不讲究风水，也不请风水先生选址，主要凭家长意志，又不分地势高低，有的存留水田作为坟地，也有的将河滩作为坟地，也有就近将菜园地一角作为坟地。据郭用文老人所述，平原地区有起坟，迁到其他地方安葬，一定要到大寒或者小寒才能动土，不然也会犯煞。到了开春就不能瞎动土起坟。而且还接阴阳先生看日子和地理位置，坟迁到哪个位置好，水文朝向哪个方向，才能出人才，不需要合子孙的八字。

2. 类型

先人坟地分为族上坟地、房支和家户坟地。其中，多数姓氏族上没有存留集体坟地，先人埋葬分散。而且各房迁移散居各地，去世则就近安葬，不会到先祖墓地安葬。另外，房支坟地，几乎没有，有也只是埋葬房支1世祖，子孙经常迁移，也不会集中安葬。此外，家户坟地都是儿子存留坟地，当老人去世，有集体坟地，就葬在集体坟地，埋葬先人较为集中，如果不愿意葬在集体坟地，就葬在儿子的坟地。比如李良怀的老婆去世，因为与哥哥关系好，位置较为便利，就葬在哥哥家的坟地，只管这一代，其后代就不允许葬在哥哥的坟地。据郭用文老人所述，洪湖人去世一旦埋葬，即使棺材坏了，多数不再迁葬，成百上千年，连祖宗骸骨都被虫子吃光，不敬重以前老祖宗。甚至，有些人把门前埋台地的老祖宗坟地铲平，开成菜地，进行耕种，做成菜园。

3. 规则

族上坟地只安葬各姓氏一世祖，子孙后代不安葬在此地。房支坟地，也是安葬房支1世祖，房支子孙也不安葬在此处。家户坟地则安葬本家老人，不分长幼，没有严格界限，一般父亲与妻子安葬一起，当娶有两个老婆时，丈夫与大老婆安葬一起，小老婆安葬在旁边。父亲不与儿子安葬一起，父亲在前，儿子在后，儿子和媳妇安葬一起。当没有到12岁孩子就夭折，也是没有过童关，家人直接到菜园挖一个土坑，将其埋在菜园地。

4. 修坟

当地有家户小农只打理3代以来祖宗坟地，3代以外祖宗不管的风俗习惯。每次上坟时，往祖坟上堆土，把坟修高，或者把窟窿填满。几个儿子，谁家发现坟坏，谁家就挑土堆高。谁家的牛把坟拱坏，牛的主人负责出钱修缮。多年以后，儿子分摊立碑为记，每年清明祭扫，携带儿子上坟插青，手指口授，认定为某公某姓之墓，历世相传，不致沦为荒冢。比如郭老爹不打理7世祖的祖坟，因为关系太远，如果家长说过，只知道他的名字或者连名字都基本记不住，甚至其祖婆都不知道埋在哪里，把祖坟都弄丢了，不少人说，"怪不得出不了大官或者人才"。

俗话说，人有三魂七魄，在生不认坟，人死不认尸。生前不知道坟在哪里，去世就不认得尸体。三代以外祖宗棺木日久腐蚀下榻，也没有子孙打理（子孙都记不清楚），变成平地，甚至开成平地做成菜园地。也没有竖立碑文（早死不满寿，也不立碑文），即使有子孙后代也只记录2~3代。平时，不管多少代数，也是祭奠一下和插青。而且没有二次葬或者迁葬，人死如灯灭，即使金骸也无人照看。

不过，子孙帮助先辈修坟乃应尽义务，以示悼念，而给外人先人培坟，那是大善所为。比如有一户地主，买了一块地，埋有一座坟，请长工帮忙耕田，要求帮忙把坟地打理好，填高一点坟，把坟地修理大一点，变成一座雄伟大坟，给后代培德。意思说，要讲道德，多做好事，要讲良心，不做坏事，不能害人，自然有天地祖宗保佑。

（四）祭祖

按照不同对象和时间划分，具体分为私人祭祀、房支祭祀和宗族祭祀，不同祭祀有不同礼数。

第一，私祭。私人祭祖，一般只祭祀五服之内的先人，碰到亲房先人在附近，也会前往祭祀，在外地或者距离远，就不去祭祀。上坟时，父母年纪大，不去祭祖，儿子负责上坟祭祖。只是祭祀 5 代先人，5 代以外先人不祭祀。先祭祀本家父母坟地，再到叔伯坟地祭祖，烧清明香。女儿和女婿、侄女儿和侄女婿，分别到父母、祖父祖母或叔伯婶娘、堂祖父堂祖母等两代先人坟地，准备香烛纸钱，用一根棍子挂着黄表，插在坟上，女儿和女婿再烧三根香和一些纸钱，到坟前作揖磕头，最后，放鞭炮，俗称插青。同时，为外公外婆扫墓插青，外孙只烧一根清明香。只祭祀家里先人，不祭祀外村祠堂里的先人。即使到外面做官或者做生意，清明节或者过年也回乡祭祖。

第二，房祭。地方同支的 1 世祖，不会由门长召集集体祭祀，都是各家各户前往祭祀。如果哪一个支人出了户长，有一些威望有一定功劳，比如修过族谱，新户长、房长、各支门长等人也会前往祭祀老户长，其他地方房支不去。

第三，族祭。清明节，族上 1 世祖由户长代表祭祀，准备供果，作揖下跪，香烛纸草，装香化水，鞭炮火药。不管有没有子嗣都可以参与祭祀。做了大官，向祖宗讨喜，理应祭祖，优先祭家祖，再到祠堂祭远祖，也可以不去。

第四，时祭。长辈不敬晚辈，同辈也不敬同辈。逢年过节，家长祭祖宗，父母不当家，儿子祭祖宗。分家以后，每个儿子分别祭祖宗。女儿和妻子不去祭祖，女儿迟早嫁人，不是家里人，妻子只敬菩萨许愿，不祭家祖，因为她跟祖宗不相干，是辅助丈夫持家，儿子和父亲一起祭祖。

第五，事祭。每逢家里人考取功名，衣锦还乡，打马游街，前呼后拥，妻子换上凤冠霞衣，迎接相公，叔伯前来恭贺，要回来祭家祖，比如到去世父母、祖父祖母坟地上坟，焚香秉烛，不需要到祠堂祭祖。出嫁时，女儿不敬祖宗和家神，只有哥哥帮助敬祖宗和家神，女儿只给祖宗作三个揖为礼，"女儿生下来就是人家的人"。不同祭祀活动见表 5-5。

表 5-5　不同祭祀活动

类型	祠堂祭祖	家堂祭祖	上坟祭祖	谁祭祖	其他
族清明会	是	否	否	全族人	
房清明会	否	否	是	房支	

类型	祠堂祭祖	家堂祭祖	上坟祭祖	谁祭祖	其他
考取功名	否	是	是	考取功名者	
盖房上梁	否	是	否	家长	
除夕	否	是	否	家长	
大年初一	否	否	是	家长或者儿子	
嫁女婚妻	否	是	否	家长或者儿子	
生男丁	否	是	是	家长或者儿子	
中元节	否	否	否	家长或者儿子	屋外烧符包
清明节	否	否	是	家长或者儿子	
端午、中秋、元宵节	否	否	否	—	

二　生育崇拜

（一）生育原则

1. 多子多福

以前一对夫妻最多生育 7~8 个儿子。但是，儿多母苦，要养儿子、安置儿子结婚和上学等费用高。而先苦后甜，待抚养儿子长大成人，嫁女娶妻，父母就可以不劳动，由儿子供养，颐养天年。而且如果有 7~8 个儿子，轮流供养父母，轮一次就轮 7 天，老人赡养非常轻松。据李良望老人所述，其实人多好种田。如果人多田少，可以租人家田种，积攒钱财。有人就有世界，有人就有钱。即使没有田种，也可以出去打鱼或者做生意，赚钱门路多。

2. 传宗接代

生儿子，传宗接代、养老送终和死后祭祀先人。每户人都想生一个男丁，传宗接代，立起门户，因为女儿不能延续香火。多数大富之家，结发妻子没有生育或者生女儿，允许再娶一房妻子，生子嗣传宗接代。比如夏家先生了 7 个女儿，一直没有儿子，直到第八个才生到一个儿子。即使男尊女卑，也没有溺婴现象。若有女子未婚先孕，就要打胎，不然，损害家庭名誉。据郭用文老人所述，生儿子传宗接代，延续香火，即使有女儿也要出嫁，过继侄子或者舅儿子为子嗣，不然，不仅无人养老送终，而且老人去世下到阴间或者入祠堂，也会被有子嗣的鬼欺负。

3. 经济适度

过去，每户田产不多，受经济条件制约，生育子女并不是越多越好。俗话说，三年六哺，会娘心儿，儿多母苦。十月怀胎，娘辛苦，母妈害怕儿子挨饿。因此，根据家庭条件和亲情表达影响，多数认为 3 个以下子女为最佳。俗话说，"1 儿 1 女是朵花，2 男 1 女是个宝"，2 男 1 女或者 1 男 1 女最好，要儿子有儿子立门户，要女儿有女儿贴心。

（二）生育过程

1. 生丁

当女子怀孕，就在家烧火做饭、扫地做鞋等，做轻活，不做重活。分娩时，在家生孩子，请一个邻居或者乡亲妇女做接生婆，选择地缘相近、有生产经验的。若妇女能力强，懂得如何接生，自己也可以接生。一般妇女到预产期，或者妇女有生产迹象，丈夫就去请接生婆来。接生时，产婆接生，丈夫扶腰，婆婆烧水，其他人不得在场。请接生婆接生，不要报酬，待到了送族米、做满月时，安置客人，主家请接生婆吃宴席以示答谢。因为接生婆都是附近乡亲，接生也不是大事。

> 据李良望老人所述，以前在家里接生，找一些有胆识或者熟悉接生的妇女担任接生婆，耐得合接生，如果做不好，就会把孩子糟蹋了。哪户生一个拐孩子，没有成行的孩子而夭折，村里就感觉很怕，以为是村里不吉祥或者不太平的征兆。如果孩子夭折，怕被人说，没有面子。

2. 登丁

每年生男丁，由门长登记男丁生辰八字（女丁不登记），不能马上上谱，遇到打谱时，由门长将名单交给户长，修缮时登上家谱。每一支人或者每户人有一页内容，如果有先人不了解或者给新丁起名，要查看家谱，向房长或者门长申请查阅。同时，每年族有新丁出生，找门长把新丁名字和生辰八字添上，位置在家长或者父母生辰后面，编成末谱，俗称赶丁，待下次修缮家谱，家长用红纸把男丁生辰八字登记，交给门长和房长，重新将未上谱男丁登入家谱。不过，即使自小夭折，但是过了 12 岁童关，就要过继子嗣，上家谱。比如 13 岁女丁，因为意外落水去世，但是，没有子嗣，就到家里吵事，年幼侄子不得安宁，就让其入谱。另外，不是随便登记族谱，向长辈问清楚晚辈的生辰八字，要求生辰时间和告终时间都要记录详细。如果只知道生辰，不知道告终时间，如被抓壮丁，在战场阵亡不知道何时何地去世，可以随便写，灵活处理。

> 据李良望老人所述，长房掌族谱，祖父去世早，孤儿寡母，族谱上有生辰八字，由管谱者登记，每当本家门的有人出生，就登记生辰八字，如果老人去世，也登记去世的时间。这样，如果碰到修谱，就不要入户再一一登记，只需核对即可。后面，父

亲管谱，当儿子当家，由长子继承，继续管理家谱，负责登记本支生者或者死者生辰八字。

3. 取名

姓、名、字，姓跟随其族宗，不能随意改姓，名为其父亲或祖父起，字长大成人或结婚时由长辈或知名先生起，号由长辈取，或者朋友取，也可以自己取。三者可以意思一致，也可以相关，甚至相反。传统时期称呼对方时，使用对方的字，而不是直接称呼其名，表示尊重，晚辈可以称呼长辈的字，但是不能直呼其名。同辈之间互相称呼字，表示相互尊敬和亲近。

4. 做丁

生娃，女子一个月不能出家门，需要坐月子，出门伤风，丈夫可以进去看母子，主要是娘家和婆家的女子可以前来，邻里女子也会前来问候道喜。过族米，就是在孩子出生的头几天办一次酒席庆祝，主要由孩子出生时间来定，男婴出生 10 天办，女婴出生 9 天办。娘家挑着穿戴衣服、玩具、布料前来，来的礼物越多，说明女方越有势力，越有面子，希望自己的女儿得到善待。另外，不管生儿子还是女儿，做丁的环节相当复杂，比如嘎老妈（外祖母和舅妈）前来过族米、吃蛋等，但是，办喜酒，儿子和女儿的酒席规模和费用有区别，儿子办 4 天，女儿办 3 天。同时，主家接姑爷、舅爷和姨爷过来庆贺，邻居和乡亲不接不来，男性不来，女性来。据说，办丧事，男女有别，做斋时间，男的时间短，没有血符仪式，比如 2~3 天，女子做斋时间长，比如 4~5 天，因为女子生嗣子留血，要做血符仪式，诵经超度时间多。

（三）生育关系

1. 生育与天命关系

有无子嗣，终取决于命理。命理有终究有，命理无莫强求。命理无子，消受不起。没有子嗣就没有，自己也不会强争气。即使没有子嗣，别人也不会嘲笑，过继不到子嗣，他们变成孤寡老人，甚至乞讨为生或者出家为生，别人只会怜悯他们。比如，过去，民间流传"九子十八孙，中间一座古坟"的故事，一个老人有 9 个儿子和 18 个孙子，就嘲笑别人没有子嗣，"你没有儿子养老多么可怜，我这么多儿子和孙子，几辈子不会做孤老"，最后，儿子和孙子一一病死，他孤零零而死，族人做善事，就把他埋在中间，其他儿子和孙子埋在周围。88 不能笑别人婆婆哈（傻），即使 88 岁，也不能笑别人傻。以后的事情看不到。

2. 生育与养老关系

俗话说，蚂蚁多就不怕马踩死。如果儿子多，长大就改善家庭，生活就变好，多子多孙，不是所有的儿子都穷，只要有一个儿子好，父母就享福。同时，并不是所有儿子都不孝顺、不讲良心，只要有几个儿子家庭好又孝顺，父母就生活好。而且如果儿子不孝顺，族人也会惩罚："你父母抚养你们成人，吃了多大亏，你们有福，不跟他们一起享，不赡养父母！"但是，多儿多女是冤家，人多话多，经常打架，闹矛盾，父母难招呼。不过，人丁兴旺，福气好，前人有德，后人有缘，前人栽树，后人乘凉。前人积德，后人才能发展。也想讲究多子多福，比如一户有7~8个儿子，即使再大家业，诸子均分，比如80亩田，分家以后，每户只有10亩田，家庭由富裕也变为贫穷，也穷不久，有人就有世界。

3. 生育与地位关系

少数家庭，几个妯娌，如果生了男丁，在家庭地位高一些，没有男丁，在家庭没有话语权。不过，多数是一视同仁，如果父母过于偏心，媳妇就会提意见："我也是十月怀胎，谁不想生儿子，生不到儿子，你家祖上前世无德，不能怪我！"

第二节　信仰与信仰关系

过去，为了自我保护和生存，逐渐形成了一定的信仰文化，成为支撑村民发展的精神支柱。本节从神灵类型、敬神目的和敬神顺序以及关系进行多维度分析，旨在描述村落完整信仰体系。

一　神灵

传统时期，村落信仰神灵种类繁多，比如麻脚神、潭神、土地神和庙神等，不同神灵功用也不一样，因此，根据不同情况村民就会敬不同神灵。

（一）麻脚庙

1. 位置

官湖垸垸堤上建有一个麻脚庙，是私人4~5户出钱购买1.5车砖和瓦修成的小庙，供奉一个小神，麻脚神不入祖堂或厅屋，只安置在厅屋旁边，修建一座房子供奉菩萨。比如李家咀康字号建有一个土地庙，由王书册为首，修建庙宇，超康字号一个陆氏为菩萨，再捆文氏做麻脚。据李良望老人所述，民间麻脚先生，捆他的菩萨是到外地做官，坐船被风掀翻，葬身鱼腹，变成有底子法力的菩萨，维护一方太平，书办先生招呼菩萨，助麻脚先生登位。人山人海，几百人围观，下河抓鬼，然后，烧油锅炸鬼。还有捉野猫精，上天入地，下海过河，身体没有打湿，砍断了野猫精的尾巴，它就躲进坟里，不敢出来害人。

2. 级别

麻脚不分男女。由于麻脚上身的菩萨不同，不同麻脚法力不同，当遭遇鬼怪大，就要找法力高强的大麻脚，一般疾病只要找小麻脚先生就能解决。比如顾老妈是一个小麻脚，法力不高，遇到小事，才能解决。当菩萨找人接班做麻脚时，村落几个麻脚候选人，进行超度菩萨，一个又一个"翻栏"，由菩萨上身，验证是否符合做麻脚，如果不符合就承受不了菩萨的法力，会折阳寿，最后，捆到李公祥，化作神灵，专门抓鬼捉妖，庇护一方平安。而且替人消灾解难，不能贪钱，只能接受乡亲的鸡蛋或者香烟等礼物。顾老妈是小麻脚，不过是一尊小菩萨小捆着，菩萨上身，遇到小病小难，都会找她帮忙驱灾避难。比如，自己的不端行为，冒犯何方神灵，就找麻脚，烧香秉烛，化水焚符，点上神灯，祈求菩萨上身，与冒犯的神灵进行通话，请神原谅，不要再骚扰凡人，以后就烧纸钱给他用，再打卦，如果有阳卦和顺卦，就说明神灵同意，按照旨意去还愿就行。

> 过去，李良望神经突发疾病，变成霉气（傻子），就找本村麻脚李公祥和水塔村女麻脚做法事，做表送神。当装香化水，祭祀神祖时，先是女麻脚请神下身登位，接着，吩咐李良望出来作揖，但是，女麻脚的帽子飞开，马上退驾，说明李良望八字硬，菩萨接受不起他叩拜，接着，由李公祥请菩萨上身，这时，李良望再作揖，但是，其帽子没有飞开，说明李公祥捆上身的大菩萨，法力更加高强，就为其把脉和问诊。

3. 功能

第一，驱邪。阳寿不满的孤魂野鬼，比如上吊死或者投河死，才会害人，如果满寿，就被黑白无常抓去投胎转世做人来不及害人。撞到孤魂野鬼，就找巫医做法，驱鬼消灾。李良望的姨妈的儿子撞到鬼，身体不舒服，浑身冒汗，不能动弹，就找麻脚先生李斯银驱邪。还有李良望的一个舅爷，帮助窑老板打工，用砖去砸豆子，哪知道豆子是鬼，他就被鬼报复，天天高烧不退，奄奄一息，但没有找麻脚先生，也没有找医生看，因为他父亲也糊涂，其妻子是个牌鬼，连丈夫生病，也不管，就病死了。

第二，招魂。落魂要请菩萨招魂。当谁丢魂，不招魂就去世。就接一个麻脚先生，烧香燃烛，请菩萨上身，进行招魂，到街头巷尾叫魂，家里有人答应，将魂引回来。不过，有时招错魂，比如一个未嫁的女儿，却招错成已经怀孕的妇女，需再举行招魂仪式，将妇女魂魄赶走，将女孩的魂魄招来。如果失魄，没有那么严重，不需请麻脚请大菩萨招魂，只需用米，烧香燃烛祭祀，请司命菩萨收魄。

第三，报酬。待病好了以后，患病者为了感谢麻脚先生，不需要钱财，一般会送功德匾，买香烛纸草过来谢神，以及送一些烟酒鸡蛋给麻脚先生。李良望说，麻脚先生能够通灵。麻脚先生也种田和打鱼，如果有人请他看病，早早就知道有人找他看病，有菩萨通灵，提前回来等人，马上说"不打鱼了，有人来看病了"。病好，他也只收一些果品作为礼物，不收钱。

4. 超菩萨（加职）

第一，资格。超菩萨，俗称加职。福场菩萨终身任职，如果去世，才选择新的菩萨。同一个福场，比如青龙潭坛口，通知所有的麻脚，谁愿意来就来参加，平等竞争，让一些麻脚进来遴选，进行操菩萨大法事。由菩萨决定，上哪个麻脚的身，菩萨捆哪个哪一个就算庇佑本福场的大菩萨，并不是村民选举的。比如每年元宵节过后，锣鼓喧天，进行超度菩萨。村里一个麻脚李窥银据说他跟菩萨有缘，菩萨就捆他，请菩萨上身，就可以驱灾辟邪，为村民驱除灾祸。

据郭用文老人所述，过去，一些小麻脚2~3个，以前没有超过菩萨，就是不能名正言顺当成福场大菩萨，只是在乡间搞点小事，按照传统惯例，不管男女，只要敢上阵请神上身超成菩萨，福场乡民就超谁，没有歧视任何人，如果不敢进门超菩萨，就说明菩萨底子小，能力低，只是小神，庇护不了福场的村民。

第二，仪式。选择良辰吉日，先由道士先生、2个驸马准备祭品，烧香燃烛，敬家神，告知操菩萨仪式。然后，若干麻脚并行站立背对着神台，请菩萨上身，看谁身上缠菩萨最多，比如2~3个菩萨都缠他这个麻脚，或者谁能够承受法力越久，俗称抗寒，以及谁最先开始转，就选择谁，就谁做福场菩萨。2~3个驸马，要人高马大，力气惊人，驸马轮流扛着麻脚到肩膀，一直转圈，麻脚手里拿一个书子，累了驸马退休，另外一个驸马再扛着麻脚先生继续转，直到菩萨上身为止，由神显灵，形成一个书的内容，就算操菩萨完成。一般超菩萨时间为3~5天，不论白天晚上。然后，就敲打锣鼓，庆贺选菩萨成功。据李良望老人所述，"李前元不想做麻脚，躲在房里，道士一摆祭品敬神，锣鼓一敲，菩萨就捆到他身上，所以他的法力很强，成为地方知名麻脚"。最初，菩萨捆夏中德为麻脚，后来，夏中德年纪大了，退出来，菩萨就捆李前元做麻脚，最后，才捆李公祥做麻脚。

第三，筹资。由首事挨家挨户筹集款项，一般为5~10个铜板，准备宴席款待道士先生、麻脚、书办（3个书办，左右1个侍候，烧香化水，中间1个接神，招呼麻脚先生，接邻村的麻脚先生帮助请神），请神、念文、接神，6个道士负责做法事，一个菩萨一道书，3个菩萨做3道书，做3天法事，一般3天3夜，乐师傅、其他首事作陪，福场百姓只出钱，不吃宴席。

超菩萨就是请大神上身，借助神捆人身，为村落人驱灾避难，享受村落人的祭拜和香火。不管是村落的真菩萨还是假菩萨，只要敢超菩萨，捆神上身，能抗寒，就能作为庇护杜家剅的保护神。如果是麻脚庙小神不敢来捆上身，就只是一个小神。最后，李公祥只是做了阴捆，被捆了大神上身。但是，比不上李前元的阳捆法力大，开血章，用血祭神，化血符，请神上身。据李良望老人所述，麻脚先生李斯银，烧过血香，割股流血，化血符，给母亲治病。曾经自己挑一个担子，三步一跪，五步一拜，从半夜开始，一天一夜到庙里敬神，并烧糍粑香，母亲后面病就好了，对母亲尽孝，被村落称为真孝子。他做麻脚，十里八乡都有名，上山下河捉妖都行。

5. 接班

做麻脚先生可以救济相邻，驱邪降魔，一般不准后代接班，跟菩萨接钩和打交道的职业，怕后代折阳寿损阴德。他就把菩萨装进瓶子，埋到十字路口的地里，菩萨再也不能缠其子孙后代。可见麻脚是擅长阴阳鬼道，知天理命数，能上山擒魔、下湖捉妖的奇能异士，在十里八乡，有一定威望，别人也敬他三分。特别是替人堪舆风水，为人修葺阴宅，以及迁坟移葬，虽然阴德无双，但是，子嗣不昌，受到忌讳。据李良望老人所述，遇到不小灾难，李前元被菩萨捆着当了大麻脚，去世不准儿子接班，因为太多忌讳，就把菩萨的金身埋到土里，不会缠其后代。

6. 菩萨与村民关系

菩萨等神灵都是鬼修炼而成，人有三分怕鬼，鬼有七分怕人，只要人品行正，一正压三邪，就不会撞邪灵；同时如果前世是一个大官，人的底子高，鬼神就不敢撞。但是，如果自己底子小，身体虚，就会撞一些邪灵。比如寨堤上建有一个麻脚庙，供奉一个小神，不是人修炼而成，是一些不成正果的精气修炼而成，李良澈的母亲撞到这个神，就找到做麻脚先生的舅爷，舅爷告知她联合几户人修建庙，并立一个牌位，进行供奉，才能免除灾祸。但是，村里麻脚先生李公祥说："他算什么正神，修什么庙！祭祀他干吗？"

7. 菩萨与麻脚关系

当菩萨是正神时，就会庇护一方太平，消灾解难。当碰到邪灵时，就会祸害百姓，导致百姓遭殃。这时，麻脚先生可以做法，请法力高的正神附身，赶走邪灵，还地方安宁。比如过去，私人修成的麻脚庙，村落里2~3个人撞到这个神，比如杜子英、张老妈和尹老妈等，骚扰杜家峁百姓，不得安生，撞神者就找青龙潭的麻脚李公祥，做了一道表，并购买了香烛纸草去送小神，后面，撞神者就恢复健康。但是，这个小神又不听话，又出来骚扰杜家峁百姓，杜子英就找到李良望，一起找到李公祥，李公祥准备宝剑、香纸，就做法事请神上身，要求小神赶紧脱身，不要骚扰百姓，但是，几次通神，小神不愿意，李公祥用宝剑一挥，就把小庙神坛推翻，杜子英身体才变好。

8. 菩萨、麻脚和村民关系

好的菩萨可以造福乡梓，确保一方平安太平，当村民遇到坏菩萨，也是邪灵时，就会不得安身，这就需要麻脚和村民一起对付，赶走邪菩萨。比如村落一个妇女，因菩萨附身出毛病，卧床不起，李良望到她家里，见她在家超神，并说她是李良望的父亲，叫李良望下跪，李良望说，他父亲死前，给了他一个暗号，如果她能说出来，就下跪，李良望就喷了三口水，妇女就清醒，神跑了一段时间，又来了，找谁喷水的，但是，没有人吱声，这个神就跑了。10年后，这个小神又来附身，妇女的丈夫又找李良望帮忙，李良望就找麻脚顾老妈，到了妇女家里，就说："你什么神，你要捆她做菩萨用身，怎么把她的脚搞跛，她以后怎么做活，做菩萨也要讲道理，怎么乌烟瘴气？"然后，顾老妈用黄纸香烛送走神，妇女身体才好。

9. 菩萨与菩萨关系

大神不入小庙。意思是不同神灵也有等级，法力越高，庇护范围越广，只有麻脚等小神才会入小庙。当村民撞神时，会燃香秉烛，禀告寺庙菩萨，请求赶走所撞小神，还百姓平安与安宁。李良望老人回忆，修建青福寺，村落都出工帮忙，中湾村一个妇女也出工帮忙，但是，却撞了神，无力动弹。"山中无老虎，猴子当霸王，你这个坛子的小神，敢来到庙里撒野。"李良望就叫李良怀和孟广生准备三张表和三炷香，向祖师禀告和请示。三人用表化成符水，弹到妇女身上，同时大喊"快下身"，妇女身上发出另一种声音："不下身，看你拿我怎么办！"李良望气愤地说："妇女来帮忙，帮庙做工，谁叫你看病，搞一些乌烟瘴气！"后面，小神就走了，妇女就恢复健康。

10. 麻脚与疾病关系

家里小孩哭闹不止或者发烧，先会向亲戚咨询，如舅妈或者姑娘等，告诉其病情，商量施救办法。其次，找郎中看病，要么遣人去请，要么把小孩抱去求医，请郎中把脉看病，开处方，再到乡镇药房抓药，看病不要钱，抓药才花钱，待疾病好了以后，准备礼物答谢，如2斤猪肉或者几垛糍粑。当没有疗效时，寻求巫医。请人上门接巫医，前来诵经，做表，每个表10文。

（二）坛（潭）神庙

第一，位置。青龙潭供奉有菩萨，比如文臣武将、观音罗汉等8个神灵。据说正神是前世武状元坐船过湖，起风落水溺死，就修行得道成仙，坐镇落籍庇佑一方，享受垸民香火。最初，村落花户集体出钱修金身，被洪水冲走，后面由麻脚先生出钱修金身潭神供奉，并由麻脚先生招呼。据李良望老人所述，潭里供奉菩萨，比麻脚庙供奉的菩萨法力大，当不小心撞邪，就需要请潭里菩萨上身，驱逐灾祸。

第二，功能。潭神是村或者大字号的保护神，即使曹市镇或者本镇他村遇到邪鬼，也会请麻脚先生做法，请菩萨上身，帮忙驱除灾祸。每年做会谢神，需要有威望者写的对联："龙潭震动威八面，清山下凡显四方"。感谢神灵庇佑乡里，造福子孙。

第三，祭祀费。潭神菩萨，没有固定收入，需要民间集资筹款，举办相关活动。每次做会时，首事挨家挨户收香钱，自愿出资，钱多则多出，钱少则少出，存留集体收入，主要用于购买香烛纸草、更新祭器或者请道士诵经、驱邪等活动的费用。

（三）垸神庙

1. 位置

乾隆年间到解放时期，垸堤两边倒口，中间建成青福寺。青泛湖垸有18个垸，上13个垸属于天门县，下5垸（周桃垸、南宁垸、张氏大垸、通老垸、泰氏垸）有古庙。青福寺始建于清朝乾隆八年（1743），至今近300年，位于龙潭河和沙洋河畔，地处螺蛳滩头，是青泛湖垸和官湖垸共同所有，其周边垸民顶礼膜拜之所。

据叶方明所述，在整个坑叫作青泛湖的时候，遇到洪水泛滥，要抢险，当时初一雷鸣电闪，天上出现"王永福"。当时大保长就找小保长，再找块首，找到帐子里的王永福，觉得与天上闪现名字一样。不到一根烟时间，河堤两处出现倒口，洪水就顺着流。第二天早上，河堤上人被困在那里，船也不敢去救，用三天才把人救出来。总共救了28人，他是建宁县人，王永福就说，得力于神仙保佑，才得生存。就想盖一座庙，感谢神仙保佑，28人伙同出钱，修了一个矮矮的庙[1]，下5坑地方群众就出钱，修了一个金身——洞庭王爷，享受当地人的香火，寺庙起名为青福寺，后人提上一副对联，"青泛湖中无俗客，福星台上有仙人"。

2. 神位

青福寺，龙潭河至西南环绕向东北与沙洋河交汇，呈现二龙环拱之状，阳光四射，竹林茂密，山景优雅，谓之佛门仙地。大殿门联云："青泛湖中无俗客，福星台上有仙人。"寺庙内供奉有玄天祖师、观音大士、靖江王爷、地藏王菩萨和韦陀菩萨，慧眼观照，普度众生，神威显赫，香火绵绵。青福寺庙历史悠久，恩泽广被。青福寺神灵情况见表5-6。

据叶方明所述，玄天祖师，在生是个皇帝，看到多人行善，就不想做皇帝，要求修行做和尚，不久就修成正果。就开膛剖肚，把肠子和心脏丢到海里，肠子就修成蛇的精气，而心脏就修成乌龟的精气，在海里掀云覆浪，船上行人葬身鱼腹，湖边百姓也遭殃，害百姓苦不堪言，就烧香秉烛，到庙里敬神，他知道以后，就施法抓回蛇和乌龟，将龟蛇二将作为座驾，确保海上安全和河岸百姓生命安全。

表 5-6　青福寺神灵情况

神灵	位置	功能	祭拜顺序
玄天祖师	中央	驱灾避邪，镇河妖、保太平	1
观音大士	右1	求子、保平安	2
地藏王菩萨	右2	超度人死英灵早登极乐，改节升表，驱灾避邪	3
文昌祖师	左1	求功名利禄，考学	4
丁藏王爷[2]	左2	治死匪患和盗贼	5
韦陀菩萨[3]	右前	降魔伏鬼，保护佛法，化缘修庙	6

〔1〕　有的老人告诉我说，具体位置就是从鱼塘到破口一段。此处的北水堤常被洪水冲毁，堪舆先生说，要修一座塔才能镇住，于是在今天寺庙位置上，有以镇河妖的塔楼。

〔2〕　丁藏王爷是一个武官，见到匪患与盗贼烧杀抢掠，就施法治死匪患和盗贼，保护一方太平。

〔3〕　如果韦陀杵扛在肩膀，表示可以招待远游到此地的和尚免费吃住3天，如果韦陀杵扛平端在手中，表示可以招待远游到此地的和尚免费吃住1天；如果韦陀杵杵在地上，表示不招待远游到此地的和尚免费吃住。

3. 庙规

过去，修庙竣工以后，首事和庙管事共同商议，制定相应的庙规，具体内容有以下几个方面，凡是信仰青福寺神灵的垸民必须遵守，不得违反。

第一，敬神之前，勿吃荤食。肉食、荤腥，以及蒜、葱、烟、酒等都会污口，对菩萨不敬，所以敬神之前最好忌食。

第二，衣冠整洁，举止有礼。进入寺庙，服装鞋帽以整洁为宜。不可服装不整，特别是女士，入佛堂切不可穿着暴露，也不可浓妆艳抹。入佛堂不得吸烟、喝酒、打闹嬉戏等。

第三，寺庙之中诸物不可乱动，特别是寺庙钟鼓、鱼磬等法器，不可擅敲，锡杖、衣钵等物，也不可乱动，更不能拿走。还有水果、植物等也不可随意摘取。

第四，阅经须恭敬。寺庙若有公开阅览的经典，方可阅读。但是，阅读之前须要先净手，放案上平看，不可握着一卷，或者放在膝盖上，衣帽等物尤不可放在经文上。

第五，向庙管事行礼。与法师见面，需要行礼，双手合一，微微低头，表示恭敬，忌握手、拥抱、摸僧人头等不当礼节等。

第六，敬神不语，或躺卧跑跳，否则不诚心。

第七，寺庙内用食，当得捐款。凡遇寺庙举行法会或者菩萨辰日，都会举办素食宴席度与信众结缘，信众需要捐助功德金。平日，在寺庙用餐，也要捐助功德金，因为寺庙所食之物，都为信众所捐，非出家之人，寺庙是不得供养的，不能白吃。

第八，带孩子入寺庙，大人一定要管好孩子，严禁乱动乱摸。

4. 管理

第一，庙管事。青福寺请有专门人进行管理，不过，并不是谁都可以做寺庙的管事。按照庙管事选拔规定：一是要吃斋（长斋和花斋），禁止酒色；二是没有父亲母亲；三是子女已经成家；四是已经丧偶。不符合规定的，就禁止做管事，由首事共同商讨决定。另外，如果庙管事有擅离职守、贪污、吃荤、肆意倒卖或破坏寺庙财物等违犯庙规的行为，经信众举报或者首事发现，首事可以通过商议强制解除庙管事职务，改选他人担任，凡是信众都有监督责任和义务。青福寺庙管事统计情况见表5-7。

表5-7 青福寺庙管事统计情况

姓名	年间	条件
尹道古	清朝年间	没有结婚
黄斋公	民国时期	无儿无女
夏斋公	解放以后	早年丧妻，无儿无女
李道姑	20世纪80年代以后	吃斋，无儿无女

据叶方明所述，斋公或者道姑进庙，不能随便进庙，要向首事申请，经过首事商量同意，方可住庙招呼菩萨。叶方明介绍一个斋公李姓，但是，不合格，只有50岁，还要求要几亩田，供其女儿来种。另一个斋公黄姓有两个儿子，又不吃斋。后来被首事赶走了。还有首事请叶方明帮忙介绍一个斋公，叶方明介绍杨婆过来管庙，已经三次，但是，其他首事和村民不同意，说她是贪财鬼。可见做庙管事，不能贪污一分钱。

第二，管理事务。青福寺日常管理由庙管事负责。他管理一切琐碎事务，比如每天庙门开关，白天务必保持打开，还有打扫寺庙卫生，早晚都要敲钟擂鼓，还要招呼菩萨，比如烧香、添香油等，平时，初一、十五都有香客敬神。至于庙管事早晚敬神，并没有那么多钱，香客敬神多会丢一些功德钱，供庙管事买香纸，代替香客敬神。

据郭用文老人所述，按照庙规，由住庙的斋公，照顾庙里一切琐事，不能上香客人来，你却在家里，无人招呼。庙门白天不能关，斋公还要敲禁子，朝三晚四，还要准备水给香客洗手，才能敬神，还要有哪些礼节，香客不懂，要斋公帮忙介绍，不然不合规矩。

另外，平时，斋公或者道姑买香纸敬神招呼菩萨，或者买一些香烛留给庙里，供守庙者帮忙祭祀。还有香客丢的香钱和做会的钱，也可以作为斋公生活费用。同时，农闲时，寺庙附近的老年妇女自动去庙里帮忙折大宝，年轻妇女因为忙不去。

李良望老人回忆，过去不仅敬青福寺观音，而且家家户户都祭祀观音求保平安，做生意供奉财神，结果发洪水，被洪水冲走。初一、十五或者过年都敬神，特别大年初一，上坟祭祖，后到寺庙敬神，人数最多。不论男女，也可以带孩子去敬神，而且敬神不怕早，提前购买黄表、香烛、鞭炮。

第三，报酬。其生活费用主要来源于庙上香钱，庙管事也不全要，一部分作为生活费，另一部分作为修庙或者做会的费用，庙里菩萨的钱，不能随便使用，只能用在敬神方面。另外，庙里斋公或者道姑看病，都是请庙里的神帮忙普度众生，比如做表，写上愿意升表，请神显灵驱除灾祸，不需要做法驱邪。

据叶方明所述，庙田供庙管事耕种和打理，自给自足，还有庙管事也懂得诵经和改节，百姓求助他们也会给一些功德钱。另外，平时敬神，招呼香客，协助香客敬神，敲禁子（敲鼓），撞钟，香客就施舍一些香钱。还有特殊事件，地方群众请道士升表，也会施舍一些功德钱，作为买香纸敬神费用，另一部分维持庙管事的生活。

另外，打垸米。腊月季节，庙管事就向垸内村民打垸米，用升子等向群众征集，也会有一些群众自愿帮忙挑米，多施功德，祈求保佑。比如杜家到夏子松斋公或者南安村尹道姑送司命灶神神像，村民自愿打垸米，一般为 1～2 升稻米，主要供给住庙的庙管事吃饭之用。

5. 祈福

每当岁修缮垸堤，就需要进行隆重的祭祀仪式。动工之前，由垸主主持祭祀仪式，以表示修堤的决心和真意。然后，由小跑的或者块首进村敲锣，垸主有令，各花户准备上堤修堤，限期缴齐土费等。进入汛期时，垸主或者修防主任，则要举行相应的降雨仪式，待降雨仪式过后，由堤工会或者修防处作为主家，摆宴席请绅士或者块首，颇为隆重。

第一阶段，涨水时，每年每当涨水，由青泛湖垸或者官湖垸垸主先准备三牲，比如猪头、山羊和牛头，燃香秉烛，带领村民到寺庙敬神，请道士做法请神降福，如果神灵保佑本垸不遭水淹，就唱戏感谢洞庭王爷等大神。

第二阶段，水退以后，若当没有垸堤倒口或者没有遭遇水灾，就由垸主主持办庙会，并杀一头猪，摆上鸡、鸭、鱼、肉、水果等祭品，烧香秉烛，垸主、块首、首事和垸民集体进行谢神活动，磕头作揖，请道士先生披法衣，手操宝剑，敲锣打鼓，超度诵经。谢上苍大神，保佑百姓国泰民安，风调雨顺。同时，垸主、块首命令人在青福寺前搭建台子，请武汉的戏班过来唱垸戏，进行敬神洗戏。唱戏 1～3 天，唱 5～6 个戏，平均 1 个戏 5 个大洋，时间为 8～9 月，天气凉爽才唱戏。一般不能唱花鼓戏，那属于风流戏，不能谢神，只能唱规矩的王子戏，比如盘朝代君王戏，当时，全垸村民集体来看戏，人山人海，热闹非凡。谢神或者唱戏的费用，都是本垸垸民按照田亩摊派费用一部分，另一部分为本垸垸民自愿出资或者绅士慷慨出资，由于人多力量大，每人出一点钱就够请戏谢神。

6. 修缮垸庙

第一，修寺庙。当寺庙日久破损或者遭遇水灾被损毁时，修神金身或者修庙墙，就需要垸民和垸主集体出钱出力修缮垸庙。

第二，首事。垸庙，比如青福寺，首事主要是各垸垸主担任，他们都是地方有面子和有威望者，比如青泛湖上 13 垸垸主李继门、下 5 垸垸主何同树和官湖垸垸主张九界等。主要负责建设或者修缮庙宇、庙管事选拔、庙产管理与支配，以及敬神祈福等活动。

> 青泛湖上 13 垸垸主为李继门，也是距离 20～30 里路的监利县龚家场李姓家族的户长。下 5 垸垸主何同树，是何家湾（曾家桥）人士，是"瞎眼子"光棍头，虽然读书不好，但是，能言善道，善于讲理和辩驳，善于诉讼打官司。有女儿，没有子嗣，田产多，住在四进口房子（9～10 米），解放以后，在反霸时被枪毙。官湖垸垸主为张九界，螺滩村人，善诉讼，好打抱不平。

第三，批准。由于垸庙属于垸民共同财产，在修缮寺庙过程中，改制规模或者使用庙产收入，都需要征求垸民意见，同时，需要担任首事的垸主组织开会商议，得到庙管事辅助，确定修庙和化缘时间。

第四，化缘。当日，由斋公背着韦陀菩萨（镜子画有韦陀菩萨的神像），比如郭用文父亲化过缘，点上香，由首事敲着锣，斋公拿着一个钵，游走垸子各村落化缘，请村民上功德钱。村落垸民听到锣声，就知道有寺庙过来化缘，就准备钱到寺庙，找为头的首事上功德钱。

第五，上功德。修庙上功德钱，坚持功德无量、自愿为原则，钱多者多出，钱少者少出，并有首事将金额和名字登记，待修庙竣工以后，首事接村民代表参与，集体算清账目，有哪些收支项目，收入多少，支出多少，剩余多少，出资人、经手人和审核人一一在册，都用红纸张贴布告，公榜 2~3 日，供村民监督，防止有人贪污挪用。据郭用文老人所述，修庙，要垸民上功德钱，有钱多上，无钱少上，功德无量的事情，没有强制，坚持自愿为原则。信神则有，不信神则无，平时，烧香敬神，才不会临时抱佛脚。

运转资金，正月、二月十九，香客丢的香钱，不能贪污，不能占有一分，只能由斋公保管，不过，一般不用于斋公日常开支，只能作为日后修庙、做会等事宜支出费用。起会香客敬神捐助的资金，由首事共同管理，只能用于庙里一切事务。在支出方面，斋公穿衣服、买鞋子和平时生活开支，只能从日常香客香钱支出。如果帮忙修庙，开几个工钱，也是应该的，但是，不能随便开支。还有庙宇起会之间赶情，相互之间道友来往随礼，不能控制太严格。除非，可以请一个通习的巫医，专门为人做表诵经或者看病，可以收取别人一些钱，维持日常生活。

第六，修缮。待捐款结束以后，垸主支取钱财，请人购买木料或者砖瓦等材料，雇请木匠或者瓦匠，也有自愿出工出力的，同时，垸民也会投工出力，帮助修缮。郭用文老人回忆，过去，青福寺修缮时，由黄陂师傅过来修庙，地方乡绅和十里八乡出钱修建。

7. 垸庙与国家关系

解放以前，青福寺是青泛湖垸 13 个子垸垸民出资修建的，垸主拥有认可和批准的权力，比镇长管辖范围还大，主管一个垸子，认为倒口没有塌，就要谢神修一个庙。

（四）神灵关系

1. 庙与庙关系

遇到疾病，比如出汗、抽筋或者痉挛等疾病，就烧三炷香，请求祖宗保佑。然后，请邻居或者乡亲麻脚进行诊断，不仅驱鬼消灾，还可以问诊疾病。然后，再到村庙——青龙潭福场找道士问诊，比如乱占神建房或者冒犯神树，就要借道士送神，祈求平安。如果再解决不了，就到垸庙——青福寺，请求庙里大神，驱灾辟邪，保佑平安，做表升表。

2. 庙与花户关系

青福寺作为固定信仰场所，也是缓解垸民洪水恐惧、凝聚人心的重要场所。最初，垸主带领垸民奋勇抢险，运土堵口，防止洪水泛滥，堤修缮过后，在垸主主持下，号召垸民自愿出钱在堤旁修建该庙，以感谢神灵保佑。从此该庙作为垸民祈求平安和修防时祭祀的场所。该庙规模有 80~90 平方米，三阳五暗，庙田有 3 亩，无论碰到洪水威胁还是日常生活中，垸民都会前去虔诚地祭祀，祈求一年风调雨顺，国泰民安。

3. 庙与宗族关系

垸庙的凝聚功能超越了家族，使不同家族以及尚未形成家族的小姓散户得以以垸庙为中心，展开协商与合作。由于江汉平原的围垸规模较大，即便垸内形成势力较大的家族，也少有由单一家族控制一个围垸的例证，而多是由多个家族以及众多的小姓散户共同协作修筑并维护一个围垸。在这种情况下超越家族联系之上的垸庙就成为将垸内各家族、小姓、散户凝聚在一起的重要场所。因此，垸庙是江汉平原垸田区域由围垸水利衍生出来的最重要的"水利的社会关系"。

二 敬神

（一）敬家神

过去，神柜上的祖牌是木制而成，写明："陇西堂历代高曾祖考妣内亲外戚。"[1] 保平安，供奉观音，如果做生意，就供奉财神，居于祖牌前面。如果当年有老人去世，灵位牌供奉在先祖祖牌右边，守灵 3 年。还有司命爹爹供奉在厨房，即使分家以后，儿子也分别制作神柜，安置家神。平时，不祭祀家神，除非许了愿，比如要请求保平安或求子，女人逢初一、十五都要祭祀。每逢红白喜事或者节庆，比如清明节、端阳节、中元节、中秋节、除夕、过年等，家长才祭祀家神。外出赶考或做生意，或者考学中举外出做官前，也要回家敬家神。准备供果，燃香秉烛，四跪八拜，向家神磕头作揖，祈求家庭平安、兴旺发财。未分家前，由家长敬神，家长不在，可以由儿子代替敬神。分家以后，父母不敬神，儿子当家，由儿子敬神。家神摆放位置如图 5-1 所示。

（二）敬庙神

第一，敬神时间。早上敬神不怕早，晚上敬神不怕迟。敬神时间不统一，敬神不怕早，有些人抢第一炷香，就诚心一些，灵验一些，而晚去敬香，不够当回事。而守庙的庙管事负责早晚敬神。据郭用文老人所述，凡是诚心的香客，每逢初一、十五，天亮就去敬神，说是越早表明心越诚，也就越灵验。

---

[1] 祖牌只有高曾祖 3 代，其他较远祖宗历经代数多，就记不清。

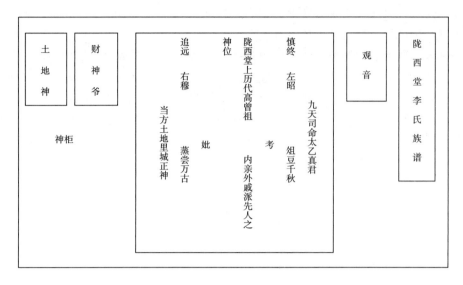

图 5-1　家神摆放位置

第二，携带物品。一般敬神准备香、烛、鞭炮、黄表，不烧票子，送鬼或者不成气候的神才烧香、烛、鞭炮、票子，不烧黄表。到庙敬神，香客自己上街买香烛敬神，庙里没有香烛卖。即使再远的香客，也不例外。庙里有香烛纸草，一般不能使用，只能自己带香烛纸草，不能使用他人的，不带东西，敬什么神，说明不诚心。

第三，敬神者。敬庙神，不论男女都可以去敬神，都是单户自己去，不会成群结伴而去，即使去的时候，人员集中，也都是你敬完我敬，秩序井然。保长也同样敬神，与一般人无异。俗称，信神则有不信则无。敬神，不是反对的事情，不需要经过家长同意。据郭用文老人所述，一般敬神，不分男女，男去女不去，女去男不去，很少家里男女同去，如果小孩想去，也由家长带去磕头。敬神时，也捐钱，还给打鼓香钱。

第四，磕头。平时，在庙堂神案前，前来敬神者，一一呈上供品、香纸，烧香秉烛敬神，敲鼓撞钟，四跪八拜，最后，一一将自己的香火钱交给接待处。待结束以后，就找亲友聊天。做会时，集体去敬神，不会集体同时敬神，行跪拜之礼，一般分先来后到，轮流烧香磕头，先拜中央的祖师，再拜左边的观音，再拜右边的王爷。

第五，打卦。如果求财或者求子，才会打卦，请斋公解卦。没有事，就不求卦。一般不帮他人打卦，只能本人求卦，才诚心，帮他人打卦，他人不听，也没有意义。还有敬神时，庙管事招呼你敬神，他负责打鼓和撞钟，你还要丢打鼓撞钟的钱，一般是 5~10 个铜板，不计多少，随便给钱。另外，还可以做一些附加工作。敬神时，香客可以帮斋公扎元宝，用黄纸扎元宝烧毁敬神。谁会扎就帮忙扎，不会扎就不帮忙扎，没有强制性。

（三）敬神顺序

随着敬神习惯，第一信庙神、家神，第二信祖宗、观音、财神、灶神，第三信坛神，同时，根据不同心理和时间，安排敬神顺序。比如初一，鸡叫，早上先敬家神放鞭，然后到青福寺敬神放鞭，接着到祖坟告祖上香烧纸放鞭，还要到当年村落有老人去世家里去上清香，最后到本村大麻脚青龙潭敬神，回来就打牌。大神不入小庙，接都接不到。其他村落或者本村不认可的麻脚家里小神没有人敬。

逢年过节，拜祖宗、财神、观音、土地爷，装香化水，四跪八拜，祈求一家人平安，多子多福，升官发财。并不是先拜祖先，再拜其他神，分别作揖，而是所有家神一齐跪拜，也不念某某神的名字，地位平等。但是，如果想要儿子，就多拜观音，如果求财就多拜财神，遇到撞邪，就拜祖宗。在庙里，先拜中间祖师，再拜左边观音，再拜右边地藏王菩萨。李良望老人回忆，过去，李家咀家里供奉一个菩萨，后面，建一个庙，将菩萨搬到庙里进行祭祀。还有路上一棵树上也有菩萨，多数是没有修炼成气的菩萨。他们都是小神，一般人不去敬，只有麻脚先生敬。

（四）敬神关系

1. 目的与敬神关系

家神保家庭，禁止妖魔鬼怪进门，潭神庇护整个村落或者大字号的村民，不受邪灵骚扰，而庙里的神，管辖整个村或者几个村，防止妖魔鬼怪进村。因此，现实中有人不在青福寺许愿，却到外面庙许愿，逢初一、十五都到外庙敬神，比如万家到卢家墩村许愿敬神。据李良望老人所述，家财有一万，神鬼有一半。如果家财万贯，不能骄纵蛮横，多少祖宗和神仙积德的恩赐，要多祭祀各方神鬼，烧纸给阴间先人。

人没有神，寸步难行。抬头三尺有神灵。不同神有不同功能，根据不同情况敬不同神。红白喜事或者逢年过节，只敬家里祖宗，不到庙里敬神。修堤谢神、划龙船、耍龙灯，初一、十五、过年，或者许愿吃花斋到寺庙敬神。生男丁，做土地福，到村民家里敬土地神。每逢初一或者消灾，就要敬麻脚神。如果本村灾祸很多，比如霍乱瘟疫，就到镇里大庙敬神。据李良望老人所述，遇到疾病，比如出汗、抽筋或者痉挛等，就烧三炷香，请求祖宗保佑。然后，请邻居或者乡亲麻脚进行诊断，不仅驱鬼消灾，还可以问诊疾病。然后，再到村庙——青龙潭福场请道士问诊，比如乱扰神建房或者冒犯神树，就要借道士送神，祈求平安。如果再解决不了，就到垸庙——青福寺，请求庙里大神，驱灾辟邪，保佑平安，做表升表。不同时期敬神情况见表5-8。

表5-8　不同时期敬神情况

事件	家神	坛神	麻脚神	土地神	庙神	城隍	谁敬神
红白事、过节	是	否	否	否	否	否	家长或者儿子
水灾、划龙舟、许愿	否	否	否	否	是	否	垸民（男女老少）
土地福、生男丁	否	否	否	是	否	否	家长或者儿子
疾病未愈	否	否	是	否	否	否	家长或者儿子、女人
瘟疫	否	否	否	否	否	是	垸民（男女老少）

2. 信众与敬神关系

信神则有，不信则无，寄神于是神在，你信神就有神，不信神就没有神，你敬神神就保佑你，不敬神就不保佑你，我信神，你不信神，也没有压力和强迫力，不干涉，凡事在自己。不信神与不信神，或者信这个神与信那个神，都是自愿，没有强制性。另外，敬家神与孝没有关系。有的人不敬祖宗，但是，照顾父母；有的人不孝敬父母，但是，烧香敬祖宗。可见敬家神跟孝道没有直接关系。不同人犯不同条例，就要求处以不同惩罚。另外，敬神都是各自来，不是一起，自愿前来，上功德，有礼簿先生登记功德钱。不同神灵统计情况见表5-9，不同时期敬神频率见表5-10。

表5-9　不同神灵统计情况　　　　　　　　　　　单位：次

神名	数量	位置	祭祀单元	谁来祭祀	是否起会	是否捐钱	庇护对象	信任程度
家神	4	家庭厅屋、厨房	家户	家长	否	否	本家	最高
庙神	7	垸子寺庙	垸	本、外村民	是	是	本、外村	高
土地神	3	家庭厅屋	福场	本福场村民	是	是	本福场	较高
青龙坛神	1	村民偏屋	大字号	麻脚先生、本村民	是	是	本村落	较低
镇神	9	镇中心	乡镇	镇村民	是	是	本镇	最低

表5-10　不同时期敬神频率

神名	祭祀频率	信任程度	出资
家神	逢年过节、红白喜事	最高	家庭出资
庙神	初一与十五、修堤谢神、划龙船、耍龙灯，初一与十五，三月初五财神报，二月十五观音报、过年	高	庙田收入、起会收入、香客捐香钱、斋公或道姑做表与做收禁收入，外面道士进庙做收也捐钱
土地神	一年两次：上福和下福	较高	福场村民捐钱、家户出钱
青龙坛神	一年一次：大年初一，或者起会	较低	村落或者字号出钱
麻脚神	患病就敬麻脚神	低	麻脚先生、信众
镇神	几年一次：村落遇到天灾人祸	最低	本镇香客出资、起会出资、庙田收入、斋公或道姑做表与做收禁收入，外面道士进庙做收也捐钱

三　起会

（一）起土地会

第一，神位。家里有祖宗牌子，安置在正堂神柜中央，同时，祖牌左边供奉观音大士，祖牌右边供奉财神。上面写明：某某堂历代高曾祖考妣内亲外戚。其次，摆放土地神，里面供奉土地爹爹、土地婆婆和殷哥舅爷[1]，两旁有一个站将。据说，玉皇大帝委派土地爹爹下凡时，问他有什么抱负，土地爹爹希望世上的人个个都变得有钱，人人过得快乐。土地婆婆却反对，她认为世间的人应该有富有贫，才能分工合作发挥社会功能。土地公爹爹："那么，贫穷的人不是太可怜了吗？"土地婆婆反驳道："如果大家都变有钱人，以后我们女儿出嫁，谁来帮忙抬轿子呢？"因此，多推崇土地爹爹。

> 据郭用文老人所述，每逢做土地福，接道士做法事，披法衣，敬神时，专门点一根蜡烛给殷哥舅爷，土地爹爹、土地婆婆都没有职份，受不起这个礼遇。殷哥舅爷职务（份）比他们高一些，因为他是皇帝儿子，而土地爹爹只是阳间的保长，是一方土地神，如果湾子或台上老人去世，黑白无常要抓鬼魂入阴间，不能进屋门，因为他们是阴间神，只能由阳间土地神把鬼魂引出来，交给黑白无常。千里的龙神，赶不上当地的皇帝。阴间阎王和黑白无常都过问他，他就是阳间的保证。

第二，做福时间。每逢太平年间，水旱无忧，粮食丰收，土地福，一年两次，分为上福和下福，时间为二月初二和八月初二。同一个福场轮流做土地福，今年你做福，明年我做福，进行谢神活动。

第三，主持者。同一个湾子或一个台子，同一个福场年龄高的长辈或者有钱绅士为首，老实人做不到首事。比如李前元、涂天平、涂前元，挨家挨户通知开会，讨论每户出多少钱，一般为5~10个铜板。同一个湾子或者台子组成一个福，轮流安置家里，也轮流做福。后面，谁家生男丁，负责组织福场乡民做土地福，挨家挨户上门捐钱，每户4~5个铜板，由做福者买菜做饭，菜肴、香火纸草要用所捐钱上街买，米和油盐都是做福者出。

> 据李良望老人所述，最初，做土地福，轮流做福，挨家挨户出钱，请福场村民吃饭。俗话说，衣食足礼仪兴。太平年间，家庭富裕，生活好，新的礼仪逐渐兴起，也不是一成不变。如果谁家生了一个男丁，就做土地福，不需要村民出钱，由做福者安置村民吃饭。同时，请道士、锣鼓乐队做法，敬神。

---

[1]　商朝时期，妲己设计夺取江山，派兵追杀商纣的儿子殷郊，殷郊逃难躲进土地庙，请土地神帮助隐瞒，"如果追兵问起，你就说你家里的舅爷"，俗称殷哥舅爷。他因此幸免于难，最后修道成仙。就供奉他的金身，也保佑百姓。

第四，组织单位。最初，杜家剀有4个福，平均8户一个福，李姓人多一个福，其他姓氏都是杂姓福。后面，谁家生男丁，负责组织福场乡民做土地福。

第五，出资。出资是算账福，用多少钱就按照家户数量平摊费用，由有钱有势者先垫付，一年做两次福，出资差不多，8户家长共同商量，一般每户为5~10个铜板。油盐柴米、菜肴、香火纸草都是一同购买。据李良望老人所述，做福时，由3个首事负责组织，挨家挨户收钱和捐稻米吃饭以及请人唱戏，按照平均出资+赞助款，为了树立典范，做好事，积功德，首事会多出一些钱款，比如平均每户出5~10个铜板，首事会出资10~15个铜板。

第六，迎福。通知福场各户择良辰吉日，抬土地爹爹进门，每家每户出门迎土地神，并进屋敬神，5人擅长乐器者，敲锣鼓吹喇叭，4人抬土地福进屋，可以由做福者抬或者福场年轻男子抬，供奉到神桌上，再由做福者准备祭品、装香化水，2户自由搭配一班，一班又一班，敬土地爹爹、土地婆婆和殷哥舅爷，然后，每户出家长1人到做福者家里，家长不在，也可以儿子代为参加，女人不参加，6岁以下小孩也可以参加。喝酒吃饭，一般有3~4桌宴席，每桌8人，总计24~32人。

第七，请福戏。若当年没有被水淹，风调雨顺，稻谷小麦丰收，由福场的一些绅士或者有钱者为头担任首事，一般为3~5人，召集福场商量出资情况，挨家挨户收钱，一般价格为5~10个铜板。并将土地福摆在戏台前，也跟福场乡民共同观戏。

（二）起庙会

青福寺的规模有80~90平方米，三阳五暗，庙田有3亩，无论碰到洪水威胁还是在日常生活中，垸民都会前去虔诚地祭祀，祈求一年风调雨顺，国泰民安。

第一，起会时间。一般3~5年，需要改造东西，比如菩萨装新、修庙或者修路、超菩萨诵经，就会做会，信众前往青福寺进行祭祀活动，祈求菩萨神灵保佑，一年平安顺利，五谷丰登。

第二，起会者。青福寺起会时，每个村落选一个首事如何同树或张九界等，如果父亲是首事，儿子是首事的也少，除非他品行正，能力强，大公无私，能够取信于民，如果办事能干，就可以连任，如果做不好，贪得无厌，就不选他们做首事，村落人物头很多。每次做会时，有文化的教师先生或者乡绅会题词，比如"青天白日出何鬼，福寺庙堂出正神"。

第三，上功德钱。首事每家每户送一个通知，何时何地起会，村落挨家挨户自己上功德钱，首事设置会计和出纳，集体收钱，集体算清账目，使用多少，剩下多少，都要上榜公布。每个人上功德钱要登记名字和金额，自愿捐钱，没有强制，不信神也可以不去捐钱。敬神的钱，不敢贪污挪用，害怕被神惩罚，一辈子过不好。如果谁敢贪污，不可选他担任首事，负责庙上的事务。

第四，做法。一场法事，每个人误工费20块大洋，共10个道士，4个敬神和诵经，还有6个人帮助群众做表，驱灾祈福。一般请人多，成本高，开工资高，划不来，共20块大洋，开坛要1条烟，价值为2块大洋左右。唱戏，只能到沔阳县请一个戏老板，他们到当地找其他戏子，一起唱一个戏。请群众协助在庙上搭台唱戏，一个戏要加 5 个银圆。

第五，撒故食。庙里做会，要搭台唱戏或者耍故食，比如撒故食（煮的稀粥），供各路鬼怪抢，喂饱鬼怪，不再骚扰百姓。相当于阳间的开仓赈灾，但是，叶湾村一个叫杜兴武的不让人搭台，独断专行、意气用事，后面，就不搭台。待其仪式过后，由坛主染香烧烛，祭祀青福寺各神灵，然后，集体吃斋饭，喜欢吃就吃，不喜欢就不吃。

（三）起潭会

第一，起会时间。同一个坛口起会，一般起会时间为正月十三至十五。具体时间由村落有面子或者有威望的老爹负责组织和通知。起会范围，从青龙坛坛口，西至杜家剅，东至东堤沟，北至坑堤，南至百洪沟，也是杜家剅村范围或者大字号范围。

第二，组织者。采取首事制度，每逢农闲时节，村落公议，每个推荐若干贤能或者公正之人担任首事。由乡代表涂文元、麻脚李斯银、门长李前汉、乡民熊茂盛担任首事，其中涂文元负责组织起会，李斯银负责收钱，熊茂盛负责保管，不过，挨家挨户筹钱，没有限定出多少钱，随意出资，比如 10～20 个铜板。李良望老人回忆，谁为首起会，就保管钱，一般地方有点威信或者面子，以及有文化之人，乡亲相信他就推荐他为首事，不然，上门收不到钱，那些人际关系不好的人，也收不到钱。同时，他们有能力或者有责任心，能够把起会事情办成。

第三，管理事务。主要围绕某个鬼神或者神进行祭祀的事务，其中治理内容：一是开坛做法，为村民驱除灾祸辟邪，保平安；二是踩禁口，排除妖魔鬼怪骚扰；三是替人看病抓药，救死扶伤；四是超菩萨，筛选村庙麻脚先生；五是起会诵经祈福；六是善款筹集、管理和支配。

第四，其他。每次起会，按照每户捐的钱上功德，待活动结束以后，剩下的钱，再收禁，向钱保管者支取费用，待过年，用钱玩龙灯、彩船（女孩划彩船）、胖头仙，挨家挨户进门拜年，说恭贺的话，每家每户给 2 包烟作为酬劳。

（四）起会关系

坑庙或其他寺庙起会，不信者可以不出。但是，起潭会、做土地会必须家家出钱，不管信不信，都要出钱，多数望子孙平安。村落起会不去可以，一般不会不出钱，不肯丢面子，怕别人说闲话："他会巧啊，大家都出钱，他不出钱！"另外，最重要的是起族会修谱，一定要出钱，帮你上名字，如果不出钱，就不给你上族谱，但是，做坛或者做太平会，不出钱就算了。

四　收禁

第一，收禁目的。过去，当时每个村都收禁，你村办不成，锣鼓一响，其他村的妖魔鬼怪就赶到你们村，整个村就遭殃。因此，一定要推荐有面子的人起会，才能筹集到钱，请道士收禁。

第二，收禁者。请 1 个道士先生（请外面道士）、2 个书办（麻脚），1 个接菩萨，1 个请菩萨，负责帮麻脚披法衣、戴帽子，穿火领子、请神，斟酒、开捻，也与菩萨通灵，一般人做不成书办，要是本村男子担任，且专门学习过法术，人高马大，既要扶麻脚上位登驾，又要接稳麻脚退驾，还要是文化人，负责开药方治病，如果不懂医术就毒死人，不只是撞鬼驱邪。

第三，踩界口。首先，家长在家里敬神，然后，收禁踩界口，道士、书办和 1 个本村麻脚先生、3 个帮忙的和 3 个敲锣打鼓者，锣鼓喧天，爆竹轰鸣，挨家挨户进门，由道士作 3 个揖，然后，麻脚打卦，如果打不到顺卦[1]，就在家里做法，到处窜，驱走妖魔鬼怪，再打卦直到顺卦才走，如果开始打到顺卦（一正一反），就说明家里平安，不需要做法驱邪。同时，也发给主家符条，贴符条，驱除妖魔鬼怪，主家将 2 包烟放在神桌，作为感谢。踩界口不能落下 1 户，直到走完大字号为止，一般一天时间就完成。

第四，报酬。请道士先生和书办等吃饭，村民只出香钱，不吃饭，并支付费用，一般为 5~6 块大洋。另外，还需要道士和书办等人披法衣，锣鼓喧天，在青龙坛做法诵经，同时，请他们一起吃宴席作为答谢，并支付 10 块大洋/天，做 3 天。

郭用文老人回忆，过去，每一个台子或湾子都有一个麻脚，有 2 个驸马，到家里抓鬼驱邪，进行收禁仪式，踩界口，由一个神做主，庇护这一方土地，这块地的村民就一年平平安安。另外，并挨家挨户贴符条子，妖怪蛇神都进不来，并入户舞刀弄斧，再打三次卦，如果打了 2 个阳卦 1 个顺卦就走，比如 2 个正是阴卦，2 个反是阳卦，一正一反是顺卦，家里就没有邪鬼，就全家平安。由首事挨家挨户出香纸钱，平均每户出 2~5 个铜板。如果不出钱，就不仅失志没有面子，而且受到别人议论或者排挤。遇到生病，就找郎中先生。

第三节　思维与思维关系

传统时期，人与人、人与村落，人与国家以及人与自然相处，受到一定思维和认知主导，在处理相互关系时，行为也受到其支配，所以只有了解农民的思维、认知和态度，才能更好地了解传统乡土社会。

---

[1]　阴阳卦或者直卦，就说明家里有问题，不平安，就请菩萨上身，在房子里到处窜，将妖魔鬼怪赶走。

一　农民思维

（一）公平思维

传统村落，为人处世，很注重公平思维，主要体现在家庭、村落和国家事务三个方面。一是家庭事务，比如儿子结婚时，虽然年成或者物价不同，但要求酒席筹办规模或者出资尽量做到一样。同时，作为长子，劳动早，与父母一起劳动，共同安置其他兄弟成家立业，分家时可以提长子田作为补偿。如果父母安置一个儿子就与其分家，安置一个分开一个，就不需要提长子或者长生田。房产和田产也是平均分配，做到公平对待。待父母养老，也是多个儿子公平负担。二是村庄事务，比如架桥修路或者修水渠，按照收益原则，谁受益谁出工出钱，禁止光享受不付出、搭便车。三是国家事务，比如完粮或者堤捐、修堤等，按照种田数量摊派，没有田则不需要出工出钱。

（二）平均思维

平均思维主要表现为心理平均和现实平均，不同类型支配行为方式不同。

第一，心理平均。当地村民做事做人擅长心算如何才能做到平均公平。比如作为有血缘关系的子嗣，就有平均继承父母财产的权利，待分家时，就需要分得同样财产，但是，年成不同或者物价不同，结婚时出资少的儿子，分家时就要多分得一些家产或者补偿。或者长子先做劳动力，先分家，但是对家庭贡献大，后面，父母帮助其他兄弟造房子或者扩田产，长子也有资格分配。另外，对于村落事务，需要出钱出力，也应该做到平均分摊。分家要分均，架桥、修庙都是自愿捐款，不是平均出钱，有多有少，做善事也多出，只是机会平均。因为穷富不等，不能平均出钱，有的拿得出，有的拿不出，比如修谱，每人最低50块大洋，但是，有钱的老板赞助100块大洋。这样，出多的人，出多钱，就抵消了出少的人。

　　杜家剅一户人有3个儿子和1个女儿，大儿子结婚早，和父母一起生活，共同劳动置办家产，后面，二儿子和小儿子有本事，与父母一起修2座房子，要求大儿子自己盖房子，没有权利分房子。大媳妇就认为不公平，就接门长和户长过来分家。大儿子先前帮助家庭劳动，并集体修建房子，小儿子年龄小，并没有劳动，享受了集体成果，是不是要补偿。女儿长大，学了裁缝，可以自己独立，还有10块大洋可以作为嫁妆，自己可以嫁自己。父母年轻，如果有钱还可以盖一座房子，这样，三座房子一人一座。如果父母没有钱盖第三座房子，已建成2座房子，理应先分给大儿子和老二。幺儿没有钱盖房，就由老大和老二共同出钱出力帮他修房子。同时，安置妹妹出嫁。对有厨房的房子和没有厨房的房子，由门长做沟，儿子随机捡沟，谁捡到有厨房的房子，就给没有厨房的儿子5块大洋。

第二，现实平均。现实平均也就是看得见的平均，不需要心理盘算，就可以计算出平均数。比如分家产，多少儿子多少份。供养父母，几个儿子就需要平均供养多少天，待父母去世，分摊费用也要平均，不过，如果一个儿子钱多，另一个儿子没有钱，丧葬时钱多者也会多出钱。或搭伙养牛遵循平均原则。买一天牛出一天的钱，买两天的牛出两天的钱。

> 父母安置几个儿子结婚，出资费用大概相当，不过，机会好，风调雨顺，国泰民安，出资数量就多一些，如果碰到机会不好，天灾人祸，出资数量就少一些。以后待家庭经济情况改善，就补偿一点少出者。如果几个儿子，父母安置大儿子结婚以后，就与其分家，再赚钱安置其他儿子，安置一个分家一个，待所有儿子都安置结婚过后，父母再评议所有儿子娶妻费用，如果少出者，就出钱再补偿一下或分东西给他，平衡大家的心理。俗话说人是一杆秤，父母更是一杆秤，要把秤称平，分家产时，做到平均处理，才没有纠纷，家庭和睦相处。同时，由父母根据实际情况，酌情处理。如果嫁女儿，出资费用也有机会好坏之说，根据家庭经济情况出资，或者年成好多出，年成坏少出，少出者，待年成改善，适当补偿一点。儿子娶妻和嫁女儿出资费用不同，不同经济情况出资也不同。一般儿子娶妻费用多，是父母的责任，因为他负责父母生养死葬，而嫁女儿出资少，不能继承娘家家产，也应该，因为只是平时探亲或者生病探望，即使去世，也是赶情，嫁出去的女儿泼出去的水。

（三）循环思维

人生前有多少钱或者田地，都不重要，生不带来，死不带去。俗话说，"人死不放财，牛死不放草"，即使人死了，还不肯放弃钱财，牛快要死，还含着草吃。但是，"人死如灯灭，犹如淡白雪，要想回阳转，水里捞明月"，"草死叶落根还在，人死一去永不来"，即使万贯家财，骡马成群，一旦去世，也什么都带不走，妻子改嫁，只有读书的底子在，前世有多少财富，一旦去世都带不走，只有读书的底子可以轮回带走，来世就有读书天赋。人生有字，生前有字，死后也有字，有字的比没有字的聪明。比如老人说一个人生前有点文化，去世以后，阎王要叫他修行念经，做大密禄做大神，但是，他说："天天念经，没有读书，我不认识字，念不到，别人读书，一看就懂，念得出来！"据李良望老人所述，刘邵南读书能够倒背如流，没有看过的书，用一根针随便插一个地方，他都能背得出来，不少人认为他能读书，是前世带来的底子，生死轮回。

> 据郭用文老人所述，贫富轮回，人有不然之然。人生富与穷由命中注定，由生辰八字决定。一生富贵都是命的八个字，如果命好，注定大富大贵，升官发财，一辈子就荣华富贵。如果命不好，注定劳碌奔波，搞不到钱，一辈子就是劳碌奔波。即使人被黑白无常抓到阴间，由阎王决定投胎做人，如果前世劳碌奔波，来到阳间也是劳碌奔波，反之，就是荣华富贵，谁也改变不了这种命运，自然而然。

（四）平衡思维

一个家庭或者家族不会一直兴旺发达。俗话说"前人强，后人弱"。意思是如果前人太狠，后面就变弱，力量均势。即使前几代，有万贯家财或者官位显赫，也只能兴盛几代人，后面，家道会逐渐中落，比如子孙好吃懒做或者嫖赌进窑，挥霍家产，卖田卖地，所谓沔阳财主无三代，正是这个道理。

二　农民认知

（一）钱粮早完，幼女早嫁

过去，18岁不嫁留在家里扯皮吵架。女儿14～15岁就要定亲事，不养老女。不然，女大不中留，在家不争气，比如与男子发生关系，招致闲言闲语多，父母难以管理。把女儿嫁出去，给婆家管，就卸下肩上担子，不要操心。另外即使再困难，没有饭吃，也一定要完粮，不完不行，不能抗捐抗税，穷死也要完皇粮国税。俗话说，军出于民，民出于土。国家捍卫国土，需要军队和军费，都出自农民，农民必须依靠种地才能生存。种田完粮是农民不可推卸的责任和义务。

> 据郭用文老人所述，军出于民，民出于土。皇帝要管理国家，就要建立军队，军人征集于村民，依靠村民种田供养，民众依靠田地长庄稼生活。不能糟蹋粮食，面朝黄土背朝天，天天在稻田劳作。

（二）勤俭生富贵，懒惰出贫穷

勤劳节俭才能富足，而懒惰只会忍饥挨饿，治生之道，曰开源，曰节流，开则务勤，节则务俭，不勤不俭，亏损立见。比如一个老人家，50多岁，擅长捕鱼，积累薄产，就不肯种田，别人说："你打鱼，会被饿死！"他却得意地说："要饿死我，这个地方人都饿死了！"几年后，他就害疾病，钱花完了，只能去讨米，他不懂讨米，人家都喜欢带小孩装可怜，讨到很多米，他却一把米都讨不到，最后，他被饿死。

> 据李良望老人所述，有的人做事勤快，如果下雨天气凉，就起早做事，起早摸黑，有的人下雨就去打麻将。天热时期，有的人起早做事，有些人睡早起迟，没做多少事就回来偷闲，不起早摸黑。如果碰到有月亮的天气，天气凉爽，喜欢夜里插秧，一晚上就栽0.8亩。有的农闲时去打稻，有的农闲时打牌。有的抹牌赌博，好吃懒做，不务正业，嫖赌进窑，有的勤劳节俭，节衣缩食。

（三）冤孽不过结，久结不休闲

以前杀父之仇，不报就不忠。土地革命时期，你杀了我的父亲，心里惦记，口和心不和。如果心胸开阔，就站得高看得远，眼光长远，不踩着脚板看地下。冤孽不过结，久结不休闲，你踩我一脚，我踩你一脚。冤冤相报，何时了。那就代代结仇，但是，结着仇恨，不得安心，就算了嘛！

（四）世上无难事，只怕人不专

各种技艺自己学会，没有向老师学习。比如做木匠或者瓦匠，木匠把刨子或凿子等工具借给学徒使用和学习1个月，并教他怎样使用，看得起他，待他盖好房子才让他归还。还学篾匠，比如相邻或者亲戚，打各式各样的篮子、簸箕和伞子等，借用或购买他的样品拿回来看，照着学编织，一个就学会打篮子。其实这些手艺活，都不够巧。只是字可能巧一些，不从师也可以学会，谋得求生手艺，要发奋读书，寒窗苦读，状元及第。

（五）士农工商，各施一业

金银铜铁锡，木瓦窑市漆。木匠师傅，一天工赚3块大洋，瓦匠专门帮忙盖房子，还有窑匠，专门烧窑，烧制砖和瓦，肆是在街上做生意，搞大钱。而漆就是做油漆工。技艺在身，赚钱相对容易。那些地痞流氓或者好吃懒做的人，被人看不起，都是下贱人。以前种田为主，做生意，大生意赚大钱，小生意赚小钱，但是，种田最有保障。

（六）万事礼当先，礼多人不怪

做人做事要以礼相待，切忌污言秽语，中伤他人。比如一个人不熟悉路，见到一个老人打鱼，如果向老人问路："喂……喂……"老人不理，问路人又说："喂……我问一个路，到百桥村怎么走？"老人不高兴，会装聋子："你不懂教道，要问路，喂、喂，连请字都不会说啊！如果不高兴，我就不理你，甚至，错误指路，让你绕远路！"如果懂礼数的人问路："大爹，请问一下，到百桥村怎么走！"老人就会很高兴，耐心指路，或者你还是不懂路，还亲自帮忙带路。

（七）凡事有规律，处世有方法

世间万事万物，都要找到规律，讲究方法。抓什么鱼，采取什么办法进行捕捞。比如财鱼，受到惊慌，不往前走，却在原地不动，有经验的捕鱼者直接捞鱼，如果不懂，罩鱼就捞不到。还有浣鱼，生活在大河里，喜欢到河滩吃草，有经验者一般从河中央拉网，才捞到2~3条鱼，而不是从河滩开始拉网，一条鱼捞不到。

（八）因人而异

俗话，十个手指有长短，荷花出水有高低。每个人能力和头脑不相同，所做事情达到效果不同，不能统一为一个标准，要因人而异。比如修庙和修桥出功德钱，不能统一口径，要求同样的功德钱，而是要坚持自愿原则，有钱者多出钱，无钱者少出钱。另外，打串工，我帮你栽一天，栽秧面积为 1 亩，你帮我栽一天，栽秧面积为 0.8 亩，能力不同，效率不同。

（九）长计划短安排

农业生产，长计划短安排。天气凉快，就起床早做农活。如果天气炎热，就在家休息。俗话说，一年只有 45 个忙。45 个日子都是繁忙日子，起早摸黑，即使很困难也要求克服，其他日子都是清闲时间，都可以休息。比如陆德高，农忙时节，不过早就出工耕田，随手带一些油炒米，如果肚子饿了，让牛歇息，就吃一点炒米充饥。待田整好，才会去吃饭。总之，要根据农活任务安排工作时间。农忙时，轻衣简行，粗茶淡饭，出工劳动，而不是梳妆打扮，穿衣摇摆，上街玩耍。

三　农民态度

（一）务农为本

士农工商，各施一业。各有各的门路，赚取钱财，改善生活条件。学木匠或瓦匠，出去赶工，擅长打鱼者能下湖打鱼，樵夫农闲入芦苇砍干柴，精通农事者围垸整田，生性聪明者攻读诗书。凡是头脑灵活、能说会道者，可以做生意，不过，做生意有风险，有赚有赔，而种田收入稳定，种多收多，没有多少风险，除非遭遇水灾。可见只有种田有钱，才会送孩子去读书，考取功名，或者种田有收成，才有钱请工匠盖房子做活，不然，行里做生意者卖给谁。

（二）孝顺不分亲假

对长辈，不管是嫡亲还是堂亲，都要公平对待，不分亲假，同样尊重和爱戴。特别是女婿要孝敬父母，不管是岳父母还是生父母，生前恭敬孝顺，患病侍候床前，严重时不惜割股治病，堪称大孝。同时，与邻居相处亲爱，可以当亲房人对待，互相帮助，患难相恤，隔壁当亲房。据李良望老人所述，一个老人没有儿子，妻子去世早，育有一个女儿招女婿传宗接代，同时，女婿母妈去世早，接生父也一起生活。一次，女儿和女婿做粑粑，两个父亲一起坐在屋里，姑娘的生父坐得靠前些，那么先端给谁吃，最后女婿把粑粑先端给自己生父吃，姑娘生父就很生气，"你们做个粑粑，还分亲假，自己姑娘端给自己吃"。

（三）柴米夫妻

俗话说"柴米的夫妻，酒肉的朋友"。朋友之间，相互走访，要好酒好菜款待，我热情款待你，你却没有招待我，就成不了朋友。而夫妻之间，没有柴米油盐，吃上顿没有下顿，夫妻之间就吵架、闹戏码，养不活妻子，妻子不跟你，甚至妻子跳河落井，就不能做长久夫妻。"夫有情，妻有义，子孙必多"，夫妻有情有义，家庭和睦，子孙兴旺。如果夫妻无情无义，家庭不和睦，你不理我，我不理你，遇到打架，妻子回娘家，丈夫接不回来，即使去接，也被岳父母责骂和训斥，说欺负女儿。

（四）男尊女卑

传统时期，妇女要求裹小脚，裹成 3~5 寸金莲，不然，嫁不出去，即使嫁出去也会遭到婆婆嘲笑。以前，女人不能坐挑担的扁担，否则一旦男人用扁担在肩膀挑担，就对男人不利。洗衣服时，要先洗男人衣服，后洗女人衣服，先晾男子衣服，再晾女人衣服，收衣服也要先收男人衣服，再收女人衣服，不然，男人火气流失，或者女人衣服盖住男人衣服，也对男人不利，就会被婆婆或者长辈训斥，"不知道五阴六阳！"李丙元回忆，过去，婆婆想方设法整家法，欺负媳妇脚大，嘲笑媳妇"你母妈不教你，裹小脚，脸像砧板，背像门板，脚像砖板，俗称三板"，挑的水，前一桶水要，后一桶水不要，嫌弃你脚大起灰和尘。

（五）同姓不通婚

同姓同派不能结婚，除非地域远，还要出服，超过 5 代同姓人。一旦出五服，不同派系允许结婚。同姓不是同宗，查过族谱，派系不一样，都没有合族联宗，比如百桥村一个女子刘氏，找了峰口镇同派系一个男子刘氏结婚，低于男子两辈，晚辈嫁给长辈，行同一个亲房族人，父母强烈反对，与其断绝关系，不互相走亲戚。据李良望老人所述，过去，一个教书先生叫曾达强，找了一个女子郑氏，读来读去，变成曾，就同姓结婚，按照派系念，也低于男子两辈，被人家说闲话取笑："哪里没有人啊，找一个屋里的人，都是不符合道理！"

（六）门当户对

婚姻讲究门当户对，楼门对楼门，板门对板门，要求双方地位和财富相当。富家子弟只跟富家女子通婚，家势相当对亲，富裕之家不缠贫穷之家。如果双方家庭好过，比如房子大，田地多，门面相当，就可以定娃娃亲。而官宦之家，居住高楼，良田阡陌，骡马成群，一般家庭攀不上，只会找官宦之家定亲事。不过，乖的对乖的，憨的对憨的，那些智力不健全的男女之间，比如不懂说话，胡说八道，不能成事的男女，依靠父母帮助生活，也可以结对子，传宗接代。另外，定娃娃亲时，要求双方家庭经济情况相当，而且没有做下等职业。比如李良怀作为一个木匠，与螺滩村的一个戏子结婚，后面戏子要到外面沙口唱戏，但是，村里乡亲嘲笑，你男人跟女人走，李良怀就不肯去，就离婚，再娶一个女人。

　　郭用文老人回忆，过去，两个高门大户，分别生一男一女，就划八字定娃娃亲，后面，其中一户家道中落，家徒四壁，但是另一户蒸蒸日上，父亲嫌贫爱富，嫌弃未来女婿穷酸，要强迫女婿写退婚书，想帮女儿重新找高门大户，承诺给 50 块大洋。但是，女婿不答应，女子也找到丈夫，说要嫁给他，"嫁鸡跟鸡，嫁狗跟狗，嫁了叫花子背鳖篓"，最后，发奋图强，到京城考上功名，回来娶了定亲女子。

（七）不变中有变

不同情况，不同时候，对同一件事情，要因时制宜或者因地制宜。如果客死异乡，将尸体运回来办丧事，不能从前门进，会对后人发展不利，只能从后门进，还要把屋里的瓦掀开。但是，有些人是木楼，没有瓦，只能改变一些规则。比如李良望的姑爷，过继一个儿子，但是他外面做生意客死他乡，儿子把他运回来，就在屋外搭建棚子停丧办丧事，但是，族人过来吊唁，"怎么能在外面办，不入厅屋，不成样子，对先人不敬"，但是，他家里都是木楼，没有瓦，李良望就出主意，"从后门进入，两人用白布遮盖棺材，地上自门槛到停丧位置，也要垫一张白布，才叫丧户将棺材抬进来，放在厅屋位置"，别人说这个在理，以后遇到这种情况，就按照这样办。

（八）小富即安

每个人都想发财，不管在盛世还是乱世都能存活。解放以前，历次农民运动，比如共产党领导革命运动，就发生三次，才能成功，每次革命运动，找的都是会读书的人参与或者领导，他们有面子或威望，能够动员或者组织，如果起义失败，被当政者残酷杀害。村民多愿意种田、打鱼、砍柴为生，小富即安。

（九）安分守己

做人老实，不与强人相缠，不想冒尖。一般花户安分守己，规规矩矩，耕田种地，不轻易纠缠人家，与他人打官司，安心守田庄，胆小怕事。据郭用文老人所述，过去，一般人不愿意做首事，多一事不如少一事，害怕麻烦。因为做首事，众人抬举的首事，办事就容易得罪人，比如有些拐家伙，首事要使用狠手段，跟他撕破脸，才能完成任务。但是，得罪一个人干吗，抬头不见低头见。不能踩着脚板看地下，不能得罪人，不值得，如果是聪明人就不搞什么首事。

（十）饶人留一线，以后好见面

不能踩着脚板看地下，什么时代，都信奉成王败寇，哪一方都要人，要看哪一个老板长、哪一个老板短。俗话说，"留人有一线，以后好见面"。如果得罪你，以后看你不好意思。不能目光短浅，做什么事情或者担任什么工作，不能搞一生，改朝换代，你不做了，就跟普通百姓一样。你得罪人多，路上见到，都要低着头，看人不过意，脸上无光。但是，做朝廷官跟做地方小跑的不一样，王子犯法与庶民同罪，秉公执法，不需要过分考虑人情世故，大官好当一些。

第四节　习俗与习俗关系

习俗是贯串乡土社会的重要线索，通过了解传统村落生活习俗和节庆习俗两个方面，也就掌握了了解村落文化形态的钥匙，从而了解了传统时期农民行为逻辑。

一　生活习俗

（一）买童养媳

有的父母去世早，就把女儿卖给有儿子的家庭做童养媳，一般 3~4 岁，如果觉得小媳妇不合适，就送回去，如果满意，待 15 岁就可以办酒席圆房，择良辰吉日，头上插花，做新娘子，请亲戚喝酒。或者购买小孩做丫鬟，照顾妻子，不是做老婆。还有富裕之家出钱购买一个丫鬟或者书童，端茶倒水，洗衣做饭，男的买男的书童侍候，女的买女的丫鬟侍候，男家人不能侍候女主人，女家人不能侍候男主人，比如男主人买女家人，也是侍候妻子或者母亲，不能侍候自己。待其长大以后，还要帮助张罗婚事。据李良望老人所述，李窥银的母亲，是户长李竟成购买的四川的丫鬟，就嫁给百桥村李氏族人，生育 4 个儿子和 1 个女儿。现在繁衍成 10 户。与李良望是亲房人，而李良望只有 3 户。比如夏之街的母亲，其父亲去世早，剩下遗孀无力抚养子女，就把其嫁给当时 15 岁的父亲，长大才圆房。

（二）抢寡妇

抢寡妇，就是家里穷无钱娶妻，遇到丧夫的妇女，可以抢来做老婆，传宗接代。有的不与寡妇商量就抢，有的与寡妇商量同意再抢。比如上门直接说，或者找媒人说亲，"接你跟我过生活，是否同意？"如果同意即可。再举行抢寡妇仪式。不过，没有经过寡妇同意，抢寡妇，没有见过面，不知道别人的性格，即使抢到寡妇不同意，就要求抢寡妇者送回来。抢寡妇不需要经过保长和甲长同意。

（三）表亲

过去，亲戚之间也相互通婚，比如姑表亲、回门亲或姨表亲，亲上加亲。

第一，姑表亲。父亲 X 和母亲 Y 结婚，儿子 X（Y），女儿 Y（X），嫁出去女儿（姑姑）生儿子 Y（X），儿子（舅舅）生女儿 X（Y），姑姑儿子 Y（X）与舅舅女儿 X（Y）结婚，就不会同血液，避免发生遗传疾病。如果儿子 X（Y），女儿 Y（X），嫁出去女儿（姑姑）生儿子 X（Y），儿子（舅舅）生女儿 X（Y），姑姑儿子 X（Y）与舅舅女儿 X（Y）结婚，这时，就是同血液，容易产生遗传病。

第二，回门亲。父亲 X 和母亲 Y 结婚，儿子 X，女儿 Y，嫁出去女儿（姑姑）生女儿 Y（X），儿子（舅舅）生儿子 X（Y），姑姑女儿 Y（X）嫁回舅舅儿子 X（Y），错过基因，就不会同血液，避免发生遗传疾病。如果儿子 X（Y），女儿 Y（X），嫁出去女儿（姑姑）生女儿 X（Y），儿子（舅舅）生儿子 X（Y），姑姑女儿 X（Y）与舅舅儿子 X（Y）结婚，这时，就是同血液，容易产生遗传病。比如，陆大华（舅舅生的儿子）与李公户（陆姑姑生的女儿），李公户生女儿回嫁给陆大华的儿子，姑舅开亲，亲上加亲。还有叶姓逃到湖南省落籍，就把房子和田都卖给亲房人。后面，卖出去的女儿结婚生的女儿，又说给父母的儿子舅舅的儿子媳妇，俗称回门亲。还有舅舅的女儿嫁给姑姑的儿子，俗称跟姑嫁。亲上加亲，隔古隔今。

第三，姨表亲。父亲 X 和母亲 Y 结婚，大女儿 X（Y），小女儿 Y（X），嫁出去大女儿（大姨）生儿子 Y（X），小女儿（小姨）生女儿 X（Y），大姨儿子 Y（X）与小姨女儿 X（Y）结婚，同种基因继承，就不会同血液，也避免发生遗传疾病。如果大女儿 X（Y），小女儿 Y（X），嫁出去大姨生儿子 X（Y），小姨生女儿 X（Y），大姨儿子 X（Y）与小姨女儿 X（Y）结婚，这时，不错过基因，就是同血液，容易产生遗传病。不过姨表开亲，也会讲究门当户对。比如李良望的小儿子，与姨妈女儿从小划八字，定了姨表亲，但是，小儿子在家务农，没有什么功名，虽然大姨同意亲事，但是姨夫在乡里当差，就嫌弃舅子儿子没出息，就要求取消这门亲事。

（四）童婚

第一，结婚年龄。男女 14～15 岁可以结婚。年龄国家没有限定，男长女小才是适合对象。如果 17 岁、18 岁老男老女，不能过礼和请媒。俗话说，男可大女 10 岁，女只大男一春。男 50～60 岁有生育能力，而妇女 40 岁以后几乎没有生育能力。一般做官或者做生意，多数找年轻女子做老婆。比如户长李竟成的丫鬟，嫁给本村熊氏，年龄相差 20 岁，后面也生 4 个儿子和 1 个姑娘。

第二，查家门。小时候，划八字，看不到长相，主要看两方面：一是看家当，是否有很多田，家财多少；二是看父亲是否勤俭，能不能帮儿子筹制家财。如果儿子强于父，就不需要依赖父亲，自己筹办家产，如果儿子弱于父，就需要父亲，即使有百万家产，也会被儿子吃喝嫖赌，通通败光。凡是找对象相亲，要求看人。如果说话行，人才好，人又乖，别人才跟你联姻，如果说话不行，人才不好，人又憨，没有人愿意嫁。

　　据李良望老人所述，过去，定娃娃亲，孩子生下来划八字，不能人看人，男看女，就看家境。如果是勤俭持家的小康之家，媒婆上门说媒次数也多，结成婚姻概率也高。如果父亲持家好，家境也殷实，别人就看得起，一般父亲情况好，安置儿子的条件也好。父亲品格不好，吃喝嫖赌，就会有影响。因为父亲懒惰，儿子也跟着懒惰，龙生龙，凤生凤，老鼠生儿打地洞。

第三，划八字。按照传统，小时候要请媒人划八字，一般 2～3 岁，可以定娃娃亲，如果家户贫穷，被人瞧不起，别人不找你划八字，如果没有划八字，一般找不到对象结婚。当人长相好，乖巧聪明，长大也可以找到对象。一般划了八字，如果尚未结婚，男方不满意，可以协商退婚。如果划了八字，尚未过门，男子意外死亡，就可以退婚。但是，女子不能退婚，讲究三从四德，在家从父，命运掌握在父母手里，自己没有选择婚姻对象的权利，出嫁也要听从丈夫。

　　据郭用文老人所述，过去，如果家里田多，只要孩子一出生，满月吃蛋，就有媒人上门说媒，甚至几个媒人上门把门槛踩滑。如果你家田少或者没田，即使长大成人，也没媒人上门说亲，因为媒人没有甜头可赚。在娘窝时，定娃娃亲。嫁鸡跟鸡，嫁狗跟狗。喝小酒，办血礼，三十八礼四十八节，比如送端午礼、送年礼、送中秋礼、送重阳礼等，如果一个礼都不送，就没有对姑娘家里的诚意，别人不会把女儿嫁给你。

第四，报日。婚前，要请人做证，比如姑爷、舅爷和姨爷等亲戚，整一个小酒。男子到女方家里，与岳父母商量一下，要走多少亲戚认亲，是 8 家还是 10 家，以后按照这个数走。据郭用文老人所述，过去，定娃娃亲，一有爹娘主婚，二有三媒六证。就是小时候划八字，经过媒人介绍，并把八字帖交到男方，再整酒席，邀请姑爷、舅爷、叔伯、姨妈等亲戚，都到了堂，喝了喜酒，以后就是定亲仪式的证人。长大以后，按照约定时间完婚，不能随便休妻，如果男方坚决要休妻，不讲道理，可以上告县衙，写明：一有爹娘主婚，二有三媒六证，程序合法，成为合法夫妻。那么丈夫不能脱皮，如果嫌丑爱娇，想休妻，就要出养活钱，支付女方 30~40 年的生活费，女人再找其他男人结婚。因为一般家庭拿不出这么多钱，就休不了妻，能拿出钱休妻的占少数，多数是再取一房妻子。

第五，婚期。婚期都是男女双方适婚年龄，事先男方找媒人选黄道吉日，比如腊八日，再通知女方何时办酒席。亲戚朋友吃 3 天，帮忙者吃 3 天，再吃 1 天，感谢帮忙者。写一个帖子，请大师傅、大乐师、大相师，内容写明：什么时期，劳伯大吉，过礼，亲姻大吉（结婚当期），叩拜大吉（磕头），共 3 天酒席。

第六，邀请对象。知名先生写请帖，由父亲或者准备结婚的儿子接姑、舅、姨等亲戚朋友乡亲，不要带礼物上门邀请，通知他们何时何地喝酒吃饭，要凭三媒六证，成为合法婚姻。亲戚朋友、知名先生、礼房先生[1]、厨房大师傅、乐师傅、阴阳先生不接不来，下请帖才来，红媒先生不需要下请帖，他提前通知喝酒。叔伯跟前不通知，如果居住地较远，也要上门接。邻居等乡亲不要接人，相好乡亲不接自来。如果主家担任什么乡绅，跟保长打交道，可接保长也来赶情，只能以相邻或朋友身份坐一般宴席。不然，不请不来。

据李良望老人所述，每逢红喜事，接厨房师傅，写请帖。封面写大厨师，内容为聘请大厨师，日期写暮春月上浣至七、八、九日，署名写父亲主家的名字而不是儿子名字，因为父亲当家，母亲名字不要写，说明就是 3 天，如结婚酒，而"暮春月上浣至八日正期"，说明办酒席为 1 天，比如送族米或者吃蛋酒席。

旧时，主家要请二轮客，提前一天接一次客，当碰到客人没有来，再由帮忙的去接二道客。礼房先生负责登记礼簿，接了多少客人，要登记多少人，吃了多少餐饭，如果谁没有来，就派人再去接。李良望老人回忆，过去，如果没有空或者不得寒，可以赶情不来，如果你不来，我不得寒也可以不去，并不是你不来赶情，你办事我也不去。

---

〔1〕 从事仪式、祭祀和登记事宜。

第七，组织者。解放以前，遇到红喜事，多数接有文化和面子的人担任知名先生和礼房先生，比如李前坤、李前汉（人高马大，性格狠）等做知名先生和礼房先生，他们书读得好，大概读了10年长学，但是，没有考上县学。礼房先生只管礼，如果知名先生能力较强，也可以兼任礼房先生，一人兼两职。知名先生、礼房先生由文墨好的亲子本房叔伯侄子担任，也有请绅士或者教书先生担任的。

不管叔伯还是乡亲，谁有本事和能力，熟悉烦琐礼仪，都可以做知名先生或者礼房先生。其实没有几个人做得上知名先生，负责很多事务，比如请礼、安坐、迎客、写帖、说礼等，有一点威望，别人瞧得起，才接你做知名先生。多数也不是拜师傅做知名先生，多数学习别人，怎么叫礼，怎么做，慢慢学习，见到不同情况，多数自己考虑，安排周全，讲得过去就有礼性，讲不过去就没有礼性。

知名职责：管理过礼、接客（接新郎、接新娘、接亲戚）、拜堂仪式、磕头仪式、坐四相、座席（最复杂）、写书子、写请帖（大师傅、乐师傅、亲戚），安排帮忙的负责烧火做饭、摆席、洗碗、刷杯筷、洗酒、装烟、挑水（分工明确，7~8人）等。礼房先生职责：主要负责接号子乡亲随礼登记、礼金保管，要求人员和赶情礼金一一对应，钱人团圆，分文不差，主要管理财务，同时，根据当期多少人帮忙、多少亲戚、多少宴席，计算要排多少礼，一桌宴席排多少礼。俗话说，知名礼房是一家。俗称主事正副搭档，遇事可以互相商量。如果知名先生太忙，礼房先生也可以负责分担一些工作，比如写报章或者礼章、喜帖、报书等。比如书子就是接奶奶和母亲，写的说辞，按照先接奶奶，再接母妈顺序，比如当媳妇接进门，由媳妇亲哥哥接母亲进新房，哥哥说："妹妹，你给婆婆为礼。"媳妇就上前要磕头，这时，婆婆就上前扶起媳妇说："今日为大，不要讲礼！"后面，新郎对送亲的哥哥说："少陪哥哥们！你们请便！"亲哥哥代表送亲队伍回答："少为礼，厨房有事！"

据李良望老人所述，凡是婚宴中出现纠纷或者突发事件都是知名先生或者礼房先生负责协调，其他长辈辅助处理，促使红喜事顺利筹办。知名先生请乐师，写帖子：聘请大乐师，暮春月上浣、中浣初十一，十二日（正月初十、十一、十二）。但是，乐师傅、大厨师就看不懂，正月十二就没有来，找李良望扯皮，说他没有写清楚日子，耽误主家的亲事日期，而且也耽误他接其他村民的婚事。但是，李良望说："俗话说，男怕输笔，女怕输身。你们自己没有看清楚，明明写明日期，其实条子并没有写错，随便去问哪个长辈，有没有写错，而且十一那日你上午拜堂吹完，下午还可以接别家生意嘛，只要给知名先生请假批准，就能离开，如果不写十一拜堂磕头，没有乐师傅怎么行，就得罪主家没有面子！"找长辈看条子，也看也没有写错，乐师傅不在理。

第八，装新。理发、洗脸、装新，接理发师傅上门理发，最初由其承包一人理发，谁承包就接谁。理完发，请其吃酒席。然后，洗脸水多为母亲准备，请姑表或舅表用鸡蛋滚头，俗称整容。由知名先生、乐师傅带队，舅爷、姑爷、姐夫准备新衣服往上迎接新郎官，意谓步步高升，帮助新郎官换新衣服，俗称装新，衣服由父母出钱购置。

第九，坐四相。比如坐十相，接10兄弟或者10姊妹给新郎官陪礼，以示新郎官为大，相当于旧时点状元公，多数为姑表、舅表和姨表人选，没有姑表、舅表等亲戚，也可以找嫡亲叔伯的儿子、女儿代替，既可坐4个也可以坐8个。

第十，行三章。三章为报章、礼章、乾坤开章。第一章，划八字定婚，八字帖封面写"乾坤订理。乾，写男方姓氏名字某年某月某日（左边），比如李××，民国十五年正月初一；坤，写女方姓氏名字某年某月某日（右边），比如黄××，民国十七年二月初四。由红媒先生送到男方家里，放到神柜上压着，看看有没有变故。第二章，写报章，什么时候办婚事，写明某年某月某日办喜事，比如民国二十三年暮春月正八日，意思是说初七过礼，亲姻大吉（正期），初八过门，官至大吉（行磕头之礼那天），初九拜堂，叩拜大吉。由红媒先生送到女方家里，通知女方家庭婚期，做好出嫁准备。第三章，过礼。由男方准备鱼、蛋、肉、酒和衣服等，用台盒装着运到女方家里。写礼章："某年某月某日过礼，鱼多少、蛋多少、酒多少斤、衣服多少套等！"

第十一，行六礼。结婚时，礼先生喊："是金子鸣金三次，是炮子鸣炮撒花，是大乐子做大乐，是细乐子做细乐，凑期合作，堂前堂下，乐事过半。"然后，行六礼，由4个礼相公主持。礼相公一般由熟悉礼仪的老人担任。首先，准备祭品、供果，燃香烛，摆上神坐的椅子，礼相公主持，在姐夫陪同下，新郎分别行三章六礼，行"款洗礼"，行"祝香礼"（给祖宗上香），"三炷清香，上隔群昌"，行"迎神礼"（迎接神），行"降神礼"（把神的化身接到放有沙的灵盘），行"安神礼"（将神落到神桌），行"名礼"（升号匾），叫礼，"凤凰飞来结成双，携手观今第一章，好是洞房花烛夜，明年必有状元郎"。

第十二，迎亲。傍晚，牛马归栏之时，新娘才能落脚进门，知名先生命人在门前摆一张桌子，摆上调盒，装有9个菜碟，放置1个酒壶和3副杯碗筷，由礼相公喊礼，"停轿，举柄，进金，落金，新娘行三次回神礼（祖宗送新娘过门，行礼以示感谢）"，然后，知名先生发言，"今天托二位亲家和月老先生的苦，饱受风寒之苦，上无天盖，下无遮蔽，有请二位亲家和二位月老先生进门喝杯淡酒！"接着，亲家哥哥就回礼以示感谢说，"黑路沉沉，来得慌忙，不必讲礼！"然后，送亲人就进门喝酒。洗酒人，斟酒时，说"此杯非是杯，良金言壮明月，7个儿子丢4个，那不一定此杯"，回答说，"此鸡非是鸡，吾与你酬其，今我手留拿上，那不一定是鸡！"才喝酒吃鸡。吃饱喝足，亲戚就说，"多谢款待，酒难能尽兴"，才放下碗筷。

第十三，座席。第一天当天过礼，杀猪洗酒，接知名先生、礼房先生、红媒先生坐第一席口，其他帮忙的作陪；第二天迎亲当期，办酒席，母亲娘家舅、姑、姨坐一位席口，也接知名先生、礼房先生、红媒先生、帮忙的（叔伯、相好朋友）吃酒席。第三天拜堂磕头，办酒席，新娘娘家哥哥、嫂子坐一位席口，第四天，也要接知名先生、礼房先生、红媒先生、帮忙的吃一餐作为感谢，不买菜，只吃剩菜。同时，每个儿子娘家亲戚各自坐一座，按照从长到幼依次分别坐席，如果差人，就由知名先生和主家商量，找其他亲戚补缺，如果谁安排辈分屈，自己负责。还有乞丐上门讨喜，主家发1~2包烟，或者准备一个角落供饭吃。

　　据李良望老人所述，坐席时，同辈相坐，长辈不跟晚辈坐[1]，姑爷、舅爷、姨爷同一个桌子坐，但是，舅爷坐一席口，姑爷坐二席口，姨爷坐三席口。舅爹、姑爹、姨爹坐东席，弟弟、孙儿可以作陪。姑老表、舅老表、姨老表坐一席。比如知名先生安排座位，舅伯舅爷舅娘、姨伯姨爷姨妈，外祖，舅爹舅老妈、姑爹姑老妈、姨爹姨老妈；姑老表舅老表姨老表，表兄姊兄姊弟姊妹、学友世友业友。

　　第十四，拜堂。结婚拜堂，第一拜，拜陇西堂历代高曾祖考妣内亲外戚，先给先人为礼；第二拜，父亲母妈伯叔哥哥嫂子，给他们为礼，这些办事操心的人；第三拜，外祖，舅爹舅老妈、姑爹姑老妈、姨爹姨老妈、表爹祖母，给他们为礼；第四拜，舅伯舅爷舅娘、姨伯姨爷姨妈，给他们为礼；第五拜，姑老表舅老表姨老表，表兄姊兄姊弟姊妹，给他们为礼；第六拜，大厨师大乐师、红媒先生、知名先生、礼房先生、抬轿先生、帮忙的人，给他们为礼；第七拜，学友世友业友，给他们为礼。

　　第十五，磕头。由知名先生喊礼，先磕第一辈，舅爹舅老妈、姑爹姑老妈、姨爹姨老妈；再磕第二辈，舅伯舅爷舅娘、姨伯姨爷姨妈；第三辈，姑老表舅老表姨老表，表兄姊兄姊弟姊妹；第四辈，学友世友业友；第五辈，大厨师、大乐师、红媒先生、知名先生、礼房先生、抬轿先生、帮忙的人，看大一点，放前面；第六辈，伯伯叔叔婶婶哥哥大嫂，看小一点，放后面，内亲外戚，由新人向你们作揖为礼。

　　据李良望老人所述，儿子的嘎爹外祖父，名叫习国强，读书厉害，书法厉害，写帐子、请帖不在话下，也搞知名先生。李良望也接他帮忙做知名先生，验证看看其水平，不过，喊礼，喊错，喊对，也讲究道理。最先喊，"陇西堂历代高曾祖（内亲外戚）考活祖宗祖父，给他为礼"，如果祖父在世，就要喊他，即使只负责喝酒吃饭，没有做事，因为辈分高，也先喊他。还有先喊爹爹母妈伯伯叔叔哥哥嫂子或者哥哥嫂子伯伯叔叔爹爹母妈，不是因为哥哥嫂子伯伯叔叔他们为大，辈分高，而是他们为办喜事操心辛苦，其实，操心之人放在第一位。比如，也可以先喊父母伯叔哥哥嫂子，因为他们爷爷奶奶在世，没有去世上祖牌，不能先喊，待喊了父母后再喊，"在世的老爹爹老母妈，给他们为礼！"

　　第十六，传茶。吃完酒席，再行传茶之礼，由新郎新娘一起到每一桌筛茶，并准备金果、马枣子、糖果、柿子、花生等茶包给坐席者带回家，俗称取采，妻舅、娘舅、姑爷、姨夫等亲戚朋友，也要丢钱，丢钱的数量也是根据关系亲疏支取，关系越亲密，丢的钱越多。待传茶仪式结束以后，就送亲家回家，请乐师傅欢送，有钱人雇人抬着哥哥等送亲人回家，其他亲戚简单进行欢送。

　　第十七，回门。待3天以后，进行大回门仪式。新郎与父母商量，根据娘家亲戚数量，比如兄弟、嫡亲叔伯等，每户割一块猪肉，平均每块肉2市斤，自家兄弟和父母可以

---

[1]　拜寿时，祖母娘家坐首席，还有父母去世，也是祖母娘家坐首席。

礼重一些，比如肉多一些，或者多送一些其他礼品，由父母支出钱，由娘家兄弟招待新娘和新郎吃喝，然后，新郎就回家，新娘就留在娘家，继续走亲戚，由娘家那边亲戚款待，过了四五天以后大回门，再由新郎去接新娘回家。

（五）纳妾与续弦

第一，纳妾条件。100亩以上的富裕家庭，才能娶两个老婆。娶小老婆，要经过结发妻子同意，如果不同意，不能娶。多数大富之家，结发妻子没有生育或者生女儿，允许再娶一房妻子，生子嗣传宗接代。如果结发妻子生了儿子和女儿，一般不同意再娶一房妻子。比如夏家一老夫妻关系好，妻子没有生育能力，没有休妻，也没有娶二房妻子，就过继哥哥一个儿子立门户，并捡一个女儿来养。

　　据李良望老人所述，如果妻子没有生育能力，不能绝后，与妻子商量，方可再娶。妻子有生育能力，生了女儿，不准再娶，与妻子商量，招女婿传宗接代或者过继为后。做官者，允许有三妻四妾。如果非官宦家庭，妻子不同意，不准再纳妾。

第二，批准。养妇必须关系好，凡事要与妻子商量，要征求妻子同意，不同意，就闹矛盾打结。不需经过户长、房长或者家长同意。当妻子去世，可以重新续娶一位妻子，同时，不需要与谁商量，家长或者亲戚会建议或帮助找姑娘。但是，妻子生病，就不能再娶。如果治不好，再续弦。

第三，续弦对象。有妇之夫，禁止再娶，生占活妻不行（别人丈夫没有去世），是一项大罪，可以娶未嫁的妓女，还可以抢寡妇，生占死妻可行，不管家境贫富，不受他人干涉，寡妇亡夫要脱白（孝），才能嫁人，如果童婚，不需要脱白。

第四，婚娶规模。如果娶黄花闺女（童婚），不管嫁给二婚还是未婚的男子，也是同样八抬大轿嫁过来。但是，不是二嫁，如果死了丈夫而改嫁就要脱白[1]，也可以锣鼓喧天，四抬大轿进门，但是，规模没有初婚规模大，不请什么客，不拜堂，只到先人牌位作揖。仅办一天酒席，只接姑爷舅爷姨爷，安置客少，去了还是安置，不讲礼性，没有磕头、吃蛋、拜堂、喝拜茶，只是斟茶，取彩客人也丢一点钱（脸面钱），结婚是丢喜钱，没有那么尊贵。官家多娶小老婆，村里娶小老婆很少，一般不接客，不请酒席。

　　李良望老人回忆，熊茂才娶了两个老婆，最初，大老婆生瘤，以为医不好，就再娶一房，因为娶的是童婚，也和一般人婚娶没有区别。后面，两个老婆各居住一地，一个老婆在沙洋河村，一个老婆居住杜家剀，轮流陪两个老婆3天，陪每个老婆穿不同衣服，以示公平。

---

〔1〕　丈夫过世，女子戴过孝，后面改嫁，将头戴的胡子（白布）丢掉，俗称脱白。

第五，生活。娶了两个老婆，需要平等对待，既可以一起居住，也可以分开居住。按照日子，单双日或者若干日子为限，丈夫与妻子一起生活，到大老婆家帮几天，再到小老婆家帮几天。比如熊茂盛的父亲娶了两个老婆，一个老婆住在三汊河，另一个住在杜家剅，轮流跟每个老婆住一个月，被嘲笑，就像搭伙养牛一样。

第六，待遇。有钱的老板取了两房或者三房老婆，去世后，只有大房骑高马[1]，其他二房、三房不能骑高马。下葬时，只有长房的妻子与丈夫平行埋葬，其他房妻子只能埋在后面，或者边缘上，以示长房妻子为尊。同时，下阴间后，只有大房妻子算作结发妻子，大房妻子为大，与丈夫一起，与其他两个妻子分开。

李良望老人回忆，熊茂盛的父亲娶了两个老婆，最初，大老婆生瘤，脚残疾，不能劳动，父亲没有写休书休妻，就再娶一房妻子，但是，大老婆病好了，可以走路，其娘家人就要出面到沔阳县衙打官司，不准他写休书休妻，平等对待，她疾病已经康复，父亲不敢违背政府裁定，被迫跟两个老婆生活，三天轮流一次，前三天跟大老婆生活，住在大老婆家里，衣服帽子都是专门一套，后面，过三天以后，到小老婆家里生活，衣服裤子都要换。

第七，大娘和小娘关系。田产多，财富多，生活好过的家庭才娶两个老婆，大夫人娘家和小夫人娘家都要走亲戚。比如小夫人儿子结婚，如果大夫人和小夫人关系好，大夫人娘家也过来赶情，反之，关系不好，就不来往。当大夫人没有生育子嗣，小夫人生育子嗣，大夫人把其子嗣看得很重，就当自己儿子看待，共同抚养成人。

（六）退婚

第一，退婚条件。一般不准轻易休妻，除非违反妇女72条，比如打骂公婆或者好吃懒做等条款，或者没有子嗣，夫妻感情不和。不过，一般不敢轻易休妻，除非妇女违反族规，比如偷人养汉或者见好爱好，捉奸在床，捉贼抓赃，第一次教训她，要求改过自新，如果不改，丈夫才可以休妻。一般不能随便娶二房妻子，不是好过之家，如骡马成群或者银钱磲烛，没钱娶三妻四妾，除非妻子没有子嗣，延续香火，不然，妻子不同意，就会打结吵架。据郭用文老人所述，俗话说，嫁鸡跟鸡，嫁狗跟狗，嫁叫花背鳖篓。过去，划了八字，当丈夫不休妻，妻子不能提出离婚，即使去要饭，也要帮丈夫背鳖篓。

第二，退婚者。当妻子犯了不可饶恕的过错时，即使要休妻，公婆也不能休，只有儿子才能休妻，比如女子犯了72条一半以上条例，就可以写休书退婚。同时，要到县衙凭借政府断决，打离婚。只有丈夫才可以休妻，女子不能提出离婚，当公婆虐待媳妇，娘家可以提出离婚，当父母不满意，可以要求儿子休妻，多数父母不能休媳妇，只能劝和。另外，做上门女婿，犯了错误，父母要求离婚，当女儿不同意，不能离婚，如果女儿同意，才可以离婚。比如杜子英的叔叔到别人家做女婿，并没有改姓换名，生了一个儿子，儿子不懂事乱花

---

〔1〕　结婚时，摆两个方桌，中间是屋梁挂有2个钩子，女子骑高马，意识是要躲过屋梁的两个钩子。

钱，女婿就出手打儿子，母亲认为女婿打孙子，虐待自己家里的人，要求女儿和女婿离婚，但是，女儿和女婿关系好，不同意离婚。姻缘劝拢，祸福劝开。夫妻之间，要劝和不劝分，如果打架闹事，都是劝拢。坚持大事化小事，小事化无。

第三，退婚批准。休妻不需得到户长或者门长同意，也不需要叔伯同意，只需要家长父母同意，或者男方意见。当讲不出道理，要休妻，娘家人过来扯皮。同时，不符合休妻条件，族里和国家也不同意。写休书时，要请娘家人、族人来讨论，问清什么理由，犯了哪些条例，如果不成立，就不能休妻，丈夫执意要休妻，可以上告衙门，请求官府解决，当官府同意休妻，才允许休妻。

据李良望老人所述，解放以前，李氏一个女子嫁给一个教书先生，教书先生要休她，说她违背72条，娘家人和同族人上门调解，询问他为什么要休女儿，他说她违背妇女72条，但是，只数出18条，根本不够72条。李良望做记录，最后不满地说："姑爷你数出18条，不到一半，72条只犯18条，不满休妻条件，只能批评教育！"

第四，养活钱。如果结了婚，一般不能无条件退婚，因为没有犯规，如果要写休书，嫌丑爱娇或者见好爱好，不管嫁与不嫁，要支付妻子养活钱，一般30～40年，4000～5000块大洋，才能休妻。然后，妻子带养活钱回娘家或者择人改嫁。不过，有钱有势大富之家，没人敢问他要养活钱。叶道四娶了两个老婆，最初，前妻姓周，叶道四不喜欢她，就不跟她圆房，她就改嫁外村，没有子嗣。但是，被叶道四休妻，因为他有面子，北吃柴林河，南吃渡口，不敢要他养活钱，娶了二夫人陈氏生了儿子延续香火。据李良望老人所述，一旦划定八字嫁鸡跟鸡，嫁狗跟狗，嫁到叫花子背鳖篓。女人没有权利提退婚，讲究三从四德。不过，男子可以退婚，当休妻理由不成立或者不合理时，丈夫执意要休妻，就要给妻子养活钱，一般要负责妻子后半生生活。

第五，退婚与命理关系。据说，不能简单写休书，罪过很大，把纸放在石磉上，石磉都爆炸，如果铺在地上草坪，就寸草不生。但是，有社会地位的人除外，即使无理由退婚，别人也不敢要养活钱。

（七）招婿

第一，招婿资格。如果没子嗣延续香火，要招女婿改姓传宗接代。有女儿，就可以招婿，如果不愿意过继子嗣，就选择招婿养老送终。

第二，女婿标准。男丁为异姓，没有血缘关系，才能做女婿，不管穷富，只要愿意做女婿。不会招嫖赌进窑或者好吃懒做的男丁做女婿。不过，女婿多数为兄弟多、经济困难家庭出身。同时，女婿也要品行端正，勤劳顾家，孝顺父母。

第三，批准。首先，招婿需要双方父母商量同意，同时也要尊重女婿意见，如果不同意也不行。不需要征求姑爷、舅爷意见，也不要报告保长和小得副。不过，后期，造人口册子时，需要提前向保长和甲长上报。

第四，打合同。打合同时，需要接舅爷、姑爷、族人和户长见证，内容与过继合同差不多，要求女婿改姓，负责岳父母生养死葬。合同写明："某某合同之人，父母某某招婿，某某入赘于某某为子，遂改姓，延续香火，如发育二子，一代归宗，如果一代没有，二代归宗，或二代无，三代方可归宗，如果三代单传一子，永世不归宗，以子相待。不改姓，不接香火，保养老送终，方可回生父母家庭，以此为据。打合同某某，见证人某某，某年某月某日。"

第五，改姓。上门女婿，分为改姓和未改姓。如果改姓，随本族人姓，就上族谱，随女方一族人，不再属于原生父母一族人。招女婿，生第一个儿子随女方姓，生第二个儿子随男方姓，把两户人门户立起来，要求两代、三代归宗。比如李氏女婿李公祥，原姓习，请族人打合同允许三代归宗，如果三代不归宗，再也不能归宗，再也不改习姓。未改姓，不上女方谱，负责岳父母养老送终、生养死葬，仍随生父母一族人，不属于女方一族人。李良望老人所述，俗话说，上门女婿，受娘母的气。如果发生矛盾，老婆可以欺负，母亲也可以欺负。因此，一般人不愿意做上门女婿，除非家里儿子多，经济困难，无法生活。

第六，归宗。三代归宗，一代有 2 个子嗣，可以归宗，一代没有 2 个子嗣，二代有 2 个子嗣，可以归宗，一代、二代没有 2 个子嗣，三代有 2 个子嗣，可以归宗，比如万家三代能归宗。如果三代单传，永世不能归宗。

第七，女婿与岳父母关系。上门女婿必须赶岳父母亲戚的情，比如红白喜事，待岳父母去世以后，女婿作为他们合法继承者，族人作为监督者，如果没有履行养老送终义务，族人不会同意把家产给女婿，财产将归本族所有。如果发生纠纷，可以请户长、舅爷等见证人协调，实在解决不了，可以到官府上告，请官老爷协调解决。

据李良望老人所述，一个张老头妻子去世早，没有子嗣，育有一个女儿招婿，准备传宗接代，后面，又娶了一房妻子，生了一个儿子，取名张宜非。但是，由于年纪大了，怕去世以后，女婿和女儿霸占家产，不能帮其安置婚娶。去世前，就暗暗打了两份合同，防止双方霸占家产。他并嘱咐后妻，如果女婿和女儿不孝顺，要霸占家产，驱逐你母子俩出家门，你们就拿着合同去县衙告状。女婿合同内容："张宜，非我子也，家财今归我婿，外人不得均沾，空口无凭，以此为据……"儿子合同内容："张宜非，我子也，家财今归，我婿外人，不得均沾，空口无凭，以此为据……"老人去世以后，分家产起纠纷，就告到县衙，交付分家契约，一看双方都有家产继承权，要求平均分配家产，一人一半。县太爷就提诗："83 岁养个娃，笑死沔阳百万家，若是老汉真睬默，长大一定坐荆州！"

第八，女婿与生父母关系。做上门女婿，不再是生父母的儿子，没有继承生父母家产的权利，也没有赡养生父母的义务。除非兄弟去世，生父母没有子嗣，才能继承生父母的家产，但是，只能女婿的儿子继承，改生父母的姓氏。另外，生父母叔伯、姑爷和舅爷不需要走，遇到红白喜事也不要参加。

（八）赶情

第一，血缘原则。结婚、满月、拜寿、丧事赶情礼金，不统一礼金，结婚礼金最多，比如磕头钱、传茶钱、吃蛋钱和赶情钱。遇到红白喜事，你赶我 10 吊，我也赶你 10 吊，讲究面子，会多出一点，出 12 吊。俗话说，舅爷一担，姑爷一头。比如，外孙办喜事，舅爷赶情 100 吊，当舅爷的儿子结婚，姑爷困难，只赶情 50 吊，舅爷也不会介意。上礼簿的钱，俗称面子钱，需要还礼，赶情越多，面子越大，给姊妹做人情。另外，丢磕头钱，外孙向舅爷磕头，舅爷丢 20 吊，当遇到舅爷儿子结婚，姑爷丢 10 吊，也不会介意，因为不上礼簿，不要还钱。李良望老人回忆，过去，老人过世，亲戚不赶情，只过来吊孝，送纸写的祭文，以示悼念，礼簿写上名字和祭文，并贴在厅堂。后面，逐渐开始赶情随礼。

俗话说，"人情不比债，头顶锅儿卖"。赶情不像债务，遇到债务还可以延长时日再还，即使把锅拿去卖，也要赶情。没有钱的困难户，可以写一个挂礼，待有钱才去还钱，其实没有几个写挂礼，因为没有面子。更多是到访朋友，不知道人家办事安置客人，没有带钱，只能写挂礼喝酒，明天赶来还钱。

第二，统一原则。如果儿子结婚，嫁出去的女儿，都要统一出礼金，比如姐姐出 5 吊，妹妹也要出 5 吊。不过，穷女儿可以先与富女儿商量，今年经济困难，能否统一出少一些，如果不同意，即使借钱也要出一样的礼金。大多数穷者争穷气，死要面子，借钱也要赶情，越穷越不能赶少。同时，如果亲戚经济不好，也不能多赶情，不然，其他亲戚有意见，说你有偏见，只能平时私下暗地里把钱给穷亲戚。女儿尚未出嫁，遇到弟兄结婚，不要赶情。即使没空不参加宴席，也不能少给礼金。

第三，关系原则。关系好，过得亲爱，不是嫡亲也可以当嫡亲赶情。你对我好，我就对你好，礼性不讲亲假，你不论亲假，我更不论亲假。比如李良望有一个堂姑姑，当自己的小儿子结婚，堂姑姑前来赶情，其他姑姑没有参加，以后，碰到堂姑姑办事，李良望就当嫡亲姑姑对待，嫡亲舅爷赶多少，他也赶多少，甚至要超过嫡亲舅爷的礼金。八人的轿子人抬人，你抬举我我也抬举你。因为当初堂姑姑出嫁，李良望帮她撕了衣服，其他亲戚没有撕，后面，他的儿子结婚，李良望也当外孙帮他做匾。

> 据郭用文老人所述，遇到红白喜事，把信给关系好的亲戚朋友通知你参加，即使有事没有参加，也要把礼金送到，不然对主家就不尊重。平时小事不会邀请亲戚朋友，遇到红白喜事才会接你参加。

第四，形势原则。按照物价水平，不同时期，不同物价，赶情数量也不同。事实上，赶情数量都是水涨船高，比如，1 吊、2 吊、5 吊、10 吊。不过，形势也在不停变化，赶情数量也不同。有兵荒马乱或者太平盛世之分。兵荒马乱之时，糊口难济，遇到红白喜事，要借钱，赶情数量一般低一些，一般为 1~2 吊，甚至更少。太平盛世年代，衣食足礼仪兴，赚钱相对容易，赶情数量高一些，一般为 4~5 吊。其实，赶情俗称"挪作"，旧时，家庭不是富裕之家，安置红白喜事，你借 10 吊，待你办事情，我也借 10 吊，你借我钱办事，我也借给你钱办事。

（九）过继

过继子嗣，接户长、舅爷、姑爷、继子、出继者、承继者等，要打阳合同，舅爷一张合同，姑爷一张合同，承继者一张合同，出继者一张合同，如果去世者没有子嗣，就要由文化人，打阴合同，烧给阴间的去世者，通知过继子嗣给他一事，求他保佑孩子。如果没有子嗣，就要过继一个子嗣；如果只有一个儿子，可以一子两桃，或者生了两个儿子，把其中一个儿子过继给其他无子嗣者，还要过继改口，把无子嗣者门户立起来，不能绝嗣。嗣书内容见表 5-11。

表 5-11　嗣书内容

嗣书内容
立出桃承接嗣合同字人李良望自古篮闻兴灭继绝朝廷有经常之典，草野多有補救之方，何况人乎。　徐氏　出桃承接嗣系为人道要务，源远流长，凡族裡祀应永传百世，唯我陇西堂上我俩受天之祜，乏育二女二男，唯次女乳名李启元也。时运不济，命途多舛，不幸年幼夭亡，性别虽系坤道，无后乏嗣堂上之香火而无应门之童，气息奄奄，何胜似续之悲，不堪苦熬之惨，择长择贤向有明训，立爱立序久名成书，我俩年虽古稀，岂能挫视，自古有言不孝者有三，无后为大。立即凭请族戚人等，集臂偏割出继与启元名下。　长媳董　场议订，令其长子启武将现育之子派名佑国，夫妇念窃同胞一为嗣书立合同，永无反悔。佑国成人以后应顶立香火。重振门庭，春秋匪懈，享祀不忒，唯望启元二姑保佑嗣子。易长成人四时不降无妄之灾。自立之後，勿论兴衰。唯望克勤克俭韵叶盔斯千祥启後世以燼昌，是所望凭庶不黍陇西之世泽也恐口勿凭。书立合同一乕为据。
憑 族戚人等　生父良望　代笔 姊兄陈安择 胞弟李启祥 姑父李遠明 舅父徐國耀 岳父董世千 永遠为凭 万代香火 叔父李良才 姊母尹氏 叔父李良彦 祖父李恭生 祖父李恭柏 民国二十九年庚中

据良望老人所述，他的小女儿，年方 13 年，正青春，在中心学校上学，非常勤劳，放学后，一个人挑着竹筐帮家里打猪草，当打满一担猪草，到小河边进行清洗时，不慎落下水中溺死。因为早早去世，没有子嗣侍奉香火。其哥哥结婚育下一子嗣，但是，每天每日哭泣，闹得全家不得安宁，旧时，按照传统说法，就是被家里一些东西骚扰，认为其姑姑正在骚扰侄子，就选择良日，沐浴更衣，进行一个祭祀仪式，用红纸写上侄子的生辰八字，并注明："吉时吉日将侄子过继到姑姑名下，兼桃两户，请姑姑待侄子如子，细心照顾。"并焚烧过继白条，摆好供品，燃烛焚香，进行祭祀，告慰姑姑，最后，小孩不久就不哭，说是姑姑已经认其为子嗣，庇佑其成

长，并登入族谱，仪式甚为隆重。

（十）白回头

第一，抹汗。老人生命垂危之时，子女等直系亲属守护在其身边，直到老人去世。此之谓"送终"。老人去世，需要抹汗换衣服，由死者直系亲属打一盆清水，或者请村里年纪大老人负责抹汗，男逝者请男人抹汗，女逝者请女人抹汗，主家既要给抹汗的钱，一般为10~20个铜板，还要接他喝酒吃饭，同时，把死者衣服给他。

第二，烧烟巴。先人去世第三天晚上，儿子要送烟巴，就是媳妇用草编成绳子，因为先人要下地狱，过一些"劫"（节）难。俗话说，人死三节草，不知道哪节好。多少岁编多少节，不过，怕岁数太大，编起来数量大，太麻烦，不管多少岁，最多编36节。安葬当日傍晚，由死者侄辈或乡邻侄辈，连同汤、饭到坟前焚烧。

第三，报孝。[1] 老人去世，孝子孝孙不去报丧，一般是叔伯侄子帮忙到亲戚家报丧，要求戴着袖章，告知老人去世一事，并没有通知定下的丧期。然后，亲戚准备香烛、纸钱、鞭炮过来吊香，由主家告知办丧时期，到时按时来参与悼念，不要再接。

据李良望老人所述，老人去世，儿子到娘家报孝，娘家人携带1对祭文、1道纸钱和1串鞭炮前来吊孝，亲戚不赶情，了解送葬时间，然后吃完酒席，一般喝豆腐汤，没有什么肉吃，就回家，待送葬时间再来，在主家吃喝住2天，主家要贴钱安置，不需要赶情随礼，准备10碗菜，安置亲戚客人，还要给丧户买烟。需要报丧人员为：正亲，舅爷、姑爷、姨爷、舅表、姑表、姨表；同胞姊妹姐夫妹夫；舅爹、姑爹、姨爹等。朋友不是亲戚，不需要报孝，知道就来，不知道不来，无所谓。不通知不来，如果不通知，知道也来。比如十弟兄，只需主家通知老大，由老大通知其他弟兄，集体前来吊唁。

第四，邀请。一般不要自己上门，先要接邻居，要他帮忙，要邻居帮忙接乡亲，坐百客席赶情，还有距离2~3里路的叔伯，也要邻居帮忙接堂叔伯坐席。本村乡亲或者邻居来参加葬礼，其他村落村民不来参加葬礼，除非有亲戚关系。租种给其土地的地主不来参加葬礼。儿子不得寒，派相好的乡亲或者邻居到姑爷、姨妈、母亲娘家或者妻子娘家，通知他们父母去世，什么时候的葬期，前来住2~3天。亲戚不接不来，不然没有来往。不接保长和小得副参加葬礼。还要提前派人上门接道士，下请帖，约定时期上门做法事，按照做斋天数计算工钱，待送葬结束，支付工钱，不需要给礼品，同时安置吃饭喝酒。

据李良望老人所述，如果女儿屈死，一定要等舅爷来，才能办丧事。同时，女婿

---

[1] 死者咽气后，家人应快速向亲友发出报丧帖，或登门通报死讯。此事一般由族家或乡邻通报。

不能脱皮，被娘家兴师问罪，如果村民说经常虐待妻子而屈死，甚至会被打。当不是冤屈而死，正常死亡，舅爷、姑爷不来，主家也可以办丧事。

第五，丧户。解放以前，平原之地，8户人房子居住很远，杜家砌以外没有人居住。随着发展成33户，村民集中居住同一个垸堤，遇到丧事，同族人或者亲戚不做丧户，不帮忙抬丧，如果大姓居住集中，亲房人不做丧户，比如堂叔堂伯不做丧户，其他不属于同一高祖，即为5代以外叔伯做丧户。还要请丧户，丧户为8人、12人、16人或者24人。如果非正常死亡，比如少年亡，就只有8人。以主家为中心，左右邻居分别8人，由儿子上门接丧户，要求作揖为礼，告知丧户："父亲或母亲去世，某时某刻送葬，请你帮忙送他一下！"送葬前一天，主家接他们过来吃晚饭，准备10碗，他们就用芝麻梗子和白纸，做成骨丧棒。出殡早上，还要请丧户吃早餐，并递烟敬酒，陪吃饭，丧户吃三餐饭（出殡前一天晚上一餐，出殡早上一餐，出殡后中午一餐）。而且丧户坐尊位，比如三桌时，丧户就在中间一桌，丧户席别人不能坐。要求饭菜先上丧户席，菜品丧户席占优待，可以多一个菜或者菜肴更好，还可以先吃。丧户职责：4人抬女儿坐的轿子，有钱的人要面子，有2个女儿，需要8个人抬轿子，还要8人抬棺材。距离远，换两班，16人抬棺材，有2个女儿，需要8人抬轿子，总计24丧户。晚上丧户吃饭时，由儿子或知名先生将鞋子、腰带、草帽和毛巾给丧户头，谁都可以做丧户头（相信谁就找谁做丧户头），由丧户头一一发放给其他丧户。

据李良望老人所述，杜子松的老婆去世，黄孝义作为丧户，李良望作为干兄弟，黄孝义想找李良望要烟，但是，没有说，他就不高兴。出殡以后，把孝子名单都撕了。送丧回来以后，夏大华和夏之街也做丧户，跟李良望说："今天做丧户，能不能找主家要烟？"李良望说："做丧户辛苦，都可以要烟！但是，黄孝义是杜子松的亲家，不能找主家或者你要烟！"黄孝义就气愤："我找你要烟，是抬举你，别不识抬举！"李良望说："我比你年纪大，除非是我的儿子在，你才能要烟！而且一般亲属不能做丧户，只能赶情喝酒，在福场，你们专门找姓黄亲家黄孝德、黄孝义、黄孝龙、黄孝智做丧户，不找相近福场的陆德华、李丙窑、熊华堂做丧户，把所有的烟只给姓黄的，你们姓黄的比人家会做些，不给其他异姓！"

第六，悼香。丧期时，孝子孝孙女婿女儿外孙要磕头，四跪八拜。待孝子报孝以后，姑娘、舅爷、姨爷等亲戚就准备鞭炮和香纸，上门吊孝。比如舅爷、姑爷和姨爷，上香作揖磕头，四跪八拜，孝子孝孙回礼，由知名先生接待装烟，女儿就倒茶。朋友、邻居或者乡亲也准备鞭炮和香纸过来悼香，只作3次揖，不磕头，孝子孝孙不必回礼，需要知名先生装烟。他们不请自来。邻村占亲的人才来，不同村的保长、教书先生不来。俗话说，亡者为大，拜大不拜小，同辈不作揖。比如，李良望儿子的舅妈去世，李良望代儿子参与悼念，但是，李良望80多岁，又是同辈，都是孝子孝孙帮忙装香和放鞭炮，不会要他烧香作揖。

据郭用文老人所述，同一个台子或湾子老人去世，湾子或台上的家长购买鞭炮和香纸前去吊孝，如果家长不在，就由女人代为参加，或者由成年的儿子代为前去。老人不前去吊孝。俗称，天干无露水，老人无人情。意思是说天气干燥就没有露水，年纪大了老人赚不了钱，不去赶人情。主家也不会接老人参加，只会接老人的儿子参加。

第七，戴孝。停丧多少天，道士就要做法多少天。同辈或者长辈不戴孝，姑娘、女婿、媳妇、外孙、孙子、侄子、嫡亲叔伯都要戴孝，比如孝子孝女、媳妇、侄子穿孝衣和戴孝白帽，外孙、孙子戴红色袖章，姨爷姨妈手戴袖章，而同族人、乡亲、邻居或者朋友不要戴孝。这些孝衣、孝章、孝帽都是亲戚制作。决定下葬日期，孝子请鼓（请鼓乐队）、叫杠（请抬棺送葬的人）；孝子请鼓、叫杠时，不能进门；被请者迎接时，无论长幼，孝子都要叩首。

据李良望老人所述，孝子孝孙女儿女婿都要披麻戴孝，孝子孝孙穿白孝衣、戴白孝帽，媳妇戴白胡子，女儿和女婿穿白孝衣，孝重孙戴红袖章，其他亲戚戴黑袖章或白胡子（毛巾）。孝子孝孙不能戴孝到别人家里，不然，对别人不利，但是，可以戴孝到亲戚家里，因为他们到你家也戴孝。

第八，做斋。如果有钱富裕之家，田多生活好过，花费 200～300 吊钱，请 5～6 个道士敲锣打鼓，超度诵经，2 道士布置扬幡，画上元始天尊或者东岳大帝、太上老君等神像，请丧事一般做 7 天斋。穿城盘鱼，起走放灯，意思是说丧户抬着逝者游走村落街巷，敲锣打鼓，送葬时，安排人在路上放灯，为逝者引路下阴间。

第九，停丧。停丧位置确定有三种情况。一是老人去世，若老人生前是独自生活，去世停丧在老房子。二是为了公平，当父亲去世，停丧在长子家里，那么母亲去世，就要停丧在弟弟家里，即使死在长子家里，为了公平合理，也由长子将逝者背到弟弟家停丧。三是老人去世时，死在哪个儿子家里，就停丧在哪个儿子家，在他家办丧事，同时，一般不能运回老房子，族人也不会同意，做儿子有房子就应该停丧。当老人去世没有地方停丧，或者停丧在屋外，娘家觉得没有面子，可以反对或者批评外孙，实属不孝行为。而且知名先生或者礼房先生都可以批评。另外，停丧时间，根据实际情况决定。俗话说，有福之人，就 6 月生，无福之人，就 6 月死。如果老人夏季三伏天去世，只停一天，就送葬；如果冬天去世，天气寒冷，可以多停留，一般选好日子安葬，3～15 天。比如李氏的 1 世祖，冬天去世，在家里请道士做斋 45 天才肯送葬，一是天气冷，尸体不腐烂；二是显孝道，又有钱。死人睡在榻上，白天黑夜均有儿女或直系亲属守护在旁，以示服孝。

李良望老人回忆，李秋范的妻子去世，有两个儿子，要在长子李公麟家里停丧，因为李秋范去世，在弟弟家里停丧，母亲去世，理应在长子停丧一次，以示公平。同时，长子住在老屋台，又是长子，停丧理所当然，其实父亲去世也应该在老住籍停，但是没有要求长子停丧。母亲也死在长子家里，停丧也应份。母亲娘家来参加葬礼，如果没有地方停丧，就感觉没有面子。但是，长子拒绝，说他们怕鬼，盖新房停丧晦气。长子不肯，就把门关了。叔叔调解不行，就找门长叫人把门都拆了，硬要把老人停在家里。

第十，封棺。男女棺材摆放位置，如果正屋有 2 个门，一般男左女右，如果正屋只有 1 个门，只能放在靠门一边，不论左右，因为棺材不能过梁。法事结束以后，丧户就负责封棺材，将闸子打开，将棺材盖和棺材身固定一体。压棺材，一般孙子压棺材，优先长孙压棺材，如果长子没有子嗣，再找次子的儿子，次子没有子嗣，就找么儿子的孩子。谁的孩子谁取彩，就是其父亲出钱给丧户。同时，还要跑棺材，把棺材放入坑里，即将封土时，孝子孝孙从棺材上面跑过去，其他舅爷、姑爷不跑，然后，丧户就负责埋土。

李良望老人回忆，孙子负责骑马（压棺材），谁压棺材谁付钱给丧户。"你小孩压棺材该你出钱，不可能集体出钱，我出钱给你儿子压棺材，你不出钱可以啊，谁叫你压棺材，不压棺材，老人也爬不出来，谁家孩子谁出钱，难道你家孩子还吃亏，你不压我也不强迫你压，其实，能够压棺材的孩子，都是家族有面子的，一般都是人乖聪明才能胜任！"

第十一，送葬。4 个丧户集体用席子把逝者抬进棺材，并封棺材，并给孝子孝孙抹黑，以劳换饭吃。送葬时，丧户递灵位，长子端灵[1]，小儿子（孙子）抱像，二儿子拿骨丧棒。姑娘、女婿、媳妇、外孙、孙子、侄子、嫡亲叔伯都拿骨丧棒或香尽孝，需要送葬，大女儿要哭丧，姨爷姨妈不拿骨丧棒，而同族人、乡亲、邻居或者朋友不要拿骨丧棒，不送葬，只在家门前放鞭炮，孝子要发烟，作为答谢。同辈或者长辈、夫妻不拿骨丧棒，只送葬出殡亦称"送葬"，有的请道士执桃木剑在前"开路"，孝子则披麻戴孝躬行于灵床（或灵柩）前引导，众至亲好友一路将其送至墓地。送葬队列行进途中，有亲友在道旁设香案"路祭"的，孝子须下跪答礼。同时，舅爷、姑爷和姨爷、外孙准备上等香烟发给丧户，甚至用袋子装烟，一个丧户一条烟，简称"上悼"，以示犒劳感谢。安葬父母，坟地选择，多个儿子的地，随机选择，选择风水最好的地安葬，占到谁家的地埋葬，儿子没有意见。郭用文老人回忆，俗话说，人有三魂七魄，在生不认坟，人死不认尸。生前不知道坟在哪里，去世就不认得尸体。一旦去世，不管你怎么安葬。

第十二，坐轿。俗话说，敬孝不怕吃亏。姑娘身着白孝衣，头戴白胡子，跪在轿子敬孝，不能坐轿和站轿，一般大女儿坐轿子，几个姊妹共同出钱，如果有钱，由 2 个女儿分别坐轿，还要花费钱买烟给丧户。

第十三，接灵。送葬回来，接串灵。儿子端灵回来，直到门口，先长子下跪，由长媳妇下跪接灵，退回来转身下跪，接着，二媳妇下跪接灵，嫂子、舅子媳妇、姨子媳妇，一个接一个，一个传一个，人越多越好，接的距离越长越好，只要是女丁，以示团结互助，

---

[1] 当老人去世时，由继子捧灵，义子不能捧灵，因为他是假儿子。

然后，将灵位供奉在神桌上。不过，先人的灵位和灵屋放置于正厅不靠门处，一般放在祖宗灵位左边或者右边，每天都要烧香祭祀。

第十四，叫饭。送葬以后，搭建灵屋子，挂上挽联和祭文，供奉逝者照片和灵位，未满五七，由儿子到灵位牌叫饭，若儿子不在，由母亲到灵位牌叫饭，待五七以后，就由儿子到饭桌叫饭，同桌吃饭。俗话说，父亲去世，儿子叫饭两年半，母亲去世，儿子叫饭三年整，待缴灵以后，就不需要给父母叫饭。有的人懒，就把一些米烧给先人，让先人自己烧火，不叫饭。

　　黄孝恪老人回忆，以前，安置灵屋在堂屋神桌旁边，因为中间有老祖宗牌位，用芝麻梗子和白纸扎成屋子，里面供奉灵位，三年才缴灵，同时，叫饭三年，饭前在饭桌上准备一碗饭，说"爹爹老妈吃饭！"一般父母由谁供养，如果父母去世，就把灵位安置谁家里，由谁负责烧香和叫饭。

第十五，做五七。去世以后，做五七，第一七，烧 7 个符包，第二七烧 14 个符包，第三七烧 21 个符包，第四七烧 28 个符包，满五七烧 35 个符包。去世百日之后，第 100 天送 700 个符包，但是，数量太多，只随意减烧 100 个符包。符包是供逝者下阴间过关口，有阴间小鬼和阎王要钱，使用的买路钱，写明去世者名字，孝子孝孙名字，不然收不到钱，被其他鬼抢走。舅舅、女婿、姨爷自发过来办五七，不接自来，这些亲戚写好符包到先人灵位烧符包，并安置他们吃宴席。

第十六，守孝。春节时，同一台子或者湾子的邻居或者乡亲到当年逝者家庭悼香，上香烧纸和放鞭炮，不需要报酬，只是发烟和端茶，不喝酒吃饭，舅爷、姑爷不来悼香。当年所有儿子不能出去拜年、外出走亲戚，不管长幼，只能到安放灵位房前烧香守孝。

第十七，缴灵。缴灵时儿子和孙子把灵屋和灵位牌都烧掉，灵位不入祠堂，因为村里没有祠堂，也不送到外村祠堂。当为了给儿子或孙子办喜事时，不能喜事冲白事，就要提前缴灵。由儿子通知舅舅、女婿、姨爷前来，烧香烧符包祭祀，同一曾祖的侄子、侄女婿、叔伯也准备票子和符包，儿子把灵屋子抬到坟地烧掉，并安置他们吃宴席。后面，送葬以后，就改成 35 天，办五七时就由儿子和孙子把灵屋和灵位牌都烧掉。

第十八，其他，大年初一，由儿子到先人坟地插灯，连续插三年，三年以后不送。贴三年白对联。正月十五，由儿子或者父母到河里放灯，连续放三年，三年以后不送。烧服丧期间，长辈去世时可以理发，但是，孝子不满五七不能理发，因为要戴孝，不能脱孝。不管当年有无老人去世，都可以喝酒和娶妻。

（十一）守节

第一，守节对象。以前，多数贫困之家不会守节，遇到丈夫早逝，一般会改嫁他人，不过，富裕之家，遇到丈夫去世，有的 18 岁就守寡，不轻易改嫁，抚养子女成人，因为家庭条件优越，其德行更值得社会称道。

第二，品质。如果贫穷之家，丈夫去世早，妻子就下堂改嫁，竖不了牌坊。守节多数为贞节烈女，必须真心向善，不容半点虚假或者动摇。据说，有一个儿子看见母亲贞节牌坊倒了，就询问母亲："为什么安置不起来？"母亲感觉很羞愧，她曾经看到公鸡和母鸡交配，她就笑了一下，就给祖宗上香，要求赎罪，请神原谅，心不正，贞节不够真！牌坊就立起来，再也不倒了。

第三，恩赐牌坊。待抚养儿子成人，考上功名做官，儿子奏明圣上，皇帝下圣旨，经过皇帝御批，从国库支取钱，打造牌坊，竖立贞节牌坊，同时，还打造贞节匾，刻有圣旨御笔，挂在家里屋梁之上，以旌行为。郭用文老人回忆，过去，为了奖励妇女守住贞节，竖立有 2 座贞节牌坊，官湖垸一座习牌坊，青泛湖垸一座卢牌坊，牌坊上记述："圣旨，某年某月某日父亲某某去世，母亲某某氏含辛茹苦多少年，将儿子抚养成人，寒窗苦读，考上功名，成为国家栋梁之材，以旌所为，勒碑刊文，供世人瞻仰。"

（十二）做寿

第一，提出者。父母过生日，一般多为儿子提出帮助父母过大寿，父母不敢或者不好意思提出过生日，不然没意思！据李良望老人所述，一般寿诞的活动主要由子女、女婿和至亲晚辈发起，近邻厚友也多临祝贺。做大寿前要向至亲好友发请柬，发放日期一般在做寿的前三日，否则为失礼。民谚曰："三日为请，二日为叫，当天为提来。"亲友接到请柬，便准备寿礼届时前往，俗称"拜寿"。

第二，做寿时间。过 40 岁，俗称强世，50 岁，俗称半百，60 岁，俗称花甲，70 岁，俗称古稀，80~90 岁，俗称耄耋。一般 60 岁满寿，不短命，开始办寿，并不是年龄越大办的宴席越隆重，都是一样办。逢 50 岁、60 岁、70 岁、80 岁、90 岁整生大办寿宴，如果年年办寿宴，一般都是散生小办，40 岁一般不拜寿。父母等屋里长辈在，儿子和媳妇等晚辈生日不能办寿。另外，当父亲过生日，母亲也一同过生日。俗话说，男生前，女生后。意思是说，男子可以提前过生日，女子可以往后过生日，男女相互陪伴，最好。即使父母相差几岁，也可以母亲往后过生，父亲提前过生，父母选择同一年某一天同时过生日，同时接受亲戚朋友乡亲的拜寿。不过若单方父母去世，只能单亲过生。

第三，出资。父母还能劳动，一般不做寿，如果父母不能劳动，轮到哪个儿子供养父母，就由哪个儿子给父母办生日，只是准备简单饭菜给父母吃，不请客人拜寿。过整生，逢 60 以上才办，多个儿子平摊费用，请客人拜寿。多个女儿和女婿分摊集体出钱准备父母的寿衣鞋子。出嫁的女儿则要加送鸡、蛋、桃、衣服、金饰、红包贺母寿；加送鞋、帽、衣服、红包贺父寿，俗称"拜寿"或"敬寿"。

第四，敬神。做寿当日，也会焚香秉烛，举行告祖仪式。一般不是父母敬神，由一个儿子敬神，不管年龄大小，哪一个儿子都可以敬神。然后，由帮忙的放鞭炮，晚辈自动就开始拜寿。

第五，拜寿者。父母坐在堂前，子孙夫妻成双成对向前拜寿，比如儿子和媳妇、女儿和女婿、舅子儿子和舅子媳妇、姨子儿子和姨子媳妇、侄子和侄子媳妇、姊兄姊嫂子和姊妹姊妹夫、姑表姑表媳、舅儿子舅媳妇、姨儿子姨媳妇、外孙外孙媳妇以及相邻等，轮流成对给寿星磕头拜寿。

拜寿时，拜大不拜小，同辈不拜，平辈以上者拱手，先大后小，从长到幼，由正亲到外亲一一拜寿。同辈不磕头拜寿，相好的邻居或者乡亲恭贺，只作站揖，不磕头。同时，寿星分别发红包。儿子、舅儿子、女婿、姨儿子发的红包最多，而侄子、姊妹、姊姊红包金额少，邻居和朋友红包最少。男的只发给一包烟，不发红包，但是，女的发红包。

第六，赶情。赴寿宴，儿子不赶情，舅儿子、女婿、姨儿子等亲戚，相好的邻居和朋友等拜寿者要赶情，赶情数量，根据关系亲疏，关系越亲，赶情越多，关系越疏远，赶情越少。富裕之家要请人唱戏庆祝。

第七，寿宴。拜完寿，就准备宴席款待客人。祝寿吃一天，一般吃三餐，早上准备便餐过早，中午（11：00）一餐，吃10碗，下午（5：00）一餐，拜寿礼毕，就吃晚饭也是10碗菜。俗话，衣食足而礼仪兴。讲礼性无尽头，富裕之家，还请戏班唱戏，比如汉剧或者皮影戏。反之，贫困之家，简办、少办或者不办，也不唱戏。

（十三）盖房

第一，盖房原因。平原房子易坏，一般修过3~4次，每一次水灾，把房子冲走，就需要修一次房。或者由茅草房改成砖墙房，以及由砖墙一井房改成二井房。解放以前，盖房子不是简单的事情，是一辈子的事情，几乎花费一生积蓄，"茶盘子都要打烂"。

第二，选址。顺着河流流向建房子，坐北朝南或者坐西朝东。一般不请风水先生看朝向，因为都是顺着河流走，都是自己看方向。由于忌讳庙宇或者神坛，就偏方向，禁止建房面对神庙。同时，当地居民若不喜欢坐东朝西，盘到地势高的位置，选择坐北朝南，因为坐东朝西，日出日落，一直被晒，或者坐南朝北，被北风滋扰，挨冻。当没有坐北朝南的位置，也没有办法，只能按照先前朝向或向山居住，甚至买都买不到屋台，平原大地，地势高的河堤有限。

据郭用文老人所述，高台基，沿河居。沔阳人民习惯挑筑高台做建房基地，这是楚建筑风格遗存，也与地处水乡泽国有关。人们苦于水淹浪拍和地潮浸湿，只好高筑台基。台基多呈长方形，中段建房，前有出场，后有阶延，以前长后宽寓"前程远大，后地宽宏"之意。

第三，请工。一般包给瓦匠师傅修房子，盖房子都是接木匠、瓦匠等，都是外地人，比如湖南人，按照天数算钱，平均每天2块大洋。碰到有亲戚是瓦匠或木匠，优先请亲戚，价格优惠些，如果亲戚没有空，再请本村的瓦匠和木匠。

第四，凑工。只是到上梁盖瓦时期，亲戚、邻居、朋友互相打凑工。你帮我，我帮你，需要找跟前的邻居、乡亲和朋友打凑工，5~6人，比如上梁夹盖芦壁和盖瓦，瓦匠师傅挑瓦打小工，亲戚朋友负责盖瓦，串芦壁。不管亲戚还是邻居，谁擅长瓦匠活，就请谁打凑工。后面，他们建房子，夹壁和盖瓦，也去帮忙，还邻居或者亲戚凑工。如果你建房，我没有帮忙，我建房，也可以求你帮忙。原来建房完全都是同村相互帮忙，每家房子都帮了1~2天，后面，建房子时，随便接本村乡亲帮忙，比如夹芦壁或者盖茅草，今天有多少活，需要多少人就接多少人，明天有多少活，需要多少人就接另一批乡亲，不会反复接同一户乡亲，遇到村民没有空，不得寒，就请其他邻居帮忙，并不是所有村民都来帮忙。

第五，报酬。打凑工，不需要给报酬，供吃三餐和1包烟。一般只会帮1~2天，今天接你帮忙，明天接他帮忙。不能一直请一个亲戚，比如姑爷或者舅爷，会帮2~3天，不需要工钱，买鞭炮庆贺，只请吃三餐，喝酒吃饭。对瓦匠、木匠都要用心招待，不能得罪他们，每天准备三餐，早上吃丸子喝胡子酒，中午和晚上整10碗大菜，好吃好喝。

> 据李良望老人所述，俗话说，凑工不得力，只想好食吃。意思是挖苦那些人，打凑工不出力，只想吃好喝好。瓦匠师傅和木匠师傅也买鞭炮庆贺。亲戚买鞭炮和买所有的烟，都分给木匠师傅1条和瓦匠师傅1条，主家也要分别给2条烟。木匠和瓦匠师傅地位很高，准备10碗大菜，以示其地位高，尊重他们。

第六，上梁。上梁时，首先东家敬家神，在梁头准备三牲，装香化水，祈求家神保佑，并感谢瓦匠师傅和木工师傅，说"辛苦了，你们吃亏！"然后，木匠和瓦匠分别祭祀鲁班先师和张朗先师，同样在梁头准备三牲，装香燃烛，并说四言八句，"金鸡点梁头，子孙出王侯""东方生得高可把紫龙袍，西方生得高可戴乌纱帽，两边不高又不低，子子孙孙穿朝衣，三块祖牌落了脚，子子孙孙把朝贺"，主家要给红包，主家和亲戚要给瓦匠师傅1条好烟和1~2块大洋，木匠师傅也有几条烟，舅爷和姑爷自动过来合鞭，还帮忙盖瓦，不要赶情随礼。

> 郭用文老人回忆，上梁，接木匠、瓦匠，亲戚也帮忙1~3天。不接亲戚朋友，亲戚朋友不赶情，只合鞭炮，主家准备10碗，请吃饭喝酒。当装修完毕，才入宅，准备10碗大菜，请亲戚朋友吃饭，需要赶情。还有给每个瓦匠师傅撕被子、毛巾、香烟和10~20块红包，讨好他们，把房子修得好一些。

第七，讨喜。主家祭祖，并出钱购买糖果，供瓦匠师傅撒糖果，男子妇女小孩就哄抢，热闹非凡，俗称拜梁。另外，师傅没有撒完糖果，其他人可以向他要糖果，或者与其相好的人，师傅朝他撒，相好的人就现捡糖果。据郭用文老人所述，前一天有东家把糖果给瓦匠师傅，有瓦匠师傅撒冰糖、果饼给台上小孩抢，祈愿热闹喜气，不过师傅还偷偷留大部分给自己的孩子，多数是几个师傅分配一些。

二　节庆习俗

（一）清明节

1. 做清明会

第一，时间。每年四月初五。需要所有李氏人都去祭祖，不过自愿去参加，不去也不强求，去就有饭吃，全凭自愿。其实户长知道不会全部族人参加，只是通知全部族人参加祭祖。如果做清明会，3~5年1次，距离近也会回来，如果距离较远，也不回来。

第二，参加者。做清明会，即使族人居住分散，户长、门长挨家挨户收钱，一般为3~5块大洋/人，用于购买香烛纸草鞭炮和聚餐费用。如果是当官的族人，其他族人都奉承你，像活祖宗一样抬举。因为你有钱有势，比如打谱，户长自动找你帮忙。一般为家长参加，秉承自愿原则，可以去，也可以不去，禁止小孩和女人参加，否则不敬祖宗。如果不参加清明会，也不强制和处罚。如果人在外面，距离较远，几天距离，就不回来祭祖。一般在镇上或者县里，还会回来。

> 做清明会时，杜家凼有李氏晚辈不去，李良望就问："大家都去参加祭祖，做清明会，你怎么不去？"他说："我打瞌睡，不想去。"门长李良望反驳说："你懒蛇东西，做清明会，发你一包烟，给你吃10碗，你交7个铜板，要别人帮你祭祖啊！"

第三，人事安排。户长帮忙理事，分配任务，什么时候鸣炮，什么时候奏乐，什么时候开席，谁负责摆桌吃饭。同时，户长迎接各房族人，房长把丁钱交给户长，并吩咐书记先生登记人丁数和丁钱。

第四，祭祖。参加清明会，准备锣鼓和鞭炮香纸，进行集体祭祖仪式，以房头为单位，每房由房长带头上香磕头作揖祭先人，在祠堂供奉历代祖牌，以各房为单位为礼，由房长为首，先长房后二房，依次顺序，一一磕头拜祖宗，有礼相公喊礼，几百人到各世祖坟地祭祖。

第五，悼词。每逢做清明会，不管祭远祖还是房支祖，集体到祠堂，比如李河村集中祭祖，需要致悼词，慎终追远。祭祖典礼上，先由礼生摆放三牲作为祭品，然后，烧纸钱蜡烛，再由户长和房长分别致悼词。户长或门长把礼帽摘下来，给族人鞠躬3次，就发话，"今天到李河村集体举行户长或太祖清明节祭祖仪式，感谢和劳烦李氏族人来临，请全族人起立，给先祖为礼，一鞠躬，二鞠躬，三鞠躬……告毕"。每个房支推荐代表发言，由于人头攒动，害怕思路不清楚，讲话断断续续，被族人嘲笑，丢了面子，门长就写一个清晰的提纲，讲什么内容，怎么讲，首先讲什么，其次讲什么，最后，怎么收尾，并呈上祭祖对联，比如"四季春秋清明到，房头后辈祭先人"，寓意"四房人到"；"陇西宗族吾必记，堂上子孙须教育"，意思是说要教育子孙后代。

第六，聚餐。清明会时，开2~3天宴席，当日，请厨房大师傅烧火做饭，杀猪宰羊。待祭祀结束，喝酒聚餐。房长带领本房人吃饭。另外，吃宴席时，也是以房为单位坐席进餐。同时讲究尊卑，要求宣苑（盘根底），大房、二房人等有权坐首席，那些婆小妾或者丫鬟（家人）生的房支，没有地位和话语权，专门帮忙端茶倒水、洗碗或者搬桌椅等。

2. 插青

清明节，去插青祭祖，儿子和女儿只插三代先人，五代以外很少插青。先敬五代以内先人，再敬五代以外先人。另外，女婿和女儿插父母青，磕头作揖，由儿子安置喝酒吃饭。只有男子祭祖，女子不参加插青，在家安置客人，只插她父母青。当人在外面，距离较远，几天距离，就不回来祭祖。一般在镇上或者县里，还会回来。比如垸堤倒口，垸主要李姓三户人做堤，人少溃口大，做不起，都是李正云（李良望的祖父）的后代，李姓跑了一户李正贵，搬到府场落籍，过清明会，也会来插青。

（二）中元节

第一，时间安排。每年七月十三开鬼门关，把先人魂魄发回人间，七月十七关鬼门关，有阴差点人数，把所有鬼魂收拢。七月十五、十六和十七，写符包烧符包给先人。七月十八就不需要烧符包，就收不到钱。郭用文老人回忆，七月半开鬼门关，去世的先人回家讨钱。子孙写符包，供先人在阴间使用，特别要写明先人名字，这样他们才能领到钱，其他人抢不到。

第二，写符包。特别是富裕的书香门第，符包手册更为完整。一些贫雇农因为家庭穷困，没有读过多少书，因此，家中没有代代流传下来的符包撰写手册，只能找邻居、亲房人或者乡亲代为撰写，以一包烟作为酬谢。外出人一般由家中父母代为撰写。未分家时，由家长撰写，父母过世，由长子代为撰写，分家以后，各儿子分别撰写。另外为了历代祭祀先祖传统保留下来，防止儿子不懂写，一些父母多数把历代去世名字、称呼，以不同身份，如家长、儿子、孙子、重孙等撰写下来，后人只需按照样本抄写，并不断向后延续保存下来，以求后世子孙昌隆。

写符包一般写五代，从高祖父开始写符包，没有儿子从祖父一辈向上写五代，有儿子从父辈一辈向上写五代，有孙子自儿子一辈向上写五代。比如高祖父、高祖母，曾祖父、曾祖母，祖父、祖母，父亲、母亲，外祖父、外祖母，五代以外就不写。写符包也写嘎爹嘎老妈（祖父祖母）一代人，讲礼性，舅爷舅老妈（舅父、舅母）也写符包。当碰到哪个亲戚，比如姑爹，没有子嗣，有些人也写符包供奉。另外，符包注明过年写年节，七月写中元，过生写生期，几包钞洋、黄表[1]长辈要写"上奉"[2]。

据李良望老人所述，一个妇女找他帮忙写符包，为了语言得体，不闹笑话，要灵活使用称呼，一般写为"故亡夫主"，改为"故亡家主"，"愚妻某某"改成"愚伴某某"，有人就有争议，李良望就说："少年夫妻老年伴，古来俗语靠边站，称呼脑里打一转，写错外面笑着看。"不到60岁，可以写"丈夫"和"妻子"，但是，70岁以上，写"家主"和"老伴"更为切合身份和年龄，不然，会闹笑话。另外，写符包，要写正名，不能写小名，如"张老幺"，不然，在阴间收不到钱。

第三，称呼。写符包，不同人称呼不同。比如分为内侄或者外侄，三代以内，称为嫡

---

[1] 黄表只能烧给得道成仙或者修行的先人。
[2] 长辈写"上奉"，晚辈或者等辈写"寄予"。

亲叔伯内侄，三代以外称为堂叔伯外侄。分亲假，写"堂×××，比如堂叔或堂伯""亡子或者亡女"。如果父亲（母亲）没有去世，只写"祖考或祖妣"，都不需要写"老大孺人"。长辈写给晚辈，反念"父或祖×××"，长辈称"尊×××"，晚辈或者等辈称"贤×××"。前母显妣或后母——继男或者孝男。伯叔、孝侄。发夫或者前夫、内人。这些称呼，都是有心人向别人学习，或者祖祖辈辈传留下来，一一继承的。外出做生意或者做官，也自己写符包，或者由在乡父母代写。

另外，符包、称呼等撰写方法，同姓传同姓，师傅带徒弟。学来别人方法，根据实际情况，仔细考虑，要不断修缮，更加贴切。如果讲不出理由和道理，就不能改，改了不能超过原来意思。据李良望老人所述，当给叔伯写符包时，一般不写明孝子或者孝侄，写明就不亲爱，俗话说，孝顺无亲假。

第四，烧符包。中举或科甲时，要祭祖，所有祖宗都要写符包焚烧。烧符包，先要买纸钱，送白纸，不需要出钱买白纸。同样，需要写五代以内符包，比如高祖考高祖妣、曾祖考曾祖妣、祖考祖妣、显考显妣；伯考，叔考，婶妣；堂伯、堂叔，堂婶。即使没有子嗣的亲戚，也要写符包，没有子嗣就没有人烧纸钱。关系越近，写符包越多。比如继父母或者生父母，都要多写符包；同时有两个老婆，写一样数量的符包，不然不平等，互相争符包。同时符包男写姓氏名字，而女人只写姓氏，不写名字。另外烧符包规则：曾祖父、曾祖母，祖父、祖母，姑祖父、姑祖母，父亲、母亲、伯父、伯母、叔父、婶娘、姑姑、姑父，外祖父、外祖母，舅父、舅母、姨夫、姨母，父辈撰写符包分为6包，祖辈3包，外祖辈2包，曾祖辈1包。当日，儿子接姑姑和姑父、姑娘和女婿回来过节，准备10碗酒席招待他们，而亲戚不需要带礼物。

据郭用文老人所述，烧符包，坚持五阴六阳原则，只能在阴气重的晚上烧，白天阳气盛，不能烧符包。而且先人越近，烧符包或者钞洋数量越多，先人越远，烧符包或者钞洋数量越少。因为越远的先人供奉人越多，烧符包人数越多，可以少烧。越近的先人供奉人越少，烧符包人数越少，理应多烧。

（三）送司命

腊月二十四，准备供品，烧香秉烛，在厨房敬司命爹爹（他是一家之主），送他上天，腊月三十或正月初一，接司命爹爹回家。司命爹爹要上天拜见玉皇大帝，向他禀告家里的事情，家长准备祭品祭祀他，就是让他吃好喝好，不然，他会把家长做的坏事禀告给玉皇大帝，家长就会遭到处罚。另外，俗语有"男不拜月，女不祭灶"。男主人主持，女眷不参加，祭灶时，祭灶人跪在灶爷像前，怀抱公鸡。也有人让孩子抱鸡跪于大人之后。据说鸡是灶爷升天所骑之马，故鸡不称为鸡，而称为马。若是红公鸡，俗称"红马"，白公鸡，俗称"白马"。焚烧香表后，屋内香烟缭绕，充满神秘色彩。男主人斟酒叩头，嘴里念念有词。念完后，祭灶人高喊一声"领！"然后执酒浇鸡头。若鸡头扑棱有声，说明灶爷已经领情。若鸡头纹丝不动，还需再浇。

（四）团年

第一，家祭。除夕吃团圆饭，家长准备祭品敬祖宗和家神，如果家长不在，由长子或者其他儿子准备。拜神时，摆上鸡、鱼、肉，三盘供果，烧三炷香和一对蜡烛，倒上酒，烧香燃烛，按规矩，在菩凳上行四跪八拜。作一个揖，跪下磕一个头，依此类推，作第四个揖，下跪磕第四个头，总计四跪八拜，再放鞭炮火药，最后，吃饭喝酒。

第二，拜年。叫花子有三天年，过完三天才走亲戚。初一，不过，先拜天地，家神，尊长，儿子给父母拜年，同一高祖亲房人，兄弟叔伯之间互相拜年，不需要带礼物。然后出门拜年。拜年是不问亲疏的，称为拜年无大小。初二，女婿带女儿回娘家给岳父母拜年，须带礼物。进门后先向佛像、祖宗像、牌位各行三叩首礼，然后再给长辈们依次跪拜。初三外孙给外祖父外祖母、舅爷舅娘拜年，一般玩 2~3 天，安置 10 碗菜，招待外孙。初三，把神桌上的祖宗牌子，摆上供品，烧香秉烛，朝外面送年。正月初四，主要是走姑父、姨父或远房亲戚家。如给同事、朋友拜年，一进屋门，仅向佛像三叩首，如与主人系平辈则只需拱手一揖而已，如比自己年长，仍应主动跪拜，主人应走下座位做搀扶状，连说免礼表示谦恭。这种情况一般不宜久坐，寒暄两句客套话就要告辞。主人受拜后，应择日回拜。凡一年来对人家欠情的就要买些礼物送去，借拜年之机，表示谢忱。左邻右舍，素日没有多大来往，但见面都能说得来，到了年禧，只是到院里，见面彼此一抱拳说"恭喜发财""一顺百顺"，在屋里坐一会儿而已，无须过多礼节。初五、初六最好哪里都不要去了，因为"拜年不拜初五六，有酒就无肉"。

据李良望老人所述，过年，打 4~5 壶酒，早上，起床以后，主家准备糯米粉子冲成一碗汤。特别做好卤菜，碰到有客人拜年，就切卤菜，比如卤鸡、卤鸭、卤蛋、油炸鱼、麻辣烫、卤肉、卤豆腐，千张、花生等 9 个碟子，不做热菜。准备 9 个碟子，还下一碗面，放上炒米。还烤 2 碗糍粑。中午，男人互相拜年，或者找人打牌，妇女烧火做饭，蒸 10 碗。然后，家庭成员再打牌或者麻将，妇女准备夜宵。

年跟前，女婿到岳父岳母、舅爷舅母家拜年，要提前到戴家场称茶丝、金果、银糖糕等食品，一般 0.5 斤或 1 斤 1 包，3~5 个铜板。年跟前不割肉，送肉对别人不利，亲戚不喜欢。到岳父岳母家拜年要送 1 市斤茶丝，因为至亲少了拿不出手。而到舅爷舅母家拜年只需要送 0.8 市斤茶丝，到姨爷姨妈家拜年需要送 0.5 市斤茶丝。后面，他们也来你家走亲戚拜年，也是提你送的原来那一包茶丝，一来一往，你提给我，我提给你。过年时，你到亲戚家拜年，别人就请你喝干茶，就是把茶丝撕开，请客人吃金果、马枣、柿子等，喝完茶吃完零食后，就吃 9 个碟子午饭，比如鱼、肉、蛋等，还要喝酒和吃面条加灿米，吃 2 碗糍粑加白糖，不吃米饭。下午，就吃 10 碗，也是鸡鸭鱼肉等，如果想过夜就过夜，不过夜就回家。好茶好酒好菜招待，你到我家这样安置，我到你家也是这样安置。如果要打牌，主家就接邻居过来陪客人，但是，不请邻居陪客人吃饭。茶丝分配情况见表 5-12。

表 5-12　茶丝分配情况

女婿到岳父岳母家拜年带 1 斤茶丝

外孙到舅爷舅母家拜年带 0.8 斤茶丝

姨儿子到姨爷姨妈家拜年带 0.5 斤茶丝

第三，上坟。大年初一，儿子和父亲一起祭祖，女儿不去祭祖，负责烧火做饭、斟茶，女儿迟早嫁人，不是家里人。儿子到父母坟地祭祖，也到嫡亲叔伯坟地祭祖。如果叔伯儿子不过来祭自己父母，自己也不去祭祀他父母，有来有往。另外祭祖不除草，几兄弟只祭祀父母烧香放鞭炮，堆高土，管他有草没草，草都长成几米高，甚至，连坟墓都找不到。当人在外面，距离较远，就不回来祭祖。还要对前一年村落里逝去的人进行悼念。要烧三炷香，烧一些纸钱，燃放鞭炮，表示对先逝者亡灵的悼念。同时东道主从早到晚，要用烟酒、早点、饭菜接待来悼念的人。祭祖以后，各家回各家吃饭，不集体聚餐。除非遇到有客人来，整 10 碗大菜，亲房之间或者邻居之间，你接我陪客，我也接你陪客，礼尚往来，不需要礼物。

（五）杀年猪

俗话说"腊月二十六，杀猪割年肉"，说的是这一天主要筹备过年的肉食。杀猪，当然是杀自家养的猪；割肉，是指没养猪的人家到集市上去买过年吃的肉。因为农耕社会经济不发达，人们往往在年节中才能吃到肉，故过年时，杀年猪，兄弟两家人买一头猪，一般 4~5 担稻谷/头，请屠夫杀猪，猪肉一家一半，煮肉安置亲戚朋友。或者，3~4 户，今天你杀一头猪，邻居或乡亲向你借 3 斤肉，不需要钱，明天邻居杀猪，邻居或者乡亲就借给你 3 斤肉，也不需要钱，有借有还，相互扯皮，外村人借不到肉，因为难去讨肉，除非是亲戚，才能借到肉。

（六）打糍粑

腊月二十四，没有农事，准备过年。每家每户都做糍粑，甚至一户人打 1 箩筐，用蒸笼蒸熟糯米，家户如果做 10 多斤，就自己做，用对冲舂米，或者放到槽子杵，如果多达 100 斤米，接邻居帮忙杵，你帮我杵，我帮你杵，共同使用一个家族的粑粑槽子，在你家蒸好糯米，抬到堂屋，4 个男人共同出力杵，杵好协力把捣烂的粑粑放到筛子里，由妇女负责摘成小段，然后，摊开一个个圆形的粑粑。最后，放到缸子里用水泡着，不会发霉，过年亲戚来拜年，比如姑爷舅爷，就用火烤熟，沾上白糖给亲戚吃。中午，再吃 9 个碟小菜，比如鱼、肉、蛋、鸡、鸭等，并喝胡子酒，晚上，再吃 10 碗大菜，鸡、鸭、鱼、肉、丸子等。如果年纪大的老人，就不做这些过节的食品，都有晚辈亲戚送过来，比如附近的舅爷、姑爷等，不需要自己亲自做，也是亲情表达方式，贴近亲戚关系。

做糍粑时间：腊月二十四。

组织人：一般是家庭长嫂。走访各家庭，约定何时下米何时做。杵糍粑地点：一般是挨家挨户轮流做糍粑，做完一家再做一家。不过，如果家里离得近，可以把蒸熟糯米桶抬到一个家庭集中制作，做好的糍粑以家庭为单位分好，并将其带回自家。

糍粑槽，如家庭没有要向邻居借用，不需要钱，只需做好糍粑，送 2~4 坨糍粑作为感谢。不过，糍粑槽更多是同一家族共同出 1~3 担稻谷一起购买。

工序。待过年时，几户人家轮流杵糍粑，做糍粑有多道工序，杵糍粑需要力气大的 4 个以上男人，家庭小做不成。4 人杵好糍粑，齐心协力把糍粑裹成一团抬起，还要请技术过硬的女人捋出来，所以你帮我做，我帮你做，并且拿出自家过年备好的年货，供大家品尝。

冬天，乡亲互相到别人家里烤火，砍皮柴来烧，然后，坐下来闲聊喝茶，有邻居过来，就拿出来糍粑用清水冲洗，放到火上烤熟，款待客人。你烧火一天，我烧火一天，今天我到你家烤火，明天你到我家烤火。不会一直到一个家户烤火。

第五节　文娱与文娱关系

传统时期，文娱活动种类繁多，比如走亲戚、打牌、看戏、去茶馆喝茶、划龙舟、玩彩船等，不同活动也有一定规矩与行为逻辑。

一　走亲戚

第一，对象。过去，外嫁女儿不过正月十五，不走人家亲戚，只负责在家做饭，款待亲戚，只有男子外出走人家。同时一般晚辈走长辈，平辈之间也可以相互走访，而没有长辈走晚辈的情况。据郭用文老人所述，未结婚，先走母亲娘家亲戚，比如舅舅、姨爷等，结婚以后，儿子走妻子娘家亲戚，比如妻子舅舅、姨爷等，再走母亲娘家亲戚。

第二，规矩。过年走亲戚有规矩。小时候，儿子和父亲走舅爷舅母，基本年年去，1~3 天。儿子成家以后，大年初一儿子和媳妇在家拜父母亲，初二拜岳父岳母，年年要去，玩 1~3 天，后面，儿子选择时间走舅爷舅母，给他们拜年，隔 2~3 年去一次，当天去当天回。如果那些姑爹或者表爹亲近父母，你有来我有往，再择时间前去走亲戚。同时，走亲戚要遵从辈分，晚辈先走长辈亲戚，比如如果母亲年龄大为长姐，其他年龄小的姨妈要主动过来走，她们不来，自己就不去，比如二姨妈、幺姨妈不来问候大姐，自己不会去拜访其他年龄小的姨妈。如果有子女也要带去，向岳父岳母行礼，待儿子长大成人，18 岁以上，不亲近嘎爹嘎老妈，而多数由父亲去走嘎爹嘎老妈，同时，同一辈亲戚多数为父亲去走，儿子很少走，待父母去世，儿子才去走这门亲戚。然而，儿子亲近媳妇的娘家，他走岳父岳母，同时，要走媳妇这一边亲戚。如果有多个儿子，分家以后，因为时间不一致，先后到舅爷、姨夫家拜年，或者为了减少他们麻烦，几个兄弟统一时间，集体出钱购买茶丝，一起到舅爷、姨夫家拜年。亲戚越走越亲，你来我往，关系更加亲密。

另外，上门女婿，需要改姓，只走生父母家兄弟姐妹，其他叔伯不走，生父母一方姑爷和舅爷也不走。如果有两个老婆，由两个儿子分开走，如果只有一个儿子，不管是大老婆的儿子还是小老婆的儿子，负责走两个娘家亲戚，平等对待。一般关系不好，不会走两个娘家亲戚，各自走各自娘家。即使大老婆或者小老婆去世，儿子也继续走2代人。

第三，活动。过年初四，女儿和女婿回娘家或者外孙给舅父舅妈拜年，同时，当年父母或者外祖父外祖母去世，到坟地装香化水，放鞭炮，磕头作揖。如果距离近，不住亲戚家里，如果距离远，就住在亲戚家里。

二 打牌

第一，打牌时间。下雨时或者农闲时，以及过年或者过节等节庆日，才到牌场打牌或者在家打牌。吃完早饭，10点以后各自集中到牌场打牌，中午不吃饭，在牌场买茶喝或者买饼子充饥，下午4点回家吃饭。据李良望老人所述，牌场中天天有人，今天你有空你去，明天我有空我去，打牌时间没有统一的。如果打雷下雨，打牌人很多，一般吃饭早去抢位置，不然，抢不到位置打牌。农忙时节，基本没有多少人打牌。

第二，打牌者。老人和中年男子打牌。好吃懒做者喜欢天天打牌，小孩不能打牌，只能读书。女人不能打牌，在家纺纱织布。逢年过节，购买麻将或者纸牌，姑爷和舅爷来访，在家里一起打麻将或者纸牌，不去牌场打麻将或者纸牌，不过，主家接邻居做脚子，过来陪客人打麻将或者纸牌。另外如果关系不好或者喜欢耍赖，扯皮拉筋，输了不肯开钱，别人不跟你打。

郭用文老人回忆，一些流氓地痞或者好吃懒做的人才去打牌，比如摇色子赌博最多，或者一些老人没事去打牌，那些勤劳之人都不会去牌场子打牌，都是下地干活。而且规矩很多，孩子禁止踏进牌场子，丈夫也不敢轻易去打牌，女的在家纳鞋底、做鞋子和纺纱织布，补贴家用，不然会被父母和老婆婆教训，经常吵架。

第三，牌场。多数人不在家里打牌，而是在牌场打牌。在家打牌，难找脚子。基本上每个村都有牌场，比如杜家剀有2家（熊家、杜家）、百子桥2家、李家桥2家、周家桥3家。多数为孤寡老人经营牌场，牌老板两头赚钱，既收打牌钱，又收卖货钱。比如打麻将和纸牌，一桌费用为5个铜板/人，每桌出20个铜板，场老板不要完税。如果要吃粑粑、冰糖和茶水，都需要牌友付钱。除此之外，镇上牌场子有5~6个，多数是孤寡老人经营，而且当地人打麻将成风。据郭用文老人所述，过去，农民只相信种田，看不起开牌场子，多数是孤寡老人才靠这个维持生计，不然，开牌场是败坏家风的作为，遭到老人批评和训斥。

李良望老人回忆，杜家剀有2个牌场子。多数没有子嗣的老人，做点小生意，赚不了多少钱，维持生计。其实，开牌场是一种下贱活儿，因为男子到牌场打牌输了钱，媳妇就到牌场打骂和吵架，这样开牌场名声不好。年轻人不敢开牌场子，如果经营，就被父亲骂，年纪轻轻就懒惰。只有没有子嗣才经营牌场子，不然，名声不好。

第四，打牌规则。打牌有不成文的规定，先口头承诺打多少风头，比如7~8个风头，即使不停输钱也要把风头打完，不能赢了钱就散场，不然，被别人认为牌品不好，只想赢别人的钱，再也没有人愿意跟你打牌。

第五，记牌。谁打牌都想赢？谁都怕输。打牌时，一般不敢多说话，怕输钱。打牌需要操心，要一一记牌，花费脑力和体力。很多人，因为过劳而死，打着牌就不知不觉死了。另外，损害身体健康，因为不分昼夜打牌，烟雾缭绕，精神过分集中，又耗费脑力，对身体是极大的透支。比如有郭老头天天打牌，儿女给的钱，都被花去打麻将，甚至一天煮一次饭就吃三餐，最后生病，差点就死去。

第六，叫牌。牌老板专门有一个叫人打牌的习惯，如果打牌人手不够，就会提前到村里挨家挨户找人，凑够一桌或者几桌人。他们只和同龄人打牌，年轻人反应快，老人反应慢，年轻人跟年轻人，老人跟老人，老年人看得开，即使输了，也不会生气。

第七，输赢。输赢没有定数，今天赢。明天输，天天赢，没有人跟你打。比如习老妈安置客人，有人过来打牌，她就下注2块，下了几次赚了10块，就借口回去烧火做饭，怕本钱输给别人。打牌，不能耍赖，即使输钱，也要再打2~3盘，不然被人说怕输，如果一直赢钱，也要坚持多玩3~4盘，不然，下次牌友不跟你玩牌。

第八，下斟子。打牌，可以下斟子，如果被斟者赢牌，不仅开牌钱，又开斟钱。还有搭斟子，找关系好的人或者运气好者下注，比如下2个铜板，牌赢了，下注者就得10个铜板。打小牌输钱多，下斟子，牌友会不高兴，如果打大牌，10块大洋以上，下多少斟子，都不会不高兴。

第九，借钱。如果输钱多或钱不够，打牌者可以向牌老板借钱再打，不过要是牌场的长脚或长客，而且要支付利息，借1块大洋，还1.5块大洋。输钱者向私人借不到钱，因为打牌借钱不肯还钱，俗话说，赌博钱过10年，不赌博不还钱。借钱容易，讨钱困难。

第十，打牌与纠纷关系。打麻将不仅玩物丧志、废财误时，而且还极易产生财产纠纷和家庭矛盾。打牌吵架，闹戏码，过一会，又一起和好打牌，不讲面子。即使发生不和，也是牌友或者牌主劝和。比如兄弟俩杜子英和杜子松打牌发生矛盾。打牌谁都想赢，如果牌不好，就想扯皮，就闹出矛盾。一般找一个中人，与双方关系好的人，双方向其倾诉，帮忙劝说，不对的要主动和好，对的一方就退让一点，不要计较。

第十一，打牌与贫富关系。旧时，勤劳之家不允许打牌赌博，天天下地干活，赚钱买田置地，而那些好吃懒做之人，才会打牌赌博，败光家产。比如一户人家丈夫勤俭持家，辛苦置办家产，但是，妻子打牌赌博，好吃懒做，即使再有钱也被她败光，你会赚钱，她帮你败。不如节俭持家，不打牌，存点钱，帮助儿子盖房子。

第十二，打牌与犯罪关系。俗话说，强盗出于赌博，饥荒起盗心。意思是赌博时输钱以后，田地财物不多，无钱吃饭，饥荒起盗心，只能去偷抢别人的财物，做小偷小摸，维持生活，甚至不讲名声，就出去做强盗，成为村里丑事，一辈子抬不起头。李良望老人回忆，强盗出于赌博，命案出于奸情。打牌也是一种变相赌博，当输钱多了欠下赌债，把田地和房子出卖，无法维持生计，就容易落草为寇，做出犯罪的事情。

第十三，打牌与家庭关系。小时候小孩禁止打牌，父母负责监督，发现打牌就罚跪，不服气就用鞭子打。结婚以后，就妻子管丈夫，要下田做农活，如果丈夫打牌，妻子干活，就使劲骂丈夫，不准摸牌赌博。

第十四，打牌与国家关系。以前国民党联丁也进村抓赌，多数抓牌场的钱款，搞财气，只能抓几个赌徒，只要交罚款，5~10块银圆/人，关 2~3 天就放人。不过，牌场请人放风，给 1 元 1 天，只要有联丁进村抓赌，就放信号，赌徒都跑了，钱都不要，怕被联丁掳走。

三　看戏

（一）镇戏

第一，戏班。武汉的戏班来进行杂技表演或汉戏表演，后面唱园戏，杂技老板雇人围一个圈子，大概 10 米半径宽，甚至戏台面积有 0.5 亩。只能到镇上搭台，在乡下没有这么宽的场地，用布匹围起来，设置门口，由杂技班杂活卖门票，每人出 2~3 个铜板买一张票。表演内容为耍把戏，比如蹬坛子、丢飞刀和撑碟子等，表演一次，持续 4~5 天。

第二，台座费。一般都是老人带孩子光顾。有些小孩喜欢看戏，邻居几户人一起上街看戏，白天或晚上都去，打着手电筒照亮。不过，为了省钱，去的次数少。另外以前看戏有很多人，人山人海，位置低看不到戏，就出钱买子台，他们是湖南条客老板，用条子捆成一捆，搭建成辅助的高低子台，设置一个座位，并提供茶水，供客人买座位看戏，费用为 1 个座位 3~5 个铜板和茶钱 2~3 个铜板。子台两旁卖烟酒、糖果等商品，有钱人坐子台，没钱人站在旁边看戏，人挤人。

第三，请客。戏台两边摆满茶叶蛋摊子、饺子、烟酒，戏场还设有酒馆，专卖卤肉、卤鱼、卤鸡、卤鸭等菜肴，遇到少见的亲戚，如舅爷、姑爷等，外孙碰到舅爷，就拉舅爷赶戏场，购买几碗菜肴，打好米酒，和舅爷叙叙旧，话话家常。如果是朋友相见，没有免费午餐，你请我一次，我才请你一次。

第四，打彩。待 8~10 个戏结束以后，卖烟酒、苕面、茶叶蛋等摊子老板都要给戏子打彩，往上丢 3~4 包烟和 1~2 个银圆。不讲是否与戏班有关系，只要能够打彩给钱。叶道四、张九界和何同树等大人物头看戏，坐在戏台酒楼上，不与小百姓合情，他们人物头一党聚在一起，一面看戏，一面谈闲事、聊公事、调解纠纷、谈生意等，给戏子打赏 1~2 块大洋。戏班小跑的，待唱了几个戏，就在台上大声宣布："打张九界先生的架官，赏钱 2 块银圆！"也是抬举或欢迎这些人物头，一般看戏小人物光看戏不打赏钱，也很少喝酒吃饭，只看戏，莫谈国事。

（二）村戏

第一，请戏。乡下同一个福场请人唱戏，一年请两次，上下土地福，进行谢神，福场有钱，喜欢听戏。每当农闲时期，福场为有面子的几个首事发出号召："某某时间我们唱一个戏，进行谢神。""好啊，约定谁去请戏班，什么时候搭建台子开锣。"

第二，戏种。一般邀请汉口或武汉的戏班，剧目为汉剧、京剧，皮影戏都是天门县皮影戏班，来5~6个人，年龄50岁以上，2个掌影子，1个敲锣擂鼓，一般台子规模为10米左右，如果福场有钱，集体出钱搭建禾场，供人唱戏做台子。一般唱5~6个戏，持续5~6天。皮影戏，用牛皮制作，用方桌子搭台，晚上进行表演，烧煤油灯照明。另外，也有请汉剧，剧目内容为盘朝代，由唐朝盘到宋朝，比如武则天盘朝，朝代由盛转衰。

第三，费用。一般费用为5~6担稻谷/次，由同一福场，按照人口数量出资，每人出1斗稻谷。没有人物头进行打彩。他们有打下手的负责烧火做饭，福场出钱提供油盐柴米，他们自己买菜。

第四，看戏者。谁喜欢都可以过来看，优先坐本福场村民，外福场只能站着看戏，来得早抢到好位置，若没有位置就没有空间看。不收门票。这个福场唱完，别的福场再邀请戏班再唱，娱乐方式少，看了一遍又一遍。由于戏班提前发布表演消息，戴家场老板下乡卖苞面、卤菜、烟酒等商品。另外摆摊老板不需要缴税。

（三）私戏

每当遇到红白喜事，有钱人家请戏班唱戏，邀请汉口或武汉的戏班，剧目为汉剧、京剧，比如唐、宋、明朝历史，刘备、李世民等，还有皮影戏，一般唱3~4个戏，持续3~4天，规模小，人数少，不收门票。一般费用为3~4担稻谷/次，由私人支付费用。每天晚上开始表演，烧煤油灯照明，镇上没有进村卖东西的，只有村里乡亲卖烟酒、苞面、糖果等商品。另外，遭遇大难不死，比如，李前汉从树上摔下来，4~5米高，刚好摔到草上，没有摔伤摔死，为了感谢神庇佑，也请人唱戏，比如汉戏、花鼓戏或者皮影戏，一般花去5~6个大洋/场。多数是三汊河镇戏班过来表演，不过，皮影戏价格便宜一些，汉戏最贵，为10~12块大洋/场，花鼓戏为3~4块大洋/场。

四 喝茶

第一，时间。茶馆是民间休闲娱乐的场所。戴家场只有2家茶馆，多数为老人去茶馆，逢年过节听人讲书，平时少数年轻人农闲时上街也去茶馆。

第二，经营者。戴家场镇上茶馆不多，多数由场上人经营，也是一些没有子嗣老人以此为生。他们出钱建的房子，不是租赁，每家有2间屋，1个房间大，装饰茶具，另一个房间小，专门摆桌子，一般有7~8张圆桌和板凳，一张圆桌子只供1个客人坐，坐多人就热，谁先来谁先坐，没有固定的位置。客人光顾，只由茶馆老板负责煮茶、筛茶，用讲究茶叶煮，煮1次茶添3~4次，利润低，不请伙计打工，能招呼过来。茶老板还兼营香烟或者冰糖等小食品。

第三，喝茶者。只有那些不做事的闲人去茶馆喝茶，家里有儿子媳妇做活，多数老人平均年龄为50~60岁，或者一些有钱的地主，乡下人种田忙不会去茶馆喝茶。没有年轻男人、妇女和小孩去,年轻人都干农活,不会去茶馆,不然被说不务正业,好吃懒做。保长和乡代表也不坐茶馆,因为他们多数也种田。你有空,我没空,凑不齐统一的时间,去茶馆都没有一起去,人来人往,各去各的。

第四,费用。喝茶的人要支付费用,一盏茶支付3~5个铜板,不断续茶水。说书费用,要丢1~2个铜板。由于利润低,一般禁止赊账。不需要完税。同时,茶老板请老人讲书,并支付给他生活费。一般只有有面子的保长、小得副或者垸主才可以赊账,其他生人一律不能赊账,那些好吃懒做、游手好闲之人也不能赊账。

第五,娱乐活动。多数为一些老人光顾闲聊,谈天论地,以及镇上发生什么事情,进行谈论,还有人说书,讲前朝的故事或者后宫历史等,由老人家负责讲授。

五 划龙舟

第一,主持者。端午节时,一般是乡长或者有钱绅士为首事,遇到钱不够时,要帮忙贴钱。一般有3个首事,挨家挨户筹钱,一般10~20个铜板,有钱的绅士可以赞助2~3块大洋,或者有钱的绅士包出钱,打造龙船。

第二,造船单元。有的大姓人多讲"姓花",打一个李姓旗号,就划一只船,那些"杂花"人少也联合多个杂姓,就制作或购买一只船。比如叶湾村、吴湾村、螺滩村共同打造一个龙船。大字号打造一个龙船。而且龙船是出钱购买木条子,请木匠师傅出工打造的。

第三,设标。时间:五月初五。地点:沙口镇宽敞的南河。距离:5里路。十里八乡人都去观看。先由有钱老板提前一个月写告示,设标子,写明内容:"五月初五沙口镇设标,请各镇船只有意参加!"当期各镇或各村船只都参加。

第四,纠纷。上红时,放鞭炮,用台盒装包子,准备奖励获胜的船只。大姓龙船多,即使小姓赢了,也不敢伸张,不能插旗子。如果插旗子,人多的大姓欺负人少的小姓,捅坏小姓的船,打小姓的人,没有人调解,小姓只能低声下气地划船回家。

六 玩龙灯和彩船

过年时,一般由年纪大的长者或者有钱绅士为首,同一个福场集体出钱,一般有3个首事,挨家挨户筹钱,1~2块大洋/户,有钱的绅士可以赞助5~10块大洋,购买18~20节彩船和龙灯,由于龙灯价格很贵,并不是每个福场都有。挨家挨户去表演,如果到外村表演,头人要跟他村门长接头,门长挨家挨户通知乡亲:"明天有人到湾子耍龙灯,你们招呼一下!"户主要亲自迎接,放鞭炮,户主免费给1~2包上等香烟,价格有5个铜板,最后,把所得香烟平均分配给同一个福场的乡亲。

据李良望老人所述,玩龙灯,东道主要奉上红包或烟。如果玩的人与东道主有亲戚关系，就要上红（买红布或红衣料送礼），送整条烟。到了十五，玩龙灯的还要收水，传说，如果玩龙灯不收水，村民就会在夏天遭遇大水灾。

第六节　规训与规训关系

俗话说，无规则不成方圆。也就是说，传统时期，村落之所以有序运转，得益于一定规训功能的发挥，其对村民行为进行约束和驯化。现在从规训主体、规训方式、规训过程和规训关系进行剖析。

一　规训主体

（一）家规

1. 家规条例

第一，三从四德。三从为在家从父、出嫁从夫、夫死从子。四德为德、言、容、功。女儿要学习三从四德，嫁出去，要听丈夫的话，孝敬公婆大人，在家从父，出嫁从夫，夫死从子。这些条例都是从小由父母教育获得，不得轻易触犯。郭用文老人回忆，以前规矩很多，男跟男的玩，女跟女的玩，男不能摸到女群里玩，女也不能摸到男群里玩。女的也不敢穿短裤，只能穿长裤子，也不能在路上边走边吃饭，不然，就被母妈和婆婆训斥。宁可停丧，不可成双。不能男女同房，未婚生育，弄成大笑话，就败坏家风。

第二，三纲五常。"君为臣纲，父为子纲，夫为妻纲""天地君亲师"，比如祖牌"陇西堂历代高曾祖考妣内亲外戚"，不烧香敬祖宗或者祭祀等，都是违反五常的行为。不管父母死活或者殴打父母，不尊敬长辈，都是不孝行为。据李良望老人所述，他的非嫡亲姑爷，没有子嗣，只有女儿嫁出去，遇到中元节给他写符包，但是，他嫡亲侄子却没写，就被他批评："侄儿你不懂礼数，你只记着父母，姑妈姑爹却不写，不合道理，不孝！"

第三，勿食鸦片。过去，吸食鸦片，害人害己。其实，家财万贯，如果吸鸦片上瘾，用灯熏鸦片，气味非常香，不吃就会死，就会把家产败光。比如李氏一个爹爹有90亩田，全部卖掉换钱，吸食鸦片，寡皮溜筋，后面，卖完田地，将亲生儿子也卖掉，无钱娶妻，没有后人传宗接代。据李良望老人所述，以前吃喝嫖赌抽，也是一种浪费。抽大烟，就卖台卖房，甚至连自己儿子都卖了。

第四，勿争讼。亏体破家，莫甚于争斗，凡可忍者宜忍之。即使有道理，也不能出手打人，"打人不宜先下手"，如果打死人，就犯法吃官司。"要想官司赢，除非死了人。"

第五，勤读书。古人说，"天子重英豪，文章教尔曹，万般皆下品，唯有读书高"。

儿子要发奋攻读诗书，小则人人知学，人人有用，无论后来所托何业，明白是非黑白，知道恩义道德。大则考取功名，光宗耀祖。如果读书不认真或者偷懒，家长可以整家规。

第六，其他。比如妇女 72 条，不知五阴六阳、不守五伦纲常、不知十五[1]、游手好闲、不务正业、偷奸卖懒、小偷小摸、顶撞父母、不讲良心、打骂父母、羞辱兄长、摸牌赌博、私卖家产、女人端碗串巷[2]、男女授受不亲，女怕输身，忌讳男女同处一室，非礼勿视，非礼勿听，不能打闹嬉戏，站有站相，坐有坐相，吃有吃相，禁止一面吃一面走，吃不言，睡不语，无事不走三堂等规矩，72 条规矩都记在村民心里，说不完全，只要遇到谁违反，就一一对应，进行训斥或者惩处。别人不敢做的，你却做了，就违反 72 条规矩。父母要求女子自小谨记，一代一代人传授下来，不管何姓氏，不能随意违反。

过去，女人还需要遵守一些禁忌，这些禁忌，小时候，由父母教授，长大出嫁，则由婆婆传授，不得轻易违反。禁止厅堂沐浴，妇女不能在厅堂洗月经带，会亵渎菩萨。生孩子的月婆子，一个月之内，讲禁忌，不能随便到人家家里，对人家发展不利。如果月婆子不懂禁忌，到了别人家里，就是丧德行为。被人嘲笑："你没有教道，不懂礼数！"

第七，尚勤俭。勤俭就是勤做事，日出而作，日落而息。收稻谷，每一粒稻谷都要捡起来，细收细打，颗粒归仓。有的就不捡谷子，非常浪费。比如节俭的老板，以身作则，见到掉下稻谷，就要求散工的雇农捡起来，非常节俭。遇到不节俭的人，就出现打稻职业，积少成多，多中取粒，这块田取个几斤，那块田取个几斤。

2. 家规关系

家规分为普适性家规和特殊性家规。其中，普适性家规，也就是多个姓氏都适用的规则，比如不孝敬父母，不赡养父母，不管何姓家规都要处罚。另外，特殊性家规，也就是你有你的家规，我有我的家规，有哪些家规，因为什么行为犯规，犯了什么错，犯了哪一条家规，根据实际情况进行处罚。

（二）家训

第一，勤俭富贵之本，懒惰贫困之苗。三教九流虽好，哪有种田为高。三教九流虽好，轻松生活，而种田面朝黄土背朝天，只有务农，半年暑半年寒。如果摸牌赌博，没有钱只能卖田地，或者天灾人祸，比如火灾或者洪水，被迫卖田地生活。或者吸食鸦片，好吃懒做，被迫卖田地，甚至卖儿卖女。"小的叼叼，长的逍遥，睡在床上，玩得瞌睡，万贯家财在灯烧！"据郭用文老人所述，"勤俭出富贵，懒惰生贫穷"，"只有懒人，没有懒地"，一块地只要把草除掉，就可以种出庄稼，落了兜一半收，人懒地不懒，只要种了庄稼，即使差也有一半可收。如果人懒不动，荒地还是长草。还需要勤扒苦做，不能到别人家里坐冷板凳，赶快到田里抢忙。

---

〔1〕　俗话说，不知十五。外嫁女儿不过正月十五，不走人家亲戚。
〔2〕　吃饭大于天，雷公不打吃饭人，吃饭讲究礼仪，禁止吃饭时到处走街串巷，像乞丐要饭。

第二，穷不失志，富不癫狂。穷人不能没有志气，富人也不能狂妄。即使有万贯家财，富不过三代，百年兴败多少人。人不是生下来就穷，没有这种情况：穷则不富，富则不穷；谁家供奉一个穷祖宗，代代出穷人。多数因为天灾人祸，比如火灾、洪水、强盗，导致卖田卖地，变得贫穷。以后，重新劳动，买田置地，也会变得富裕。比如沔阳财主无三代，第一代好过，第二代富裕，第三代就没落。无论前两代多么富裕，到了第三代，就是养的败家子，就会没落，嫖赌进窑，好吃懒做，还吸鸦片，也没有三代财主，就把自家田地卖掉，坐吃山空。

即使有钱有势，也不能装大，不能眼睛长在头顶上，见人不打招呼。别人心里不舒服，也不奉承你，而且背后讨论你，人人评价不好，印象不好，不喜欢你。如果有时机，想方设法扳倒你，或者施法整你，不会帮你。比如做什么事，要出多少月捐款子，千方百计让你多出钱，不会帮打圆场。另外即使再穷，也不能失去志向，装穷叫苦。人穷志不灭，不做矮把子，而是要努力改善生活。富人不能瞧不起穷人，不能欺负穷人，要宽待穷人，穷人也不要盲目失去志向。俗话说，穷人穷到底，富人富一生，千年的田头八百年的主。一块田要买卖多少次，乱换多少主人，兴败多少子孙，富不过三代，穷也不过三代。如果家庭贫困，有钱多就多用，没有钱就少用。

　　据郭用文老人所述，俗话说，"人家有万金，外人是等秤"。意思是说你家有多少财富，别人心里都有数。有钱就说有钱，没有钱就说没钱，要实事求是。如果你没有钱，却说有钱，别人会说你说炮话。但是，有钱人自己叫苦没钱，说明你不真诚，别人知道你有钱，也不会向你借钱，知道你瞧不起穷人。

第三，毋行歪道，行三正。做人做事，要坚持四条，"国正黎民得安宁，族正父慈子孝顺，为正以德以茂盛，高龄子孙万古争"，意思是皇帝安抚黎民，黎民才能过好，如果君王心术不正，怎么管人？如果父亲有慈悲之心，儿子才会孝顺，为人正派，德行才会绵延，子孙才会兴旺。如果皇帝不正，黎民可以推翻他，如果户长不正，族人可以不选他，父亲不正，儿子也不孝顺。"己不正，安能正人？"提倡妻贤子孝，国正则民安，家正则和睦，已正则正人等。其最主要体现在修身上，比如做人正、毋赌博、毋懒废等，其次在于齐家，比如勤俭持家等。另外，还涉及睦邻待友等，规范细化，偏重于道德教化和训诫。这些家规不上墙，都是口口相传，前人传教，子孙牢记。

　　据李良望老人所述，国正人心顺，官清黎民安，妻贤夫祸少，子正父心宽。如果妻子贤惠，丈夫在外面闯祸少。比如丈夫闹矛盾，要去找人理论，妻子贤惠，就会叫丈夫吃完饭才去，结果，待丈夫吃完，气就消了，就不会闹矛盾。如果儿子品行正，在外面做事，不会闹矛盾，父亲就不会担心，心就宽一些。

（三）教规

传统乡间流传一些教义，比如"酒是穿肠的毒药，色是摄骨的钢刀，财是下山的猛虎，气是惹祸的根苗"。酒喝多了，神志不清，容易打架斗殴。贪色，与他人有奸情，别人不肯放过你。如果财富多，别人会谋财害命，被财富压死。如果控制不住情绪，被脾气冲昏头脑，容易惹祸。这些教义，也是长辈口口相传，子孙耳熟能详的。另外，信神则有，不信则无，寄神于神在，为人不做亏心事，抬头三尺有神明。人不知神知，有烂心或者害人之心神都知道，教育人要怀好心或者善心。说在阳间害人，到阴间就要被阎王惩罚赎罪。

据李良望老人所述，"酒色财气"，酒是入体的毒药，色是杀人的钢刀，财是下山的猛虎，气是惹祸的根苗。看这四个字有什么用，如果没有就一笔勾销。不是所有东西都越多越好，要坚持适度原则，有钱就赈济乡里，有气就忍住，忍一时风平浪静。色更要把握尺度，不能整天花天酒地，嫖赌进窑，挥霍无度。另外，古人告诫后人，君子爱财取之有道。有饭吃，有衣穿，钱财有何用。不要贪不义之财，钱多了，一辈子不得安宁。钱多了，要施功德，架桥修路。

（四）规则关系

家训，就是长辈或长者对犯错者进行教训或者训斥。犯了错误，若情节较轻，记住不要再犯错，做得到，既往不咎。如果不记住错误或者信条，就进一步触犯家规，比如72条，就要整家规，打屁股。同时，一些教规教义，多数与家规、家训相符合，没有冲突之说。另外，这些家规、教义等规则，对约束和规范行为发挥着作用，也是国家倡导的结果。

二　规训方式

第一，听戏。俗话说，歌三戏五成，书八成，总是劝诫人。凡事有真假，这些艺术只有部分真实，只是通过故事，描述忠孝仁义或者男盗女娼或者嫌贫爱富等情节，教育村民明辨是非，思考如何做人，如何行孝道，如何睦邻里，宽以待人。

第二，教育。私塾老师教育："讲究忠孝节义，先尽忠国家，后孝敬父母，做人有气节，对朋友讲义气！""吾家世有哲人，名垂青史，皆由读书所至。凡我子孙，有能黾勉教子弟者，便为贤父兄，有能发奋诗书者，便为贤子弟。"

务农六言杂句："勤劳富贵之本，懒惰贫困之苗，三教九流虽好，毋有耕田为高，私下几亩田地，禾栽禾种禾耗，种麦种薯种豆，种黍种米种荞，毡谷糯谷红谷，早稻迟稻晚稻。"都是别人传下的种田农谚知识，多数是教书先生叶道四教授，一天写一张，抄了书籍底稿，后面牢记背诵。

第三，交流。乡亲相互交流，相互学习。比如李前坤是教书先生世家，与李良望主持修过家谱，喜欢考验一些人，如果年轻人有才能，就传授文本资料和口授资料，在此基础上不断修改，再延续下来。李良望随口能背诵，"乾坤要开张，三皇五帝，天上有玉皇，地上有君皇，土地有人皇，天起于白，地起于黄，五行生万物，六合于三黄，日月星三光，君臣义，天地人为三才"。

第四，打骂。男人头女人腰。男儿不能打头，女子不能打腰。男子的头最重要，因为他用脑安排农事，女子的腰是空的，如果怀孩子，一打就打掉。

第五，刑罚。如果女子偷人，并谋害丈夫，就要求拉出去游行，还要县衙审理处以死刑。另外，当女人投河落水，被屈死，男子家庭不得脱皮，娘家过来问责，轻则赔偿，重则家底赔干，还要坐牢。据郭用文老人所述，过去，吸鸦片者被折磨得面黄肌瘦，像鬼一样，倾家荡产，卖儿卖女，而且国家法律禁止买卖鸦片，如果被抓到，就被国民党 128 师师长王劲哉命令用刺刀杀死。

三　规训过程

第一，自小规训。自 3 岁以后，要求父母教育子女，行正道，不做歪事，比如不顾家事、好吃懒做、嫖赌进窑，要勤劳做事，学做正人，不做下贱人，不然会被别人看不起，长大，性格变坏，就教育不过来。同时，要刻苦学习，攻读诗书。据郭用文老人所述，过去，家教不严，不轻易教训孩子。遇到淘气的，只会骂和说等教训方式，一般不会打，不然，被别人嘲笑，"你父亲还打家伙啊！"没有面子。即使打架、赌钱等也只会教训，不会打。特别 12 岁过了童关，就更不会打了。

第二，长大规训。长大以后，父母教育儿子讲良心，孝顺父母，生活要勤劳，发财买田置地，不要好吃懒做。女儿外嫁，孝顺高堂父母公婆大人，要恭敬长上，听丈夫的话。要睦邻友爱，与邻居关系亲爱。父有慈悲之心，爱护儿子，儿子就要孝顺父亲。不管本族长辈还是同村长辈，同等对待，都是训话，教育子女，父母长辈口口相传，要求子孙学习记牢。另外，多数族规家训不冲突，你家孩子犯错，你家管，我家孩子犯错，我家管。养儿不教父之过，养女不教娘之错。生的儿子，需要父亲教育，女儿是娘的罗裙带。母亲到哪都会带着女儿，不准女儿到处跑。据李良望老人所述，过去，如果儿子不孝顺，不讲良心，不给父母吃食，不恭敬长辈，好吃懒做或者辱骂、殴打父母，不把父母当人，父母可以接户长过来整家规。

四　规训关系

（一）规训与交往关系

孩子从小由父母和先生教育学好，知书达礼。学好千日不足，学坏一时有余。而且，要求子女与一些品行端正的孩子玩耍。比如一个男子好吃懒做，哥哥出点钱娶了一个霉气姑娘，娘家也出点钱供养他们。但是，霉气姑娘脑子有问题，见到走过的80多岁老人家，就动嘴撅人（骂人）说："摆子摆，摆上街，装上瓦，怀上胎！"而且一把年纪穿着短裤到处走，她邻村的同姓习氏，称为姑爹姑老妈，以示亲热，姑爹姑老妈就教训傻姑娘和丈夫："你自己霉，怎么不骂自己，你再这样骂老人家，就不要来我家里玩，你做丈夫也要管她一下，不说他，她就变本加厉！"姑爹姑老妈认为，他们是亲戚长辈，如果不教训她，感觉自己没有面子，丢脸。

（二）规训与反抗关系

第一，反教。如果哪个儿子敢反对、敢反教，不听父母的话，就接户长过来整家规，打屁股，没有人敢反教。俗话说，石磨不转打驴子，媳妇不转打儿子。如果妻子不懂礼数，或者不孝敬父母，父母打儿子，由儿子教训妻子。如果公婆打媳妇，但媳妇没有犯规，没有偷生换熟，没有偷人养汉、偷吃摸嘴，娘家就会来讲道理。如果妇女犯了72条，娘家就没有面子。

第二，行怕举。如果说不通，要行怕举，父母可以打子女，让子女畏惧父母权威，可以教育过来，如果不畏惧父母威严，子女就教不好。比如父母批评3~4岁的子女，一下子就笑，不够严肃，子女就不怕他们，教不听；如果脸色一变，非常严肃，才可以严厉教育，效力才高。

第七节　教育与教育关系

自古以来，乡村教育是乡土文化中不可或缺的环节，其对村落生产和生活发着挥特殊功能，本节主要从民国初期教育和抗战时期教育进行分析，旨在提供了解传统乡村教育的窗口。

一　民国初期教育

第一，学生。读书的学生有10~20个孩子。男孩读书，男尊女卑，女子无才便是德，没有女孩读书，丫鬟也不读书，过继的儿子，如果有钱也读书。有钱家庭，儿子可以读10年长学，如果没有钱，只能读2~3年学，就回家做农活。儿子读书，女子很少读书，除非家庭经济情况好，女子才有读书机会。

第二，年龄。一般6~8岁发蒙，拜孔子，年龄大小不一，最多者上到16岁，多数读3~4年书，8~9岁辍学回家放牛。遇到水灾或者战争（日本侵占，四大队、六大队等杂牌军骚扰），只能读2~3季书，很少能读整年的书。比如李良望因发水灾，读到14岁，15

岁不读书，就出门赶工养家。

第三，学堂。在黄家倒口、杜家剅、中湾村设置3所学堂。[1] 当乡亲房子宽敞，也就是学东[2]就将1间房子留作学堂，让孩子过来读书。比如熊茂才提供1间房作为学堂，请叶道四做教书先生教授孩子。还有把宽敞的寺庙作为学堂，比如叶道四在青福寺教授学生等。一般为3间房设置学堂，在堂屋摆9~10张桌子。而县学学址多数设置在人口多的沔阳县城。

第四，老师。请一个教书先生教授蒙学，比如黄家倒口刘敬德、杜家剅涂文元、中湾村刘璇德、叶湾村的叶道四和叶道礼等，他们也读了4~5本古书，具备教书资格，负责杜家剅、侯湾村、叶湾村、吴湾村等的教学。文化水平高的周良红和叶金银他们专门教授县学。据郭用文老人所述，张九界，读书好，能说会道，有40亩田，全部租给人家耕种，居住二进口房子，是一个光棍头，有很高威望，说要写诉状，将纸铺在膝盖，就能信手拈来。民国时期民间私塾筹办情况见表5-13。

表5-13　民国时期民间私塾筹办情况

姓名	学堂	住址	文化	学科	水平
叶道四	青福寺	叶湾村	读书7~8年	蒙学	笔杆一尖
刘敬德	黄家倒口	黄家倒口	读书5~6年	蒙学	笔杆一尖
张九界	青福寺	螺滩村	10多年长学	蒙学	笔杆两尖、好诉讼
涂文元	杜家剅	杜家剅	10多年长学	蒙学	笔杆两尖、说事解交
周良红	沔阳城	周家倒口	10多年长学	县学	笔杆两尖、收账讲学
叶金银	沔阳城	百子桥村	10多年长学	县学	笔杆两尖、收账讲学

第五，学费。不管本村还是外村孩子，学费一视同仁，每年支付40块大洋，相当于10担稻谷，平均每个学生出4块大洋。不过，有时遇到水灾荒年，每人只要3~4担稻谷/年。同时，供先生吃饭，轮流供3天。李良望老人回忆，读书时，每季度学费为140市斤，两个季度共280市斤，负担轻。但是，第一季度水灾严重，第二季度就逃荒，耽误了课程，不想读书只想发财，所以读书读不好。

第六，书籍。蒙学书籍有《三字经》和《增广贤文》，县学课程为《诗经》《尚书》《幼学》《悠悠》《礼记》《周易》《门望》《春秋》《蒙学》《左传》，学生自己购买书籍。据说，流传有"读了增广会说话，读了幼学走天下"的说法。据李良望老人所述，自小受到了良好的教育，家里给他请了专门的师傅。"人之初，性本善……""昔时贤文，诲汝

---

〔1〕　学堂多数设置在老师家里，比如黄家倒口的刘敬德、杜家剅涂文元、中湾村刘璇德。还有设置在村民家里，比如熊茂才和父母3个人，住在偏房，提供1间房作为学堂，请叶道四教授孩子。

〔2〕　学东就是家里宽敞，便于设置学堂，自愿捐出1间房子，供村里小孩上学，不需要支付报酬。

谆谆。集韵增广，多见多闻。"老人背起《三字经》和《增广贤文》，虽然已是 83 岁高龄，但依旧能倒背如流。

第七，课时。学制一年分四个季度，上半年两季和下半年两季。一天两堂课，老师教授学生朗读课文，练习毛笔字。读完"四书五经"以后，教授做文章，吟诗作对。晚上，还布置功课，回去把白天课文背熟，第二天早上，要到先生面前，把书背过来，在油灯前，孩子把昨天课文背诵，如果背不出来或者背错，就吃竹板子、打手心、拧耳朵和吃钉公。多数时间在学校，父亲不管教学，只由教书先生管教。据黄孝治老人所述，民国时期，在爹爹带领下，拎着一炷香，开始入蒙学，到本家门家里，在教书先生引导下，在孔子画像下，下跪作揖，三次，再拜先生，下跪作揖，聆听先生教诲。

第八，成果。少数聪颖者，通过十年教育，可以上进，即使下愚亦可粗知大义，明白是非黑白，可免黑白颠倒，愚弄混淆。以前考功名者，要考文采和口才，点如桃，撇如钩，近看是字，远看是花。如果文卷好，口才也好，就点状元。比如黄家倒口，只出了一个李举人，没有多少本事，到广西做知县，只做了 3~4 天工作，你告状，我告状，无心政务，就辞官回乡，被别人嘲笑："李举人做官，快去快来！"据李良望老人所述，清朝时期，村里有三个读书人上京赶考，考官挂三个灯笼，出题目，就称为日月星，要求他们做文章，一个做不出来，就回乡种田。还有杜老六热心功名，十年寒窗，没有考上，就犯了疯病。但是，弟弟杜老七，考上功名，做了大绅士，性格狠。还有民国时期，叶道四作为私塾老师，到镇上开会一天，没有回来，学生没有人管，会读书的人不多。教师多承担行政职务，教育质量有限。

二　抗战时期教育

抗战时期，128 师驻扎在黄家倒口，师长王劲哉禁止办私塾，要求孩子到学堂读书，在村里办了军官学校、军事学校和军官小学。其中军官学校，有天门县和沔阳县的人上学，200~300 人，保长负责向花户收钱，编制 2 本书籍和办学堂。一般学堂有 15 个学生，分别在竹林村（刘绍南）、套湾村（户长何同树和曾达强）、百桥村（保长刘敬德）、侯湾村（叶道四先生）设立学堂，教授民国小学，向孙中山鞠躬，学习国文、数学、历史、地理等课程。不设置年级，统一上课，一天两节课。课间学生和老师出早操和晚操，还要升国旗。沔阳县立小学和初中校训均为"艰苦奋志、勤廉公忠"，校徽为"良心、勤苦、爱国"六字组成的菊花形。学费由家长支付，村里教师也有 40 块大洋/年。购买笔墨纸砚，平均每天要出 2 个铜板（100 钱），10 天要 1 吊钱（1000 钱）。因为洪湖地区三年两水，颗粒无收，饭都吃不饱，没有多少人有钱读书，只有有钱富裕之家能读书，同时，遇到发水灾，村民都逃荒，读书时间就延误。

黄孝恪老人回忆，抗战时期，128 师师长王劲哉也有老师，年纪很大，也出面教授学生，每个学生出 4 块大洋，10 个学生，总计 40 块大洋/年，相当于 10 担稻谷。

另外，要求办学培养一批漂亮女性，100 多人，由教书先生教授书籍，培养其知书达礼，专门奖励给打胜仗的士兵和军官。

第八节　杜家剅村文化变迁

解放以后，由于国家权力下沉，杜家剅村文化已经发生深刻变化，本节主要从土改时期、集体时期和改革开放时期三个阶段进行描述。

一　土地改革时期文化变迁

土改时期，公田、庙田、闸田以及坟地也统一没收，比如熊家、吴家（被 9 组没收改成良田）、杜家、李家存留有家族集体坟地河滩被没收改成良田。虽然宗族活动经济基础丧失，但是，国家文化政策尚未太紧，还允许民间进行一些祭祀活动。另外，提出均贫富，改变地主吃着鱼和肉，群众吃着糊和粥的现状，要求打大地主分田地。如毛泽东提出"有饭吃有衣穿，钱财有何用"。要求提高工农待遇，工农商学兵，改善所有基层待遇。据郭用文老人所述，坟地是祖宗留下的土地，属于一行田，用人工挑成的台地，土改以后，收归集体，不是自己的土地，成为国家和集体的土地，又分给台上的其他人，不敢说是自己的台。

二　集体时期文化变迁

（一）捣毁封建遗产

破四旧、立四新，扫除一切牛鬼蛇神[1]，把附近的刘家、胡家和杨家祠堂以及寺庙都拆掉，把梁子和瓦搬去建乡政府和中小学校，没有宗族势力敢一起抵制，比如叶家有一座祠堂，建在侯湾村，被工作队拆掉，把砖和木料用作建乡政府。还有的被工作队拆掉，分给族人建房子，没有人敢反对，比如夏姓祠堂有 2 层，供奉先人牌位，雕栏画栋，破四旧时被拆掉，地基被挖开，开成河流。还有村落小庙都被拆除，但是，其他村的大庙没有拆掉。比如黄顺章和侯思议都是工作队干部，以前是大官，都敢烧菩萨，捣毁庙宇。工作队把贞节牌坊捣毁，也有的拆去烧了石灰。同时，国家打压宗族，不允许闹宗族，就毁了用于敬神的神柜，禁止敬神，比如土地爹爹、田约、族谱、祖牌、观音、财神等都被没收捣毁，禁止烧香供奉敬神，举行迷信活动。逢年过节，也禁止一切烧香等敬神活动，即使

---

[1]　包括阴间和阳间的牛鬼蛇神，阳间牛鬼蛇神，比如偷盗抢劫。

在家里也不敢烧。

（二）掘坟开荒

整个家族，没有多少集体坟地，旧时，不敢挖别人祖坟。集体时期，土地划片，为了方便搞农业生产，坟地安葬在田中央，就被生产队夜里偷偷去挖起来，改成耕地，开成良田。最初，私人河滩或者河堤被开成田，生产小队留有集体坟地，比如开始设置小组坟地，后面，政策改变，不准留坟地，就把自家祖先挖回菜园或者白田埋葬。比如李氏1世祖祖坟安葬在三门旗康家洲，被当地生产队挖掉，抛开尸骨找不到，只能做一个衣冠冢。再后面，生产大队用集体用地组建骨灰堂，但是政策又改变，各家就把祖先搬回家里菜园子或白田安葬，因为门前菜园或白田作为子孙地，只要住籍不变，坟地基本不会变化。

（三）破除封建迷信

每个村落有一个麻脚先生，知名麻脚先生有5组一个，套湾村一个，其他不出名，暗地里搞活动，政治革命不会被波及。破四旧，立四新，麻脚先生被公社或者大队干部抓起开会，进行批判，说他们信一些牛鬼蛇神。小队干部即使是嫡亲关系，也不能袒护，不由他们管，但是没有进行武力批斗。因为不少干部向麻脚先生要过烟抽（麻脚先生帮忙驱灾以后，别人会送烟），拿人的手短，吃人的嘴软，不好严厉批判。另外，国家并未禁止一切祭祀活动，直到"文化大革命"，才禁止敬神活动。比如1954年，青福寺被洪水冲走，百桥村和螺滩村村民一起出钱建立一座小庙，套湾村和竹林村没有出钱。

三 改革开放时期文化变迁

随着改革开放，国家宗族政策放松，不少姓氏宗族文化活动开始复兴。现在重新建祠堂和庙宇、族谱，但是，政府管制非常严格。比如1993年，为了重建青福寺，没有木料，偷偷砍了水渠两河上柳树，就犯了错误，被抓到政府，审问为什么修这个庙（自己走访了三年，终于找到了建庙的历史），说得好就放你出来，说得不好就让你坐牢。另外，由于干部过分积极，狠抓计划生育，想往上爬，得到提拔，造成男多女少。很多生了女丁，用一个纸箱子装着，里面丢20元钱，就把他丢到别人家里，虽然没有溺婴，但是都是送人。也有超生户交不起罚款就逃到外面，即使逃到外面，上不到户口，上不了学，早晚也要回来，自愿到村委开证明办户口。千百里的龙神，赶不上当房的土地。也有一些人请村干部到镇上吃一酒席，买几百元的好烟好酒送给他们，再送点钱讨好他们，他们就帮你找关系，少缴一点罚款。

第九节 杜家刿村文化实态

解放以后，屡次政治革命和社会变革，撞开了村落大门，加上改革开放以后，工业文明的强大冲击，当前杜家刿村文化发生了很大变化，本节，从崇拜、思维、认知、信仰、习俗、规训以及教育等实态进行分析。

一 崇拜

改革开放以后，国家宗族政策放松，促使宗族力量得到一定复原，具体表现为修谱、修祠、修坟以及清明会活动筹办等。

（一）修谱

第一，修谱时间。一般为 30 年一小修，60 年一大修，大姓人数多，收丁费时间长，还要收集资料。修谱竣工以后，户长掌握总谱，地方一房支拥有支谱，由房长执支谱，并出钱 500 元。比如，70 年代以后，国家文化政策放松，宗族力量复原，才能修缮族谱，李氏修了 2 次家谱，分别在 1994 年和 2014 年。据李良望老人所述，族谱每 30 年一小修，60 年一大修，修缮家谱，都是每房房长、门长（支长）、户财务总管等集体开会，平均每个房支出 2~3 人，地点是本姓氏集中的李河村祠堂。修谱时间：1~2 个月。分布在外面的房支集中居住在李河村族人家里，由户长安排吃住位置，即使碰到农忙时刻，也要提前准备好饭菜，轮流供外来修谱代表吃饭，不能有所怠慢。

第二，寻根问祖。每次家谱修缮，都是与一两本保留下来的旧谱一一对应，才算同一宗支，寻到根子。同时，木有本，水有源，为了弄清宗支派系，必须寻根问祖。比如修谱时，李公文户长等代表 3~5 人前往江西寻根问祖，寻根寻到底，花费 1 年时间，李氏：江西—李河村—百桥村杜家刿。江西筱塘村树立了李氏太祖祖宗石碑，作为寻根问祖之用。

第三，出丁钱。现在每 10 年修一次谱，每个丁 200 元，支谱要出 600 元。打谱时，也需要出丁费钱，家里有多少男丁就出多少丁费，女丁不需出丁费。如果修谱剩有钱，就做清明会，祭祀一下，比如当过户长一支人时，要祭扫一下，由当地一支人集体出钱买菜做饭，招待户长和房长，喝酒聚餐。按照以前传统修谱或者修祠堂，户长、门长和房长开会，商议每人出多少钱，就上门收钱，即使再困难，也要出钱。没有那些不懂礼数的人，一定要交钱。

第四，修谱者。组建族谱编撰委员会。每一部家谱，都要依赖户长组建的修谱委员会的文化水平，如果水平高，修谱就修得完善和精致，反之，则较差。修谱时，也没有多少强制性。比如机会不好，李氏第一次修谱，作为门长的李良望拆房建屋，不能外出，只能介绍其他有文化的人李公祥和李公户作为代表参与。第二次修谱时，李良望又盖房子，李丙银的老婆去世，都没有参与修谱，只能在家里提一些意见，把户长引到李公祥家，再次请他作为代表修缮族谱。李氏总谱编撰委员会见表 5-14。

表 5-14　李氏总谱编撰委员会

总编撰：公文（大房，新堤）
主编：秉银（大房，新堤）
副主编：启文（四房，新堤）、良金（大房、曹市）、秉常（四房、曹市）、恭明（大房、李河）
编委：恭富（次房、套湾）、秉香（三房、网市）、秉清（四房、花果垸）、秉国（五房、白云寺）、秉华（六房、杨林关）、恭敬（次房、沙湖）、良玉（次房、龚场）、秉福（五房、水固寺）、秉饶（五房、万全）、秉明（六房、杨林关）、（恭泉（五房、下新河）
会计：良成（大房、李河）
出纳：恭志（大房、李河）
编辑：李勇、良玉、明安
司务：明安

第五，修谱方法。修谱时基本按照旧谱方法编撰，但是，修撰新谱要由户长等人起草一本草谱，下乡征求地方各房支长或门长的意见，参考他们的意见，如果出现断谱或者错漏，不能宗支错乱，就要提前更改，碰到建议不对，就不用采纳。李良望老人回忆，打谱时，问清楚家里几代人的生辰八字，出生和死亡之日，做一个记录，交给负责修谱的人。一般情况下打谱要花费 1 年时间，寻访四面八方的宗亲。

第六，谱结构。修有总谱、房谱（一个房拥有房谱，由房长掌握）和支谱，比如李氏6 个房，1 房、2 房、3 房一本谱，4 房、5 房、6 房一本谱。同时，旧谱按照辈分续派，一代代续派。家谱不仅有祖宗名字、生辰八字，而且列有派系，以派系起名，如果派系取完，就需要重新修谱，再续派系。禁止乱起名，扰乱派系。

第七，上谱。根据家谱可见根从哪里来，到何处去，族人才能在当地生根。每当有男丁出生，男丁父母登记生辰八字，如果是去世者，就由子孙负责登记生辰八字以及去世时间，然后，找管谱的门长汇报，登记生辰八字及去世时间，作为修缮族谱之用，如果忘记年庚，就写"不详"代替。如果管谱的门长勤奋负责，有男丁出生或女子嫁过来，及时登记，待他们去世时，就登记去世时间，待修谱时就少了很多工夫。最后修缮家谱时，都是各地门长收集族人名单和生辰八字，转交房长，房长汇总本房所有家门族人名单，交给户长。由户长找专门人排版，捡字，编成家谱。另外，男、女、出赘、入赘和出继之人都允许入谱，鼓励女丁入谱。据郭用文老人所述，凡是同姓，与大姓合族，入家谱，要低 1~2 个辈分，编入世派。比如李姓在李河修建祠堂，有 300 烟灶。洪湖半边天都是李姓，比如新墩、老墩、大屋墩、二屋墩、三屋墩、四屋墩，都是李姓，总计 2000 烟灶，只有杂姓 10 户。初次，找门长登记，不需要费用，待修缮家谱时，才收丁费钱。

第八，族谱保管。同一个亲房，房支分布府场镇、戴家场镇等地，掌握支谱，没有总谱。由房长、户长掌管总谱，凡是参与编撰家谱者，免费送一本家谱，只需要出丁费钱。但是，其他普通族人不仅要上丁费，平均每个丁出 100~200 元，而且还要出钱购买家谱，每本要 500 元，同时，由每支长子担任门长，掌管家谱，每一支只有本支家谱，其他支家谱没有权要，除非花重金去购买，就有一整套，多数房支支谱都是本支人共同出钱购买的。一般都是长房执家谱，如果长房的长子去世，二房长子年龄大执家谱。据李良望老人所述，制作一个盒子，规模有 40 厘米长、30 厘米宽，把家谱放到里面，供奉在房长或者门长家里神柜上，因为谱里有先人和后人，逢年过节，烧香燃烛，当作先人祭祀供奉，以示对祖宗的尊敬。因为里面有祖宗生辰八字，是祖先象征，不能亵渎，比如随意记录生辰八字。另外祖宗为大，即使发大水，也要提前拿着家谱逃荒，如果失散，就无法清根子。李河李氏宗族理事会决定见表 5-15。

表 5-15　李河李氏宗族理事会决定

李河李氏宗族理事会决定

　　李河李氏宗族三修宗谱以来，各位宗亲鼎力相助，为了表彰族亲一片赤诚之心，李河李氏宗族理事会决定：对于参与本届活动捐赠及礼金累计达 500 元以上者，在族谱总谱登记玉照和撰写简介，并赠送族谱一套。所有礼金及捐款列入《功德榜》，以资彰显。

李河李氏宗族理事会
2008 年 9 月 20 日

　　第九，修谱与国家关系。家谱修缮活动兴起，对宗族理清脉络渊源有着深远的历史意义。1984 年，国家档案局、文化部、教育部在联合发出的《关于协助编好〈中国家谱综合目录〉的通知》中指出："家谱是我国宝贵文化遗产中亟待发掘的一部分，蕴藏着大量有关人口学、社会学、民族学、民俗学、经济学、人物传记、宗教制度以及地方史的资料，它不仅对开展学术研究有重要价值，而且对当前某些工作也起着重大作用。"族谱是记载同宗同族的历史图籍，它与方志、正史构成了中华民族历史文化大厦的三大支柱。传统习俗修谱应 30 年一小修，60 年一大修。不尊宗敬祖，不修谱耻为人子。现在社会文明进步，国家安定富强，人民丰衣足食，盛世修谱，国强民富而思其源，子孙繁昌而怀其古。从鸦片战争以来的战乱，谱系延续已中断，现已存在断代的现象，晚辈若再不行动起来，再不承担起这个历史责任，必将有愧于先祖，有愧于子孙后代。

　　第十，修谱与族人关系。目前，各族户长动员广大洪湖籍宗亲，将全县族人（包括配偶及子女）的现状，保存有本姓谱系的资料，没有家谱的各家祖辈的口头传述及能回忆到的线索整理成文字资料，并将上述各种资料进行汇集整理。这项工作任务繁重，靠现有的几个人完成这样大的工程是远远不够的，必须有大批有识之宗亲广泛参与。随着修谱工作的开展，逐步加强、完善宗亲会的组织机构，定期开展活动，处理相关事务。据郭用文老人所述，修谱时，每 60 年修谱一次，重新续世派，弄清祖宗脉络，属于哪一个祖宗，跟哪一个祖宗生根，依附于某一族支人，依托几千烟灶，洪湖半边天，不奉承那些小支派。如果外面来参加同姓宗族，参与打谱，只要有钱就行，如果有个一官半职，就会奉承你，给你推荐一个副户长或者管事职务。即使在广东或者上海，也有族人去找他们出钱打谱。特别如果你做了大官或者发了大财，族人打谱会亲自上门找你捐钱，还有就是出大钱帮忙修祠堂。

（二）修祠堂

以前大部分姓氏的祠堂早已不复存在，甚至建祠堂的地基也被瓜分殆尽，现在不少姓氏倡导购买土地复起宗祠热潮。比如黄氏修祠堂花了 10 多万元，多数为户长出钱。还有李氏希望做大老板的族人赞助，修建祠堂。在江西始祖建有祠堂，修缮祠堂，杜家剀李姓一支人出 1 万元赶情。据李良望老人所述，现在有钱的族人，看清情势，不敢狂妄，喜欢做好事，培功德，赞助钱款修桥铺路，或者修缮族谱和祠堂。比如大企业董事长李传兵重金赞助修族谱。

（三）修坟

为了祭祀和插青便利，同时，国家管理不严格，不少姓氏通过集体购买或者集体存留 0.3~0.4 亩坟地，并修建陵园，待老人去世以后，集体到那里安葬。特别是改革开放以后，不少人通过做玻璃或者装潢生意赚了钱，对修坟等事业大力支持，钱越多捐的越多，也越有面子。修建熊氏宗祖陵园功德碑见表 5-16。

表 5-16　修建熊氏宗祖陵园功德碑　　　　　　　　　　　单位：元

修建熊氏宗祖陵园功德碑							
帮金 4000	帮凤 4000	圣祥 3000	华新 1000	华林 1000	帮学 1000	帮席 1000	华龙 1000
华用 1000	华严 1000	华章 3000	华清 2000	华早 2000	熊绕 1000	华信 1000	国民 1000
帮林 500	华习 500	帮银 500	熊涛 500	帮贵 500	华伦 300	华常 200	茂清 300
茂忠 200	华刚 200	熊武 200	华金 200	华贵 200	圣元 200	华街 200	华良 200
茂新 100	茂王 300	孝珍 300	四珍 300	交珍 300	久女 300	环秀 300	桂安 300
练新 300	全安 300	小兰 300	翠红 300	长红 300	海容 200	华春 200	海芳 200
菊芳 200	莉芳 200	红琼 200	熊霞 200	新珍 200	伏秀 200	万红 200	交兰 100

二　农民思维与认知

（一）农民思维实态

第一，干部思维。精明干部，依靠群众和相信群众，少说话多做事，把自己姿态放低一些，肯定把工作搞好。而不是高高在上，与别人有距离，事情搞不好。脑筋要活泼，要夹着尾巴做人，把别人抬高一点，与别人关系相对就和睦。如果别人说好话都不听，拐话都不听，就搞不好工作。比如干部升到区里搞工作，把基层干部批评得狗血淋头，他们不得下台，后面，他也犯错，有下属举报说有作风问题，下不了台，上级因为他贡献较大，就把他调走。

第二，群众平均思维。做事讲究技巧，心里有数，不能事情都说穿，说穿就不行。比如架桥修路，都是行善积德的好事，收钱的首事多说奉承话"发子发孙，个个考状元及第"。一般多会找有钱者多出钱，事情也简单容易，不会找那些穷人，打架闹矛盾。其实，平均思维在首事心里，并不会拿出来说。比如修桥要 8000 元，100 户，平均每户 80 元，平均需要多少钱也不会说出来，心里有预计，别人却不知道，如果说出来，就不行，收不齐钱。一般限定了出资费用 100 元，只能多收不能少收。

（二）农民认知实态

第一，人老不"值钱"。以前，婆婆管制媳妇，媳妇遵循婆婆，现在反过来，媳妇管制婆婆，婆婆遵循媳妇。现在媳妇不孝顺，还敢打骂婆婆。俗话说人老不值钱，牛老不梗田。媳妇就不尊重老人，就不把其当人看。老人住最差的房子，逢年过节，父母老了，儿子当家，儿子问母亲买什么菜，"母妈买什么菜"，母亲不敢说。父母买菜，媳妇嫌弃买的肉不好吃，还有就是父母喝汤就直接用勺子，但是媳妇讲究，你直接喝汤，别人就喝你的口水，很不卫生，父母就不和儿子一起居住、吃饭。不过，明礼数的母亲，就认为顺妻灭母好一些，少一点戏码（吵架），儿子多祖护妻子些，不然，妻子就埋怨丈夫不站在自己一边，老吵架。

第二，父子别居。父母年老不与儿子媳妇居住，因为他们生活习惯不合，发生矛盾讨嫌和闹戏码。如果儿子去外面做事，找父母帮忙照看房子，父母也不肯搬进去住，住自己的房子轻松、随便、安逸，怕把儿子房子弄脏。过年时，姑娘的儿子，要接嘎爹嘎老妈过年，他们不肯去，怕遭人嫌弃，借口过年都习惯在家过年，外孙就说，我们不会嫌弃你们。

三　信仰

随着国家宗教政策松弛，宗教信仰呈现复兴趋势，具体表现为寺庙复修和宗教活动筹办等。

（一）超菩萨

第一，麻脚庙。改革开放以后，即使国家政策放松，一般人也不敢建庙。加上原来老麻脚年纪大了，要找人接班，重新超菩萨，菩萨就捆王书册的儿子，作为本组的麻脚庇佑村民。每当遇到脏东西，就会找麻脚先生解救。据李良望老人所述，每遇到鬼怪，就到麻脚那，请其烧三炷香，然后烧一道纸，告诉其生辰八字，并说明病因，请求神灵明示。通过打卦，指明犯病原因，是被阴兵骚扰，还是触犯神灵，再以顺卦确定患病原因，然后，可以讨价还价，就以黄纸、香和纸钱作为送神的补偿，再打卦是否同意，不同意再增加黄纸道数、纸钱数量和香的数量，直到打到顺卦为止，表示神就同意，负责送神。

第二，加职。一旦麻脚去世，就找新麻脚做菩萨。众人提议，选择首事负责主持和筹办。每个潭口界限分明，每个潭口都有菩萨，5组超菩萨时，最初，想超5组的，但是，5组都是一些小麻脚，多为女麻脚，超了多少回，想捆几次，都捆不到菩萨。比如杜子明、杜子伯、黄孝义等，都是推荐他们，都没有捆上，即使上身超不好的也有。而4组李公祥也原属于5组同一个潭口，超他成为菩萨，5组的福场村民也出钱做超菩萨仪式。由于做麻脚不仅接神驱邪，也可以看病，可以赚钱，很多人都想做麻脚，想被菩萨捆，但是，菩萨不捆他们，即使他们想搞假的，也搞不出名堂。其实，做麻脚没有多少钱，但是，可以得到福场、本村或者邻村，甚至更广地方的抬举，名声在外，你接我去，我接你来，一来一往安置吃宴席、吃夜宵或者给一些烟，作为酬谢。

第三，收禁。5~10年搞一次，由麻脚、若干书办、乐师傅（打鼓、敲锣、喇叭）、打卦的7~8人等，打了顺卦，如果不顺就由麻脚串房屋，进行驱鬼仪式，还贴福条子，家户就给1盒烟作为酬劳，直到走完整个福场。首事出钱请大师傅帮忙3天，每天2块大洋，烧火做饭，筹办宴席，吃3天，福场村民不吃宴席。百福坊筹建捐款名列见表5-17。

表 5-17　百福坊筹建捐款名列　　　　　　　　　　　　　　单位：元

百福坊筹建捐款名列				
杜贤成 200（工）	黄中香 200（工）	杜贤明 200（工）	黄中生 200（工）	黄中新 200（工）
黄中立 200	夏广银 200	李丙胡 100	李丙界 150	李丙堂 100　涂天平 100　涂文玉 100
涂文杰 100	熊生杰 100	熊生华 100	熊生意 100	熊家声 100

（二）修庙

青福寺重修过三次，如1954年，庙被洪水冲走，百桥村和螺滩村村民一起出钱建立一座小庙，1993年再次重建。

第一，修庙目的。由于生活变好，唤起群众谢神习惯，也就重塑一种宗教信仰。比如，修庙时，首事叶方明被镇干部问责，"为什么建设庙宇"，"你凭什么做首事"，"保佑哪些方面"。他说，"要谢神，群众集体意见，是一种宗教信仰"，"开始没有我，后来想找我出点子，其实我也想神保佑子孙后代"，"我哪里说得清楚"。

第二，首事。复修青福寺，选拔首事，多数为百桥村和螺滩村的村干部，比如1993年，群众修庙热情高涨，但是，没有人做首事，就找到叶方明，他是一个盲人，没有什么事，也做过生产小队队长，如果有责任，政府也不会拿他怎么样。但是，他拒绝，说他没有钱，群众却说不要做什么事，只要你说就行。叶方明眼睛瞎了，不方便，又要出去看相赚钱，就退出来，不过，别人说，"93年代没有你，就修不成庙"。据李启中所述，各村村干部、绝大多数村民都会积极筹备和参与太平会，为庙会捐钱，现在太平会由青福寺民主管理委员会负责组织，其成员有10多人，其会员身份多数为上辈子人传下来的，也没有女性担任首事。做会期间，庙堂作为接待处，房前作为唱戏戏台，厨房用作香客做饭就餐的伙房。每年太平神会的香火钱收入超过万元。

第三，规定。按照庙里规定，不管是本村还是外村，到庙里做道升表，都要出资100元/次。不然，庙维修哪有资金，哪有钱发展。其他庙也是100元。不过如果没有给钱，庙管事也不愿意问。他们到庙里做道，每次都能赚取几千元，不管钱多钱少，都要给100元/次。据李良望老人所述，以前庙里香火旺，由斋婆帮人看病，如果老了，带一个弟子，一起打理庙里的生意，升表写文要斋婆负责，其他小事由弟子打理。

第四，管理。庙里的管事人，一般是懂得诵经、做表和收经等祭祀礼仪的，不然，不会被邀请住庙。他还负责守护神坛，打扫庙里卫生，每日早上上香、点灯、作揖3次、磕头3次，再敲鼓7次，敲钟3下，晚上敲钟4下。而且哪家遇到灾难，也会请守护人诵经，念改节经，升表，驱灾避难，庇佑家人平安。由于庙宇非常灵，每逢初一、十五，天亮就有人进庙敬神，一般前去祭祀，请道士或者庙人做道送经，一般要花1000~2000元。

第五，出资。修庙时，没有一块砖和一片瓦，首事就集体商量，出钱"起树"。要求每户出10元买树，如果没有钱，不出也允许，如果愿意多出，20~30元也可以，然后，请车买砖买瓦，开工建设。盖庙之前，有不少人主动送钱，就要选首事。管理账目，比如捐100元，就登上礼簿，并开出三张长单子，分别由捐款者、管账者和现金保管员保留，一一对应，防止那些行为不端者贪污，造成那些不信神者从中作梗，出现财务漏洞，破坏做庙的大事。据郭用文老人所述，修寺庙时，由清福寺委员会"起会"，号召乡民自愿捐钱，随便出钱，也有出砖料或者木料的，由于没有多少钱开支，结工钱，管委会号召乡民做"小工"，修功德，只是中午请吃包子和粥，建立神庙主体建筑。然后，有些钱以后，就不断扩建，左边做了住房，供管护人员居住，右边建立厨房，供烧火吃饭，前面还立一个钟。

第六，修庙与国家关系。最初几次修庙时，政府派人又拆几回。因为砍树没有经过政府同意，派出所非常恼火，禁止他们建设庙宇，并形成文件，前来阻挠。叶方明回忆，修庙没有木料，先前想群众集资去买木料，首事就建议去砍河堤的树，就找管水利的陆老头，他同意以后，就砍了树。但是，乡里政府办事处知道了，因为树属于政府资产，要求他们赔3000元钱。庙里没有钱，只要参与了砍树的都要出钱，叶方明出了1000元，其他砍了树桩的出了200元/人，砍树枝的只出100元/人。后来，干部观念转变，不再监管，群众要求盖庙，就同意建设庙宇。

第七，修庙与信众关系。信神则有，不信神则无。寄神于神在。当初，有一个外村李老头也是铁杆香客，住在小港镇，晚上做梦，说哪个村正在建庙，菩萨说要到这里施舍功德，要去当地敬神，施舍功德钱。他就找到峰口镇，打听到戴家场镇正在建庙，他就赶到百桥村庙址，捐了100元，出工2天，帮助修建庙宇。据郭用文老人所述，信神则有，不信神则无。多敬祖宗，多去拜神，不能一生不敬神，不进庙门，平时不烧香，急时抱佛脚，生病时，神不会保佑。同时，平时还要培德，还要多做好事，多行善，为难时，别人才帮助你。

（三）起会

1. 做土地福

第一，修土地福。1979年，由首事先生为首，挨家挨户捐钱，每人出了1元，到生了儿子的人家里祭祀土地爹爹，土地爹爹专门保佑人丁，发展人丁，要求每年做土地福，要升表和报丁。郭用文老人回忆，破四旧，立四新，把土地爹爹、土地婆婆和殷哥舅爷都收走，烧毁。80年代以来，同一个福场的村民一起出钱，重新修建土地爹爹、土地婆婆和殷哥舅爷的金身。

第二，做福时间。每年做2次土地福，二月初二做上福，八月初二做下福，还请道士过来祈福，点香燃烛，做法事，升一道表，为福场祈福，驱灾辟邪。据郭用文老人所述，土地神是阳间保长，转世投胎到哪一个村哪户人家，要过问土地神，还有老人去世，阴间黑白无常抓鬼魂，不能进门，只能先问过土地神，由土地爹爹进门把魂魄抓来交给黑白无常，才能把魂魄带走，到阴曹地府找判官。

第三，做会单元。以前，33户作为四个土地福，现在5组共计80户，其中，杜贤成、黄中香、杜贤明、黄中生、黄中新、黄中立、夏广银、李丙胡、李丙界、李丙堂、涂天平、涂文玉、涂文杰、熊生杰、熊生华、熊生意、熊家声共17户，被划到4组，但是，还是与5组属于一个大字号的土地福，共计42户。做福时，也会主动参加。年复一年，挨家挨户轮流做土地福，后面，就改成谁家生男丁谁就做土地福。

第四，首事。做土地福，推荐2~3个首事，谁都可以做首事，他们在外面做生意，赚了大钱，就挨家挨户通知，想做土地福，并与一些老辈的人商量出资多少，何时做福。一般村民摊派，每户出资50元，那些赚钱首事或者钱多的村民就会多出几个钱，比如100~200元。支出多少钱，剩下多少钱都要首事和村民共同计算、核算和按手印，并出红榜公布支出费用，供福场乡亲监督，不敢轻易吃钱。

第五，迎土地神。做福时，4个年轻男子抬着土地神周游福场，为福场乡亲祈福，锣鼓喧天，鞭炮齐鸣，用轿子抬进屋里，然后，由首事主持，做福者以及乡亲共同祭祀土地爹爹、土地婆婆和殷哥舅爷，敬土地神，装香化水，先磕头作揖，然后，首事磕头作揖，其他同一福场乡亲一一向土地爹爹磕头作揖。

第六，聚餐。同时，由几个首事上街买鱼买肉和香烛纸草等，轮到谁家做福，负责出油盐柴米，整10个大菜，吃饭聚餐。另外，还会唱戏祈福，请戏班过来表演。当年得来男丁就请人唱戏热闹，祭祀土地神，进行谢神活动。而生女丁就不敬土地神，也不唱戏。

同时，把土地福迎出来，放到戏台前，摆上供果和香炉，用一块红帘子挡住，让土地爹爹观戏，祈求一年风调雨顺，收成满仓。

2. 起青龙潭会

第一，做会时间。每年正月十五以后。过十五就做会，不过十五不做会。由起会者召集户长商量，决定做会时间。

第二，首事。做会时，村庄有点威信或者面子以及有文化之人，乡亲相信他就推荐他为首事，比如李良望或者杜子英等，他们都做过大队干部或者小队干部，不然，上门收不到钱。同时，他们有能力或者有责任心，能够把起会事情办成。

第三，出资。按照以前传统，首事挨家挨户收香钱，自愿出资，钱多则多出，钱少则少出。如由杜爽心（保管者和起会者）、李良望（5组小队队长、收钱）、熊茂盛、李丙银（5组小队队长、大队会计、管账）担任首事，挨家挨户筹钱，没有限定出多少钱，随意出资，比如100~200元/户，家家出钱，不管信不信，都要出钱。总共收了1万多元，使用6000多元，剩下4100元，使用多少，剩下多少，算清账目，留给杜爽心保管。

3. 起太平会

第一，起会原因。太平年间3~5年做一次会，二月初二，前几天由为头的首事组织到庙里开会，商定何时起会，筹办规模。起会原因主要是装新菩萨、修路或者修缮庙宇等。如果没有资金，就起会，请斋公背着韦陀菩萨，请村民上功德钱。每次举行庙会，由首事提前在庙里开会，再增加1个有面子的主事，动员整个村落，走访和通知村民来庙里敬神，并发一张关于青福寺介绍和起会目的的通知。在外村，走访化缘到三汊河村，长达7~8里路，截至戴家场镇，与套湾村交界。

第二，主持者。各村村干部、绝大多数村民都会积极筹备和参与太平会，为太平会捐钱，现在太平会由青福寺民主管理委员会负责组织。做会期间，庙堂作为接待处，房前作为唱戏戏台，厨房用作香客做饭就餐的伙房。

第三，上功德钱。上功德钱，讲究功德无量，自愿出资，出多少钱，没有强制，比如上功德，100~500元/人，登记礼簿。每年太平会的香火钱和功德钱收入超过万元。不过做过一定预算，比如修一次庙大概花10000元，共有50户，起码每户平均要出200元，虽然出资不等，但是多走几户，也可以凑够10000元。还有青福寺，做菩萨生日，观音大士，二月十九，祖师九月十三等，垸民过来上功德，100~10000元功德钱。据叶方明老人所述，庙会出资功德无量，坚持自愿原则，富者多出，穷者少出，也可以不出，只出工帮忙，不过几乎没有不施舍功德钱的。但是有些村民怀疑首事监督不到位，怕捐的钱被他们贪污私分，就只是初一、十五或者过年，每次敬神，丢几个香客钱，让庙管事帮忙代理平时买香纸烧香。2016年青福寺太平会香名公榜见表5-18。

表 5-18　2016 年青福寺太平会香名公榜

青福寺太平会香名公榜			
李公海 100 元 (5)[1]	李佑龙 100 元 (4)	周天成 100 元 (2)	万其漫 100 元 (5)
万军 100 元 (5)	熊华贵 100 元 (1)	刘守标 100 元 (2)	刘凌 100 元 (8)
刘涛 100 元 (3)	刘守娇 100 元 (8)	熊华良 100 元 (8)	李公华 100 元 (6)
李公年 100 元 (5)	李良成 100 元 (5)	向完全 100 元 (2)	
……			
2016 年共计总收入 8150 元			
百桥香客总收入 23133 元			
三届庙会总收入 36750 元			
本届开支 7400 元			
上期开支 7519 元			
李启中参加套湾庙会赶情开支 300 元			
刘法师去世赶情 100 元			
黄法师去世赶情 200 元			
熊华章两次办证开支 6104 元			
梦环庭参与庙会 610 元，总共开支 7319			
合计开支 14739 元			
结余 22011 元			
2016 年正月初十吉日			

第四，娱乐活动。做会时间为正月初八、初九、十三，其日程安排为：正月初六，庙民主管理委员会召开筹备会议，首事明确庙会期间职责；正月初七，斋公或者女香客负责打扫庙堂卫生，添香油；正月初八，搭建神棚，村民上功德钱，并准备祭品，烧香敬神，燃放鞭炮和烟花，最后，聚餐吃斋，由庙里首事（头人）接手烧火做饭，铺宴席安置客，请上功德聚餐，吃的全部是斋菜，后面，也有一些人不吃斋就回去。当天还要请道士做斋敬神诵经，一般 3 个道士披法衣，价钱为 600 元/次，做善事。下午请戏班进神棚拜神开戏，每天下午、晚上各一场，一直持续到正月初九。同时，每天斋公都需要上香敬神。正月初八上午，其他庙会组织、香客前来上香。还有 10 多位女性香客一起折叠大小纸元宝，待最后，一天烧掉纸元宝。待太平会结束，在鼓乐伴奏下，拆掉神棚子，由首事负责统计功德香的香钱。

第五，寺庙与国家关系。庙也有界线和地位，青福寺只管百桥村、螺滩村等，共计 4 个行政村，由国家道教协会批准，并办理证书，而六合庙只管套湾村和竹林村，历史没有庙，没有办证，国家没有批准，也不能到村里收钱。据叶方明老人所述，最初，比不上戴家场寺庙，他们人多，经济雄厚，有的捐赠 1 万~10 万元，花去 100 多万元。据道教协会反映，这个庙修得不够合规矩，条件不够，修路不够完善，办不到办教执照。现在正常信

---

〔1〕　表示哪一个生产小组。

仰，举办一些祭祀活动，需要得到国家批准。比如现在青福寺办证，向道教协会办，已经2年，出钱2年，剩下1年，就不要出钱。钟鼓楼捐款名列见表5-19，青福寺螺蛳潭钟捐款名列见表5-20。

表5-19　钟鼓楼捐款名列　　　　　　　　　　　　单位：元

钟鼓楼捐款名列[1]				
李良福 1000	贺广华 200	李彪 100	叶方文 100	杜佐武 100
李公年 400	尹光详 200	李辉 100	叶方武 100	杜佐伟 100
刘承汉 400	李丙贵 200	戴长年 100	叶高进 100	杜佐凤 100
方单武 300	杜子松 200	戴忠宝 100	叶绍先 100	戴茂年 50
叶同舫 300	吴成旬 200	张金龙 100	叶绍先 100	易贤桂 50
叶方华 200	严浩 200	张金虎 100	陈安金 100	
叶同金 200		张详波 100	杜佐平 100	

首事名列
李启中　熊华章　孟凡廷　杜子松　戴长年　黄永年　向德生　叶同彦　叶同春　叶方刚　周传进　吴家新　吴全发　尹光祥　刘守军

住寺弟子：刘修道

二〇一〇年庚寅岁季叁月

表5-20　青福寺螺蛳潭钟捐款名列　　　　　　　　单位：元

青福寺螺仙潭钟捐款名列
熊华章 1000　熊炎平 500　熊美平 500　熊少平 500　侯赶君 200　汪世能、汪茂虎、汪茂军、张加洪
唐森森 1000　唐良军、唐雪雪、唐良斌合家捐 1000　唐良新、唐亮良、唐双双合家捐 2000　胡青、胡明窑、胡官洪合家捐 10000
李珂升、李东溢合家捐 1000　汤东阳 1000　刘德林、刘虎合家 1000　李丙绕、李公望、李公先合家捐 2000　许安泽、许五湖、许四海合家捐 1000　李丙农、李公必合家捐 500

二〇一〇年庚寅岁季叁月

第六，寺庙与寺庙关系。以前套湾村没有庙，只有一棵树，当作菩萨祭祀，没有修庙，后来套湾村修了菩萨，要修路进庙，就起会，到杜家垴捐募，自愿捐钱，免费发符条，进行收禁。一般外村不能到杜家垴筹钱，青福寺的首事不同意，因为杜家垴由青福寺神灵庇佑，同时，青福寺修路，也没有到邻村筹钱。据叶方明老人所述，当时为了避免与其他村抢夺化缘人员，双方禁止入境化缘。其实，菩萨都是一体，只是在不同庙里竖立金身，如果有村民祈愿，都会保佑他们实现，在哪里信神都一样，其实神哪里都可

----

〔1〕　主要来自百桥村和螺滩村两个行政村村民。

以入境，谁也拉不走。

第七，镇庙与国家关系。解放以前，镇也有庙，规模小，20 世纪 90 年代才重新起庙宇，也是得到政府批准，起会筹钱，当官和做生意的都捐钱，每年唱 3 天的戏。但是，村落寺庙没有国家经费支持。另外，村里麻脚庙，不需要政府批准，只是几户人同意出钱修建，也不是村落集体出钱修建，你信我不信，意见难以统一。

第八，起会与村委会关系。每逢初一和十五，或者观音报到或财神报到、祖师爷爷生日，属于一种信仰，村民到庙里敬神，也没有影响到村民正常生活，与其他教派没有冲突。当时一个地方有一个为首的，组织信众集会，进行祈祷活动，没有做一些影响社会治安的事情。而且宗教由道教协会进行管理，不需要进行村民协调，不要村委干部出钱，与其没有多大关系。

四　文化习俗

（一）生活习俗实态

1. 丧葬

第一，寿线。老人去世，请外人帮忙抹汗，主家给一个红包（100 元）和一条胡子，还有去世者的好衣服也给抹汗者。同时老人去世需要挂寿线（一种白线）。以前 40~50 岁者居多，60~70 岁老人很稀少。另外，如果 90 岁，就找 90 根线，然后挂在胸前，去见阎王，一般都是自己女儿提前购买寿线。老人刚去世，就由多个儿子一起烧落气纸，不需要写名字，多少岁就烧多少纸，放到一个盆里，主要是老人下阴间给小鬼的买路钱。

第二，密路。[1] 知名先生、礼房先生都是东家上门作揖接他们帮忙。知名先生和礼房先生与东家商量筹办规模，怎么办理，是否请人唱戏，做大密路还是小密路，都是主家一人决定，如果多个儿子，由其共同商量决定，决定权在于东家。

第三，分工。知名先生和礼房先生是葬礼的协调者和组织者；道士，是逝者的超度者和还报的主持者，负责整个丧葬仪式的完整性和合理性；亲属是葬礼的吊唁人和金钱的主要贡献者；丧户是专门抬棺人，也是葬礼一些体力劳动的参与者，比如挖坑。由关系好的妇女负责煮饭、洗碗、打扫，厨师负责做菜、菜肴搭配等。还有人负责放鞭炮、散发纸钱和白米，主要为死者买路，让孤魂野鬼不要骚扰自家祖先。

第四，接丧户。同样，接丧户都是主家上门作揖接他们帮忙。比如有的以主家为中心，上下分别接 4 户，共计 8 户，也有的接同一个福场 8 家作为丧户，由知名先生陪伴前往作揖接丧户。

第五，准备宴席。东道主把筹办费用 5 万~6 万元给礼房先生和知名先生保管，由礼房先生和知名先生商量筹办宴席数量，不过只能宽办，因为有来 1 个、2 个、3 个的，人

---

〔1〕 泛指丧事筹办规格。

数不定，比如熊老头妻子去世，女儿和女婿以及外孙、外孙女是否都来，就算不定，多数以登记礼簿为准，点号子，多少单号子，多少双号子，有多少人数参加，礼房先生和知名先生共同商量，准备宴席数量，多准备几桌，如果吃不完，就留作下午再吃。也可以根据座席人数准备，有的人送葬后就离开，也有的送葬后还在，还有帮忙的或者没有帮忙的，没有吃饱，还留下来吃第二次宴席，即使不要吃10碗，吃饭要吃饱，无形中也增加了宴席数量，所以要灵活准备宴席。按照习俗上午9碗碟子，下午10碗大菜。如果算不够，准备少宴席，没有饭吃，就会挨主家批评。其实，知名先生只会算多不会算少，如果宴席不够，事先由知名先生跟厨房大师傅商量，还剩有多少人，要改宴席数量，大师傅都心里有数，他办过多次宴席，叫他宽办，他更加宽办一些以做到万无一失。

第六，哭丧。父母去世，俗话说儿子哭得惊天动地，媳妇哭得假情假意。媳妇是外人，即使嫁到婆家，不会当自己母妈一样对待。分家不均等纠纷，媳妇与婆婆闹戏码，感情没有那么亲密。而且同一个娘胎也不一样，小儿子哭，大儿子不哭，弟兄望弟兄穷，弟弟被父母扶持变富，大儿子就有意见，说他们帮你多了，别人说小儿子讲良心。可见父母生前亲小儿子，与大儿子感情没那么亲密。

第七，座席。丧事，礼仪简化，知名先生轻松一些。丧事座席，谁去世，谁家娘家舅爷姑爷姨爷坐上席，抬棺材的丧户也坐上席，并行一排。如果岳父岳母去世，女婿允许与丧户一起坐上席，陪丧户喝酒吃饭，一是表示尽孝，二是对丧户表示感谢。

第八，坐轿。如能享受特殊待遇，女儿坐轿给老人送葬，女儿坐4人丧户轿子，要求女婿出700~1000元。如果没有女儿，就抬孙女，钱由儿子出。还要请戏班唱3个戏，总计1.2万元，请道士做斋和请送葬鼓乐队，超度法事花费6000元。当自家老人去世，不请人唱戏，也感觉没有面子。

第九，挖坑井。多个儿子事先商量和选择安葬位置，再接阴阳先生，如果长子不在，其他儿子也可以前去，轮番到自家土地，找风水好位置，打桩挖坑。出柩送葬完，由知名先生接灵，再接给儿子、女儿、媳妇，然后，放置在神桌上供奉。亲戚上门吊唁，先写好丧联、符包、香烛和鞭炮等。

第十，下葬。遗体火化后，灵车载孝眷人等及骨灰盒、遗像回到丧户门前。丧户摆好供桌，将骨灰盒、遗像供在桌上，然后敬以汤、饭，并焚香化纸祭奠。之后，打开骨灰盒，给骨灰淋菜油（表示滋润烧伤，使阴灵减少疼痛）。祭祀完毕后，再由孝子端遗像，一人捧骨灰盒，乐队陪同送往墓地安葬。有些家庭花3万~4万元存留坟地三代以内，老人去世就集中安葬。后来发了哪一家，谁家做大生意或做了大官，认为多得到祖宗保佑，修坟地立碑要求多出钱，不过多数为了面子，也情愿出钱。

第十一，叫饭。现在不守灵，也不叫饭，被人说："爹爹都饿死了！"为了减少麻烦，道士想了一个办法，把油盐柴米鱼肉丢到鬼屋子，让先人自己烧火做饭吃，不然，父母都饿死，甚至灵位也都丢到鬼屋子，结婚喜事没有芥蒂，不然家里不利。

2. 结婚

第一，对象。村里附近介绍的很少，都是从外面找人，因为以前计划生育政策太紧，男多女少，80后男丁很难找对象，不在外面找或者网上找，在地方说不到对象。现在村里有20多个男丁说不到对象，年龄已经到30多岁，十里八乡都是一样，男多女少。以前男的选女的，现在女的选男的，甚至长相很丑，鬼怪一样，也要挑对象，不愁嫁。

第二，年龄。说亲事，问清双方的生辰八字，要求男方年龄大于女方年龄，比如，男大女1~3岁，男大女小，有规矩，如果女大男小，一般家庭不愿意说亲事。据郭用文老人所述，解放以前，男子18岁，女的15岁，规矩要求男大女小，有的最大差7~8岁，男大疼姑娘，如果男小女大，不能说亲。现在只要能娶到，年龄不是很大问题。

第三，结婚条件。一是地理条件，距离近，便于亲情表达，多数安置在本村、本镇或者本县，其他县市很少。二是物质条件，比如家里有房，在村里有一套，镇上也要买一套，还要有车，另外家里还要有10万元以上存款。三是人口不能太多，独生子女最好，不然，经济负担重。四是人品条件，人不能太老实，要能说会道或者赚钱能力强。现在男子，没有钱也说不到姑娘，还有男的长相要讲究，表达能力强，有志向，女子才会跟你，如果你家穷，穿着邋遢，又老实，没有女人跟你。同时，男多女少，舆论道德约束弱，感情不和，就离婚，重新改嫁。另外，现在女挑男，要求男子有车有房，要有存款，还要没有"垃圾"。[1]

第四，出资。父母安置儿子结婚，多个儿子办婚事规模和资金都是一模一样，比如老大结婚花了1万元，请了20桌，二儿子结婚要花100万元，也办20桌，幺儿子办婚事照二儿子的婚事规模和出资筹办，而不是按照老大的规模和出资，多少红多少钱，只有照最近物价和时间办，差距才会小，才没有意见。不然，弟兄就会有意见。如果年成不一样，时间不同，年成坏的儿子办婚事，出钱较少，待年成好，父母出钱补偿。比如大儿子娶媳妇，年成好，多出20元，而老二结婚，年成坏少出20元，待年成好，就父母出20元或者买等同价格布匹给老二媳妇作为补偿。如果父母年纪大了，赚不到钱安置幺儿子结婚，长哥长嫂当爷娘，大儿子可联合其他儿子筹钱安置弟弟婚事，完成父母的心愿，后面，结婚所花一切费用，幺儿子不需要还。据李良望老人所述，现在婚嫁就不同，花钱多，因为要陪嫁，而且娘家出钱也多，有的娘家陪嫁32万，或者给女儿买房子或者帮助女儿盖一座楼房。同时，过礼的礼金，娘家不能要，而且还要贴钱购买嫁妆。

第五，接人。姑爷、舅爷和朋友由东家父亲和儿子上门接，告知喜事日期，携带果品前往。邻居也需要主家上门接过来帮忙筹办喜事，其他乡亲不请自来，不需要亲自上门接。据李良望老人所述，以前儿子结婚，舅爷分别送一块号匾，上面写上外孙的字号，既送匾又赶情，姑爷和姨爷只赶情，不送号匾。舅爷、姑爷和姨爷都要请乐师傅吹鼓乐迎接，并递上烟，招呼进门上座喝茶。

第六，组织者。知名先生、礼房先生由文墨好的亲子本房的叔伯侄子担任。礼房先生负责登记客人随礼数量和姓名，管理财务，并负责搭配礼品；知名先生负责安置客人入席、接待客人，装香烟。他们帮忙，还需要赶情随礼，没有报酬，只吃饭喝酒。据李良望老人所述，做知名先生，负责很多事情，比如写对联、取官号，报章、礼章以及接婆婆的

---

[1]　父母，要求不能太老，要年轻的公婆，帮不到儿子赚钱，就是一个累赘。

书子，接大师傅和乐师傅的帖子等。买菜做饭，也是由知名先生管理，先与主家商量，由其根据多少客人，比如姑爷、舅爷来双人，准备多少宴席，一般怕人会多来，宁可多预算2桌备用。做出宴席预算，开出菜肴的单子，再安排一些人去购买菜肴，接大师傅烧火，一些人摆桌上菜。

第七，装新。结婚的正期，早上在昨天的基础上增加了唢呐吹奏乐的演奏。上午10点，新郎去"上头"（洗澡换上新衣），再由乐队迎接新郎官。接着，亲戚就庆贺他的结婚进行升匾。原来的升匾是由姑舅姨主要亲戚花10~50元各买衣料，或被褥心或毯子，用红纸写上贺喜人名字，再挂在厅堂上，挂时要用鼓乐演奏，鸣放鞭炮。现在只出那点东西太少了，就直接出钱，100元、200元、500元……再把出钱人名字写在红纸上，贴在墙上。有的捐钱多的就用100元的钞票贴成一个大喜字挂在墙上，很是气派。当然挂时还是要用鼓乐演奏，鸣放鞭炮。

第八，座席。位置安排，要求上席不能抢（如1席口），比如东边座席，一般由舅爷、姑爷和洗酒者坐席，洗酒位置一般由主家的帮忙人坐，主要帮忙斟酒。不能乱坐位置，若坐错位置，会被说不懂礼数。第一天过礼，第二天还要由知名先生主持告祖仪式，就是由新郎和新娘一一给祖宗和亲戚为礼。首先，知名先生派人准备三牲，燃香秉烛，烧纸倒酒，祭家神。然后，进行为礼仪式。一是祖宗，向历代高曾祖考内亲外戚先人为礼，求先祖庇佑，由新郎新娘磕头作揖为礼；二是本家，向爹爹老妈伯爷伯母叔爷叔母哥哥嫂子，他们操心辛苦，由新郎新娘作揖为礼；三是老外祖，向舅爷舅老妈、姑爹姑老妈、姨爹姨老妈、表爹表老妈，他们前来道贺，由新郎新娘再作揖为礼；四是外祖，向舅伯姑伯姨伯（母妈娘家）、舅爷舅老妈姑爷姑老妈姨爷姨老妈表伯表叔叔表婶，由新郎新娘又作揖为礼；五是老表，向舅老表姑老表姨老表姊兄姊弟姊姊姊妹，由新郎新娘作揖为礼；六是向厨房大师傅、乐师傅、红媒先生等，由新郎新娘作揖为礼；七是向学友、世友、业友、十弟兄等帮忙的人，由新郎新娘作揖为礼。这些为礼，考虑知名先生灵机应变的能力，来哪些客，就怎么喊，没来的客人就不要喊，如果来客人，没有喊到，别人就会不高兴："怎么把我请漏了，怎么不喊我们这些赶情人！"近年来，不讲礼性，谁都可以做知名先生。也不排尊位或者次位。由于不讲座席礼仪，有时容易怠慢客人，人与人之间易产生矛盾。

第九，拜堂。其一，"陇西堂历代高曾祖考内亲外戚，给先皇（土地爹爹）为了礼"，或"陇西堂历代高曾祖（内亲外戚）考活祖宗，给他为礼"；其二，"爹爹母妈伯伯伯母叔叔叔母哥哥嫂子或者哥哥嫂子伯伯叔叔爹爹母妈，向他们为礼"；其三，"在世的老爹爹老母妈，给他们为礼"（为什么不从爷爷奶奶喊起，却从爸爸妈妈喊起，没有死，也没有操心，就放在后面喊，要喊就事先喊）；其四，老外祖，向舅爷舅老妈，姑爹姑老妈，姨爹姨老妈，表爹表老妈为礼，他们前来道贺为礼，由新郎新娘再作揖为礼；其五，外祖，向舅伯姑伯姨伯（母妈娘家）、舅爷舅老妈姑爷姑老妈姨爷姨老妈表伯表叔叔表婶，由新郎新娘又作揖为礼；其六，老表，向舅老表姑老表姨老表姊兄姊弟姊姊姊妹，由新郎新娘作揖为礼；其七，向厨房大师傅、乐师傅、红媒先生等，由新郎新娘作揖为礼；其八，向学友、世友、业友、十弟兄等帮忙的人，由新郎新娘作揖为礼。

第十，磕头。第三天，拜堂丢钱，由知名先生主持新郎和新郎拜堂。然后，进行为礼仪式，一是祖宗，向历代高曾祖考内亲外戚先人为礼，先祖庇佑，由新郎新娘磕头为礼。二是本家，向爹爹老妈伯伯叔叔伯爷伯母叔爷叔母哥哥嫂子，由新郎新娘为礼，向磕头新人丢磕头钱。三是老外祖，向舅爷舅老妈，姑爹姑老妈，姨爹姨老妈，表爹表老妈，由新郎新娘再磕头为礼，再向磕头新人丢磕头钱。四是外祖，向舅伯姑伯姨伯（母妈娘家），舅爷舅老妈姑爷姑老妈姨爷姨老妈表伯表叔叔表婶（媳妇娘家），由新郎新娘又磕头为礼，又向磕头新人丢磕头钱。五是老表，向舅老表姑老表姨老表姊兄姊弟姊姊姊妹，由新郎新娘还磕头为礼，还向磕头新人丢磕头钱。六是向厨房大师傅、乐师傅、红媒先生等，由新郎新娘磕头为礼，这些人不需要向新郎新娘丢磕头钱。七是向学友、世友、业友、十弟兄等帮忙的人，由新郎新娘磕头为礼，同样，向磕头新人丢磕头钱。

第十一，赶人情。俗话说，情礼不比债，头顶锅盖卖。人情送往不像是债，如果有人讨债，还不起债，还可以讨价还价，延长几天还钱。但是，红白喜事，别人过来邀请接客，约定时间参加，不能延迟时间，没有钱也要卖铁砸锅去赶情。因此，办酒接客时间要提前3～5天，让别人有所准备，没钱筹钱，没时间安排时间。赶情讲面子。比如姐妹参加弟弟婚礼，几姊妹就要提前商议，统一赶情的礼金，如果姐姐赶500元，妹妹却赶200元，写在礼簿上的礼金有多有少不好看，没有面子，要赶一样的礼金，姐姐赶500元，妹妹也要赶500元，在乎脸面。但是，要面子，对于家里穷的人来说就不惜借钱赶情。磕头钱，不上礼簿，有多出多，有少出少，但是，赶情礼金，要上礼簿，你赶多少钱，待你请别人办事，翻看礼簿，他会照数赶礼金，如你赶1000元，他不能增加也还赶1000元，既不多出，也不少出。升匾礼金明细见表5-21。

表5-21　升匾礼金明细　　　　　　单位：元

姑伯父：杨林2000	邵显光300	熊帮城300	郑聚辉300	周振忠200
舅伯父：张磊1000	张俊1000			
表伯父：顾永贵200	邓军500			
姨兄妹：陈光照1000	徐国新200	李燕霞200	姜伟200	夏俊200　方冰200

第十二，婚姻危机。以前父母懂族规，家教很严，如果不守妇道，就训斥责骂，现在村里20多岁女孩，不结婚就生孩子，若不如意就跑了，即使结婚生了孩子，也不算数，也敢离婚改嫁，占到30%。而且男子有钱，三妻四妾，包养小三。还有骗婚现象，五组李良怀的儿子结婚时，陪嫁30万元现金，存在银行，但是，离婚以后，女方就把钱卷走了。还有会计侄子"结婚"以后，女方搞了6万元，就跑了，哪知道那个女人结过几次婚，名义上办酒"结婚"，都没有拿结婚证，跑了没有任何约束。受害者想报警，又没有偷窃的证据，只能忍气吞声。不少人提议，由政府监管，抓几个人，杀鸡儆猴，社会风气才好。据文熙娇所述，结婚时，女的嫁给你，要你有车有房有存款等，还要给娘家10万元以上，但是，这笔钱也是要陪嫁回来的，虽然不要你花，但是，也买车买房，还要拿10万元，确实压力很大，以及办酒席开销，结婚最低成本要30万元以上。一旦结婚后，发现家里有很多债务，也没有感情基础，如果不合就离婚，离婚率大大提高。

3. 招婿

女婿入赘，要改姓，随女方姓，负责入赘方父母的生养死葬，才有他们财产的继承权。当然就放弃了原有的父母的赡养权和财产继承权。另外，生育子孙必须随女方姓，三代子孙必须如此，延续其香火，三代以后，可以改为原姓氏。其实女婿也是半边之子，比如一户父女，只有 5 个女儿，留 2 个女儿招女婿撑门面，所有的女儿女婿都建议，待父母去世以后，不肯灭志，所有的姑娘和女婿都出钱，请人唱戏送爹爹和婆婆，跟有儿子也一样。有的人说，如果有女儿没有儿子，一般会过继舅舅的儿子为子嗣，但是，姑表姊妹骨肉亲（舅舅和姑姑关系亲），姨表姊妹外姓人。有些人不愿意，一般留一个女儿招婿，起码女儿是自己养的，一半血脉是真的，也有女儿可亲近，留女儿招女婿，就是亲女儿假女婿。过继舅子儿子也是别人有儿子，娶媳妇，假儿子假媳妇，不搞姨姑假，舅儿子是别人养的，后面舅子儿子娶的媳妇，也是假的，都是假的。姑娘是自己养的，舅子儿子不是自己养的。其实，外孙亲一些，是姑娘养的，舅儿子假一些，是外人养的。

4. 送族米

生小孩，讲礼性，待孩子出生以后，8~10 天，送小族米，准备两条鲤鱼、两挂鞭炮、8 斤米或 8 升米，只有娘家亲戚去，比如外婆、舅娘等，一般不随礼。送大族米，满月之时，准备两条鲤鱼、4 斤肉、两挂鞭炮、100 个蛋、8 斤米或 8 升米，一定要随礼 3 万~5 万元，放置在一个台盒里，第一格放肉、鱼，第二格放鸡蛋、米，第三格放衣服，第四格放被子，由外婆和舅妈两个人一个担子挑去，另外姑爷随礼 500~1000 元，送 100 个鸡蛋，小姨和姨夫随礼 500 元，送 20 个鸡蛋，一般亲戚最少 200 元，送 10 个鸡蛋。满月、周岁、5 岁和 10 岁都要办，让别人赶情。

（二）节庆习俗

1. 清明会

第一，时间。每 1 年小办，每 5 年大办清明会，全族人集体到祠堂祭 1 世祖，不管有无威望或者有钱无钱。主要祭祀一些去世老户长，比如李竞成，请车前往墓地祭祀。

第二，参加者。由户长通知各房房长（6 房房长）以及各支门长（各支 1~2 人）等作为代表集体出行，其他普通族人不参与，做清明会，没有强制性，各地族人可以去也可以不去，不去就算了。据郭用文老人所述，每年清明会，同族男丁前去参与做清明会，一般是家长去，1 户 1 人，如果家长没空去，就由男丁代表去。愿意去就去，不愿意去就不去，其实，去参加聚餐，自己吃自己的钱，如果距离太远，在他乡做生意或者做官，可以不参加，现在都不搞清明会，出去做生意的人很多，没有劳动力筹办。同时，因为距离太远，就不想去，别人也没有敢提意见的，都是自愿参加。

第三，顺序。清明节插青扫墓，各家各户时间不统一，时限为 1 个月，就各自插青。

同族或各房，先插李河村开基祖的青，再插各房开基祖的青。据郭用文老人所述，改革开放以后，多数姓氏都没有搞过清明会。洪湖人到广东、广西收破烂，发现当地清明节做清明会很热闹，整酒席，敬茶敬酒，敬祖宗，讲礼性，这边不讲这些礼数。

2. 插青

老人去世当年，在清明时节姑娘女婿、老姑、少姑回乡，插2~3代长辈的青上坟，举行清明悼，以示缅怀祖先，由兄弟筹办宴席吃喝，吃完就回家。还有大年初一，就简单去给老祖宗装香化水。另外，过去每逢端午节、中元节、中秋节庆祝，姑爷和姑娘回来一起庆贺，非常热闹。但是，现在节庆变淡，劳动力外出务工或者做生意的越来越多，年轻人不在家，过节不热闹，甚至，过年不如以前热闹。只要过了初七、初八就出去做生意，以前不过十五就不外出。

3. 中元节

以前写符包写五代以内，现在中元节写符包写三代以内，甚至更加少，比如祖母的儿子写符包，没有写祖母的娘家父母，就遭到祖母责备，枉费你这么大年纪，他们是嘎老妈和嘎老爹，他们去世，外孙不给他们写符包，你们根从哪里来？有藤子根在哪里？在阴间没有喜钱，不会向他们掏钱，不断吵事情，骚扰他们不得安生。还有媳妇叫爹爹抱一下孙女，有些人说宁愿带女儿的儿子，不带儿子的女儿，因为外孙子会烧符包给他。另外，烧符包时，把纸钱烧在圈儿里孤魂野鬼不敢来抢，然后一堆一堆地烧，烧时嘴里还要不住地念叨："某某来领钱。"最后还要在圈外烧一堆，说是烧给孤魂野鬼的。烧符包对象见表5-22。

表5-22　烧符包对象

烧符包对象
曾祖辈：曾祖父、曾祖母、曾外婆、曾外公、曾舅舅、曾舅母、曾姑母、曾姑爷、曾姨父、曾姨母、曾伯父、曾伯母、曾叔叔、曾婶婶
祖辈：祖父、祖母、祖外婆、祖外公、祖舅舅、祖舅母、祖姑母、祖姑爷、祖姨父、祖姨母、祖伯父、祖伯母、祖叔叔、祖婶婶
父辈：父亲、母亲、外婆、外公、舅舅、舅母、姑母、姑爷、姨父、姨母、伯父、伯母、叔叔、婶婶

（三）活动习俗

1. 打牌

第一，牌场。杜家剅有两个牌场，有专门的人买了麻将机，4~5张桌子，由牌场经营者在整个村落，甚至行政村或者临近村庄，挨家挨户叫别人打麻将，白天坐齐5桌，下雨天，人满为患，来迟了没有桌子，要等别人累了，替别人打，经营者不要再叫别人打牌。即使看牌场的老板，平时也种田，更别提一般村民，因为打麻将只是娱乐消遣，不是正业，主业务农，农闲时才打麻将。据李良望老人所述，最初，打麻将和纸牌，都是邻居，农闲时或下雨天，你到我家打，我到你家打，东家还会把自己的农产品拿出来招待邻居。后来，认为每家每户都有农事安排，你有空，我没有空，时间不统一，促使专营麻将业的场子出现。

第二，台座费。打麻将要交 40 元台座费，平均每人 10 元。还有开空调、电扇电费，赚取也有 20 元左右。打牌时，牌老板提供饼干、茶水或者冰糖，但是，结账时都要结清，羊毛出在羊身上。为了防止纠纷，一般不会欠钱，没有钱就要退位让贤。

第三，打牌者。农业机械化，连除草也是用化学品农药，不用体力，干农活也轻松，有房子有车有一个儿子，经济很松动。农闲时，男子去牌场打牌，甚至女人也去打牌，女人也不管丈夫，丈夫也不管妻子，都去打牌，父母权威消解，也不敢批评。据李良望老人所述，麻将是深受当地人喜欢的娱乐活动，甚至成为生活的一部分，"一天一小打，两天一大打"，有的连续打四五天。

第四，规则。大牌和小牌分开，打大牌与打大牌的一起，打小牌的跟打小牌的一起，打大牌的如果跟打小牌的一起，就会被人说，说他们有钱欺负打小牌的钱少。还有打大麻将时，赌资很高，输一次几乎要 1 万元，收费 5000 元，不跟那些几十元的打。据郭用文老人所述，打牌规矩，富者跟富者打，穷者跟穷者打。如果要打大牌，只能跟有钱人打。比如一般村民打牌，你却要帧 1 位甚至 2 位，别人就有意见，我们是打小牌的，你打大牌就要找有钱人打。或者根本不坐下来跟你一起打。小钱不入大钱。如果你只要小钱，就不要到打大牌的场子，那点小钱，别人看不上眼，也不会让你参与。

第五，打牌与不打牌关系。如果不赌博，不进牌场子，不是那个场子的客，不去玩，因为牌老板会嫌弃，他非常不喜欢你占了别人的位置，影响客户进门打牌，要玩都是到桥上或者家里玩一下。如果碰到赢的钱多者，不管亲戚还是外人，就与他合作，赢钱平均分钱，输钱，就平摊，俗称做母。

第六，打牌与纠纷关系。如果打牌出现戏码（吵架），比如故意要赖或者不服气，一般由牌友拉劝或者牌老板出面解决，但是，打牌人没有脸面，今天打牌跟你吵架，明天气消又坐到一起打牌，不计前嫌。以前丈夫出去打牌，媳妇管得紧，回去不停责骂（撅），甚至打架。最后，父母出面训斥儿子和劝说，再和好如初。据李良望老人所述，现在打牌成风，导致夫妻吵架闹戏码，女婿说妻子到外面打牌，但是，娘家岳母说，又不是撒谎乱搞，去打牌，又不是一个人去打，走进家里，家里有茶有水有饭吃，农闲时，没有事情做，不去打牌，去干吗。甚至，结婚时有的陪嫁是麻将桌。不像以前，以前不这样搞，平时在家做农活，纺纱做鞋子，哪一家都没有麻将桌，哪一个姑娘都不会打牌。什么时候说什么时候的话。

第七，打牌与国家关系。小赌娱乐，大赌伤身，恶赌败家。小赌可以娱乐，大赌就会祸害无穷。赌钱有打大牌，输一次 1 万~2 万元，多数是本地或者外镇来设赌局。也有警察进村抓赌，抓到赌徒就要罚款，每人罚款 2000~5000 元，同时，把台上赌资全部没收。不过，请人放风，见到就以打马勺为号，暗自通知赌徒逃跑，放风者依靠打水钱为生，一天支付 30~50 元。不过也有发展成地下赌场的，设一个套，让你赢几万元，后来，不断操纵牌场，赌徒输多了，就向高利贷借钱，一个月要几千元利息，还不了就用车或者房子抵押，有的借高利贷到广东等地方跑路的，打工赚钱还债，家破人亡。

2. 玩彩船和龙灯

以前过年同一个福场玩龙灯，挨家挨户捐钱，每户出资 50~100 元，剩了 1000 元存在年轻人手里，被他们贪污。后面，做土地福，村民对年轻人有不满，没有追缴贪污的钱，不同意他们做首事。希望就找一些年纪大、威望大的老爹主持，帮忙筹集资金，但是，一些老爹就提出几点要求，可以担任首事，负责挨家挨户收取，不愿意管钱，如果要我保管钱，除非几个人共同保管，征求我同意，签了条子，才同意支取。用多少支取多少，没有贪污之嫌。不过，现在年味越来越淡，几年来没有人玩彩船和龙灯了。

3. 划龙舟

第一，设标。端午节划龙舟，戴家场镇共同出钱设一个标，提前一个月出一个告示，写明何时何地举行龙舟大会，进行龙舟大赛，当地镇里村庄所有船都会参加。有的大姓人多讲"姓花"，打一个李姓旗号，就划一只船，那些"杂花"人少也联合多个杂姓，就制作或购买一只船。

第二，抢旗。用红布做成旗子，插在河里，所有船插旗子，划得快慢论输赢，第一名抢到队子旗，还有的只抢到并头旗，最晚的一个旗子都抢不到。有时不服气，还会打架，输的一方，干涉你，不准赢的船插旗子，不准你炫耀。据郭用文老人所述，举行比赛时，有的抢到并头旗，也有的抢到队子旗，如果太慢什么旗子也抢不到，遇到不服气的，就大姓欺负小姓，即使输了，也不准小姓插旗子到处炫耀，还把他们的船拆掉。最后，由镇里的人物头从中调解。

第三，颁奖。获奖的船只抢到一只旗子，就发给 500 个包子，用台盒子（行茶过礼之用）装，由船夫吃的，还有每人发一条胡子，大家鼓掌叫好，还要放鞭炮，锣鼓喧天。不过现在年轻人都到外面打工，划龙舟比赛都没有了。

五　规训

解放以后，大规模的政治运动和"文化大革命"，致使传统家规或者族规逐渐破坏，对村民行为规训力量薄弱，导致乡村失序。

（一）传统规训力量残存

如果儿子不听话，就接门长整家规，小错误就是门长打屁股，大错误就要求晚辈打长辈，孙儿打祖父。比如李良望也整过家规，因为李良澈的两个儿子，不肯去读书，偷偷挖了一个地窖，把书埋到泥土里，到处去玩耍，父教子不专，父亲教育不了，母亲叫门长帮忙整家规，把门一关，放到板凳上，绑住儿子的手脚，用板子打屁股 10 竹板，幺叔叔也生气，也打了 5 板，儿子就哭泣，承认错误，才不打。

（二）违反传统规训行为丛生

第一，不讲孝道。不孝顺既犯了家法又犯了国法，以前，门长可以整家规，让儿子打父亲或孙子打爷爷，让他出丑。但是，现在不孝顺既逃离国法惩治，家规也无法制约。比如李氏结婚生子，儿子又结婚生子，在外面做生意，找了一个小三同居，生了一个女儿，想跟前妻离婚，承诺给 20 万元，但是，前妻不同意离婚，男子也 8 年不敢回家，怕家人谴责，犯重婚罪，起纠纷，连母亲都不赡养。曾经偷偷找人上户口，叔伯也不敢帮上户口，求到母亲，虎毒不食子，母亲偷偷把户口簿寄给他，媳妇生气就连母亲都不赡养。还有一种嫌弃老人的观念，说年老的父母就是垃圾，他们对家庭没有贡献，变成他们赡养的负担。

第二，不讲夫妻情意。以前生下来划八字就定娃娃亲，不看长相，也不知道对象好坏，漂亮丑陋，好吃懒做或者勤劳节俭，一旦娶进门，嫁鸡随鸡，嫁狗随狗，嫁给叫花子背背篓，即使死也死在丈夫家里，除非丈夫休妻。由于传统伦理和面子约束弱化，男多女少的困局，出现婚姻危机。比如有婶娘做媒，李良怀的媳妇嫁过来，陪嫁 20 万元，虽然怀了孩子，但不喜欢儿子，嫌弃儿子不能干，瞧不起他，不讲情面，就把孩子打掉，拿了存款就改嫁他人。"其实女子也不懂水（犯傻），男看女，你相中我，我相中你，要嫌弃丈夫，当初怎么嫁给丈夫，现在离婚改嫁，娘家也没有面子！"

（三）教规影响力仍在

每逢初一或者十五，到寺庙烧香拜菩萨，祈求家人平安、事业进步或者财源广进。拜菩萨就是以菩萨为师，学菩萨为人处世，积德修福，做一个慈悲与智慧的人，一个身心清净、健康的人，一个快乐无忧的人，一个有益于社会、国家、众生的人，一个无我利他的至善之人。

六　教育

第一，修学校。百桥村民委员会把 9 组的 3 亩集体用地征用，修建村级小学，整个村集体出钱，摊派合同款修建，每人 100 元。最终，300 个学生，每个班有 40~50 人，共 6个班，6 个年级，每个年级 1 个班，人口很多，后面，每个年级又增加一个班。有 2 个公办老师，8 个村里民办老师，工资由村级转移支付，转移到教育债务。

第二，工资。集体时期，杜子华、夏大华和杜子松都在小学任教，人均工资 28 元/月，撤校以后，大部分民办老师就下岗，除非民办老师文化水平高，才转为公办老师，不过，也有托私人关系转为公办老师的。

第三，撤校。村小学开设 5 年级，每个年级 80 人，由于村里出生率很高，每户家庭也有 5 个小孩，后面，2000 年以后，小孩人少，学校办不下去，2006 年撤并学校，学生到镇中心校或者竹林村和套湾村合办的小学上学,到邻村小学上学学生自己步行或者骑车,如果到镇上学校,则有校车接送,一个学期150元。据文熙娇所述,2015年大学生有20人,高中生10人,小学生30人,幼儿园15人。由于孩子少,小学和中学被撤,合并到镇中小学。村里上学有两部车接送,幼儿园和小学,初中就自己骑车。最初,80年代没有执行计划生育政策,6个儿子或8个儿子家庭很多,村里平均每年有40个孩子,上学学生也多。

第四,成果。戴家场出了很多人才,占到全洪湖市公务员最大比例。解放以来,杜家剁出了21个大学生,其中,李姓占比例最多,其次,杜姓和吴姓,其他姓氏很少,多到政府部门、事业单位或者国企任职。最初,采取推荐制,比如,9组的叶方明、2组的刘同海和1组的张馨红,很多依靠叔伯做小队干部或者公社干部关系,推荐出去,但是,没有什么能力,就精减干部回家。比如熊华章和杜子华,在队里做保管员,最初,推荐到供销社工作,精减干部,就回来做道士,在整个县里也很有名。后面,改成考试选拔制度,考上大学的孩子越来越多。不过,也有重利行为。比如2003年会计的孩子,要评一个三好学生,老师要求会计出一条烟,才给他评上。2016年戴家场镇小学入学情况见表5-23。

表5-23 2016年戴家场镇小学入学情况　　　　　　　　　　单位:人

类型	所在队组	人数数量	办学情况
百桥小学	柏红大队、三星大队	无	撤销
绍南小学	竹林大队、套湾大队	134	办学
螺滩小学	吴湾大队、侯湾小队、螺滩大队	无	撤销
戴家场镇中心小学	全镇	345	办学

七　农民态度

第一,生育态度。70年代以来,计划生育时期,"越生处罚力度越大,以防再生,头胎生男孩,终身不想怀",比如有一户李丙全生了2个姑娘,后面,又生了1个儿子,就罚款5万元。但是,生1个儿子有风险,遇到意外,就没有子嗣传宗接代或养老送终。现在男多女少,出现性别失衡,很多男子娶不到老婆,出现社会问题。2016年国家放开政策,鼓励村民生孩子,没有多少人敢生,因为养孩子成本较高。发展才是生育的避孕药,贫穷是最好的接生婆。

第二,生产态度。现在生活变好,经营收入来源多元化,种田不是唯一出路,但是,这也导致农民忘记勤劳致富、吃苦耐劳的本性。比如一个男子好吃懒做,娶了一个四川姑娘,姑娘也喜欢摸牌赌博,好吃懒做,种下黄豆,却不去薅草、施肥等,结果庄稼被草挡死,没有收成。什么都不能落地成苗,都要付出劳动。田相己庄稼长势喜人,你却长荒草,毫无收成,别人就会议论你,瞧不起你。

第六章　杜家刬村的治理形态与实态

传统时期，皇权不下县，县下皆自治，可见治理是村落秩序与稳定的基本保障，究竟谁来治理村落，治理什么，用何来治理，如何治理，又与国家治理关系何如，是本章要回答的问题。

第一节　政权治理与治理关系

为了保障国家政权稳定和税赋来源，国家颁布一系列措施，进一步实现对基层的控制和管理，主要体现在政权建设和经济治理两个方面，进一步挤压地方治理的空间。

一　政权治理

（一）基层政权概况

明朝时期，沔阳州下设五乡，沔阳东曰悦安乡，上南曰咸宁乡，下南曰永泰乡，西曰宝成乡，北曰拱月乡，以下编户一百里，乡里下设保甲。杜家刬村隶属咸宁乡季节里，由若干保正管理。清循明制，唯保甲有别，国家规定以十家为一牌，十牌为一甲，十甲为一保，其中，九一四保第五保下辖杜家刬村，由保正和保副管理。民国初期，沔阳县下设区，区下设乡，民国末年，废区设乡，乡下编保甲，规定十户为一甲，十甲为一保，挨甲编保，编余之户（甲），不满一甲（保）者，六户（甲）以上得成立一甲（保），五户（甲）以下，则并入邻近之甲（保）。保之上设立保处联合办公处，以十五至二十保为一联保，简称联保处，设有联保主任、副主任、联丁等职务，这时，杜家刬村隶属于第十区戴市乡百一七保，共计4甲，包括第十三甲、第十四甲、第十五甲、第十六甲。该基层行政组织实施乡、保、甲三位一体的管理体制，加强对地方乡村的控制。同时，在权力系统之中，构建县政府—区公所—镇公所—联保处—户的权力机制，保长、甲长由户长推选，也由政府任命，在一定程度上实现了地方自治。基层政权建制情况见表6-1。

表 6-1　基层政权建制情况

保名	下辖村庄	管辖范围	保长
百一六保	吴湾村、叶湾村、侯湾村、螺滩村等	5里路	侯思普
百一七保	杜家剅、李家咀、黄家倒口、周家倒口等	4里路	周良华
百一八保	竹林村、套湾村等	3里路	戴白清、刘敬德、涂文元、王思简

（二）基层治理主体

1. 政务治理主体

（1）政务治理主体产生与职责

第一，政务治理主体任职资格。戴市乡设有联保处，由主任、副主任、联丁、委员（各村保长）、小得副、甲长组成。其中，保长都是人物头，读书好，笔杆两尖，同时，田亩10~40亩，多为好田，生活好过，在当地有面子，在官府或镇里，说一句话就是一句话，官府信服，较为有威望。如果本保没有合适人选，可以推荐他村有能力者担任，百一九保请外地人陈氏担任，任职5~6年，是本镇邻村陈家垸的人。而小得副，多数为村里冒尖或者出尖人物，是比较拐的家伙，爱出风头的小搞的，面子小一些，有一点威望和文化，是一个小跑的。甲长为每家每户轮流出人担任，一般任职者为家庭家长，不需要文化和威望。同时，联丁为地方一些地痞流氓或者好吃懒做者担任，有的来自本县，也有的来自其他县，比如天门县。另外，没有乡代表、保长、小得副担任户长、房长。郭用文老人回忆，千百里的龙神，赶不上当方的土地。当地有权人，比如保长或者乡代表，什么事情，如申冤或者有是非去告人，没有经过他们同意，即使到县衙去告，你好大的一个官也告不进去。

乡长多数由本地联保处主任兼任，也有外地人担任，由乡代表选举乡长，每个保选用一个乡代表，13个保有13个乡代表。乡代表在戴市镇联保处办公，权力比保长大，专门说事解交，帮忙调解纠纷和断公平，遇到闹事情，就接他帮忙调解。比如涂文元就是乡代表，有文化有面子，又有钱有势，可以说事解交，调解纠纷，管辖范围北到沙洋河，南抵建宁县渡口村，如果有大事，就接他去断案，请他帮忙评理。郭用文老人回忆，村庄出了大事等纠纷，弱方就会邀请他和叶道四帮忙调解和劝和，还要准备好酒好菜，款待他们，吃完饭就由他们说话，断公平。比如双方争界口打架，一个人说他偷占我的地，被占土地者就接涂文元前来，准备宴席吃喝，饭后，再接矛盾方前来，就由他们反映事实，有事说事，纠纷起因，一般都是双方取和，即使评判结果不合理或者不满意，有点委屈就算了，也要听他们的话，也不能再请人评理，他们都是有威望有面子的人，不能打他们的脸，说一句话就算一句话，不能让他们没有面子，否则接他们有什么用呢！保长、小得副任职情况见表6-2。

表 6-2 保长、小得副任职情况 单位：亩

姓名	品质	文化	兼职	擅长	职务	田产
叶道四	品行端正、有面子	读书好	教书先生、"铲共团"大队长	说事解交、有生杀大权	保长	15
刘敬德	品行一般、有面子	读书多	教书先生、"铲共团"成员	说事解交、有生杀大权	半保保长	20
王思简	品行端正、有面子	读书多	教书先生	说事解交	保长	40
戴百清	品行拐	读书少	无	无	小得副	17
涂文元	品行端正、有面子	读书多	乡代表、教书先生、绅士	说事解交	保长	35
侯思普	品行拐	读书少	无	无	保长	30
周良华	品行拐、有面子	读书多	"铲共团"团长	说事解交、有生杀大权	半保保长	19
吴成之	品行拐	读书少	无	无	联丁	32
代白钦	品行拐	读书少	汗流党	喜好搞事、有杀人之权	小得副	40

第二，政务治理主体产生。乡长多数为联保处主任兼任，保长、乡代表，多数是上级联保处任命，先发委任状，派联丁将委任状送到候选人家里，这样，他不愿意做，也不能推辞，还要给联丁开草鞋钱，准备好酒好菜安置他们。小得副为保长任命和指定的小跑的。甲长多为同一甲家户家长轮流担任，任职周期为1个月。据郭用文老人所述，百桥村有7组胡智茂担任联丁，性格狠，拐家伙，没有田，好吃懒做，寡皮溜筋。多数没有妻子儿女的，喜欢做联丁，工作轻松，配有枪支，每个月有工资2个大洋，同时，还可以欺压百姓，压榨花户。日本人来了，他就搞维持会的小跑的，担任走狗，做到处抓人的工作。

第三，政务治理主体职责。戴市设有联保处，由主任、副主任、联丁、委员（各村保长）、小得副、甲长组成，负责催缴钱粮、月捐款子、抽选壮丁、核查户口、报告人口异动、盘查奸宄、维护治安、督练壮丁、辅助军警、征集徭役（修防御日军的工事和修垸堤）等。保甲经费，依照国家颁布保甲经费收支暂行规程，每保以5元为标准，联保处经费包括在内，由保甲长向保内住户征收，多田者也不能超过1角，要求每月将收支账目公告一次。同时，如果族与族发生纠纷，可以请乡代表解交，或者家族发生命案，政府需要保长、小得副辅助处理。同时，甲长也负责核实完粮情况，收集花户串票，递交钱粮先生盖戳，过期未完粮者，准予下季完纳或者摘欠征收，而且如有人逃亡或者死绝之户，甲长负责上报亲属代为缴纳，如果有过了期限不完钱粮者或者抗粮不交的横户，可以请粮差下

乡催缴，这时，粮差可以非法向粮户摊派和勒索各种费用，比如交通费、住宿费或者伙食费等。

郭用文老人回忆，乱世当中，一正一反，谁得势就倒向谁。李河村的李协桥，担任"铲共团"团长，而百子桥村的周良华、刘靖德，竹林村的李联章，叶湾村的叶道四，他们都是有名人，几个"小搞的"，曾经担任"铲共团"大队长，属于"铲共团"团长手下，抓到地下党杀与不杀，决定权都掌握在他们手里，他们杀死了很多人。

第四，政务治理主体待遇。有田好过的村民，一般当保长，喜欢贪污月捐款子，从中抽取小惠钱，也可以摊门面，不要完粮、缴月捐款子和军布，而且不要服徭役，做工事，比如修堤。不过，有些贪污较多，账目不清楚，如果心很坏就多贪污钱，如果心好就少贪污钱。小得副权力小，一般是小地主，有田好过，没有能力贪污，负责协助收缴月捐款子。乡代表、保长、小得副、联丁等，由花户摊门面，不需要缴月捐款子，而且不需要服徭役，去修防御工事。甲长都是垸民轮流任职，不敢贪污。另外，保长、小得副、甲长，都要求按照三丁抽一、五丁抽二服兵役。

郭用文老人回忆，一般村民不愿意做保长，因为他家田地多，不愁钱用，不情愿做保长，只干1~2年，到期就辞去保长职务，如果完不成征派任务，保长就背家伙，挨军人鞭打或者联保处处罚。比如侯家湾村吴姓，为人忠厚正直，有点文化，被上级任命为保长，由于没有多大面子，7~8个联丁喜欢到家里骗吃骗喝，糯米都吃几担，酒也喝几壶，保长要讨好他们，让他们少找他麻烦！后面，不愿当保长，卖了官湖垸3亩白田，作为赔偿和取悦上级政府人员的费用。其他人当保长，还吃田，他当保长还卖田。

（2）政务治理内容与过程

国家任务主要有以下几个方面。一是征集民夫服徭役，比如村前建有大公路，供军队出入，保长、小得副和甲长征集民夫修建。二是协助国家征兵工作，进村抽壮丁。三是清查户口，登记户数和人口数，编甲入保，上报政府。四是催粮派捐，做好积谷积麦工作。以前村里没有保公所，每季节要完成政府的征收任务，比如，派民夫、收月捐款子、积谷积麦、军布或者抽壮丁等，联保处主任下命令，召集各保保长到联保处集中开会，分配各保任务，保长指挥小得副，小得副指挥甲长，甲长挨家挨户通知花户开会，每个月要出月捐款子，按照田亩数量出资多少，多田多出，4胡桶/亩，军布1~2匹/户，不容花户讨价还价。

郭用文老人回忆，担任甲长没有面子，都不肯做，如果碰到本甲花户过期尚未完粮，需引粮差按户催缴钱粮。抗战时期，要出月捐款子和征集民夫，或者出多少挑子和锄头，如果甲长完不成，就被联保处派联丁抓去，背家伙（挨打），用棍子打屁股。所以一般都不愿意做甲长，挨家挨户轮流做甲长，一个月一换，不搞不行。

同时，保长还要接收保管实征钱粮册的副本、核对花户串票与手头实征账本是否相符，催缴未按时完粮者，对未在规定时间完粮的，需要三天之内完粮，如果时间截止还未缴纳，保甲长必须垫付钱粮数额。这时，保甲长为了转嫁连带成本，可以在正常税赋上增收一定钱粮，或者按照土地数量征收钱款，这些钱款不仅可以垫付花户未交款项，也可以作为公产，加上对未按时缴纳钱粮的罚款，也可以作为办公费用。另外，保长、小得副和甲长还负责镇压地方起义和革命，孟广生、李大宗、李连章、敖大红、周良华、刘敬德、叶道四、习丙窑等保长到联保处开会，讨论对组织农民暴动者的处罚，甚至具有很大权力，比如生死权等，都是他们一句话的事。

郭用文老人回忆，李元亮（"铲共团"团长、李河村）、周良华（"铲共团"大队长、百桥村）、李连章（"铲共团"大队长、套湾村）、彭显成（"铲共团"大队长、建宁县渡口村）、叶道四（"铲共团"大队长、螺滩村）、刘敬德（"铲共团"大队长、百桥村）、吴家蔓（地主、户长，"铲共团"大队长）、吴秋帆、杨云先（白洋河），这样的人都是人物头，都是土地革命的共产党的部分人反水，变成"铲共团"，地方还有分队，设置分队长，抓到共产党，由团长和队长一起讨论，可杀不可杀，由他们做材料，然后，交到沔阳城审判。

（3）政治治理主体与利益关系

不同政治治理主体也是利益主体。侯家湾吴姓当保长，为人忠厚正直，卖了李家咀官湖垸3亩白田，作为赔偿，取悦上级政府，不当保长。有的当保长，喜欢贪污月捐款子，从中抽取小惠钱，也可以摊门面，一般是地主，有田好过，不要缴月捐款子，而且不要服徭役、做工事。不过，有些贪污较多，账目不清楚，如果心很坏就多贪污钱，如果心好就少贪污钱。小得副权力小，一般是小地主，有田好过，没有能力贪污，负责协助收缴月捐款子，就摊门面，不需要缴月捐款子，而且不需要服徭役，去修防御工事。而甲长都是垸民轮流任职，不敢贪污。

2. 经济治理主体

经济治理主体分为钱粮先生和田册先生。每个治理主体具体产生、职责和功能范围不同，不过，更多是完成国家对地方的治理。

（1）钱粮先生

第一，钱粮先生的产生与职责。钱粮先生，多数为精通文墨，善于算法又精明能干者担任，由政府任命。一般50岁以后就退休，工资由政府派发。清朝时期，钱粮先生负责税赋征收和税契两职。每个钱粮先生分置管辖5~6个垸份或里份，比如，每当春征小麦和秋征稻谷，催缴周桃垸、通老垸、南宁垸、子午里和季平里若干个垸或者尔字号、康字号、大字号、吕字号、卢字号的钱粮，缴纳标准，由国家规定，花户没有发言权。民国时期，由于税赋征收和税契职能分开，分别设立钱粮柜和契税征收处。其中，钱粮柜分设七区，总柜设立在沔阳城，最初完粮需要到沔阳县城，后改为峰口乡。钱粮柜分别设置征收员、征收生和催租员三职务。征收员负责主持税赋征收、兼保管税款和缴解事宜。征收生负责征收税款核实和查册事情。催租员负责下各乡催完钱粮，收缴经费。同时，契税征收处，设立主任 1 名，征收员 2 名，在沔阳县城办公，专门负责花户投税、典当、买卖田地契约事宜。

第二，钱粮先生管辖范围与过程。田产买卖，沔阳城的钱粮先生负责帮助卖主办理过户手续，比如买 3 亩田，把原户主的名字抹掉，按照草契约换上红契约，有多少面积，编入字号或里份，盖上县长大印，并把红契（用羊皮子制作）给买主保存，俗称碎契过户头，一旦过户到卖主，就由新的卖主完钱粮。同时，完粮之前，钱粮先生于每年田赋开征之前，抄录一份每保甲花户钱粮底册，递交给保甲长，以备查考，待县府发放纳税通知单到各保甲，由保甲长查对钱粮先生所送粮册子，如果数目相符，则在开征 10 天前由甲长将通知单散发给花户遵照自行完粮，保甲长进村鸣锣，通知花户按时自行完粮。完粮时间：上忙三月十六日开征至二十四日，下忙九月十六日开征至二十四日。一般有 10~20 天的完粮宽限时间，沔阳城钱粮先生专门负责田亩过户和赋税收缴，派人下乡，对照存根（田册子），按照田亩数量收取钱粮，不收实物，只缴纳现金，由钱粮先生盖一个戳章盖上红印，发一个条子给花户，也就是完钱粮的串票收据。民国时期，缴税和税契分开，当省开始征收税赋时，由征收员按照每旬制作旬报表，呈报县府核实，税款连表缴解。同时，花户投税时，需要契税征收处验明红契，不准田册先生代纳，所纳款项须由征收生核收，并按旬造表呈报。一般田地负担捐税，分为上中下三等摊派，各需要 0.5 块大洋/亩，保安队田亩捐为 0.1 元/亩。由于没有公布税则，花户也不了解，导致征收赋税时，巧立名目，谋取私利。待缴纳钱粮，发放串票（纳粮凭证），到日后验证串票时间，花户必须交给保甲长过目，验证是否按时完钱粮。

> 郭用文老人回忆，为了办事顺利，买田地过户头，需要支付费用，大洋几块/亩，还要割 2 斤肉和一壶胡子酒，讨好钱粮先生。年成不好，遭遇水灾，征求钱粮先生同意，可以少完粮 3~5 成，甚至不要完粮。如果有收成，即使再困难也要完粮，没有粮食就去讨米。不过，如果多收钱粮花户可以到县衙告状，或者提早征粮，粮食没到收获季节，钱粮先生收粮，就被告到知县大人，以提早征粮治罪。

另外，钱粮先生分管几个垸份或者里份，比如字号，以垸份或者里份为钱粮征收单元，田亩以字号为单元，编有田册，做产权登记，就需要向国家纳税。垸已成为一种赋役征科单元：不仅田亩清查按垸进行，赋役册按垸编订，钱粮之征收也是以垸为单位的。不过可能因为沔阳州疆域广阔，并未按垸归乡，而是以垸归里，复以里归图，以图归乡，即所谓"地有乡，册有里，田有垸，赋有则，合粮、渔一例均摊"。而"田坐某垸，饷即随之"，即以赋随田、按田归垸。定弃里就垸之议合邑通行丈量，即决定放弃原有的三十三里之制，改以按垸清丈，各垸均订立鱼鳞、归户二册。其中鱼鳞册以"花名为经，田为纬，具载土名四至弓广相地势高下分为上、中、下三则"；归户册则"总花名田调，以便科秋征收"。这样，田分三则，赋错九等，亩有定粮，粮有定垸，钱漕堤工俱可按册以征，即以粮系于田亩，以田亩系于各垸，垸乃成为账役征科的基本地域单元。具体见表6-3。

表6-3 纳税单元

村名	隶属	村名	隶属
李家咀	沔阳县咸宁乡康宁垸季平里	周家倒口	沔阳县咸宁乡青泛湖垸子午里
杜家剅	沔阳县咸宁乡官湖垸大字号	黄家倒口	沔阳县咸宁乡青泛湖垸吕字号

（2）田册先生

第一，田册先生的产生与职责。田册先生，多为田多纳赋多，有文化、精通算法，有威望或者有较强组织和协调能力者担任，由上级政府任命。田册先生的职责是管理登记田亩数量、花户姓名与数量、边界在册，印刷版本，并按照年份修缮实征田册一本，到县府领取，以备办理盖戳之用，而田册先生于每年十月，到各保甲抄缮该保甲粮本副册，作为各保甲核查之用，如有过割及时办理过割。同时，丈量土地，调解田地界纠纷，禁止私买私卖，买卖需要登记，程序合法。另外，从中收取田册管理费、手续费或者过户费，而且抄耗时，办公和伙食费用，由本保甲负担。不仅如此，湖水也有亩水份，东西南北至何地，一般压伞子为界线，同时，也不能私占垸堤等公口，过去8亩田，公口有5米，不能侵占公口作为己有，一旦田主发现，找田册先生进行核查。过去李窥银作为田册先生，管辖吕字号、大字号和康字号所有田产数量、湖水水份、位置和边界，以及花户姓名等明细，同时，盖上县衙大印，呈现权威性和合法性，他主要协助官湖垸垸主管理田册。每当修垸堤，按照本垸田地面积派任务，就找田册先生负责计算。李良望老人回忆，田册，俗称鱼鳞册[1]，每个字号或里份配有图，画有四至，因为田块分散，每块田配上文字说明，登记有面积，田地开口处，种田人姓名等一切信息，以便于田主管护，佃户租种，还可以防止邻田混淆、遗漏、私占等纠纷发生。田册先生任职情况见表6-4。

表6-4 田册先生任职情况

姓名	文化	职业	田产	管辖垸分	所在村落
李窥银	读书6年	麻脚	20亩	官湖垸：大字号、吕字号等	杜家剅村
吴修凡	读书10年	教书先生	40亩	周桃垸：子午里、季平里[2]等	侯湾村

---

〔1〕 黄册以人户为中心，册上登载各户人丁及财产状况，鱼鳞图册则以田地为主，两者相互参照、互为经纬，是国家征派赋役的重要依据。为了适应编造、审核、保管赋役册籍等工作的需要，于是在里甲组织中就产生了册书一类职役。册书最初的职责主要是管理册籍。

〔2〕 一个作为户籍、赋役管理单位的里，在局部地区，就必然包括若干个称作聚、丘、村的自然村落。这样组成的乡村基层行政管理单位"里"，实际上就是一个"地域区块"，而不是自然村落。

另外，清田之程序，"每临一院，五日前先谕六役，传集业户，发给册式公同覆丈。号次不清者，令挨序编顺之；等则不确者，令速行改正之。……凡附近之院，度其大小，或十日以前，或一月以前，先为晓谕，亦无不可。……一临该院，按册查号，按号查则，使号无错乱则无混淆，民情相安，众口如一，则此垸之田无庸过疑，即令造明提户大总，核算无讹，以成信册"。则知当时清丈田亩是按垸进行的。另外，按照字号或垸子或者里造册子，每次办理 5 年为限，如田册对粮册上有错误，核查应该责令更正和赔偿。每当哪户有买卖或者产权变更之事，需要推行过割程序。土地过割都需要缴纳不同的田册纸膜和伙食费用。如果一个甲内过割或者调换，不收过割费用。若从本甲过到他甲，每田收割 1 斗，收取过割费用 100 文。本字号过到外字号时，每亩收稻谷 1 斗，收费用 400 文，外面字号过到本字号，每亩收 1 斗稻谷，收费用 100 文。

第二，田册先生管辖范围与过程。不管是官府力量还是民间力量，当官湖垸和康宁垸、青泛湖垸纵起来，经过官府力量勘察无碍于水利，每个字号或者里份进行土地称量，由田册先生用弓丈量土地面积，哪个字号有多少田，哪个里份有多少田，属于哪个花户。每个花户东至何地西至何地，北至哪里南至哪里（南堤或者北至龙潭河），延伸下去有多少田亩，长多少，宽多少，都用笔画出标记，注明字号名字、边界、花户位置。每个字号或里份都由一个田册先生管辖，负责清查垸子田亩数量、调解土地纠纷和做买卖土地证人，以及协助钱粮先生完粮和垸主派工修堤，比如每个垸子需要修堤，每户按照田亩数量面积摊派负担，找田册先生对照田册出工。或者土地发生纠纷，谁占谁的土地，公口不明确，找田册先生，帮忙用弓丈量，谁多少土地，对照田册登记数量，一经核实，找到孰是孰非。另外，买卖土地时，禁止谁多卖土地，比如卖 3 亩，却卖给别人 4 亩，超出田份子，同时，是不是你的田亩，找田册先生做证和核实，再到沔阳县找钱粮先生交割。

郭用文老人回忆，不管官垸还是私垸，只要合法，都经过官方登记，如果谁偷占，请田册先生用弓去印（量），谁偷占就会被发现，被外人说贪心或不忠直，私自挪桩，罪过更大，没有面子。

另外，遇到洪水泛滥，垸堤倒口，田亩不能复耕，也需要找田册先生开具证明，内容包括户名、田赋等，呈报县府审查核实，如果属实将田赋额剔除，待重新造册，需重新清丈，再做决定。同时，遇到逃荒外地，没有缴纳钱粮者，田册先生也需查明原因，是被何人插标瓜分，需催还照额完钱粮。

二　政权治理方式

为了进行有效的政权治理，可以采用不同政权治理方式，政权治理方式分为奖励和惩罚两种方式。在进行政权治理过程中，对不同政权治理方式，加以灵活运用。

第一，奖励治理方式。根据不同性质，将奖励治理方式分为物质奖励方式和精神奖励方式。其中，物质奖励方式，就是对按时完成税赋征缴或者抽壮丁，以及征集徭役者，实施一些物质奖励。比如发放奖金，或者工资级别晋升一级。而精神奖励，是对地方行政事务做出贡献者，给予口头表扬，颁发奖章，或者晋升职务，成为同列中的模范人物。比如小得副改任保长，联保处主任升任乡长。

据郭用文老人所述，田赋征收期间，稽征人员及乡、保、甲长逐户催征。为了刺激稽征人员，县政府还立了奖惩办法："在本年内征达八成以上，翌年元月底催征足额有关人员，给予嘉奖、晋级、提升官职以及颁发奖章、勋章等奖励。如本年内征收未达五成，翌年元月征收未达八成者，分别从严论处，案情特重另案办理。"在这些办法的诱迫下，稽征人员变本加厉地欺压农民，他们征收田赋除在解斗过量时"拳打足踢"这一绝招外，还任意提高田亩等则，对广大农民群众为所欲为，而对有权势的地主豪绅则接受贿赂包庇袒护。

第二，惩罚治理方式。同样，根据不同性质，将惩罚治理方式分为物质惩罚方式、精神惩罚方式和暴力惩罚方式。一是物质惩罚，就是对没有按时完成行政任务的，克扣工资或者不发工资，进行物质惩罚。二是精神惩罚，就是采取批评、降职务，甚至免除职务永不叙用等手段，对那些没有完成税赋任务或者徭役任务者进行处罚。三是暴力惩罚，主要对那些工作不负责任，又存在擅自多征税或者挪用税款者，或者乱抓丁者，抓起来坐牢，如果情节严重者，可以根据法律处以死刑。比如，民国时期，杜家剐的保长、小得副或者甲长，都没有人愿意干，因为如果征不够军布或者军粮，以及民兵，就要背家伙，挨士兵打。

三　政权治理关系

1. 农民对国家治理的认同

不少村落花户认为，国家派兵屯驻，花费大量人力物力，修堤纳垸子，也就是种国家的田，就需要完粮，按照生荒 5 年，熟荒 3 年，缴纳合理税费，种田完粮，理所当然。如果抗税或者隐瞒，拒不完粮，也有产权丧失的风险。同时，如果乱摊派田赋或者提早完粮，花户可以到县衙告状。不过，民告官，如同杀父，只有证据确凿，花户才敢告状。

由钱粮先生负责入户找花户收税，查看田册，按照田亩数量进行完粮，一般不敢少完粮，少完粮田亩，导致面积就少计算，害怕田被别人过户，占为他有，原有田产就丢失，宁可准确按照数量完粮，不敢隐瞒田亩数量，丢失自己地产。政权稳定，没有战乱，对祖宗产业，不能隐瞒，一五一十地完粮，丢失产业，得不偿失。黄孝恪老人回忆，1942 年，采取休养生息政策，颁布《减租实施办法》，将佃租定为正产物总收获量375‰，田赋正税及县附税总额每元（法币）折征稻谷 2 斗，每担稻谷折价20 元为标准，占每年农户产量 10%～20%。田主如不执行，一经发现，处以死刑，田产入官。

2. 农民对于国家治理的反抗

农民对于国家治理的反抗或冲击，更多是因为徭役或者税赋重，如果国家治理权力强大，农民更多采取先服从后反抗的策略。叶方明老人回忆，以前有人犯罪或者壮丁都可以躲在庙里，犯了国法，剃度出家，披上法衣，进庙修行，官兵就不来抓。同时，如果家庭中哥哥是主要劳动力，父母年纪大了，弟弟年龄小，都不符合征兵标准，当兵源又足，不会从这户抽丁，因为把主要劳动力抓走，家庭就无法维持生计，而且胡乱抓壮丁，可以到政府告状。

3. 国家与农民和谐关系

临时政权建立以后，实现军政一体化，采取净化风气等措施，比如打击压迫贪官污吏，很得民心，地方军队和农民关系融洽。比如，128 师师长王劲哉很爱民，农事时节，召集士兵帮花户插秧和割稻谷。另外，碰到水利纠纷，可以请求军队协助帮忙解决问题。

4. 国家与农民治策

元朝的蒙古人，占据沔阳州，湖广屯田甚广，规定屯兵可带家属随屯营居住，称为屯户。屯户附着在土地上，定居下来，久而久之成为当地的居民，并赦免屯田租。同时，在待遇上对汉人进行严密控制和剥削，不准集会、不准拜神、不准打猎、不准买卖，结婚蒙古人有初夜权。每家人供养一个蒙古人，以三天为时限，挨家挨户轮流负责。同时，加强对地方控制。为了压制当地村民的反抗，要求三家人共同使用一把菜刀，禁止每家用一把菜刀。

黄孝恪老人回忆，宋朝被蒙古人推翻，在沔阳州进行严酷统治，花户新娶媳妇，也优先跟蒙古人同房三夜，他们经常奴役汉人，坐在你背上，当马骑，要求爬来爬去。俗话说，畅谈情理三代五百年安，江山还原水还原。民间"八月十五灭鞑子"之说，在中秋之夜联合行动以击磬为号，起义军以 316 为号，如果说 317 或者 316 口音不对，就被起义军杀头，一夜之内国土变色。

第二节　家户治理与治理关系

小农村落由血缘关系构成，由血缘关系构成的权力是村落治理的基础。其中，家户又是基础的基础。家户本身就是政治责任单元，同时，又是治理基本单元。

一　家户治理

（一）家户治理主体

1. 家长产生与资格

（1）家长产生

家长是一家之主，也是家庭事务组织者和家庭消费主导者，具有绝对权威。家长的产生，不同情况下，当家人有不同选择。一般分为正常情况和非正常情况。一方面，正常当家。在核心家庭范围，家长是一家之主，地位最高，在家里，谁当家谁说了算，一般60岁以后不当家。男子为正当家，女子为副当家，共同持家，有事先找男主人，如果男主人不在，就找女主人。在扩大家庭范围，多个儿子组合家庭，尚未分家时，由长子当家，年长的父母辅助。另一方面，代理当家。如果丈夫去世，妻子尚未改嫁，儿子年幼，由成年叔叔代理当家，婶子协助当家。如果侄子长大，15岁以后，叔叔年纪大，由侄子当家，凡事参考年龄大叔叔的建议。待侄子婚娶，分家以后，由侄子和叔叔各自当家。另外，如果父亲外出，母亲可以代理当家。不过，如果娶两个老婆，正妻住正房，当大家，如果丈夫同意，允许二妻子当家，如果正妻生病或者精神有问题，就由二房妻子当家。

李良望老人回忆，父母年轻，就由父母当家，如果父母年老，60岁以后，不愿意操心，没有能力操办家事，就由年满18岁，结婚而明事理的儿子当家。以前上学、赶情、看病、人情世故、开支等需要家长决策。还有消费都是家长说了算。当到了18岁以后，就可以独立，不需要家长支配，自己有所作为。

（2）家长任职资格

家长身为家庭主人，其任职资格有相关规定。一方面，非直系血脉关系者，不能当家。比如，义子、购买的丫鬟或者书童等不能当家，但是，过继子嗣或者上门女婿可以当家。不过，如果家庭田产多，生活好过的大家，也可以请大师傅代理当家，不过，他算家人，但是，不具备政治身份，只负责农业生产。另一方面，品行不端正者，不能当家。多个儿子，如果是好吃懒做或者嫖赌进窑的下贱者，可以剥夺当家的权利。殴打父母或者不孝顺父母者，不能当家。另外，已经犯有命案或者强盗者，不能当家。

（3）家长权力

在家庭范围内，家长具有最强的支配权力。主要表现为以下几个方面。一是家庭事务的主导权力。比如何时嫁女婚妻、盖房子、纠纷处置方式或者农事安排等，都由家长完全支配。二是财产分配权力。比如何时分家，田产和房产如何分配，分给谁不分给谁，是否过继或者招女婿继承家产等，也由家长决定。三是消费支配权。比如粮食卖多少，留多少，过年过节如何消费或者随礼赶情，都是家长说了算。四是对外交往权力。对外交往，比如参加清明会、族会或者参加村落纳税会议，只有家长有权力参加。另外，在掌权方面，一般是男掌女权，农事、消费和交往等事务都是男子说了算，女子没有资格主导，不需要女子支配，处于辅助地位。李良望老人回忆，旧时，家长有很大权威，对家庭有完全支配权，如果他们喜欢哪个儿子，待他们去世，就把田产给那个儿子，没有儿子敢反教，不然，就接户长和门长打屁股。

（4）家长与家户关系

家长与家户关系，主要表现在约束力上，在交往对象和支取钱财上有相关约束。父母可以随便外出，可以打牌或者闲聊娱乐，家长不能干涉，也要支取钱财。但是，如果有嫖赌不轨行为，家长可以干涉。父母在，不远游，游必有方。如果儿子外出求学或者做生意，父母会赞成，支取钱财，但是，如果嫖赌进窑，与下贱人为伍，父母可以干涉，禁止支取钱财。女是母的罗裙带。一般姑娘只能在闺房绣花或者做鞋子，禁止外出走东撩西，即使要外出，必须紧由母亲伴随。同时，交往对象也有规定。男女授受不亲，女怕输身，禁止姑娘与男儿一起玩耍嬉戏，否则遭到外人嘲笑和母亲训斥。

（二）家户治理内容

在村落社会里，自主性大于强制性，人身依附性小，不过在处理家庭事务时，也不是完全独立。因此，家庭事务分为自主型家庭事务和半自主型家庭事务。

第一，自主型家庭事务。其多受家长支配，所需要建议较少。主要内容表现为以下几点。一是农业生产，多为家长安排，父母和子女辅助。二是家庭消费和支出，比如赶情随礼，多为家长负责支取，如果儿子和媳妇有嫁妆钱，可以独立支取。三是家庭祭祀，如果尚未分家，由家长支付，如果分家立户，各家独自祭祀，多为家长主持，儿子辅助。四是家庭教育，谁可以上学，谁不能上学，都由家长决定。五是家产分配，儿子结婚分家还是所有儿子结婚分家，养老田或者嫁妆田抽取多少，房屋和现金如何分配，家长有权决策，但是，儿子和媳妇有建议权和申诉权。六是外出做生意或者求学，仅需家长同意即可。这些事务，都是凭借家长处理，家庭成员可以协助处理，同族或者外人没有干涉权力。

据李良望老人所述，家里钱财，父母当家父母管，如果儿子当家，儿子和妻子共同管理。平时，零用钱由妻子找婆婆要，以及亲戚办红白喜事或者买礼物回娘家或走人家，妻子找婆婆要钱。农闲时，儿子和妻子到外面赶工赚钱或者到湖里砍柴卖钱，搞私捞钱，不需要交给父母。另外，结婚磕头钱、吃蛋钱、传茶钱和押箱钱，归儿子和妻子保管，作为他们私房钱，父母不敢要。不过，公婆厉害，敢把磕头钱据为己有，作为家庭开支，但是其他吃蛋和传茶钱和押箱子钱不敢要。

第二，半自主型家庭事务。半自主型家庭事务就是只凭家长或者家庭无法独自处置，需要家族等外部力量介入才能处理好的事务。其主要内容为以下几个方面。一是立子嗣，比如认义子、抱养或者过继，以及三代归宗，不是某家户家长独自决定，需要有严格的家族立嗣程序，须征求户长、房长和门长同意，以及按照关系亲疏，由内到外，由本族到外族，同时，还要举行严格的立嗣仪式，宴请同族吃饭喝酒，才能合法立嗣，才能得到家族认同。二是买卖或者典当田产、屋台或者房子，需要程序合法、合理。买卖程序，就是需要请中人做保和做证，比如买田地，不仅需要请中人介绍，田相邻监督落桩，亲戚和族人见证，而且优先卖给亲子本房，买卖协议才能达成。同时，买卖合法，需要立契约，如果买卖田地，还要到县府过户。如果吃喝嫖赌，需要卖田，兄弟和叔伯有权干涉，买卖无效。三是休妻或者纳妾，不仅需要征得妻子同意，而且也要征得娘家同意，甚至族人介入。四是村落红白喜事，如何筹办，请哪些人，随多少礼，都是本村落决定和统一，如果谁破坏本族或者本村落规矩，会遭到他人训斥和排挤。五是家庭纠纷，如果不能处置，需要请门长或者户长介入。

（三）家户治理规则

1. 家法概况

家法或者家规共计 38 条，内容涵盖关头泗脚、走东撩西、打公骂婆、咒天骂地、不仁不义、偷吃抹嘴、挑拨离间、偷生换熟、跳河落井、骗死要活、偷人养汉、赤身露体等，还有要求尊敬高堂、孝顺公婆，恭敬长上、睦邻友爱。从家法内容看，规范女子的有 31 条，规范男子的有 21 条，对女子约束多于男子 10 条，14 条例不仅适合男子，也适合女子，构成双方遵守条例，还有不成文规定，女子所犯条例超过一半，不仅可以执行家法，而且允许责骂休妻。而男子所犯条例超过 5 条可以执行家法。同时，所犯家规家法惩处力度不同，其中，一般条例为 24 条，重处条例 14 条，也有男女双方制约规范，比如"嫌丑爱娇"和"见好爱好"一正一反，根据所犯条例不同程度进行相应处罚，另外，规范细化，偏重于道德教化和训诫。另外，据老人回忆，这些家法家规，不是一个人制定，而是你一句，我一句，综合总结起来，构成男女遵循的家庭规范。不管何族都认可受用，而且不是书本学习而来，家规不上墙，都是父母代代口口相传下来，前人后教，迫使子女牢记在心。家规条例见表 6-5。

表 6-5　家规条例

家规	条例	内容	惩罚强度	适用范围
说是道非	2 条	挑拨离间，搬弄是非，造成家庭不和睦	一般	女男
关头泗脚	2 条	女要关门在房里梳头，洗脚也在房间里	一般	女
走东撩西	2 条	女人不能到处闲逛，忌讳与男子瞎混	一般	女
偷生换熟	1 条	有人卖东西，不能用升子量米换东西吃	一般	女

续表

家规	条例	内容	惩罚强度	适用范围
打公骂婆	2条	媳妇打骂公公婆婆	重处	女
咒天骂地	2条	凡事喜欢骂天骂地，怨天尤人	一般	女
不仁不义	2条	对待亲戚朋友不讲仁义，势利对人	一般	男女
偷吃抹嘴	1条	父母长辈没有吃，喜欢偷吃独食	一般	女
骗死要活	2条	夫妻吵架，喜欢闹死闹活	一般	女
偷人养汉	2条	妇女不守妇道，与人通奸	重处	女
顺妻灭母[1]	1条	儿子顺从妻子，欺负父母	重处	男
嫌丑爱娇	2条	儿子嫌弃妻子丑，喜欢漂亮女子	重处	男
赤身露体	2条	女子禁止穿短衣短裤，打赤脚	一般	女
舌尖嘴长	1条	男女到处贪吃贪喝	一般	男女
抢口推舌	1条	男女强词夺理，不尊敬长辈	一般	男女
坑蒙拐骗	1条	到处蒙骗为生	一般	男女
睡早起迟	2条	不勤劳，怕苦怕累	一般	男女
好吃懒做	2条	不劳动，光想吃好喝好	重处	男女
只借不还	1条	借别人东西不还	一般	男女
偷鸡摸狗	2条	从事小偷小摸为生	重处	男
偷奸耍滑	2条	做事不认真	一般	男女
见好爱好	1条	女子见一个爱一个	重处	女
投河落井	2条	男子逼女子投河落井而屈死	重处	男

　　郭用文老人回忆，旧时，女子三步不离闺房，管理非常严格，只能在闺房绣花或者做鞋子，不能疯疯癫癫，随便到处瞎逛（男有男一党，女有女一群），到处缠人说话聊天，到什么地方，要禀告父母大人，经过同意，才能前去。如果不遵守，就会遭到母亲责骂，女孩听话，不能打。

---

　　[1] 顺妻灭母，罪不轻。比如儿子过分偏向妻子，维护妻子，打骂母亲，就可以休妻。做一个儿子，一定要顺从母亲，不能维护妻子，违背父母意志。

2. 家法执行

家法作为行为规范，对家庭成员约束也很严格，如有违反者，家长可以执行家法。其执行方式较为简单，不需要敬祖等特殊仪式，包括口头教育和惩罚教育，多数以教育为主，惩罚为辅，儿子和媳妇小错，父母可以睁一只眼闭一只眼。一般违反家法情节轻微，多进行口头训斥，进行道德教育，情节重一点，也可以打骂，进行鞭笞，不需要给祖宗下跪。但是，教育方法不同，子不教父之过，女不教娘之错。儿子不听话，触犯家法，父亲可以打儿子，而女儿触犯家法，多数不能打，只由母亲教育。俗话说，磨子不转打驴子，媳妇不孝打儿子。如果妻子不孝顺公婆，公婆不能打媳妇，只能打儿子，儿子再教训妻子。如果得罪别人，由父亲陪同儿子，上门赔礼道歉，当面鞭打不肖儿子。情况严重者，如儿子强奸妇女，亲子本房可以抓儿子，要报官，送官查办。对不轨行为家门或者房支整家规，另外，一些小事情，只是在小房支范围，不会到祠堂执行家法。如果族与族发生纠纷或者打官司，要求各房长进祠堂进行商议，对有罪者整族规。

黄孝恪老人回忆，君要臣死臣不敢不死，父要子亡子不敢不亡。以前黄氏房长的儿子，好吃懒做，做事不够勤快，品行不端正，他到街上过早，买了一根油条，一边走一边吃，被父亲看见，就责骂他："就在最困难的时候，我也没有偷过粮食，没捡过别人家的柴，我饿一餐就饿一餐，但是我不能没有人格。你要吃就在馆子坐着吃，出多少钱都可以，而一边吃一边走，像一个二流子，失掉人格，给我丢脸！"儿子却反驳父亲，不听教育，敢反教，父亲作为房长，非常有威严，一气之下，用席子把儿子一捆，丢到河里，把儿子淹死，没有人敢反对。

另外，即使女子违背家法，要休妻，公婆也不能休，只有儿子才能休妻。不过，一般不敢轻易休妻，除非妇女违反族规，比如偷人养汉或者见好爱好，捉奸在床，如果第一次犯规可以教训她，要求改过自新，人哪有不犯错，如果不改，丈夫才可以休妻。如果讲不出道理，要休妻，娘家人过来扯皮。同时，不符合休妻条件，族里和国家也不同意。如果公婆虐待媳妇，娘家可以提出离婚，但是，如果女儿不同意，不能离婚，当女儿同意，才可以离婚。比如杜子英的叔叔到别人家做女婿，并没有改姓换名，生了一个儿子，儿子不懂事乱花钱，女婿就出手打儿子，母亲认为女婿打孙子，虐待自己家里的人，要求女儿和女婿离婚，但是，女儿和女婿关系好，不同意离婚。

3. 家法效力

国有国法，家有家法。一般家庭成员认同家法，不敢轻易违反，但是，家法要在法律的框架之下运行，违背家法，有时也违背国法，需要交由国法处理。比如，妇女通奸，毒死丈夫，可以抓起来送到官府处置，按照国法要求处置奸夫淫妇。如果丈夫屈死妻子，娘家可以到县衙告状，直到家底熬干。如果执行家法时，与国法相冲突，不能违背国法而执行家法。李良望老人回忆，旧时，婚事多由父母包办，讲究划八字定亲，一个姑娘与外村男子自由恋爱，并且不知不觉同居，后来，被哥哥发现，觉得在村里没有面子，败坏门风，就把妹妹丢到水里溺死，但是，被村里人送官查办判刑。同时，家法只对家庭成员有规训功能，外人即使触犯，也只能交由其父母执行家法。比如小孩偷东西，不能教训他，只能告诉他的父母，让父母教训，更不能打他。

另外，在村落范围如果你家子女犯了家规家法，你不处理，屡次犯规，促使别人受害，别人可以训斥和惩罚。李良望老人回忆，如果犯小错，就会找家长自己教育，别人不会帮你教儿子。如果邻居犯法，做强盗，邻居可以原谅一次，进行教育，如果屡教不改，想瞒也瞒不住，可以送官。比如黄永庆的孙儿，到乡亲家偷东西，没有偷到，被老人发现，把村里老人脚踩伤，后面，老人一直撑着拐棍。老人的儿子就公开找小孩父亲，叫他进行严厉教育，也没有叫他赔钱。

二　家户治理方式

根据家户治理内容和主体特点，家户治理方式分为奖励和惩罚两种，为了进行有效的家户治理，不同家户治理方式，可以加以灵活运用。

第一，奖励治理方式。根据不同性质，将奖励治理方式分为物质奖励方式和精神奖励方式。其中，物质奖励方式，就是对那些对家庭发展做出重要贡献的家庭成员，进行一些物质奖励。比如分家时，允许长子抽 2~3 亩长子田或者多分一些家具等家产。而精神奖励，不外乎是对家庭杰出成员，当场给予口头夸奖赞扬，并要求其他成员依此为榜样。另外，朝廷恩赐牌匾，是物质奖励和精神奖励的结合。比如为了感谢独自抚养自己成人的母亲，考取功名的儿子，奏请朝廷赐予贞节牌坊，立传文著说，供村落村民或者世人瞻仰。再如对家庭考取功名、光宗耀祖者，悬挂进士牌匾于门前，供族人瞻仰，承前启后，勉励后人，待修缮族谱时，向户长申请，为其立传，列入名人录，记录生平，流芳百世。

第二，惩罚治理方式。同样，根据不同性质，将惩罚治理方式分为物质惩罚方式、精神惩罚方式和暴力惩罚方式。一是物质惩罚，就是对家庭成员中不务正业、好吃懒做者，嫖赌进窑者，可以少分家产或者不分家产，以示惩罚。二是精神惩罚，是对家庭中行为不端者，采取批评、教训、孤立、排斥等处罚。比如儿子吃喝嫖赌，父母或者叔伯，可以不再理会，让其良心受谴责。三是暴力惩罚，主要对那些作奸犯科，又屡教不改者，可以进行罚跪、打手心或打屁股等惩罚，要求其写保证书，改过自新，如果不肯改过，甚至将其治死。

三　家户治理关系

1. 家户成员之间关系

在家户治理中，家法在家庭具有很高权威，迫使家庭成员服从，对于女子约束多于男子，但是，对于男子惩罚重于女子，即使男女遭到严厉地处罚，也很少有人报官，因为过去国家赋予家长等对不孝子进行处罚的权力。不过，对家法的服从和认同，在很大程度上取决于人的不同身份或者地位。黄孝恪老人回忆，黄家一个孙子，他的祖父也是一个户长，非常有威望，但是，他的孙子不受教，加入汗流组织，手里有枪，即使遇到祖父，也不跟祖父打招呼，祖父教训他："你做孙子，见老爹都不理，没有教道！"孙子却拔出枪威胁："你老爹就老爹，我不认你又怎么样！"祖父求饶地说："哥哥，搞不得搞不得！"

另外，户长不管女人与人偷奸等败坏门风的行为，他认为家户家教不严，不懂驭妻之术，自作自受，而且不能殴打和处罚女子，打死女子，娘家就会告官，婆家不能脱皮，因为嫁给你家，家教不严，败坏门风，你婆家的问题，嫁出去的女儿泼出去的水，也不是娘家原因。郭用文老人回忆，如果妻子偷情，丈夫都管不住妻子，户长不管这种闲事，不会帮你整家规。但是，在乡间里，如果妻子跟人偷情，被戴绿帽子，做不了人，也不敢反驳，一辈子被人嘲笑："连婆娘做管不了，被戴绿帽子，是一个王八头子！"

　　郭用文老人回忆，李伟汉娶了一房妻子曹氏，后面，翻脸不要曹氏，跟吴成茂的妻子通奸，衣衫不整，赤身露体，逃到别人家里穿的衣服，被兄长吴成华、吴成蓝和吴成分发现，非常气愤，由于李伟汉人高马大，又武艺高强，他们几兄弟布下陷阱，设下套子，才把李伟汉擒住，使劲打个半死不活，奄奄一息，剩下一口气，几天几夜，这样，李氏家族就不满意，把李伟汉抬到吴家，要求偿命赔钱。吴家被迫请保长（人物头或绅士）李元亮过来解交，李元亮要求吴家赔偿 600 元大洋，定吴家卖了 3 亩田换了钱，赔偿给李家才算把事情摆平，并让吴家嫂子决定是否跟李伟汉生活，照顾被打伤的李伟汉，最后，吴家嫂子改嫁李伟汉，生了 3 个儿子。

2. 家户、官员和富人关系

民与官关系，是一种心理契约。如果碰到垸主贪污或挪用修垸的钱，不是你一个人的钱，村民多数为自保，不敢告官，俗话说，百姓告官，如子杀父。意思是说平民百姓不能随便告官，罪大恶极，不能缠官员，民不与官斗，即使告也告不进去。多数依靠官员查清债务，追究他们责任，由沔阳县县长处置。还有，穷人与富人的关系，穷不与富斗，富不与贫斗。穷人不跟有钱有势的富人斗。富人不能缠贫人，欺压穷人，因为贫者性格拐，他没有钱，就无所顾忌，富者不仅破财还不能脱皮。另外强与强的关系。强与强的较量，才显得公平，能够表现个人在地方的威望。比如张九界，就是地方一个光棍头，狠缠狠的人，遇到哪个人欺压百姓，或者贪污百姓的钱，就打抱不平，一般人都怕他和讨好他。

表 6-6　家户治理关系

类型	力量对比	处理原则	地位	关系
民—官	民弱，官强	百姓告官，如子杀父	官高于民	民畏于官
富—官	富弱，官强	富不与官斗	官高于富	官商联合

类型	力量对比	处理原则	地位	关系
穷—富	穷弱，富强	穷不与富斗	富高于穷	穷依附于富
富—富	两强	相互妥协	平等	强强竞争

第三节　村落治理与治理关系

除了家户以外，家户围绕一定地域聚合成村落，其健康运转与稳定，同样，需要有效治理，本节从村治主体、村治内容和村治规则以及村治方式进行阐述相关关系。

一　村落治理

（一）村落治理主体

1. 正式治理主体

第一，正式治理主体产生与任职资格。民国末年，有村长、副村长，多由田地多，有一定文化者担任，跟村保甲制度一样，不过需要先由村民推选，需要上级政府任命，不犯错误，就不会免职。同时，担任村长、副村长设有工资报酬，不需要出工修堤或者缴纳苛捐杂税，每个自然村设置小跑的，都是每个自然村家长轮流担任，一个月轮一次，没有什么权力，受村长、副村长支配。据李良望老人所述，国民党快败退台湾时，选出来的村长、副村长，没有多少威望，其他人不愿意当，就是一些有点文化的村民，多数是帮助国民党跑腿的，没有多少出路。杜家剅村长、副村长任职情况见表6-7。

表6-7　杜家剅村长、副村长任职情况

姓名	职务	年龄	文化	田产	所在村落	届数
刘文汉	村长	46岁	读过5年书	15亩	黄家倒口	第一届
杜宪公	副村长	40岁	读过3年书	10亩	杜家剅	第一届
夏大生	村长	26岁	读过4年书	20亩	杜家剅	第二届
刘靖德	副村长	25岁	读过6年书	17亩	黄家到口	第二届

第二，正式治理主体职责与范围。村长、副村长只是召集和组织村民出工修堤、摊派，负责每个村治安和赋税、征兵以及带工修堤，协助清查户口，制定人口和户数册子，小跑的

职责就是带民夫去修堤、收缴赋税和征兵。另外，村长、副村长、小跑的没有具体办公场所，不干涉村庄宗族活动，比如家族祭祀、庙会祭祀以及村庄红白喜事。郭用文老人回忆，在村落里阿爹说了算，由阿爹领导村落事务。比如完粮、唱戏谢神、修庙、修桥铺路等，都是村长、副村长召集村阿爹商议解决，称为议事，议决事项，由阿爹分头落实。

2. 非正式治理主体

（1）绅士

第一，绅士产生与资格。在地方上，谁为绅士多数为乡民默认，而且政府或者朝廷通过仪式进行认可，比如恩赐牌匾或者出席会议等。同时，要想成为绅士，必须符合多方面条件：一是读书时间长，有一定成绩，有功名或者官衔，以及告老还乡或者卸甲归田者；二是家庭田产多，资产雄厚者；三是出身名门望族，身份高贵，名声在外者；四是在朝廷或者政府有亲信，作为依靠对象，人脉资源丰富者；五是品行端正，处事公平，取信于民者；六是能说会道，笔杆两尖，肯为民请命，善于诉讼者，比如，张九界绅士，说要写诉状，将纸铺在膝盖，就能信手拈来；七是有功德心，多扶弱救穷，热衷公益事业者。最重要的是绅士有很高的威望，连沔阳县县长都敢拿在手上玩。如果地方发生纠纷或者命案等，请求他过来进行调解断道理，双方都要给他面子，说一句话就是一句话，有了处置结果，即使有什么不满，请人写诉状到县衙告状，告也告不进去。即使递上诉状，县长也会把案子压下来，不管这件事，因为大绅士涂老五过问了，由大绅士断过的事情，就按照他处置的结果执行。

> 郭用文老人回忆，大乡绅涂老五，性格很狠，家大势大，15岁就当大家，是官员门第，在镇上开油榨坊发财，家里有3000亩田，占有一个恒丰垸和涂家湖垸。甚至，连县长都敢放在手里来玩。碰到地方发生纠纷或者命案等，请他过来断道理，当事双方都要给他面子，说一句话就算一句话，断出来的结果，即使有什么不满，请人写诉状到县衙告状，也难告进去，即使递上诉状，县长也会把案子压下来。

第二，绅士职责与参与范围。一是绅士职责。绅士职责主要表现为协助地方公共建设，比如桥梁、道路建设或者码头建设等，兴办公益事业，作为绅士没有任何报酬。有绅士家庭财富多，需要国家保护，遇到天灾人祸，还需要开仓放粮，赈济灾民，如果遇到战事，还要帮助政府出粮饷，同时，组建团练或者自卫组织，保卫一方太平。另外，处置地方矛盾和纠纷。由于绅士威望高，多请绅士无益，一般邀请1个绅士出面处置事情，调解纠纷，断过的道理，没有不遵循，没有不服从的，因为他说一不二，说话就是权威，即使处置结果不满意，也不能反对，不能打他们的脸。

> 据郭用文老人所述，张九界是一地方光棍头，有40亩田，全部租给人家耕种，家有二进口房子，平时，身穿长衫，头戴礼帽，眼戴墨镜，手拄着一根黑色拐棍，上

戴市开会，十里八乡的每个熟人都讨好打招呼："九界爹，您上街！"张九界说话都说不赢，头颅都点不完。而且品行端正，能说会道，不贪财不好色，又好打抱不平，有很高威望，比其他乡绅更加狠，连沔阳县县长都拿在手里玩。地方大事小事，都请他去帮忙说事解交，有请必来，请他断是非，评道理，处置结果，与涂老五一样，他过问之后，即使不满意，要到县衙告状也告不进去，县衙会把案子压下来，如果一再纠缠，就会被打成诬告他人治罪，背家伙吃板子。而且善于诉讼，是十里八乡有名的状师，请他做状师，能够十拿九稳，一般人都打不赢他。还有卢家墩村的刘忻其，住深宅大院，也是品行端正、能言善辩、疾恶如仇的人物头，是一个狠手，在十里八乡有面子的人，在沔阳县城有后台老板，能够辅官司，比如在县衙当差的师爷，甚至连县长都拿在手里玩。

二是绅士参与范围。从表6-8可以发现以下特点。一是绅士分为在村绅士和非在村绅士，在村绅士多数住在村落，影响力不仅在村落，而且辐射到周边各村，而非在村绅士居住地多在乡镇或者县城，影响力更广。二是家庭财富越多，出身名门望族，影响和管辖范围越广。三是有功名或者官衔，品级越高的，比没有功名或者做官者影响力越大，杜老六读书好，没有考上功名，就犯了疯病，而弟弟杜老七，却考上功名，做了大绅士，性格狠，威望大。四是品行端正、口碑好者，比一般绅士威望更高，管辖范围也更广。五是有在朝廷或者政府任职亲信越多，官职越高，管辖范围越广。不过，调查表明，虽然不在村绅士地位高，帮助乡民能力强，但是，地位越高，居住越远，村民找这些不在村绅士帮忙越少，反之，在村绅士跟村民占据地缘优势，跟村民打交道更多，给予乡民帮助往往更多。

表6-8 地方绅士分布情况

姓名	时代	地位	住籍	土地、湖水面积	事迹	参与范围
涂大谓	民国	大绅士、无官衔	戴市镇	恒丰垸、官湖垸等5垸，土地4000亩，湖水3300亩	官宦家庭，有很高威望，处理地方纠纷，断道理	戴市镇、峰口镇、曹市镇
王丹青	民国	大绅士、无官衔	峰口镇	王家湖垸，土地2000亩，湖水2500亩	有很高威望，处理地方纠纷，断道理	戴市镇、峰口镇
张九界	民国	绅士、教书先生、垸主	螺滩村	土地40亩，湖水40亩	品行端正、读书好，笔杆两尖、能说会道、善于诉讼	建宁县、洪湖县、监利县
杜老七	清朝	大绅士、有功名	沔阳县城	土地40亩，湖水30亩	品行端正、读书好，能文能武、能说会道、善于诉讼	沔阳县

姓名	时代	地位	住籍	土地、湖水面积	事迹	参与范围
杜老六	清朝	有面子、无功名	杜家剅	土地 30 亩，湖水 30 亩	品行端正、读书好，笔杆两尖、热衷功名	杜家剅
李得修	清朝	有面子、举人	黄家倒口	土地 40 亩，湖水 20 亩	赴广西做知县、解决排水纠纷、主持修建剅沟	戴市镇
涂文元	民国	绅士、教书先生、乡代表、无功名	杜家剅	土地 30 亩	品行端正、处事公平、读书好，擅长处理纠纷	戴市镇

（2）人物头

第一，人物头产生与资格。

人物头，是指在地方上有一定地位或者有面子的冒尖人物，具有较强的组织能力和事情处理能力，并且得到他人共同认可。同样，人物头具有一定特征。一是熟读诗书，具有较强表达能力和说理能力，比如教师先生。二是出任或者曾经担任过地方胥吏，具有较强办事能力。三是有亲信在朝为官或者担任职务的人脉资源，具有较强交际能力。四是家庭较为富裕，非务农者，有多余时间为地方事业出力。五是热衷地方事业，搞事能力强。可见，多数因为读书多，文化高，财富数量多，多数在政府任职或者在政府有后台撑腰，退休以后，影响力和名望都不及绅士，只能算半个乡绅。每逢遇到财产纠纷或者命案等，也会请他们主持公道，帮忙调解。比如叶道四，有文化，做教书先生，最初，参加共产党到新堤搞革命，被国民党抓住，本来没有命活，由于聪明能干，能言善道，被人看得起，拜新堤镇镇长陆大月为义父，他义父就把他放回来了。

事实上，请他们帮忙处理事情，多数是依靠他们的威望或者处理公平公正，有面子的关系，很少因为他们的保长身份等半行政身份，除非是要跟政府打交道。据郭用文老人所述，叶道四、李元亮、刘敬德等多数是田地多的财主，又是读书人，后面，做多村的教书先生，不过，比不过张九界、杜老七威望大，因为他们笔上两尖，人物头只有一头尖。平时，他们也和绅士一模一样打扮，一个礼帽一个墨镜，还挂着一个拐棍，穿着绫罗绸缎做的长褂子，即使吃酒席掉下油都不沾衣服，他们只有一件这样的长褂子，遇到要帮别人说事解交，调解纠纷就穿上它。如果去戴市镇开会，也穿这件衣服参加会议，显示地位不同。

第二，人物头职责与参与范围。

人物头财富不多，面子也不大。一方面，其职责不多，如果担任地方胥吏，多数为协助办理行政事务的角色，比如抽壮丁、摊派徭役或者钱粮等，其实，他们更多承担解决地方纠纷职责，比如家庭纠纷、邻里纠纷或者村落之间纠纷等，他们处理结果不满意，可以找更大面子或者权威的绅士帮忙处理，重新找人断道理。另一方面，其参与范围有限，因为他们多数居住在村落里，权威和影响都局限在本村或者邻村，如果是品行端正，颇具威望者，参与范围更广些。如果有事情，请 1~2 个人物头进行调解，他们品行端正，能够公平公正处置，那么他们就有威严，下次有纠纷会再次邀请，但是，如果他们品行不端，处事有为向（偏向），处置结果难以取信于人，他就不再有什么威严，再遇到纠纷，不再会请他们断道理，而是请其他人物头。比如，王书册、刘靖德、周良华都是地方有面子的人，也是村里的地主，村庄发生纠纷或者打架等，都会请他们进行解交。地方人物头分布情况见表 6-9。

杜子松老人回忆，南安子贝渊堤村民排水，官湖垸村民禁止其放水，特别是南安县的吴姓、瞿姓、戴姓大姓要挖子贝渊放水，想大姓欺负小姓，大绅士杜老七性格狠，文武双全，能言善道，在沔阳县城有人，地方有名大绅士，没有人敢欺负。为了维护官湖垸花户利益，利用自己的影响力，号召几个私垸几百村民组织起来，同时，到沔阳县城招兵买马，兴兵打仗，死了几百人，用船装尸体回来。

表 6-9　地方人物头分布情况

姓名	时代	人物头	住籍	田产	事迹	管辖范围
李元亮	民国	有面子、保长、教书先生、"铲共团"团长	李河村	40 亩	品行端正、有生命保全权或担保权、说事解交	上 5 垸 10 个村
叶道四	民国	保长、有面子、教书先生、"铲共团"大队长	叶湾村	30 亩	品行端正、有生命保全权或担保权、说事解交	吴湾村、叶湾村、侯湾村、螺滩村
李连章	民国	保长、有面子、"铲共团"大队长	套湾村	20 亩	有生命保全权或担保权、说事解交	套湾村
刘靖德	民国	保长、有面子，教书先生、"铲共团"大队长	百子桥村	24 亩	有生命保全权或担保权、说事解交	百子桥村
周良华	民国	保长、有面子，教书先生、"铲共团"大队长	百子桥村	30 亩	有生命保全权或担保权、说事解交	套湾村
李良计	民国	有面子、田册先生、麻脚先生	杜家剀	23 亩	协调田产纠纷、治病、消灾解难	杜家剀

3. 正式治理主体与非正式治理主体关系

绅士地位在很大程度上由国家赋予，在处理地方事务有一定特权。而保长、小得副、村长、副村长是地方县衙的差役，其社会地位是地方委派，有权力无权威。乡代表是国家科举制度和地方政府任命结合的产物，既有权力又有权威。还有教书先生是科举制度的产物，有权威无权力。

（1）行政人员和乡绅的关系

县长作为国家政权末梢，地方管理掌权者，为了地方安定有序，地方公共事务筹办更多依仗地方有威望的绅士。同时，绅士作为地方名望人，其地位也需要政府给予认可，这就构成双方相互博弈关系。比如，沔阳县的罗县长，用了300两银子买了一个功名，才当上了县长，多由文书帮忙打理政务，没有多大能力。买得了功名，但是，买不到名望。而涂老五、王丹青、张九界、杜老七是大绅士，也是有名的人物头，家大势大，性格很狠，甚至把县长放在手里玩。

（2）半正式官员与乡绅的关系

地方上的保长、乡代表等半正式政府公职人员，由于受政府委派办理地方事务，同时，需要跟村民直接打交道，既要对上殷勤负责，又要对下加强控制。他们都是一群有权无威者，对于地方绅士更多是妥协退让，或者避免正面冲突。杜老七和张九界，笔杆两尖，在官湖垸就是最有威望的人，同时，在朝廷或者政府有后台，甚至把县长拿到手里玩，一般人不敢惹他们，根本不够跟他们较量。就连彭现成（渡口人士，担任过"铲共团"团长，杀共产党无数）、涂文元、李连章和刘敬德都是小搞的，攀不上大绅士，跟他们打不上靶，甚至被绅士瞧不起，因为杜老七和张九界都是绅士大爹，地位很高，他有自己一帮人，只跟他们一派人相处。

（3）乡绅与农民的关系

乡绅没有俸禄可领，但是，他们不进行劳动，衣食于租佃，需要农民租佃他们土地耕种，实质是一种依附关系。不过，乡绅品行端正、地位高、威望大，一般看不上平民百姓，一般有权有势，平民百姓惹不起他们。俗话说，民不与富斗，富不与官斗，强者缠强者。如果土地纠纷，比如被强人霸占田地，就接他们过来调解，由他们断评，分清是非。请他们断过的纠纷，由他们评过的案件，如果不服气，有多大的路子（有较硬的关系），再要到县衙上告，都告不进去，他说一句话就是一句话。这时，善于诉讼的乡绅就成为可以依靠的对象，其作为农民利益代表，伸张正义。

（4）行政官员、半正式官员与农民的关系

官出于民，民出于土，行政人员、半正式官员，都是衣食赋税和徭役，都取之于种田农民，可见他们都是一种依附关系。反之，如果农民生活困难，也需要他们的救济和安抚，发生矛盾纠纷，先找乡绅、保长，如果命案就要到政府告官，请求秉公处理。但是，俗话说，民告官，如子杀父。无权无钱的农民不敢轻易与官员、半官员和乡绅发生矛盾，甚至，即使被官欺压，也只能忍气吞声。另外，遇到纠纷，一般不请保长过来解交，因为他们没有多少威望，都是地方性格拐狠人物，对不交月捐款子和布匹的农民都会强制抢夺，将一些有抗税行为的花户抓起来，进行殴打和罚款。

（二）治理内容

地方治理内容很丰富，坚持地缘相近和利益相关原则，治理内容具体包括村落内部事务和跨村落外部事务两个方面，现在有必要进行特点分析。

1. 村落内部事务

村落作为国家统治的基础，需要进行有效的治理，根据对上负责和对下控制两个面向，其具体内容包括村落事务和国家事务；根据性质不同划分为治安事务、生产事务和公共建设事务、祭祀事务等。根据不同情况，可以划分为特殊情况事务和例行事务。不同事务有不同具体内容，需要进行具体分析。

第一，村落事务和国家事务。国家事务地方事务，比如出月捐款子、积谷积麦或者出军布，以及征集民夫和抽壮丁等事务，多为政府行为，每个村需要征收多少，谁需要征收谁不需要征收，都是上级政府决策，待方案决定以后，再通知保长、村长开会颁布命令，分派各保任务或者各村任务，最后，由甲长通知花户开会，花户按照征收标准完粮服役，花户没有参与决策权和话语权。而村落事务，包括疏浚河道，修建桥梁、庙宇等事务，不是一个人说了算，需要推荐首事，由首事召开村民会议，每户家长参加，共同商议，公共监督。

郭用文老人回忆，如果兵源数量足够，征兵数量少，按照三丁抽一，五丁抽二，独子不抓。但是，当需要兵数量多，兵源不足，先按照三丁抽一，五丁抽二，独子不抓。如果征兵数量还不足，可以按照两丁抽一。每当需要征兵，由政府制定征兵计划，确定每个保需要抽多少壮丁，再通知保长开会，由保长通知小得副和甲长，翻阅人口册子查清户口数量，按照三丁抽一，五丁抽二原则，如果符合条件候选人多，要求进行捻沟，谁捻到沟谁去，通知要出壮丁家长，要求他们出壮丁按时去体检，身体符合标准，就去当兵。比如本保征兵需要抽 10 个人，按照三丁抽一，五丁抽二，已经抽到 7 人，后面，坚持公平原则，剩下 3 个名额，只能从 5 户 2 丁的家庭抽壮丁，要求进行捻沟，谁捻到沟就去当兵。如果随便抓壮丁，不符合政策。

第二，治安事务、生产事务、公共建设事务、祭祀事务、纠纷事务等。调查发现，不同性质村级事务，参与对象不同，而且参与方式也不同，需要分析其特点。

一是治安事务。在村落里，遇到偷盗治安事件时，村民纷纷参加，村长临时组织成抓贼队伍。俗话说，不怕贼偷，就怕贼惦记，如果他家被偷，被盗者是直接受害人，你发现不出手抓贼，你家被盗时，他也不会帮忙抓贼。即使有矛盾，也自觉参加，不然，事后发现，你没有参加，不仅被人说闲话，而且会被村民孤立，你家被偷盗时，别人也不予理会，所以一般都会参加捞贼。

据郭用文老人所述，捞贼，俗称赶强盗，每逢月黑风高的晚上，强盗会挖家墙或把门扳开，挨家挨户进屋偷东西。如果被村民发现，就会大喊"捞强盗"，一听到捞强盗，即使睡在床上的妻子也会叫醒丈夫："有强盗，快起来去赶强盗！"每家村民都自觉爬起来，拿着大刀和棍子，一起去赶强盗，一般捞（抓）不到强盗，所以就是把强盗赶跑，既保护财产安全，又避免与其发生冲突。

但是，在村落，遭遇到心狠手辣的汗流党，他们从门缝递条子，要求你何时何地，给他们送钱。不敢缠他们，谁也不敢帮忙，不能跟他们结怨，不然被他们害死。即使见到他们也换路走，也不敢告官，也不敢组织队伍打击他，一旦你得罪他，就没有安逸，除非你不在这个地方住，跑得了和尚跑不了庙。

二是生产事务。在平原村落里，大型的生产事务中，最重要的是水利排灌系统，只有便利的水利系统，才能确保庄稼的收成。这些排灌沟渠开挖或者疏浚，不是单家独户就能完成的，需要户与户的联结，村落集体力量才能完成。同时，洗沟，也需要实行首事制度，有人为首，挨家挨户通知，约定时间统一出工，每户出 1~2 人，各自携带劳动工具去除杂草，疏通河道。

李良望老人回忆，种田需要踏车灌水，如果沟渠淤积，沟围死，灌溉水源不方便，就需要洗沟。由咸望老爹为首，挨家挨户通知洗沟，约定何年何月何时，每户出 1~2 人自觉携带锹子和锄头准时到位，用锄头除去杂草，挖深河沟，把淤泥起来筑高沟堤。洗沟时，沟渠两岸有田者都有份子，哪户太忙不能参加，或者哪户偷工卖懒，村民把哪段田主水沟格子留给他，让他改天自己去洗，如果不洗，自己就不能灌水，还要被村民谴责。

三是公共建设事务。到沟、桥梁或土地庙、石磨等公共设施，与村民生活和生产息息相关。这些公共设施，需要村落集体参与，按照受益原则，有钱者多出，没钱者少出，不出钱者，不能使用。比如，为了磨米，杜家到每 3 户共同出钱购买一个对冲，而大型碾子，则村落集体出钱购买，集体进行管护，家户本村落使用不需要费用，外村借用需要支付稻米 2~3 升/次。

四是祭祀事务。传统村落里，有浓厚的信仰，比如进行潭菩萨和土地神的祭祀，以及每年庙会进行谢神活动，离不开村落村民的参与，推荐 3~5 个首事，负责筹办事宜，同时，凡是本村落村民都自愿捐钱，富者多出，穷者少出，功德无量。李良望老人所述，旧时，每年做土地福，分为上下两次，首事负责筹资筹办，如果谁不出钱，就会被说成"你这个没有土地养的东西"，备受谴责，自己没有面子，即使再穷，也会出几个钱，因此，村落所有人都会参与祭祀和聚餐。

五是纠纷事务。在村落里，大小姓杂花居住，难免发生矛盾和纠纷，比如邻里田地产纠纷、打架斗殴纠纷或者偷盗纠纷等，先找邻居或者同族人帮你调解，如果调解不下，再需要请有名望者出面断道理，评出是非功过。比如王书册、涂前元都是地方有面子的人，也是村里的地主，村庄发生田地产纠纷或者打架斗殴等事件，都会请他们进行解交。

第三，特殊情况下事务和例行事务。特殊情况下事务，比如洪灾或者水灾等突发事件，展开村落之间相互救助活动。因为事件发生突然，致使不少人面临生命和财产危险，即使有矛盾，村落每个人都有责任及时救助，甚至，为了保全整体利益，损失小部分利益。比如为了防止火势烧到邻居房子，村民把已经着火的房子推倒。而例行事务，就是村落里的红白喜事等，村民有义务参加，如果是红事，与自己有矛盾，可以不参加。但是，如果是白事，即使有矛盾，也前去悼香，如果丧户，更加不能推辞。

> 据李良望老人所述，邻居陈氏妇女想不开，喝药水自杀，但是，丈夫和儿子出去做生意，家里剩下父亲。父亲耳朵聋，发现媳妇自杀时，找到邻居李良望，他就找到李丙贵家里，发现他们正在打牌，招呼赶紧过去帮忙。同时，村里杜子英和黄孝义等乡亲听到吵闹声，赶过来帮忙，一起用板车送到邻村找郎中，没多久就没有气息。李良望马上派一人直接到妇女的娘家报信，通知娘家人赶紧过来探望，当舅儿子赶来，马上要求他到街上买棺材，还派另一人通知妇女丈夫和儿子赶回来。同时，吩咐妇女的侄子挑来一担沙子，将尸体放到地上，减缓尸体腐烂速度。乡亲都在讨论："怎么办，没有人在家，怎么办丧事！"李良望出面向做生意的黄孝义借50块大洋，帮忙主持办丧事，派人接道士先生、买菜做饭，安置和招待亲戚。

2. 跨村落外部事务

跨村落外部事务，就是联合多个村落筹办事务，比如修垸堤、修寺庙、治水害、修桥梁和修学校等。因为面对自然环境，村落人力和物力有限，必须联络几个村落，才能发展某项公共事业。

第一，净化民风。在地方乡绅、富商的支持下，开展禁烟、禁赌和禁盗活动。在保长、甲长协助下，缉拿鸦片烟鬼，坦白从宽，区乡长、保长，有稽查职责，如有知情不报或者包庇隐瞒者，与正犯同罪。同时，对开局聚众赌博者和爬墙入室的盗徒，宽猛兼施，首者姑容自新，累犯者力加搜捕。

第二，地方治安。另外，各垸绅士将村落村民编成团，按照团训练乡勇，由绅士团总领导，轮班巡防，绵延几百上千里，密排如栅，阻击各路匪患，保护一方安宁。抗日时期，每个村里还建有大小土堡工事，设置有枪眼，以及将公路挖断，做水壕沟，致使只能走人不能走车，按照以保为单元或者联合保，负责出力建设，没有报酬，由保长、小得副、甲长进行监督，督察施工质量，同时，所用材料为花户捐助资金和物资（砖、瓦）。据郭用文老人所述，抗日时期，村落治安很好。500米一岗，1000米一哨，民哨没有报酬，每户轮流出1人守哨，时间为一天一晚，不仅村里有民哨，而且镇上还有军哨，甚至晚上打开门，都能安全过夜，若有强盗外人，被军队抓起来就杀。

第三，公共建设。在农业发达平原村落，进行农业生产和生活，离不开大型水利建设，需要利用村落人多的优势，人口数量多，建设大型设施建设分摊成本相对较低。比如修建桥梁、庙宇等。修建公共设施，同样，采取首事制度，由首事按田亩收益原则收钱，田多者多出，田少者少出，没有强制性，坚持自愿原则。

旧时，自东到西依次排列，杜家桥、百子桥、尹家桥、曾家桥、戴家桥、何家桥等，这些木制桥梁都是村民摊派出资修建而成的，因为河对岸有水田，如果没有桥就不能渡河进行生产活动，需要筹钱修建桥梁。村里推荐有威望的老爹为首事，一般首事为2~3个，他们作为头人收钱，凡是河对岸有田的收益户，挨家挨户出资，平均每人出20个铜板，有钱的家庭，会做好事，碰到架桥修路，肯多出钱，一般多捐3~5个银圆，多因为小工程，不会打功德碑留名。然后，首事用钱到新堤购买条子（木头），湖南益阳或者四川成都排客佬用竹排运来的木头，看条子讲价格，不过，价格便宜一些。然后，首事接木工师傅过来搭建木桥，支付工钱，平均每天2元，包吃3餐。木匠用刀把木条子凿穿打眼，加横架子和纵架子，形成牢固的木架子。最后，花户集体出工帮忙打桩，由于河里有水，其中，一个花户用一根绳子系在木桩上，一般3个花户站在河两岸，一起用力拉绳子，反复用力，一来一去，由浅入深，慢慢将木桩摩擦打入河底，深度为3~5米。一般搭建一座桥总计花费3~5天。

第四，跨村落之间纠纷。跨村落之间庙宇使用、桥梁建设纠纷或者排水纠纷等，先是村落代表出面调解，如果解决不了矛盾，需要请十里八乡的绅士出面解交。比如大乡绅涂老五、王丹青、张九界、杜老七。如果地方发生纠纷或者命案等，请求他们过来进行调解断道理，双方都要给他们面子，说一句话就算一句话。俗话说，民不告官不究。如果大小事情，私人能够解决，就不要打官司，一旦绅士都不能解决，就需要请人打官司。比如清朝时间，挖子贝渊的排水纠纷，惊动京城派人过来解决。

第五，除水害。俗话，堤在人在，堤无人无。在平原村落，修筑的垸堤是垸民生产和生命的保护伞。每当遇到洪水来临，抢堤防险，不仅仅是某个村落义务，凡是本垸垸民都有责任，不过，如何防险，需要垸主统一调派，垸民没有话语权。特别遇到水害严重，垸主要求拆掉房子，也遵从命令把垸堤抢下来。

（三）治理规则

1. 村规产生与制定

国民党128师师长王劲哉驻军杜家剅时，颁布十条命令，包括一重良心、二尚道德、三明大义、四尽职守、五爱团体、六兴命令、七知待遇、八要效忠、九亲人民、十为国家。这些规约，逐渐被村民接受，慢慢流传下来。为了更好地管理村落，多个乡绅商议决定，在原来规约基础上，改成村落条约，具体内容为"一重良心，二尚道德，三明大义，四务耕织，五爱团结，六兴命令，七知礼遇，八要效忠，九亲邻里，十为国家，十一戒懒惰，十二息争讼、十三忌偷盗"。从村规内容来看，涉及以下方面内容：一是对父母要讲良心，与邻友善团结，要为国家尽忠；二是做人要明大义，懂礼数，讲道德；三是要务耕织，勤劳致富；四是禁止偷盗，戒懒惰、不务正业。可见规约由官方条例修改为村规民约，范围大到国家，小到家庭，内容有修身规范，也有持家训言，更加细致，规范更加到位。

2. 村规功能

根据村落老人所述，十三条规约是国家力量和民间力量结合的产物，更多起着教化和训诫功能。因为每一代老人都会背这些规约，一代一代传承下来，并要求子孙牢记。同时，自己以身作则，言传身教，告诉子孙，在家要讲良心，孝顺父母，不好吃懒做，不嫖赌进窑；在外要与人为善，不打架斗殴，亲爱邻里；在国家方面，讲究为国尽忠，报效国家。

3. 村规执行

由于村规没有指定相关执行制度，更多是国家力量强制嵌入村落治理，依靠村长或者保长监督执行，遇到不符合规约行为或者村民举报，他们也多数进行批评教育，不过也有的通过政府力量进行处理。

第一，禁止抢劫偷盗，按照村规，偷盗要抓人送官究治。即使被抢劫，也不敢告状，比如，小偷到村里偷牛，被抓获，只能取回赃物，再把他送官，不能打死，因为强盗无死罪，对这些偷盗抢犯，不敢殴打，只能进行说教，害怕日后被这些狠家伙报复。俗话说，大法不犯，小错不断，杀也不敢杀，判也不敢判，看你把我怎么办。小偷小摸，除非抓赃在手，可以送官。抓不到赃，就无法处理，即使说他偷盗，别人也不承认，还告你诬陷。俗话说，"耗子偷食无收拾，狗子偷吃安得低"。遇到偷盗，都是自家处理，各管各的，把东西安置好，防患于未然。

> 李良望老人回忆，夏子街父亲去世早，有 5 个儿子，家里管不好，养不好，就喜欢偷盗。群众反映意见，但是村长没有处理，就被嘲笑，人家偷鱼，他怕人家狠，不敢处理。"如果不处理，就会纵容这种偷盗行为，造成村集体利益损失！"村长说："你们不要学他，他是没有父亲管教，才变坏！""现在他没有父母管教，才变坏，处分他，也没有钱，而且还需要村里照顾救济，我们怕他狠，管不到他，那就纵容他，任其小错铸成大错，终究有国法处置一天！"结果，偷盗者就犯大案入狱。

第二，反对好吃懒做。民不种地课无本。如果农民不种地，课租老板无以为生。同时，民出于土，民众依靠田地长庄稼生活，国家也依靠村民种田，缴纳税赋供养。因此，如果在村好吃懒惰，不仅没人看得起，而且有威望的乡绅或者人物头可以当面训斥和教育。如果累教不改，又危害一方，可以绑起送官，或者借助官方力量进行处理。

叶方明老人回忆，百桥村的肖老爹，经常拖欠课税，又游手好闲，自己的田却荒芜，长满一堆鸡冠花。村长教育不了，就把事情禀告给驻军村庄的王劲哉师长，他就叫村长和部队帮忙扯干净杂草。不久田又长满了杂草。王劲哉就生气，派村长亲自到他家盘问肖老爹去向，叫他儿子把父亲叫回来，审问他："为什么把田种荒，不肯耕种，派人帮你们扯干净，杂草你又不管！"命令打了肖老爹十大板，以儆效尤。

第三，禁止逃兵役，讲效忠。军出于民，就是军人征集于村民，入伍当兵，报效国家。抽壮丁，实行五户联合保，也就是五家连坐法，防止逃壮丁，连累邻居或者乡亲，如果有人逃壮丁，可以向保长举报。如果抽壮丁，被抽中的男丁，有人不去，联保处派联丁抓人。如果有人逃跑，左邻右舍以及姑爷和舅爷都不能脱皮，联丁入户抓人，直到壮丁回来自首。比如叶家一个儿子，被抽成壮丁，就逃到天门县，保长就入户要人，父母筹钱收买保长，他找了卖壮丁抵空，才脱离干系。

第四，禁止抗粮不交。种田完粮，任何耕种粮户必须按时完钱粮，不得拖延完粮，如果有违反，将进行处罚：一是凡有花户拖延完钱粮者，按照每银1两1担，加罚100文；二是拒交实米1担，加罚水钱15文；三是有花户过期不完者，按照所欠数额加三成进行处罚。或者，对未按时完粮者不论所欠钱款数量多少，要求未完粮者宴请10桌和请戏班唱一台戏进行惩罚。

第五，反对欺压村民，亲邻里。传统村落里，要求与邻为善，不打架，不斗殴，如果有强人作恶，可以请绅士帮忙解交，或者帮忙打官司，甚至直接报官处置。比如，民国时期，杜家剅出了一个地痞流氓，平时欺压村民，恶贯满盈，乡绅时常接到百姓告状，无奈只能禀告当时驻军国民党128师师长王劲哉，他命人把流氓抓起来，打了20大板。

另外，村规执行相对公平，比如抽壮丁时，不管是当官或者不当官者，乡绅还是普通村民，都要按照三丁抽一、五丁抽二原则出人当兵。不过也有一定灵活性。有钱人不愿当兵，可以出钱购买壮丁抵空，或者家庭只有一个成年劳动力维持生活，没有多余劳动力，也可以不从他家抽丁。同时，如果外人在本村违法乱纪，可以批评教育，也可以送官处理。

4. 村规效力

杜家剅的村规，主要由外在力量嵌入村落，村落并加以利用而发挥功能，同时，大部分规定对规范村落不正当行为、维护村庄秩序具有很大作用，村落权力主体也可以利用村规将国家政策贯彻到底，因此，该规约不仅得到村民认同，也得到基层权力主体认可。但是，作为特殊环境下的产物，其发挥的教化效力也相当有限。郭用文老人回忆，家户处理方式，并不是家族或者宗族处理方式。同一个湾子或同一个台子，遇到乡亲被打了，不帮助他打架，而是拉开和劝说双方，大家各退一步，如果帮助打架，打死人，就要偿命。如果被人告，输家败仗，被迫用家产消灾，求得安逸。

二　治理方式

根据村落治理内容不同，相对应，杜家剀治理方式包括奖励治理方式和惩罚治理方式。在杜家剀村治理实践过程中，需要进行具体分析。

1. 奖励治理方式

奖励治理方式分为物质奖励方式和精神奖励方式。物质奖励方式，对为村庄生存安全出力者，比如发生水灾或者火灾，舍生忘死，抢救或帮助过他人，集体出钱宴请，或者因抢险遭受损失，村民集体出钱出工帮其建房子，以示答谢。而精神奖励，就是对为村庄发展做出一定贡献，肯为村落发展慷慨捐钱出力者，进行精神方面的奖励。比如，架桥修路或捐田地作为义地等，对于有功于世人者，为后人培德，村民将其所做善事刊碑勒石或著书立传，以供后人铭记和瞻仰。不过，也有一些人喜欢做好事，施无名功德。

2. 惩罚治理方式

包括软性惩罚方式和硬性惩罚方式。不同惩罚方式，具有不同特点。

第一，软性惩罚方式。软性惩罚主要包括污名、排挤、禁止来往和赔罪等。

一是污名。污名，就是因为不正当行为，比如偷盗或者抢劫等，败坏自己和家庭名誉，别人以此进行训诫。据郭用文老人所述，沈昭贤，被称为粪塘板子，因为他专门吃蛮钱，不行正道，做窝户，帮助强盗销赃，把强盗抢来的东西转手出卖。

二是排挤。如果有偷盗或者抢劫行为，邻居不与其连成甲将其剔除。旧时，实行五户或者十户连坐法，如果一户犯案，邻里其他户脱不了干系。同时，如果做土地福，不肯出钱，就将他踢出福，说他是"没有土地神养的东西"。另外，如果发生火灾或者抓小偷，你不去帮忙，下次你家也遇到这种情况没有人帮忙。李良望老人回忆，如果做庙会，村民推荐首事，挨家挨户筹钱筹办，如果他贪污公款，发现一次，村民再也不会推荐他担任首事。

三是恐吓。如果村里人捣乱，不行正道，可以讲述恐怖故事等手段，进行心理暗示，达到教育村民的目的。比如孩子喜欢晚上出去玩，日久可能做出不轨事情，可以说晚上有鬼出没，吓退他们。或者小孩喜欢偷东西，被村民当场抓获，教育孩子，如果下次再偷东西，就把坏事公布于众或者鞭打他。

四是禁用。村落进行公共建设，如果谁不肯出钱，可以剥夺他对公共产品的使用权。比如村落集体购买的碾子，有钱而不肯筹钱者，村民有权不准他使用碾子，即使允许借用，也要待出钱村民不使用时，才允许使用。另外，如果疏浚沟渠，谁不参加，也不准用沟渠的水。

第二，硬性惩罚方式。硬性惩罚手段，比如殴打和送官等。一般硬性手段，是针对情节严重的行为，惩罚力度较大，村落会谨慎使用。

一是殴打。在村落里，公共设施归村落集体所有，不容任何人轻易破坏。不管本村还是外村，遇到谁破坏村落集体公共设施，比如碾子或者桥梁等，村民可以进行制止，甚至出手教训他们，也可以打骂。

二是送官。本村落有人抢劫犯罪，出杀人命案，邻居或者乡亲怕牵连，把他们送出去见官。或者谁挪用或贪污村落分摊田赋，或提早征收田赋，以及胡乱抓壮丁，村民可以将其送官查办，不容姑息。

传统村落社会，村民生于斯地，长于斯地，对生产和生活事务，碰到谁破坏规则，不管是村规，还是潜规则，多数采取软性惩罚方式进行处理，而硬性惩罚方式，主要在行为破坏性大，威胁到村落集体利益时才用。

三　治理过程

1. 决策过程

（1）决策主体

在村落里，村落治理主体是公共事务的主导者和支配者，根据不同治理主体的功能，将村落治理主体分为三类：一是村长、副村长，二是绅士，三是人物头。不同治理主体，互有分工，完成村落的有效治理。

第一，村长，作为国家基层治理权力主体，对上承接国家各项政策，并加以实施与贯彻。比如，税赋摊派、民夫征集或者壮丁抽取等，由他们决定，同时，对下维持村庄正常秩序，比如，对村落流氓地痞查办或者户口核实等，都需要村长参与和决定。据郭用文老人所述，民不告而官不究。如果原告不递诉状，官员也不追究，不理村落事情。"衙门朝南开，有礼无钱莫进来。"有钱人才打官司，没钱打不起官司。

第二，绅士。村落里的纠纷或者命案处置，都是邀请他们处理，断道理，什么处置结果都要接受，他们说一句话就是一句话，即使告到县衙也没有用，县衙会把案子压下来，在村落里，他们才是最高权威代表者，对地方事务有最终的决定权。另外，如果碰到天灾或者战争，对村落花户摊派到税赋或者徭役，县长也听一听绅士建议。如果摊派税赋不合理，绅士可以利用在朝廷做官亲戚向县长施压。

第三，人物头，他们都是地方有面子的人士，遇到村落公共建设、庙宇，或者祭祀等活动，多数推荐他们为首，集体进行讨论，商量筹办方案。可见人物头都是地方冒尖的人士，遇到大事小事，他们愿意做首事，负责活动的操办。

（2）决策内容

不同决策主体，分工明确，其决策内容有很大差异。首先，村长决策内容，具体表现为：一是村庄赋税、徭役以及壮丁摊派；二是人口数量和户口调查与核实；三是村落治安和秩序维护。可见村长决策范围和内容主要涉及国家的行政事务，配合官府完成权力下延。其次，绅士决策内容，具体表现为：一是村落内部或者村与村之间的纠纷调解和处置；二是对外交际，比如，村落之间交往和联合；三是替村落打官司，写诉状，维护村庄利益；四是检举和举报村庄贪官污吏；五是社会救济。可见绅士权力影响力大，是地方大小事务的重要处置主体。最后，人物头决策内容，具体表现为：一是村落内部纠纷处置和调解；二是公共设施建设与筹办，比如桥梁或者庙宇修建等；三是红白喜事的筹办。

（3）决策方式

不同决策内容和决策主体，需要运用不同决策方式。具体表现为个人决策方式和集体决策方式。一是个人决策方式，多数凭借个人地位和名望进行决策，其决策结果不容置疑。比如村落纠纷，如果请绅士断过道理，怎么说就怎么办理。二是集体决策方式，就是个人不能独自决定，比如修建公共设施，需要人物头为首，召集村民开会，商量出筹办方案。

（4）决策结果

根据不同决策主体，决策结果也不同，分为个人决策结果和集体决策结果。个人决策结果，代表处置的威望，即使不满意，也要服从，即使告状也没有用，也依据绅士决策结果处置。集体决策结果，多为多方利益的考虑，多主体协商结果，也不容置疑。

2. 管理过程

（1）财务管理

村落没有多少集体经营收入，筹办公益事业或者公共活动的费用，多为村民筹资或者乡绅赞助。要求实施严格财务管理制度，由3人共同管理，职责分开，互有分工，1人负责收取现金，1人负责管理账目，2人分别由首事担任，另外1人负责保管现金，由普通村民担任。每次做完账，收入多少，使用多少，剩余多少，要求登记明细，张榜公布，由村民监督。

（2）公产管理

本村集体公产，比如桥梁、土地庙或者碾子等，都是村落集体占有，每个村民都有使用和管护权力。不过，对于经营性质的公产，因为它能创造效益，就需要推荐专门人进行管理，如果谁过度使用或者故意破坏，就要求其赔偿损失。

3. 参与过程

第一，参与主体。绅士、村长和人物头，他们都是村落治理主要参与者，他们是治理的核心，村落公共事务多为他们进行讨论和决定，普通村民没有参与权力。除非碰到村落纠纷或者村庄安全隐患等，才会召开临时村民大会，每户家长主动参与，提出建议，共同商议对策。不过，女人和小孩不得参与。

第二，参与方式。在村落公共事务方面，推荐若干人担任首事，实施首事制度，多数只有绅士、人物头或者村长能够完全参与事务讨论，提出建议和意见。而村落村民不能直接参与，属于半参与，只能按照首事讨论方案进行参与。

第三，参与内容。在村落里，筹办公共事务或者公共活动，每户家长都平等参与，没有限制参与范围，但是，往往只有男子参与，多数女子不能参加。据郭用文老人所述，在家庭事务内，女人可以当小家，但是，对外交往方面，只有男子全权代表，否则，会被嘲笑："难道母鸡还想司晨吗！"

4. 监督过程

监督过程分为村落行为监督和财务监督。一是村落行为监督。按照监督主体划分，有绅士或者人物头、村长之间监督，也有对村民行为的监督，同时，村民也有对人物头、村长以及乡绅的监督。比如一些偷盗或者欺压村民的不轨行为，就可以进行责罚。二是财务监督。按照内容划分为例行事务监督和特殊事务监督。例行事务监督，每年年终由首事做账，公布今年收入所得，并张榜公布。而特殊事务监督，就是每年筹办土地福等公共活动，进行现金筹集或者支取，都需要进行核算，进行公布，供村民监督。不过，女子和小孩没有监督权。

四　村落治理与国家治理关系

民不告而官不究，关于村落公共事务，多数为村落优先使用自生力量进行解决，即使发生纠纷，也不会打官司，只需请人调解即可。如果遇到村与村发生矛盾或者纠纷，处置不下，才请绅士写状纸，到县衙打官司。民告而官有所究，有所不究。碰到经过有名望的绅士断过的案件，县衙就不会处理，除非碰到冤案或者错案。可见，在处理村落事务方面，村落力量占主导，而国家力量只是作为一种补充手段。比如解放以前，禁止打牌赌博，国民党警察局下村抓人罚款，甚至要求赌徒把衣服脱下来，穿短裤，夏天就让太阳晒，冬天就让寒风吹。

第四节　亲族治理与治理关系

小农是建立在血缘上，以亲人为关系纽带的亲族社会。同时，亲族社会中也内生了权力，进一步赋予其政治内涵，其自我治理也是小农社会治理的重要范畴。

一　亲族治理

（一）亲族治理单元

1. 亲族关系单元

第一，跨县域家族散居分布。不同姓氏定居是常态，迁居是变量。调查发现，由于平原地区自然灾害繁多，姓氏之间流动频繁，杂姓村落同一姓氏，并没有集中居住，而是分散于邻村，甚至遍及几公里或者几十里的乡镇、县市，甚至外县市。同时，为了方便家族治理，往往建有家祠，而且家祠多建在族人人口相对集中区域，此地也是多数姓氏始祖暂居转折点，一旦人口繁衍较多，土地无法满足生计，子孙后代再迁居他方，择良地居。另外，族人迁居过程，也是家族力量削弱的过程，族人散居各地，形成一个个家门或房支。见表6-10。

表6-10　姓氏迁居情况

姓氏	祠堂驻地	姓氏分布情况	族人集中单元
李氏	戴家场镇李河村	沔阳之李河村、套湾村、杜家剅村、螺滩村、花果垸等处，监利县之钱家垸等处，江陵县之沙市等处	戴家场镇李河村
杜氏	仙桃市何湾村	沔阳之仙桃、嘉鱼县、监利、汉阳之北山、老黄庙等处	仙桃市何湾村
黄氏	天门县黄家岭	沔阳之黄家倒口、黄家河村，南安县之夏姓河，天门县之黄家岭，建宁县之白口村，监利县之渡口村等处	天门县黄家岭
涂氏	仙桃市左桥村	沔阳之涂家湖、仙桃、监利县，天门县，汉川县，嘉鱼县，江陵县，黄陂县	仙桃市左桥村
夏氏	汉川市老塔村	沔阳之杜家剅村、套湾村、夏家墩，汉口县马口村，孝感县	汉川市老塔村
熊氏	江陵县熊河村	监利县，公安县，江陵县熊河村，天门县，鄂州熊家院子湾，沔阳之仙桃，戴家场	江陵县熊河村
吴氏	沔阳县建兴门村	沔阳县之吴家新场，红安县吴家湾，孝感县，天门吴垸村，监利县，汉川县	沔阳县兴门村
陆氏	沔阳县陆家潭村	鄂州市，恩施县，红安县，监利县黄家大垸，沔阳县下新河村、陆潭村	沔阳县陆家潭村
万氏	—	—	杜家剅村
苏氏	—	—	杜家剅村

　　第二，跨村域家族散居分布。传统村落并没有单姓大宗族，不同姓氏居住分散在邻居村落，相隔距离为5公里范围之内。由表6-11可知，不同姓氏分布特点不一样。民国末年，李氏人口集中居住在杜家剅村，少量族人居住李家咀、中湾和周家倒口。熊氏人口主要集中居住在李家咀和中湾村，少量族人居住在杜家剅村。黄氏人口集中居住在黄家倒口，少量族人分布在杜家剅村和中湾村，没有居住在周家倒口。杜氏和涂氏只集中居住在杜家剅村，邻村中湾、李家咀、黄家倒口和周家倒口都没有这两姓族人居住。同样，吴氏族人主要居住在杜家剅村，其他居住在中湾村，夏氏族人也主要集中定居杜家剅村，李家

咀、中湾和周家倒口也有少量族人分布。陆姓族人不多，主要分布在杜家剅村和李家咀。最后，苏姓和万姓依附李姓族人居住在杜家剅村。实践表明，在村落某一姓氏是小姓，但是，只要计算方圆几十里族人，该姓氏就是大姓。综上所述，多姓氏虽然以家族的形式迁出，但并非整个家族同迁居于一地，因为难以找到足够整个家族众多人口生存与发展的"空地"。因此，只能选择散居各地，而不是"聚族而居"。据郭用文老人所述，杜家剅村没有大姓集中居住，其他族人，比如新墩、老墩、大屋墩、二屋墩、三屋墩、四屋墩，都是李姓聚居，都压满了洪湖伞子，总计 2000 多烟灶，只有杂姓 10 户。

表 6-11　村落姓氏分布情况[1]

姓氏	户数	村落行氏分布明细	集中单元
李	15 户	李佑前（2）、李忠国（1）、李迎远（6）、李加新（6）、李启云（4）、李恭珍（4）、李恭和（4）、李前元（5）、李丘伟（5）、李丘范（5）、李恭植（5）、李窥银（5）、李文汉（5）、李恭允（5）、李恭户（5）	杜家剅村
熊	14 户	熊茂先（1）、熊生耀（1）、熊茂忠（1）、熊生玉（1）、熊生武（1）、熊生富（4）、熊生文（4）、熊生品（4）、熊生彬（4）、熊茂新（4）、熊茂中（4）、熊茂元（5）、熊茂盛（5）、熊茂才（5）	李家咀、中湾
黄	17 户	黄孝桂（7）、黄孝云（7）、黄孝华（7）、黄孝达（7）、黄孝义（7）、黄孝龙（7）、黄孝顺（8）、黄孝明（8）、黄孝尧（8）、黄孝银（5）、黄中香（5）、黄中生（5）、黄中进（5）、黄中汉（2）、黄中英（2）、黄中信（7）、黄永年（7）	黄家倒口
杜	6 户	杜贤成（5）、杜贤才（5）、杜贤公（5）、杜贤强（5）、杜贤严（5）、杜贤进（5）	杜家剅村
涂	3 户	涂天平（5）、涂文元（5）、涂文新（5）	杜家剅村
吴	6 户	吴承发（1）、吴家郴（5）、吴承之（5）、吴承分（5）、吴承蓝（5）、吴承华（5）	杜家剅村
夏	6 户	夏志树（9 组）、夏可畔（2）、夏广云（4）、夏广银（5）、夏大生（5）、夏大学（5）	杜家剅村
苏	1 户	苏则明（5）	—
万	1 户	万寿青（5）	—
陆	3 户	陆在林（4）、陆在仁（4）、陆德高（5）	—

[1]　1组、2组和3组组成自然村中湾，4组为自然村李家咀，5组为自然村杜家剅，7组、8组组成自然村黄家倒口，6组、9组组成周家倒口。

2. 姻亲关系单元

姻亲关系单元，就是不同种姓婚姻圈覆盖单元。由表 6-12 可知，杜家剀村通婚情况呈现橄榄形状，主要覆盖在 5~6 公里以内区域。60% 以上通婚选择对象在本乡镇，其中，选择邻村和本镇通婚对象分别占比 28.30% 和 30.19%。按照通婚次数和距离远近依次排列为螺滩村、中湾村、黄家倒口和周家倒口，而李家咀和杜家剀村通婚次数少，见表 6-13。超出村落更远范围，通婚对象主要集中在沔阳县的戴市镇、曹市镇，而沙口镇和万全镇较少。事实表明，通婚圈主要取决于情感性和互助性，婚姻圈较小，以血缘和地缘近为选择对象的标准，多数选择本村或者邻村村民作为配偶，形成串亲圈子，彼此熟悉，互帮互助。如果距离太远，不利于亲情之间的表达，遇到天灾人祸，亲戚之间因往来少，互帮互助不多。不过，小农相处之间有心理距离，通婚对象也不能选择太近。如果距离太近，不仅选择理想对象少，多数为同血脉，而且夫妻吵架或者闹矛盾，一来没有面子，二来怕娘家人干涉。因此，小农选择通婚对象多数选择距离适度邻村，而不是选择本村。

表 6-12　民国末年杜家剀村不同姓氏通婚情况　　　　　单位：户，%

婚姻地域	种姓										合计
	李	黄	杜	夏	熊	涂	吴	陆	苏	万	
本村			1						1		2（3.77）
邻村	2	1	1	2	1	1	6			1	15（28.30）
跨村至本镇	8	3	2			1	2				16（30.19）
邻镇	4	1	4		1	1	1				12（22.64）
跨镇至本县	1						1				2（3.77）
邻县	2			1	1			2			6（11.32）
其他省市											0
合计	17	5	8	3	3	4	9	2	1	1	53（100）

表 6-13　民国末年杜家剀村不同姓氏与其他村落通婚情况　　　　　单位：户

姓氏	杜家剀村	李家咀	中湾	黄家倒口	周家倒口	螺滩村	合计
李姓				1	1		2
黄姓			1				1
熊姓			1				1
杜姓		1			1		2
涂姓		1					1

续表

姓氏	杜家剅村	李家咀	中湾	黄家倒口	周家倒口	螺滩村	合计
吴姓			1	1	1	3	6
夏姓						2	2
陆姓							0
苏姓	1						1
万姓					1		1
合计	1	2	3	3	3	5	17

3. 亲族政治责任单元

（1）税徭责任单元

第一，税赋摊派责任。种田完粮完税，是花户不可推卸的义务。比如月捐款子、积谷积麦或者军布，都需要按时向联保处缴纳。按照田亩数量进行摊派，不得瞒报少完税，同时，完布匹或者月捐款子，一部分按照田亩摊派，另一部分按照户数摊派，比如，田少者，2~3户缴纳一匹布，田多者1~2户缴纳一匹布。分摊者可以是同一湾子或者台子的邻居或亲族成员。遇到抗税抗粮不交或者本甲保有人逃亡、死绝之户，村长、保长可以先找其亲属赔完钱粮，比如父母和兄弟等，如果找不到他们，再找同一家门的门长帮忙垫付，当所欠税赋较多时，门长可以找同一家门，按照户数进行摊派筹资缴纳，最后，才会找本族户长收缴，户长会动用本族公产或者起会按户筹钱垫付。后面，欠税者按照年份，向亲戚或者族人还款或者以部分田作为抵债。如果种田者或者其亲戚、族人拒绝缴纳，联保处可以抓人坐牢，或者以家庭值钱东西抵债，甚至把种田人的田产没收充公。

第二，徭役摊派责任。国民党时期，上级需要做工作，比如修公路或者防御工事等，根据人口数量，摊派各保，由保长或者村长负责向村落征集民夫。同样，采用五户连坐制度，遇到哪户没有出民夫，可以抓邻居或者兄弟抵空。另外，如果是挨抽壮丁的家庭，保长上门要人，被抽壮丁逃跑，兄弟、邻居、姑爷和舅爷也不能脱皮，要背家伙，联丁可以抓其去坐牢或者殴打，直到壮丁回来自首服役。郭用文老人回忆，国民党抓壮丁，一般不敢逃跑，如果逃跑抓到就杀，而且壮丁的父母、兄弟姐妹、姑爷和舅爷也都受牵连，被保长抓去背家伙，要求壮丁自首，或者被迫找本家门门长帮忙，找本家按户筹钱，买壮丁去当兵。

（2）罪行责任单元

旧时，为了控制地方秩序，国家采取连坐法，一人犯罪相关人等受牵连。比如破坏政府公物、拒粮抗税、殴打保长等罪行，需要家门的父母、弟兄和叔伯亲自将其送官，或者犯罪者自己自首从轻发落。如果犯罪者外逃，邻居或者亲人等，存在知情不报或者帮助其逃跑行为，视为同罪犯论处。同时，如果有人犯罪外逃，政府入户要人，邻居或者亲族人，比如父母、兄弟、叔伯、姑爷和舅爷等，都脱不了干系。抢劫偷盗、杀人放火、逼人屈死等刑事案件，如果罪犯逃跑，不仅邻居、妻儿、父母、兄弟、叔伯、姑爷和舅爷等不能免除，而且本家门的门长和家族的户长也脱不了干系，可以抓人进监狱，直到罪犯自首，在处罚方面，小则倾家荡产，大者牵连族人，罪轻者出钱赔偿，罪重者充军或流放。

（二）亲族治理主体

1. 宗族治理主体

（1）宗族内生形态

长江村落宗族具有自身的特点。不是集族而居的宗族，其产生、形成和发展的变化，呈现一定分散性。首先，它由宗族母体脱离出来，裂变成一个个体，洪水、战争、移民垦殖或者做官等外部原因和人多地少等内部原因，迫使其迁居异地，繁衍生息，先由家庭逐渐发展成家门，几个家门逐渐变成一支人，散居不同支人也构成不同房派，最后，千支万叉归一根，尊一祖而合族一体，形成形散神聚的宗族。因此可见，该宗族经历了族—家—家门—房派—族的重构过程。宗族变迁关系如图6-1所示，宗族内部关系如图6-2所示。

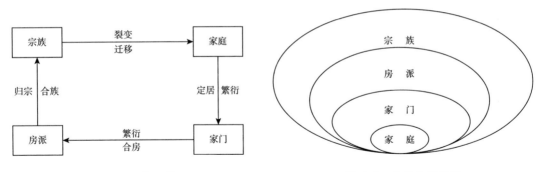

图 6-1　宗族变迁关系　　　　　　图 6-2　宗族内部关系

（2）宗族治理主体分类

第一，户长（总户长）。

其一，户长任职资格。对于户长候选人，一种是"族长辈分最尊"，由年长绅士充任，另一种是族长多为缙绅充当。[1] 调查发现，要担任户长需要以下条件：一是年龄长、辈分高者；二是文化水平高，能言善辩，组织协调能力强者；三是德高望重，又品行端正者；四是热心公益，乐善好施，忠于族人者；五是家境殷实，生活富裕者；六是多为告老还乡或者卸甲归田的绅士。可见，户长理想人选，年龄和辈分并不是关键标准，最重要的是品行端正、德高望重和乐善好施，对本族忠心耿耿。同时，女子不能担任户长。据郭用文老人所述，解放以前，要担任户长，要求一些有文化、有钱有势或者有面子的族人当户长、房长或门长，比如官员、秀才或大绅士，比如李竟成和何同树。因为他

---

〔1〕　缙绅是指官僚或者做过官的人。

们能解决族里大小事务。俗话说，人从书里乖。即使很聪明，没有读书，说话就说不上纲。

　　李良望老人回忆，户长都不是一人任命或者指定，谁都没有权决定，即使有威望者，比如老户长或者老房长，他们推荐合适候选人，召开族人大会，供族人选举而定。同时，户长人选，不管年龄大小或者辈分大小，要求品行端正，德高望重，不搞歪事，有文化的读书人，对本族忠心耿耿，才具备做户长的资格，族人才会选他做户长。比如何同树，家里田产多，有30多亩，生活好过，是地方有面子的人物头，担任何家的户长。

表6-14　李氏第一届户长（总户长）任职情况

姓名	初任年龄	文化	房支	职务	家产	品格
李文均	43岁	公凤慧根，不屑为章句儒，专攻测量、数学和绘图课程	三房	荆州教授主任、后湖清丈量科科长	于沙市建纸号，创石印，市良沃千石，封其家	公德厚流光，高情远致，解衣推食，云行雨施，年凶者，赈而散
李斯标	49岁	此子可为吾家吐气，宜命之读，余授书后……	四房	长江修防主任、团练团副、知县知事、土地测量委员会主任	远徙公安，购荒芜数百亩，欲躬耕食力，娱先考于暮年	割臂疗亲，罔西厥躬，居官尽瘁，忠孝两全，是家之宝，国之雄，解印归田，勤于族事
李斯典	58岁	少有大志，读书兼习骑射，足智多谋，其乡负众望之人	五房	绅士、团练总事	田产90亩	粹精锐神，破产筹资，始将至分派别之岐疏远，疏凿灌注于一系；为祖业诉讼，纠垸修水利

　　其二，户长产生。户长有3人，1正2副，由族人选举产生。《李氏家乘》谱例第十款规定："师一族之长，作群众之范，其事繁，其心乃劳。我族向分为六大房，每房任族长一次，每次以三年为期，若负其责而使累久者不可，耐其职而久延不推者亦不可，三栽告毕，群众集议择贤接替让能卸责，祖制所在，当流传恪守而不变。"可见，户长不是终身任职，多为各房轮流推选贤能担任，任期为3年。不过，待户长年老多病，不适合担任户长，向族人提出，自愿辞去户长一职，由老户长推荐贤才，经过族人大会同意，或者族人共同推选出新户长，原户长才能卸职。比如黄氏老户长隐退以后，他的儿子和孙子也担任户长，族人非常相信他们。国民党也相信他，共产党也相信他。另外，每次新人当选户长，需要在列祖列宗神位前进行起誓仪式，发出"效忠本族，振兴本族，绝不叛族"的誓言，如有违背按照族规论处，不得反悔。

郭用文老人回忆，户长改换，时间为三年告毕的清明会，而且需要筹办户长改选宴席，一般2~3天，一旦被推荐为户长，族人集体出钱打金字大匾，写上"忠孝节义"，燃烛烧炮，敲锣打鼓，将金子匾挂到神柜上面，供族人瞻仰。然后，族人捐钱筹办宴席，喝酒吃饭，庆贺户长当选。

其三，户长职责与权力。设有户长、副户长负责管理本宗族的事务，比如保护族人，和平命案，修缮族规，礼尚往来，主持祭祖，管理族产，主持公道，说事解交，评断族人是非等。特别户长对财务支出有一支笔审批权，对违犯族规家法的族人，比如打骂父母，有刑杖直至处死的权力。同时，户长在族里有最高的组织权、决策权和处置权。可见，族权是宗族治理制度的重要支柱之一。黄孝恪老人回忆，户长多为品行端正、德高望重者担任，同时，他们家里田地多，生活好过，没有任何报酬。要求通过选举，才具有权力和威望，不许族里作奸犯科，禁止族人做汗流党，比如洪七老五、老三、老幺，到处抢劫家产。如果碰到族人做歪事，就整家规或者族规，进行严厉惩处。另外，俗话说，一人有福托家满屋。作为户长媳妇，户长婆说话也有效力，可以沾户长的光，族人也抬举她。

第二，房长（户长）。

其一，房长产生与资格。房长都是族人选举产生，也多为绅士或者族中冒尖者担任。采取终身制，一旦50~60岁年老无力担负其职，管不好族事，允许退位让贤，提议房上重新选新房长。选择标准：年龄要求30~40岁，不能年龄太轻，有文化和有能力者才能担任，能够协助户长做好族里大事，同时，又要求能言善道，品行端方，忠于族人，任劳任怨，家境殷实，以及对本房有贡献者。另外，女人不能担任房长，不管是不是房长的儿子，只要符合条件都可以选为房长。一般做房长，不能兼任本族房长。李氏六房房长任职情况见表6-15。

表6-15　李氏六房房长（户长）任职情况

姓名	房派	职业	家产	品格	事迹
李斯亮	大房	保长	35亩	风流倜傥、玉树临风、高义薄云、侠士风骨，每遇利害，能履险如夷，有雄于族而纵横上下也	建族并领修李氏家乘；为田讼，为族讼，为尸讼，角笔战而无宁日
李锡聪	次房	教书先生	30亩	少聪慧，经书过目不忘，气量豪爽，先儒命明之一义	待兄长以兄，教子以孝，凡而宗族戚党，靡不调停得宜，弥缝而阙而成就其美
李文平	三房	商人	40亩	公为忠厚长者，力行善举，心坚而志而罔懈	凡乡村市井，疾者问，丧者吊，嫁娶不逮者助，津梁不完者补，春不足而秋不及，则发家藏以济之

续表

姓名	房派	职业	家产	品格	事迹
李鸿炳	四房	医生	50亩	生有至性，家世习儒，读书不屑为章句之学，弃学而经商施医也	炳公为族中之志士堪称乡党贤人，炳公此举，可敬可钦，乃族之大也
李美堂	五房	商人	20亩	日读日耕，爱忠爱恕，以俭立身，以勤致富，汔可小康，居然大户	今谏锋芒，当作族中栋梁
李定远	幺房	教师先生	30亩	性恬静，学问深纯，为人品端，心直，厚重	老当益壮，终岁无所闲，而其节摻之高，若出于不自觉，里乡党咸尊重之

据李良望老人所述，房长倜傥慷慨，热心公益，排难解纷，不遗余力。因为没有任何报酬，仅是义务担任。要求家财富足，田地产多，生活好过，没有穷人担任房长，多数富人担任，最重要是在族里有威望和面子。另外，房长改选，没有隆重仪式，多数为本房清明祭扫之时，本房众人商议，推选出合适的房长，他们多数从各家门门长中选出。

其二，房长职责与权力。房长职责有以下几方面。一是评断本房或者房支纠纷与是非。二是管理本房公产及收入，比如公田、湖泊或者坟田等。三是对外交往，代表本房加强与其他房支交流，以及外族人交往。四是协助修缮家乘，登记房丁，保管家乘，以及修缮祠堂、坟地等。五是组织本房进行清明祭扫，并协助户长筹办清明会。六是负责协助筹办户长选举大会或者族人会议。七是扶助本房老弱病残。八是组织自卫。九是教育本房族人，对于违反族规家法者进行处置，轻则打屁股，如果情节严重，同样，可以处死，不过，房长不管什么家庭通奸等行为，多惩罚那些好吃懒做者或者流氓地痞。

第三，门长。其一，门长的产生与资格。门长多数为家门推举产生，或者默认产生。多数采取终身任职，没有任期时间，待门长年龄太大，或者生病去世，才改选新门长。在本家门辈分高、年龄长者担任。选拔标准：要有能力，有文化，有威望，老成公正，能言善道，品端识明，利济乡里者担任。多数选品行端正者，遇到纠纷，多请他帮忙断道理，做到公平公正，别人才会服从和认同，以后打结别人才会再找你，如果不公正，别人就不接你处理，你不再有威望。杜家剀部分门长任职情况见表6-16。

据李良望老人所述，俗话说，鱼不是网不捞。谁能力强谁品德端正，就选谁做门长。不管当什么长，讲出道理，拿得出话，降得住人，就抬举和服从你，讲不出道理，拿不出话，谁都不找你。比如，李姓门长李立成，辈分最高，又有文化，在杜家剀有很大威望，不仅能管本家门子孙，而且对于村落异姓也能教训。

表 6-16　杜家刭部分门长任职情况

姓名	文化	田产	职务	品格
李立成	10年长学	20亩	教书先生	文化高，品行端正、德高望重，擅长说事解交
涂文元	10年长学	35亩	乡代表、教书先生	品行端正、处事公平、读书好，擅长处理纠纷

其二，门长职责与权力。门长掌握权力，比如本家门组织权力、决策权和处置权，不及户长和房长，他们权力范围仅仅局限于本家门，也不能与户长、房长权力相抵触。主要负责处理本家门纠纷，主持分家仪式，为族人担保，组织清明祭祀，救济穷弱，执行家规，保管家门公产及收入，掌管支谱以及协助户长、房长做清明会和修缮家谱、祠堂等。同时，门长也可以行使代理职责，不过，程序是否合规矩，需要征求户长批准。比如过继或者招婿族人有归宗需要，可以向门长申请，门长可代理户长职能，帮助其归宗合族。

据万寿青老人所述，李良望作为门长，代理户长职能，帮助万家归宗合族。需要接老户长和新户长喝酒吃饭，由门长表述合族事由与过程，当程序合乎族规，户长认可抬举门长，并签字，同意三代归宗，如果处置不合道理，户长有权提出作废无效，重新按照祖宗程序举行仪式。最后，准备好酒好菜招待户长和房长、门长以及族人。

如果家门加入大族，就算是一支人，合门支成房派，合房派为宗族。户长就是管理更大范围某一姓全族氏所有宗亲。房长就是管辖跨村路范围房子支子孙。门长就是以村落单元为基础，某一姓氏几户的权力最高者。同时，族里小事情，一般找门长和房长解决，如果族里出大事，比如老人屈死或者妇女冤死，两族发生械斗，过继合族，以及对外交往和代表族人打官司等，都需要户长出面解决，其具有最高决策权和处置权、决定权。

（3）宗族权力关系架构

传统的长江村落里，虽然地域相离或者相隔，通过尊祖合族，也产生相应宗族共同体。总的来说，从时间维度来看，由分到合的宗族，经历了两个基本阶段，不同阶段宗族权力架构也不相同。

第一，由家庭发展至家门阶段。最初，散落而居同姓，因为数量少，力量较弱，没有形成血缘关系而形成宗族。在村落范围内，一户家庭定居繁衍，几户家庭就构成一个房，该亲房以五服之内关系为主，由房长进行管理，然后，若干个房就构成一个家门，再从中推荐门长，这时，门长权力最大，地位最高，负责对同一家门综合管理。可见，门长支配房长，房长支配家长，家长支配家庭，这样，以村落单元为基础的家门是宗族形成的最基本阶段。家门治理架构如图 6-3 所示。

第二，由家门发展至房派阶段。

长江村落开放性，也促使村民个体流动性，为了寻求更好生存和发展机会，放弃集中居住地，选择外迁他方。这时，同姓不只是居住在同一村落，而是散居邻村或者本镇，甚

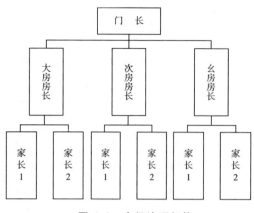

图 6-3　家门治理架构

至本县，几个家门通过血缘关系，联合构成一个房派，进而推选出户长，这时，户长权力最大，地位最高，负责对若干房派的管理。可见，户长支配房长，房长支配门长，门长支配家长，家长支配家庭，权力链条不断延伸，跨村落形成的房派，已经发展成宗族的雏形。但是，由于房派分据各方，地域之间缺少有机联系，也就没有形成真正宗族。房派治理架构如图 6-4 所示。

第三，由房派发展至宗族阶段。

由于尊祖穆族的传统，通过修谱、祭祀或者患难相恤，即使离散的房派也能产生有机联系，这时，所谓跨县域的门族就成为名副其实的宗族。户长管辖全族范围一切事务，轮流由各房选举代表担任。散落在各个地方的房派，由房长管辖各房事务，而村落范围内由家门门长管理若干家庭，家长治理家庭事务。不过，户长权力最大，在宗族中具有最高发言权和主导权，而房长、门长和家长要服从户长管理。宗族治理架构如图 6-5 所示。

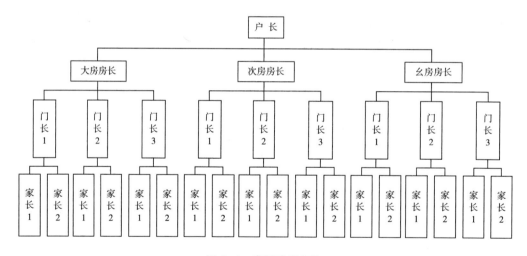

图 6-4　房派治理架构

2. 宗族治理组织

第一，宗族治理组织产生。以杜家剅李姓为例。最初，六房合族之时，先人共同商议，为了便于宗族事务的办理，宗族设有族委会和族董会两类组织，作为负责处理和协调宗亲事务机构。其中，族委会由 6 名族人组成，分别为户长 1 名，副户长 2 名，另外 3 名，分别为老户长 1 名和老副户长 2 名；同样，族董会由 6 名族人组成，董事长 1 名，副董事长 2 名，董事 3 名，其分别由散居各房长担任。多数由 6 大房亲自推选出亲宗爱宗、德高望重、具有较高组织协调能力和文化水平的人员组织。在族委会中，要求户长 3 年遴

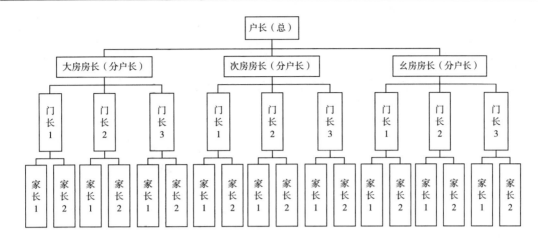

图6-5　宗族治理架构

选一次（严格执行祖训），而其他成员，对于本族贡献大者，允许连选连任。同时，其成员没有任何报酬，另外，女性不能担任管理机构成员。李氏宗族组织情况见表6-17。

黄孝恪老人回忆，在本族中，要担任组织管理人员，必须是那些品行端正者，大公无私者，那些贪图小利，想借机贪污的族人，即使选上了，也做不久。一旦有贪污或者挪用公产行为，户长可以召开族会，商量罢免其职务事宜，再通过召开族亲代表大会通过即可。

表6-17　李氏宗族组织情况

宗族机构	人　员
族委会	文均（秉衡氏）、立标（竟成氏）、慎章（徽五氏）、立帧（国成氏）、斯亮（成公氏）
族董会	立诚（德纯氏）、锦标（干甫氏）、华章（云亭氏）、（良富氏）、（世录氏）
经理	开场（松清氏）、华藻（芹文氏）、斯五（斯五氏）

第二，宗族治理组织职责与权力。设有户长、房长、董事、祠堂经理等掌事职务，主要负责内患外辱，兴废大节，里役粮差，迎来送往，筹办祭祖，修缮家谱，调查和核实宗亲情况，管理田地、湖泊公产及收入，资金筹集和使用审核、认证，评断族人是非等重大事务。同时，族委会在宗族中处于核心地位，是具有最高议事权和决策权的组织机构，凡是经过族委会讨论过的方案，必须执行。族董会是族中重要的组织和执行功能机构，负责执行族委会下达的命令或者决定。

第三，宗族治理组织规则。每年召开2~3次，召开族亲代表大会、族委会和族董会，对于本族重大活动进行商议，比如修谱、修祠堂或者祭祖活动等，会议由户长、副户长，或者董事长主持，有书办负责做会议记录。同时，对于日常事务，由族委会户长、2个副户长商量决定，遇到本族重要事宜，比如祭祖，需要族委会和族董会参加讨论和决定，最后，召开族亲代表大会通过即可。在财务制度方面，资金收支管理，实行账目、开支和保管分开，要 3 人经手，分设出纳和会计、保管，由族董会成员兼任，族委会负责核查。

3. 亲戚治理主体

传统村落，不仅距离国家远，而且由于族人散居各地，与族也有一定距离，在处理家族事务时，依靠亲戚进行治理成为一种必要的辅助手段。每当遇到公共事务，姑爷和舅爷两门正亲，也可以作为重要的治理主体。据李良望老人所述，如果发生矛盾，谁品行端正，就请谁解交，比如族里打架起纠纷，有对有错，要求秉公处理，如果户长喜欢谁为谁说话，错的没有得到处罚，对的没有出气，就说明有偏向，这时，不找户长解交，谁公平就找谁，比如姑爷或者舅爷等。

第一，舅爷。俗话说，娘亲舅大。血缘关系，赋予舅父大人长辈地位，同时，赐予他们处置家事的权力。这种自然而然的权力，自姻亲关系结成，不会马上消失。不过，舅父治理权力和地位的消解有以下原因。一是下堂不为母，女子改嫁，姻亲关系自然消失，舅父就没有处置和干涉事权。二是过继不为儿，就是父母把儿子过继给他人，舅父也没有处置外孙家事权力。同时，舅父处置各种事情，比如调解纠纷或者平复债务等，更多在于其威望和面子。三是夫妻离婚。舅父帮助亲戚处置事情权利和义务也消失。其影响因素有以下几方面。一是职业类别，比如做官或者行医等，他们从事体面职业，社会地位很高，遇到亲戚官司或者纠纷，调解成功概率就高一些。二是社会资源，比如在朝为官，可以动用广泛的人脉资源，或者经商做生意，也可以运用财富，处理亲戚碰到的各种问题。三是道德水平，如果舅父品行端正，处事公平，他们自身威望很高，帮助亲戚解决问题能力就强，反之，如果舅父品德败坏，好吃懒做，根本没有处理事情能力。不管什么亲戚，凡事讲一个理，凭道理而解交。

根据舅父的地位，赋予其以下几方面功能：一是礼仪方面功能，比如出席亲戚红白喜事等，给亲戚一些面子；二是契约方面功能，比如分家、过继、抱养、招婿以及买卖家产，需要打合同，亲戚都会接舅父出席，作为打合同见证人；三是互助功能，比如遇到天灾人祸，舅父可以对亲戚进行经济支助，或者做农活或者盖房子，可以互相打串工，互帮互助；四是保护功能，出嫁女儿受婆家休妻或者欺负致死，舅父可以联合家族力量出面讨公道，甚至，如果亲戚碰到官司或者纠纷，舅父可以运用手中资源，帮助其解决；五是教育功能，比如亲戚好吃懒做、不务正业或者不孝敬父母等，舅父可以出面进行训斥和批评，甚至可以鞭打不孝子；六是调解纠纷，遇到分家纠纷或者夫妻纠纷等，舅父可以出面进行调解。

据李良望老人所述，俗话说，姻缘劝拢，祸福劝开。夫妻之间，要劝和不劝分，如果打架闹事，都是劝开。坚持大事化小事，小事化无。即使发生通奸行为，第一次教训对方，要求改过自新，人哪有不犯错，如果不肯改，丈夫才可以休妻。

第二，姑爷。俗话说，姑爷是半边子。可见姑爷作为最重要的一门亲戚，同样具有干涉亲戚事务的处置权力，而且这种事权自他们婚姻关系缔结之时就自然产生。不过，姑爷的这种处置权，并不是一直存在的，若自身婚姻关系解除，也就是旧时的休妻或者写退婚书，姑爷就不再有过问亲戚事务的权力。同样，姑爷处置和干涉亲戚事务的权力，更多依赖于面子和威望。其同样受其职业类型、社会资源和道德水平因素的影响。一是职业越体面，自身威信越高，对于亲戚帮助能力越强，外来压力越小；二是社会资源越丰富，自身地位越高，进行救助或者帮扶力度越大，处置问题越容易；三是道德水平越高，自身被认可度越高，处置亲戚问题难度越低，外来反抗力量越小。

同样，姑爷的自然身份，也赋予其以下几方面功能：一是礼仪方面功能，作为大客参加亲戚红白喜事；二是契约方面功能，比如分家、过继、抱养、招婿等，需要打合同，姑爷作为见证人出席；三是互助功能，不管天灾人祸还是平常救济，姑爷都是亲戚重要援助对象；四是保护功能，如果税赋摊派或者抓壮丁，有地位的姑爷可以出力帮忙摆平；五是教育功能，如果舅子儿子品行不端，不孝顺父母，也可以接姑爷进行批评和教育；六是调解纠纷，同样，遇到亲戚发生家产纠纷或者夫妻纠纷，姑爷也可以从中进行调解。

总之，舅父和姑爷地位相当，舅父因亲戚婚姻关系或者过继关系，导致舅父干涉亲戚事务权力消失，而姑爷是因为自身婚姻关系断绝，导致处理亲戚事务权力丧失。同时，亲者近，疏者远，即使家族之间有矛盾，只有冒尖人出面打官司，但是，家族之间有亲戚关系，不会冒尖，不会为了家族矛盾，断了亲戚关系。可见亲戚关系比宗亲关系更有韧性。

（三）亲族治理内容

由于亲族治理涉及家庭、宗族或者亲戚多维主体，其包含的治理内容非常丰富，此处将其分为内部治理内容和外部治理内容两个方面，不同方面对于治理实践提供不同指向。

1. 内部治理内容

根据内部治理外延，又可以将其分为不完全宗族事务和完全宗族事务两部分。不完全宗族事务，就是大部分涉及家庭事务，又需要宗族力量介入的事务，而完全宗族事务就是完全依靠宗族力量才能完成的事务。

第一，不完全宗族治理事务，主要表现为：一是红白喜事等筹办，除了兄弟姐妹叔伯帮忙外，也可以接户长、房长、门长帮忙筹办，舅爷和姑爷只是参与，不是治理主体；二是过继、认义子、抱养、招婿或者认祖归宗等活动，是否符合族规家法祖训，不是家庭或者亲戚说了算，需要接户长、房长和门长出席主持和决定，姑爷和舅爷只是作为参与主体；三是买卖家产或者分家等，如果家长能力强，自己或者叔伯做主，可以不接户长、房长和门长，以及舅爷和姑爷，也可以接户长、房长和门长，不接姑爷或者舅爷，或者只接姑爷和舅爷，不接户长等族人出席主持；四是社会救济，遇到天灾人祸，户长、房长、门长，以及姑爷和舅爷都是参与救助主体；五是教育，对于好吃懒做、不务正业或者不孝敬父母的不孝子，户长、房长、门长、姑爷和舅爷都可以进行训斥，甚至打骂；六是调解纠纷，遇到分家财产纠纷或者夫妻纠纷等，户长、房长、门长、姑爷和舅爷都是主要的治理主体，可以进行调解。

据李良望老人所述，公田、河滩和湖泊等共产收入，选举专门经理人管理，户长具有知情权。还有打谱，家长向门长报丁和缴纳丁费，门长向房长转交丁数、名单和丁费，最后，房长把族人名单、数量和丁费汇总到户长，再由户长指定专门经理人进行保管。户长管理总谱，房长管理房谱，门长管理支谱，普通族人没有掌谱权力。不过，长房执掌族谱居多。

第二，完全宗族治理事务，主要表现为：一是选举族长；二是一年或几年开一次族人大会或者族委会、族董会；三是修缮祠堂、修祖坟、打修宗谱；四是主持祭祖活动；五是救济族中贫病；六是设义塾教育族中子弟；七是惩罚违犯族规家法的族人，轻则打屁股，重则处死；八是组织自卫武装；九是祖产管理、经营或者分配。这些宗族活动，都是依靠宗族力量达成，不需要亲戚力量介入和过问。

2. 外部治理内容

外部治理内容涉及主体较为单一，主要表现为以下几个方面。

第一，与外族人矛盾与纠纷。私人与外族矛盾，没有宗族内部约束力，处理问题难度大，需要地方上一些有面子的人或者德高望重的人进行处理。比如户长、房长或者门长，但是，需要秉公处理，不能有所偏袒。一般亲戚不参加处理，除非他们位高权重，是地方人物头，在处置矛盾与纠纷时，才有话语权和支配权。

第二，税赋徭役壮丁摊派。三年两水，碰到水患严重的凶年，户长或者房长可以出面跟钱粮先生或者政府沟通，根据灾情少完粮或者不完粮。在抽丁服役方面，如果家庭困难又缺少劳动力，户长作为绅士，可以出面说情，如果兵源足，不从他家抽丁。不过，一般姑爷和舅爷不参与处理，除非被抽丁者逃跑，姑爷和舅爷才被迫参与捐钱，买壮丁抵空。

第三，违法犯罪。出现偷盗或者抢劫，当事人又逃跑，家长可以找舅爷和姑爷帮忙，出钱或者找关系，赔偿他人损失，大事化小，小事化了。如果情节严重，犯了命案，又逃跑，这时，凭借舅爷和姑爷力量不足以解决问题，需要向户长请示，户长帮忙起族会，每个族人出钱出力，把案子压下来，并赔偿他人损失。

第四，对外交往。如果碰到族产被外族人侵占或者破坏，户长或者门长可以代表族人与外人进行交涉，商量处置方案，请求退还或者赔偿。如果处置不下，可以动用祖产收入或者按户捐钱，请有懂诉讼的族人打官司。最后，如果还是解决不了，户长可以组织族人，运用武力械斗，把祖产争回来。郭用文老人回忆，旧时，陈、刘、郭、杜，四姓湖田界线不清晰，经常争界口发生械斗。插秧时，四大姓互不干涉，待稻谷收割，户长就组织族人拿着长矛打架，强者打赢多收割稻谷，弱者打输少割稻谷。

（四）亲族治理规则

1. 宗族治理规则

（1）族规内容

族规是约束和规范族人的行为规则。以李氏宗族为例进行考察，在建族时，族委会就集体制定制度条例，其主要有以下几方面内容：一是孝悌为先，孝敬父母，恭敬长上，爱护弟兄；二是重人伦，同姓不准通婚；三是扶弱济穷，抚恤孤寡；四是夫须管教妻子，如妻犯规，则视为同罪；五是选拔族长（户长），须慎重，择品行端正者担任；六是族人要安分守己，不能斗诈扳诬，扰害族人；七是早完钱粮，不得拖欠或者抗粮；八是续修族谱，则尊祖制，不可串改惯例；九是族谱宜保，不得丢失，出族需要归还本族保管；十是祖坟当祭，要求子孙谨记。涂氏族规：正伦理，笃恩义，尚勤俭，崇朴实，养廉耻，戒词讼。"海陆不开亲""崔陆不兴讼"，成了陆氏世代相守的族规。[1] 从中可以发现，族规主要涉及三大方面内容：一是在家庭范围，需要孝敬父母，尊重长上，同时，管教妻子，治好家庭；二是在宗族范围，需要救助贫弱或孤寡，还有就是与邻为善，善待族人，另外，需要选好族长当家人，勤修族谱和勤祭祀；三是在国家方面，种田完粮，不得拖欠税赋，同时，族人不得违法国法，祸害族人。可见族规兼顾教化和惩处，惩处力度大于教化。该族规由户长、族委会和族董会共同制定，在实施过程中根据实际情况不断修改完善，族人有提出修改和补充建议的权利和义务。但是，对族规的修改，必须经宗族委员会和族董会表决通过后，再召开宗族代表大会决议后方可生效。必须世代相传，任何房头或者个人不能私自更改或者解除。李氏族规见表6-18。

表6-18　李氏族规

族规十则

族规云，治国治族治家，其制不同，其义一也。治国者，本圣贤经义著为律令，天下奉行而不悖，所以儆顽儒，禁横逆也，治族治家何独不然。益恍然于齐家睦族之不可无宪纲也，故作族规于左。

一、人生以孝悌为先，如有逞其凶横，违祖父母及父母兄长者，命某门长请族长通知各房门长，扭至祠堂从重惩戒，倘不悛悔，察官律究。

二、尝闻别子为祖，继别为宗，异姓则为婚。人之有姓者，所以厚亲亲，别婚姻，重人伦也。谱定后，凡我族众，务各谨守族规家法，同姓不得相娶，如有犯者，公同惩治。

三、族内有贤子孙，善读诗书，家贫无力者，公同玉成之，或有安守本分孤寡无靠者，公同抚恤之。

四、妇女背逆，翁姑不睦，妯娌辱骂乡邻者，固于妇道有亏，皆由其夫姑息养奸，不善教导，嗣后有犯者，均宜坐罪其夫。

五、族长所以维持风化，非品行端正者，不克当此，总须清明祭祖时公举更换，每族长任期以三年为满，不得擅自私充，以昭郑重。

六、斗诈扳诬，此风竟甚，或挟嫌疑而寻衅报复，或伺富厚而借端索骗，往往倾人家产酿成命祸，嗣后不遵模范，同室操戈，扰害族人者，公同察官重究。

七、完钱粮食，而不急正供，岂士庶之分。凡我子孙有粮者，宜争先输纳，毋作顽户谚，日要得安，先了官言，虽浅有理。

八、吾族之谱，以后限定三十年各房小修，六十年通族大修，亦须遵仿旧式，特采录先谱谱例，勿得自作聪明，擅更古法。日后修谱，间或有本系嫡宗，荣鹜成性故为阻扰者，公同察官惩治。

九、谱牒为一族之书，告成后请归执，各宜慎重，不得遗失、糜蠢，若私育于人，公同察官重惩，出族仍追还原谱，另付收掌者藏。

十、此次造谱，祖宗丘墓迷失者，多由后人疏忽之咎，嗣后务宜逐年培修，有力者立碑为记，每清明祭扫，须带子孙至茔所，手指口授，认定为某公某姓之墓，历世相传，庶不致沦为荒冢。

---

〔1〕 陆氏祖先是600多年前从蒙古高原来到江汉平原定居的。后来，陆姓在崔姓的帮助下，迁居于今陆庄（原名崔家台）。因感怀崔姓恩德，禁止与其通婚，以兄弟看待。

（2）族规执行

族规是本族宗亲的行动纲领和行为规范，必须人人遵守，严格执行。本族族人违反族规，须对其进行惩罚，任何人不得阻碍。不过，根据违反族规条例多少或者情节严重程度，采取不同惩罚方式，不同惩罚方式，导致族规执行有不同特点。

第一，忤逆父母，情节较轻，惩处轻微。在执行族规时，一般根据受害者反映情况，比如好吃懒做或者游手好闲，不顾家事，父母管教不了，可以找家门门长到家里，出面执行族规家法。首先，准备八仙桌，门长装香秉烛，敬祖宗，请出祖宗牌位，告知整族规一事，然后，吩咐叔伯或者侄子动用鞭子打屁股，教训不孝子，惩罚轻重，视犯规者悔改程度而定。同时，悔改者需要向父母、门长以及叔伯敬茶，请求原谅，改过自新。

　　杜子英老人回忆，熊姓儿子不做事，好吃懒做，败坏家产，私卖田产（国有国法，家有家规。禁止随便卖田，经过父母和叔伯同意，除非发生天灾人祸，比如生大病、房子发生火灾或者无钱娶妻子等大事，才允许卖田产，如果好吃懒做，吃喝嫖赌等歪事情，倒卖田地，户长、门长、叔伯婶娘禁止买卖田地），不孝顺爹娘，父母没有办法教育，接门长整族规家法，由叔伯和侄子帮忙打鞭子，一般要把屁股打破。同时，如果承认错误，邻居帮忙出门解交，出面求情，就少打几鞭子，不然，被打死。事后，不孝子需要向父母、门长、叔伯一一敬茶道歉，乞求原谅。

第二，打骂父母，情节严重，处以重罚。当违反族规较为严重，比如顺妻灭母或者打骂父母，忤逆长上，或者为老不尊等不轨行为，父母可以接户长和门长，请求他们出面整族规家法，执行地点为当事人家里。同样，首先准备八仙桌，门长装香秉烛，敬祖宗，请出祖宗牌位，告知整族规一事，然后，由晚辈执行族规，比如儿子或者孙子，以此羞辱违规者，让其出丑。惩罚力度，也是根据被惩处者悔悟程度而定，如果及时反省，就停止整族规，如果死不悔改，就多打几鞭子，直到承认错误为止。同样，悔过者需要一一敬茶道歉，请求原谅。整家规，允许外姓族人也前去观看，依此羞辱犯错者。"某家今天整家规，大家都去看一下，谁都可以前去，不会介意。"

　　郭用文老人回忆，如果儿子好吃懒做或者辱骂、殴打父母，不把父母当人，父母可以接户长过来整家规。由户长安排家长准备一张八仙桌，然后，烧香秉烛，将祖宗牌子请下来，向祖宗禀告事情，以示祖宗下来整家规，教训不肖子孙，户长念念有词，秉承祖训，"不是户长打你，是祖宗打你"。户长吩咐叔叔和伯伯亲子本房执行家规，用鞭子打不孝子的屁股，如果改过自新，承认错误，才停止。待家规整完，户长要求犯错者一一筛茶，赔礼道歉，先筛给父母喝，再筛给户长，最后，筛给房长或者门长喝。整完家规，父母烧火准备夜宵给户长和门长吃，有些不服气者不跟他们一起吃，脸皮厚犯错者，屁股被打开花，也跟户长和门长吃。如果是祖父或者父亲犯家规，就要求儿子或者孙子出手打长辈的屁股，让晚辈教育长辈，扯长辈的脸，依此羞辱长辈，看犯错者学不学好。

第三，作奸犯科，株连族人，可以治死。如果情节严重，比如儿子逼死父母或者屡次犯命案株连族人，屡教不改，父母没办法进行教育，可以请户长和门长执行最严厉族规，命令族人将不孝子绑到祠堂，进行公开审判。同样，先由户长进行祭祖仪式，燃香秉烛，四跪八拜，禀告执行族规，惩处不肖子孙。最后，户长命令族人用席子把逆子卷起来，丢到水潭淹死，任何人不得违抗。

据黄孝恪老人所述，国法和族规一样大。旧时，国家不管族里事情，遇到大事小事，多由族里自己解决，户长地位很高，受人尊敬，说一句话算一句，吩咐怎么做就怎么做，怎么处理就怎么处理，即使处死，也没有人敢管，而且国家也赋予家族或宗族处理不孝子的权力。比如忤逆、劫杀或者奸淫等重要罪行，立即抓到祠堂，要求其父兄立字据，写清罪状，请求户长秉公处置，若无父兄，则请其亲支房长告祖，请户长秉公办理，轻则斥责、罚跪，重则处死。

第四，其他。同宗男女私恋、私陪，处以活埋。另外，还有族中嫁女申冤的规定，若某女受婆家虐待致死致残，其娘家族人尝倾族而出，拥至男家，轻则杀猪宰羊，毁人家家产，重则捉人殴打，或者集资打人命官司。不同族规执行情况见表6-19。

表6-19　不同族规执行情况

类型	所犯族规	主持者	执行者	执行地点	有无说情	惩罚力度
鞭刑	好吃懒做，忤逆父母	门长	叔伯侄子	家庭	邻居	轻
板刑	嫖赌进窑，打骂父母	户长、门长	儿子或者孙子	家庭	邻居	中
死刑	作奸犯科，祸害族人	户长、各门长	族人	祠堂	无	重

（3）族规效力

族规具有普适性和特殊性，其中，族规特殊性就是不同族规差异，你有你的族规，我有我的族规，有哪些族规，因为什么行为犯规，犯了什么错，犯了哪一条族规，根据实际情况进行处罚。而族规普适性，就是不同族规一致部分，比如不孝敬父母或打骂父母，不管任何姓氏制定的族规家法，多会要求进行处罚。他们不是某姓唯一规定，也不是某一姓氏专门的条例，各姓氏都要遵守，否则就违规，整族规家法。

李良望老人回忆，旧时，杜家剀李氏门长李立成，既有文化又有威望，同时能言善辩，品行端正。在同一村落，如果女子不行妇道，他能够出门批评和教训，本家门那个不孝子，走东撩西，不务正业，被门长盘问，如果不满意，就用拐棍打他。即使在本村落，不管姓什么，姓李还是姓杜，如果做法不合道理，违背五伦纲常，李立成就有权力干涉，甚至用拐棍打，如果谁来交涉，他也能讲出道理，因为如果不教训，你姓人品格败坏也会影响和带坏我姓子弟，必须批评教育，以儆效尤。

2. 亲戚治理规则

（1）亲规内容

亲规72条，包括家规38条和行规34条两个部分，家规38条为："说是道非、关头泗脚、走东撩西、偷生换熟、打公骂婆、咒天骂地、不仁不义、偷吃抹嘴、骗死要活、偷人养汉、顺妻灭母、嫌丑爱娇、见好爱好、投河落井、赤身露体、舌尖嘴长、抢口推舌、坑蒙拐骗、睡早起迟、好吃懒做、只借不还、偷鸡摸狗、偷奸耍滑。"[1] 行为规范34条，主要内容为嫖赌进窑、盗卖家产、不知五阴六阳、不知三从四德、不守五伦纲常。[2] 在生活方面，男女授受不亲，非礼勿视，非礼勿听；耗子偷食无收拾；女人端碗串巷；无事不走三堂（禁止厅堂沐浴、禁止厅堂洗月经带）。集中体现在以下几个方面。在修身方面，比如循礼仪、戒赌博和毋懒废等；在齐家方面，比如尊父母，听教诲，谨身心等；在睦邻待友方面，不要挑拨是非或者只借不还等。可见亲规72条细化，涉及方方面面，偏重于道德教化和训诫。同时，72条亲规并不是作为条例，张贴上墙，而是口口相传，前人后教，子孙记牢。行为规范具体见表6-20。

郭用文老人回忆，旧时，做人要守规矩，提倡妻贤子孝，国正则民安，家正则和睦，己正则正人，一代一代人传授下来，不管何姓氏，不能随意违反。父母要求子女谨记，不顶撞长辈，不打闹嬉戏，站有站相，坐有坐相，吃有吃相，吃不言，睡不语等；要求女子出嫁以后，要讲良心，要尊敬高堂、孝顺公婆，恭敬长上、睦邻友爱。不恭敬长辈、打骂父母、游手好闲、不务正业、骗吃好喝、小偷小摸等，这些都是犯规行为，都可以进行惩处。

表6-20　行为规范

亲规	具体内容
三纲（3条）	君为臣纲，父为子纲，夫为妻纲
五常（5条）	仁、义、礼、智、信
五伦（5条）	天、地、君、亲、师
三从（3条）	在家从父，出嫁从夫，夫死从子
四德（4条）	德、言、容、功。第一是品德，修身正本；第二是言语，讲究知书达礼，说话得体，言辞恰当；第三是相貌，出入要端庄稳重持礼，不要轻浮随便；第四是治家之功，包括相夫教子、尊老爱幼、勤俭节约等生活细节

（2）亲规执行

旧时，村民对72条规矩都烂熟于心，一般人不敢轻易违反，如果谁违反，就一一对

---

〔1〕　材料来源于李良望老人口述整理。

〔2〕　材料来源于郭用文老人口述整理。

应，进行训斥或者进行惩处，不过，即使情节再严重，也不会轻易处死。同时，不同对象违反，处置方式和亲规执行者也不相同。

其一，女子犯规。如果女子违反 72 条，姑爷或者舅爷可以进行批评和教育，但是，不能动手打，即使要打，也是女子娘家人才可以动手打。比如 72 条中第一条"打公骂婆"，如果女子违反，舅爷或者姑爷可以打不孝子，但是，不能直接打女子。丈夫才可以打妻子，但是，丈夫不能打女人的腰，女人的腰是空的，打了就做不得事情，如果怀了小孩，就会流产。不过，妻子如果违反条数过多，姑爷或者舅爷可以强迫丈夫休妻，不然，女方娘家人可以出面扯皮。

> 据李丙怀老人所述，旧时，女人不能坐扁担，一旦男人用扁担挑东西，就对男人不利。另外，男女衣服，要先洗男人的衣服，后洗女人的衣服，先晾男子衣服，再晾女人衣服，收衣服也要先收男人衣服，再收女人衣服，女人衣服也不能盖住男子衣服，不然，男人火气流失，也对男人不利。如果不遵守，不知道五阴六阳，也会被长辈训斥，不管姑爷还是舅爷。

其二，男子犯规。男子犯规，处罚就较为严重。如果男子好吃懒做、游手好闲或者偏袒或维护妻子，违背父母意志，打骂父母，俗称为顺妻灭母，罪不可轻饶。轻则舅爷或者姑爷训斥和批评，重则可以棍打不孝子。虽然姑爷或者舅爷没有治死权，但碰到父母屈死，舅爷或者舅爷可以告状，男子不得脱皮，要接受国法处置。

（3）亲规效力

由于亲规约束很细致，渗透到日常行为规范，别人不敢做的，你自作主张做了，就违反 72 条规矩。同时，不管哪个姓氏，还是哪个亲戚，都需要遵循 72 条亲规，谁犯规谁不遵守，就可以接姑爷或者舅爷进行处置，轻则进行训斥教育，重则可以打屁股。如果出了命案，比如父母被虐待致死或者妻子投河落井等，姑爷或者舅爷可以告状，要求以国法进行处置。据郭用文老人所述，以前，婆婆管制媳妇，媳妇遵循婆婆，比如冠头洗脚，梳头可以在中堂梳理，洗脚洗腿子要在房子里洗完，穿戴整齐才出来。如果不懂礼数，穿戴不整齐，或者在堂屋洗脚，就会被婆婆训斥，甚至用拐棍打，说"娘屋里没有教你"。这时，媳妇不敢还嘴和还手，如果出手，就是犯了"打公骂婆"的罪行。

（五）亲族治理过程

在宗族范围内，不同主体进行互动，以及涉及不同治理内容，就需要不同治理形式，其治理过程具有不同特点。

1. 宗族会议

（1）族人代表大会

第一，召开族会条件。在宗族范围内，只有商讨本族重要事宜，才会召开族人代表大会，比如改选户长、修缮族规、修缮族谱、修缮祠堂或者清明祭祖等例行大会，另外，遇到特殊事件，比如祠堂、祖坟被盗毁，祖产被侵占、解散议事机构、与外族发生纠纷、应付官司等，也需要在祠堂召开族人代表大会，对重要事宜进行商议讨论。

　　黄孝义老人回忆，如果族人性格拐，到处犯案，由户长或者门长进行惩处。他们闯事情，株连族人不安，比如打死人，犯了命案，肇事者逃跑，受害者到县衙告状，政府找到族里户长，户长就起族会，家家户户按照丁数量出钱，用钱补偿人家，平复官司，与他族人讲和。比如黄新界，他读书好，文墨好，但是，性格拐，不行正当，做强盗，到外面闯大事，下不了台，被人告状，户长就起族会，挨家挨户出钱，帮其把官司和平，平息命案。

　　第二，族会主持和参与者。族会一般一年举行 2~3 次，多数为清明节前一周，如果遇到特殊事情，召开时间由户长决定，然后，由各房房长向各房或者各家门传达通知。商议族中重大事务，族委会、族董会成员必须参加，会议由户长或者副户长，以及族董会董事长主持，同时，需要由兼任书办的副户长做会议记录。另外，各地家门门长和家长需要参加，如果家长不在，儿子可以代为参加，但是，女子和小孩，以及乞丐不得列席，异姓人也不能参加。

　　李良望老人回忆，每逢有丁不能入谱，家长可以向门长和房长反映，房长再找户长商量，约定何时打谱。何时修谱，收取多少丁费，也是户长和房长讨论决定，再由房长通知各门长开会。打谱时，家长向门长报丁和缴纳丁费，门长向房长转交丁数、名单和丁费，最后，房长把族人名单、数量和丁费汇总到户长，再由户长指定专门经理人进行保管。由户长找专门人排版、捡字和印刷，编成家谱。可见，修谱收取多少丁费，族人没有参与决定权，只有知情权。另外，修缮族谱，多数为有文化或者有威望者参与，比如收集资料、核实人丁、排版和印刷等，普通族人不参与。

　　第三，族会决策机制。在族会召开之际，凡是参与族会的代表，都有提出批评和建议的权利，比如族规不合理，急需修改，或者户长改选等重大事宜，需要族人代表进行集体民主决策，需要一半以上族人代表举手才能通过，决策结果才有效。黄孝恪老人回忆，当召开族人代表大会时，要求族人各抒己见，积极发言，不以资历、年龄大小或者职位高低决策宗族事务，各项事务要做到公平公正合理，进行民主决策，但是，真正敢发言的很少，只有几个有文化水平的族人发言居多。

　　第四，族会决策方案执行。族会通过决议，比如通过修缮完成的族规，与会族人代表必须遵守和谨记，并由各家门门长和家长将会议结果一一传达，要求每个族人熟知，同样，需要遵守，任何人不能违抗和反对。如果有人反对，比如违犯族规受罚者，不服判罚，户长或者副户长等族委会成员可以强制执行。同时，日常生活中，族人是否遵守，由户长等族委会成员进行监督。

（2）族委会

第一，召开族委会条件。祖产经营、分配、扶弱济穷或者议事机构组建或者解散，以及族规修缮等事务，需要召集族委会相关成员开会，进行集体商讨，订出方案。

第二，族委会主持和参与者。族委会召开没有确定时间，凡是有族中事务，户长可以召集副户长等其他族委会成员开会，没有特殊情况，不得缺席会议，会议由户长主持，如果户长不在，由副户长代为主持。特殊事情，如果征得户长同意，一般族董会成员也可以列席。同时，需要由兼任书办的副户长做会议记录。另外，其他族人代表、女子或者小孩不得参与会议，外族人更不能参加。

第三，族委会决策机制。对族委会讨论方案，坚持少数服从多数的原则，可以防止户长独断专行，同时，如果遇到重大事情，比如治死族人，户长有一票否决权，防止族人别有用心地滥用权力。另外，列席的族董会成员没有决策权，只有知情权。族规由族委会和族董会共同制定，具有族规权属解释权，其他族人没有参与权。

第四，族委会决策方案执行。本族重要事务，比如族规修正或者议事机构修正，该方案是否符合祖制，需要召开族人代表大会通过才能执行，同时，族委会共同决定方案，由族董会负责执行和落实，其执行期间，一般族人可以提出批评和建议，拥有建议权和知情权。比如族规制定和颁布，由族委会和族董会表决通过，再召开族人代表大会通过即可颁布实施，普通村民必须执行。

（3）族董会

第一，召开族董会的条件。族董会并不是随便召开的，因为族董会是本族的重要执行组织，其重要职能是执行族人代表大会和族委会决策方案，并围绕方案相关事宜，比如修缮族谱、修祖坟或者祠堂，以及清明祭祖活动，进行组织和分工，筹办好本族重大活动。

第二，族董会主持和参与者。由于族董会成员来自各房房头，如需要召开会议，其成员必须准时参加，如果有事情不能参加，需要委托本房有资历门长参加，并提前向董事长说明情况，申请批准。同时，为了避免董事会没有执行族委会命令，户长或者副户长可以参与会议，作为旁听者。其他族人或者不相关异姓人等不得参加。会议由董事长或者副董事长主持，并由书办做会议记录，并呈报户长批阅。

第三，族董会决策机制。族董会作为执行组织，其决策范围有限，不能涉及宗族祖产分配或者议事机构解散等重要事宜，只能涉及宗族活动，比如修缮族谱或者清明祭祖等活动，该方案需要多少人力，多少资金，实施进度如何安排等，都是族董会决策内容，这些事宜需要族董会进行集体讨论决定，并形成实施方案。

第四，族董会决策执行。族董会做出决策，需以文本方案呈报户长批准，方可执行。同时，该方案执行有严格制度。比如在筹办宗族活动实践中，资金收支管理，实行账目、开支和保管分开制度，要3人经手，分设出纳和会计、保管，由族董会成员兼任，族委会负责核查。同时，对财务支出，户长有一支笔审批权，防止族董会成员挪用公款。

2. 家门会议

第一，召开家门会议条件。在家门范围内，不定期召开家门会议，一般在门长家里举行，会议内容主要包括处理本家门的纠纷，家门公产的变更、经营和分配，惩罚违反族规家法者，救济家门贫困孤寡，清明祭祀家门先祖，修缮家门先人祖坟，过继、招女婿和认义子，以及下达族委会、族人代表大会或者族董会命令或者通知。比如何时修缮族谱、祠堂或改选户长，请家门之人积极参与。

第二，家门会议主持和参与者。家门会议由门长决定时间和地点，并提前挨家挨户通知本家门家长参加，如果家长不在，可以由儿子代为参加，女子和小孩不准参加，其他家门或者外姓人不得参加。另外，过继或者做上门女婿等出族人等，也不能参加家门会议。会议由门长主持，并吩咐一人做记录。

第三，家门会议决策机制。家门会议决策内容仅局限于本家门的事务，多数为家门门长提出一定方案，在家门会议上进行共同研究和讨论，多数家门成员同意即可，如果反对人较多，则可以根据家门成员意见修改方案，再次召开家门会议，直到一半以上家门成员通过才行。同时，如果少数几个进行决策，没有经由门长等多数人同意，决策也无效。比如家门公产，没有经过多数人同意，不容许私人盗卖。最后，决策结果不仅由家长通知各家庭成员，而且还要将部分事务呈报户长，比如本家门祭祖时间和地点，需要通知族委会和族董会成员，以及过继、招婿和认义子情况，都要向户长进行汇报。另外，对于族上已经决定的事务，不得重新讨论和决策。

第四，家门决策执行。不同家门会议内容，讨论事务不同，主要分为家门决策和宗族决策两种执行方案。一是本家门决策，比如整族规家法或者救助家门成员，都是由门长监督执行，不需要上报户长。二是宗族决策执行，在家门会议举行以后，必须无条件执行，不仅门长需要进行监督，而且户长和房长要定期下村检查，如果完不成，必须对执行不利者进行处罚。比如修谱时，要按时上交丁费，如果有拖欠，户长和门长可以用其值钱东西作为抵押。另外，如果过继、认义子和招婿不符合祖制，虽然由门长决策执行，但是户长有权宣布无效，不得执行。

3. 亲戚会议

第一，召开亲戚会议条件。根据不同情况，需要召开亲戚会议，可以将其分为例行亲戚会议和特殊情况亲戚会议。例行亲戚会议，比如亲戚分家，家庭纠纷，过继、招婿或认义子，老人赡养，买卖家产和红白喜事等，请亲戚帮忙主持和见证。特殊情况亲戚会议，比如亲戚遭遇天灾人祸需要救助，或者作奸犯科需要筹钱打官司等，都需要召集亲戚开会，请求亲戚帮忙解决问题。

> 李良望老人回忆，孤儿寡母欠债，安葬丈夫，只能卖田抵债，或者亲戚帮忙筹钱还债，比如李良望借5斗谷，帮忙舅舅儿子埋葬父亲，孤儿寡母不需要归还。

第二，亲戚会议主持和参与者。一般出席亲戚会议多数为自己妻子的娘家人、儿子的妻子的娘家人、女儿的丈夫的家人、姐姐的丈夫的家人、妹妹的丈夫的家人、母亲的娘家人、母亲姊妹的丈夫的家人，以及父亲的姊妹的家人等。一般亲戚会议由舅爷或者姑爷等或者地位高或者有威望的亲戚主持。不过，多为男丁参加，女子和小孩不能参与。

第三，亲戚会议决策机制。在亲戚会议期间，任何亲戚都有发表意见和看法的权利，多为舅爷和姑爷等正亲发言后，其他亲戚才发言，不过，如果哪个亲戚有钱有地位，也可以先发言，进行集体商议和讨论。同样，实行民主决策，有一致的意见即可，如果没能达成一致意见，就坚持少数服从多数原则，最后，将决策结果通报给当事人家庭。同时，亲戚会议决策结果，也不能与宗族族规相违背，比如随意立嗣或者出继，没有经过门长或者户长同意，该决策结果无效。

据黄孝恪老人所述，如果父亲去世早，儿子较小，妻子无力筹办丧事，亲戚可以召开亲戚会议，出钱请人帮忙筹办，但是，筹办方式和规模必须符合男方族制，同时，如果妻子需要改嫁，儿子也要出继，也必须经过门长和户长同意，优先过继给本家门。

第四，亲戚会议决策执行。亲戚共同进行的决策，由于多数同意决策方案，与会者亲戚必需遵守，而且当事人也需要执行亲戚通过的决定，比如儿子轮流赡养父母，如果哪个违背集体决策，任何一个亲戚都可以进行监督，可以强制执行，比如强行让儿子出钱，如果儿子有打骂父母的情形，舅爷或者姑爷可强制执行亲规家法。不过，亲戚会议决策效力有限，如果亲戚会议得出的方案，与本门族制相违背，也不能执行，比如盗卖家产或者强行将儿子出继等，需要先征得户长或者门长同意，经过批准，才能执行决策方案。

4. 宗族和亲戚共同会议

第一，召开宗亲会议条件。现实当中遇到小困难，要么找家门解决，要么找亲戚帮忙。但是，当依靠亲戚力量不能解决困难时，就需要找本家门或者本族，集合宗亲两股力量进行处理。比如逃壮丁、交不起税赋、打架斗殴、偷盗抢劫或者杀人放火等重大事情，既犯了族规家法，又犯了国法，不过，肇事者却逃跑，连累家人，就需要召开宗亲会议进行解决。

第二，宗亲会议主持和参与者。由于宗亲会议需要处置大事情，参与的人越多越好。首先，在亲戚方面，多数为自己妻子的娘家人、儿子的妻子的娘家人、女儿的丈夫的家人、姐姐的丈夫的家人、妹妹的丈夫的家人、母亲的娘家人、母亲姊妹的丈夫的家人，以及父亲的姊妹的家人等，如果能参加，可以包括1~3代亲戚。另一方面，本家门所有成员，如果力量不够，还可以找户长帮忙，召集全族人参与，不过，女子和小孩不能参与，如果家长不在，儿子可以代理参加。一般会议由力量强大的户长或者门长主持，请专门书办做会议记录。

第三，宗亲会议决策机制。如果门长和亲戚召开会议，一般门长或者舅爷都可以先发言，然后，双方轮流发言，不过辈分、年龄或者地位高者也可以先发言，讨论出双方同意的解决方案，如果一方不同意，另一方则需将方案进行修改，直到双方满意为止。另外，如果召开亲戚和整个宗族的共同会议，一般由户长一方做主，提出合理的解决方案，而亲戚一方找地位高或者有威望的姑爷或者舅爷作为代表发表意见和看法，最终，也要拿出双方满意的解决方案。比如犯命案，需要请人打官司，亲戚出多少钱，族人出多少钱，卖多少田地换钱，请谁打官司，是亲戚还是户长、门长负责出庭或者交涉，都要商量出具体方案。

第四，宗案会议决策执行。如果门长和亲戚共同做出的决策，需要门长和亲戚集体出力付诸实施，双方需要信守诺言。如果亲戚和宗族共同做出的决策，谁力量大谁主导，一般户长同意和监督，由族董会将决策方案付诸实施，而亲戚则作为一种辅助力量，促进决策方案执行到位。

据郭用文老人所述，碰到儿子作奸犯科，犯了命案，外族人或者官府上门追究，要交出人犯，这时，如果亲戚力量大，能够出钱或者找关系人帮忙，通过赔偿损失将案子平息，但是，如果亲戚不能帮忙解决，就需要向门长申请，请门族帮忙出钱出力，平和命案，大事化小，小事化无。但是，如果门族力量解决不了，就可以请户长帮忙起族会，用全族力量解决。

二　亲族治理关系

（一）亲族成员关系

第一，当事人为亲戚关系。俗话说，药不对方，死人用船装。亲戚之间一旦发生矛盾，可以请不同人帮忙解交，根据双方反馈情况，分清孰是孰非，酌情处理。亲戚之间有矛盾，可接姑爷和舅爷帮忙仲裁和调解。比如李良望的舅子儿子与嫡亲叔伯有矛盾，就找姑爷帮忙调解。俗话说，有理走遍天下，无理寸步难行。不只是长辈帮忙调解，一些同辈能讲究理性，能言善辩，也可以帮忙调解矛盾和纠纷，比如大姐和小妹有矛盾，由二姐帮忙调解。可见亲戚发生矛盾，不会由政府介入，多数依靠私情关系进行解决，待矛盾解决过后，关系大部分可以复原。

第二，当事人为同村同族关系。在村落中同族发生矛盾，比如田地产权纠纷或者邻里纠纷等，一般请门长或者户长帮忙解决。分为临时事件和特殊事件。其中，临时事件解交，随时碰到纠纷，就接门长或者户长解决，不容纠纷和矛盾继续激化，而特殊事件解交，就是即使碰到纠纷，也不是马上解决，待碰到红白喜事，再请门长或者户长帮忙解交。通过门族或者宗族力量足以解决，不需要上官府告状。

第三，当事人为不同村同族关系。不同村同族族人发生纠纷时，一般会先请双方门长或者有地位的亲戚进行解交，如果不能解决，再请同一宗族户长出面调解，一般调解时间为清明会之时，地点为祠堂，双方叙述理由，供户长等族委会成员进行公断，分清是非，断出结果，错误方必须当场给对方倒茶道歉，重归于好，一般不会闹到官府打官司。

第四，当事人为本族与他族关系。族人与外族族人发生矛盾纠纷时，一般先找有关系的亲戚出面斡旋，或者双方门长或者户长出面进行调解，如果不能解决问题，还可以接保长或者有威望的绅士过来同时调解，如果不相信他们，可以直接出钱请人打官司，依靠政府的力量解决。可见异族之间矛盾和纠纷非常复杂，涉及家门或者宗族力量，一旦闹大，政府力量也不一定能解决问题，就有可能导致宗族械斗。

据李良望老人所述，家族之间发生矛盾，需要请政府帮忙调解，比如保长。同姓之间有矛盾，由长辈或者户长、门长帮忙调解和解交。比如，李前元和李秋范存在屋台边界纠纷，李前元就接教书先生叶道四、乡代表涂前元和族人沈昭贤断公平，帮忙调解，准备好酒好菜招待。另外，如果异姓之间有矛盾，可以请相好的邻居或者有威望之人帮忙调解。

（二）亲族与成员治理关系

1. 认同

第一，宗族和家门认同。族长、门长都是选举或者默认产生，他们有很高权威，地位很高，受人尊敬，说一句话算一句，吩咐怎么做就怎么做。谁犯了族规家法，族长、门长对族人进行教育批评，族人都会耐心听从，一般不敢轻易反驳，如果反驳，他们可以整族规家法，没人敢反对。比如打谱或者祭祀等出丁费，如果因为家庭困难没钱上交，当事人可以说明情况，门长或者户长可以免除丁费，如果有钱不愿意缴纳，门长或者户长轻则可以进行批评，重则可以打屁股，或者拿值钱东西相抵。

第二，亲戚认同。俗话说，隔壁（紧逼）当亲房。不同邻居也是同姓或者异姓，因为距离近，紧挨着居住，当亲人对待，遇到矛盾或者纠纷，邻居了解情况，孰是孰非，可以做证，出面调解更有说服力。调解以后，矛盾基本消除，和好如初，不记仇。特别如果邻居是异姓，也可能是亲戚，依靠亲戚居住，也是寻求亲戚认同。

2. 背叛

第一，背叛宗族。除了过继、认义父或者做上门女婿外，虽然本宗族内，没有人敢随便更名换姓，改换门庭，但是，涉及本房或者本门利益或者地位，甚至权力争夺，也有人会不惜背叛宗族，导致宗族发生分裂，没有形成强固宗族势力。

第二，背叛家门。同姓之间或者异姓之间私人矛盾居多，不过，私人矛盾，没有利益关系家族不会帮你出面打架或者打官司。即使没有站在外人一边，帮助外人欺负本家门人，也不会出面做证。特别是涉及利益关系，家门人更加会从自身考虑，是否能从中谋取到好处。李良望老人回忆，螺滩村李家跟代家争土地，因为杜家剐姓李的40亩田，发生水灾倒口，租给螺滩村李姓耕种，但是，螺滩村代姓说是他们的地，螺滩村李姓冒充田主跟代姓打官司，请政府帮忙调解，而螺滩村李姓没有记录，只能求助杜家剐李姓帮忙，因为他们有完钱粮的田册记录作为凭据，上面写有李怀银的名字，由杜家剐李窥银保管。但是，杜家剜李姓提出要求，如果帮忙打官司，赢了官司，要把田产要回来，作为公田，结果没有达成一致意见，就不帮忙出面打官司。

第三，背叛亲戚。如果有困难，可以找亲戚帮忙，有时涉及家门或者家族利益，有的重仁义，不肯跟亲戚发生矛盾，但是，大姓之间发生矛盾，本族利益越多，家户能分享资源也越多，有时也会六亲不认。比如大姓缠大姓，因为田地界线不清晰，为了争夺更多田地，如果打官司不行，户长就召集族人打架械斗，即使亲戚之间碰到也不讲情面，也敢出手打人，甚至造成姑爷或者舅爷也不开亲。

（三）国家治理与亲族治理关系

1. 认可与合作

国家认可宗族。第一，国家需要宗族自治。1949 年以前，由于国家政权不稳，改朝换代频繁，村庄地处偏僻，政府无暇顾及，管不到村庄事务。比如国民党统治，共产党政权建设、军阀混战，以及日本统治，政权来回往复，没有统一政权，无一日之主，村民遇到大事小事，不知道向谁告状，更多依靠村庄族里的族规家法进行处置。同时，民不告而官不究，民不告状，国家也不处理。特别是触犯族规家法的人，由族人进行处罚，没有人去告状，即使治死人，国家派人调查，户长也不怕，犯了命案，理应以血还血。

第二，社会基层组织依靠宗法维系。族规家法不仅是家族约束族人的行为规范，也是国家治理的重要手段。俗话说，有法治邪，有理打爷。意思是说如果有各种邪魔外道，由法术进行消灭。如果儿子或者孙子有道理，父亲或者爷爷犯错误，比如爹爹烧火，与媳妇通奸，败坏门风，晚辈也可以动手打长辈。另外，王子犯法，与庶民同罪。如果王侯将相犯了错误，也可以治罪。皇帝腐败无能，祸害百姓，农民也可以起义，推翻昏君的统治。但是，不犯错误，父亲或者皇帝都不能打。

2. 宗族认可国家

首先，国家颁布法令严厉禁止赌博或者卖淫等，对违反者进行抓捕，特别是鸦片祸国殃民，谁要是贩卖鸦片，严重的会被处以死刑，这些也违反族规家法，也要进行处罚。其次，税赋徭役认同。种田完粮。俗话说，钱粮早完，幼女早嫁。国家需要缴纳合理税赋，即使再困难，没有饭吃，也一定要完粮，不完不行，不能抗捐抗税。没有吃的，就到洪湖打菱角充饥或者到外面赶工赚钱生活。同时，军出于民，民出于土。国家有防止外敌入侵或者镇压土匪或者黑势力等责任，向村落征集适当的男子，村民也非常支持，参军入伍，保家卫国。最后，如果垸堤倒口，政府征集民夫修堤，保护花户庄稼和家园，村民也非常认可，即使挖自己田或者拆掉房子抢险，也心甘情愿。李良望说，国民党统治末期，只顾跟共产党打内战，抓壮丁很厉害，引起农民不满，同时，他们也不管老百姓死活，即使河堤倒口，也不找人修缮，很多人无家可归，导致百姓对他们不满，才推翻他们的统治。

3. 反对与打压

国有国法，族有族规，家有家法。在村落范围内，距离国法有些距离，依靠亲族运用族规和家法进行治理，更加行之有效。但是，当本族、本门或亲戚做出的决策与国家政策不相符时，比如将偷盗者打死或者运用武力方式解决地界纠纷等，虽然出于自身利益维护，没有触犯族规家法，甚至是户长或门长决策和同意，但是，违背国家禁令，也就是与国法相抵触，国家可以运用法律进行制裁，比如判刑或者罚款等。

据黄孝恪老人所述，强盗（偷盗）无死罪。如果牛被偷了，一般只有外面强盗偷走，附近乡村村民不敢偷，如果强盗被抓到，就绑到警察局坐监狱。抓贼抓赃。如果没有抓到，怀疑别人，也不能说人家偷。俗话说，强盗门前过，无赃不降罪。即使告状官府，也会被倒打一耙，说你诬告人，就打死你。更加不能依靠人多，将强盗打死，不然，就会因故意杀人被抓去判刑坐监。

三　亲族治理方式

在村落里，亲族要进行有效治理，离不开行之有效的治理方式。根据亲族治理内容，可将治理方式分为奖励方式和惩罚方式两种。

（一）奖励方式

第一，功名奖励。传统村落有渔樵耕读的家训，为了鼓励子孙后代苦读诗书，入朝为官，光宗门楣，如果考取功名，族上进行以下奖励：一是由门长将进士匾悬挂于门楣之上，供世人瞻仰，勉励后代子孙；二是编撰家谱时，登入名人录，为其立传，记录生平，供后世传颂。李氏家乘记载："竟成公，原名立标，字竟成，生于光绪六年，一公房。1908 年任公安县长江修防主任，继迁省政府秘书，而以团副远安击贼有功，擢署理恩施知事。1924 年任武汉三镇土地测量委员会主任。故两湖巡阅使湖北省督军省长肖耀南题赞曰'割臂疗亲，罔惜厥躬，居官尽瘁，其旨可风'。解印绶而归田后，则勤于族事，1929 年将六大房归于一体，督修家乘，李河李氏六大房始有族谱。"[1]

第二，善行奖励。鼓励族人多行善事，为子孙后代培德。为本族发展做出重要贡献者，特进行以下方面奖励。一是送牌匾。比如选举德高望重者做户长，全族出钱打造金字匾，写上"忠孝节义"，择良辰吉日送给新户长，悬挂于户长家门门楣之上，以示新户长地位高，名声远。另外，族中有义夫、善男、节妇、烈女，一切孝行经查实，呈请奖励旌表或自行建坊，如有贫者，同赴公请匾，勿负其志而没其行。二是举办宴席。对考上功名者或者当上户长者，全族出钱筹办宴席 2~3 天，为他们庆功，吃饭喝酒。三是立传著书。对本族有贡献的名流雅士，编修族谱家乘时，可以为其立传，记录其贡献事迹，供子孙后代牢记。

---

〔1〕　李氏宗谱编撰委员会：《陇西堂李氏宗谱》2009 年版，第 14 页。

李氏家乘记载："斯亮，原名元亮，字雪樵，生于光绪壬午年冬月初六，卒于民国六十二年（1973），大房。公风流倜傥，玉树临风，高义薄云，侠士风骨，每于利害之来，必筹算无遗……处极危之境，而能履险如夷，民国四十年（1951）与竞成、文钧、徽五建族并领纂修《李氏族谱》。"[1]

第三，筹款奖励。碰到本族修缮族谱、祖坟或者祠堂，需要众族人鼎力相助，慷慨解囊，为了发扬乐善好施的优良传统，特对施功德钱者，进行以下方面奖励：一是刊里碑文，待工程竣工以后，刻入捐款人名和捐款数额，流芳千古，让后人铭记；二是重修族谱时，将捐款者姓名和数额统一入谱，详细记载功绩，永载家谱史册。

（二）惩罚方式

当族人行为不符合族规家法时，亲族有必要采取相应的惩罚方式，主要分为软性惩罚和硬性惩罚两种方式，不同惩罚方式，其内容和特点不同。

1. 软性惩罚

软性惩罚，主要包括污名、排挤、赔礼、吓唬、禁止交往、禁用族谱和劝诫等手段，主要依靠非暴力方式，对行为不端者进行教育和教化，达到规训族人的目的。

第一，污名。为了防止亲族人做出不正当行为，父母教育子女，户长告诫族人，要行正道，不做坏事，比如嫖赌进窑、偷盗抢劫、偷占地界或者女子未婚先孕等，不然就损坏家庭或者家族名誉，破坏家风，为世人所不齿，自家人也没有面子。

郭用文老人回忆，刘茂德种有 45 亩田，经常请长工师傅万老幺做长活。万老幺家住戴市镇十里村，后面，做了 20 多年长工，帮老板当全家，却跟老板妻子偷情，生下的孩子拜其为干父，但是，地主老板年纪大，敢怒不敢言，被外人指指点点，抬不起头。

第二，排挤。族中大事，比如祭祖、修族谱或者修祠堂等，需要筹钱兴办，担任董事或者董事长，以及会计和出纳等人员，如果有贪污或者挪用族人钱财者，碰到本族活动即使允许他们参加，户长也不再委他们以重任，或者下次改选不选他。

第三，赔礼。俗话说，得罪菩萨一炷香，得罪父母一盏茶。如果子女不懂事，冒犯长辈或者做出不符合规矩的事情，比如倒卖田产或者忤逆父母长兄等，门长或者户长可以强制他赔礼道歉，一一筛茶，或者携带礼物上门道歉，祈求原谅。比如杜子柏和杜子松因打牌发生矛盾，事后弟弟良心发现，认识到自己犯了错误，不想失去兄弟情谊，提着水果上门道歉，祈求哥哥原谅。

第四，吓唬。为了教训不孝子，防止他进一步犯错，导致遭到更加严厉的惩罚，一般

---

〔1〕 李氏宗谱编撰委员会：《陇西堂李氏宗谱》2009 年版，第 15 页。

父母等长辈会采用吓唬方式进行教育。比如儿子游手好闲，不务正业或者媳妇不守妇道，父母可以教育说，"不肯改正可以整家法，如果是作奸犯科，不行正道，可以接户长执行族规"。另外，如果女子不守妇道，与人通奸，丈夫可以原谅一次，并可以吓唬："如有再犯，就休妻！"

第五，禁止来往。本亲族范围内，如果谁游手好闲、好吃懒做或者私卖家产，叔伯和亲戚都可以不理他，不跟他打交道，就当没有这个子孙。同时，如果谁不孝顺父母或者虐待父母，即使需要筹办红白喜事，接户长或者门长帮忙主持，户长或者门长可以拒绝帮忙。

> 李良望老人回忆，亲房人的母亲去世，媳妇不准进房子停丧，要求在母亲住的小棚子停丧。侄子过来接李良望做知名先生，他觉得他们做法不合道理，不孝顺，舅爷来参加葬礼，也感觉没有面子，说拐坏，他就不去。侄子埋怨："你不去帮忙，以后你儿子盖房子或者你去世，不找我帮忙？"李良望说："那是他们的事情，我死了，随便他找谁帮忙！"接了几次，李良望才肯去，并批评他们："前面不应该把母亲接到自己房子供养，把她留在老房子住，即使去世，就在老房子停丧，但是，你接到你家里，去世就停在你家里，不应该嫌弃母亲！别人会说，母亲养5个儿子没有地方停丧！"后面，舅爷参加，也训斥媳妇不懂事。

第六，禁用族谱。凡是修缮族谱，需要按照男丁数量收取丁费，如果没有特殊情况，比如天灾人祸等，不得延交或者不交丁费。如有违反，即使没有除名黜宗，也不发放族谱，哪一家门不出钱，哪家就没有族谱，即使碰到有新丁诞生，也不准使用族谱按照字派取名。比如李姓一户总是欠交丁费修谱，户长和房长商量，禁止他查阅族谱。

第七，劝诫。教育子孙后代行正道，规矩做人，不做歪事，不仅是户长或者门长等领导者的责任，而且其他普通族人也有责任，负责进行监督和敦促，促使有吃喝嫖赌等行为者改过自新，重新做人。同时，劝诫方式多样，包括直接批评教育或者警醒等。

> 郭用文老人回忆，叶湾村的叶道金，品行不端，不行正道，害怕闯祸牵连族里，族人就选他当户长，如果犯事情，政府只会找他负责，族里图个安逸。最初，选他做户长，做的家族长，送一个匾题上字："不念而行。"意思是族人给他架上族规，要求户长凡事多考虑，三思而行，禁止横行霸道，到处犯事，祸害族人，促使族人不得安逸。另外，涂起进也是一个喜欢搞歪事，不谋正道，到处犯事情的人，同样，选他为户长，族人给一个夹子嵌住他，送一块金子匾挂在厅堂，写上族规："修身齐家。"意思是要求户长多加强自我修养，才能当好家族长。

2. 硬性惩罚

硬性惩罚，主要包括棍打和治死两种方式，族人犯了重大过错，不得不运用暴力手段进行严厉惩处，以儆效尤。

第一，棍打。妇女不守妇道，无故骂人或者非法敲诈者，都要处以棍刑。另外，儿小偷针，长大摸金。意思是说子女要从小进行教育，不能养成小偷小摸的坏习惯，遇到子女不懂事，偷偷拿了别人的东西，家长必须进行严厉训斥和教育，情节严重者，可以拧耳朵，命令其下跪，甚至用棍子打。同时，由父亲陪同子女，上门赔礼道歉，并当面鞭打不孝子，请求别人原谅。另外，如果是长辈犯错，比如为老不尊或者与爷爷烧火（与媳妇通奸）等重大错误，户长可以命令儿子或者孙子打父亲或爷爷，以示长辈犯大错，没有脸面。

第二，治死。儿子犯法，需要家长教育，以族连坐法，如果儿子到处犯案，族人不得安逸，也受牵连，比如杀人、抢劫和强奸等，族人逃跑，他人告状，户长不能脱皮，找户长要人，户长只能起族会，按户捐钱请人打官司或者用钱把案子压下来，或者出钱赔偿。为了不受牵连，对于屡教不改的族人，屡次犯事输礼，不听教育，使族人遭害，可请户长执法，秉公捆送祠堂，轻则鞭刑，重则治死。

> 郭用文老人回忆，如果族人好吃懒做或者吃喝嫖赌，甚至到处惹是生非，祸害族人，父母教育不了，可以交给户长，户长有治死之权，吩咐族人用席子把他卷起来，丢到潭里或者河里淹死，族人不敢反抗。比如侯湾村有一个孩子屡教不改，就被户长叫人用席子卷着丢入河里溺死。

第三，送官。凡是触犯国家法律，则需要送官治罪。比如因债务活占人妻、子女，强占、盗卖他人田地产、金银，以及聚众抢劫他人财物等行为，都可以送官究治。

第五节　业缘治理与治理关系

在水网发达的丰水型区域，因水而治，若干村落或者村民，进行农业生产和生活，与水利事业相关，形成利益相关的水利共同体，水利事业治理成为村落治理和国家治理的重要组成部分。

一　业缘治理

水利事业治理内容非常丰富，根据治理对象划分，主要分为大江大河堤、垸堤和河堤三大类，不同治理对象，有必要厘清其不同特点。

（一）江河堤治理

1. 江河堤治理单元

县域之内，县与县交界大江堤或者大河堤，比如长江堤、东荆河堤和内荆河堤等，其绵延若干省县市和乡镇，水程距离为 90～150 公里，都是中央和地方联合出力修建堤防，需要国家进行治理。其中，长江上接荆江和洞庭湖来水，汛期特别水势激涨，本段河道迎流顶冲，同时，由于大河河床淤高，水无所消，根本无堤可防。据史料记载，1949 年以前的 50 年间，东荆河泛滥成灾 24 次之多，广大劳动人民受尽水患之苦。可见大江河堤是村民生产和生活最根本的保障，遇到洪水泛滥，需要国家和人民共同出力上堤抢险防汛，当江河堤倒口，更是需要出力修缮。据李良望老人所述，1949 年以前，由于内荆河河道弯曲狭窄，流泄不畅，时常泛滥成灾。据《沔阳州志》光绪甲午年版载："潜水一经暴涨则巨浸弥天，并溃淹无从宣泄，十年九灾未可尽之天意也。"江堤或者河堤是人们存活的生命线，治理江河成为一项艰巨的任务工程。江河堤治理单元见表 6-21。

表 6-21　江河堤治理单元

类型	名称	起止	水程	覆盖范围
大江堤	长江堤	韩家埠—胡家湾	133.5 公里	螺山镇、新堤镇、黄蓬镇、燕窝镇、龙口镇、新滩镇等
大河堤	东荆河堤	陈家湾—小场河	91.5 公里	曹市镇、峰口镇、永丰镇、新滩镇等
	内荆河堤	瞿家湾—新滩口	140.5 公里	沙口镇、戴市镇、万全镇、峰口镇、永丰镇、汉河镇、小港镇等

另外，涵闸作为大江河堤的附属物，也需要国家组织力量进行治理。洪湖地区设置大小闸门控制排灌。嘉庆十三年（1808），在长江干堤上建茅江石闸，后来建龙王庙闸；道光和光绪年间，在长江干堤上建螺山铜闸、内荆河南岸建子贝渊石闸。民国时期，境内临江滩洲民垸及东荆河、内荆河沿岸多设有排水闸。据不完全统计，与杜家㘵息息相关的大闸，共有 4 座，孔宽 1.5 米以上。为防止汛期江水倒灌，威胁农业生产和农民生活，故花费大量的人力、物力用于修建和管护闸门。

> 郭用文老人回忆，新堤闸，原名茅江闸，系境内建成的第一座石闸，坐落于新堤镇区内，消泄洪湖之水入江。闸为双心高拱式，单孔，净宽 2.88 米，高 2.9 米，底板高程 20.2 米。设木闸门 2 道，闸身及挡水道全部用条石砌成。工程于清嘉庆十三年（1808）冬季动工，次年冬竣工，共耗努银 12 万两。

2. 江河堤治理责任单元

大江河堤的治理，不是某个村落或者若干村落所能负担的，而是几个乡镇或者几个县联合出力。同时，每当汛期长江或者大河泛滥，任何个人或者家族力量，甚至家族联盟都无法应对，致使国家权力延伸至此，形成以国家为主导的江河治理责任体制。为了避免江河大堤溃口，洪水泛滥成灾，农民流离失所，地方秩序混乱，国家税赋无法保障，中央和地方政府有责任出资，征集民夫出工，或者受益户出工修缮江河大堤。

据李良望老人所述，有田必有害，守土必有责。堤在田在，田无民无。一旦水田淹没，国家赋税没有，就连田主租金也丧失殆尽，因此，国家和田主非常重视修堤防。国家动用政府财政和委派专门官员进行治理，其辅助力量主要有花户和军队，同时，也包括支援的地方财政和临时摊派费用，一般凭借花户有限的人力和财力，无法进行治理。

3. 江河堤治理主体

国家委派专门官员治理江河堤，可见水利堤防维护作为地方官员的职责，即令州县官亲临江堤溃口之处，督察堤董等查勘丈尺，核查工程难易多寡，组织民夫修堤。每当水患严重，地方官员修堤工程规模难度较高，可请巡按提督水利。以此为契机，朝廷湖广巡按提督地方水利制度化，开了巡按监督水利事宜的先河。之后，大江大河流域水利管理以巡按、巡抚为最高负责的官员，州县地方官参与组织。其中，巡按主要是分派并监督地方堤防修护中的经费派征，处理经费分派、堤防界址、开塞河道等纠纷，是堤防管理最高一级地方官员。州县府官按照巡按指示，负责估计堤防修建经费和协调，调解经费争端，安排堤防防护，监督水道开凿等具体事宜，是江堤治理主要承担者。还需要掌握一定堤防修缮技术和经验的专门水利官员。要求上下协力，共同管护江河大堤。

同时，大河堤治理，也选有若干堤董、堤协和堤甲等职务，其中堤董和堤协多数为各乡公选，任期2年，允许连任，任期结束以后3个月，组织各乡参加公选，选举或者被选举者都是威望素著之人，都是50亩以上殷实之家。作为专门管理人员，免除他们一定田亩和修筑堤防负担，并支付他们报酬，堤甲负责勘查堤防、制定修缮计划，催夫防汛抢险，兼有上令下达、下情上通的任务。

郭用文老人回忆，堤董选举有严格财产限制，多数为有钱有势者担任，他们之所以愿意担任，不仅是他们能够垫付水利修缮款项，而且能够掌握一定权力谋取私利。比如民国时期，因为大财主涂大渭摊派堤工不均、贪污修堤钱粮，被农民发现，闹到官府。县府迫于民众压力，终于撤销涂大渭东荆河堤董职务。

4. 江河堤治理内容

江堤治理内容包括地方官员治理内容和专职人员治理内容。其中，地方官员治理内容表现为：一是督察江堤防务，防备洪峰风险；二是督察江堤防汛工程实施进度；三是筹集、拨付和分派江堤修缮经费；四是收集灾情信息，及时上报，上情下达；五是筹集粮款，征集灾民，防止落草为寇，维护社会治安和秩序；六是开挖河道，疏浚排水；七是处理地方水利纠纷等；八是处罚怠慢修堤防务者；九是修建闸门，制定开启关闭制度。而专职人员治理内容表现为：一是巩固和修缮江堤，为农田和房屋提供屏障；二是救济流民特别是募集民夫，可以以工代赈，支付给上堤防险者一定报酬，实现对灾民直接赈济，同时，又免除强征民夫带来的麻烦；三是防汛期间，专门巡查，遇到险情及时上报；四是落实江堤修复方案；五是监督民夫上堤，奖勤罚懒；六是计算工程数量，派集民夫修堤；七是管护各类闸门。

5. 江堤治理制度

江堤治理制度包括资金筹集制度、募集民夫制度和堤甲制度三个主要方面。一是资金筹集制度。修缮江堤工程浩大，必须由国家主导，中央和地方政府筹集资金拨付资金，民间资金远不如政府承担之多。二是募集派夫制度。堤董派人丈量修缮江堤长度，计算出土方的数量，并以界标明确标识出各保应该分担的区段，最后，根据每保的田亩数量，计算出该保花户应该分摊的距离和土方，进而根据民夫分担作业数量付给一定工钱，每方土100文，5亩以上在田派夫折付50文，5亩以下在田派夫按照全款支付，待竣工，造册子回报。遇到洪水灾害，更多采用以工代赈方法，一来整修江堤，二来救济灾民。三是堤甲制度。每段千尺设1堤长或者堤董，500丈设置堤甲1人，每10丈设1夫，并设堤差役2名，负责夏秋防御，冬春修补，兼顾疏浚和防修，建立完善的水利工程组织管理系统。

郭用文老人回忆，江河堤较长，堤土杂沙，易于冲刷，或溃口工程浩大，即使选举堤长和堤甲，负责监管堤防太长，有名无实。同时，各种治水设备使用频繁，损毁严重，也无钱更换。民力不胜任，岁修并没有固定资金，需要临时摊派，人力不足，也需要雇请。一旦江堤溃口，淹没几千里，轻则缓交钱粮，重则需要出粮赈灾。

6. 江堤治理原则

第一，按照受益多寡的原则，派工修建或者征集民夫负责各堤段修护。同时，修缮堤费用由官府统一按粮食代征，如果遇到江堤倒口，也可从县衙拨发库银，专门征集民夫，采木石修堤。不过江堤修护工程浩大，复请体恤灾民之艰难，设法补助巨款，受灾各县分别担任筹款征工，以利进行，较远县份如应、云、孝、汉阳、黄等县，即调查受灾田亩，酌出亩费，以做兴工后之必须经费；附堤县份，如天、涌、汉等县，则按亩征工，负责兴复。其中，省政府拨款一部分，其余不敷之款分别由应城、云梦、孝感、黄陂、汉阳、汉川、天门、沔阳等被淹各县分别按受益田亩摊征。黄孝恪老人回忆，有田必有害，多数按照田地数量派工修堤，不过，由于土地产权变动频繁，比如田地转卖或者典当，所担负夫役难以转移，各自存有私利之心，导致实地摊派夫役很难顺利进行，夫地结合有名无实。

第二，按照有田必有害的原则。有田必有害，守土必有责，堤在田在，田无民无，田无税不保，国家也就不稳。如果江河堤倒口，房屋和庄稼遭害，不仅国家赋税无力征收，而且商人或者士绅出租租金也丧失殆尽。不少老人认为，国民党统治末期，即使江河倒口18年，国民政府也没有派人修堤，民众受水害严重，流离失所，生灵涂炭，导致起义革命爆发。

7. 江河堤治理过程：政府主导，募役民夫，以工代赈

第一，政府主导。国家直接出钱出粮，采取以工代赈方法，也有一部分按照田亩摊派费用。同时，如果修江河堤费用高，除了国家分摊一部分，还可以找绅士负责分摊，另

外，受灾相邻省市县按照收益田亩摊派费用，修堤款项由水利官员负责调配，专职人员按照上级指示落实，专款专用，禁止挪用。每当岁修江河堤，巡抚等地方治水高官统一调配经费、征集民夫开挖河渠，而州县官作为协调者和监督者，负责江河堤修护费用估算和派工等，同时，地方绅士也有组织和支持江堤防务的责任。

第二，募集民夫。凡是两岸县市直接受益者、潜在受益者，或者直接受害者和潜在受害者，即是当地居住、有田者，或者役夫或者募夫等。以前强制征集民夫，后来，按照田亩或收益农户征集近水户。但是，由于工程浩大，这些收益户根本不够，需要募集各地民夫，多个县域花户共同合作。另外，分段派士兵，间断使用民夫。每当汛期，愿意上堤修缮花户，则按照分段完成土方，反之，按照土方折价雇人完成修缮任务。同时，一千丈设堤长，一百丈设堤甲，一丈设立堤夫，负责日常管护。一般选择能干者担任夫头，由其安排民夫出工，按时到场点名，发给腰牌，工散之时也要点名，随时查访，不允许工头克扣或者出现老弱充数点名情况。同时，不定期上堤巡视，一方面慰劳民夫，另一方面防止偷工减料。

江堤修缮，由县官管理，没有块首，由水利官作为监工，要求保长征集民夫，准备被子和工具到江堤，住在农户家里烧火，政府发放稻米和面粉给民夫过生活，平均每人 0.5 斤稻米和 0.5 斤面粉。按照田亩面积计算修堤任务，1 亩田要完成 10 个标工，3 个土箱子等于 1 个标工，时间 1 个月左右。土箱子一般是 1 米长，1 米宽，1 米高，规定固定的长宽高，一层一层取土，禁止到规格外取土，防止有人少挑土，偷奸买懒。为了防止谁投机取巧，中间放一个墩子，围着墩子周围取土，留有墩子占有的地方不挖，从墩子算深度，用尺子测量土方子，玩不了巧。因此，不能投机取巧，田多一挑几个月。在江堤上收活路，就能玩到巧，挑土块倒土快。不仅按照土箱子面积计算，而且依据到江堤的距离长短。距离江堤很远，大概 100 米，2 个土箱子等于 1 个标工，如果距离 50 米以内，3~3.5 个土箱子等于 1 个标工。天亮就开始挑土箱子，日落就收工，一天总计 12 个小时。一般平均每人完成 2 个标工。力气大、速度快的民夫可以挑 4 个标工。如果田亩数量多，要挑土箱子多，40~50 亩，一般要挑 1~2 个月。家里劳动力越多，一般 5~6 人，挑土速度越快，一周就可以挑完。平均把江堤挑高 0.2~5 米/年，把江堤垒实。

第三，以工代赈。洪水泛滥，民不聊生，号召村民修堤，以工代赈，修防或者其他劳役可以进行相应的补偿。比如每年洪灾时，对上堤花户免费发放粮食或者面粉。每天获得稻米 2~3 升，钱 100 文报酬；受灾之日稻米 5 升/人，150 文报酬。民国时期，也有以面粉赈灾。多劳多得，参与者越多，获得钱和粮越多，必将事半功倍，可短期完成修堤任务。李良望老人回忆，岁修江河堤，3 年 1 次，于农闲时 11 月~次年 2 月，国家负责修堤，组织民工修建，也按照田亩数量摊派任务，在修堤界内，应该在堤内田亩起夫，每 10 亩田，起夫 1 名，每段土方，由堤董测量和估算，每个岸土土方价格为 70 文，水口每方 100 文，由修防处发放。而且当遭遇洪灾时，进行以工代赈，而且有钱分配，按照天数计报酬，每天包吃，吃不完，就允许民工带出去分给家人。

8. 江河堤治理方式

为了对江河进行有效治理，国家制定了严格的奖罚措施。比如将地方官员对江堤、闸坝等的治理作为政绩，由上级官员负责监督，吏部查考，在治水方面，业绩卓著则加升一级。同时，如修筑不牢，一旦倒口，巡抚和州县官都要受到处罚，比如降级或者扣发俸禄等。甚至实行保固制度，规定承担修筑官员所筑堤防保固 10 年，如有堤防在保固期溃口，将处以革职或者赔修的处罚。同时，在专职人员方面，如果堤董或者堤甲有疏忽或者怠慢行为，则处以革职处罚，同时，如有挪用或者贪污水利专项款项，以及胡乱派工行为者，一经查明立即革职查办，不容姑息。

> 康熙三十九年（1700），议准岁修条例。该年议准湖广地方官于每年九月兴工筑堤，次年二月告竣，如修筑不坚以致溃决，将同知以下按承修官例议处。康熙五十四年（1715）废除所订条例，改订为：嗣后湖广堤岸冲决，府州县官各罚俸一年。（《大清会典事例》）[1]

（二）垸堤治理

1. 垸堤治理单元

平原"垸"的规模较大，一个垸可以包括十数个乃至数十个自然村落，方圆可达数十里。嘉靖《沔阳志》中《河防志》谓沔阳州的垸，"大者轮广数十里小者十余里"。可见垸为一种生产和生活单元。其又分为官垸和民垸，官垸就是国家屯兵纳垸，其垸堤长宽尺寸上报官府登记，而民垸主要是花户私自纳垸，没到政府登记备案。同时，垸也是一个水利协作单元，垸内农田水利，主要是筑堤围垸挡御洪水，疏挖沟穴坑塘串通自然河道，设置大小涵闸控制排灌，比如修建小型石刿或者闸口等进行排灌，内坑涵闸，少则 1 刿，多则数刿，也是一垸的治理对象。每逢汛期，洪水泛滥，垸水充盈，排水不畅，或者垸堤倒口，垸堤修缮任务繁重。仅据 1910~1949 年资料统计，40 年间，除 5 个旱年外，几乎年年内涝。在内荆河上下游、左右岸与各垸之间，常因排渍纠纷，发生械斗。垸堤治理单元见表 6-22。

> 李良望老人回忆，乡贤热心公益，出面倡议，根据地势高低，集体兴建堤垸，就地筹款，按田亩征收，每亩出土方，出费数百文，几个月或者几年才能修成。而且多数垸田都是纳垸修堤而建，而河流宽窄不均，河道蛇形，上接监利县和潜江县等水源入口，同时，河与河相通，又汇入大小支流，河道改道淤泥，盛水期，长江、东荆河

---

〔1〕　监利水利志编辑室：《监利堤防志》，北京：中国水利水电出版社 2005 年版，第 410 页。

洪水倒灌，内荆河上游客水下泄，形成下顶上压之势，境内河渠满盈，垸内受渍，形成"罐子病"。

表6-22　垸堤治理单元

名称	起止点	水程	覆盖范围
龙潭河堤	范家潭—渡口	6.4公里	官湖垸、青泛湖垸、康宁垸、长春垸等
柴林河堤	杨家口—范家潭	6.7公里	万全垸、京城垸、永大垸、野猫湖垸等
沙洋河堤	戴家场—回龙寺	6公里	通纵垸、沙垸、平榻垸、仁和垸等

2. 垸堤治理责任单元

垸不仅是生产单元，而且是水利协作单元，一旦防汛或者岁修制度形成，以垸为单元的水利共同体逐步形成。垸子出资修缮，垸内花户出工，如果没有田产除外。乾隆《湖北安襄郧道水利集案》谓潜江、天门、沔阳三属"各垸之田，少者数百亩、千余亩亦有多至万余亩者"。官府发挥的作用是"集士民酌议"，丈量垸内田亩及垸堤丈尺（以据受益田亩分配堤工），并"发官租五百石佐之"。显然，垸堤之兴修主要是由"士民"自行组织的，官府不过是予以批准和部分帮助。另外，不管经过政府登记的官垸还是尚未登记的私垸，都是由垸民自己出钱出力修筑维护的，所谓"官垸"，不过是按制度上规定受官府督察而已。

3. 垸堤治理主体

（1）垸主

第一，垸主任职资格。沔阳地区的"垸"正是基于共同的水利需求——防洪，日常管理与维护由垸民自发组织的堤工局之类民间组织负责。垸主，也称垸董或者董事，是清末堤垸管理机构堤委会的负责人。垸主都是地方人物头或大绅士，任职资格需要有几方面特点：一是能说会道，善于诉讼和打官司，好打抱不平；二是品行端正、清正廉明、地位和威望很高；三是笔杆很尖、文墨很好、读书也多；四是人脉很广，有做官的靠山，县长也要给面子；五是家境殷实，田地产和房产多，生活富足；六是有科举功名或者官衔，比如保长等，由国家赋予管理地方权力。可见垸主是集国家科举选拔、地方任命和乡村社会选举产生，具有很高的社会权威、地方调解权和管理地方权力。比如张九界，品行端正，从不贪财好色，在官湖垸威望最高，曾经有人想使用美人计，勾引张九界就范，他却愤愤不平地跟保长说"谁家养的女儿，闺房门不紧，不教育好，出来丢人现眼"，不过，也没有告知是某某家女子，给别人留足面子。不同垸垸主分布情况见表6-23。

　　郭用文老人回忆，螺滩村的张九界是一个光棍头，品行端正，清正廉明，德高望重，博学多才，笔杆两尖，能说会道，善于诉讼，说要写诉状，将纸铺在膝盖，就能信手拈来。一般看不上平民，就连对何同树、彭现成、刘心其和刘新举都瞧不起，连叶道四也攀不上他，跟他打不上靶。在他眼里，周良华、刘敬德和涂文元都是小搞的，看不上眼，瞧不起。他不做保长，只做过官湖垸垸主，俗称小湖南，东到沙口镇峰口镇，西到建宁县，北至沙口镇，南至拗子观，其他保长吃不开，做不好垸主，没有号召力量。他在官湖垸就是最有威望的人，比其他乡绅更加狠，连沔阳县县长都拿在手里玩。

表 6-23 不同垸垸主分布情况

姓名	文化	家产	品行	管辖范围	职务	住址
张九界	文墨好、笔杆两尖	40 亩出租，二进口房子、生活好过	大绅士、光棍头、能说会道、擅长诉讼、威望很高、清正廉明	半边官湖垸，俗称小湖南	垸主	螺滩村
何同树	文墨好、笔杆两尖	30 亩、生活好过	人物头、大绅士、能说会道、擅长诉讼	青泛湖垸之下 5 个垸	垸主、户长	何家湾
彭显成	笔杆一尖	38 亩、生活好过	人物头、大绅士、能说会道、擅长诉讼、有生杀予夺之权	半边官湖垸，俗称小湖南	垸主、户长、"铲共团"大队长	渡口村
楼竟成	笔杆一尖	40 亩、生活好过	人物头、大绅士、能说会道、有威望	半边官湖垸，俗称小湖南	垸主、户长	楼家湾
刘德生、刘思清	文墨好	33 亩、生活好过	人物头、大绅士、有威望	青泛湖垸之下 5 个垸	户长、垸主	周家倒口
刘敬德	笔杆一尖、读书好	30 亩、生活好过	人物头、有威望、有生杀予夺之权	青泛湖垸之下 5 个垸	垸主、保长、"铲共团"大队长	黄家倒口

在垸的修防与管理系统中，刘、李、彭、何、叶、周、尹等大姓长期担任"堤老"，他们多数作为宗族户长，又是垸主。各子垸则多分别由某一姓垄断垸主职务。可见家族或者宗族在围垸水利的形成与运作过程中发挥了重要作用，血缘宗族关系是水利社会组织中最底层的关系，这些家族的结构也与围垸水利的结构存在某种耦合关系，在垸民心目中，姓什么不是一个简单的符号，它不仅对应着一群人，而且对应着某某子垸、某某咀口，对应着某种权利和义务。每年召开修防会议，多由垸内大族或者有权势的绅士出席或者主持，他们可以讨价还价，维护各垸花户利益，基本掌控了垸内年度修防运作，在水利工作中处于中心地位。同时，修堤纨垸时，家族内与家族间、各家族与官府间的协作是必不可少的。对围垸持有不同意见时，则需要官府介入，以协调各方利益及所承担堤工的分配。

　　郭用文老人回忆，不少垸长，做过保长，甚至担任过户长，因为威望高，又担任垸长。小垸有小垸长，大垸有大垸长，小垸下有块首。一般由德高望重的乡绅，组成各联合的堤工局或者堤委会，商量修堤事宜。

　　第二，垸主产生。最初，官府屯兵纠官堤，并负责修缮，而私垸则依靠民间力量修缮。清朝时期，垸堤官修制度终结，代之为官督民修，垸民自觉在每年年终推荐若干首事，再由首事公举出家境殷实、人品端正、精通算法、熟悉水务、具有较高组织和协调与处置能力的绅士担任垸主，他们有些人有一定科举功名或者官衔，有的没有。然后，报县府备案、下发任命状，官府不得干预公选人物。同时，每垸设有垸主，岁修垸堤，实行分总轮充制度，如果今年该垸担任垸总，下一届轮到他垸担任垸总，要求前次没有担任者充任。垸主主持修垸工作，对垸堤进行治理，并由政府负责下达任免命令。同时，按照田亩派工，出工出力对垸堤进行治理。其待遇，垸主每年工资有200~300银圆，并免除修缮垸堤各种夫役。

　　第三，垸主职责。垸主职责非常广泛，主要是召开各种堤务会议、审核会议或者临时会议，包括以下几方面内容：一是改选垸主等；二是安排岁修工程和垸内花户修缮任务，确定堤费费率和年度土方等；三是审核土费收支情况，催缴花户所欠费用，决定清缴方法，冲抵私人土方数量，以及审核年度预算费用；四是制定防汛组织办法和防汛费用筹集和管理，以及排水方案；五是讨论管闸方案和管闸者的待遇；六是购买、管理、经营分配闸或者剅田收入，以及各种管理制度建设；七是购买各种修缮设备，修建垸闸、斗门或剅子等排水设施；八是奖励修缮有贡献者；九是确定工赈方案，配发粮食等。每年土费需要制度册子上报县衙，通过县长验册审核，并由县衙盖上大印，才允许执行税赋制度。可见垸堤治理不只是一种民间自治活动，也是通过官府承诺的共同体内部活动。

　　（2）其他专职人员

　　在水利事务管理方面，除了大权在握的垸主，需要专职人员辅助其工作，比如书办、块首、小跑的和伙夫。其中，书办是有文化者担任，负责相关水务事务公文办理，上情下达。选出若干总理，俗称块首，多数是地方文化人，熟悉水务和算法，有一定工资，不需要出工修堤，负责喊工、带垸民出工修堤。丈量垸堤长度、工程土方数量，再根据本垸田亩数量，计算每亩出工数量和资费，制定汇报表格。同时，总计每段垸民挖的所有土箱子数量。而小跑的，多数为地方一些地痞流氓或者好吃懒做者，也是地方狠手，他们是垸主的手下，作为修垸堤的监工，如果不出工或逃避出工，就与联丁抓人。另外，请大师傅烧火做饭，安置专职人员吃喝。他们不需要选举，多由垸主推荐、任命或者指定，如果工作不负责，可以随时免职。其待遇，书办每年也有100~200银圆，还有伙食费用。块首也有60块大洋，其他小跑的根据收土费情况而定，以上人员工资都按月拨付，若遇到公事繁多或者雇人帮忙，也要付出相应酬劳。同时，免除专职人员一定夫役。按田派项，根据鱼鳞册，如小跑的的田有0.9亩，小跑的修堤任务只有十分之九，当小跑的的田只有0.1亩时，他的修堤任务只有十分之一。

4. 垸堤治理内容

第一，治理水务。在兴修、维护、管理围垸的过程中，围绕围垸出水倒口的位置与宽窄，垸内水道的布局与流向，闸口、剅口启闭等水利事务，形成了一系列的水利关系，包括水利组织、水利规章以及据此而确立的水利秩序等。另外，遇到垸堤溃口修缮，管理相关堤坝修复工程，垸堤修防责任的分配，家族的组织及家族间的协作，以及水利规章的实施、水利纠纷的解决等水利事务。

据郭用文老人所述，大小闸剅多由官府或者民间出钱修建，一部分由垸主派人管理，负责开启关闭，另一部分则由公议选择若干姓氏轮流管理，因为闸剅开启和关闭关系垸子存亡，必须进行相互制约，上垸有守闸或者开闸权力，而下垸则有关闸权力。除了各姓氏担负闸剅关闭责任，每次开闭必须经过大小垸主同意。另外，每当旱季或者雨季，水多水少，必由垸主通知各姓统一开关闸门，如有私开闸门放水或者违反规定放水，妨害水利，可以向垸主报告，经过核实之后，将上报官府，予以惩办。

第二，祭祀神灵。为了防患水灾、抵御洪水、保护堤垸，很多神灵或者菩萨必须赋予一定镇水神力，垸主主持垸民修建镇水庙宇，并购买和大姓氏、绅士捐置香火田，由若干姓氏负责管护，联合多姓祭祀。官湖垸、青泛湖垸、康宁垸等距离青福寺近，轮流到寺庙敬神，但是，各垸包括几十个自然村，居民多为杂姓居住相当分散，宗族的影响也相对薄弱。由于其垸堤"非特为一垸保障，实沔、天以下之定额利害攸关"，故向来由潜江、天门、沔阳三邑分工合修，本垸受益田户仅出工十分之一，而当地故老相传，直到民国时期举凡集夫修堤，皆在青福寺汇齐，集体上香赴工。

据郭用文老人所述，青福寺可视作康宁垸、官湖垸、青泛湖垸三大垸的保护神庙。它坐落在龙潭河和沙洋河河畔，据说建自清朝乾隆年间。垸堤在官湖垸、康宁垸东北角、青泛湖垸西南角，北、东两面临河，受洪水冲刷甚巨，故曾多次退挽纵垸堤。其土地属青泛湖垸，而受益主要是官湖垸，故每次挽修垸堤，均由三垸合作，在青福寺集工。

第三，摊派费用。人力和物力是治水的物质基础。堤委会有必要集中资源，主要按照田亩数量和等则摊派劳役和费用的方式，坚持劳七土三原则，劳役占七份，而土地占三份，而且劳役以土方形式完成，每个土方按照 1 丈×1 丈×0.1 面积计算，不论远近。另外需要缴纳的土费，同样按照田亩数量摊派，主要用于堤工会的开支，比如修防设备或者日常开支等。在垸内有土地的花户既要承担劳役又要缴纳土费，在垸内有土地，出租给当地人耕种，则采用折价方法，要么出资请花户完成土方，或者请耕种佃户帮忙完成土方，交租时折抵租金。该费用专门用于水利方面，不得挪用，支付田赋、人员工资、误工费和杂费，费用预留一部分在局里备用，其他存在钱庄生利息，所有经费支出，每个月都要向堤委会报告，特别是大型工程，必须在开会公议的基础上支出工作款项，不可随意动用钱款。

　　　　李良望老人回忆，一个垸之内按照田亩派工，邻垸垸民不必过问，甚至更有一垸之内各自按照田亩分派长度，自行完成，邻田遭受水灾冲垮也不过问，甚至在田产买卖之时，契约要注明修堤尺长度，此疆彼界，分化极明，分寸丝毫必较。

5. 垸堤治理制度

国家屯兵纨垸修堤，修成农田。后面，为了应对洪水侵袭，聚居家族或者单个垸民逐渐结成联盟，他们集中人力和物力在低洼的湖区处修建堤防，建闸排水，一个个垸子因此成型，修筑和维护小型水利工程。同时，在此过程中逐渐形成固定的一套修缮和防汛集体出工制度，由官办到民办，采取官督民办形式，由民众在官府的默许或支持下，自发兴修，其修防力、费由受益者按受益田亩分担。

最初，实行严格的田头制度。[1] 不仅根据田亩派工，而且要求固定修缮长度和位置，自行经营，并分摊修堤费用。比如两田相邻，共同在一个册子，修堤时，按照垂直划分，以田头宽度定为需修堤多少，同时，再根据横方向，以田相邻界线前后，固定为修堤上下位置，依此类推，三四户也是这样固定位置和长度。后面，按照田亩摊派费用和劳役，土方和土费按照田亩数量多少，以及每亩分别以上中下三等来摊派和征收，或者受益户出钱下户出力，如果费用不够，可以找绅士挪垫经费开展工作，基本都是民间共同筹集资金。同时，为了准备岁修垸堤费用，规定每年秋收之时，要对垸内低田按照每亩 1 升稻米收取，如果遇到灾荒子年则停征，一般由各垸小垸长收集，统一上交堤委会，储备在堤委会，以备春修垸堤之用。

　　　　黄孝恪老人回忆，每逢垸堤倒口，由地方乡绅上报灾情和修堤方案，如修堤工程数量明细和费用等，由上级委派垸主（正直的乡绅）监督修堤防，由工程员负责计算修堤长度、挖土方数量，并根据当地田亩数量摊派出工。村落块首负责组织村民出工，逃避出工者，以捆绑示众或送官作为处罚。

不过，平原之地，纨堤为垸，为官垸，官垸之内有私人纨民垸，官垸岁修前需要上报修缮计划，工程施工需要官府监督进行，竣工也需要得到官府验收。按照田亩派工，分段分防，落实具体责任，垸民集体出力修缮堤防，田多者修多尺丈，少田者修几寸，而绅士的私垸却没有修堤任务，也不协防，劳役出力不均，他们决定私垸是否修缮，工程规模，施工也是垸民进行。

6. 垸堤治理原则

第一，受益原则。凡属本垸有垸份者或者在本垸有田者，或者凡是用水者，均要出工

---

〔1〕　田头制度是指修缮堤防夫工和费用摊派方法，直接与水路、堤岸接壤的耕地所有者，按照接壤部分的长度比例来分担，仅仅承担自己接壤那一部分。

修堤。同时，同一个大垸，所属子垸也利害相随。上游垸子协助修护同岸下游垸子的垸堤，或协助疏浚与下游垸子共用的排水河道或沟渠。下垸协助修筑上垸堤防是因为下垸是上垸堤防的受益方。同理，上垸协助修筑下垸修堤和疏浚河床或沟渠也因为上垸是下垸这些工程的受益方，只不过前者是为了防洪，后者是为了排泄积水；前者是防水灾于未然，后者是补救于洪灾之后。这些协修契约符合受益者筑堤的基本原则。

第二，公平原则。凡属于本垸之内，占有地多者，需用水多者多出工，田多者 2 人，田少则 1 人即可。同时，一垸当数垸之冲，或数垸当数垸之冲，当冲垸之垸堤常由同岸下游受益诸垸协修，或者其他州县境内的邻垸有时也参与协修。邻垸协助，也就是调垸，因为各垸之田不论相离远近，凡是接壤相连，中间也无河水间隔，也就是同区，遇有工程，本垸力不能胜，则需要同区各垸垸主传同垸民酌量工之大小、田之多寡，均匀派工，以此募工集事，没有抗夫阻土的弊端。

第三，对等原则。除了垸主、块首和小跑的免除一定劳役外，其他有田者无一例外，义务出工修堤。不同身份或者地位出工义务不一样。有钱有势的财主地位不及垸主，其家庭同样出工修堤，或者不出工修堤，则出钱请人出工修堤。一般田稍微多一点者，自己也要去修堤，同时请长工师傅去修堤。而一般田少的花户，只能自己修堤。如果每个人没有完成修堤任务，不仅是面子过不去，而且依靠你返工修，一旦不肯出工，则要求出钱相抵。凡本垸不出工或不出钱者，可以直接绑了送官，使其受到牢狱惩罚。

第四，强制原则。每当修垸堤，垸民集体出工，以地域相近原则，就近出工，按照垸堤长度分成若干段完成。到花户的水田起土挑上堤，平均 3~5 米，田地土壤肥力不能保证，而且田地高度越来越低，遇到大雨就容易积水挨淹，遭受洪涝灾害。如果垸堤倒口或者有险情，没有大量泥土，不仅要到田里起土，而且还要挖屋台或者禾场，挑到垸堤上。堤在人在，堤无人无，即使挖自家的田或者屋台禾场，也没有垸民敢反对，而且按照顺序起土，机会平等，禁止乱挖土箱子，这里挖一个坑，那里挖一个坑，要求田里起平，一层又一层起土，来年好耕种水田。问为什么在田里起土，垸民回答说："你不这里起土，不能到家里背泥巴，垸民受害不少！"

郭用文老人回忆，小跑的，是垸主的手下，作为修垸堤的监工，如果不出工或逃避出工，就抓人。块首是地方文化人，不需要出工修堤，喊工、带垸民出工修堤。丈量垸堤长度、工程土方数量，再根据本垸田亩数量，计算每亩出工数量和资费，劳 7 土 3，制定成项目明细，交由地方政府批准。同时，拿着算盘，总计每段垸民挖的所有土箱子数量，完成多少土箱，剩下多少土箱，完不成不准回去，如果完成土箱，就由其发证明允许回家。

7. 垸堤治理过程：垸主主导，垸民摊工，官督民办

第一，政府督办。人物头组成的堤工局或堤委会，分设垸长和委员，由垸内民众推选，上级任命，设有垸主、堤老、书办共计 10 人，丈量垸堤长度、工程土方数量，再根据本垸田亩数量，计算每亩出工数量和资费，制定成项目明细，交由地方政府批准。同时，遇到洪水泛滥，垸堤倒口，垸堤堤防是否抢修，修缮方案是否合理，都需要官府审批，施工进度也需要上报官府。

据郭用文老人所述，每逢垸堤倒口，由地方乡绅上报灾情和修堤方案，如修堤工程数量明细和费用等，由上级委派垸长（正直的乡绅）监督修堤，由工程员负责计算修堤长度、挖土方数量，并根据当地田亩数量摊派出工。

第二，垸主主导。垸总和垸主共同建立堤委会，召集垸主、块首、小跑的等召开堤委会，负责讨论水利事务。主要表现为：一是维修垸堤，保护水田和房屋；二是完善排灌系统；三是管理大小刨口、柳口，开关水源，如有损坏，及时修理；四是大疏浚河道或者小疏浚。他们不需要出工修堤，修堤任务平摊到垸民。同时，请大师傅烧火做饭，安置堤委会成员吃喝。这些人的工资，以及修堤的生活费用和工具费用主要来源于垸民田亩面积起会平摊。

除了堤委会成员共同商讨修堤方案和土费或者役夫摊派数量，每年按照田亩数量派土，各垸都有催夫给工单，即单内点块首，催夫催块首，块首催花户，不出三个月，立即到堤委会完纳钱粮。同时，块首、小跑的作为管堤者，准备土方，以待防汛。另外，当遇到垸堤倒口，需要上级委派垸主亲临现场，在当地设置办公室办公，块首帮忙计算土方数量，下午收工时，去登记土箱子，计算每户完成土方数量，如果完成任务就不要出工，如果没有完成土方，明天继续出工。小跑的上堤，负责监工。待竣工之后，垸主、块首等人出面验收。

郭用文老人回忆，冬天稻谷收割，小麦种下去，没有什么事情，就出工修堤。田多多出工，田少少出工。垸堤平均每年修一次。每年 10～12 月，共计 50～60 天，由垸主决定修垸堤时间，再通知各地块首，由块首通知地方村民，修完堤就通知解散。要求把垸堤加高、帮脚、帮面等，垸堤越修垸越高大，才能阻挡洪水侵袭。

第三，垸民摊工派费。最初是田头制度，垸堤最近田亩户主出工出力。后来，凡是本垸花户，田多出钱；按照田亩派工，劳 7 土 3，就是摊工 10 个工，劳动力出 7 个工，土地出 3 个工。每当洪水泛滥，垸堤决口，谁受益谁出工，按照田亩派工，同时，按照倒口损毁程度，由垸首计算工程量，一般在 30～40 个工，每亩 5～7 个工，也有按照每亩 4～5 方土或者 30～40 个土箱计算。同时，垸首和块首、小跑的生活费用，多数按照垸民田亩分摊，平均每亩 20～50 个铜板。

郭用文老人回忆，一般为冬春交替农闲时即 11 月～次年 2 月修堤，或者垸堤倒口或溃堤时修缮堤防。"钻田一把伞，亩田一把锹，三亩田的连挑直挑。"垸主负责派工，块首负责带民夫上堤，小跑的监督各村落村民修堤工作，凡是本垸花户都要参与，邻垸一般不参与，界线分明，完不成罚款或出钱，不参与就背家伙。

另外，私垸或者官垸设有民闸，功能是放出水（排水），由专门人负责管护，比如叶道柏民垸禾苗被淹，就要放水。由垸民出资摊派，垸主要求出资购买屋台，由管闸的建房居住，闸田由管闸的耕种，当作管闸工资。平时，什么时候开关闸由其负责，但是，要求上级垸主发号施令。闸上遇到洪水过大，超过警戒线，管闸的就敲锣，告知垸主水势告急情况，垸主就召集民工出工筑高闸、筑实河堤，防止溃口。

8. 垸堤治理方式

为了维护水利秩序，对水利事业处理利用公共权力进行处置，惩罚为主，奖励为辅，根据情节轻重而定，若情节较轻则以内部处理方式为主，如情节较为严重则采取外部处理方式。内部处理就是罚款、罚稻米等，而外部处理就是送官查办，比如坐牢，戴枷锁或者鞭刑等。不过，在水务治理实践中，多为两种方式的有机结合。

（1）内部处理方式

水利工程事务，如果办理顺利，从优奖励，如果不公平派工则随时进行责罚。如有拒绝出工修堤防险者，进行严厉处罚。禁止随意砍伐或者践踏堤岸树木，不然，砍一罚十。另外，如果发现水涨，巡查者必须上报，以便及时派夫修缮，如有不报者，罚稻米一担。所处惩罚财物交由堤委会保管，充为公产使用，用于水利事业或者赈济灾民。

（2）外部处理方式

当疏浚河道时，如不听董事或者垸主的指示，或者妨碍作业，根据情节严重程度，轻则鞭责，重则戴枷锁。如果限期未完成或者尚未开工，藐视工作，可以禀告官府入村查办，责令垸主立即催民上堤赶修工程，限期一律完成，并亲临验收，如有逾期不竣工或者工程草率，则戴枷锁示众，责令重修。岁修以村落为单位，在严格自律制度下，遵守期限和工程规格，如有违反，不仅处罚责任人，而且当地所有人都要问责追究。

二是对随意改变水闸或者剅口上下位置，或者更改他们大小规格，企图多放水或者排水，造成重大损失者，一旦发现立即禀告垸主，轻则处以罚金，重则捆绑示众。如果是垸主，则向官府告状，将其革职查办。如果是管闸人，则免去他管闸职务。

三是村落对本垸堤防负有监管责任，每当下雨或者融冰、塌陷造成水势上涨使垸堤倒口时，村落花户必须及时修复，如有怠慢拖沓或者耽误修复工作而造成严重损失者，可以追究其责任，送官究治。

四是排灌水期间，水闸、剅门、斗门开关都有严格规定，并派人专门把守，不分日夜巡视，如有怠慢，导致有人私自开关闸、剅、斗门，造成严重损失者，以相关规定将其送官查办。

五是每年向垸内花户征收的土费或者水利费，要求将其分摊至花户田亩，并对其负责，如有巧立名目或者随意向垸内花户征收者，垸民可以到官府告状，将其送官查办。

六是为了维持水利共同体功能，将相关闸规、碑记或者记录诉讼事实等，登入上水册子，由垸主专门管理水册，如有违反相关规定，由其对照处罚，如果有谁故意隐藏、盗取或者损毁水册，将处以重罚。

（三）沟堤治理

1. 沟堤治理单元

村落从事农业生产，离不开便利的水利设施，最初村落村民居住分散，多以家户或者家族挖掘洪沟进行灌溉，同时，遇到洪涝进行排水。另外，沟堤附属物，比如小刭门或者斗门，都需要专门管理和维护。如杜家刭（以大字号为单位）、肖家刭沟（以康字号为单位）、尹家刭沟（以吕字号为单位）和新刭沟（以小字号为单位），以字号或者里份为单位进行修建，出钱购买木头或者石材修建，规模小，只有 2~3 米，一般由木头或者石头建成，由村庄熟悉农事而有威望的老爹管理，产权由若干户的家族所有，后面，有若干姓共同管护，或者村落集体建设，也就是归村落共同所有。刭门并不是一直打开，每当天干不下雨，湖田禾苗裂开 1~2 厘米，洪沟没有水踏车灌溉，河里水很大，就把刭门拉开，从河里放水到洪沟。不经私垸或者村民默认和同意，不能随便打开刭门放水，不然淹没禾苗。如果涨水时，由众人用草包把刭门堵死，禁止河水进入。

表 6-24　堤沟分布情况　　　　　　　　　　　　单位：米

名称	起止点	水程	覆盖范围
东堤沟	杜家刭—李沟	600	吕字号、大字号
西堤沟	中沟—黄沟	750	季平里、子午里
南堤沟	周沟—陈沟	1000	康字号

2. 沟堤治理责任单元

最初，里甲制度完善时期，官府专门设置塘长或者沟长（首）管理各地堰塘或者洪沟等。后期，里甲功能萎缩，地方势力逐渐崛起，农田水利设施转变为民间组织进行管理，食利户负责出资修沟堤，沟渠受益户出工修沟渠。同时，遇到洪水泛滥，也集体抢修堤防或者围堵倒口，若干有威望者负责日常管理修护与处理水利纠纷等，有力地维护和保障了乡村社会的水利秩序。

3. 沟堤治理主体

沟堤治理实行首事制度。沟首、斗长是沟渠的管理者，也是食利户，是承担各种义务和享受灌溉利益者。[1] 每条沟渠设立沟首，负责具体主持操办沟渠事务，下设斗长若干

---

〔1〕　食利户，即直接受益农户，修缮水利时田产多者出工，耕者出工。

名，协助沟首工作，沟首和斗长都由食利户选举，每年轮换，允许连任，一般年限之时，选举吃苦耐劳、急公好义、熟悉水利、正直无私、通识文墨、略懂算法，或者有点面子，具有一定组织和管理能力之人担任。一般他们没有科举功名或职衔，多为平民百姓。沟首、斗长负责主持修沟和调解水利纠纷，剅门、斗门开启关闭，以及收取村落水利摊派费用等一切事务。他们是民间进行水利治理的主体。每当遇到沟渠堵塞，由沟首组织，进行片区承包管理，各村落分别由一人管理，每亩摊款 0.4~0.7 元，或者由村民负担，组织者每次十几块大洋，春夏之际，贴出告示，请大家出工修沟，一年一次，谁受益谁出工，地域相近者出工，如果遇到水沟崩塌，就随时组织修沟，甚至指派若干巡水夫辅助完成日常水利沟渠整修工作。

4. 沟堤治理内容

待农闲之时，村落公议推举首事，按照受益户出工原则，一是将河道堵塞处挖宽疏浚；二是将沟堤土薄之处用土培厚堆高；三是检查沟堤是否漏水或者塌陷，如有及时堵漏，重新敲桩培土夯实地基；四是沟口管理、渠道管理、沟堤管理、斗门管理，除了修复工程外，巡查斗门，查看水位高度，是否发生异常，防止水害等；五是协调水利纠纷；六是水利费用摊派。

5. 沟堤治理制度

修缮沟堤，没有严格修缮制度或者原则，多按照受益原则出工出钱，有钱者出钱，无钱者出工。

第一，分段修缮制度。凡是本册子有田者，都需要出工，没有固定修堤距离和位置。分段修缮沟渠，由沟首负责监督、动员村落出工修缮，比如疏浚沟渠，也称为洗沟，需要动用人力最多，需要沟首负责监督，防止有村民偷懒，不肯出工。除了特殊情况，比如防汛期、除水害外，岁修沟渠都按照分段完成。但是，由于田头沟堤分段修缮，其实属于田主私人所有，参与修沟堤，也就是直接受益者。要求大疏浚河道每天每户派 2 名，或者小疏浚每天每户派 1 名。

第二，按照田亩摊派费用。每年沟首或者首事费用都是沟渠两岸田主按照田亩分摊，同时，也是根据田册登记明细，比如田亩面积位置和四至，需灌水和排水任务量，每年收取水费时，都由沟首或者首事将分摊数目计算出来，然后张榜张贴村落各处，让花户熟悉自己应该缴纳的具体数目。

李良望老人回忆，大字号的花户推荐李斯银作为首事，挨家挨户通知花户开会，准备打坝抗旱，按照收益田亩原则，要求每户出 2 个人，如果不参加，就禁止用水，而且会被人家说，没有面子。女人编草腰子，挖土做成土草包，男人打桩下障子，并把土草包堆成河坝，并洗通沟渠，由近到远，打开每户田口进行灌水，水满则关田口。外人不能使用水。待春天水大，就集体将坝挖一个口子，如果又遇到干旱，就把口子重新堵上，拦坝灌水抗旱。

6. 沟堤治理过程：首事主导，花户出资出工

第一，首事主导。沟头和首事，采取选任制，甲长担任首事，再由首事选出沟首，一年一选，负责每年河堤组织工作，制订沟道修筑和开挖计划、摊派情况，共同商议，以及掌管水册等。[1] 另外，开挖河道，方便灌溉；加固河堤，提高流量；维护灌溉秩序，调节水源灌溉纠纷；建设农田水利，促进农业发展。总之，河道挖深清淤，河岸水田遇到洪涝之时，可以自行排涝泄水，通航运输也大有裨益。

第二，筹集费用。按照受益的用水户分摊原则，支付管理到门或者斗门费用，比如轮番看守，开关水源，所有损坏，随即修理。如果沟渠损坏小，工程小，沟首负责修理，沟渠损坏严重，沟首召集村夫 1~2 人共同出工疏浚或者修复。

第三，摊派出工。出工时间：沟渠疏浚而言，三年一次大疏浚，每年春初一次小疏浚；修复工程，农闲时 8~9 月，一年一小修，三年一大修。按地出夫，督夫治理。按土地面积、花户数量和工程需要劳动力多少进行计算，不同沟渠单位，花户负责面积单位有所不同。如果工程量太大，一个村落无法独自完成，可以请求同样使用沟渠者协助。同样，沟堤不修，不仅是面子过不去，而且你拥有那段也没人帮你修，依靠你返工修。

7. 沟堤治理方式

由于沟渠修缮，秉承自愿原则，没有严格奖惩治理方式，多数运用乡村软性手段进行治理，比如面子或者规矩等。

凡是有田者出工修堤。由于田头沟堤分段修缮，其实属于田主私人所有，为了防止有田者偷懒或者搭便车，碰到谁不愿意出工，谁家田头沟堤以田头垂直距离为宽度，以田界作为位置，禁止集体帮其修缮，让其田主自己抽工修堤，以示惩罚。因为修洪沟堤 2~3 米深，7~8 米宽，疏浚和维护难度大，如果集体时不出工，私人出工成本太高，一般都肯集体出工。也就形成禁约或者规定。同时，任意改变斗门上下位置或规格大小者，可进行处罚。不同堤防治理类型见表 6-25。

郭用文老人回忆，种田需要踏水，沟渠两岸有田者，都有份子，如果水沟淤积，灌溉水源不方便，沟围死，由有威望的老爹为首，挨家挨户组织一起洗沟，何年何月何时，村民自觉拿着锹子和锄头，每户人出一个男子，准时到位，把淤泥和杂草除去，把沟堤筑高，把沟捞深，如果哪户家庭因为太忙没有时间，不能参加，也不能偷工卖懒，集体把没有来的田那段水沟格子洗沟的份子留给他，让他改天自己去洗，如果不洗，他自己就不灌水，或者被村民谴责，面子上过不去。

---

〔1〕 水册本为登录各利户水程的文本，水程反映了利户的用水权益及数量；水程多少与各户承担的维修义务相对应。

表 6-25 不同堤防治理类型比较

类型	治理主体	参与主体	有无专门管理机构	有无专门管理制度	出资情况	治理方式
江河堤	政府主导	士兵、征调民夫、雇请花户	有	有	官府为主，民间为辅	惩罚为主，教育为辅
垸堤	垸主主导	垸内有田花户	有	有	民间为主，官府为辅	惩罚为主，教育为辅
沟堤	村首主导	沟岸有田村民	无	有	民间为主	教育为主，惩罚为辅

二 业缘治理关系

（一）业缘组织与参与者关系

垸主只能由家庭富庶、品行端正，有威望又熟悉堤务者担任，如果穷困之人担任，比较胆小怕事，畏惧权势，即使负责组织修堤，也收不到合理土费，遇到有人抗修，也不敢举报抗修之人。如果举荐结党营私者担任，其也会以权谋私，贪污所捐款项，即使垸堤遇险，也无力进行维护，导致本垸连坐犯罪，如知道垸堤溃口，但互相袒护，瞒报或虚报受灾户数，贻误垸堤抢修，祸害无穷。另外，不少江堤或者垸堤，堤长轮流担任，平日互相推卸责任，没有管护堤身，但是，遇到汛期洪水泛滥，非一人之力所能抗衡，而大族之人不思平日不肯出力修堤，甚至借机夺堤头或者堤长职位，企图牟利，比如遇到逃荒之民，将他们田地据为己有。

垸主作为地方水利事业主要负责人，由于监督不到位，利用自己地位或者权力谋取水利利益，比如谋取垸田或者贪污土费等。但是，张九界是为人很正的人物头，不贪污一分钱，而且还监督其他人，如果他们贪污，一经发现由代表人写状子告到官府，请求撤职。比如，渡口村的彭显成（担任"铲共团"团长、杀了无数人，其所管辖官湖垸沔阳县占有一半，建宁县占据一半），他是一个狠手，担任垸主，贪污吃了垸子的钱，算不清账目，比如修建闸门，也从中贪污钱财，修一座30担稻谷，他们就用20担稻谷修了闸，贪污了10担稻谷。与张九界都是垸里搞，担任堤委会职务，被群众举报，不依彭显成，与其有过节的张九界，就写一个诉状到沔阳城上告，十拿九稳，最后，彭显成输了官司，被县老爷挂粪桶闻臭。

郭用文老人回忆，张九界是一个光棍头，能说会道，善于诉讼，品行端正、清正廉明，笔杆子很尖，能搞死人，不贪财好色，其他保长不敢与其打斗，不敢与他纠缠，因为他还在沔阳县城有靠山，他们都要千方百计奉承他，称呼九界爹或九界先生。

在水利事务的管理中，家族乃是重要的水利事务的协作单元。官湖垸刘、彭、杜、李、张等多姓，共同制定了垸堤修防条规，建立了由多姓任"堤老"、由圩甲垸长"集夫修堤"的"多姓堤总"制度，说明官湖垸已形成了多姓在水利事务上的联合与协作。以血缘为起点，以地缘为纽带，以彼此磨合和认同为途径，以求得共同利益最大化为目标，因此，垸堤修缮派工派费，以及排水除害往往因利益得失产生分歧和纠纷。

> 官湖垸东西横跨洪、监两县 20 公里，垸北之沙洋河、运粮河、柴林河淤塞，多垸渍水难泄，清末常与内荆河南垸发生械斗，光绪九年（1883）建子贝渊闸后，仍未能解决官湖垸以北的排泄问题。子贝渊闸：坐落在内荆河南岸子贝渊，西距瞿家湾 2.1 公里，与北岸俞角恼闸相对，南与四湖总干渠相连。历史上，这一带上下游、左右岸之间，因排涝纠纷，不断发生械斗。仅据蔡、陈、瞿氏等家谱记载，1852 年至 1872 年的 20 年间，平均每年发生两起械斗。清光绪九年（1883），湖广总督涂宗赢为解除纠纷，特拨银 5.5 万两，修建石闸一座，"泄渍入（洪）湖，以免上游民垸、官湖垸之出险，而无害于车马、永丰诸垸为准"。次年秋，闸建成，运用基本良好，排水纠纷有所缓和，但涝灾损失仍无显著减轻。[1]

（二）业缘治理与国家治理关系

1. 乡保行政制度与水利管辖制度相耦合

保长多负责治理，协助修防主任或者垸主完成修堤和防汛任务。官督民办，多数资金来源于民间，同时，绅士担任董事在工程运营中担任重要角色，确保工程费用支出透明和防止资金被挪用或者不法贪污，而且由董事通过直接监督工程进度，防止偷工减料，从而大大提高了工程实效。垸内各子垸利益不同，以及监督不到位，出现垸主贪污或者克扣花户缴纳土费，乡保一级行政机构基本无法解决，就需要通过国法进行解决。比如某垸主即将离任，需要按照实价返还花户，或者直接将土方折价给堤工会或者修防处，当年堤务会议商定每个土方 10 元，再加上土费，彭显成所欠费用 3000 多元，结果算不清账目，就被告到县衙。

> 郭用文老人回忆，张九界是一个狠手，能说会道，善于诉讼，品行端正，清正廉明，不好色，不贪污，喜欢打抱不平，他在县里也有后台老板撑腰，沔阳县长也敢拿出来玩。谁跟他有打斗过节，如果有什么把柄，就会写诉状上告。其担任官湖垸垸主，与在堤工会任职的楼竟成（楼家族的户长，也是人物头）发生矛盾，相互打斗，张九界就写诉状，告发楼竟成贪污垸款，结果楼竟成败了官司，遭到惩处。

---

〔1〕　洪湖市地方志编纂委员会：《洪湖县志》，武汉：武汉大学出版社 1992 年版，第 61 页。

另外，修缮堤防优先于其他徭役，任何人不得推诿或者逃避。最初，旗民聚居村落，有免除修堤义务，后面，政府下令旗民与一般垸民一样，按照田地出夫，上堤修防，不能豁免。因为垸堤倒口，庄稼歉收，农民被迫在堤岸上生产和生活，他们搭建棚子，从事经商或者其他谋生计活动，官府也不禁止，只是让其参加防汛抢险。

2. 垸与垸水利纠纷解决需要国家力量介入

地方水利事业，多有地方绅士主持和主导，比如垸堤修缮，需要由绅士组成堤委会商议派工和协调，这些绅士多出于大家族，他们在趋利避害方面，多从家族利益考虑，导致垸与垸水利纠纷不断，轻则谩骂谴责，重则械斗死伤。小问题，比如派工纠纷等，多由垸主集体协商解决，但是，垸与垸械斗死伤，往往需要官府力量介入，重新制定水利制度或者禁约，命令矛盾双方严格遵守，才能妥善解决。

> 据郭用文老人所述，戴家河一路都是大姓，各方势均力敌，上到沙口镇董家湾、谢家湾、戴家湾、吴家湾（几千烟灶、子贝渊）、杨家湾、瞿家湾、刘家湾，居住不散漫，几千烟灶，都是集中居住，守住湖水。子贝渊北岸是种田，南岸是摸鱼抬篓，南安县的吴姓、瞿姓、戴姓大姓要挖子贝渊放水，大姓欺负小姓，官湖垸禁止其放水，杜老七大绅士性格狠，招兵买马，兴兵打仗，死了几百人，用船装尸体。惊动湖北巡抚汪大人过来解决纠纷，修建三口官垸大闸，如子贝渊大闸、新堤大闸和福田寺大闸（距离高河村 30 里路），其功能是放出水和禁止江水倒灌，将水汇入河水，再到洪湖蓄水池，再流出大河，贯通长江，相互调适。订立合同甘结，三月三、九月九放水的原则，请堤闸老管开闸门，工资由湖北政府出资，每个月 5 块大洋，只准放冷水，禁止放热水，不然垸子不能种田。

第六节　信缘关系与治理关系

在传统村落里，要应对自然灾害，村民形成多元信仰体系，同时，国家为了加强地方控制，利用信仰力量实施地方治理，实现地方的稳定。

一　信缘治理

（一）垸庙治理

1. 垸庙治理单元

大多数的垸只有一座庙宇，即一垸一庙，如青泛湖垸总计 13 个子垸，只有青福寺一座古庙，据说当时由王姓等人出资，郭姓舍地修建，后由王姓及众姓共同修葺，聘僧人住持，其庙归 18 个垸共同所有，其信众显然多来自本垸，故可以视作"垸庙"。可见，垸庙的修建均程度不同地与水患、堤垸修防联系在一起，故防御水患、保障堤防至少是其部分功能。这些庙宇往往是垸堤维修的集工之所，在团聚垸内民众（不论杂姓）共同维护垸堤、处理垸内事务及与邻垸间关系等方面发挥了重要作用。

据郭用文老人所述，青福寺始建于清朝乾隆八年，至今近三百年，该庙规模有 80~90 平方米，三阳五暗，位于龙潭河和沙洋河畔，地处螺蛳滩头，是青泛湖垸和官湖垸共同所有，其周边垸民顶礼膜拜之所。无论碰到洪水威胁还是日常生活中，垸民都会前去虔诚地祭祀，祈求一年风调雨顺，国泰民安。因此青福寺作为固定信仰场所，也是缓解垸民洪水恐惧、凝聚人心的重要场所。最初，垸主带领垸民奋勇抢险，运土堵口，防止洪水泛滥，堤修缮过后，垸主号召垸民自愿出钱在堤旁修建该庙，以感谢神灵保佑。从此该庙作为垸民祈求平安和修防时祭祀的场所。

2. 垸庙治理主体

（1）垸庙治理主体资格

由于围绕垸庙事务繁多，需要强有力的治理主体，对其实施治理。同样，治理主体不是随意选取而是有明显任职资格。其具有以下几方面特征：一是读书多，文墨好，精通算法；二是品行端正、有面子或者有威望；三是家境殷实，生活富足；四是热心公益，乐善好施；五是能说会道，具备较强的组织和协调能力。可见担任垸庙事务治理主体多为地方不同村落里有面子或者有名望的人物头，而且担任过保长、乡代表等行政职务，有功名或者官衔，同时，垸庙跟水利事业密切相关，也有垸主担任垸庙首事。因此，其不仅体现民间水利管理官员化或者绅士化，而且也反映出信仰治理主体官员化或者绅士化。比如下 5 垸何家湾的何同树，笔杆两尖、能说会道，善于诉讼和打官司，担任大家族户长，又担任垸总，他还是垸庙的一个大首事。垸庙首事任职情况见表 6-26。

郭用文老人回忆，青福寺庙首事叶道四、王启树、涂文元、周良华、刘敬德、何同树、王长伟、杨云先、夏元德，他们家境殷实，生活富裕，文笔很好，都当过保长或者垸主，遇到大事小事，由他们负责说事解交。即使到戴市镇联保处开会，这些人物头说一句话就是一句话，联保处主任必须给他们面子，但是，比不上涂大渭威望和面子大，他连沔阳县县长都拿在手里玩，他说一句话，到沔阳县告状都告不进去。

表 6-26　垸庙首事任职情况　　　　　　　　　　　　　单位：亩

姓名	品质	文化	兼职	擅长	职务	田产	住址
叶道四	品行端正、有面子	读书好	教书先生、"铲共团"大队长	说事解交、有生命担保权和保全权	保长	15	小叶湾

续表

姓名	品质	文化	兼职	擅长	职务	田产	住址
刘敬德	品行一般、有面子	文墨好	教书先生、"铲共团"大队长	说事解交、有生命担保权和保全权	半保保长	20	黄家倒口
王启树	品行端正、有面子	读书多	医生	说事解交、救死扶伤	保长	40	王家河
何同树	品行端正、有面子	文墨好	户长、垸主、绅士	说事解交、擅长诉讼	保长、垸主	30	何家湾
涂文元	品行端正、有面子	读书多	乡代表、教书先生、绅士	说事解交	保长	30	杜家垴
王长伟	有面子	读书多	教书先生	说事解交、有生命担保权和保全权	保长	35	洄河
周良华	品行拐、有面子	文墨好	"铲共团"团长	说事解交、有生命担保权和保全权	半保保长	19	周家倒口
杨云先	品行端正、有面子	读书多	教书先生	说事解交、有生命担保权和保全权	保长	30	水塔
夏元德	有面子	读书多	教书先生	说事解交、有生命担保权和保全权	保长	40	卢家墩

（2）垸庙治理主体产生

垸庙公共事务都由首事负责管理，首事由垸民公选，不投票，多为推荐和默认。一般终身任职，除非年老无力担当其职务，才可以请辞，如果遇到贪污庙产等不轨行为，也可以免去其首事职务。其职责为：一是对外交往，加强庙宇之间文化交流；二是主持和筹办庙会祭祀活动；三是选拔庙管事；四是罢免不合格首事；五是管护庙宇防止他人破坏；六是保管和支配寺庙财产，比如田产产权变更和收入支配等。另外，管理垸庙相关事务，都是为子孙后代培德的慈善行为，没有任何报酬。李良望老人回忆，垸庙首事不是任何人指定或者任命，多为垸民集体公选出来的管理者，他们都是湾子或者垸子出名者或者大有名望者，多数为绅士爹，没有报酬，只操心管闲事。

3. 垸庙治理内容

垸庙治理主要表现为：一是修缮和扩建庙宇，比如给菩萨上金身装新；二是庙田产权、经营和收入，以及绅士或者香客施舍功德钱管理和支配；三是每年做太平会谢神，比如请人唱戏和聚餐等文化活动，为垸民祈福；四是每逢灾祸，祭祀神灵保平安，比如修缮垸堤时，由垸主进行祭神仪式；五是救济穷弱孤寡或者受灾灾民；六是做道场，为菩萨诵经超度；七是购买香烛纸草或者祭祀器物；八是推选或者改选每届首事；九是选择专门管庙的斋公或者道姑；十是社会保护，收留罪犯、抢犯或者逃壮丁者；十一是筹集善款修路架桥。叶方明老人回忆，1937 年，洪水泛滥，冲断大堤，但是，寺址岿然犹存。经垸主郑凡山、刘树芳等人灾后再兴建土木，扩建明三暗五，进一步扩大青福寺的规模。

4. 垸庙治理制度

第一，首事决议制度。垸庙相关事务采取首事集体决策制度，并不是某一个人说了算，即使威望再大或者地位再高，也不能例外。除了首事改选需要召开信众代表大会外，遇到修庙、做会或者诵经等重大事务，如何筹集善款，如何进行分工，由首事头召集其他首事开会，进行讨论和商议，进行民主决策，制定出众首事协商一致的行动方案。另外，如果哪个首事品行不端正，有贪污行为，信众举报或者其他首事发现，由首事头召集其他人开会，罢免其首事资格。

> 叶方明老人回忆，旧时，每年青福寺做会以后，首事头、首事和垸民代表一起进行财务核查，比如买香烛纸草花了多少钱，一一对上，如果钱不对账，某首事说忘记开单子，忘记了也该你贴补，因为这些都是庙里的钱，由首事头伙同其他首事，就免除其首事资格。

第二，财务监督制度。对寺庙集体收入，必须制定严格的财务监督制度。其分为日常开支财务监督和特殊事务财务监督。日常开支财务监督，比如购买香火纸草等用品，经过首事头决定或者三个以上首事共同决定。特殊事务财务监督，比如做会或者做道诵经等活动筹办，其一切开支和收入由出纳负责，会计负责做账，首事头负责核查账目，要求入账和现金数量相一致，同时，需要张榜公布明细。

第三，筹资派工制度。不同时期，垸庙事务筹资制度不相同。最初，每年寺庙做会和请戏费用，都是按照土地面积摊派，出工修缮寺庙也是根据所拥有田地多少负担，碰到水灾泛滥，即使受灾困难花户也不能免除，具有很强的强制性。民国末年，每逢修缮寺庙或者做会，都要向垸民筹集款项，功德无量，坚持自愿原则，富者多出，穷者少出，也可以不出，只出工帮忙，几乎没有不施舍功德钱的。同时，如果做会有所剩余，就分贷给需钱者，到期要求连本带息偿还，作为寺庙管护费用，日积月累，筹集经费越来越多，办会能力越来越强。

第四，产权排他制度。最初，垸庙也有产权归属，比如青福寺由青泛湖垸和官湖垸垸民共同筹建、修葺和管护，也是归两大垸所有，凡是所属垸民都有资格和权利到庙敬神或者参与一系列寺庙文化活动。其他乡镇也可以入庙敬神，做会或者敬神，秉承自愿原则，功德无量，没有强制性。但是，不经垸主或者首事同意，不得私自在寺庙筹办做道诵经等文化活动，即使获得允许，也需要支付一定费用。叶方明回忆，旧时，青福寺庙香客很多，其他垸垸主组织垸民，想借庙唱戏谢神，青泛湖垸垸主不答应。但是，他们力量大，上级允许，当在庙前搭台唱戏时，菩萨显灵，台子却倒了三排，唱戏事情只好作罢。

5. 垇庙治理过程

（1）决策过程

第一，决策主体。垇庙有关事务，比如祭祀神灵等一切祭祀事务和庙产管理和支配事务等，多由首事主导，遇到日常开支等小事，由首事头（垇总）说了算，遇到做会或者祭祀神灵等重大事务，需要召集众首事开会集体决策，一般垇民不参与决策。但是，遇到首事更换或者改选，垇民有权参与决策，比如推荐或者公选。

第二，决策内容。不同决策主体，能够决策内容不相同。一般垇民参与决策内容非常有限，比如首事更换或者改选，才是他们涉及的决策内容。而首事地位高，权力大，他们决策范围广，内容较多，比如何时修缮庙宇、是否唱戏谢神，以及庙管事候选人、庙产经营和支配方式或者方案等。郭用文老人回忆，何同树作为垇总，其他为垇主或者堤老。由他们负责组建堤委会民间水利自治组织，同时，做太平会或者修缮和建设庙宇，如何分工，如何摊派费用，也是由他们决定。每年降雨前或者降雨后，垇总、垇主主持，召集垇民齐聚垇庙进行祭祀，请道士诵经做法，超度菩萨，还请戏班唱戏，感谢神灵庇佑。

第三，决策方式。同样，垇庙相关公共事务，分为集体决策方式和个人决策方式两种。其中，集体决策就是集体参与商议讨论，取得一致方案和结果。比如做会或者唱戏谢神，如何摊派费用，如何进行分工，何时进行筹办，都需要首事头召集首事集体讨论，进行民主决策，做出协商一致的方案。而庙田经营方式，出租给他人耕种还是庙管事自己耕种等小事情，多由首事头个人决策，不需要跟其他人商议。

第四，决策结果。首事能够取信于民，凡事多为他们做主，首事或者众首事决策的结果，代表一定权威，一旦向下传达，普通垇民必须无条件执行，不容置疑。比如每逢做太平神会，垇主召开会议，写明谢神通知单，请于本月初八、初九、初十于青福寺演戏三天，以及做法诵经，共计价钱多少银圆，请垇民当日早到庙宇上香，上功德钱，不得延误，请互相通知。

（2）参与过程

第一，参与主体。与庙宇相关事务的参与主体，分为首事、绅士和垇民。不同事务需要不同参与主体。一般重要事务，比如接济灾民或者保护负罪者，牵连对象多，多为首事、绅士和垇民集体参与讨论；遇到修缮庙宇等慈善事业，须有钱有势绅士参与，他们凭借雄厚财力，对这些事务贡献更大；而例行事务，比如庙宇祭品或者祭器更新等，只需首事负责筹办。另外，这些活动多为户主或者男子参与，妇女或者小孩不能参加。

第二，参与内容。根据寺庙内容重要性，分为例行事务和特殊事务。例行事务，比如庙产经营收入和支配，多由首事决定，不需要扩大参与主体。特殊事务，比如首事改选，就需要普通垇民和绅士参与，进一步扩大参与范围，有利于推荐有能力和有威望者出任。郭用文老人回忆，每当岁修缮垇堤，就需要到青福寺进行隆重祭祀仪式。动工之前，由垇主主持祭祀仪式，以表示修堤决心和真意。然后，由小跑的或者块首进村敲锣，垇主有令，各花户准备上堤修堤，限期缴齐土费等。进入汛期时，垇主或者修防主任，则要举行相应的降雨仪式，待降雨仪式过后，由堤工会或者修防处作为主家，摆宴席请绅士或者块首，颇为隆重。

第三，参与方式。按照寺庙事务内容层级，参与方式分为完全参与和不完全参与。其中，完全参与方式，比如首事选拔，需要众垸民集体参与，候选人有谁，何时参与选拔，选拔谁，都是垸民说了算。而不完全参与，比如何时做会，如何筹办，筹办规模多大等，多为首事共同决定，制定出方案，并下达给垸民，而普通垸民没有参与权力，只有知情权。

（3）管理过程

第一，财务管理。财务收入分为三个部分：一是平时香客进庙上功德，给庙宇一些香火钱，这部分钱款，多为住庙的斋公或者道姑负责收取、保管；二是做会时，垸民前往寺庙敬神，所上的善款，由会计和出纳负责登记姓名和款项，并共同负责保管；三是庙田出租换取的经营收入，由首事负责保管，作为做会或者修庙的费用。

第二，公产管理。按照公产性质分类，分为动产和不动产。不动产，比如寺庙房子、庙田等，房子由首事负责管理，同时，委托庙管事负责管理和维护。庙田如果出租给他人耕种，其产权变更和经营，由众首事共同负责管理，如果未出租，则由斋公负责经营和管理。而寺庙动产，比如寺庙所有香烛纸草或者祭祀器物等，多由住庙的斋公负责管理和维护，如果毁坏严重，则可以申请更换。

（4）监督过程

按照监督方向划分，分为对下监督、平行监督和对上监督。对下监督，就是由首事头对一般首事或者庙管事等人监督。比如每次做会，首事负责核查收入账目，要求账目与钱款相符合，不然，就进行问责。同时，对于庙宇一切器物，庙管事作为管理人，不得随意毁坏或者倒卖，以及不能私自改变庙宇用途，赚取私利，首事有监管之责。平行监督，首事之间互相监督，比如没有扩建寺庙之前，需要改选首事，选出出纳和会计，遇到有善人上功德钱，比如捐 10 块大洋，就登上礼簿，并开出三张单子，分别由捐款者、管账者和现金保管员保留，一一对应，防止出现财务漏洞，那些行为不端者贪污，造成哪些不信神从中作梗，破坏做庙的大事。同时，一个首事管理账目，一个首事管理现金，一个首事负责核账，要求两者对照一样，不能出入，相互监督，禁止保多，对不上账。对上监督，庙产收入以及每年做会收支，待办会结束，由首事头、出纳、会计集体核查算账，计算汇总所有功德钱数目，要求入账和现金数量相一致，同时，也要选出垸民代表参与监督，待账目核算清楚，还需要张榜公布，供垸民监督。

6. 垸庙治理方式

为了垸庙事务有序开展，必须采用一定的治理方式，规范参与主体诸多行为。根据行为危害程度，采取不同治理方式，比如训斥、羞辱、送官等。与寺庙相关一切收入，其钱款只能用于寺庙事业，不得贪污或者挪用。祭祀和聚餐费用来源于垸民，庙管事，比如斋公或者道姑，负责抽时间打理庙堂，得来的香火钱，要交给庙里首事，作为修庙修路之用，不得贪念一分一毫，如果贪污会被菩萨惩罚，子孙不旺。如果首事或者他人存在贪污行为，轻则可以训斥，重则免去其职务。如果有人侵占寺庙房子或者田产，也可以送官查办。

　　郭用文老人回忆，旧时，寺庙做会或者唱戏，费用需要平摊。那些田少的贫困孤寡者，也不得不勉强筹集，也有贫困人家需要典当筹资缴纳，如果没有按时缴纳，就会遭到执事者指责，甚至众目睽睽之下遭到训斥。如果办会有所剩余，就分贷给需钱者收取利息，到期如果没有连本带息偿还，就会遭到严厉惩处。

（二）村庙治理

1. 村庙治理单元

　　在同一个聚落范围内，或者跨诸多聚落的范围，普遍存在对保护聚落且管理范围内的神灵（多为无祀鬼神），进行共同祭祀。每当遇到各种灾祸，比如瘟疫等怪病，村落村民齐聚坛里，焚香秉烛，进行祭祀。同时，请麻脚先生做法诵经，祈求富贵吉祥、平安顺利。虽然聚落分散布局，村庙却成为凝聚村落人心信仰的重要场所。比如大字号杜家剅村的青龙坛（潭）神，自古以来，就是他们的保护神。

2. 村庙治理主体

　　村庙事务的治理，采取首事制度，村庙事务筹办，同样需要一定治理主体。一般公选年龄较大、品行端正，又有威信的村民主管事务，俗称某某爹，村落事情甚至大事，都是某某爹说了算。每逢农闲时节，村落公议，推荐若干贤能或者公正之人担任首事。据郭用文老人所述，地方有点威信或者面子，以及有文化之人担任村庙首事，比如涂文元和杜老七，乡亲相信他们就推荐他们为首事。谁为首起会，就管理协会费用等事宜，同时，有能力或者有责任心，把起会事情办成，因为当时每个村都起会收禁，你村办不成会，锣鼓喧天，其他村的妖魔鬼怪就赶到你们村，导致整个村遭殃。

3. 村庙治理内容

　　村庙治理主要围绕某个鬼神祭祀开展事务，其治理内容：一是开坛做法，为村民驱除灾祸避邪，保平安；二是踩禁口，排除妖魔鬼怪骚扰；三是替人看病抓药，救死扶伤；四是超菩萨，筛选村庙麻脚先生；五是起会诵经祈福；六是善款筹集、管理和支配。

　　据李良望老人所述，青龙坛神，主要由麻脚先生负责日常祭祀，而麻脚，如杜家剅李窥银，擅长阴阳鬼道，知天理命数，能上山擒魔、下湖捉妖，在十里八乡有一定威望，别人也敬他三分。他能够获得坛神的法力，专门负责在村落抓鬼捉妖，替人消灾解难，庇护一方平安。同时，麻脚还精通医术，可以帮助村民治病。

4. 村庙治理过程

每年三次祭祀，清明时节一祭，七月十五一祭，十月一日一祭，祭品、菜肴、酒肉都由本村村民置办，主持人为某某爹，各聚落轮流负责，轮到者俗称当会。庙会前一天为准备时间，首事负责挨家挨户筹集费用和稻米，坚持自愿原则，有钱者多出，无钱者少出，当日由某某爹和村民祭祀膜拜，以村庙为单元，进行村落家户聚餐。

（三）土地庙

多个聚落共同信仰、祭祀对象是在以土地庙为核心形成的地缘社会的基础上产生的。最初，自然村不设村长，若干村落合成一庄，一般一庙为中心划分一个庄，庄以地理位置编号，如第一庄，或者以村落姓氏命名，如王刘二庄，庄头也就是钱粮保长，庄上大事，比如完钱粮、做戏、办会、修庙等，需要召集各村阿爹商议讨论，制定方案以后，由阿爹分头执行。一般小聚落中没有庙，若干聚落集中在一起，共有一座土地庙。土地庙宇特定的聚落之间形成固定联系，被看成一定地域范围的地下管理神的土地神，有相应的范围和辖土。由一位阿爹指挥，自然村民参与祭拜，每户派一人参加，具体事务由当地阿爹负责，准备好好酒好菜，摆上案台或者神桌，进行祭祀。祭祀以后，把饭菜拿回进行聚餐，也可以请戏班唱戏 2 天，比如荆州皮影戏或武汉戏班唱戏，费用由各户均摊。

李良望老人回忆，最初，杜家刭有 4 个福，平均 8 户一个福，李姓人多一个福，其他姓氏都是杂姓福。每年做上福、下福，同一个福场轮流做土地福，今年你做福，明年我做福，由本福绅士或者田册先生以及麻脚先生作为首事负责，老实人做不到首事。出资是算账福，用多少钱就按照家户数量平摊费用，由有钱有势者先垫付，一年做两次福，出资差不多，8 户家长共同商量，一般每户为 5~10 个铜板。只有出费用，才会得到土地神保佑，风调雨顺，国泰民安，日子越过越好。如果不自愿上功德钱，就没有土地管。

二 信缘治理关系

（一）信缘组织与信众关系

以家为小单元的家神信仰圈，以村落为单元的小神信仰圈，以多聚落为单元的共同信仰圈，村民参与最多的是坑庙、村庙、土地庙等庙宇筹办的活动，每逢做会都纷纷慷慨解囊，因为他们施舍功德钱，就能保佑子孙兴旺，万代荣昌。坛口菩萨起会及坑庙或其他寺庙起会，不信者可以不参加，可以不出钱。但是，西至杜家刭，东至东堤沟，北至坑堤，南至白洪沟，不管同一个坛口起会还是同一个土地福，做会祭祀或者唱戏，村落家家出钱，多数望子孙平安，而且不管信不信，都要出钱，不肯丢面子，怕别人说闲话："坛里菩萨或者土地爹爹庇佑他，他会犯巧啊，大家都出钱，他不出钱！"

（二）信缘治理与国家关系

传统农业社会，正当信仰不仅可以维护地方正常秩序，而且能够加强国家对地方的控制和治理，比如修缮垸堤，由垸主主持祭典仪式，同时，信仰也能够形成一定力量，进一步消解国家力量对地方的渗入。因此，信仰治理利弊兼得。

第一，信仰促进国家对水利的治理。青福寺作为固定信仰场所，也是缓解垸民洪水恐惧、凝聚人心的重要场所。最初，垸主带领垸民奋勇抢险，运土堵口，防止洪水泛滥，垸堤修缮过后，垸主号召垸民自愿出钱在堤旁修建该庙，以感谢神灵保佑。同时，如果国家力量过分干预，也会与信仰产生冲突和摩擦。比如清朝青福寺曾经兴盛一时，其他垸民也来请求唱戏谢神，垸主和垸民不答应，但是，官府出面干预，外来抢占，并要求垸民准备祭品到庙里禀告菩萨，把菩萨灵位撤走，终于唱起戏来，但是三牲被卷到倒口水潭里，好像菩萨也发怒，再也不敢到庙里唱戏。

第二，信仰有助于消解国家力量对地方的过度渗入。1949 年以前，那些犯错的人，可以躲在庙里避难，一般人不准到庙里杀人。比如有人犯了国法，剃度出家，披上法衣诵经，进庙修行，或者逃壮丁也可以躲在寺庙里，官兵就不来抓。旧时，青福寺作为共产党秘密开会的场所，当时李启忠的祖父是共产党员，又是洪湖赤卫队组织队长，被国民党抓捕，曾逃到庙里避难。还有其父亲是湘鄂省政府秘书，都逃到这庙里躲避。后来，正因为该古庙具有一定革命历史意义，才没有被地方政府拆掉。

第七节　杜家剅村治理变迁

1949 年以前三千年未变大格局，村落未能完全得到国家关注，但是，解放以后，杜家剅村治理主体、治理内容和治理规则等方面发生巨大变化，本节从土地改革运动时期、集体化运动时期和改革开放时期三个阶段分析其特点，为了解当时杜家剅村治理概况提供真实图景。

一　土地改革运动时期杜家剅村治理

根据《洪湖县县志》记载，解放前夕，杜家剅村隶属沔阳县四区戴市乡第十保，1949 年以后，杜家剅村辖于洪湖县六区戴家场镇 5 大组（李家咀和杜家剅合并），1956 年，中湾（1 队、2 队、3 队）组成团结大队，李家咀（4 队）、杜家剅（5 队）组成三星大队，黄家倒口（6 队）、百子桥（7 队）、周家倒口（8 队、9 队）合并成柏红大队。1958 年，柏红大队（6 队、7 队、8 队、9 队）和三星大队（1 队、2 队、3 队、4 队、5 队）以及团结大队三者合并成一个大队，称为百桥大队，共计9个生产队，6个自然村，辖于三汊河公社。直到1984年人民公社解体，可见杜家剅村建制范围和隶属不断扩大。

杜家剅于1947年解放，1950年工作组下村，一个自然村分配一个工作组进行动员工作，到各自然村召集贫雇农会议，组建贫协组，进行"清匪反霸，巩固共产党政权"。工作队下乡，召开贫雇农会议，那些家庭好过或者有雇工的家庭没有权利参加会议。会议由工作组组长罗红军传达土改政策，进行土地改革的思想动员，然后组建民兵组织。一般是后面划定的贫农、雇农和中农年满18岁的子弟担任民兵，地主和富农子弟不能担任。百桥村由柏红（6、7、8、9组）、团结（1、2、3组）、三星（4、5组）三个大队组成，三星由李良计担任5大组的书记，管辖5大组，4、5组合并，参与土改。当时，杜家剅39户，总计477人，耕地477亩，平均每人1亩田。

二　集体化运动时期杜家剅村治理

（一）村制概况

杜家剅共有10个姓氏，总计42户，集体化时期，搞合作化，按照人口和地域便于生产原则，将杜贤成和黄中香等共17户，划归到4组（李家咀）。可见生产队组建，并不是按照血缘组合独立的生产单元，即使同家门也被迫拆分，完全打乱种姓居住和生产。后面，4组、5组合并成第5大组，接着，计划将4组、5组拆成3个组，但是，计划没有实现。1956年，4组、5组组建成三星大队，6组、7组、8组、9组组建成柏红大队，1组、2组、3组组建成团结大队。1958年，三星大队、柏红大队和团结大队合并成百桥大队。杜家剅村建制情况见表6-27。

表6-27　杜家剅村建制情况

姓氏	户数	村落姓氏分布明细	集中单元
李	10户	李恭珍（4）、李恭和（4）、李前元（5）、李丘伟（5）、李丘范（5）、李恭植（5）、李窥银（5）、李文汉（5）、李恭允（5）、李恭户（5）	杜家剅村、李家咀
熊	6户	熊生富（4）、熊生文（4）、熊生品（4）、熊茂元（5）、熊茂盛（5）、熊茂才（5）	李家咀、杜家剅村
黄	4户	黄孝银（5）、黄中香（5）、黄中生（5）、黄中进（5）	杜家剅村
杜	6户	杜贤成（5）、杜贤才（5）、杜贤公（5）、杜贤强（5）、杜贤严（5）、杜贤进（5）	杜家剅村
涂	3户	涂天平（4）、涂文元（4）、涂文新（4）	李家咀
吴	5户	吴家郴（5）、吴承之（5）、吴承分（5）、吴承蓝（5）、吴承华（5）	杜家剅村

姓氏	户数	村落姓氏分布明细	集中单元
夏	4 户	夏广云（4）、夏广银（5）、夏大生（5）、夏大学（5）	杜家剀村、李家咀
苏	1 户	苏则明（5）	杜家剀村
万	1 户	万寿青（5）	杜家剀村
陆	1 户	陆德高（5）	杜家剀村

（二）治理主体

1. 治理主体概况

土地改革运动以后，贫雇农开始当家。那些老实忠厚，人际关系好，年纪长，熟悉农活的，即使没有文化，也可以担任生产队干部。除了那些地主富农，中农表现好也可以当选干部。其实要想当干部，除了家庭成分以外，最重要的是文化、经验，生产队干部都由群众选举产生，一年一选举，允许连任，公平竞争上岗，如果存在贪污集体财产行为，群众可以不再选他。当时，小队队长、副队长、会计和田间管理员等职务基本经常轮换，有些人做队长可以，但是，做会计就不行，因为会计管理财务等事务烦琐。同时，干部任职没有大姓主导，不存在大姓欺负小姓问题，其中李姓、杜姓、吴姓和夏姓户数和人数排在前四位，分布较为平均。另外，由于生产队是村落生产和生活的利益单元，也会因利益与生产大队发生矛盾和冲突。第五生产队干部任职情况见表 6-28。

表 6-28 第五生产队干部任职情况

届数\\职务	第一届	第二届	第三届	第四届	第五届	第六届	第七届	第八届
生产队长	黄中生（无文化、老实忠厚）	李斯云（无文化、懂农艺）	李公生（有些文化、忠厚老实）	黄玉清（有些文化、忠厚老实）	李公柏（有些文化、口才好）	李公柏（有些文化、口才好）	李公楼（有些文化、忠厚老实）	李公柏（有些文化、口才好）
生产副队长	李斯云（无文化、懂农艺）	李良望（有文化、口才好）	李良望（有文化、口才好）	李良望（有文化、口才好）	杜子清（有些文化、忠厚老实）	黄玉清（有些文化、忠厚老实）	李良望（有文化、口才好）	杜子兴（有文化、口才好）
会计（记分员、保管员）	吴成荒（有文化、口才好）	夏大生（有文化、聪明灵活）	夏大生（有文化、聪明灵活）	夏大生（有文化、聪明灵活）	李良望（有文化、口才好）	李丙银（有文化、懂账目）	吴东平（有文化、懂账目）	李丙银（有文化、懂账目）

职务＼届数	第一届	第二届	第三届	第四届	第五届	第六届	第七届	第八届
田间管理员	夏广银（无文化、懂水利）	夏广银（无文化、懂水利）	夏广银（无文化、懂水利）	吴成蓝（无文化、懂农艺）	夏广银（无文化、懂水利）	夏广银（无文化、懂水利）	夏广银（无文化、懂水利）	熊茂盛（无文化、懂水利）
水利队长	李斯云（无文化、懂农艺）	李良望（有文化、口才好）	李公柏（有些文化、口才好）	李丙银（有文化、懂账目）	杜子清（有些文化、忠厚老实）	黄玉清（有些文化、忠厚老实）	李良望（有文化、口才好）	杜子兴（有文化、口才好）
水利会计	吴成荒（有文化、口才好）	夏大生（有文化、聪明伶俐）	李良望（有文化、口才好）	李良望（有文化、口才好）	李良望（有文化、口才好）	李公楼（有些文化、忠厚老实）	杜子兴（有文化、口才好）	夏大生（有文化、聪明伶俐）

　　不管三星大队、团结大队还是柏红大队，还是三者合并成的百桥大队，家庭成分都作为干部选拔第一条件，生产大队干部多数由没有多少文化而老实忠厚的贫农或者雇农担任，如果办事积极更是大队干部理想人选，表现好的中农或者下中农也可以担任大队干部，无地主和富农当选。后来，家庭成分不是干部选择的唯一标准，那些读了些书的贫雇农，有点文化，口才好，就有可能做到大队干部。同样，大队干部任职，都是群众随机选举产生，没有大姓主导选举局面。另外，最初大队干部从赤贫村民选拔，后面，不管区干部、公社干部还是大队干部，多从能力强小队干部中选拔。比如有文化的吴成荒，最初担任小队会计，后面，选拔到大队做会计。同时，生产大队干部权力大，掌握很多资源，要想出去当兵或者上大学，都是依靠大队队长推荐出去，如一户人因为他的外公是队长，又是老革命，没有子嗣，找到当校长的亲房人，推荐出去做民办老师，后面，调到陕西汉中县做高级工程师。生产大队干部任职情况见表6-29。

表6-29　生产大队干部任职情况

职务＼项目	三星大队												与柏红大队合并		
	第一届			第二届			第三届			第四届			第一届		
	姓名	文化	组类	姓名	文化	组类	姓名	文化	组类	姓名	文化	组类	姓名	文化	组类
书记	谢俊道	私塾	3	胡俊志	私塾	2	黄孝元	私塾	1	刘助新	私塾	4	刘成汉	初中	8
队长	熊生鹏	私塾	4	谢俊逸	私塾	4	熊生鹏	私塾	4	杜子英	私塾	5	李启松	初中	4
会计	刘祝杨	私塾	3	吴成荒	私塾	5	黄登静	私塾	3	周天道	私塾	3	黄启云	初中	3
民兵连长	涂位置	私塾	1	黄孝元	私塾	1	黄启华	私塾	4	黄孝元	私塾	1	刘守金	初中	6

续表

职务 ＼ 项目	三星大队												与柏红大队合并		
	第一届			第二届			第三届			第四届			第一届		
	姓名	文化	组类	姓名	文化	组类	姓名	文化	组类	姓名	文化	组类	姓名	文化	组类
团支部书记	黄孝华	私塾	5	李中信	私塾	1	吴成志	无	5	黄孝则	私塾	5	黄永年	初中	7
妇女主任	习国安	无	5	向长秀	无	3	涂从耳	无	2	向桃安	无	2	尹菊贵	小学	9
治保主任	胡政银	无	2	—	—	—	—	—	—	—	—	—	—	—	—

2. 治理主体权力异化

不管土改时期还是集体时期，小队干部和大队干部都具有很大权力。比如划成分，按照大部分贫雇农意见处理，权力最大的就是贫协书记，他说一句话就是一句话，任何人不得违背。另外，若社员有犯罪行为，有人进村调查，核实是否符合事实，如果需要判死刑，还要生产小队长签字。除此之外，外出工作、当兵或者读大学等机会资源，多由大小队长或者书记掌控。但是，如果一把手权力过大，又缺少有力的监督，就会导致道德败坏，也会导致权力异化，以权谋私。

（三）治理内容

1. 农业生产

大队干部由民主选举产生，负责统筹大队生产安排、生产资料分配和公购粮征收等经济任务。而小队干部，比如小队队长、副队长、会计和田间管理员，先由群众推荐和选举，再由公社干部任免，做到分工明确。也有村民不听队长的话，挑战队长的权威。

2. 水利建设

由于河堤和江堤老化而毁坏严重，修缮堤防成为集体时期必须面临的重要工作。在生产大队或者公社设置水利主任和水利工程员，全面负责组织村民参加村级水利建设任务或者接受上级修缮江堤和河堤任务，比如开挖洪沟等。同时，在生产小队，设置田间管理员负责管护本队农田水利工作，还设有水利队长由生产队副队长兼任，主要负责组织和监督村民上堤防险或者出工修堤，水利会计也由生产队的会计兼任，负责按面积摊派修堤工作量。村民每人准备衣服、被子、扁担、箩筐和锹，住在近堤农户家里，10 人抽 1 个做饭，由国家发放米粮和菜，其他人挑堤补偿他的工，白天挑泥垒堤，修建防水堤，打土栓子，挑土箱子，晚上派人巡堤，每 500 米设一个巡查员看堤，一夜两班，一个上半夜，一个下半夜，检查江堤有没有溃口或者漏水，没有一分钱，水不退就不允许回家。同时，老人或者小部分妇女负责附近村级沟渠开掘和修复工作。水利修缮工作任职情况见表 6-30。

表 6-30　水利修缮工作任职情况

范围＼职务	职务		职责
生产大队	水利主任	水利工程员	负责指导和组织大队进行村级水利建设，承接上级修堤任务
生产小队	水利队长	水利会计	水利队长一般由小队副队长兼任，水利会计一般由小队会计担任，主要负责组织小队劳动力上工修堤，计算和摊派每人工作量

（四）治理规则

解放以后，干部废除约束妇女的 72 条，不讲三从四德，只讲孝道。不仅如此，旧时，国法和族规一样大。国家不管族里事情，遇到大事小事，多由族里自己解决，户长说怎么处理就怎么处理，即使处死，也没有人敢管。1949 年以后，国法大于族规。即使犯了再大的罪或者过错，也不敢私自处死，要由大队干部或者小队干部交给国家机关进行处罚。如果族人犯了命案，要以国法论处是否要以血还血，杀人偿命。可见国法已经代替族规或者家法作为村民的行为规范，这也是国家治理的重要手段。比如杜家剅李姓亲叔侄，因为侄子没有管好自己耕牛偷吃叔叔秧苗，结果被叔叔发现，并上门责骂，侄子气不过，失误打死叔叔，虽然同一家门有人求情，但是，按照国法，大队书记签字，将其送到司法机关进行处罚。

三　改革开放时期杜家剅村治理

1984 年，按照机构改革要求，撤社建区设乡，百桥村隶属戴家场区百桥乡，并设有办事处。后面，撤销百桥乡办事处，更名为百桥村公所，下辖黄家倒口、周家倒口、中湾、李家咀、杜家剅、百子桥 6 个自然村。1991 年百桥村公所改为百桥村村民委员会，下辖 9 个生产小队，黄家倒口有 1 个生产小队、周家倒口有 1 个生产小队、中湾村有 3 个生产小队、李家咀有 1 个生产小队、杜家剅有 1 个生产小队、百子桥有 1 个生产小队。后面，黄家倒口、周家倒口、中湾、李家咀、杜家剅、百子桥 6 个自然村，按照就近管理原则，合并成一个大行政村——百桥村，下辖 9 个村民小组，黄家倒口设为 6 组和 8 组，周家倒口设为 9 组，中湾设为 1 组、2 组、3 组，李家咀设为 4 组，杜家剅设为 5 组，百子桥设为 7 组。可见 20 世纪 80 年代以后，杜家剅村建制和范围变化不大。

（一）治理主体

改革开放以后，政治运动已经远去，加上家庭承包制度逐渐落地，伴随发展新问题，需要新的治理主体实施治理。由表 6-31 可知，阶级成分不再成为选拔干部的标准，新时期行政村干部多数由初中以上学历，文化水平较高，同时，热衷于村级公共事务，又具有较强的组织和协调能力者担任，特别村会计一职，需要精通财务知识，较其他职务专业性质更强。另外，村级干部多出自多个自然村或者村民小组，没有大姓主导或者垄断，而且由上级政府提名和任命，村民参与村级选举意识淡薄。

表6-31　改革开放时期百桥村干部任职情况

时间　　职务	第一届			第二届			第二届		
	姓名	文化	组类	姓名	文化	组类	姓名	文化	组类
村支部书记	习作衡	高中	1	习作衡	高中	1	李启中	高中	4
村主任	黄端午	高中	2	黄端午	高中	2	黄端午	高中	2
会计	文熙娇	高中	4	文熙娇	高中	4	黄启云	高中	3
妇女主任	刘成志	初中	2	杜作平	高中	5	文熙娇	高中	4

（二）治理内容

第一，催粮派款。20世纪80年代，为了支援工业和城镇的发展，种田者需要缴纳很高的农业税，大概每亩250元。再加上农药和化肥等生产成本，基本没有钱赚。如果碰到天灾，比如洪涝或者干旱等，水稻产量低，还要贴钱缴纳合同款。同时，村民小组组长工资1000元/年，村级干部工资3000元/年，都要向村民加收提留款，如果欠缴合同款，这些干部工资都是挂账，村干部从农户手中收不到钱，办事处找村民小组长帮忙协助收合同款。

第二，计划生育。20世纪80年代开始抓计划生育工作，对计生工作非常严格。

第三，宗族活动。20世纪80年代以后，随着国家政策放松，村干部不干涉，宗族力量得到一定程度的恢复，但是，以前宗族或者亲族传统已经严重破坏，比如选举权力主体——户长，或者召开族会，只是一系列宗族活动开始兴起，比如修谱、修祠或者祭祖等。同时，虽然传统家法族规已经不复存在，但是，教育子孙传统仍然保留，对于本族一些不肖子孙，比如好吃懒做或者不学无术者，也可以请长辈正家规。

第四，公共建设。村级公共建设，依靠村干部或小组干部组织建设。比如学校等，都是从乡村提留中出资修建。还有生产用桥建设，对面有水田，需要摊派出钱，每户100元，有钱多出，多多益善，修建生产用桥时，由队长为首，村民出工投劳，搭建桥模子，才能修建。

（三）治理方式

对违反国家政策行为，比如拖欠合同款或者抗粮不交等，不仅要记录在村级账上，村干部可以批评，如果行为恶劣，还要上乡政府请示，抓去关押。还有违反计生政策，比如超生，村干部不仅要入户进行批评，还要协助计生办干部进行罚款，对于屡教不改的"超生游击队"，还可以要求他们上学习班，不准外出或者请假，情节严重，还可以挂粪桶示众，要求他们改过自新。

第八节　杜家剅村治理实态

随着人民公社式微，为了实现村庄有效治理，逐步提供相应公共服务，建立村民委员会基本政治制度。那么究竟当前村庄治理效果如何？本节从治理主体、治理内容、治理规则和治理过程等几方面进行阐述。

一　治理主体

（一）治理主体概况

1. 村民委员会

第一，村民委员会概况。见表6-32，现在百桥村村民委员会有6名村干部，书记和主任由一人担任，副书记和副主任各1名，会计、治保主任和计生专干各1名，分别来自不同村民小组和不同姓氏，不存在大姓主导。除了刚上任的计生专干任职时间短外，其他干部任期时间多为10年以上。同时，干部年龄多在50岁左右，村委干部老龄化严重。干部文化水平多为初中以上，文化水平高。另外，只有一个定工干部，其他为非定工干部。在待遇方面，村支部书记一年工资总收入为3.5万元，其他干部一年工资总收入只有1.5万元左右，比如会计一年工资总收入只有1.4万元，计生专干一年工资总收入只有1.1万元，加上计生办津贴1750元。1982年，包产到户，取消小组会计等职务，保留村民小组组长职务，工资收入为400元/年，后面，再取消小组组长职务。而且，生产小队干部没有退休补助，而生产大队干部有退休补助。

表6-32　2016年百桥村干部任职情况　　　　　　　　单位：岁，年

姓名	年龄（岁）	职务	职责	学历	政治成分	组别	工龄（年）
方全虎	50	书记、主任	全面	高中	党员	2组	10
黄启云	55	副书记	农业	初中	党员	3组	25
杜作平	54	副主任	党务	高中	党员	5组	21
文熙娇	53	会计	财务	高中	党员	4组	13
刘守军	53	治保主任	治安	初中	党员	7组	13
刘小红	30	计生专干	计生	大专	群众	8组	1

另外，百桥村保留部分村民小组组长（见表6-33），分别由本组群众民主选举产生，他们只承担组织生产和组织功能，其主要职责表现为两个方面，一方面是对内自治职责，比如收取本组排灌费、组织村民疏浚沟渠和协调土地纠纷等；另一方面是对外辅助职责，比如协助村干部进行土地确权、土地调整和防洪排涝等。

表6-33 现在百桥村村民小组组长成员

姓名	政治成分	组别
常纪红	群众	7组
周天玉	党员	6组
熊华信	党员	4组

第二，村民委员会产生。村民委员会干部都由民主选举产生，任期三年，三年到期需要换届。其中村主任、副主任和委员，由村民直接选举产生，任何组织或者个人不得指定、委派或者撤换。同时，需要进行一系列选举程序，只有程序合法，选举结果才有效。村委换届当日，乡政府派人主持和监督村民委员会选举工作，首先由乡政府提名若干干部，然后，村里群众再推荐若干人选，比如选举干部6人，要求7~8人参加竞争，通过召开村民代表大会，进行民主选举，有意参加竞选者进行公开演讲，最终，进行投票，根据票数确定人选。不过，政府提名的干部，起码票数都基本能达到，即使票数不是最多，乡政府提名他做书记或者主任，他也能做书记或者主任，最终决定权在乡政府。除了书记和主任外，其他会计等职务可以外聘，如果犯错误或者不合格，可以随时辞退。比如2016年百桥村委有6个干部，但是，计生专干没有能力和没有责任心，村党支部书记开会免去其职务，打算2017年换届再做安排。

2. 村民理事会

2015年国家颁布的《关于加强社会主义协商民主建设的意见》规定，坚持村（居）民会议、村（居）民代表会议制度，规范议事规程。村民理事会，设有理事长、副理事长和理事，由致富能人、党员代表、县人大代表、村民小组长和村民代表组成，一般是10~20人，其主要职责涉及村庄公共产品提供问题，比如环境整治和桥梁建设等，召开村民理事会，进行民主讨论和民主协商，由村委提出筹办方案，理事会商讨该方案可行性和操作性，或者村民理事会一起制定公共服务筹办方案，最后，进行举手表决。另外村民理事会成员，没有任何工资报酬，不过，村民能当选理事会成员也是有面子的事情。但是，由于劳动力外流或者维稳条件，村民理事会代表也存在村委指派或委派问题，那些有思想、有文化的人并没有进入该组织，或者为了不得罪人也不愿意进入该组织。同时，其会议召开，不受乡政府主导，但是，实际过程中，涉及清洁乡村和桥梁建设等筹办工作，都是村委组织和主导召开，理事会更多在村委的领导下，配合村委开展工作，碰到大事村委事先与理事会沟通，统一思想和行动，依托村民理事会进行动员、宣传和实施，出现民主协商行政化。百桥村理财小组成员见表6-34。

表 6-34　百桥村理财小组成员

姓名	政治成分	组别
叶道南	群众	7 组
肖国义	党员	7 组
陆在林	群众	4 组
向德胜	群众	8 组
杜佐金	群众	5 组
刘守财	党员	6 组

（二）治理主体职责

1. 分工与村治

以前村委干部不属于脱产干部，不需要坐班，只有上级政府检查，才去村委坐班接待。为了群众办事方便，落实干部职责，制定专门值班表，以此进行绩效考核。要求每个干部按照值班表进行坐班，除了每周四由村支部书记固定值班外——因为当日要求他通过村干部微信群发言，如果没有发言，就扣工资和进行诫勉谈话——其他干部轮流值班，周六、周日休息，不办公。但是，制定的严格值班制度，并没有严格执行，只是群众碰到事，以组为单位，按照地域相近原则，到本组找他们帮忙。同时，不同干部有不同职责分工。如果是水利建设或者用水纠纷，就找专门管理农业方面的副书记解决；如果是劳务工资或者开支财务方面报销就由会计管理；超生或者生殖健康，由副主任和计生专干解决。纠纷和打架，先找治保主任去调解，如果解决不了，就召集整个村委班子一起调解，如果村委解决不了，就上报乡政府请求帮忙解决。另外，包括党务等一切村级事务管理，由村支部书记负责，因为他是村委的第一责任人，出了大事就会问责书记。百桥村村干部工作值班表见表 6-35。

表 6-35　百桥村村干部工作值班表

序号	姓名	职务	每星期轮值日期
1	黄启云	副书记	周一
2	杜作平	副主任	周二
3	文熙娇	会计	周三
4	方全虎	书记、主任	周四
5	刘守军	治保主任	周五
6	刘小红	计生专干	—

　　国家为了避免村支书和村主任权力职责不清晰，或者权力之争，造成村级事务多有掣肘，就主张书记和主任由一人担任。但是，这种权力架构，有以下弊端。一是权力过分集中。碰到村级事务，其他干部只有参与和建议权力，最终决策权在村支书手里，其他副职影响决策力量微弱，由于个人能力和收集信息有限，容易出现决策失误。二是监督力量不足。村支书权力大，其他干部畏于监督或者不敢监督，容易出现过分集权，群众更加不敢监督。三是越权指挥多，书记烦于事务。群众遇到事务，如纠纷处理或者低保户申请，都会直接找到村支书，群众认为遇事要找为首，找其他没有主事权的，后面也还要找到村支书，致使书记无暇考虑大局，疲于应付琐碎事务。四是职能发挥不足。由于权力集中于一人，其他干部流于形式，比如副职负责管理农业、治安、财务和计生工作，他们功能得不到发挥，不仅造成资源浪费，而且还会打击其积极性。五是价值得不到体现。干部人员中少数为定工人员，其他为不定工人员。定工人员每年工资有 4 万元左右，其他半定工只有 1 万多元，但是，半定工的角色，所忙的事务也超过定工，造成同工不同酬，连社保也没有解决，心理出现不平衡，甚至导致离职。村民委员会权力架构如图 6-6 所示。

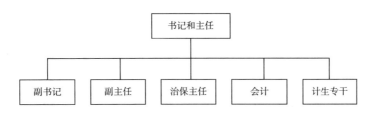

图 6-6　村民委员会权力架构

2. 分区与村治

　　百桥村共 9 个村民小组，南北距离 3 公里，东西距离 1.5 公里，总计 4.5 平方公里。同时，村委所在地与村民小组距离较远，步行需要 30~40 分钟。还有不同自然村范围大小不一，人口户数和数量也不相同，比如 4 组和 5 组总人口户数和人口数量相当于 6 组、7 组、8 组和 9 组四个组人口户数和人口数量的总和。为了各自然村便于管理，节省事务处理时间，实行了片区治理，落实责任人。见表 6-36，村党支部书记方全虎管理 1 组和 2 组的村级事务；副书记黄启云负责管理 3 组村级事务；副主任杜作平负责 5 组村级事务；治保主任刘守军负责处理 6 组、7 组、8 组和 9 组村级事务，而计生专干刘小红负责协助治保主任；村会计文熙娇负责管理 4 组村级事务。另外，定期或者不定期，由书记通知，各片区负责人集中到村委会，一是传达上级政府的政策或任务，二是各自汇报本小组相关问题，三是开展政治思想活动如党课学习。因此，人口多的小组由多个干部负责管理，人口少的小组由 1 个干部负责管理。同时，片区治理负责人，多为该片区居民，与该片区村民打交道多，跟该区村民熟悉，便于取得其信任，能大大提高办事效率。

表 6-36　百桥村村干部管辖范围

姓名	年龄	学历	组别	职务	管辖范围
方全虎	50	高中	2 组	书记、主任	1 组、2 组
黄启云	55	初中	3 组	副书记	3 组
杜作平	54	高中	5 组	副主任	5 组
刘守军	53	初中	7 组	治保主任	6 组、7 组、8 组、9 组
文熙娇	53	高中	4 组	会计	4 组
刘小红	30	大专	8 组	计生专干	6 组、7 组、8 组、9 组

3. 挂职与村治

为了响应国家政策和方针，不少政府职能部门干部驻村挂职第一书记锻炼。其职责主要表现为以下几个方面。一是落实国家政策。比如为了响应国家扶贫大会战，房产局成立精准扶贫工作队驻村帮扶。二是进行产业帮扶。比如 2016 年洪湖市财政局局长包村挂点，以事养事项目，财政拨款 12 万元支援百桥村发展养殖。2013 年洪湖市纪委书记李启云包村挂点，帮助村庄到扶贫办申请升级改造鱼池项目，每个鱼池 1000 元，30 个鱼池，总计 3 万元。三是扶持公共设施建设。如果村庄进行基础设施建设，需要一大笔开支，或者做预算超支缺点钱，就需要找对口部门或者挂点职能部门化缘，如扶贫办和房产局，以项目形式拨点钱。2015 年修村委会大楼，房产局拨付 11 万元。另外，1 组、3 组都修建有路灯，他们有村民在外面做干部，能帮助他们到民政部门或扶贫办跑到项目款。新农村建设时期，政府出钱帮助 8 组修建路灯。可见职能部门对口支援或者包村挂点，对村庄治理起着输血作用。

二　治理内容

新时期村庄治理，一改过去政治活动主导，村庄以生产和生活为核心展开有效治理。现在村庄治理内容主要包括公共基础设施建设、村庄纠纷及村庄之间纠纷处置、村庄犯罪案件处置、公共卫生治理、村庄集体资产管理、村庄债务管理等方面。

第一，公共基础设施建设。生产和生活离不开完善的公共基础设施，比如生产桥梁或者生产道路，不管筹建还是管护，从资金筹集到方案施工，都需要村委干部进行推进和监督。同时，公共基础设施竣工以后，也由村委干部负责验收。但是，修建过路大桥，就是争取项目形式，比如百子桥，以水利局项目形式支持建设，待修完电排，使用剩下的钱修建。同时，哪个部门支持建设项目，谁就负责验收，村委只是负责协调，比如修路或者架桥占到村民用地，发生占地纠纷，就需要村干部出面进行协调和处理。另外，村委也需要筹建文化娱乐设施，比如篮球场或者乒乓球台等，丰富村民文化娱乐生活。

第二，处置村内外纠纷和治安事件。维护地方稳定不仅是政府首要任务，而且村委是维护村庄秩序的重要主体。村内发生婚姻纠纷、土地纠纷、邻里纠纷，村庄之间发生纠纷等，都需要村委干部出面进行调解和处理，以防事态恶化。同时，出现偷盗或者打架斗殴等治安事件，村委干部也要出面调解，防止群体事件发生。总之，坚持小事不出门、大事不出村的处置原则，维护地方稳定。不过，如果案件实在太大，村委也可以请示政府帮忙解决，或者请司法机关帮助解决。

第三，公共卫生服务提供。公共卫生服务状况与村民生产和生活息息相关，是衡量村庄治理标准的重要指标。空气污染、固体废弃物污染、饲养动物粪便污染等，都需要村委组织村民进行有效治理。比如，为了治理村级公共卫生，百桥村以每5户为单元设置一个垃圾池，雇请3个村民作为环卫工人，每月收集垃圾2~3次，同时，将垃圾集中运送到远离住宅区的地方，用一个封闭废弃的水潭作为土埋场，再请挖土机挖土填埋。但是，垃圾池设置不合理，多设置在房屋附近，而且垃圾收集不及时，不少人以卫生不好为由，偷偷把垃圾池毁掉。同时，清洁费用，比如清洁工工资和环境设施管理费，需要向村民摊派，以理事会名义收取，实现专款专用。比如每亩摊派10元基本够用，每年支付清洁工2.1万多元工资，还有7000多元垃圾费用收不够，已形成预算方案，供理事会讨论决定。百桥村环境保洁人员见表6-37。

表6-37　百桥村环境保洁人员

姓名	政治成分	组别
向晋中	群众	8组
杜子柏	群众	5组
刘守银	群众	7组

第四，村级集体资产管理。村级资产管理包括现金资产管理和固定资产管理。现金资产管理，比如村级"一事一议"和"两工"费用收取和保管等，要求专款专用，禁止挪作他用，由党员或者群众负责监督。还有相关账目预算制作和做账等，由乡政府负责审核。固定资产管理，也要村民委托村委负责管理。比如村级集体土地产权变更、经营和流转工作，还有村民小学校舍，由于村级摊派出资修建，同样，属于村级集体财产，也要村委代为管理。生产用桥或者道路，也由干部负责监管，禁止任何人破坏。另外，村委大楼修建或者管护，也是村委干部负责。但是，村庄一些好吃懒做的村民，企图侵占集体用地建房或者占住村委房子居住。

第五，社会保障事业。随着村民日益增长的物质文化需要，社会保障事业成为提高村民生活质量的重要环节，同时也是国家治理的重要组成部分。国家社会养老保险、农村合作医疗保险、农业保险政策等，需要村干部负责入户宣传和贯彻到位。还有孤寡老人帮扶，由村委负责开具证明，如果愿意居家养老，就获得五保金维持生活；如果愿意到福利院生活，也需要村委干部做齐材料向民政局申请。同时，国家对地方的一些救助政策，比如低保金、残疾救助和国家特殊救济等，也由村干部负责登记、申请。另外，贫困孩子上大学，可以申请国家助学金或者国家助学贷款，需要村委干部负责开具贫困证明。最后，最重要的是积极配合国家精准扶贫工作，让贫困户享受国家政策的实惠。

第六，土地调整和确权。为了解决村民无地耕种问题，村委组织和动员村民进行土地调整。不过，土地调整要在符合国家政策的前提下，尊重地方特色，做到因地制宜或者因时制宜。比如按照人口、底份和补产三种方案，百桥村每个村民小组分田方案不同，但是，每个方案都需要村民小组召集村民开会同意，多数为有威望的党员参加，不仅做到增人分地，减人减地，而且做到好坏田搭配合理。同时，国家颁布一系列土地确权政策，也需要村委负责贯彻实施。比如按时核查村庄土地数量和产权归属，并将核查耕地和水田面积上报政府，完成土地确权任务。

三　治理规则

新时期村级颁布治理规则，比如村规民约，多为村民代表、村级党员和村委商议集体制定，循序教育为主，惩罚为辅，小事村委负责处理，大事要求送相关部门进行处置。但是，始终挂在墙上，普通村民根本不熟悉，对村民规训效果不大，其实，村规民约并没有落地。百桥村村规民约见表6-38。

表6-38　百桥村村规民约

百桥村村规民约
为了稳步推进我村新农村建设的步伐，进一步推进民主法治建设，维护社会稳定，树立良好的民风、村风，创建安居乐业的社会环境，促进经济发展，建设文明卫生新农村，按照"生产发展、生活宽裕、乡风文明、村容整洁，民主管理"的要求，制定本村村规民约。
一、社会治安
1. 每个村民都要学法、知法、守法，自觉维护法律尊严，积极同一切违法犯罪行为做斗争。
2. 村民之间应团结友爱，和睦相处，不打架斗殴，不酗酒滋事，严禁侮辱、诽谤他人，严禁造谣惑众，搬弄是非。
3. 自觉维护社会秩序和公共安全，不扰乱公共秩序，不阻碍公务人员执法。
4. 严禁偷盗、敲诈、哄抢国家、集体、个人财物，严禁赌博，严禁替罪犯窝藏赃物，严禁吸毒、贩毒。
5. 严禁非法生产、运输、储存和买卖爆炸物品；经营烟火、爆竹等易燃易爆物品需经公安机关等相关部门批准。不得私藏枪支弹药、爆炸物品，要及时上缴公安机关。
6. 爱护公共财产，不得损坏水利、道路交通、供电等公共设施。
7. 严禁非法限制他人人身自由或者非法侵犯他人住宅，不准隐匿、毁弃、私拆他人邮件。
8. 严禁私自砍伐国家、集体或者他人的林木，严禁损害他人庄稼、瓜果及其他农作物，家牲畜看管，不得随意放养家禽家畜。
对违反上述社会治安条款者，触犯法律法规的，报送司法机关处理；尚未触犯刑法和治安处罚条例的，由村委会批评教育，责令改正。
二、消防安全
1. 加强野外用火管理，严禁焚烧秸秆，如有违反处以罚款。

2. 家庭用火做到人离火灭，严禁将易燃易爆物品堆放户内、院落内，定期检查，排除各种火灾隐患。

3. 对村内、户内电线定期检查、损坏的要请电工及时修理、更新，严禁乱拉乱接电线。

4. 加强村民尤其是少年儿童安全用火用电知识宣传教育，提高村民消防安全防范知识水平和意识。

三、村风民俗

1. 提倡社会主义精神文明，移风易俗，反对封建迷信及其他不文明行为，树立良好的民风、村风。

2. 喜事新办、丧事从简，革除陈规陋习，反对铺张浪费，反对大操大办。

3. 不搞封建迷信活动，不听、看、传淫秽书刊、音像，不参加非法宗族组织。

4. 建立正常人际关系，不搞宗派活动，反对宗族主义。

5. 搞好公共卫生、加强村容村貌整治。引导村民开展垃圾分类减量，严禁随处乱倒乱堆垃圾，乱倒乱排污水，建筑垃圾及时清理，集中堆放村外或填埋铺路。

6. 积极参与村庄绿化，爱护花草树木和设施。

7. 农民建房应服从村庄建设规划，获批准后，统一安排，不得擅自动工，不得违反规划或者损害四邻利益。

四、邻里关系

1. 村民之间要互尊、互爱、互助，村民要自尊、自爱、自重，和睦相处，建立良好的邻里关系。

2. 在生产、生活、社会交往过程中，应遵循平等、自愿、互惠互利的原则，发扬社会主义新风尚。

3. 邻里纠纷应本着团结友爱的原则平等协商解决，协商不成的可申请村调解委调解，调解不成的，可依法向人民法院起诉，树立依法维权意识，不得以牙还牙，以暴制暴。

五、婚姻家庭

1. 遵循婚姻自由、男女平等、一夫一妻、尊老爱幼的原则，建立团结和睦的家庭关系。

2. 婚姻大事由本人做主，反对包办干涉，男女青年结婚必须符合法定结婚年龄要求，提倡晚婚晚育。

3. 自觉遵守计划生育法律、法规、政策，实行计划生育，提倡优生优育，严禁无计划生育或者超生。

4. 夫妻地位平等，共同承担家务劳动，共同管理家庭财产，反对家庭暴力。

5. 父母应尽抚养、教养未成年子女的义务，严禁歧视、虐待、遗弃女婴，破除生男才能传宗接代的陋习。子女应尽赡养老人的义务，不得歧视、虐待老人。

四　治理过程

村里日常事务由村委集体解决，比如办公用品支出或者老党员慰问开支等。凡是公共基础设施建设或者村委换届等大事都要召开村民代表大会，还有党员代表大会和村民代表联席会议。村庄治理，主要以党员代表和群众代表村委理事会为治理载体，进行有效治理。每当需要筹办公益事业时，以理事会名义收取，费用由村委管理，设置专门账户，由理事会成员进行监督，不能违规收费，要求专款专用，不能挪用在其他项目。每年收多少钱，怎么收，怎么使用，都要召开理事会讨论通过才可实施。比如村级环境整治资金，主要用于支付清洁工工资和增修垃圾池等费用。2016 年清洁费用，按照田亩摊派出资 10 元/年，共收 3 万多元，不足部分只能从田亩综合补贴出资，当年国家亩产补贴下降 20%，出于村民利益考虑，如果摊派出资和 2015 年一样高，18 元/亩，要求村民从自己口袋里出钱，村民就不愿意，又不能从"两工"费用和"一事一议"费用存留支取补进来，该费用大部分支付干部工资，但是，不收不可能，不然，环境整治推不下去。有些村委反映，如果把 18 元下降到 10 元，以后再要加费用，难度就很大。可见村庄公共事业都是各方参与讨论协商决策，从而取得一致同意的实施方案。

五　治理方式

新时期，村庄治理需要一定的治理方式。按照治理方式性质，可以分为物质治理方式和精神治理方式。同时，按照手段种类划分，既可以发挥传统文化治理方式，比如面子或者道德制约等，也可以运用一些科层制度手段，比如拒绝开证明等方式。

（一）按照治理方式性质，可以分为物质治理方式和精神治理方式

1. 物质治理方式

物质治理方式，主要通过物质方面的奖励和惩罚，进行村庄治理，其中，包括物质奖励方式和物质惩罚方式两种。

第一，物质奖励方式。为了鼓励村民参与村庄公共事务，比如积极参加村委换届选举或者配合完成政府颁布相关政策，对村里有贡献和积极参与村庄事务的村民，村委可以进行一些物质奖励。比如村委可以优先将集体耕地或者林地承包给优秀党员或者老干部。同时，每年国家的一些优惠政策，村委可以优先帮助他们办理，特别国家给予各种补贴，比如水稻风险补贴，优先发给支持村委工作的种粮大户或者优秀党员，换取民心。对那些不配合村级工作或者长年拖欠村级钱财的人，就不帮他买保险。这笔款项都是村干部或者党员私人垫付，因为有保障，而不是村级集体款项，所以没有人扯皮。

第二，物质惩罚方式。自从 20 世纪 80 年代以来，国家颁布一系列计划生育政策，严禁超生行为。如有违反政策者，需要缴纳社会抚养费用。如果不按照政策执行，逃跑不缴纳罚款，办不了户口，上不了学校，又分不了田。村干部不来找你，你还要主动找他们，自愿缴纳罚款。不过，现在男女比例失调，逐渐放开生育政策，鼓励村民生孩子，生男生女都不罚款，但是，因为生育孩子的成本太高，没有多少人愿意生。可见发展才是生育的避孕药，贫穷是最好的接生婆。据李良望老人所述，计划生育政策抓得紧时，口号是"头胎生男孩，终生不敢怀"。李丙全生了 2 个姑娘，后面，又生了 1 个儿子，就罚款 5 万元。他的儿子又超生一个男丁，还找了在政府工作的亲戚帮忙，少缴一些罚款额，上缴了 2 万元。

2. 精神治理方式

精神治理方式，不外乎从精神方面，对于治理对象实施影响，从而达到教育和规训的目的。其主要表现为精神奖励方式和精神惩罚方式两种。

第一，精神奖励方式。精神奖励方式主要有以下几个方面：一是授予荣誉称号或者追加荣誉称号，比如见义勇为或者优秀党员称号；二是进行公开表扬或者称赞等，比如党员发挥先锋模范作用，可以公开口头表扬；三是以官方或者民间方式举行追悼会，供世人哀悼，以旌其德行高尚；四是推荐其担任村委干部或者理事会成员，甚至推选其为县乡一级人大代表。

第二，精神惩罚方式。精神惩罚方式包括公开指责或者批评、赔礼道歉等。得罪菩萨一炷香，得罪父母一盏茶。比如误会别人，将其当作小偷，需要准备礼物上门道歉，承认错误，并向人澄清事实或者嫌疑。如果情节严重，比如李氏酒后与本村村民打架斗殴，把别人误伤，没有钱赔偿医疗费，又不想坐牢，就把别人当"父亲"对待，亲自上门，下跪磕头作揖，说喝了酒，赌了气，犯了错，糊涂了，祈求原谅，请求少赔偿钱。

（二）按照手段类型划分，可以分为行政方式、司法方式和民间方式

第一，司法方式。就是通过司法途径，对于村庄一些违法行为进行处罚，比如贪污集体收入或者故意伤害他人身体等，可见其情节较为严重，私下调解方式行不通，才会采取这种方式。比如百桥村4组集体出钱修巷道，由于监督不到位，财务和会计互相勾结，企图私吞剩下的2.8万元，欺骗群众说修路钱款已经用尽，但是，修路使用多少钱，剩多少钱，都没有张榜公布，群众就找村委会计反映，向他要回剩下钱款，会计出面跟财务管理人员理论，发生争吵，甚至要动手打架，会计声称打电话报案，将贪污者送进监狱里，最后，财务人员被迫交出钱来。还有5组李公仆挪用集体钱给儿子做生意，但是又血本无归，村干部出面说，他不肯拿出钱来，就打电话给派出所，走司法途径，把他抓到监狱，采取强制措施收回组里集体收入。

第二，行政方式。随着国家权力渗入，逐渐建立以村委会为权力主体的科层制，可以利用一系列准行政手段或者方式进行治理。

其一，不开证明。村民委员会作为重要的治理主体，掌握一系列资源，比如低保或者养老保险，可以通过资源分享约束村民的行为。村民遇到天灾人祸，比如摔伤，也可以申请国家救助资金，但是，若受伤村民拒绝缴纳合同款，村委可以不帮其开具证明，申请救助，只有按时缴纳，方可办理。还有村民超生，没有缴纳社会抚养费，就找村委开证明给小孩上户口，村委也可以设卡，先要缴纳社会抚养费，才帮忙开证明。不过，对小孩读书，一般不会通过贫困证明设卡，读书关系到小孩一辈子的事，不能因为父母的过错，影响到孩子的未来，村委不敢为难，他们通过其他方式进行制约。

其二，免职。除了村党支部书记和村主任外，其他招聘干部，如果存在不轨行为，比如贪污或者渎职，村委会可以开会讨论，免去其职务，不再录用。还有对不参加党员思想活动或者拒绝缴纳党费，以及拖欠村级应缴纳费用的村民，村党支部书记可以召开党员会

议，免除其党内一切职务或者开除党籍。另外，村级保洁员，并不是所有人都能够担任，要一些有责任心的村民担任，需要村民民主推荐和提名，由村民和村干部监督，如果不担责任，比如不按时打扫卫生或者打扫质量不合格，严重影响村民身体健康，群众可以举报反映，村委会可以开会讨论，免除其清洁员职务，改选他人担任。

其三，举报。村里存在违法犯罪等行为，比如偷盗、吸毒或者骗取国家收入等，不管是干部还是普通村民，村民都可以向相关部门举报。社会低保是解决村民困难户的社会保障，如果生活改善，家庭富裕，就应该放弃低保，让困难户吃低保。但是，有的家庭曾经困难拿到低保，后面家庭生活改善，还能吃低保，很多生活困难户没有拿到，村民意见很大，心里很不平衡，希望取消他们的低保名额。比如，李秋范的媳妇喜欢打牌，不懂持家，自己差钱，房子没有装新，见到别人开小车还拿低保，心里就不平衡，找干部举报："有些人开小车还能吃低保，我家房子这么破，都没有拿，这不公平！"

其四，承诺。由于村委是支配村庄稀缺资源的重要主体，比如低保户、五保户名单申报或者优先修缮村组道路分配权，谁支持或者配合村委安排工作，以及积极参加村庄公共事务，村委可以做出承诺，优先考虑为村庄多做贡献者的利益需求。比如，以前9组村民吃喝嫖赌很多，形成风气，而且干部也打牌，跟赌鬼关系好，也纵容他们的抗交行为，也不找他们要，你不交，我也不交，就收不到一分钱，欠村级钱财达23万元。最初，9组居住在老台上，杂草丛生，乱七八糟，村委出面承诺，"你们不肯出钱修路，要你们出钱不知道哪一世才修得起路，如果你们按时缴纳税费，村集体可以做好事，先贴钱帮你们修路"，后面，村委找国土部门进行土地平整，帮助其修建了水泥路，进行村民搬迁，他们才良心发现，与村委干部关系才有所改善。

第三，民间方式，民间方式就是采用传统文化力量约束手段，对村民日常行为进行有效的规范，比如面子、谴责或者找关系等。

其一，请吃饭。请吃饭不仅是解决人与人之间矛盾或纠纷的有效方式，而且也是对有恩于自己的人进行感谢的合理方式。比如，与谁家门之人有矛盾，错误方可以借婚丧喜事机会，请对方喝酒吃饭，由知名先生或者礼房先生以及长辈进行调解，同时，如果有好酒好菜，也可以邀请帮助自己的人吃饭，以示感谢。比如，村委帮助那些支持村委工作的村民办理水稻保险，遇到水灾时，优先领取受灾补助，这些村民就会请村委干部吃一顿饭表示感谢。

其二，找关系。在村庄内部，当前仍由熟人社会主导，有什么困难可以找亲朋好友等熟人帮忙解决，要想做好基层工作，离不开熟人的帮助。比如，2000年，因为新的干部班子刚接手，以前"催粮派款，刮宫流产"的形象尚未改变，入户收取合同款，没有收到几个钱。村委只能改变思路，先从家里和亲戚着手，找关系相好的乡亲，再找朋友、同学或者党员，"我们干部刚上台，你们给点面子，希望众人抬举一下"，慢慢打开了局面。还有黄启云书记，不轻易得罪人，与群众关系很好，只要百姓或小孩求他办事，甚至贴钱也要帮其办成，同时，与上级政府关系也好，所以被评为"洪湖市劳动模范"。

其三，给面子。不管传统社会，还是当代社会，都是生活在面子社会里。人与人相处或求你办事，你给我面子，我才会给你面子，互相帮忙。如果你做得不对，别人可以批评或者斥责，让你没有面子，从而进一步规范自己的行为。同时，如果发生矛盾，面子不够大，就要找有面子或者面子大的人帮忙调解，他们多数为有钱人或者有权力的干部，别人看他们的面子，由他们断公平，公正处理。

其四，打招呼。村里家庭矛盾或者邻里矛盾，多数可以化解，主要看产生矛盾双方，谁愿意拿出诚意，谁肯先做出让步。一旦村民之间发生矛盾，兄弟之间念兄弟情谊或者邻居之间念旧情，有过错一方应该准备一些小礼物，亲自上门道歉，或者碰到别人，主动喊一声跟别人打招呼，向别人示好，怨事不过节，百事无休闲，别人也不会再牢记矛盾，心里憋那口气也消了，双方重归于好。

六　村庄治理关系

（一）村庄治理与村民关系

村庄治理需要干部和群众两大主体，干部作为治理主体，群众作为参与主体，在自治实践过程中，多为干部和群众之间利益博弈，干部需要群众配合和支持，才能做好基层工作，而群众需要干部的保障和维护，才能实现自身利益。因此，在自治过程中，村庄治理与村民关系有冲突也有和谐。

第一，利益互补。村委干部与村民关系总体相对和谐。村委干部工作需要群众支持，特别是他们的工资来源于群众"两工"费用和"一事一议"费用，同时，村庄公益事业，比如架桥铺路建设等，也是来源于群众这两笔摊派费用。如果每年这两笔费用可以收齐，干部工资就可以按时发放，同时，群众的生产和生活需要，村委干部也可以从费用中开支满足。但是，如果这笔款项收不到，干部工资不能正常发放，群众每年公益需求也无法实现。比如2016年百桥村只有9户未缴纳分摊费用，因为村庄集体费用有结余，如果不缴纳，也没有多大关系，但是，也不是村民集体出钱帮他们平摊，没有缴纳的费用，都是记录在账上。村委会开会，达成统一意见，集体化时期所欠钱不要你交，税改以后，所欠集体费用都要上缴，不缴纳合同款的农户，就一律不帮忙办事，除非补交合同款，不能互相推责任。当未缴纳费用村民有大事小事要出证明，需要求助村委会时，村委就会卡住他们，要求他们补交以前拖欠村集体的费用，才帮忙开证明。会计文熙娇曾经驳斥某村民说："种粮应该缴纳排灌费用，你几年不交合同款，群众帮你交，你有问题就找村委开证明，村委专门负责帮你服务，如果你不交款就帮你开证明。"但是，被驳斥的村民就不理解，并没有意识到不交款就不应该开证明，就在心里抱怨："老子找你开证明，你不帮我开证明，你当干部当一辈子啊！"

第二，利益冲突。村庄集体资源分配，也就是利益分配，其分配权力在于村干部。同时，集体资源有限，谁分享一份就少一份。进行配置时，难免出现矛盾。比如国家政策规定，村里干部工作年限有10年以上，每年领取1800元的生活津贴，但是，村庄老书记工作年限不够10年，村集体只能拨付300元/年，后面，国家政策放宽，老书记可以领取这笔补贴。不过，他又找村委要另外的300元钱，村委干部说："村集体没有多富有，没有那么多钱，以前村级有多少债务没有还清，既然国家有政策解决补贴问题，你就不能要求村集体出钱，更何况只有 300 元！"老书记却说"上级来文件，做过'四清'干部，还有其他补贴，你们村委把我的名字漏了"，一直和村级干部扯皮，他自己种了 100 亩田，也不缴纳村级负担款，村委不愿意帮他们组修生产用桥。

（二）村庄治理与村组关系

村民小组是集体化时期的生产小队，也是生产和生活紧密联系的利益单元，其建制不仅有利于本组发展，而且接受村委直接领导，可以协助村委完成工作，大大减轻了村委干部的工作量。有些村还是保留小组组长，减轻村干部工作任务。同时，村民小组领导，直接跟本组村民打交道，能够减轻村委干部工作阻力。比如一个干部收两个组里的钱，他又不是那个组的人，别人不相信你，根本就收不到钱。不过，也会因利益问题产生矛盾。比如 2016 年 5 组的生产用桥塌了，生产不方便，水工组不支持建设，就需要村级出钱修建，同时，5 组群众建议，如果村级出资不多，他们也愿意集资 2 万元支持建设生产用桥。而 6 组、7 组、8 组的生产用桥也塌了，只涉及几户水田，他们村级负担款从来不交，不少党员和书记从不参加党员会议和村组活动，现任村委不愿意帮他们组修建生产用桥。

（三）村庄治理与国家治理关系

村庄治理是一种以村庄为自治单元的微观治理，而国家治理是一种以国家为治理单元的宏观治理，可见村庄治理是国家治理的重要组成部分，其治理绩效是衡量国家治理的一个重要指标，如果村庄治理效果好，可以促进国家治理，反之，就会阻碍国家治理。

1. 有效的村庄治理可以促进国家治理

村庄治理有效，可以促进国家政策落地和加强地方社会控制。现在从环境治理、防汛抢险和治安管制等方面进行分析。

第一，环境治理。公共环境保护不仅是某个村庄的责任，而且是国家义不容辞的责任。每年政府颁布一系列环境保护条例，比如严禁焚烧秸秆等，因为焚烧秸秆容易发生火灾，也产生固体污染，导致空气能见度小，发生交通事故，又影响人的身体健康。村委干部负有监督责任，进行严禁烧秸秆方面宣传，比如"有烟必查，有火必罚，有灰必究"或者"焚烧秸秆可耻，不烧秸秆光荣"。对于违反者要处以罚款，同时对监管不利的村委干部进行问责，要进行诫勉谈话。另外，政府为了消灭血吸虫，也为了推行机械化耕作，严禁饲养耕牛，以每头耕牛 1.5 万元进行回收，要求村委干部等公职人员，率先做出表率，支持政府政策。

第二，防汛抢险。每年防汛抢险，与村民生产和生活息息相关。如果江堤有险情，国家不仅需要调动军队抢险，如果人手不够，还需要从村庄征集村民参与抢险。每年当进入汛期时，需要巡查堤岸，村委每年安排一批村民执行巡堤任务，以前巡堤有一定危险性，没有工资，一般人不愿意去。但是，现在防汛巡堤有劳动报酬，每人 200 元/天，包吃包住，不少村民争着去防汛。为了公平起见，每户都有机会，防止村委干部偏向某人，采取抓阄形式，安排村民去巡堤。比如，2016年大洪水，请村民去防汛，都是按照抓阄顺序去江堤防汛，因为每人有补贴，200元/天，整个村庄都有平等的机会，避免有人有意见。2016年百桥村防汛人员安排顺序见表6-39。

表6-39　2016年百桥村防汛人员安排顺序[1]

序号	姓名	序号	姓名	序号	姓名	序号	姓名
1	李启云	11	文复祥	21	叶道法	31	李启后
2	熊华章	12	李公田	22	李公林	32	陆在义
3	文锡军	13	李公和	23	叶中福	33	文习宝
4	陆在仁	14	李启付	24	李启风	34	叶中禄
5	陆在情	15	李启中	25	李启华	35	李彪
6	李启传	16	侯书进	26	吴登华	36	叶中法
7	吴登伏	17	文习青	27	陆在良	37	叶中寿
8	熊华新	18	熊帮福	28	夏大成	38	熊勇
9	熊生前	19	涂孝林	29	李公托	39	李公旭
10	叶中义	20	涂法华	30	王洲昌	40	熊茂新

第三，社会管制。为了维护地方秩序与稳定，政府需要对破坏经济或者社会秩序的涉黑行为进行严厉打击。同时，对威胁社会治安的涉黑行为，村委有举报或者协助打击违法犯罪义务。比如，每年稻谷收割季节，本地或者外来收割老板进村收割，村里混混要对其抽20元保护费，政府和村委进行严厉管制，严禁收保护费，避免产生社会矛盾。如果本村收割机不够用，季节等不及，稻谷成熟要求及时收割，就请外地老板进村收割稻谷，比如江苏和河南的老板过来收谷，要求价格一样，平等竞争，如果乱涨价，可以向派出所举报，一经查处就进行罚款。

第四，低保落实。国家政策主要针对全国情况制定，但是，不同村庄或者不同对象具体情况各不相同，不能一刀切，这些政策要想入户，就需要村委干部因地制宜或者因时制宜，灵活处理。比如低保户申请，要求家庭经济困难，没有贵重固定资产，但是，遇到负有赡养责任村民拒不履行赡养义务，老人无经济来源，这时，村委可以帮忙开证明，进行分户口，老人就可以享受低保待遇。

2. 不当村庄治理阻碍国家治理

当前国家法律和法规尚未健全，村委会作为国家权力末梢，如果缺乏有力监督，就容易出现以权谋私或者寻租行为，导致国家政策歪曲或者走形。比如袒护或者隐瞒超生行为或者村民向村委行贿企图超生等，严重影响国家治理绩效。

---

〔1〕　材料由百桥村村委提供。

第九节　亲族治理实态

当前，宗族意识得到进一步复兴，亲族有效治理成为亲族发展的重要力量，本节从亲族的治理主体、治理规则、治理方式和治理过程进行阐述。

一　亲族治理主体

第一，治理主体产生。当前，宗族治理主要以宗族组织为核心进行治理。宗族主要成立宗族委员会、理事会和顾问委员会，负责协调、处理宗亲事务。其成员来自宗族各大房宗亲，多为由宗亲推选出的亲宗爱族、德高望重、有组织协调能力和一定知识水平的人员。宗族委员会设族长1名，常务族长若干名，副族长若干名；理事会设理事长1名，秘书长1名，副理事长5名，理事4名；顾问委员会设主任委员1名，副主任委员4~6名，委员若干名。宗族委员会中，族长每三年一届（严格执行祖训），如果年龄大或者患病无法担任，可以请辞，推荐新人担任。宗族理事会、顾问委员会成员可连选连任。同样，每次新人当选户长，需要在列祖列宗神位前进行起誓仪式，起誓愿意与宗亲一起努力，传承宗族文化，弘扬本族家风，振兴本族家声。李氏宗族户长辞职公告见表6-40，新户长任职公告见表6-41，第二届、第三届李氏户长任职情况分别见表6-42、表6-43，第三届李氏宗族理事会任职情况见表6-44，第三届李氏宗族顾问委员会任职情况见表6-45。

表6-40　李氏宗族户长辞职公告

李氏宗族
公告（第1号）

根据老户长李秉清先生提出"本人年事已高，不再担任李河李氏宗族户长一职"的请求，经李河李氏宗族委员会讨论并同意李秉清先生辞去户长的请求。

特此公告

李河李氏宗族委员会
2006年7月28日

表6-41　李氏宗族新户长任职公告

李氏宗族
公告（第2号）

经李河李氏宗族代表大会推荐，选举李恭文先生为李河李氏宗族新任户长。
特此公告

李河李氏宗族委员会
2006年7月29日

表 6-42 第二届李氏户长任职情况

宗族职务	姓名	房别	文化	其他任职
族长	秉清	大房（李河村）	私塾	党员、村党支部书记
	秉常	四房（野猫湖）	初中	曹市镇供销社主任
	秉栋	四房（百桥村）	初中	党员、村党支部书记
副族长	秉香	三房（王庙村）	初中	党员、当兵、镇粮管所主任
	秉银	四房（百桥村）	初中	中学高级教师
	秉衡	二房（套湾村）	小学	农民、民兵
	秉福	二房（马河滩）	小学	农民、会计
	良清	四房（府场小河口）	小学	农民
	秉圣	三房（王庙）	小学	农民、民兵
	秉林	三房（钱家垸）	小学	农民、会计
	秉洪	二房（马河滩）	小学	农民
	秉森	三房（钱家垸）	小学	农民、生产队长
	秉斌	大房（新沟头）	私塾	农民、会计
	秉江	四房（花果垸）	私塾	农民、民兵
	秉该	四房（百桥村）	私塾	农民
	恭德	二房（毛家湾）	私塾	农民、生产队长
	秉奎	五房（汉河白云寺）	私塾	农民、会计
	秉国	五房（汉河白云寺）	私塾	农民
	恭明	大房（李河）	私塾	农民、民兵
	恭福	二房（应家湾）	私塾	农民

表 6-43 第三届李氏户长任职情况

职务	姓名	房别	文化	其他职务
族长	恭文	大房（李河村）	本科	中学高级教师
名誉族长	恭泽	二房（马河滩）	大专	市教委主任
	恭兵	大房（李河村）	初中	企业家
	恭丙	大房（李河村）	军校	国家发展和改革委员会科员、企业家
	秉良	四房（十堰）	初中	体育理论学会副会长、企业家

续表

职务	姓名	房别	文化	其他职务
名誉族长	恭圣	大房（荆州）	大专	荆州建设委主任
	恭清	大房（新堤）	大专	洪湖市技术监督局局长
	良冀	四房（三峡）	硕士	党员、工程师
	恭承	三房（襄樊）	硕士	党员、中小学高级教师
	恭平	二房（武汉）	初中	参谋长、武汉洪山区开发局局长
	良成	二房（马河滩）	初中	企业家
常务族长	秉香	三房（网市）	初中	党员、当兵、镇粮管所主任
	秉福	五房（水固寺）	初中	个体户老板
	秉明	六房（杨林关）	初中	村干部
	恭敬	二房（沙湖）	初中	村党支部书记
	秉清	四房（花果垸）	师范	小学高级教师
副族长	恭发	大房（李河村）	初中	企业家
	恭进	大房（李河村）	初中	个体户老板
	恭仁	大房（李河村）	高中	个体户老板
	恭福	大房（李河村）	初中	个体户老板
	秉国	五房（白云寺）	初中	农民
	恭俭	大房（李河村）	师范	小学高级教师、个体户
	良俭	大房（荆州）	本科	沙市统计局副局长
	启金	大房（李河村）	高中	企业家
	秉尧	五房（万全镇）	小学	砖厂厂长
	秉华	六房（杨林关）	初中	村医
	启文	四房（新堤）	本科	中学高级教师
	秉栋	四房（百桥村）	初中	党员、村党支部书记

表 6-44　第三届李氏宗族理事会任职情况

职务	姓名	房别	文化	其他职务
理事长	良金	大房（曹市镇）	初中	个体户老板
常务理事长	恭明	大房（李河村）	初中	村主任
秘书长	恭明	大房（李河村）	初中	村主任

续表

职务	姓名	房别	文化	其他职务
副理事长	恭祥	四房（百桥村）	初中	军人、党员、农民
	恭伟	四房（曹市镇）	初中	个体户老板
	恭泉	五房（下新河）	初中	村主任
	恭文	大房（李河村）	小学	农民
	恭明	四房（花果垸）	小学	生产队长
	恭富	二房（反套湾）	小学	农民
	良明	大房（新堤）	初中	农民

表 6-45　第三届李氏宗族顾问委员会任职情况

职务	姓名	房别	文化	其他职务
主任	秉清	大房（李河村）	私塾	村党支部书记
常务主任	秉常	四房（曹市镇）	初中	曹市镇供销社主任
	秉栋	四房（螺丝滩）	初中	党员、村党支部书记
	恭政	四房（新堤）	初中	军人、企业家
副主任委员	秉乾	大房（峰口镇）	私塾	农民、会计
	文衡	六房（杨林关）	私塾	农民、会计
	恭发	大房（李河村）	私塾	农民

第二，治理主体职责。宗族委员会、理事会、顾问委员会主要处理家族重大事务及祭祀活动，收集、整理文史资料和家谱，普查房氏家族人员情况，调查与审核家族宗亲的情况，为房氏家族资金筹集和使用做审核认证、支出，处置族内纠纷。另外，定期或不定期召开宗亲代表大会和宗族委员会、理事会、顾问委员会成员会议，总结交流经验，教育和引导宗亲树立亲宗意识，以宗亲荣我荣、宗亲耻我耻为重点内容，树立宗族良好形象。

二　亲族治理内容

宗族治理内容主要表现为：一是负责整理、编撰和管理家乘，厘清宗支血脉；二是大力组织筹备祭祀拜祖活动，增强族情观念；三是加强对外交往，提倡与族优势互补；四是管护祖宗坟地等产业变更、经营和收入分配；五是代表族人对外诉讼；六是做好筹资募捐活动，做好助优扶困工作；七是负责收集、整理资料，比如每次重大族务的文字资料和电子资料——图片、录像和视频等；八是主持过继、招婚或者归宗睦族之事；九是本族规章制度编撰和修缮。

三　亲族治理规则

　　亲族治理规则目的是团结广大宗亲，增进亲情，激发爱国爱家热情，弘扬中华民族传统文化，传承家族美德，促进思想道德建设和文化建设，构建和谐社会。为民族振兴，结合宗族宗亲现状，制定宗族章程。章程在实施过程中根据实际情况不断修改完善。但是，对本族章程的修改，必须经宗族委员会、理事会和顾问委员会表决通过后，再召开宗族代表大会决议后方可生效。作为本族宗亲事务的行动纲领和行为规范，必须人人牢记，严格遵守，不过族人有提出修订和补充的权利和义务。本族章程若有和政府法规相违反之处，要及时修改。不过，现在族规家训约束力量很弱，多数族规家训不冲突，你家孩子犯错，你家管，我家孩子犯错，我家管。李氏宗族原则与祖训分别见表 6-46、表 6-47。

表 6-46　李氏宗族原则

李氏宗族原则
一是敬祖亲宗，承德守训，宣扬除弊，孝悌诚信
二是培育后代，博学兴智，助优扶困，层出新才
三是齐心协力，自强不息，修身齐家，与时俱进
四是睦内和外，取长补短，互促互进，共兴共荣
五是勤俭持家，仁厚宽容，惠族济世，昌盛永恒

表 6-47　李氏宗族祖训

李氏宗族祖训
一是大兴孝悌，严正族风
二是孝父母，敬师长，亲兄弟，妻顺贤
三是内和九亲，外睦百邻
四是勤俭持家，勤俭办理，议事从简

四　亲族治理过程

　　第一，决策过程实态。凡是本族重大事务首先需要宗族委员会、理事会和顾问委员会表决通过，再召开宗族代表大会进行讨论决定。当本族议定宗亲事务，宗族委员会、理事会和顾问委员会成员必须参加，会议由族长、常务族长或者理事长主持，秘书长负责会议记录。同时，议事按照程序进行，要积极发言，各抒己见。不按照辈分高低、年龄大小、资历或者职务来决策宗亲事务。各项议事做到公平、公正、公开，实行民主决策。在决议家族宗亲事务时，要实事求是，考虑家族宗亲的承受能力，要符合时代法纪和家族观念，要注重实效，简便可行，不议有损他人或者不利于社会公德的事情。另外，议事会议不宜开得过于频繁，要提前准备，内容集中，按俭省节约的原则，吃住俭朴，不摆宴席，不搞形式，不小题大做，不拖延时间。

第二，参与过程实态。族中大小事，主要由族委会、理事会和顾问委员会讨论决定，比如本族制度或者章程制定，其解释权属宗族委员会、理事会和顾问委员会，普通族人没有参与权和解释权，只有知情权。同时，族内大事筹备，由族委会、理事会和顾问委员会集中精力抓好资金筹集工作，精心策划，精打细算，并及时做好协调工作，随时发现和解决问题，把事情办好，而其他族人只有建议权利和义务。

第三，管理过程实态。宗族事务管理主要包括资金管理和固定资产管理。资金管理，无论收支还是存取均要由双人经手（会计、出纳由宗族委员会与理事会成员兼任），顾问委员会主任监督审核。同时，实行户长最终审批制度，严格按照制度办事，先做计划，进行可行性论证，再分期分批实施。另外，要求精打细算，量入为出，注重实效。固定资产管理，比如祖宗墓地以及建筑物，安排相应人员妥善保管和维护。比如，李氏先祖纪念碑园及其建筑物由专门人管护，凡是李河李氏家族成员都有保护园内纪念碑以及建筑物不受损害的义务。同时，规定在不损坏纪念碑及所属建筑物的前提下，园内可种植树、种植作物，绝不允许在园内从事任何形式的养殖业。

第四，监督过程实态。宗族建立财务监督制度，健全账簿，严格规定审批程序、开支项目、支出标准，收支公开，有计划地使用。同时，民主理财，层层监督，量财办理，保证重点，严格手续，日清月结，要求厉行节约，反对铺张浪费。另外，执行会计人员行为规范，每年聚会时进行公布。据李良望老人所述，李氏宗族资金使用有明确规定，其用途主要是本族重大族务活动的开支，族务活动办事必要的车船费、住宿和办公及生活补助，族内利益相关的重要社会交往费，扶贫救助特困和寒门学子完成学业等，任何人不得借支挪用，族人可以进行监督，如有违反，追究其责任。

五　亲族治理方式

为了对本族进行有效治理，可以继承传统亲族治理方式，包括奖励方式和惩罚方式，不过，当前宗族治理方式，主要是以奖励为主，惩罚为辅。

（一）奖励方式

奖励方式主要包括物质奖励方式和精神奖励方式。物质奖励，就是为鼓励本族子孙刻苦好学，努力成为国家栋梁之材，光宗耀祖，对考上大学而又经济困难者，经过宗族委员会讨论，予以一定物质奖励，实行一系列助学措施。精神奖励，就是对本族乐善好施，慷慨解囊，热衷本族事业者或者对本族有突出贡献者，比如打谱捐款较多者，可以上功德榜和立传著书，以旌品德，供后人铭记，流芳千古。比如李氏委员会决定，每次修撰家乘，编辑成员可为本房优秀人才、拔尖人才和模范人物撰写文章,不得少于三篇,以表彰他们为社会做出的贡献、为家族争得的荣誉,将他们的业绩载入族谱。李河李氏宗族及理事会决定见表6-48。

表6-48 李河李氏宗族及理事会决定

李河李氏宗族及理事会决定

李河李氏宗族三修《李氏族谱》以来,各位族亲鼎力相助,为表彰各位族亲的一片赤诚之心,李河李氏宗族及理事会决定:对参与本届历次活动捐款累计达 500 元以上者,在族谱总谱上登载玉照,并赠送族谱一套,所有捐款及礼金列入《功德榜》,以资彰显。

李河李氏宗族委员会
2008 年 9 月 28 日

(二)惩罚方式

现代惩罚方式,主要包括批评、训斥、孤立、除名和打板子等。不过多数以批评教育的软性惩罚为主,暴力惩罚为辅,先礼后兵。

第一,批评或者训斥。不管以前还是现在,孩子自小需要父母进行教育,告诫不能偷盗或者偷奸卖懒等,不然会养成偷鸡摸狗和好吃懒做的坏习惯。如有违反者,父母、叔伯姑爷或者舅爷都可以进行批评或训斥,监督其改过自新。比如李丙贵的孙子年龄小不懂事,到别人家里玩耍偷了别人的铅笔,被告到爷爷那里,爷爷对其进行一次责骂,并要求写保证书,如有再犯,就要打屁股。另外,做清明会或者打谱时,即使再穷也要交丁钱,即使借钱也要缴纳,如果不交钱,会被门长训斥。

第二,拧耳朵或者打板子。对那些不听长辈话、好吃懒做、到处游手好闲者,父母或者叔伯也可以动手教训,比如拧耳朵或者打板子等,不然,长大就变坏,败坏家门。如果不听教,也可以请家门门长正家规,打屁股,打到犯错者悔悟为止。比如,李良望就帮助本家门人整过家规,严厉教训两个不肯读书的孩子,并打了屁股,同时,孩子叔伯也参与。

第三,孤立。本家门子孙若游手好闲,不务正业,甚至买卖房产,到处偷鸡摸狗,又不听长辈教训,终究会成为亡命之徒,败坏门风,给父母丢脸,其父母或者叔伯以及亲戚可以不再理会,不再跟他打交道,断绝关系,任由其自生自灭,等待国家法律制裁。据郭用文老人所述,那些吃喝嫖赌、好吃懒做的不孝子,叔伯可以不理他,就当家族没有这个人,就让他没有面子。

第四,除名。现在修缮族谱,有的亲族,如果不出钱,只保留原来子孙名字,自没有出钱的后代不续名字,从家谱除名,不再属于家族子孙。如果族人不出钱,族里并没有除名,继续帮其续后代,但是不发给家谱。比如李氏一支人,埋怨说:"户长把派系续低,派人找他收钱,他就不出钱!"户长继续帮其支人续上,没有除名,就不发谱给他们一支人。另外,还有一种隐性惩罚,也就是本族公共财产,比如每年筹集资金,没有人敢贪污,如果谁贪污,就会子孙不旺,不发人。

六　亲族治理关系

（一）亲族治理与族人关系

随着市场经济发展和城镇化，亲族对于族人影响力逐渐减弱，但是，宗族向心力从未改变。单支独户，要找族人生根，参与打谱，遵循派系取名，不能扰乱宗支。如果派系混乱，同派系结婚，同了血缘，有乱伦之嫌。同时，本族人，迁移到其他地方，不管到什么地方，永远都是同族人，除非改姓。即使迁到其他国家，更改国籍，还是同根同祖，第一代还是属于本族人，可以互相支持和互相帮助。同时，日常生活中家庭矛盾或者邻里矛盾也需要亲族力量进行解决。

（二）亲族治理与国家治理关系

宗族委员会、理事会、顾问委员会在国家政策法纪许可范围内开展活动，比如修撰家谱，符合文化部、档案局和教育部颁布文件要求，其宗旨是：弘扬宗亲爱国敬宗的精神，继承和发扬中华民族传统文化，正族风、固本源、弘祖德、育宗亲、施善举、振族威，和百族、兴百业，为全面建设文明和谐社会而努力。同时，本族活动或者制度如果有背离国家法律法规的，必须及时修改。另外，新农村建设，需要宗族新乡贤慷慨解囊，施善于乡里，支持乡村公益事业建设。比如李氏一族的李恭兵和李恭丙先生，审时度势，弄潮商海，掘金而不肥私，贡献国家造福乡梓，献爱心于慈善。

第十节　信缘治理实态

改革开放以来，国家赋予公民信教自由，促使村庄宗教活动大为复兴，本节从信缘治理主体、治理内容、治理过程和治理方式等几个方面进行阐述。

一　信缘治理主体

垸庙采用首事制度，组建青福寺民主管理委员会。一般由 7 人担任，设置会计和出纳各 1 名，由首事兼任，1 名首事负责管理寺庙设备，其他 4 名首事负责协助处理寺庙相关事务。首事任职资格为：一是有一定文化水平，熟悉财务知识；二是有一定威望或者面子，比如担任过干部；三是有较强口头表达能力、组织能力和协调能力；四是品行端正，热心公益事业，因为没有任何报酬；五是最重要的，要有宗教信仰。同时，首事都是村民公选出来的，分别来自叶湾村、吴湾村、侯湾村、螺滩村、百桥村 5 个村，没有女人担任首事。同时，也采用推荐制度，如果谁愿意主动参加庙内事务，可推荐当首事，经首事集体讨论通过即可当选，比如叶方明推荐杜子松和周四光参与神庙相关事务。不过，首事有相应的退出机制，凡是年龄大或者患重病而无力担当其职务，或者因外出无暇顾及寺庙事务的，都可以向上请辞，比如当时修庙时，组织事务的首事年长去世以后，不断改选人员。另外，首事有贪污或者不负责任等行为，其他首事负责核实，如果情况属实，可以集体开会，免去其首事职务。改革开放以后第一届首事名单见表6-49，青福寺现任首事名单见表6-50。

表6-49　改革开放以后第一届首事名单

姓名	文化程度	其他职务	住址
叶同顺	私塾	村党支部书记	侯湾村
叶大胡	私塾	农民	侯湾村
叶同村	私塾	公社书记	侯湾村
吴成尧	私塾	大队副队长	吴湾村
李成荒	私塾	公社会计	吴湾村
戴政委	私塾	大队党支部书记	螺滩村
杜子松	小学	无	百桥村
李丙柏	私塾	瓦匠	百桥村
李丙乙	私塾	瓦匠	百桥村
周得华	私塾	生产队队长	百桥村
刘成五	私塾	生产队会计	百桥村
叶子明	小学	生产队队长	百桥村
陈前三	私塾	生产队会计	百桥村
周远松	私塾	生产队队长	百桥村

表6-50　青福寺现任首事名单

姓名	文化程度	曾任职务	住址	职业
李启忠	初中	村党支部书记	百桥村	农民
熊华章	初中	公社干部	百桥村	法师
杜子松	小学	农民	百桥村	农民
戴长里	初中	村副主任	螺滩村	农民
向特生	初中	村主任	侯湾村	农民
梦幻庭	初中	村副主任	吴湾村	农民
戴环里	小学	村党支部副书记	叶湾村	农民

二　信缘治理内容

现代垸庙不再是以治水祭祀为核心任务，而是转移到以祈福保平安为主题。其治理内容主要表现为以下几个方面：一是垸庙筹建、修缮和维护等，比如每当垸庙被洪水冲垮，就需要起会筹集费用重新修建；二是垸庙资金保管、支配、使用和监督；三是垸庙设备更换和购买；四是垸庙房屋、田产等产业变更、经营和支配；五是庙管事选拔、更换、考核或者免职；六是垸庙菩萨生日祭祀活动筹办，请道士诵经祈福；七是筹办太平会进行祭祀活动，每年正月初八、初九、初十在本寺庙举行两天庆贺祈福法会；八是首事改选工作。

三　信缘治理规则

国有国法，庙有庙规。现代信缘治理规则，不再是以旧庙规为法则，而是需要遵循新的庙规——中国佛教或者道家协会制定的寺规庙约。更多是在其规约范围内进行寺庙活动，同时，还需要遵守国家法律和法规。如果有谁违反，比如隐瞒欺诈或者招摇撞骗等，道教协会或者佛教协会可以取消其办庙会活动资格，以后，严禁举行一切大型寺庙相关活动。如果利用寺庙进行宣扬邪教或者迷信活动，政府可以采取措施进行取缔。不过，现在寺庙地处偏僻，前来敬神烧香的不是很多，寺庙管护费用开支大。每当修缮庙宇或者做太平会，以及修缮进庙道路时，就需要首事进村入户游说，并举行大型做法诵经活动，请香客捐钱上功德。可见迫于寺庙发展和维护需求，青福寺没有完全遵从道教协会有关寺庙管理的规定。青福寺寺规见表6-51。

表6-51　青福寺寺规

中国道教协会湖北分会对寺观庙的规定

不准化缘捐款

不准指神诈钱

不准落雪下马

不准信妖传邪

不准游说集会

不准荤素共食

（根据中国的宗教传统对寺观庙宇以及名胜古迹的保护留存规定）

青福寺转抄

一九九四年八月十日

四　信缘治理过程

（一）决策

由于决策内容不同，可以分为例行事务决策和特殊事务决策，不同决策过程各不相同。例行事务决策，比如寺庙日用品开支或者庙产经营方式等，由青福寺首事头主事决定或者民主管理委员会集体商议即可，信众没有参与决策权利。特殊事务决策，比如寺庙首事、庙管事改选，寺庙筹建或者维护，庙产纠纷和做太平会等，首先需要青福寺民主管理委员会集体讨论通过，制定出方案，再提请寺庙信众代表大会集体民主决策，其他信众只需执行。比如，推荐庙管事，需要若干个庙管事商量通过，考察候选人品质或者家境等条件是否符合标准。不符合规定，不能做管事。同样，任命首事或者免去首事资格，需要召开青福寺民主管理委员会或者召开青福寺信众代表大会集体讨论通过。

（二）参与

不同参与主体，其参与内容不一样。筹办寺庙活动时，首事分别负责财务、现金管理和物品保管，其他4个首事负责协助筹办事务，群众支持投工投劳，出瓦匠和木匠。而寺规修订或者制定，普通信众不能参与，只有知情权，只需要遵守。同时，寺庙相关活动，无论男女，不信神灵者，不得参与，不得过问寺庙事务，只有信神灵者有权参与，防止不信神灵者从事破坏活动。比如，每次举行庙会，由首事组织提前在庙里开会，商量筹办方案，动员各个村庄，走访和通知村民来庙里敬神，并发一张通知，介绍青福寺和起会目的，信众自觉参与敬神，上功德钱。另外，寺庙活动筹办，比如修寺庙或者做会，出工出钱秉承自愿原则，凡是信众愿意，不管本村还是外村，本县市乡镇还是其他县市，都可以参与，投工投劳。

（三）管理

财务管理主要包括例行事务资金管理和特殊事务资金管理。其中，寺庙例行事务资金由首事共同负责管理。一个首事管理账目，一个首事管理现金，一个首事负责核账，要求两者对照一样，不能有出入，相互监督，禁止保多，对不上账。首先计算汇总所有功德钱数目，要求入账和现金数量相一致，禁止随意支取寺庙收入。特殊活动资金管理，每次做太平会，由专门人负责管理账目。比如捐100元，要求登上礼簿，写明捐款人名称和捐款金额明细，并开出三张长单子，分别由捐款者、管账者和现金保管员保留，一一对应，盖上签章，手续齐全，落实到具体责任人，防止出现财务漏洞，那些行为不端者贪污，造成那些不信神者从中作梗，破坏做会的大事。另外，香客丢的香钱，不能贪污，不能占有一纸，只能由斋公保管，作为日后修庙、做会等事宜支出，不过，一般少部分用于斋公日常开支。

（四）监督

信缘治理监督主要包括财务监督和行为监督两个方面。财务监督主要表现为日常事务开支监督和特殊事务开支监督。一是日常事务开支监督，平时不能随便支取钱，只有经过首事头同意才能支取钱。比如叶方明叫一个首事去支钱买东西，但是保管员不肯给钱，要叶方明亲自出面，才肯支给他们钱。因为手续不健全，容易出现管钱漏洞，村民就不满意，做会就做不成，村民不参加。二是特殊事务开支监督。每次筹办活动，首事头负责账目核算，防止钱不对数，出现贪污或者挪用行为。比如做太平会，要到村商店买东西，就要求开单子，列出清单明细，要求交给货物保管员，一一清点，核实交接货物，做到有凭有据，如果出现钱物不一，需要几个首事一起帮忙进行核查，买了哪些东西，交给哪些人，比如买烟花了多少，一一对上，否则由当事人负责填补。不管日常事务开支还是特殊事务开支，使用多少钱，剩下多少钱，都需要核算清楚，列出项目明细，张榜公布，供信众监督。行为监督，不管是首事还是信众，如果有谁贪污寺庙资产或者破坏寺庙，以及庙管事违规使用经费或者违规使用庙宇进行其他活动，可以向首事举报，情况属实，若是首事贪污，免除其首事资格，如果是庙管事不负责任，擅离职守，可以将其驱逐出庙，若是信众违反，则要其进行赔偿或者对其进行处罚。

五　信缘治理方式

现代信缘治理，也离不开奖励治理和惩罚治理两种治理方式，其在一定程度上维护正常信仰秩序和促进地方宗教事业的发展。

（一）奖励方式

为了鼓励信众施善行为，造福子孙后代，每次寺庙起会或者修缮寺庙，凡是捐款者，不论数量多少，捐款者名字和捐款金额都可以上功德榜，公开示人，供世人瞻仰。同时，如果是捐款数额较大的企业家或者大官，不仅可以上功德榜，而且还要为其刻碑立传，以旌其行为，流芳百世。比如，每次修庙或者做会，不少信众反映，既然出了那么多钱，总要给留个名字，不仅自己看到而且别人也了解。另外，信众慷慨解囊，捐助善款，筹建庙宇或者筹办祭典活动，为了表彰其功德，地方道教协会会写祝贺词，公开进行表扬，鼓励其为宗教事业多做贡献。

（二）惩罚方式

对于寺庙相关活动管理，离不开一定惩罚方式，比如免职、赔偿、驱逐和训诫等，从而达到对信众行为进行规范和约束的目的。

第一，免职。首事是寺庙管理重要主体，如果哪个首事有贪污或者挪用公款行为，以及破坏宗教活动或者传播歪门邪道等行为，主事的首事头可以召集其他首事开会免去他的首事职务，或者召开信众代表大会讨论，免去其首事职务，改选他人担任。同时，如果庙里的管事，比如道姑或者斋公，也存在贪污、毫无责任心以及偷食荤肉等亵渎神灵的行为，也可以由首事免去其管事一职，将其驱逐出庙宇。

第二，赔偿。寺庙的房产、祭器，锣鼓、铁钟和抽签簿等，都属于信众共同所有财产，由首事和庙管事负责保管，禁止他人占为己有，或者有故意损毁庙产者，需要按价格赔偿。同时，负责保管寺庙收入的首事，对现金有监管职责，一旦出现贪污或者挪用收入，或者钱账不一等，需要按原数填补和赔偿，任何人不得例外。比如，做会时，几个首事支取 500 元，要求交账时，交不出钱，没有购买东西清单，又没有交给保管员购买货物抵消账务，叶方明要求他们每个人出 250 元填补现金亏空，后面，再请其他首事一一核查，查看钱用在哪里，最后只差 100 多元，也要他们赔偿损失。因为这些都是公家的钱，没有单子，也不会帮他们报销，不像他们打牌，输了钱就拖欠几个月，这帮贪污鬼，把名誉都搞坏，以后不好办事。

第三，劝诫。就是教化督导，还隐含着申诫的意思，如果有为非作歹或者作奸犯科行为，可以由神灵进行监督，以求改过自新。信神则有，不信则无，为人不做亏心事，抬头三尺有神明。如果有烂心或者害人之心，别人不知道，神灵却了解，即使在阳间害人，死去到了阴间也要受阎王惩罚，进行赎罪。因此信神就是要教育人要怀好心或者善心，行正道，不得为非作歹，祸害他人。比如寺庙收入不敢贪污，害怕神灵怪罪，一辈子过不好。

第四，驱逐。凡是没有经过首事推荐或者信众同意，就进驻寺庙担任管事者，可以将其驱逐。如果庙管事做出不符合规矩行为，比如贪污公款或者吃荤食等，也可以将其驱逐出庙。另外，寺庙管护需要有一定经费，凡是到寺庙筹办改节经等法事，必须向庙管事上缴一定费用，按照庙里规定，不管是本村还是外村，到庙里做道升表，都要出资 100 元/次，不然，庙管事可以将他们驱逐出庙。

六　信缘治理关系

（一）信缘治理与信众关系

虽然地方建设有大小不同庙宇，寺庙供奉神灵也有相同，但是不管何方菩萨都是同一体，只是在不同庙里竖立金身，只要有村民精神祈愿，神灵都会保佑他们，实现夙愿，在哪里信神都一样，神灵随时可以进入庙宇，谁也无法干涉或驱赶、拉走。不过，不同庙宇管辖范围不同，信众也各不相同。这时，信众多少或者信众能力成为衡量庙宇辉煌与否的标准，信众越有钱，施善资金越多，庙宇规模修得越大，做会实力越雄厚。因此，每当寺庙修缮或者做会时，就需要信众募捐款项，庙宇之间就会争夺信众，难以避免发生矛盾与纠纷，为了避免与其他村抢夺化缘人员，双方禁止别村入己村化缘。

（二）信缘治理与国家治理关系

现在国家重视宗教信仰，奉行信教自由和退教自由政策，引导宗教成为地方治理重要力量。同时，地方设立宗教事务局专门负责管理宗教事务，比如寺庙合法办活动许可证书等。2014年洪湖市民族宗教局批准青福寺为合格宗教场所，见表6-52，有关部门颁发宗教活动许可证书。最初，扩建青福寺，没有办证，被拆几回，砍河堤上树木作为建庙木料，没有经过政府同意，政府下文件，禁止建设庙宇，派出所人员前来阻挠。另外，为了寺庙活动正规化和规范化，寺庙活动还受地方道教协会指导，举办各种寺庙活动，也要符合道教协会宗旨和规定。不然，一切行为都被视作违法行为，相关部门可以进行取缔，还要追究相关责任人责任。比如，最初，4个村书记积极参与庙宇筹建工作，待庙修成以后，他们自动辞去首事职务，因为他们都是共产党员，怕党支部问责。后来，不仅办了许可证，又加入地方道教协会，政府干部逐渐转变观念，群众要求建庙，政府就同意了。

表6-52　青福寺场所许可证

洪湖市宗教场所许可证

戴家场镇青福寺：

根据宗教政策的有关规定，经审核同意你场所在符合法律法规和宗教教义教规的情况下，开展宗教活动。

地址：洪湖市戴家场镇螺滩村

负责人：熊华章、李启忠、刘修道

教别：道教

洪湖市民族宗教事务局

2014年4月21日

杜家刿村调查小记

一　熟人引路

　　按照调研计划，以洪湖作为家户选点，希望查找其为何成为革命的密集点。我与颜欣同学约定，5月19日出发。当坐上前往洪湖的公交车时，发现湖北人很活，有私人上车卖玉米、矿泉水，最令人吃惊的是卖湖北报纸的，一看就知道是个老手，把报纸内容吹得天花乱坠，还真有不少人被忽悠买了报纸，但是，有一个人就不喜欢听，就说现在手机上新闻多的是，没必要买报纸，那个卖报纸的就不服气地说，现在手机就是游戏机，不是用来看报纸的，而报纸有的内容不一定能在手机网页上看到，结果两个人意见不合，差点吵起来。车票、标注9：20准时发车，但是，发车时已经9：25。一路上看了不少景色，最突出的特点就是城市化非常快。一晃眼，就驶入洪湖市，发现水真是多，水网密布，每家每户都有一只荒废的小船，可见旧时，水路交通非常便利。而且村庄聚落散居在河道两旁，为了生活、生产和交往方便，纷纷建了石桥，并打造了取水和洗衣的河堤。但是，现在河水污染严重，河道堵塞，船舶无法通行，主要用于灌溉。初来乍到自己准备了一些小礼品，就进入颜同学家门，由于他提前告诉家里人，他父母非常热情，准备了一桌小菜，新鲜入味，并时不时告诉我，来到这里，就像家里人一样，还给我提建议，如何找人托关系进村入户。顿时，我感觉真像回到自己家一样温馨。

　　5月21日，早上9点，吃完早餐，在颜叔叔引导下，从峰口镇小路，直奔河咀村，经过一座五峰桥。据说王丹青大地主盖了木制的两层楼房，并在五峰河上建了五峰桥，驻扎了民团，阻止贺龙领导起义军攻陷峰口镇，后来北极会前来夺桥，因此，这个地方爆发了五峰桥保卫战。现在仍有作战的遗址和界碑。走了20分钟就到了河咀村，经村委会主任介绍，当前河咀村共5个组，颜家台，许家台，杨家台……220户，共1000多人，平均每组40多户，户均3亩水田，水田也是按照组分配。不知不觉，村主任就帮我安排好了住宿的地方，住在3楼，有桌子、板凳，便于写作。交代完我要在村庄逗留的时间和任务后，一路把我介绍给村里亲戚，找个面熟的人，一般家族人会主动说，过来玩，如果外人就会问过来干什么，都要一一介绍来由，让他们放心。

百桥村村民委员会地址

二 选村受挫

自从打算选择洪湖作为村调之后，颜同学就早早让颜叔叔安排好选点，觉得村庄带水，而且历史悠久，基本符合选点要求。但是到达时，发现这地方是革命圣地，历史悠久，但是，村庄老人较少，历史感就很弱。为了村调原生态，就亲自借了颜叔叔的自行车，和颜同学骑着自行车，跑了几公里外的 4 个村，如平小河村、陆潭村、天景村、榨岭村，发现这些村都是建制色彩浓，不是理想村庄。一看表，已经 10：30，只能回去吃饭，再和颜叔叔商量。洪湖农村，都是女人做饭，男人先吃，席间向颜叔叔告知碰到难处，他就想起自己外甥王叔叔的红村行政村下辖熊家湾、东西郭家湾、王家台四个自然村，交通不便，遮蔽在茂密树林当中，有西干渠和内荆河环绕，水网布局，灌溉便利，旧时，水路交通便利，可以泛舟到新堤或沙口。结果待了一天，仔细走访，发现原始形态还是不够理想，自己就独自骑着颜叔叔的自行车，到了第三个镇——戴家场镇，深入该镇以后，才发现该镇地处偏僻，农业发达，几乎逢村必有庙，心里暗喜，终于找到形态较为满意的村镇，赶紧走访几个村庄，记录下来。

三 敲定进村

下乡已经 3~4 天，由于所看村庄形态还是不够理想，只能向民政部门求助，再下村入户。进村入户，一般通过关系较为容易，家户村民更多顾及亲戚或面子，或多或少会收留，特别是遇到有钱有势的，平时有求于他们，只要有求他必应。如果走官方程序，因为

寄东庙

有国家公函和省市公函，权威还够，民政部门会热情接待。但是，由于办公室人员不多，三两个人，更多是介绍村庄，要求调查员自己去跑，如果满意，就出面打电话帮忙对接乡镇一级民政办主任，而且要民政局长亲自打电话，乡镇一级才会买账，不然就会阳奉阴违，爱搭不理。

即使进了村，也需要民政部门与村干沟通和协商，好话说尽，请求他们协助解决。长江家户小农，由于种地较多，平均每户有10多亩，几乎早上天蒙蒙亮就出门，到田里除草、打农药。如果要住在他家里，一是他们怕麻烦，因为做农活时间没有严格约束，怕来不及回家做饭，怠慢客人；二是怕陌生人住进来，多有不便，家里上有老，下有小，特别有媳妇或女儿在家更加不方便；三是农忙事情多，无暇顾及，一般都是50岁以上村民在家种田，年轻劳动力出去打工，抽不出劳动力帮忙做饭。不过，民政部门怕村支部书记为难，还是想把我安排在福利院居住，但是我拒绝了，就找了一户70多岁老人家，由于他也姓李，属于同家门，还有就是他的儿子在贵州做铝合金和玻璃生意，家里空房很多，才愿意接纳。议定价格每月1200元，包吃包住，老人家很热情，叫我不要客气，就当自家，他们也把我当孙子看待。老人家很细心，一天吃两餐，早上9点过早，下午5点吃晚饭，就帮我买一些方便面，让我自己泡着吃。

最后，面对5~6月的酷暑炎热，一路艰辛，自己独自跑了3个镇，十几个村，终于找到了满意的村庄。即使路途再艰难，前面再坎坷，心里也不怕，因为自己知道，选定好村庄也就是调查成功了一半。

洪湖市戴家场秋收暴动纪念碑

杜家剅村调查日记

5 月 27 日　天气雨

　　现在种粮成本高，每亩（国家规定每亩为 666 平方米，而该地每亩为 1000 平方米）成本大约 1500 元，请人栽种、平整水田花去 400 元/亩，化肥需要 200 元/亩，农药花去 150 元/亩，洒农药 40 元/亩，请收割机收割 110 元/亩，请人托运和晒谷花去 100 元/亩，排灌花去 60 元/亩，亩产 1500 市斤粮食，按照 1.29 元/斤，每亩毛收入 1935 元，纯利润为 400 多元，50 亩的种粮大户年毛收入将近 10 万元。外出打工或劳动力不足，可将家庭承包地流转，本家五服之内的流转每年租金为 200 元/亩，不签合同，随时可以收回耕地。外地异姓进村租田养鱼，每年租金为 500~800 元/亩，需要签合同，按时交纳租金。

水稻

5 月 28 日　天气雨转晴

　　洪湖地区夏季天气闷热，年轻人容易烦躁，而老年人身体会扛不住。一下去，就听王叔叔说，王姓本家老人去世，要去"赶人情"。他说本来不用去，因为不是亲房人，关系不亲密，而且自己的孩子结婚，他们也没有随礼，也就是没有往来，没有感情。但是，孝子亲自上门来"接",邀请参加葬礼。俗话说,逝者为大。自己又是村干部,只能花200元参加葬礼。为了完成体验调查,只能祈求王叔叔带自己参加。因为按照他们村里传统,凡是红白喜事,都要"接",不然不能参加。

5月29日 天气雨

洪湖人有敬小庙的传统,特别是长辈会让晚辈牢记,每年初一、十五要回乡祭祀。"文化大革命"期间,"破四旧,立四新",工作队进村,捣毁寺庙和祖坟,村民一般会把庙神转移到一棵大树上,逢年过节,只能偷偷祭拜,而对祖坟破坏更加严重,到了破棺捣尸的地步,其后代只能含泪保留先祖的骸骨,偷偷在原址挖坑埋葬。

每家每户界线很清晰,一座桥、一条河或者一条沟。旧时,靠近农田建造房屋,分田以后,也是按照小组建造房屋,房屋也靠近农田。村民团结力在本家族,只认同本家兄弟,遇到本家族回乡,会热情邀请进屋喝茶,看坐,吃饭。平时,村民生活很节俭,也吃剩菜剩饭。而且村民喜欢夸自己种的菜多么好吃,种的果树长的果多么鲜美。

现代人比以前更重利。颜叔叔说,农业学大寨时期,各地社员集体修水利,几乎是自愿,年龄小的,放学以后,也要出工做劳动力,当时,0.8元≈1个工分。还有每逢大雨,泛滥成灾,社员就披着蓑衣去排水,遇到路坏了,就自愿找石头去修缮道路,现在人都过于理性,没有利益的事情,几乎不参与。

家户村庄也讲究仁义。比如找熟人买东西,一般会低于市场价格出售,如果不是很贵的物品,甚至会送给别人。你如果借熟人不好杀价钱,以高于市场价格或者抬高价格卖给熟人,熟人嘴上不会说,但是心里清楚和衡量,你这人不仁义,重利轻义,瞧不起你。不过,也有这种说法,熟人买卖,你卖给他多少钱,都会觉得你挣他钱,卖给他多便宜也不领情。我给你一颗糖,你很高兴,当你看到我给别人两颗时,你就对我有看法了。但是,你不知道他也给我两颗,而你什么都没给过我。别人帮你,那是情分,别人不帮你,那是本分!

关圣庙

5月30日　天气雨

几天来每天 5：30 返回颜同学家里吃晚饭，发现一般都是女人下厨，男人可以不等女人一起上桌吃饭，或许这就是家户村庄男尊女卑的表现。席间也了解到他们家里也拜家神，清明节也祭祖，不过只是祭祀三代以内祖先，三代以外的祖先已经记不住了，因为洪涝灾害很多，亲属流离失所，记不清了。旧时，三代以内祖宗也打造墓碑，安放祖宗的英灵。现在进行火葬，更加容易操办。

据说，旧时，颜氏家族是大姓，颜叔叔的爷爷就是一个教书先生，毛笔字了得，曾经帮助沔阳县委题字。他的父亲是一个木匠，平时乐于助人，见到别人房子或桌椅坏了，就免费出工帮助别人修理，不收取报酬。而且依靠舂米买米换取油盐。因为勤劳致富，买了不少地，后来被划为富农，他母亲就不愿意，当被干部提押批斗时，拿出"某某同志，永垂不朽，毛泽东题"，干部就被吓住，赶紧改划成分，最终定为下中农。现在红白喜事也变了，旧时，只要搭建喜棚，就知道有喜事或白事，村里村民就会自觉参加，不需要邀请，一般是本家族人筹办，如果缺少文化人，会请村庄的文化人或有威望的人出来主持，设置知名先生负责分派任务，礼房先生负责管钱。后来，家族文化增多，自家就可以筹办，不再需要别人主持。过来帮忙，五服之内，全家帮忙，疏远一点的本家族人，吃三天，村里异姓人参加，随赶情礼，吃预备餐和正席，不过只吃一餐就离开。

进入洪湖，就住在颜同学家里。饭后，在颜同学的陪同下，散步于峰口镇街区，才发现这个历史名镇，范围很大，甚至超过一个县规模，旧时，因地理条件和汉口相似，而且水运交通便利，俗称小汉口。镇里街区布局合理，铺面很多，郊区保留了不少计划经济时创办的企业厂址，如制伞厂或者制棉厂，由于经济转型，厂就因经营不善破产。镇里有二中和三中两所高中，小学共三所，因为撤校风潮，撤了两所，合办成一所。这里村民也有信仰，郊区建了两座社庙，一座是玉皇大帝，另一座是如来佛祖，建筑非常宏伟，里面金碧辉煌。

由于村庄较为隐蔽，特别荣幸，由颜叔叔亲自带领我前往寻村，不过也因为很久没有前往，或者村庄隐蔽，多走了几里路，才在林荫小道找到这个村庄，果真如此，水网密集，居网分散，村庄 60 岁以上老人 200 多，80 岁以上老人 20 多个，不愧为理想家户村庄。但是家户村庄戒备心很强，特别对于外来户，更是存在心理界限，村委认为你会把村庄往坏处写，颜叔叔委托几个人都没有达成协议，因为吃住行在村庄，就会变成别人的负担。最后，颜叔叔和王阿姨只能打电话叫亲戚搭我们亲自跑一趟，寻到了外甥的家里，并向外甥介绍我的来意，这个叔叔很给面子，因为是伯娘舅，终于愿意接待我这个外来"闯入者"，并承诺全力配合，让我吃住都在他家里，让我后天就入住。因为是亲戚，王阿姨还给其 83 岁的父亲几百元，更加为我调研铺平了道路。自家人，就是本家庭的姑爷女婿，子女以及叔伯外孙就是熟人，但是，不是亲戚。舅爷和舅娘亲自托外甥办事，如果外甥不接待或推辞就是不礼貌。选点的事情终于办完，叔叔阿姨终于松了一口气，一路上嘱咐我带拖鞋、衣架等生活用品，可谓无微不至，待我像自己儿子一般亲，让我非常感动，其实家户也有很浓亲情，不是一味重利，也讲究道义伦常。

降雨

5月31日 天气雨

为了了解家户的集市圈，打算花一天时间去集市参观一下。村庄除了赶距离30分钟的峰口集市[1]，俗称小汉口，还会赶最繁华的新堤集市。早上9点坐上了去新堤的大巴，车上几乎坐满了赶集的人。路经万全镇、汉河镇和小港镇等几个镇，这些镇远没有峰口镇大。另外，乡道绵延，两旁都是亟待耕种的成百上千亩水田，横七竖八，还有宽广的人工运河，每隔一段距离就有一个河闸，灌溉非常便利。据说，旧时人工运河流量大，当时各家各户都有小船，用于运输，划船直接通新堤，做买卖，换钱购买油盐柴米。10：00大巴到达繁华的新堤市，高楼林立，车水马龙，人头攒动，并未失去旧日繁华。经颜同学介绍，首先参观了坐落于新开发区的洪湖市政府，并拜访了一下民政部门，寒暄几句，准备后面再来拜访学习。11：30开始吃中午饭。14：30打听一下洪湖市图书馆的具体地址，打算亲自寻找一些有关于洪湖历史的书籍。当千方百计寻到其所在时，哪知道图书馆停止开放，闭门整修，并计划于十几天后才对外开放。我并不死心，为了捕捉一些历史信息，就寻找该市的博物馆，从博物馆了解到洪湖形成于3000多年前的西周时期，历史悠久，发生过赤壁之战、陈友谅起义、洪湖红色政权建立等重要历史事件，可见洪湖是重大革命历史事件的密集点，是纯属偶然，还是另有原因，如当地先民的性格特征等，有待进一步调查。不知不觉，已经到了下午5：00，急忙买票往回赶，6：00与颜叔叔共进晚餐。不得不提到颜叔叔，他是一位即将退休的小学教师，待7月份就办理退休手续。但是，现在已经被当地私立学校返聘为辅导老师，工资3000~4000元/月，负责的工作任务并不轻松。

---

〔1〕 据说，峰口有小汉口之称，有便利的水路，而且物产丰富，地理条件也和汉口相似。

早上6：30就要上班，傍晚5：30才能下班，其间备课、上课，并无空闲，若有请假、早退等现象，扣除每月300元全勤奖，可见管理非常严格，简直就是剥削的"血汗工厂"。他对私立学校管理者，又恨又佩服，佩服的是，他们都是到广东的打工者，曾在广东设立辅导学校，招收学生，赚到了第一桶金，积累了办学经验，后来听说国家撤校并校的政策，导致一部分学校闲置，这几个人就打通关系，投资办学，这样一来，既避免了教育部门的干涉，又获得了政府的大力扶持，出资购置大量座椅等设备。这些办学者利用这些政策，不仅获得了实惠，大大节省了办学成本，而且逐步扩大学生规模，不得不返聘退休老师，或者雇用大学生工作。

6月2日　天气晴

集体化时期，一些知识青年，千方百计地"奔"出来，比如谁的家族人多，力量大，就有更多出去工作的机会，凭借关系，找大队支部书记开具证明推荐，就可以到供销社工作，每个月工资40元，20元交给生产队，记工分，20元留给自己自由支配。当时，肉0.75元一斤，锅盔0.03元一个，0.06元就可以吃饱。比如当时教师岗位，一个月工资是29.5元，免费供应商品粮，地位很高，可以挑选农村最漂亮的女孩子，而且被挑中的女子被视为祖坟埋得好，并把丈夫当作神一样看待，非常荣耀。现在教师岗位社会地位没那么高，那些办厂或养鸡等赚钱的有钱人，地位更高，不羡慕教师或者当干部的。甚至一个镇副镇长，分管农业，你做你的官，我种我的田，种田不需要交税，还能享受国家补贴，即使碰到也不予理会，根本不会奉承，你走你的，我走我的，市场经济导致感情淡化，一切向钱看，国家政策很难进村入户，工作也做不好。不像以前，干部与村民是鱼水信任关系，遇到灾荒时期，干部宁可不吃或吃野菜，遇到群众生病，就把鸡蛋给农民滋补身体。

6月3日　天气晴

村落多姓氏祖先，最初因为江西发生地震，骑马跑过来，俗称"江西老表"，一个家族一个祠堂。只能记住三代以内，爷爷办私塾，做教书先生，爸爸是木匠，母亲就纺纱织布，卖了换钱，自给自足。1954年发生严重洪灾，村里逃难到钟祥县，没有居所，白天被太阳晒，口渴就喝脏洪水，就患了痢疾，比如一个8岁女孩晚上还唱歌，夜里拉痢疾就死了，没有人救济。很多这样的例子，洪水泛滥遍地尸体，非常悲惨。但是，也没有发生哄抢事件，说明当时村民风气很好。1956年洪水退后，再回乡。现在，政府会进行救济，安排得当。

6月4日　天气阴

现代婚礼，外面亲朋好友，就是打电话通知，办丧事就是派人通知。旧时，办喜事非常困难，女方起码要几套衣服作为彩礼，男方就会向有血缘关系的亲戚借钱，比如姑爷、姑妈、舅舅，现在根据经济情况，谁经济条件好，就向谁借。办成婚礼，以后赚钱慢慢还。实际就是旧时，赶情送礼，亲戚之间互帮互助。现在社会，把赶情送礼异化，千方百计办红事捞取钱财。如果不讲道理，借钱不还，就发生矛盾，比如上一辈借钱不还，下一辈的老表，亲戚不来往，关系就断了。有一句谚语，一代亲，二代表，三代四代表完了。一般困难时，找亲戚借钱，不是亲戚很难借到钱，不需要利息，可以无限期，还不了，不需要约定，只要讲清未能还款原因，一般就会谅解。时常少数乡亲会借一点钱，要口头约定还款期限，还款要及时，比如今年借你的钱，明年养一头猪，纺一匹布，卖一点米或菜，就要还款，守承诺讲信用。如果几年不还，甚至借钱者有钱去赌博，就发生矛盾，甚至发生斗殴。俗话说，有借有还，再借不难。现在熟悉或关系好，向他贷一些钱，借债方给一些利息，写好文字契约，写明借款金额，并按上指模，就生效，但是不受法律保护，很多没有还钱就跑路。

6月5日　天气阴

水利灌溉，水源有限，孰先灌孰后灌，多少有点摩擦和矛盾，可能表面不说，却放在心里。人不为己，天诛地灭。这些技术活，在村庄内部，把事情说清楚或说断（说清楚）就好了，沟通好就圆满解决。比如闹了水利纠纷，村民之间不说话。如果感觉到不对的一方，碰到水稻丰收时，就会主动帮忙，向对的一方示好，弥补以前的不对，并不会说清道歉。或者对方媳妇生小孩，就会送一些鸡蛋，弥补以前裂缝，重归于好。如果发生很大矛盾，比如械斗，以家族为单位进行调解，双方家族长或地方有威望的人出面进行调解。一旦发生以自然村为单位的矛盾，集体化时期，比如田界线，为了争夺田产，以组或生产队为单位的集体感，用火桶（鸟枪）攻击，公安局出门抓人，坐牢的村民妻子和子女，视为自己家人照顾，照扣工分。如果村庄发生矛盾，就以村为单位出动。

6月6日　天气雨

土改时期，划成分时，一些田地多并没有剥削者，辛苦劳作，积累财富，只是比一般富农多一点田，就按照指标，划成地主，被别人批斗还好，还出现自家人斗自家人现象。后来，"文化大革命"时期，地主上台被批斗，一站几个小时，接受群众批评。流行歌谣，"贫下中农一条心，不忘阶级苦，牢记血泪仇"。意思是说旧时贫雇农生活在水深火热中，号召群众发动政治斗争，把受苦大众救出来。在工厂，就要求"吃水不忘挖井人"，不忘阶级苦。"四清"运动，挖阶级成分不好村民的祖坟，以前掘棺发现祖宗黄色骸骨，年年培土，祖坟越来越大，本来要出人才，破坏风水。后来，家族人偷偷保留下来。旧时，个人崇拜达到极致，"毛泽东"三个字写歪了都不行，本村一个人把"毛"字倒着写，被查出来，就开会进行严肃批评。集体化时期，"大跃进"，追求高速度，扯秧时，速度快，把秧都扯断了，结果插上秧都死了，亩产产量不高。三年困难时期，由于食物不足，就到河里找植物充饥。

6月8日　天气雨

过去，百桥村驻扎有一个师部，师长王劲哉，是一个国民党清官，他很威武，不胡乱抓丁。按照3丁抽1，5丁抽2原则，他纪律严明，手段毒辣，夜不闭户，路不拾遗，没有强盗，没有土匪，那些贪官污吏，就被他用刺刀杀死，比如保长，贪污钱财，算不清账目，就让他在师部杀了。驻扎在百桥，在侯家湾建军事学校，每个星期训一次话。螺滩村属于百一六保，略小一些，竹林村属于百一八保，百桥是百一七保。一个保有2~3里范围，保长是地方一个"人物头"，人家称雄，有面子（别人给他面子），选他为保长，说一句话就是一句话，别人听他的话。比如侯四谱、叶道四和戴家钦，担任保长不太敢吃钱。他们权力很大，一些人遇到纠纷，没有经过他们处理，或者他们亲自裁决定案，即使到沔阳县府告状都告不进去，县长都给他们面子，县长都被他们拿出来玩。旧时，戴市成立联保处，直辖管理各保长，负责做地方工作，比如征课（摊赋税，每亩4胡桶）和抽壮丁。保长下面有"小得副"，面子小一些，有一点威望，没有保长威望大，名叫戴伯钦，保长可以指挥和命令小得副，小得副下乡找村里甲长（10户为一甲），甲长走遍家家户户，按照每户田产面积，每个月出月捐款子，养活镇上联保处工作人员。还要为了避免多收税，就给一点钱贿赂甲长，俗称小惠钱。多少田收多少惠。而甲长没有威望，一般村民不肯做，都是一个甲每户轮流做，一个月轮一户，一月一换，不做不行，比如当时，王劲哉带军队下乡，要征用村民做挑夫做事，比如要挑担和锄头，如果甲长完不成任务，就要"背家伙"，意思是说完不成征兵、徭役和修防御设施的任务，人不齐和壮丁来补人数不够，镇上联保处就下村，殴打甲长。

6月9日　天气雨

土改时期，田多，剥削穷人，就打成地主。如果田少的村民，就会帮他们做工，如插秧和割麦子。长工就按照年计算，一年20担稻谷，短工按照天计算工钱，一天2块大洋。现在地主后代，都做了大官，甚至做到京城官员。但是土改时，房屋和田产充公，人抓去坐牢。当时，中农20亩田，也有10亩田，贫农也有8亩田，一般不租给他人种，都是自己种，请长工。一些大主子或老爷，老婆就称为夫人，儿子就称为少爷，女儿称为小姐，有几个垸子，上千亩田，不做事，只管账，请长工帮忙收课，像自家人一样，同吃一桌饭，一日三餐，过早、中饭和夜饭，包吃包住。没有买丫鬟和娶小老婆。如果把田租给别人种，请人收课，按照4：6标准收课，地主收4成，租田者收6成，遇到水灾颗粒无收，就算了，如果受一些灾情，就要地主看过灾情，视情况而定。以前穷人难以翻身，非常苦。"现在很好，老人有养老金，种田不要交税，还有补贴，家家建楼房，感谢共产党。"

6月11日　天气晴

过去，如果家里粮食不够，向粮食多的家庭借粮，贷1担稻谷，待收稻季节，还2担稻谷，借10文钱，要还20文。要找中人，替困难的人向有粮的人说，他生活困难，你借他1担，他下一季节还你2担。另外一种情况，比如儿子娶媳妇等红白喜事，家里经济困难，就需要"当田"。首先，当自己为难（经济困难），请跟自己关系好的人帮忙说一下，做个中人，中人就上门跟一些人说，他家困难，想把田当给你种，每亩2~3担稻谷/年。找一个威望高或关系好的中人，帮助自己做说客，俗称"做中"。把田当给某人，一亩田当多少担稻谷，一般3~4担稻谷，或当1000~2000文，可以与当田者协商价格，写好"当契"，作为凭据。当纸上当头写大大的当字，写好当期，当出的款项，一般当2~3年，最短是1年，待约定时期到，还清款项，就把田收回来。待写完当契约，还要请中人喝酒。如果经济更加困难，如生病，就只能卖田，同样，要请一个中人，上门到当年收粮较多或者家庭富裕的家户做说客，"他家困难，想把一些田卖给你，价格10~13担/亩"。或者一些有钱家庭，也可以托中人，买一些田，并协商好卖田价格，写好"卖契"，双方按上指模，还要请中人喝小酒和大酒，作为证人。然后，要到沔阳城去过户头，把卖田者户头过户到买田者户头，比如买3亩，就把3亩过户到自己户头，不与卖田者相关，请"钱粮狗子"（专门负责过户和收税手续，从中收取劳务费，按照垸和里范围，比如周朝垸、同老垸和南里垸，子午里和继柄里）下乡，看好买田数量，根据鱼鳞册做好登记，并支付一定劳务费。据说，就把田下到买田者户头，因为买田或当田收取利息现象盛行，当时做中人的蛮多，甚至变成一种无报酬的服务职业。

调查者与郭用文老人合照

6月13日　天气晴

以前，大姓之间容易发生纠纷。清泛湖垸，有何、彭、刘和张等姓，各姓纷纷栽了秧，各自管各的，待收割稻谷时，收完各姓一部分，各姓以家族为单位进行武斗或者械斗，谁人多就抢得多一点，哪个强就获得多一些。在村里范围，你种你的田，我种我的田，异姓没有多少纠纷。分家不均等纠纷，有大户长或大房族长帮忙解决，与保长或者甲长不相干。比如国有国法，家有家规。姓李人多就有一个户长，还有一个大房族长。一个姓氏，有多个房，比如大房、二房、三房、四房……每房设有一个房长，如果是一支人，再找房族长，由房族长管理，比如大房有100~200户，就设置一个门长，由门长管理，门长大于房长，户长统一管理整个家族。户长威望很大，户长大于房族长，遇到大事都会找大户长。

6月14日　天气晴

不少老人反映，青福寺是一座古庙，大概有300年历史，每逢菩萨过生日，二月十九，还有祖师菩萨，九月十三，村民朝贺，村民上功德钱，有的捐钱1000~10000元，就会请3个道士诵经，超度，披花衣，敲木鱼，花钱300~500元，做会时，一起聚餐吃斋。

一年一小办，两年一大办。每年二月初二，就做会，群众前来祭祖，上功德钱，100～500／人，由为头的首事，前一天在寺庙开会，商量做会事宜，烧火聚餐，吃斋菜，有些人不吃，有些人吃。求子祈愿，如果怀了孩子就送一个鼓。管理人招呼香火，一早一晚，每天击鼓撞钟。为庙里面玄天祖师菩萨、观音大士、地藏王菩萨、文昌大帝、韦陀菩萨（化缘菩萨）上香。

三合古宫

6月16日 天气雨

以前八百里洞庭湖，到处是湖荒，先民移居此处，插志为标。插志为标，意思是在湖里围建垸子，把荒地占为己有，先占先得，并把祖坟搬到这里，见到尚未开荒的荒地，就不断围建垸子，开发耕地。比如周桃垸（百桥村）、通老垸、夏五垸、南拟垸、江席垸、泰斯垸，清泛湖也发育和围建了子垸子，中央留有小堤子，到处是平原。

在杜家剅，人工挑成台子，或者在地势较高的坡地，自然分布着自然村吴叶山村，主要是吴家、叶家、山家分别插志为标形成聚落，不远，距离几个台，就是欧阳贵村，主要是欧家、阳家、贵家插志为标形成聚落，再距离几个台，就是周则严村，主要是周家、则家、严家插志为标形成聚落，主要是以前钱粮先生（收税专门人员）为了便于收赋税，才以姓氏编村名。到沔阳县完钱粮，有专门记载，有里份和垸份，有多少水田，还编里建垸，比如清泛湖属于子午里周桃垸，附近为季平里。

6月18日 天气雨

旧时，砍树做成一个伞，插到水里，表明"界口"。不同族占有一个水潭，由郭家和叶家共同占有，比如插伞为界口，一个伞属于叶姓，另外一个伞就是郭姓，分别占有半个水潭，按照界口，凭借界口吃鱼，占有几千亩水面，并按照界口完钱粮。如果界口分得不好，谁越过界口捕鱼，收藕和莲米，就引起纠纷、吵架，甚至到沔阳县打官司。另外，还有一些湖，都是多族共同抢占，都设有界口，插有一把伞，比如胡姓和李姓，按照每个姓占有面积，设置界口，防止别族抢占自己水面面积。为了分界明确，请"弓手"过来帮忙测量水面面积，1 弓等于 1.8 米，相当于 2 步。比如卖田，面积 3 亩，首先，请中人（弓手或弓口）喝大酒和小酒，然后请中人拿着弓过来丈量，横多少、竖多少，用笔登记，算出来面积，有没有 3 亩田，再签地契，而且买田者还要支付中人工钱，一般是货币，一天 2 块银圆/人，还要喝大酒小酒。待手续办完以后，还要到沔阳县找到钱粮先生，他专门负责管辖所有里份和垸份，如周桃垸、通有垸等，送礼（香烟、猪肉）给他并支付一笔钱（劳务费），2~4 块银圆/次，他就把卖田者名字抹掉，把买田者名字登上，形成一种红田契，这个过程，俗称"过户头"。

雨中捕鱼

6 月 22 日　天气雨

以前平原之地，就怕水淹。清朝光绪年间，子贝渊垸因洪水疏堵发生纠纷，不准官湖垸放水，官湖垸等因洪水漫灌而颗粒无收，这边要挖堤，那边不让挖堤。杜老七，读书人，人称杜七爷，是周桃垸方圆几十里鼎鼎有名，颇有威望的大绅士，沔阳县太爷也敢拿出来玩，说怎样就怎样，还有杜六爷，读书好，醉心于功名，为了几个垸共同的利益，带领村民，甚至招兵买马，去挖子贝渊，与南安村民械斗打仗，死了很多人，当时，南河附近挖了战沟，死了尸体堆满了战沟。惊动了京城皇帝派兵前来镇压和调解，就修了三个闸，福田寺一个闸，子贝渊一个闸，新堤河口一个闸，现在还有三个闸的遗址。由京城过来的地台大人主持和调解，并达成协议，订立规约，每年三月三关闸，九月九才能开闸排水，不能长久放水。后面，还是因为闸排水小，又有一些小规模械斗，死伤很多人。杜家剅杜姓是最狠的人。

6 月 25 日　天气雨

以前方圆几十里，都是平原，没有山，少部分丘陵，因为倒口，就自然冲击成一些水潭，高的位置就堆积成坡地。该地区水田和湖田种植水稻，栽两季，种早谷和晚稻，白田种小麦、棉花、芝麻和黄豆。插秧一天 0.5 ~ 0.8 亩/人，耕牛一天 3 ~ 4 亩/人，割稻一天收 0.5 ~ 0.7 亩/人。以前 1 亩收 4 担稻谷，现在 1 亩收获 20 担，机械收 20 ~ 30 亩。

过去，田产多的家庭，就请长活和短活。同时你帮我栽，我帮你栽，跟邻居或者关系好的乡亲打串工，不是亲戚，一方上门说，"你帮我插秧，我帮你插秧"，因为他们也种地，也比较忙。不给工钱，讲究礼性，请吃三餐，过早、中午和晚餐准备 10 碗，蒸鱼和蒸肉。

杜家剅水田

6 月 28 日　天气晴

过去，家庭富裕，田产较多，几个儿子，分家时长子可以提 3 ~ 5 亩水田或旱地，而且要求都是好田，俗称长子田或长孙地，剩下田产，好田和拐田平均分配，并没有界基。还有如果房子大，家具多，多提一些家具给长子。还有神龛也要分给长子，俗话说，长哥长嫂当爷娘，长子如父，长嫂如娘。耕牛分配，共同使用，每人 1.5 天使用。家谱由长子执掌和保管。还有嫁妆田，如果家庭富裕，抽取 3 ~ 4 亩，写好约，作为陪嫁，不与婆家相干，由女儿使用，收取租金。父债子还，碰到父亲抵债多个儿子平均分担。父母养老，没有养老田，由多个儿子共同供养，1 儿子供养 3 天，先是长子供养 3 天，然后，次子供养……轮流供养父母。遇到父母生病，所有儿子共同分担。老人去世以后，多个儿子共同出钱办丧事。

7 月 1 日　天气晴

以前，嫁鸡随鸡，嫁狗随狗。村里骗婚很多，3 ~ 4 户，女子娇生惯养，在城市唱歌、跳舞等吃喝玩乐，不受村里父母管理和约束，更不能做村里农活，不少人说，和你过不好，就要求走或者分手，因为没有领结婚证，不少"准媳妇"卷了几万元，就逃跑了。受害者想报警，又没有偷窃的证据，只能忍气吞声。不少人提议，由政府监管，抓几个人，杀鸡儆猴，社会风气才好。

其他地方，父母嫁女儿就像卖女儿，养了20多岁女儿，就到你们家里赚钱，就要10几万元彩礼，在洪湖嫁女儿还要赔钱。比如一户汉口亲戚，娶媳妇，彩礼花了6万元，接亲花去8000元，结婚时，老爹爹老奶奶要随礼1000元。当时，娘家没有人送来，没有丢茶钱和合子钱，过几天又来几个亲戚，没有带一份礼物，就登亲戚家门，按照传统惯例和礼数，到亲戚登门，要提一些酒等礼品，不然，不好意思登别人家门。他们每隔几天就来一批人，要蒸煮好酒菜，吃好喝好招待他们，但是，他们什么礼品都不带，不懂那边风俗。但是，本地结婚风俗，接亲时，娘家人送过来，如长兄和兄弟等，要丢茶钱和合子钱，还要点歌。

7月4日　天气晴

沙湖沔阳州，十年九不收。又设有闸，只能排冷水，不能排热水，由于平原地区，地势低，一发大水，就被水泡着，如果时间长就容易被捂死，因为四处洪水排过来，挖沟排洪也不见效，只能跟洪水抢稻谷，一般都是抢收70%稻谷。远亲不如近邻。一般插稻收谷，都要接人帮忙，一般都是自家兄弟，女儿和姑爷嫁得远，就不会麻烦帮忙，都会请关系好的，你帮我收，我帮你收。

旧时，水灾较多，如果建的是茅草房子，一场水灾就把房子卷走，只留下一堆烂泥，只能再建设房子。一般建房子，女儿和姑爷都会回来帮忙，如果劳动力少，就会上门接一些关系好的邻居或朋友，你帮我一天，他帮我一天，最后，到盖瓦那一天，所有亲戚或者朋友都会来帮忙。

雨季中龙潭河

7月5日　天气晴

红事，请懂礼节或者有威望的人，担任知名先生，不仅限于本组，只要关系好就行，礼房先生也是一样。一般都是本房族参加帮忙，吃两天，百客随100元，吃第一天一次便餐，第二天吃两餐，亲属接来住下吃两天，共三餐。赶情随礼3000多（至亲随礼1000，关系熟一点500以上，一般也就是200元，敬茶礼500，点歌1000元/首，一般婚礼宴席筹办每桌2000~3000元）。如果本村关系好的就前来庆贺，本村关系不好不随礼，旧社会，红白喜事都要靠亲戚筹钱办事，一般都是同姓参加。旧时，座席讲究尊卑，由好几个跑堂接客人到固定席位就座吃饭，如果尊卑不明，客人就会不吃饭，跟主家吵架，现在不存在尊卑，只要做好饭，由厨房人宣布吃饭，大家就要到喜棚抢位置，如果抢不到位置，就要花时间等下一席，即使至亲也没有尊卑，如果生气不吃饭或不领喜饼，就随意。同样，还要孝子上门接百客吃饭，要求到东家帮忙。迎亲时，进门有红线围着，先要给红线红包，新娘房间紧闭，又要给开门红包，至亲公公要戴着高帽涂着黑脸，挂着"烧火老倌"牌子，敲锣游街，到家里，公公还要背媳妇进门。

遇到白事，请懂礼节或者有威望的人，担任知名先生和礼房先生，不仅限于本组，只要关系好就行。本房族不能做丧户，只能在同一住址招募，左4户，右4户，担任丧户，待老人去世以后，孝子在知名先生陪同下到邻居邀请，下跪行礼，说明自家老人去世，需要你帮忙送出去，一般有矛盾也要参加，如果矛盾较大，也会请人代为做丧户。另外，即使不在家，也会请人代为做丧户，办丧时，还要亲自登门接丧户吃饭。孝子要出钱购买毛巾、茅草、腰带、鞋子、草帽，待道士把碗敲碎，泼出去，孝子孝孙就下跪（诚服），逝者的女儿坐轿子，俗称哭丧女，由4人抬轿，要面对棺材而坐，现在可以请人专门哭丧，而且要由丧户抬着，同样，需要付钱，闹合子。然后，孝子孝孙就向丧户发烟。还要孝子上门接百客吃饭，要求到东家帮忙。送到殡仪馆后，有"闹合子"习惯，就是要求送葬的亲朋好友，纷纷出钱100元以上，作为逝者的火葬费用。

丧葬仪式

7月7日　天气雨

办婚事时，一个孙子娶媳妇前，接奶奶参加婚礼，给奶奶200元，但是，奶奶不肯接，说等他们结婚成家，才有孝敬自己的责任，结婚时，奶奶给1000元礼金。另外一个孙子结婚，接奶奶时，没有给孝敬钱，结婚时，不管哪个孙子有钱或没有钱，一视同仁，平等对待，也是给1000元。不过，照着他们接她时给了孝敬钱，就多给一点，1000多，如果结婚，接奶奶参加时，不给孝敬钱，奶奶只给1000元。因为多个儿子，都要平等对待，结婚时，都要给一样礼金，不能对某个儿子或孙子多给，特殊对待，就会招致话柄，亲生儿子或孙子，为什么不平等对待，影响家庭和睦。不过，也有碰到特殊情况，女方不满意婚礼，就不肯接婆婆，就由奶奶丢合子钱，就要奶奶多出钱，1000+500元，如果接婆婆，就不要奶奶丢合子钱，由婆婆丢合子钱，奶奶就随礼1000元。

有些人说生女儿不合算。比如，一户女子，学医，没有赚到钱，一年倒贴生活费，嫁出去，花去6万元，还要买5000元聘礼。生小孩，讲礼性，生孩子，8～10天，送小族米，准备两条鲤鱼、两挂鞭炮和8斤米或者8升米，只有娘家亲戚去，一般不随礼。送大族米，满月之时，准备两条鲤鱼、4市斤肉、两挂鞭炮、100个蛋和8斤米或者8升米，一定要随礼3万~5万元，放置在一个台盒里，第一格放肉、鱼，第二格放鸡蛋、米，第三格放衣服，第四格放被子，由娘家外婆和舅妈两个人挑去，而且其他姑爷和姨爷等亲戚朋友都要去，只要送20个鸡蛋，随礼500~1000元。现在送小族米，花去3500元，买豆浆机、微波炉和丝棉被子等，不送礼金。

满月吃蛋，外婆准备鸡蛋，周岁抢丸子，外婆准备丸子，有其他孩子来，一起分享丸子，做蛋糕，如鱼、乌龟等形状，5周岁骑马，外婆制作木马，10周岁就学乐，请鼓手和唢呐奏乐。每次酒席，娘家都要随礼1万~5万元。人情不比债，头顶锅盖卖，债可以推，人情不能退，不赶情，就要断绝来往。即使再困难，也要出钱随礼，讲究面子。丧事，只有五服兄弟操办，其他姑爷和舅爷不需要帮忙，参加葬礼也是自己亲戚。现在办宴席简便得多，都是外包一条龙，烧火做饭、端茶等，请人操办。

满月酒席

7月7日 天气雨

按照洪湖的传统风俗，五月初五是洪湖的小端阳，是城镇过的节日，而五月十五是大端阳，是农村过的节日。因为集镇生活闲适，只需要应付来往客商，而村落正当村耕接近尾声的时间，为了庆祝春耕结束，有了休息的时间，村民这一天会举行隆重庆祝仪式。外嫁的女儿，外出工作的儿子，准备好粽子、盐蛋、鸡鸭，也会赶回故乡，与老人团聚。如果碰到哪一年春旱或者水灾，春耕就会延长，这时，过的端阳就会延续到五月二十五，俗称末端阳，同样，亲戚朋友，都会赶到老家与亲人团聚，以示尊敬老人。东家准备好酒好菜款待客人，一起吃粽子、盐蛋，在正屋大门插上艾草，作辟邪之用，还要喝雄黄酒，并在屋里四角、门槛、屋前屋后洒上雄黄酒，驱走蛇虫鼠蚁，保护自家安全。如果天气较好，还会上山采一枝"蛊药"，以防一些蛊药婆放蛊，用这种药物砍细碎，熬汤，供病人服下，方可康复。

当天中午，回来的女儿和姑爷会亲自动手准备饭菜，比如沔阳三蒸——蒸全鱼、蒸肉圆、蒸蔬菜，共12个菜。宴席之后要准备鸡鸭，由家长祭祀家祖、观音以及财神等仙人，祈求一年风调雨顺，出入平安。祭祀完，家里人一起坐在八仙桌上共同聚餐，席间女人不断上菜，招待客人多吃，她们都是节日最忙的人，甚至不在一个桌上吃。同时，东家还会邀请邻居，一般是当家的男丁1人，女人不被邀请，因为邻居多数不是亲房人，都是一些感情弟兄或者知心朋友，一起喝酒吃饭。老人坐主位或者主席，儿子自左到右，长幼有序，一一就座，晚辈一一向长辈敬酒，东家要一一劝酒，同时，也探讨人情世故，待人接物，这样，你请我，我请你，有感情，遇到大事小事，都可以互相帮忙。饭后，女儿负责收拾桌椅。随后家族人一起坐在八仙桌上打麻将，交流农事，或者家长里短，待入暮之时，才会离去，这时，女儿姑爷会给老人一些钱，略表心意，以示对老人的尊重。

7月10日 天气雨

过去，田多多买牛，田少少买牛，一般联户占有，每头牛承担25亩田。传统3~5户共同买一头牛，比如甲5亩，乙3亩，丙2亩，共同买一头牛，比如买一头牛10担稻谷，一般由田多甲打头，甲田多，需出5担稻谷，乙田适中，就出3担稻谷，丙田少，只出2担稻谷。多出钱多用，少出钱少用，农忙时，5亩的甲使用5天，3亩的乙使用3天，2亩的丙使用2天。喂养耕牛，分户轮流饲养，农忙时，使用5天，就喂养5天，使用3天，就喂养3天，使用2天，就要喂养2天。农闲时，没有田耕作，田为5亩，就喂养5天；田为3亩，就喂养3天；田为2亩，就喂养2天。如果借别人耕牛，要有关系，不然不会借牛，只有关系好，或者亲戚关系，才会借给耕牛。特别是有钱的大主，瞧不起贫雇农的兄弟，不会借。当时，贫雇农只能向同等贫雇农借。要喂养较好草料，比如红薯叶和米糠，何时耕地，何时喂牛，如果没有饲料喂，要让牛吃饱草，才能耕地，才会借给你耕牛。

解放以前，依靠脚踏的水车，灌溉水田，只能请木匠制作水车，并准备好酒好菜，宴请木匠，并支付工钱，2元/天，大概5天，共花费10元。这些大型工具，关系好的，如果在家镰刀或者水车坏了，会借给你使用，一般 3 天，使用坏了，还要负责维修，但是，不能长时间借或者经常借，不然借不到，要自己制作工具。

7 月 13 日　天气雨

按照标准平均每人多少地可以养活，在百桥村里田多，20～50 亩田，平均每人田产多，请人做长活和短活，就划成地主，俗称大主子。打工者帮地主打理土地，如放牛和插秧，放牛，包吃包住，贫雇农自愿帮他打工，所有收入归地主所有。只给一些工资，实物工资和货币工资兼有。

据当地人反映，地主 20～50 亩田，富农 10～20 亩田，中农 3～4 亩田，贫雇农只有0.5～1 亩田。中农较多，做长工的很少，基本都有牛。没有田的雇农要租种地主的田，签订契约，规定每年多少租金，200～300 市斤/亩，等年终地主就去收课。遇到红白喜事，农户就要当田，估计一年两季收取 6 石稻谷，当给有钱的地主，先支取 3～5 担稻谷。当时1 担稻谷等于 140 斤，值钱 7 块大洋，只能买几十包盐。

7 月 15 日　天气晴

集体化时期，洪排河和龙船河两岸的河滩，由县政府安排和号召村民，到尚未开辟的地方开荒。一旦开了荒，就有干部登记，荒地的面积多少、荒地的位置，谁私自占地都可以干涉。解放以前，地阔人少，外来客户来洪湖抢地，谁抢谁占就是属于谁的，插志为标或插草为标，以及找一个关系好的人做证，这块地产权属于自己。村里有很多人到几百里之外的公安县去抢地，因为家里田地不多，只能到外面地广人稀的地方抢地，盖了草房子，专门守荒地，甚至，在当地安家，由于当地政策变化，就编入当地村籍，变成当地人。后来，解放以后，如果没有落户当地，抢来的耕地就收归当地生产地，分给当地生产队。比如汪流大哥，就是烧火做饭的一户，家里有点钱，眼光长远，想积累更多田产，让自己的弟弟在村里耕地，他就到外地去抢地，抢了几十亩，最后，土地改革时期被划成地主。

晨曦中的龙潭河

7月17日　天气晴

祭祀时，道士念经，长子、长孙跪，逝者子女戴白花，媳妇戴"孝令"，孙子只需戴黑色袖章，五服之外戴黑色袖章，平辈不跪不戴孝，子女和五服还要坐在逝者旁边，答谢前来悼念的宾客，地位高的客人，如地方乡绅（政府领导、财政局），不需烧香作揖，只需主家代为上香。一般都是本家族参与，外来亲朋好友，就需要烧香，并作三次揖。另外，孝子孝孙，对于来的客人，还要陪同吃饭，亲自向他敬烟，向他敬酒，以示感谢。

如果家里条件较差，需要多个儿子一起筹钱，一般3万~4万，请道士做法诵经，一个道士200~500元，如果道士多就要多给钱，1万元以上（逝者为大，不还价），一般根据家庭经济情况而定。如果请歌舞团唱戏就要花去1万多元，白事聚餐要花2万多元，由于人口较少，只能承包给别人做饭，一天1500元，三天就要花去4000~5000元。如果家里其中一个儿子有钱，就不要其他兄弟出钱，可由一个人承担费用，其他兄弟负责买菜做饭，一起办丧事，不计较谁出钱多少。老人去世以后，由孝子孝孙抬到大厅，落地为安，由本家族老人为其洗澡，宽寿衣（不需给钱，只需帮忙买一条毛巾），然后，由丧户帮忙入殓，最后盖棺。丧户最伟大。出殡前要亲自上门迎接吃饭，购买毛巾、腰带和鞋子，做祭文时，孝子孝孙诚服（下跪磕头）、长孙要跪，姑爷烧纸，如果孝子孝孙不肯发烟，丧户就让他们继续跪着，还会向孝子孝孙、姑爷泼墨水，要求孝子孝孙慷慨一点。

7月18日　天气晴

百桥村农闲时，吃两餐，早上9点过早，下午5点吃晚饭。农忙时，吃三餐，可以补充体力，也可以加餐，早上8点过早，下午1点吃午餐，下午6点吃晚饭。集体时期，凌晨3点出工扯秧，如果时间短了，因为扯秧多，面积广，缺少化肥，长势不好，单位插秧间隔小，数量多，5~6根秧算一棵，所以工作任务重，完不成插秧任务，要求每天一个人负责扯秧、挑秧，再重新栽秧，每人插秧0.5亩。当时，秧种不好，长势不好，缺少肥料，只能用湖里水草作为燃料，烧成灰，作为肥料，改良土壤肥料，并计算工分，1954年亩产200~300市斤。

当时生产队支部书记，俗称土皇帝，队长、副队长、保管员、记分员不下田做工。他们记10工分，一般比社员高一点，当时10工分等于0.3元，年终时，一户两个劳动力家庭只能赚取7元，口粮平均每人30市斤/月，另外18市斤，是根据做工挣取工分，努力抢工分。比如4个人分300斤口粮，120斤是人头口粮，剩下180市斤，依靠工分去抢，谁赚取的工分多，就把别人粮抢了，那些劳动力少，又要丢工照顾孩子的，计8分/天，挣不够工分，只能吃萝卜丝或腊萝卜，没有米吃。如果5个劳动力，记10分/天，赚取工分越多，年分得口粮越多。出去做副业，比如打鱼、做苦力等，比如赚取300元，要交给生产队100元，记工分，剩下归自己所有。当时，一个生产队田少，劳动力剩余，由生产队队长召集社员开会，允许一些有手艺的社员，比如木匠或者犁工，出去做副业，赚取钱，交一部分给生产队记工分，或者所有钱交给生产队，由生产队每工分补贴 0.3 元作为工资。

　　老人反映生产队时期，有钱没有东西卖，只能吃腌制菜肴，如萝卜丝或白菜，过年都没有肉分。家庭富裕点的，就买点鱼过年。甚至，"妇女生孩子，坐月子，能吃 2 个鸡蛋，算是了不起"。当时，肉卖 0.7~0.8 分/斤。当时，凭票发肉，有钱没有票，也拿不到肉。除非自己养 2 头猪，交一头猪给政府，作为屠宰费，另一头换取肉票，过年过节，凭票领取猪肉。或者碰到没有钱用，就可以到市场卖掉肉票，换一些钱。

劳作中的郭用文老人

7 月 21 日　天气晴

　　现在乡村的干部，村民只承认书记和主任，有一定权威，其他人如会计与群众没有什么区别。生产小队队长比生产大队队长吃亏！小队队长地位低，干活多比书记还吃亏。李良望做了 29 年干部，从 1951 年做互助组开始，做到 1980 年单干，整整 29 年，但是没有什么补贴。当时选生产队长，以队为单元，由群众选举，一年一选举，写名字，进行无记名投票。如果不满意，就不会选你。生产大队就是以整个大队群众为单位。当时，乡镇党委书记要他写入党申请，但是父亲生病，快要去世，需要人照顾，家里事情多，没有时间去公干，因此没有入党，只能做副队长。不少群众以为他入党。"四清"运动，没有被整，以前是中农，改成下中农，按照政策要联合中农。

7 月 24 日　天气晴

　　李良望的一世祖，有两个儿子，老二留在百桥村，就是李良望的先祖，老大因为分到的住址靠近龙潭的倒口，搬到洪湖府场镇落户，以前住址靠近倒口，按照谁家位置靠近倒口谁做堤，谁靠近倒口，谁负责修，但是，由于户数少，人口少，做不起河堤，就逃跑到府场镇定居。还有因为倒口，闹水灾，淹没了水稻，一个水坑或水潭子，户单人少，李姓和张姓两户人修河堤修不好，就打官司，李姓家门和张姓家门联合，李家出钱，张九界的父亲帮出人，到县府打官司，说两户人怎么做不起，他说单家独户，人单力薄，人都跑了，谁做不起就跑，谁来管理倒口，导致附近闹水灾，为了防止这种修不起河堤就跑的恶性循环，最后，县太爷就裁决，要求垸子范围内有田者，按照水田面积派工，集体出工修堤，由于人多，几天就修好堤。不要自己出钱出力做堤，请垸内村民一起做堤。遇到红白喜事，以及清明会祭祖，也会有来往。其实修堤不简单，农业学大寨时期，与天斗与地斗，其乐无穷。四库排水，隔着江，把官湖垸泡了，就要修河堤和挖洪排河，这样宏大的水利灌溉工程，几户家庭甚至几个村开不出河来，要几个县出工，联合潜江等几个县，才开成洪排河。

7月27日　天气雨

以前这里水灾多，由于洪水大，黄家倒口或者周家倒口，谁住在那里就由谁负责做堤，如果洪水太大，人口少，就做不起堤，就偷偷逃跑，就逃到公安县或者府场镇等地。当时，官湖垸的主管——垸主，如张九界（螺滩村），是一位教书先生，非常有文化，有威望，组织征集民工修堤，如果做不成堤，就扩大民工征集，集中方圆几十里村民一起修堤。按照垸子田亩数量，分摊出工数量，自家回去吃饭，没有工资。修堤时，由垸主号召和带领村民，准备祭品到青福寺去敬神，祈愿保佑国泰民安。解放以后，政府任命修防主任，比如吴成治，负责地方河堤防洪和修建新堤，改变几户单打独斗的局面，不再以垸为单位，而是集体修建河堤和河坝，力量很大。现在就成立用水协会，管理地方用水。

中堂神位

7月30日　天气雨

最初，盘到杜家剅村定居的只有8户，李姓3户、陆姓1户、杜姓2户、熊姓1户、黄姓 1 户，其他姓氏后来才迁来定居。五组李姓来得最早（3 户），只买了一部分田地。涂姓（2 户），买地住 200 米外的地方，后来划到四组。熊姓（1 户）。杜姓，最初住在沔阳城，后来，买了南安村里土地，才落户百桥，是管理国家钱粮的人，俗称钱粮先生，专门帮国家催缴田赋和小惠钱，名声不太好，比如杜老七，哪一户有多少田，要交多少赋税，夏秋两季丰收季节，钱粮先生就要村民交税，以前税不高，不收现金，只收实物赋税，一般 2 胡桶/亩，交税后，撕票子作为凭据。一般不遭遇水旱灾，就要交赋税，如果遇到水旱灾，灾情轻一些，就视情况减半或减免，钱粮先生就不找你，而且国家还会出粮赈济灾民，实行以工代赈，修堤给民工饭食吃，而且吃不完，还可以带回来给家里老小吃。还会发民工工钱，2 元/人。一般夏季 10 月修堤，插完秧就修堤，一年修一次。夏姓（5 户），黄姓（3 户），吴姓（1 户），陆姓（1 户）。吴姓住的地方，就是杜姓卖给他们的土地。后来，杜姓一户在街上做生意，开杂粮店，买卖米粮和糖，就往街上盘，就把土地卖给吴姓。比如杜子英的老爹，到街上帮杜家米粮行帮忙或做伙计，帮忙收购稻谷。同时，李姓 2 户搬走到府场镇和花谷垸，涂姓没有搬走，杜家林和杜家岗搬走了（做生意），吴姓 4 户都搬走了（解放以后，吴成志的儿子，生性聪明，由李良望推荐，做了赤脚医生，后被推荐读师范大学，毕业后当老师，上级调任卢敦乡委书记，后来调任戴家场镇党委书记，把家搬到镇上，退休以后想回乡定居。另一户搬到小港农场去开荒，还有一户搬到洪狮村定居，还有一户搬到戴家场镇做供销社支部书记，就住在街上）。解放以后，没有其他人搬到百桥村住。合作社时期，砍生产队以后，把涂姓和熊姓划归四组。

8 月 2 日　天气晴

过去，杜家剅没有多少钱，只划了 2 户地主和 2 户富农，最初，黄中香被划成地主，有耕地（水田、湖田、白田）几十亩，一等田、二等田多，产量 500 市斤/亩。按照一定标准，地主有 20~30 亩田，多数是一等田，产量 500~700 市斤/亩，那些有请长工、放高利贷等剥削行为的就划成地主。中农有 10~20 亩田，二等田多，产量 400~500 市斤/亩。贫农有 8~10 亩，田质差一些，三等田多，产量 200~300 市斤/亩，基本都是湖田，产量不高。雇农没有田。5 组村民田亩数量区别不是很大，所以没有几个大地主。比如四组熊生文，划成地主，打屈了，他继承父亲田产，拥有湖田多，20 亩湖田，平均每人田多，比住大瓦屋地主穷，还住茅屋，但是，因为田多请 1 个长工，就被划成地主。

3 组地主有郭靖秀和胡作书，2 组没有地主，1 组地主有熊生月和熊生华，四组地主有王书册、熊生文，5 组地主为黄中香，6 组地主为刘敬德，7 组地主是刘前德，8 组地主为刘成伯和刘成文，9 队地主为刘书昏（以前是富农，后来复查被打成地主），富农为叶东虎，还有地主周良华不知道是哪个组。

地主出租土地，就收租金，俗称收课，分为上等田（400 市斤）、中等田（300 市斤）和下等田（100~150 市斤）。不同田，就有不同买卖价格和当田价格。卖田和当田，都要写契约，内容写明田地质量、面积多少和价格多少，签字并按上指模，还要注明年份，请中人做说客和做证，相信谁就请谁做中人，没有钱，协商好价格，签约时，还要由买田者请（接）中人、卖田者喝酒，吃一天酒席，共三餐。一买千休，绝卖就是收不回来。谁有钱卖给谁。卖田地规则，亲伯叔不受，优先卖给嫡亲弟兄，如果不买，才能卖给自家家门，自家门没有人买，才能卖给异姓外人。还有当田，一般1亩田当3年，收6担谷，3年已满，谷到田还，把6担稻谷还给你，就收回田，不是绝卖。

官湖垸种稻是黄土，青泛湖垸子田是沙土，根据气候，天干沙田是好田，下雨多是黄土田好，但是死黄土费力低，不长庄稼。白田用灰，水田用草。用绿肥肥田，用犁翻绿肥增加肥力。以前，使用牛粪、猪粪、豆饼和麻饼，一榨饼就管0.5亩田，改良水田，还有挖一些涨水过后河沟里淤积肥泥，捞起来做肥土进行下秧。最肥是肥泥，第二肥是豆饼，第三是旱草或蒿叶、清宛（一种草），作为肥料埋入土里肥田。白田就使用草木灰或者烧火残留灰进行肥田。清明时节，浸谷种，放入桶里，泡有水，放上稻草育芽子，4斤谷种/亩，而现在一亩要12斤。集体化时期，用蒸汽一晚上就发芽，用棚子培芽，科学种田。每家每户独自育秧，用不完的秧地，就可以借给兄弟和关系好的村民育种，扶起界线，下肥和洒农药，灌水顺便可以帮田主灌一下，摘完秧以后，要负责平整一下秧地或者帮工1~2天，以示答谢。集体化时期，在一块秧地一起育秧。分到户以后，按照就近育秧，省力气，避免长途运输，或者流空田育秧，方便育秧。

老房子

8月5日　天气晴

解放以前，村里太平会很宏大，只要信佛或者有钱的人，会多出一点钱，村民纷纷出香火钱，不限金额，5块大洋、10块大洋，买香烛，锣鼓喧天，到庙里敬神。"旧时，村民都没有饭吃，见别人出钱，自己也出钱！大家搭伙。"做会时，信众纷纷作揖，"我家佛，你家佛，保佑"，"几十里路，从白天走到晚上，晚上走到天亮，人都走死了，脚都磨破"，从村里敬青福寺小菩萨，到戴市镇敬庙菩萨，再到周家台、建宁县等寺庙敬大菩萨，几米高，烧会香，一进去作揖磕头，然后，没有吃的，只能出钱购买粑粑充饥。由首事主持，组织成员参加。镇上也有庙，2015 年戴家场镇有一个有钱的香客，捐赠 30 万元，其他也有捐赠 3 万~5 万元的，还有出钱请人唱戏，以免别人说他"拐"。现在可以搭车，不要走路，非常方便，但是参与人数少了。

神灵

8 月 7 日　天气雨

据说唐朝黄巢起义，一个将军到处杀人，用荷叶刀，见人就杀，当时洪湖村民躲在洪湖的一个坑里，摘了几片荷叶，将军找不到人，就被气死，血溅湖水，就改为洪湖。元末明初，江西填湖广，洪湖基本都是江西的人种，以前村里都是平原，人烟稀少，江西姓氏落高地作为住址，就开荒说这块地就是你的，先来先占，插志为记，比如插一根棍子，宣布所有权，属于李家大湾，就是李家大湾。"左边是别人的，右边就是我们的，没人敢占。"几块台子开成田，高的位置就是白田，低的地方就是湖田。

8 月 9 日　天气晴

农忙时，"亲帮亲，邻帮邻"，"你帮我插，我帮你插"，如果互相帮忙，我田多有 5 亩，你家有 3 亩，多出 2 亩那户，要支付钱。还有我帮你插 5 天，你帮我插 3 天，你要把多出 2 天工钱给我，每天插 0.5 亩，工资 2 元/天，这样才平衡。一般请村里邻居或者村里田少的人，做帮工换取钱。东家还要准备好酒好菜，如鱼、肉，请帮工吃三餐。4~5 点，鸡叫就过早（吃早饭），13 点吃午饭，17 点吃夜饭，准备鱼肉好好招待，吃完饭就要支付工钱 2 元/天，不扯皮，让别人吃亏。解放以后，实行互助组，鸡叫就出工，扯秧 3 个小时才天亮，蚊子很多，搞死人，然后搞初级社、中级社，再到高级社，当时群众开会多，干部偷懒，生产效率很低。现在只用机械插秧，1000 市斤/亩，每亩 1000 平方米，收割有机械。记工分制度，非常灵活，多劳多得，不劳不得，按照定额计算，比如 0.5 亩记 10 个工分，如果插了 0.6 亩，就加 2 分，总计 12 分。耕田，耕种 3 亩，每亩 5 分，总计 15 分。干部去开会，就记 10 分，不开会，也要做事。口粮最初每年 600 市斤，如果要交 3 万斤国家粮，剩下余粮就作为口粮。比如 10 个人，要按照工分计算口粮和工钱，如果超出工分，就得工钱，1 工算 0.2~0.5 元，如果工分不够，就要拿钱换口粮。修路、建闸、挖煤等村民，没有算钱，要从村里工分中分给他。还要出去搞副业赚钱，每组只能抽 2~3 个人外出搞副业，不然没有人搞生产。种田，一般劳动力，每月挣取 300 分，就要交 30 元给生产队，记村里工分，分口粮。五保户，没有后代，只能从生产队抽粮给他们吃。现在 50 多岁的五保户，就不劳动，进福利院享福。1959 年李良望做村生产队队长，组织搞生产，水稻产量高，当年每人 600 多市斤，因为小队人少，好管理，因粮食多，当时卖了 2.5 万斤余粮，2 元/斤。其他组就没有这么多口粮，没钱买，饿死很多。

8 月 12 日　天气晴

人大分家，树大分权。当儿子娶了媳妇，赚了钱，怕被父母占有，又怕父母偏袒其他儿子，经得父母同意，就分家。分家时，邀请姑爷或者娘舅作为中人。田平均分给儿子，父母不留田，只能另外谋田开荒，做手艺或者做小生意，搞生活。分田时，为了防止出现偏袒谁；都是抓阄，不管好田还是拐田。分钱时，比如 2 万元，都由父母平均分配，不能多分给某个儿子，不能扯皮。分房时，如果有一间好房和一间坏房，分得好房没有补偿，分得坏房，就多得 1 万元作为补偿。分盆子，如果有 3 个，2 个儿子分别一个，另外一个分给父母。比如黄孝恪的两个孙子，大孙子说："兄弟！砖不要一块，钱不要一分，你要住，你随便处理，但是，你要拆，我一点好处都没有！"小弟说："要拆大屋子，哥哥，你不要的吗！""我要建房子，拆掉房子，我肯定要砖啊！"

8 月 14 日　天气晴

过去，一般耕种 1~2 亩田，不需要购买耕牛，要么用锄头挖田，要么以人工换牛工。解放以前，一石稻谷约等于 7 块银圆。几十担稻谷可以购买一头耕牛。单家独户购买不起耕牛，一般兄弟或亲房 3~5 户共同出钱，购买一头耕牛，如果田多，还可以和多几户再伙买一头牛，口头商量，谁先养，谁后养，如果没有田，就由有钱的买断，如果田多，就多养，多养多用，比如多养 3 天，就可以多用 3 天。你不用，就捉给我养，5 个人就每个月平均 6 天，如果只用半天就只养半天，都是一伙，不会扯皮。

如果平均出资购买耕牛，农忙时，为了不差农时，耕牛集中使用大概 10 天，每户使用半天，就有 20 个半天，防止争抢使用耕牛，闹矛盾。如果购买耕牛出资不同，坚持多出钱者多用，少出钱者少用原则。中农只有 2~3 亩田，一头牛用 1~2 个工就完了，只能靠砍柴或打铁为生，不然养不活家人。贫雇农 3~5 户购买和伙养一头牛，轮流饲养，田多要求多养几天，你不用，我就把牛捉回去，我喂我用。

8 月 16 日　天气晴

百桥村，旧时地名叫百子桥，共 9 个组。解放以前，设曹市区，百桥村和竹林村合为一个保，后来，与套湾合成一个保，有时范围大，有时范围小，设有保长，政府任命，资格要是本保鼎鼎有名、能言善辩以及做事能干，上级信任，有多田地者，不用工资。下面设一个"小得副"，受保长领导和差遣，办理保内事情。一般一个区 10 个大保长，下面有小保长，再下面设有 1 个小得副，由保长指定谁做，较为野蛮一些，再设甲长，轮流做，连坐法，比如 10 户一甲，每户做 1 个月甲长，轮庄做甲长，甲长直接面对老百姓，甲长不赚钱，搞服务工作，比如国家税收和兵役。国家基层工作，最先找保长，保长找小得副，小得副就找甲长。

8 月 17 日　天气晴

今天跟着王叔叔去吃其外甥孩子的满月酒。旧时，小孩满月，俗称吃蛋。一般吃三餐，第一天晚上 5：00 吃便餐，如果有事可以不来。第二天吃正席，中午一餐和晚上一餐，一般贵客一定要赴宴，如果不赴宴，就没有赶情，断绝来往。赴宴的宾客，要准备鸡蛋，一般朋友送 20 个鸡蛋，亲房人送 30 个鸡蛋，如果至亲，比如娘家人，就要送 100 个鸡蛋作为重礼（有感情，就会退一半鸡蛋作为还礼，并搭送一个红包和礼饼）。体贴一点，可以送一些玩具，比如小鸟，逗小孩玩。最重要的是赶情随礼金，自家兄弟姐妹，随礼 1000 元，一般亲朋好友随礼 200~500 元。不管有钱无钱，礼金说 1000 元就是 1000 元，即使再困难，也要出这笔钱。现在办生孩子酒席，如办周岁、办 5 周岁、办 10 周岁、办状元酒，最后，办婚礼等，办一次酒席，可以赚取一定红包，不再是亲朋好友之间交流感情的方式，更多成为东家揽财的一种手段，已经变味。特别每个人都在算计，如果结婚早，一旦生二胎，比生第一胎赚得更多。晚结婚的家庭，生怕自己现在赶情这么多，以后如果没有交往或者没有赶情，就收不回来以前放出的礼金。

每逢红喜事，比如满月，搭建喜棚，布置座椅，另外，搭建灶台，本家族不再做饭，承包给外人做饭。赴宴时，旧时讲究地位分明，尊卑有序，娘亲舅大，外家一般居首席，坐主位，并由族上有威望的人陪酒或陪食，席间，饭菜不是一起上齐，都是一个一个上菜，这时，不能由娘舅端菜，由跑堂专门端菜，还要帮娘舅等主席客人倒酒。现在不再讲究座位尊卑，而是随便入座，虽然没有知名先生安排座次，但是座席最前端基本是东家或者东家上宾入座，一般人心里懂得，不会轻易入座，只会选择中间或者靠边入座。吃酒席时，宾客喜欢打包，占点小便宜，拿出预先准备的饭盒，一碗菜夹一块，等吃完就有满满一饭盒菜。按照一般说法，吃不完打包，值得提倡，减少浪费，如果没吃多少就打包，难免对其他客人有点不尊重。

8 月 18 日　天气晴

国民党时期有专门敲诈老百姓的汗流大哥，碰到你有钱，就丢一个条子，要多少现洋，你要在规定时间和地点交钱！不出钱不行，纯属敲诈，搞歪门邪道。村里有一个"汗流大哥"，一个落家户，其实是一个吃饭的汗流大哥，一个老实人，说话说不好。而"犯蒲大哥"，没有权力和钱，负责烧火买菜做饭，安置他们吃饭和住宿，亲戚朋友之间一样，今天我去你家吃，明天你到我家吃。土地改革时期，因为有 20 亩田，工作组要把他划成地主。

8 月 19 日　天气晴

旧时，没有严格户籍制度，"沙湖沔阳州，十年九不收"，村民一般不会建非常牢固的房子，只是草房，遇到水灾可以及时拆掉，及时坐船撤离，投奔亲戚，不少孩子就因为逃难，生下时，就取名金门、建宁或者荆州等。与宗族社会不同，宗族一般是背山面水，而长江小农则是背水面田，房屋背后是一条河流，屋子前面就是大片水田，亲水而居，侍田而耕。而且选择居住地点一般是地势高的地方，易于逃避洪水，俗称"盘地"，也有四周围高，中间低，构成一个垸子，里面就是垸田或圩田。元末明初，江西填湖广的大潮，为了躲避赋税徭役或者为了响应政府垦政政策，来到一片荒芜的洪湖，围垸或挑台修田，建房居住。随着人口越来越多，勤劳的小农就会到处围垸修田，一旦去除杂草，修成田产，就搭建草房居住，不然几个月以后就会杂草丛生，或者外来人会企图霸占，所以旧时，有"守荒"的说法。

8月20日　天气晴

解放以前，水网密布，有自然水冲成的水塘，只需用水车把水从低位输送到高位的稻田，都是依靠人力去踏。集体时期，也是一样，架设水车，由年纪大的老人负责踏水车，其他社员负责除草、插秧、整田、造田埂。2011年旱灾，5月插早稻秧苗，没有下雨，国家气象局实施人工降雨，碰到乌云时，就用炮抛撒干冰，缓解旱情。如果没有乌云，就无法实施降雨，国家进行救助，保证种粮大省的种粮安全，只能派发大型抽水机，每村抽取低水位或者湖区水田灌溉，及时赶春播。而且每年村集体出钱7000多元购买水稻保险，遇到水稻颗粒无收，可以获得200元/亩的赔偿，但是，归集体所有，归集体财政。现在村民不肯出钱购买保险，认为补助太少。种粮补贴，2011年单季稻110元/亩，双季稻增加110元/亩，如果种冬小麦，再增加110元/亩。

90岁的郭用文老人

8月23日　天气晴

土改时期，工作队下乡，访贫问苦，扎在土改根子家里，动员6~7个贫雇农召开了3

次动员会议，组建农会。为了响应国家政策，划分成分，由贫雇农首先划分自己的成分，要像筛子一样筛掉石头和稻草，剩下就是稻谷。划分成分时，比谁家里穷，财产少，生活困难。一些本村有学问的乡绅或者保长被划成地主。地主只有 5~7 户，最高只有 50~70 亩田，富农只有 6~7 户，耕地有 40~50 亩，中农有 30~40 亩田，贫雇农有 100 多户，总共有 69 亩田。没有田地的雇农，只能到地主家做长活或短活。鸡刚叫，就起床做工，吃住在地主家。但是，不能在地主家养鸡养鸭。那些作风不好的二流子就被当成"坏分子"。

8 月 25 日　天气晴

遇到外来人，他们问"你是干什么的？""做多大事、哪里的人"，然后，一回生二回熟，熟了以后，就吹嘘自己做的事业多大，自家兄弟事业做得多好，还有我们家族出了多少读书人，以及找到工作多么好，多么受领导重视，有多广泛的人际关系。赶感情，他们心里有数，谁家来赶自家感情，自己还欠谁家的礼，有感情一定要还礼，不然就没有感情，断绝来往，一般乡里乡亲可以马虎，可去可不去，自家的红白喜事，可以不请百客。

8 月 26 日　天气晴

百桥李姓来得早，原来是荒地，插志（旗帜）为标，盘了很多土地。当时，外村南安胡新张来得比李姓还早，插帜为标，抢了这些荒地，俗称抢荒，从他们手下买了 90 多亩耗子（白田），耗资 5 担稻谷。价格非常便宜。如果抢不了田，就抢河，江水质好，谁要吃水，就要给钱，按天计算，5~10 文/天。以前发水灾，三头两回，就把虫子杀了。

1958~1959 年，毛泽东宣称一切土地都归公，谁抢到归谁。没有河，生产队就和南安村、八原村和武功村抢湖，虽然是戴家湖土地，但是都是公家的土地，就谁抢到谁使用。抢戴家湖的湖田，当时，百桥村 5 组生产队距离戴家湖较近，乘机抢了 50 亩湖田，并用犁先耕了，宣告占有这些湖田，其他组没有抢到。当时，两方生产队不服气就差点打架，5 组人多势众就赢了，多数以人多促使别人屈服。多数由沙口 7 区区委书记过来调解，宣称谁先抢到就归谁，最后宣布属于百桥 5 组所有，以沟为界，上为南安村土地，下为百桥村土地。后来为了集中耕种，两村就进行兑换，南安村把一些官湖垸的地，与百桥村抢的地兑换。对抢了的土地，以大队为单位，进行砍边，按照人口平均分配，建立田埂。原来杂花水田，有螺潭村、竹林村和百桥村三村水田，就砍断，进行划片，左边就是螺潭村的，中间是百桥村的，右边是竹林村的。

8 月 28 日　天气晴

李良望的家里成分是中农，有 20 亩耕地，家庭世代务农为生，后来，做生意，卖鱼。在生产队做生产队长、民兵、会计等职务，做了 29 年的干部。1950 年进行清匪反霸，以前百桥村和套湾村、竹林村组合成一个乡，以前清乡的李连章（套湾村人，"铲共团"团长）、周良华（百桥村人，"铲共团"大队长）、刘敬德（百桥村人，"铲共团"团长秘书），都失掉了权力，1951 年进行土改，平均 3 亩/人，如果哪家平均水田超过 3 亩/人，甚至 10 亩以上，家庭富裕，田多、放高利贷和请长工和短工，只要够几条就划成地主。当时，划分地主，就像扯萝卜，大萝卜大地主，小萝卜小地主，几乎不符合地主标准。5 组有一户地主，土地多，后来因为自己也劳动，没有请多少长工，只请短工帮助放牛、耕田，改成富农。富农 3 户，陆德高、黄中香（地主，田多，就被划成地主）和李秋元（10 多亩田，但是放了高利贷，贷 1 担稻谷，就相当 4 胡桶，还 2 担稻谷，或者借 1 胡桶就还 2 胡桶，如果不放高利贷，就不会划成富农），中农 10 多亩，贫农也有 7~8 亩，没有雇农，都有田，就是少。

李丙贵夫妇

9 月 1 日　天气晴

最初国民党 128 师师长王劲哉选择侯家湾，感觉地方不太好，就听说百桥风水较好，地势平坦，就在 2 组建了司令部。王师长对当地老百姓很好，骑马见到老百姓挑担，就让路，见到村边有一块萧姓的田荒芜，就亲自下田帮忙除草，身边十个警卫也下田帮忙除草。第二次，见到这块田，又荒了，又叫人帮忙除草，第三次，他就生气了，抓来萧询问，并施以杖刑。另外，他们禁止自己部下到处抢，若有逃兵，就地正法。还有一户人把房子建在水沟上面，阻挡了水源排灌，引发了纠纷，百姓就向他求助，请求他帮忙解决。他就亲自出面帮忙协调，并协助拆了房子，百姓水田灌溉才方便，开水抗旱。

国民党时期，王劲哉征兵政策很严格，抓壮丁，按照三丁抽一、五丁抽二的原则，有一户 4 个弟兄，后来过继，替叔伯传宗接代，被生父抽为壮丁，不符合抽丁标准，不肯去当兵，就要被枪毙。后来，被养父托人保下来，结果把他父亲拉去枪毙。

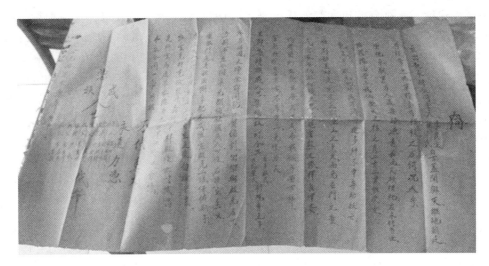

嗣书

9月3日　天气晴

清朝年间，百桥村前就是一个水窝子，旧时，由官府督办，号召村民就围了一个垸子，距离长度有几十里长，俗称官湖垸。由于地势低，一旦下雨就容易积水，大水漫灌。前面有一个大湖，荆州的水排到这个湖里，再流出去，而官湖垸的水放不出去。后来，百桥杜老七号召村民修了大闸，阻挡河水，保护垸子，并被选为闸首，每年三月三关闭闸门，春雨季节，大水漫灌，防止水灌进官湖垸。待九月初九才开闸放水，当时，旱季水位低，容易放水。因为这个，百桥村就与对岸南安村起了纠纷，大打出手。因为南安村一个姑爷，过七月半，偷偷放水，浸泡豆角，惹出水灾，没有收成，被人抓到就出动人打架。以前禁止南安村往这个湖排水，官湖垸的水可以排出去，杜老七（叶子松的曾祖父）就是垸首，非常有威望，能言善辩，指挥村民到南村挖口，与他们打架，死了不少人。官湖垸有田就要出钱，每亩出4～5胡桶稻谷，没钱就出1人，就到南安村子贝渊挖坝，挖坝就把水放到洪湖，不然，水面高，官湖垸的水放不出去，经常收不了庄稼。当时，杜老七召集村民出钱，请一帮人，如新堤陈子琪等，过来帮助百桥村对付南安村，当时，邻居百桥5组的李克等2个人，获得了丧葬费，由村民出钱负责抚养孩子和妇女。当时，新堤有人向荆州府报信，荆州府得到消息，打仗的将领过来帮人打架，禀告皇帝，皇帝派人过来镇压，就到当地抓了杜老七，荆州府升堂审理，老爷盘问杜老七："你在官湖垸有多少田？"杜老七说："我只有0.7亩台田。""怎么只有0.7台田就指挥人打架呢？"杜老七辩驳道："老爷你荆州有多少田，为啥还管这么大面积？"后来新堤府派人建了闸，但是排水口呈◁形状，排水不畅，有钱出钱，没钱出人去挖口，导致打架纠纷。出现打死人情况，就出一些丧葬费，安抚子女。

9月5日　天气晴

农业学大寨时期，挖台开河，如洪排河，家家出工，非常吃亏。当时，安排一些人做一个垸子，然后，就挑台搭建地基，进行排水。1954年，洪湖发大水，村民把耕牛赶到山岭，没有草料，就饿死很多牛，因为没有耕牛，还要"背田"，就是依靠人力，犁田耙田，非常造孽。种田无牛课无本，生产队集体喂牛，建一座牛栏，10头牛住在一个牛栏，由一个人负责喂牛，比如不做事的老人或者小孩，谁放牛就记工分。喂牛不需要做事，主要把牛喂好，如果喂不好牛，就不奖工分，比如喂一天牛，记工分8分，喂得好就奖励2分，记总分为10分，喂不好就扣2分，记总分为6分。

　　集体化时期，按照劳动量记工分，多劳多得，比如插1亩秧，记10分，有人插30分，也有人插10分，如果没有完成生产任务，就扣分，那些插得距离较宽的，还要返工，有记分员监督和登记。栽秧，自扯自栽，1亩相当于20分，要扯560把秧，手脚快以及较为勤劳的村民，比如李良望，担任生产队副队长，栽秧速度最快，一天插1.5亩，记30多分。5点出工，趁着有月亮，鸡叫就出工，天亮就过早，然后出工栽秧。1958年建人民食堂，共产主义，粮食浪费严重。当时，水灾严重，水田位置低，"插秧半个身体浸湿在水里，除非上大便才上坡，不然一直在水里，非常辛苦"。吃树皮，拉不出来，吃河梗和腰子菜充饥。其他地势高的地方，水灾没有这么严重。1958年，百桥村像个水袋子，水灾严重，6月份才退水，不少村民怀疑这时栽秧还有没有收获，收谷也不要，不少村民反对栽秧。李良望副队长就发命令，即使不要也要栽！最后，栽种水田，平均产量200市斤/亩。但是，那些不愿意插秧的村民，又要多分稻谷。

风中水稻

9月7日　天气晴

　　破四旧，立四新，1958年青福寺被工作队拆了，说拆了庙的木料和砖料就去建戴家场镇的政府。1980年，改革开放以后，国家政策放松，祭祀活动才开始恢复。建有庙，俗称青福寺，里面供奉很多神，有200多年历史，做会时，由李启忠（4组，以前做百桥村大队支部书记）组织村民做会，并不是年年做会，挨家挨户自愿出钱，不计多少，年关时，整个百桥村每家每户就去祭祀，并进行村民聚餐。同时，自愿添一些香钱，如10~100元。

李启忠还组织村民，利用香火钱和村民自愿捐钱，投工投劳，请了铲车铲平路，修了进庙的小路。另外寺庙请人管理，每日上香，没有工资，只能依靠香钱维持生活，还有庙里有一个司命老爷（就是灶王爷），村民祭祀，就会出米祭祀，管护人员，就可以依靠这个维持生计。以前那个老婆婆道姑去世，她擅长"做收"，比如有些乡民身体不好，就请她做法，去除病，给一点钱，获得一些救济。现在无人管理，请不到人祭祀和撞钟。以前每天早上由管理人员燃香祭祀敬神，1天2次，并撞钟三下，如果乡民祭祀时，可以打鼓和撞钟。每年二月十九，观音大士过生日，正月初九，大菩萨过生日，三月十五，财神过生日等重要节日，就要敬神。因为天宫有360个正神，每天都有正神过生日，所有每天都要敬神。做会时，乡民自愿前往捐钱，参与祭祀。现在做会，由管委会分派乡民做饭，一般村民祭祀完，由于生活条件好，就不愿意在当地聚餐。

青福寺做会通知

青福寺有各路神仙保护乡民，做会就是请道士先生为菩萨升表、诵经。以前围绕青泛湖，村民营建了青泛湖垸，村民住在垸台，旁边就是一个湖堤，青泛湖洪水泛滥。当时，青泛湖垸垸首专门负责防洪和修缮垸提等垸子一切事务，他主持抢修了清泛湖垸堤后，杀猪宰羊祭祀天神，带领村民祈愿，如果能够平安度过洪灾，保护庄稼和河堤，为了感谢上天庇佑，就承诺帮天神修建青福寺。当时，好像真的有神仙显灵，距离河堤不远，就渐渐形成一个河埂，挡住湖水冲刷，后来，村民集资就在明山上修了青福寺庙。耸立在明山的青福寺庙，远看像3间，近看像5间，灵山上一座庙，而且庙台没有砖，没有瓦，历经湖水反复冲击始终打不垮，庙台还是那个庙台，非常微妙。而且盖了这座庙以后，没有发生太大水灾。"文化大革命"时期，"破四旧，立四新"，不相信鬼神，禁止一切祭祀活动，把寺庙拆掉了，80年代以后，就有杜子明组织村民重建青福寺。修庙时，由青福寺委员会"起会"，号召乡民自愿捐钱，随便出钱，也有出砖料或者木料，由于没有多少钱开支，没有结工钱，委员会号召乡民做"小工"，修功德，只是中午请吃包子和粥，建立神庙主体建筑。然后，有些钱以后，就不断扩建，左边做了住房，供管护人员居住，右边建立厨房，供烧火吃饭，前面，还放了一口钟。另外，碰到天降大雨，有垸首带领村民杀三牲进行祭祀，祈求风调雨顺。要修河堤或者大坝，先要进行祭祀。甚至，为了每年祭祀的集体收入，就按户捐制香田，租给村民居住，收取租金，每年做会，进行祭祀。

修青福寺，首先写了报告，向县洪湖统战部申请，得到批准以后，才动工修庙。但是，比不上戴家场寺庙，他们人多，经济雄厚，有的捐赠 1 万～10 万元，花去 100 多万元。据道教协会反映，这个庙修得不够合规矩，条件不够，修路不够完善，办不到办教执照。

土地神

后 记

经过两年多的筹划、调查、写作与编排，《中国农村调查》（村庄类第9卷·长江区域第2卷）终于与读者见面了。2015年初，在徐勇教授、邓大才教授的统筹规划之下，华中师范大学中国农村研究院正式启动了"村庄调查""家户调查""口述史调查"等三大"世纪工程"。在徐勇教授和邓大才教授的亲自主持下，三大工程同时启动，而"村庄调查"是三大调查中最复杂、最庞大、最深入的调查。新版中国村庄调查以"村"为调查单位，主要围绕"村庄形态与实态"展开，以1949年之前的村庄形态为调查起点和主要内容，同时调查1949年之后到当下60多年的村庄变迁与实态，涵盖村庄"由来、自然、经济、社会、文化、治理"等六个方面。通过2~3个月的驻村调查，与农民同吃同住同劳动，在田野调查中搜集了大量的、翔实的、第一手的文献资料、访谈资料、视频资料、录音资料与图片资料，并在此基础上撰写了村庄形态与实态调查报告。本卷就是在众多调查报告中，选录了一本质量较高的调查报告，合体编辑而成的。

2016年5月正式启动"长江区域村庄调查"项目，中国农村研究院有70多位老师、博士生走进四川、重庆、湖北、安徽、湖南、江西等省份的多个地级市的村庄，与村庄明白人访谈，与老人们聊天交谈，走进乡镇与县政府档案部门查询资料，撰写调查日志，然后进一步撰写调查报告。正是调查员们深入扎实的调查，中期不厌其烦地整理，后期认真仔细地写作，使得本卷能收录到较为完美的调查报告。在后期，调查员们已经返校，只能通过电话与村民们反复校对、核实，这使得本卷的文本表述更加准确。在此，感谢各位调查员们认真负责的态度以及为学术执着求索的品质。

本卷是《中国农村调查》的总第10卷·村庄类第9卷·长江区域第2卷。本卷的问世首先要感谢为调查员们提供调研支持与帮助的洪湖市政府以及所属职能部门的各位领导。同时，更要感谢接受调研员们访谈并为调研员们提供资料的农民朋友，您耐心地为调查员们详细讲解1949年之前的小农形态，热心地为调查员们"翻箱倒柜"找资料，将调查员们视为自己的家人，使调查员们在调研中感受到了家的温暖。有的调查员与村庄融为一体，成为村庄一分子；有的调查员成为您的干儿子、干女儿；有的调查员成为村民们的知心人……正是您的热心、好客、慷慨、无私鼓舞了我们的调查员们，使他们每每在调查低谷中有所发现、有所收获，最终完成驻村调查与报告写作。如果说田园是我们调查员的第二课堂，那么村庄的农民朋友则是我们调查员的老师。以农为师，方能深入田间地头，深耕、深挖与扎根，而这离不开您的帮助与关怀。

对于调查员在洪湖市的调查，首先，感谢戴家场镇政府民政办戴五俊书记、杜家剅村支部书记方端午、会计文熙娇、福利院肖书记，以及颜欣及其父母颜其华和王东英夫妇，对驻村调查的支持；其次，感谢村民李丙贵、王资凤夫妇在生活上所给予的照顾；最后，感谢郭用文、李良望、黄孝恪等老人对调查言谈的热情帮助。

要特别指出的是，徐勇教授和邓大才教授为本卷的写作、审稿、编排等倾注了极大的心血。从调查的筹划布局到提纲的设计修改，从调查培训到调查开展，从调查指导到调查汇报，从材料使用到报告写作，两位老师都全程参与，并悉心指导调查员们写作、修订、完善报告。酷暑当头，两位老师深入村庄，开展"现场教学"，指导调查员们调查；在百忙之中认真阅读各位调查员的调查汇报，并及时予以指导；在报告写作阶段认真审阅报告并及时纠正错误，有时在车上"微信"指导调查员，有时直到凌晨还在审阅……正是由于两位老师的辛勤付出与孜孜不倦的教诲，本卷才得以迅速地、高质量地完成。

本卷共收录了一位博士生的村庄调查报告，即李松有的《向水而生：湖区型村落的自主联结与治理——长江区域杜家剅村调查》，共计83.7万字。

最后，非常感谢社会科学文献出版社赵慧英老师在文稿的校对、编辑、排版与出版等方面所给予的指导与支持，对赵老师的辛勤付出表示最诚挚的感谢。另外，本卷的审稿、统稿、编辑与校对等工作由李华胤负责，内容核实与修改等工作由调研员李华胤负责，在此表示感谢。

由于编者的水平有限，错漏之处难以避免，敬请专家、学者及读者批评指正，我们将在今后的编辑中不断改进和完善。

编者谨记

图书在版编目（CIP）数据

中国农村调查. 总第 10 卷，村庄类第 9 卷·长江区域
第 2 卷／徐勇，邓大才主编. -- 北京：社会科学文献出
版社，2018.4
　　ISBN 978-7-5201-1709-8

　　Ⅰ.①中… Ⅱ.①徐… ②邓… Ⅲ.①农村调查-研
究报告-中国 Ⅳ.①F32

　　中国版本图书馆 CIP 数据核字（2017）第 267700 号

中国农村调查（总第 10 卷·村庄类第 9 卷·长江区域第 2 卷）

主　　编／徐　勇　邓大才

出 版 人／谢寿光
项目统筹／王　绯　赵慧英
责任编辑／赵慧英　于晶晶　程丽霞

出　　版／社会科学文献出版社·社会政法分社（010）59367156
　　　　　　地址：北京市北三环中路甲 29 号院华龙大厦　邮编：100029
　　　　　　网址：www.ssap.com.cn
发　　行／市场营销中心（010）59367081　59367018
印　　装／三河市东方印刷有限公司

规　　格／开　本：787mm×1092mm　1/16
　　　　　　印　张：39　字　数：918 千字
版　　次／2018 年 4 月第 1 版　2018 年 4 月第 1 次印刷
书　　号／ISBN 978-7-5201-1709-8
定　　价／298.00 元

本书如有印装质量问题，请与读者服务中心（010-59367028）联系